Bruno Metzmacher, Hilarion Petzold, Helmut Zaepfel (Hrsg.)
Therapeutische Zugänge zu den Erfahrungswelten
des Kindes von heute
Integrative Kindertherapie in Theorie und Praxis, Bd. 1

Reihe
Innovative Psychotherapie und Humanwissenschaften
Band 58
Herausgegeben von
Hilarion Petzold

Bruno Metzmacher, Hilarion Petzold, Helmut Zaepfel (Hrsg.)

# Therapeutische Zugänge zu den Erfahrungswelten des Kindes von heute

## Integrative Kindertherapie in Theorie und Praxis – Bd. 1

Junfermann Verlag • Paderborn
1996

Satz: adrupa – Paderborn
Druck: PDC – Paderborner Druck Centrum

CIP-Titelaufnahme der Deutschen Bibliothek
Therapeutische Zugänge zu den Erfahrungswelten des Kindes von heute: Integrative Kindertherapie in Theorie und Praxis, Bd. 1 / Bruno Metzmacher; Hilarion Petzold; Helmut Zaepfel (Hrsg.). – Paderborn: Junfermann 1996
(Reihe Innovative Psychotherapie und Humanwissenschaften, Bd. 58)
ISBN 3-87387-234-X
NE: Metzmacher, Bruno [Hrsg.]; GT

ISBN 3-87387-234-X

# Inhaltsverzeichnis


Einleitung . . . . . . . . . . . . . . . . . . . . . . . . . . . . . . 7

**1. Aspekte zur Verbindung von tiefenpsychologischem und sozialwissenschaftlichem Sinnverstehen in der Integrativen Kindertherapie**

*Bruno Metzmacher, Helmut Zaepfel,* Kindheit u. Identitätsentwicklung im Zeichen (post-)modernen sozialen Wandels . . 19

*Bruno Metzmacher, Helmut Zaepfel,* Methodische Zugänge zu den Erfahrungswelten des Kindes. Zur Verbindung von tiefenpsychologischem und sozialem Sinnverstehen in der Integrativen Kindertherapie . . . . . . . . . . . . . . . 75

*Heinz Stefan Herzka, Wolf Reukauf,* Kinderpsychotherapie als dialogischer Prozeß – ein der frühen Mutter-Kind-Entwicklung entsprechendes Konzept . . . . . . . . . . . . 131

**2. Klinisch-entwicklungspsychologische Konzepte der Integrativen Kindertherapie**

*Hilarion Petzold,* Weggeleit, Schutzschild und kokreative Gestaltung von Lebenswelt – Integrative Arbeit mit protektiven Prozessen und sozioökologischen Modellierungen in einer entwicklungsorientierten Kindertherapie . . . . . 169

*Hans G. Reinhard,* Entwicklungsaufgaben und Bewältigung – die Integration von psychoanalytischen Konzepten und Längsschnittforschung in der Kinder- und Jugendlichenpsychotherapie . . . . . . . . . . . . . . . . . . . . . . 281

*D. Bürgin,* Winnicott: klinisch relevante entwicklungspsychologische Konzepte . . . . . . . . . . . . . . . . . 303

*Nadja Stern-Bruschweiler, Daniel N. Stern,* Die Rolle der mütterlichen Vorstellungswelt und ihre Bedeutung für die verschiedenen Mutter-Kind-Therapien – ein konzeptuelles Modell . . . . . . . . . . . . . . . . . . . . . . 321

**3. Aspekte wissenschaftlich-empirischer Forschung in der Integrativen Kindertherapie**

*Michael Märtens, Hilarion Petzold,* Psychotherapieforschung und kinderpsychotherapeutische Praxis . . . . . . . . . . . 345

*Hans-Peter Heekerens,* Was wird aus der Kinder- und Jugendlichen-Psychotherapie? Zur Diskussion um geplante rechtliche Regelungen . . . . . . . . . . . . . . . . 395

Autorenverzeichnis . . . . . . . . . . . . . . . . . . . . . . 427

Personenregister . . . . . . . . . . . . . . . . . . . . . . . 429

Sachwortregister . . . . . . . . . . . . . . . . . . . . . . . 437

# Einleitung

Kindsein ist auf eine *neue* Weise schwierig geworden. Früher resultierten Zumutungen für das Heranwachsen vor allem aus dem „stählernen Gehäuse“ des Patriarchats, wie es *Max Weber* einmal formulierte. Heute beschäftigen wir uns hingegen mit den *Folgen und Risiken*, die sich für Kinder aus nie dagewesenen *Freiheiten* in der Lebensgestaltung ergeben. Kindern wird schon früh sehr viel Welt zugemutet. – Diese Tatsache, nämlich daß die Kindheit längst kein Moratorium im Sinne eines psycho-sozialen *Freiraumes* mehr ist, wollen wir weder beklagen noch feiern. Wir erfahren, daß Phänomene, die wir der Kindheit – berechtigter- oder unberechtigterweise – zugeschrieben hatten, dabei sind zu verschwinden, wie Arglosigkeit, Unbeschwertheit und Naivität. Gleichzeitig führen Kinder heute ein „zur Freiheit verurteiltes Leben“ (vgl. *Hitzler, Honer* 1994, 307ff), mit all seinen Chancen wie eben auch Risiken.

Traditionsgemäß beschäftigt sich die Kinderpsychotherapie mit den Passungsproblemen zwischen kindlichen Bewältigungsmöglichkeiten und sozialen Anforderungen familiärer, schulischer und gesellschaftlicher Art. Und da sich diese sozialen Anforderungen im Zuge risikogesellschaftlicher Entwicklungen derzeit in einem – historisch gesehen – kaum vergleichbaren Maße permanent verändern, ist es uns ein Anliegen, daß die Kinderpsychotherapie sich für diese Dynamik des sozialen Wandels zu interessieren beginnt.

In den in diesem Buch dargelegten sozialwissenschaftlichen Argumenten wollen wir auf den schmalen Grad hinweisen, den Kindheit heute als *soziale Risikolage* ausmacht. Jeder, der mit Kindern lebt und/oder arbeitet, weiß darum und sucht nach Orientierungen. Diese Suche von Eltern und beruflich geforderten Pädagogen in Familien, Schulen, Freizeit und Heimen wie auch von Kinderpsychotherapeuten ist ebenfalls ein Bestandteil dieser Veränderungsprozesse. Dabei fragen wir vor allem danach, welche Bedeutung diese sozialen Gegenwartsbestimmungen für *kinderpsychotherapeutische* Konzepte und Methoden haben. Spezifische Fragen der Psychotherapie mit Jugendlichen haben wir in diesem Buch nur am Rande erwähnt. Hierzu ist ein eigenständiges Herangehen notwendig, wie es derzeit in einem eigenen Band vorbereitet wird.

Wir glauben, daß ein tieferes Verständnis für die sozialen Risikolagen, unter denen Kinder der *Postmoderne* heranwachsen, uns erlaubt, nicht nur die Entwicklungsaufgaben besser zu verstehen, die Kinder zu bewältigen haben, sondern auch unsere Behandlungsdiagnosen und -methoden kritisch zu bedenken. Denn: Die biographisch-zeitgeschichtlichen Archive, auf die wir erwachsenen Psychotherapeuten zurückgreifen, wenn wir Theorie und Praxis der Kindertherapie betreiben, gehören längst einer anderen Zeitepoche an.

Es ist vor allem die Erlaubnis zum *mehrperspektivischen Denken*, die uns als Vertreter einer Integrativen Kindertherapie beweglich macht für die theoretische Auseinandersetzung mit den eben angedeuteten Herausforderungen. In diesem Sinne versuchen wir in diesem Buch z.B. gewisse Zusammenhänge zwischen solchen Disziplinen wie der Säuglingsforschung, der longitudinalen Entwicklungspsychologie, der modernen Sozialphilosophie und der neueren Soziologie herzustellen.

Auch die entwicklungspsychologischen und klinischen Grundannahmen dieses Modells eröffnen uns verschiedene Möglichkeiten. Folgende seien hier nur kurz erwähnt:

- Wir begreifen die seelischen Fehlentwicklungen von Kindern als Resultat *verschiedener* Verursachungsmomente. Diese reichen von der biologischen Grundausstattung über systemische, psychodynamische bis hin zu ökologischen Faktoren.
- Wir sind orientiert an den Ergebnissen empirischer Psychotherapieforschung, die sich qualitativer und quantitativer Verfahrensweisen bedienen, denn wir sind überzeugt davon, daß ohne die Evaluation therapeutischer Praxis durch Forschung eine Spezifizierung und Effizienzsteigerung praktisch-therapeutischen Handelns nicht möglich ist.
- Wir achten in besonderer Weise auf die Bedeutung entwicklungsfördernder (protektiver) Faktoren für die Entwicklung wie Genesung von Kindern.
- Wir interessieren uns für die Erfahrungs- und Lebenswelten von Kindern, d.h. für ein Konzept, das eine erlebnisbezogene Verschränkung von innerseelischer und sozialer Konfliktdynamik erlaubt.
- Schließlich bestimmt das Menschenbild der Integrativen Therapie den Menschen als ein von Anbeginn des Lebens an sozial bezogenes und zutiefst historisch-kulturell geformtes Wesen. Gerade letzteres erscheint uns besonders wichtig, um uns von den

Fesseln so mancher Denktraditionen zu befreien. So besteht noch häufig die Auffassung, daß menschliche Verkehrsformen, wie Liebe und Partnerschaft oder Auffassungen von Kindheit und Entwicklung, sozusagen naturwüchsig immer schon so waren und nicht durch die Menschen selbst hervorgebrachte kulturelle Errungenschaften sind.

An Hand dieser wenigen Positionsbestimmungen soll deutlich werden, daß die Integrative Therapie sich als Teil einer klinisch-therapeutischen Bewegung versteht, die von Integrationsbemühungen gekennzeichnet ist. Was die Psychotherapieforschung in ihren vergleichenden Untersuchungen zwischen den verschiedenen Ansätzen schon lange nahelegt, droht im Zeichen des Kampfes um eine Psychotherapiegesetzgebung wieder verlorenzugehen: das Ringen um Mehrperspektivität in Theorie und Praxis der Psychotherapie. Gerade für die Kinderpsychotherapie ist diese Forderung nicht neu, weil Kinder entwicklungsbegründet solche Konzepte notwendig machen. Die geistig-seelisch-körperlich-sozialen Veränderungsprozesse, die die kindliche Entwicklung ausmachen, lassen keine Vereinseitigungen zu. Nun darf Mehrperspektivität jedoch nicht als ein bloßes Nebeneinander verschiedener methodischer und theoretischer Sichtweisen mißverstanden werden. Sie muß erstritten werden, und zwar im Rahmen der Ausbildung, im kollegialen Austausch und vor allem in den verschiedenen Institutionen der beruflichen Tätigkeiten. Denn es zeigt sich eben in Beratungsstellen oder Kliniken, in Heimen oder sogar in der freien Praxis: Der Konflikt und die Mehrdeutigkeit von Lösungen sind eher der Normal-, denn der Ausnahmefall. So betrachtet bedeutet auch der Grundgedanke der Integration, so wie wir ihn verstehen, weder Ganzheit noch Einheit. Er kann angesichts der postmodernen „Unübersichtlichkeit" nur als eine stets neu zu erringende Einheit von Widersprüchen, von Konflikthaftigkeit, von Dissenz und Mehrdeutigkeit (Ambivalenz) verstanden werden. In diesem Sinne versucht dieser Begriff der *Integration*, der immer Differenzierung voraussetzt, der Tatsache Rechnung zu tragen, daß alltägliche Lebensbewältigung wie auch professionelle Hilfe hierzu ein hohes Maß an Unsicherheits-, Konflikt- und Ambivalenztoleranz voraussetzt.

Die verschiedenen Beiträge dieses Buches dokumentieren nun 25 Jahre klinische Anwendung der Integrativen Therapie. Wir haben bewußt darauf verzichtet, die theoretischen Grundlagen der

Integrativen Therapie erneut darzustellen, weil sie an anderer Stelle ausführlich beschrieben werden (vgl. hierzu *Petzold, Metzmacher* 1984; *Petzold, Ramin* 1987; *Metzmacher* 1987; *Petzold* 1992; *Metzmacher* 1993, *Petzold* 1993, Band I-III).

Die in diesem Buch enthaltenen Aufsätze dokumentieren eine eigenständige Weiterführung des Verfahrens, und zwar sowohl bzgl. der hier vorgelegten theoretischen Konzepte des I. Bandes wie der im II. Band vorgestellten praktisch-klinischen Anwendungsbeispiele. Die Aufsätze berichten über fruchtbare Ergebnisse dieser Arbeit, und sie enthalten eine wachsende Skepsis gegenüber den großen Heilungsentwürfen und methodischen Allmachtsphantasien der therapeutischen Zunft. Für die Herausgeber war die Arbeit selbst eine Art Balance zwischen Abstinenz und parteilichem Engagement gegenüber der Sache der Kinder und ihren Weggenossen. Dabei erschloß sich im Dialog zunehmend ein Übergangs- und Möglichkeitsraum gemeinsamen Nachdenkens. Dieser gerät, so glauben wir, um so reicher, je häufiger es Kindertherapeuten gelingt, theoretisch *hoch*zusteigen, gleichzeitig emotional *tief* zu begreifen, um sodann in der konkreten Praxis wieder *einfach* zu werden. Möglicherweise finden sich Niederschläge dieses Drei-Schritts in dem einen oder anderen Aufsatz dieses Buches.

## Zu den einzelnen Perspektiven und Kapiteln dieses Buches:

### *Band I:*

Bei der gedanklichen Bearbeitung der ersten beiden Beiträge des Buches „Kindheit und Identitätsentwicklung im Zeichen (post-) modernen sozialen Wandels" (1.1.), sowie „Methodische Zugänge zu den Erfahrungswelten von Kindern" (1.2.) ist uns vor allem die Notwendigkeit einer *Verbindung* von tiefenpsychologischem und sozialem Sinnverstehen deutlich geworden. Die Entwicklung von Kindern und Jugendlichen wird nicht mehr vornehmlich durch die vorherrschenden Atmosphären *in* den Familien geprägt. Strukturell-gesellschaftliche Entwicklungen haben die Privatsphäre des Familiären durchlässig werden lassen. In diese Sphäre des Privat-Intimen strömen gesellschaftliche Einflüsse ein, die sich innerseelisch abbilden und veränderte Entwicklungs- und Bewältigungsanforderungen mit sich bringen. Dies haben wir versucht darzustellen (s. 1.1.) und deren Konsequenzen für die Kinderpsychotherapie methodisch aufzugreifen (s. 1.2.).

***Herzka*** und ***Reukauf*** legen in ihrer Arbeit über „Kinderpsychotherapie als dialogischer Prozeß" ein – wenn auch abstrakt gehaltenes – Grundverständnis von Kinderpsychotherapie dar, das mit unserem Anliegen in weiten Bereichen geradezu identisch ist. Das von den Autoren ausgeführte Prinzip der *Dialogik* ist unserem Verständnis von Integration darin vergleichbar, daß es innerseelisches und soziales Geschehen in weitaus größerem Maße aufeinander zu beziehen versucht, als dies in den traditionellen kinderpsychotherapeutischen Konzeptionen bislang geschehen ist.

Das 2. Kapitel befaßt sich mit klinisch-entwicklungspsychologischen Konzepten.

Der Aufsatz über „Schutzfaktoren und Weggeleit – Integrative Kindertherapie als ressourcenorientierte Netzwerkarbeit" (s. 2.1.) hebt noch einmal die Bedeutung protektiver Faktoren und Prozesse für die kindliche Entwicklung hervor. Psychotherapeutische Konzepte habe sich lange Zeit fast ausschließlich um die *Pathogenese* gekümmert. Wenn wir den Menschen, gleichgültig welchen Alters, Hilfe geben wollen, sind wir in unserer Optik darauf angewiesen, nach heilenden (*salutogenen*), gutartigen (*benignen)* und beschützenden (*protektiven*) Faktoren in deren Geschichte zu suchen. Vielleicht sind wir heute mehr denn je aufgefordert, Menschen, die um psychotherapeutische Hilfe ansuchen, auf vorhandene Potentiale und auf verloren geglaubte Bewältigungsmöglichkeiten (Ressourcen) hinzuweisen bzw. hinzuführen.

Unter Einbeziehung der Ergebnisse der neueren Säuglings- und Kleinkindforschung betont die Arbeit von ***H.G. Reinhardt*** (s. 2.2.) noch einmal die Notwendigkeit einer Integration für die Kinder- und Jugendlichenpsychotherapie. Die darin enthaltenen Ergebnisse kinder- und jugendpsychiatrischer Forschung unterstreichen diese Notwendigkeit. Dieser Hervorhebung der Bedeutung der Säuglings- und Kleinkindforschung für die (kinder-)psychotherapeutische Praxis, wie sie u.a. von *Emde, Lichtenberg, Dorness, Petzold* et al. beschrieben worden ist, verdanken wir es, daß wir endlich eine praxisrelevante Unterscheidung zwischen „fiktivem" und „realem" Säugling vornehmen können. (Zu) Lange Zeit waren die Konzepte von Persönlichkeitsentwicklung von adultomorphen Vorstellungen geprägt. Damit ist die Neigung gemeint, kindliches Wahrnehmen, Handeln und Erleben mit den Augen von Erwachsenen zu betrachten bzw. den Säugling in Begriffen der Erwachsenenpathologie zu beschreiben.

In dem Beitrag von ***D. Bürgin*** über *Winnicott*: „Klinisch relevante entwicklungspsychologische Konzepte" (s. 2.3.) wird die Stellung, die wir *Winnicott* als einem Vertreter integrativer Praxis in der tiefenpsychologisch orientierten Therapietradition zuschreiben, gewürdigt. Dessen Konzepte des „Übergangsraumes", des „facilitating environments" sowie der „hinreichend guten Versorgung" und v.a.m. sind für das Grundverständnis und für die Praxis unseres Verfahrens von großer Bedeutung.

Einige der mit der wissenschaftlichen Forschung verbundenen Fragen und Perspektiven greifen ***M. Maertens, H. Petzold*** (3.1.) und ***P. Heekerens*** (3.2.) im 3. Kapitel auf. Wissenschaftliche Wirksamkeitsnachweise sind eine wesentliche Voraussetzung für eine gesetzliche und kassenrechtliche Anerkennung des Verfahrens. Mit ihr würden sich zusätzliche klinische Anwendungsfelder erschließen, die weitere Erprobung, Forschung und Ausdifferenzierung ermöglichen würden. Deren Ergebnisse kämen schließlich den Menschen zugute, die wir psychotherapeutisch zu behandeln versuchen.

## *Band II:*

Im 1. Kapitel des II. Bandes: „Methodenintegration und institutioneller Rahmen" werden sowohl die Notwendigkeiten wie auch Schwierigkeiten deutlich, die bei der Übersetzung eines Therapieverfahrens auf eine konkrete institutionelle Praxis, hier die Kinder- und Jugendpsychiatrie, entstehen. Administrative Rahmenbedingungen, Bettenpolitik, öffentlicher Auftrag und Gelder, nachbarschaftliches Umfeld, multidisziplinäre Teams u.v.a.m., all dies sind Bedingungen, die de facto darüber entscheiden, was angewandte Psychotherapie im institutionellen Kontext bedeutet.

***W. Landsberg*** und ***K. Malzahn*** beschreiben in ihrem Aufsatz die konkreten Rahmen- und Arbeitsbedingungen in der Elisabeth-Klinik, einer Klinik für Kinder- und Jugendpsychiatrie. Wir freuen uns darüber, eine Beschreibung der Elisabeth-Klinik in unser Buch aufnehmen zu können, weil wir ***Walter Landsberg*** und seiner Klinik für die Entwicklung der Integrativen Kindertherapie viel verdanken. In ihr wurde dieses Verfahren von Anbeginn seiner Gründung, von 1979 an, klinisch erprobt und entwickelt. Die Integrative Kindertherapie dürfte eines der wenigen Verfahren sein, welche sich – bei vorhandenem theoretischem Überbau – aus der *Praxis* heraus entwickelt hat.

Ebenfalls aus den institutionellen Anforderungen der Praxis heraus entwickelt ***H. Rau*** einen eingeständigen Ansatz familienorientierter Behandlung als *Bestandteil* Integrativer Kinder- und Jugendlichenpsychotherapie. Seine Arbeit, wie die von ***A. Hilke*** über Musiktherapie in der Kinder- und Jugendpsychiatrie, machen in anschaulicher Weise deutlich, wieviel Übersetzungsarbeit für die konkreten institutionellen Praxisanforderungen erforderlich ist. *Methodenintegration* bedeutet im konkreten Alltag einer Kinder- und Jugendpsychiatrie ein hohes Maß an Auseinandersetzung sowohl mit Kollegen und Auftraggebern als auch mit den verinnerlichten Werten und Zielsetzungen des Verfahrens, das meist in fernabliegenden Ausbildungsinstitutionen erlernt wurde. Hierüber könnte sicherlich nicht nur die Musiktherapeutin *Andrea Hilke* „ein Lied singen".

Die klinischen Anwendungsbeispiele der Integrativen Kindertherapie, die der Leser im 2. Kapitel dieses Bandes findet, dürften gerade für praktizierende Kindertherapeut/inn/en von besonderem Interesse sein. In dieses Kapitel hätten wir gerne noch verschiedene andere Beiträge aufgenommen, was jedoch auf Grund einer notwendigen Begrenzung nicht möglich war. Wir (die Herausgeber) werden uns in Zukunft vermehrt darum bemühen, klinische Anwendungsbeispiele zu publizieren.

Der 1. Aufsatz des 2. Kapitels zu: *„Das Konzept des Safe-Place: Ein Beitrag zur Praxeologie Integrativer Kinderpsychotherapie"* von **N. Katz** hebt sowohl in theoretischer wie auch in praktischer Hinsicht die Verschränkungen entwicklungspsychologischer und konzeptioneller Entwicklung innerhalb der Integrativen Kindertherapie hervor. Die Autorin veranschaulicht dies an Hand einer Reihe von Kasuistiken, in denen sie das Konzept des „Safe-Place" vorstellt. Dieser Aufsatz bildet gewissermaßen ein Bindeglied zwischen den theoretischen Konzepten des I. Bandes mit den anwendungsbezogenen klinischen Fallbeispielen des II. Bandes.

Der 2. Aufsatz des 2. Kapitels: *„Integrative Fokal- und Kurzzeitpsychotherapie mit Kindern und Jugendlichen"* versucht, die zuvor beschriebene Verbindung von tiefenpsychologischem und sozialem

Sinnverstehen an Hand eines klinischen Fallbeispiels, nämlich der Angstsymptomatik eines 14jährigen Jugendlichen, zu veranschaulichen. Dabei werden darüber hinaus grundsätzliche Überlegungen zu der zunehmenden Bedeutung kurzzeitpsychotherapeutischer Ansätze erwogen und die Konzepte der Fokusbestimmung und der Orientierung an Entwicklungsaufgaben zu konkretisieren versucht.

Die Aufsätze von ***G. Hauch*** über: *„Vorüberlegungen und Konzepte für eine Integrative Frühtherapie"*, von ***U.-J. Schneewind*** über *„Leibtherapie bei Kindern mit frühen Persönlichkeitsschädigungen"*, von ***L. Kuntzag***: *„Wege aus der psychotischen Welt in eine gemeinsame Realität"*, von ***L. Reichhart*** über *„Integrative Therapie bei sexuellem Mißbrauch"* und ***H. Wintsch*** über: *„Kind und Tod – Familie und Tod"* weisen Gemeinsamkeiten und Unterschiede auf. Gemeinsam sind ihnen zunächst einmal die Grundlagen unseres Verfahrens sowie die Tatsache, daß sie die psychotherapeutische Arbeit mit schwer gestörten, beeinträchtigten und/oder traumatisierten Kindern beschreiben. Die jedem Leser auffallenden *Unterschiede* ergeben sich nicht nur aus den verschiedenartigen Krankheitsbildern der jeweils behandelten Kinder. Sie sind vor allem auch in den verschiedenartigen Persönlichkeiten der Autor/inn/en und d.h. Therapeut/inn/en begründet. Der Einfluß des Therapeuten und seiner Persönlichkeit wird in der neueren Psychotherapieforschung ohnehin als der entscheidende Wirkfaktor beschrieben, der signifikant größer ist als der der angewandten therapeutischen Technik (vgl. *Schauenburg* 1994, 386f).

Abschließend findet der Leser einige kurze Beschreibungen über die Ausbildung in Integrativer Kinder- und Jugendlichenpsychotherapie am Fritz Perls Institut.

Danken möchten wir allen Kolleginnen und Kollegen, die bei der Erstellung dieses Buches aktiv mitgewirkt und ihre Arbeit zur Verfügung gestellt haben. Der Dank gilt auch vielen anderen mehr, die hier nicht namentlich erwähnt werden können, durch deren Anregungen, Kritik und zuverlässige Mitarbeit (wie beispielsweise von Frau *U. Düring*) wir vieles gewonnen haben.

Düsseldorf, Stuttgart, im November 1995

*Die Herausgeber*

## Literatur

*Hitzler, R., Honer, A.*, Bastelexistenz: Über subjektive Konsequenzen der Individualisierung. In: *Beck, U., Beck-Gernsheim, E.* (Hrsg.): Riskante Freiheiten, Suhrkamp, Frankfurt 1994, S. 307-315.

*Metzmacher, B.*, Integrative Bewegungstherapie mit Kindern. In: *Petzold, H.G., Ramin, G.* (Hrsg.): Schulen der Kinderpsychotherapie, Junfermann, Paderborn 1987, S. 227-255.

—, Integrative Kinder- und Jugendlichenpsychotherapie. In: *Petzold, H., Sieper, H.* (Hrsg.): Integration und Kreation, Bd. II, Junfermann, Paderborn 1993, S. 491-501.

*Petzold, H.G.* (Hrsg.), Kinder, Jugendliche, Gefühle und Umwelt, Schwerpunktheft: „Gestalt und Integration", 2/1991 bis 1/1992, FPI-Publikationen, Düsseldorf 1992.

—, Integrative Therapie. Modelle, Theorien und Methoden für eine schulenübergreifende Psychotherapie, Bd. I-III, Junfermann, Paderborn 1993b.

—, *Metzmacher, B.*, Kreative Medien, Awareness-Training und Interaktionsspiele der Integrativen Gestalttherapie in der Arbeit mit Kindern und Jugendlichen. In: *Keuzer, H.J.* (Hrsg.): Handbuch der Spielpädagogik, Bd. IV, Schwann, Düsseldorf 1984, S. 253-267.

—, *Ramin, G.*, Integrative Kinder- und Jugendlichenpsychotherapie. In: Dies.: Schulen der Kinderpsychotherapie, Junfermann, Paderborn 1987.

*Schauenburg, H.*, Grenzen der Kurzzeit-Therapie – Neue Trends in der Prozeßforschung. In: Zs.: *Psychotherapeut* 39, 1994, S. 386-388.

# 1.

# Aspekte zur Verbindung von tiefenpsychologischem und sozialwissenschaftlichem Sinnverstehen in der Integrativen Kindertherapie

# Kindheit u. Identitätsentwicklung im Zeichen (post-)modernen sozialen Wandels

*Bruno Metzmacher, Helmut Zaepfel*

„Als Kinder und Jugendliche hatten die Teenager die 80er Jahre und die Postmoderne wie eine schmerzhafte Versteigerungsaktion empfunden, in der alles zur Disposition stand, von der Familie bis zum Rock'n Roll. Eine Zeit, in der alles einen Preis hatte, aber nichts einen Wert. Sie wuchsen auf in den Trümmern aus Scheidung, Kindesmißbrauch und Rezession." (*Der Spiegel* vom 18.4.1994)

Integrative Kinder- und Jugendlichentherapie versteht sich nicht nur als angewandte klinische Entwicklungs- und Persönlichkeitstheorie. Sie betont in ihren Axiomen die Person-Umwelt-Wechselwirkung derart ausgeprägt, daß man sie auch als angewandte Sozialpsychologie beschreiben könnte (vgl. z.B. *Petzold, Schuch* 1992, 371ff.). So gehen wir davon aus, daß die in der therapeutischen Begegnung vom Kind erzählten Konflikte und Kränkungen nicht nur eine mehr oder weniger leidvolle Lebensgeschichte und deren Bewältigungsversuche widerspiegeln. Diese Erzählungen stellen zugleich eine konkret-sinnliche Berichterstattung über die politisch-ökologischen und sozialen Verwerfungen, Konflikte und Bedrohungen dar, unter denen kindlicher Alltag stattfindet.

Greift man nun auf sozial-psychologische Modelle, wie z.B. den ökologischen Ansatz von *Bronfenbenner* (1981) zurück, so zeigt sich, daß diese inhaltlich unbestimmt bleiben. Man erfährt über sie nichts darüber, wie Kinder das Waldsterben erleben, wie sie in die jugendlichen Subkulturen, von den Squash-Clubs über die In-Kneipen, die Straßen- und Stadtteilgangs bis hin zu den Sprayern in der Graffitiszene etc. hineinwachsen. Sie berichten uns nichts darüber, ob He-Man, Batman und der Rote Blitz für Kinder das sind, was Arnold-Schwarzenegger-Filme für Erwachsene sind. Und sie informieren uns nicht darüber, wie Kinder neue Erziehungswelten erleben, in denen z.B. ein homosexuelles oder lesbisches Elternpaar den vierjährigen Tobias und ein adoptiertes Geschwisterchen aus dem Kinderheim erziehen.

Der dramatische soziale Wandel, der im gesellschaftlichen Alltag von Kindern und Jugendlichen seinen Niederschlag findet, kommt, – so *Keupp* – in formalwissenschaftlich entleerten Begriffspyramiden vieler sozialpsychologischer Ansätze nicht vor (vgl. *Keupp* 1994a, 7ff). Von daher sind sie für Diagnose und Interventionslehre der Kinderpsychotherapie wenig brauchbar. Letztlich aber bedarf es der Revision solcher Umwelt- und Gesellschaftskonzepte, wie sie z.B. *Winnicott* formulierte und wie sie heute noch weit verbreitet sind:

> „Das Leben der Gesellschaft ist wesentlich eine Erweiterung des Familienlebens. Wenn wir zuschauen, wie Erwachsene sich um kleine und ältere Kinder kümmern, und wenn wir dann die politischen Einrichtungen der Gesellschaft betrachten, so erkennen wir in ihnen die Verschiebungen der Strukturen von Heim und Familie. Das Zuhause und die Familie sind nach wie vor Modelle, nach denen alle Arten gesellschaftlicher Einrichtungen geformt werden müssen, wenn sie funktionieren sollen" (*Winnicott* 1987, 227ff).

So wichtig für unsere Kontext- und Umweltbestimmung *Winnicotts* Begriff von der „haltgebenden und ermöglichenden Umwelt" ist, so unhaltbar altmodisch ist ein pseudokonkretes Verständnis von gesellschaftlichen Konflikten nach Art von „Familienkriegen". Man setze nur als Beispiel eine systemtheoretische Formulierung von Gesellschaft dagegen, die die Rede von der medialen Informationsgesellschaft aufgreift, in der Menschen zu bloßen „Benutzeroberflächen" werden: „Unsere Gesellschaft erweist sich immer nachdrücklicher als autonome Kommunikationsmaschine, die zwar auf Menschen und ihre Bewußtseine angewiesen ist, aber nicht auf sie zurückgeführt werden kann" (*Bolz* 1993, 7).

Humanistisch gesinnte Psychotherapeuten haben für solchen „Soziologenjargon" meist nur ein ablehnendes Stirnrunzeln übrig. Die Folge ist u.a., daß die Vertreter der Therapiekultur die Auseinandersetzung über den radikalen sozialen Wandel im Zeichen der (Post-)Moderne und seine Auswirkungen auf ihre Klienten nur halbherzig führen. Kinder und Erwachsene aber sind lebensweltlichen Veränderungen ausgesetzt, auf die vor allem die seelisch und sozial benachteiligten Menschen mit zunehmender Desorientierung und Angst reagieren. Und unseren Erachtens ist bei aller Anerkennung der Chancen, die mit der postmodernen Vielfalt der Lebensformen verbunden sind, die Risikoseite enorm. Von daher

> „erscheint Angst mehr als berechtigt. Als Panik jedoch lähmt sie unsere Orientierungs- und Handlungsmöglichkeiten. Angst muß sich strukturieren, damit wir wenigstens an dem Versuch festhalten können, unsere Zukunft und die unserer

> Kinder zu sichern. Dazu gehört es nicht nur, nach dem Muster der sozialen Diffusion die eigene Betroffenheit gebetsmühlenartig zu beteuern oder sich nach dem Muster des sozialen Autismus stumpf von den Bedrohungen abzuwenden. Was nottut, ist vielmehr das analysierende Begreifen des Zerfalls der basalen Kulturkategorien, damit wir uns eine Realität wieder zu eigen machen können, von der wir sonst überrollt werden" (*Buchholz, Reiche* 1986, 637).

In dieser Absicht haben wir die folgende Skizze postmoderner Turbulenzen und ihre Auswirkungen auf die Identitätsentwicklung von Kindern, Jugendlichen und Erwachsenen verfaßt. Wir plädieren darin für eine verstärkte Nutzung soziologisch-sozialpsychologischen Wissens mit dem Ziel, Theorie und Methodik der Kinderpsychotherapie lebensfeld- und gesellschaftsnaher zu machen. Von daher sollen die folgenden Ausführungen auch auf bestimmte inhaltliche Überlegungen vorbereiten, die in weiteren Beiträgen dieses Bandes aufgenommen werden.

## Kindheit im Zeichen der Postmoderne. Was ist damit gemeint?

Im *Amtsblatt der Stadt Stuttgart* wird im März 1994 über eine Schreibwerkstatt mit Kindern und Jugendlichen berichtet, in der diese sich „ihre Zukunftsvisionen von der Seele schrieben". „Im Jahr 2020 gibt es keine Welt mehr. Ich bin ein Häufchen Erde", formuliert ein 12jähriger Realschüler (Amtsblatt Nr. 11, 1994, S. 1), und die 13jährige Songül meint, so zitiert die *Stuttgarter Zeitung* im Juni 1993: „Manchmal denke ich, die Welt wird untergehen, weil wir Menschen nicht genügend auf sie aufpassen."

Ängste von Kindern, Jugendlichen und Familien werden seit ungefähr ein bis zwei Jahren nicht nur in Stuttgarter Zeitungen zu Titelgeschichten gekürt. *Spiegel, Stern, Focus, Die Woche, Die Zeit* etc. wetteifern um Themen wie: „Leben mit der Gasmaske"(*Spiegel* 33/1992); „Kinder um jeden Preis, wenn der Nachwuchs ausbleibt, setzen immer mehr Paare auf High-Tech-Medizin"(*Stern* 44/93, S. 42); „Mißbrauchte Kinder"(*Die Woche*, Sept. 1993, S. 1); „Kältetod der Menschlichkeit; der Kindermord von Liverpool" (*Spiegel* 9/93, S. 232); „Spiel mit mir Seife FA. Werbung und Cliquenzwang machen die Kids zu den Kaufmotoren der Familie"(*Spiegel* 50/93); „Armut durch Kinder? Die verratene Familie"(*Stern* 11/94) etc..

Die Medien beginnen hier etwas massenwirksam zu benennen und auszuschlachten, was sich bis vor kurzem, trotz Tschernobyl und dem Fall der Mauer, noch eher unbemerkt vollzogen hat: eine dramatische Beschleunigung des gesellschaftlichen Wandels, der dem menschlichen Beobachter nur eine kurze Zeitspanne für Beobachtung und Analyse gewährt, denn: „Alle Gegenstände, Ereignisse und Phänomene sind unter einen rasanten Beschleunigungsdruck geraten. Für die innere Zeit der Beobachter ist es nahezu unmöglich geworden, sie in einer für ihr Nachdenken und Vorstellen genauso wichtigen wie für ihr moralisches Empfinden und praktisches Urteilen notwendigen Konstanz und Kontinuität zu halten" (*Maresch* 1993, 9).

Dieses Innehalten tut not, denn Endzeitbilder haben Hochkonjunktur. So wird mittlerweile vom *Verschwinden der Kindheit* (*Postman 1992) oder vom Tod des Subjekts* (*Foucault*), vom *Ende der Erziehung* (*Pollak* 1993, 9), *der Arbeitsgesellschaft, der Geschichte und der Politik*, ja vom *„Ende der Gewißheit"* (*Schneider* 1994) gesprochen.

## *Die Postmoderne als Chance und Risiko*

In diesen Endzeitbildern wird u.a. mitgeteilt: „Soviel Auflösung war noch nie!" D.h., der Prozeß des sozialen Wandels in modernen Industriegesellschaften erzeugt qua Beschleunigung und Eigendynamik, unabhängig vom Wollen und Denken des Menschen, neue Formen der Vergesellschaftung. Deren politisch-ethische, ökonomische wie ökologische Gestalt wird sich erst noch herausbilden müssen. Was liegt näher als in dieser auf Dauer gestellten Situation von Neuerung, Umbruch und raschem Veralten mit Orientierungsverlust und diffusen Zukunftsängsten zu reagieren, scheinen doch nahezu alle vertrauten Koordinatensysteme in Politik, Familie und Alltag buchstäblich zu verdampfen. Postmoderne Gesellschaftsentwicklung steht somit u.a. für den umfassenden Verlust eindeutiger und überschaubarer Werte-, Sinn- und Lebenszusammenhänge. Das heißt, Mehrdeutigkeit (Ambivalenz), Chaos und Zufall (Kontingenz), explodierende Vielfalt (Pluralität) und extreme Beschleunigung des sozialen Wandels sind ihre Zeitzeichen.

Dieser soziale Wandel ist doppelgesichtig, d.h., er birgt vielfältige Risiken wie auch Chancen. Fixiert sich die Wahrnehmung ausschließlich auf die „risikogesellschaftlichen" Gefahren, so geraten

Zukunftsentwürfe zur bloßen Vorwegnahme apokalyptischer Faktenreportagen. Unterschlagen wir das Risikopotential nach dem Muster „Leben light" oder „Warum beschweren wir Herz und Kopf mit apokalyptischen Visionen?" (*Keupp* 1994a, 233), so riskieren wir unversehens, die Zukunft der Heranwachsenden auf andere Weise zu verspielen.

Die schwierige Vermittlung dieser Doppelgesichtigkeit der Postmoderne, nämlich als Ort der Gelegenheit und Ort der Gefahr (*Baumann* 1992, 320), führt zu der Frage: „Wie ist unter diesen Bedingungen eine hinreichend gute Zukunft für Kinder vorstellbar?" Aus Kindermund hört sich diese Forderung an die Erwachsenen z.B. so an: „Baut Brunnen! Pflanzt Wälder statt Panzer und Raketen in der Dritten Welt! Verhindert Randale und Greueltaten und übt Nächstenliebe. Und tun Sie das bitte jetzt!" (Antonio, 12 Jahre, in *Rusch* 1993). Und die entsprechende Grundhaltung für die Arbeit an der postmodernen Unübersichtlichkeit formulieren sie gleich mit: „Ich muß aber bestimmt viel Geduld haben, denn mit Gewalt krieg ich den Himmel nicht blau"(Songül, 13 Jahre).

Wir werden im folgenden einige Aspekte dieses postmodernen sozialen Wandels skizzieren. Als gesellschaftliche Randbedingungen entscheiden sie darüber mit, welche Chancen und Risiken Kinder und Jugendliche in ihren Lebenswelten antreffen. Eine Schlüsselmetapher zum Verstehen postmodernen sozialen Wandels ist der Begriff der *Individualisierung*. Von diesem ausgehend skizzieren wir eine politisch-ethische Position, von der her wir den Vorgang des sozialen Wandels bewerten. Anschließend veranschaulichen wir Individualisierungs- und Freisetzungsprozesse an Hand der Themen: Umwelt, Stadtentwicklung, Familie und Identitätsentwicklung.

Eine soziologische Perspektive soll uns helfen, die folgenden Themenkomplexe und Fragestellungen besser zu verstehen:

1. Welche innerseelischen und psychosozialen Fertigkeiten benötigen Heranwachsende, um die Mehrdeutigkeit (Ambivalenz) und Offenheit postmoderner Gesellschaftsentwicklung positiv verarbeiten zu können?
2. Welche Formen sozialer Anerkennung in Gestalt lebensweltspezifischer wie politisch-institutioneller Fürsorge und Unterstützung bedürfen Kinder und Jugendliche, damit ihnen eine hinreichend gute Identitätsentwicklung im Zeichen der Postmoderne gelingen kann?

## Das Konzept der Individualisierung oder die biographischen Folgen postmodernen sozialen Wandels

Die demokratisch-kapitalistische Gesellschaftsordnung und ihre Institutionen befinden sich in einem Systemwandel, für den *Beck* den Begriff der *Risikogesellschaft* (vgl. *Beck* 1986) und *Groß* den der *Multi-Optionsgesellschaft* (vgl. *Groß* 1994) geprägt hat.

### *Die Zerrissenheit der sozialen Welt*

Die Institutionen der traditionellen Industriegesellschaft sollten das gewährleisten, was, sehr vereinfacht, die klassischen Ziele der industriellen Moderne waren: Bürgerrechte und Wohlstand, und zwar für alle! Dieses Zivilisationsprojekt der Moderne ist nun in eine Existenzkrise geraten: eine Art „Siegkrise" nach dem Zusammenbruch des „realen Sozialismus". Dabei gilt folgende Paradoxie: Der Erfolg des demokratisch verfaßten Kapitalismusmodells hat Voraussetzungen, die eben dieses Projekt zerstören.

Das heißt, die über lange Zeit nicht bedachten Nebenfolgen der großen Garanten der Industriemoderne, sprich: Wissenschaft, Technik, Markt und demokratisch kontrollierbare Politik sind es, die heute kaum mehr bewältigbare Risiken produzieren. Wir wollen hier nur einige Beispiele nennen: Umweltvergiftung, Nuklearkatastrophen, Klimaveränderung, Verkehrsinfarkt, Gentechnologie, fundamentalistische Bewegungen in Religion und Politik.

Vor allem letztere sind die Folgen einer umfassenden Auflösung der – in Tradition und Religion verankerten – Tiefenbindungen der Menschen. Diese finden in den Idolen des Marktes, in der Kühle der wissenschaftlichen Vernunft oder im formaldemokratischen Räderwerk des modernen Parlamentarismus keinen hinreichenden spirituellen Ersatz mehr. Es sind aber diese Größen, die wie eine Art „zivilreligiöser Kitt" das Gemeinwesen zusammenhalten. Die für uns wesentliche Risikofolge bei diesem Zerfallsprozeß ist damit angedeutet, nämlich das, was *Honneth* als *Zerrissenheit der sozialen Welt* bzw. mit der *Auflösung des Sozialen* beschreibt (*Honneth* 1990).

Dieser Traditionsverfall wird mittlerweile für alle bedeutsamen Institutionen der sozialen Welt dokumentiert, analysiert und je nach Standpunkt beklagt oder gefeiert. So spricht man von der „Familie als einem auslaufenden Modell", von der „neuen Liebesunordnung" und der Verwandlung von Liebesbeziehungen in „Beziehungskisten", von der „Erziehung als Alibiprogramm" und von den „Babies a la carte". Man klagt an: „Sagt uns, wo die Väter sind" und meint die Generation der „Schlaffi-Papis". Man fordert: „Gebt der Schule endlich schulfrei" bzw. konstatiert, daß in ihr „die Realität kein Schulfach sei" und stellt fest, daß die medienkulturelle Unterwanderung aller Lebensbereiche in Gestalt von „Info-Highways" sowie „interaktivem Fernsehen" dazu führe, daß der „große Bruder" für die heutigen Kinder allgegenwärtig sei und daß virtuelle an die Stelle sozialer Gemeinschaften treten. Auch auf die Kirche ist kein Verlaß, denn für sie gilt: „Die Kathedralen sind leer, die Kassen voll, der Konzern groß und der Glaube klein" (*Die Zeit* 7/94, S. 13). Ein beispielsloser Emanzipationsprozeß führt zu einer völligen Verwischung von privatem und öffentlichem Raum. Es ist die Rede von der „Tyrannei der Intimität" (vgl. *Sennett* 1986) und einem umfassenden „Betroffenheitskult", in dem noch das Intimste „ge-outet" wird.

Wir sind und werden Zeugen eines epochalen Gestaltwandels im Verhältnis zwischen Individuum und Gesellschaft. „Die Menschen werden am Ende des 20. Jahrhunderts aus den industriegesellschaftlichen Lebensformen in die unübersehbare Turbulenz der Weltrisikogesellschaft freigesetzt" (*Beck* 1994, 151). *Beck* zufolge ist dieser Vorgang, wenn überhaupt, nur mit dem Übergang von den ständisch-feudalen Lebens- und Gesellschaftsformen des 17. und 18. Jahrhunderts in die Welt der frühindustriellen Moderne zu vergleichen (*Beck* 1986, 151).

## *Der Prozeß der Individualisierung*

Dieser soziale Wandel und seine noch unabsehbaren Folgen für die Biographie- und Lebensplanung der Menschen wird Individualisierungsprozeß genannt. Er scheint mittelfristig unumkehrbar und ist als Systemlogik für den einzelnen Menschen unhintergehbare Randbedingung seiner Lebensstilführung. „Die Menschen sind zur Individualisierung verdammt" (*Beck* 1994, 152). Der Einzelne wird zum Lebensstilmanager und Biographieplaner, zum existentiellen Kleinunternehmer in eigener Sache, „und das ohne sozialstaatliche Vollkaskoversicherung" (*Beck* 1986, 217).

Für den Einzelnen bedeutet dies, daß die Lebensgestaltung einerseits immer mehr zu seiner Privatangelegenheit wird. Andererseits geben die sozialen Schichten, die Familie oder die Nachbarschaft keinen berechenbaren unterstützenden sozialen Horizont mehr vor.

Damit können und müssen soziale Zusammenhänge sehr viel ausgeprägter durch den einzelnen Menschen selbst hergestellt und unterhalten werden. Der Heranwachsende kann und muß wählen, welcher Art sozialer Bindung, welcher Art Kirche, welcher Art Arbeit, welcher Art Lebens- und Genußkultur er zukünftig zugehören möchte.

Nun führen solche Freisetzungsprozesse aus sozialen Bindungen keineswegs zur Einebnung von Ungleichheitsstrukturen. Armut und soziale Deklassierung bleiben ein brennendes Thema. Hierfür genügt ein Blick in die neuen Bundesländer und auf die mittlerweile massiv einsetzenden Umverteilungskämpfe in Deutschland. Die individuelle Lebensplanung wird somit einerseits riskanter infolge des Wegfalls verläßlicher Traditionszusammenhänge. Andererseits müssen auch die globalen ökonomischen, technischen und ökologischen Risiken als privat existentielle Lage er- und ausgetragen werden, d.h., die „Weltgesellschaft wird Teil der Biographie ..." (*Beck* 1986, 219).

Dieser Individualisierungsprozeß ist nun wie o.a. *doppelgesichtig*: Wird „der Lebenslauf an vielen Punkten offener und gestaltbarer", so erhöht sich zugleich das Risiko des Scheiterns. Des weiteren kommen auf der Kehrseite der Gestaltbarkeit neue Anforderungen und Zwänge auf die Individuen zu. „Insbesondere Arbeitsmarkt, Staat und Institutionen bilden nun Netze von Regelungen, Maßgaben, Anspruchsvoraussetzungen heraus – vom Rentenrecht bis zum Versicherungsschutz, vom Erziehungsgeld bis zu Steuertarifen –, die die institutionelle Horizonte für die Planung der Individuen vorgeben." (*Beck-Gernsheim* 1994, 136).

Wie verarbeitet nun der Einzelne die Werte- und Lebensstilvielfalt sowie den Verlust sozialer Stützsysteme im Rahmen seiner Biographieplanung? Er kann sie einerseits in Gestalt vermehrter Selbstentfaltung (*Buchholz* 1993, 27), d.h. emanzipatorisch, zu nutzen versuchen. Andererseits ist es möglich, daß er sich eher als „heimatlos beheimatet in einem sozialen Klima dauernder Desorientierung" (*Beck-Gernsheim* 1994, 143) erfährt, d.h. im Sinne verstärkter sozialer Isolierung und Entfremdung reagiert. Ob er die Balance zwischen beiden Verarbeitungsformen findet, hängt von den Selbst-

und Weltbildern ab, von denen her die Person die Freisetzungsprozesse innerseelisch bewertet. Diese innere Bereitschaft, eher die Chancen- denn die Risikenseite in die Lebensoptik zu bringen, ist entscheidend dadurch bedingt, ob der Heranwachsende eher unter Bedingungen *„struktureller Geborgenheit"* (*Petri* 1992) bzw. „Anerkennung" (*Honneth* 1992) oder *„struktureller Gewalt* bzw. Nicht-Anerkennung" aufwächst.

## „Strukturelle Geborgenheit und Anerkennung" versus strukturelle Gewalt und Nicht-Anerkennung

> „Wer kann uns heute noch eine moralische Autorität sein? Und warum? Warum sollen wir nicht machen, was möglich ist? Warum sollen wir uns nicht verhärten lassen in dieser harten Zeit? Wenn es doch nützt?" (*König* 1993, 4).

### *Eine Ethik der Zwischenmenschlichkeit – ein alter Zopf?*

Die oben zitierte Gebrauchsethik verdankt sich einer Alltagserfahrung, in der zunehmend „alles egal wird, weil alles möglich ist": von blutdurchtränkten Kriegsuniformen für Trendmode über Embryos, die in toten Mutterkörpern heranwachsen, bis zu 70jährigen Frauen, die sich noch ihr Wunschkind designern lassen. Und da „das Leben härter, dreckiger" wird, ist eine Auffassung eben „mega-out", wonach Menschen ihre Selbstachtung nur im Feld praktizierter Zwischenmenschlichkeit gewinnen. Vertreter der philosophischen Zunft drücken sich zwar gewählter aus, aber in der Substanz sagen sie dasselbe: Eine Ethik der Zwischenmenschlichkeit, wie sie in der Integrativen Therapie vertreten wird (*Petzold* 1993, Bd. 1, 17ff), sei die sentimentale Spielart eines veralteten Humanismus (*Kamper* 1993, 59ff; *Bolz* 1994, 181ff). Diese Kritik weisen wir zurück, und zwar aus folgenden Gründen:

Einerseits wissen wir, daß die Vision des Sozialphilosophen *MacIntyre* für den Ausgang des 20. Jahrhunderts ins Herz der Gegenwart trifft: „Wie nach einer globalen Katastrophe existieren die Menschen heute in einer Welt, die von moralischen Trümmern übersät ist, deren Sinn niemand mehr zu entziffern vermag" (*Die*

*Zeit*, 16/94, S. 61). Und natürlich fragen wir: Woher soll der Gemeinschaftssinn kommen, wenn die postmoderne Wertevielfalt keine übergreifenden moralisch-ethischen Gemeinsamkeiten mehr ermöglicht. Gleichwohl wollen wir uns nicht den Stimmen anschließen, die solche Gesellschaften als „glücklich" schätzen, die sich von der Ethik der Inhalte, den moralischen Grundsätzen verabschieden und sich dem „reinen Spiel" überlassen. Im Gegenteil: Aus der Perspektive des Heranwachsenden sind solche Positionen unhaltbar, d.h., um jungen Menschen auch nur eine zeitlich befristete Orientierung zu vermitteln, bleiben die Erwachsenen zur Sinn- und Werteschöpfung „verdammt".

Solche Wertorientierung kann sich natürlich nicht mehr auf die zweifelhafte Autorität einer umfassend gültigen Morallehre berufen. Vielleicht kann man sie eher eine Art „ethische Klugheit" nennen (*Seele* 1993). Diese vermittelt keine Rezepte, sondern nurmehr Maximen bzw. Formen ethischer Nachdenklichkeit und moralisch zwischenmenschlicher Sensibilität. Diese weiß um ihre Vorläufigkeit, ist eher skeptisch und huldigt eher dem Zweifel, denn der Gewißheit. Sie pflegt eine Art „schwachen" anstatt „starken" Denkens (*Schönherr* 1989, 121ff). Das heißt, sie anerkennt, daß es keinen Fortschritt des Wissens und damit keine präzisen Wahrheiten mehr zu enthüllen gibt. Es ist ein Denken in „offenen Horizonten" (*Meyer-Drawe* 1990, 63ff), also mehrperspektivisch ohne den Zwang zur endgültigen Synthese (*Petzold* 1990, Bd. II, 648f).

## *Grundrechte von Kindern*

Will man nun jungen Menschen auch unter den Bedingungen eines radikalen sozialen Wandels hinreichend behilflich sein, eine eigene Identität zu entwickeln, dann kommt man nach wie vor nicht umhin, folgendes zu fordern:

- Kinder und Jugendliche brauchen eine hinreichend haltgebende sozial-ökologische und kulturelle Umwelt.
- In ihr müssen, zumindest zeitlich befristet, hinreichend verläßliche Bindungs- und Solidaritätserfahrungen möglich sein.
- Erst diese gestatten es, daß der Heranwachsende elementare Formen der Selbstachtung und damit des nötigen Selbst- und Weltvertrauens entwickeln kann.

- Beides sind unerläßliche Bedingungen für ein selbständiges (Über-)Leben in der postmodernen „Unübersichtlichkeit".

Solche fördernden Umweltbedingungen nennen wir in Anlehnung an *Petri* und *Honneth* Bedingungen „struktureller Geborgenheit". Sie stellen politische Formen der Anerkennung basaler Entwicklungsrechte dar. Und zwar:

- das Recht auf Anerkennung als emotional bedürftiges Wesen im Rahmen der Primärerziehung.
- das Recht auf Anerkennung als Rechtsperson, die einen Anspruch darauf hat, so gefördert zu werden, daß sie eines Tages ihre politischen Teilhaberrechte autonom wahrnehmen kann.
- das Recht auf Wertschätzung des individuellen Lebenstil- und Identitätsentwurfs, d.h. die Anerkennung als einzigartige Person innerhalb solidarischer Sozialbeziehungen. (Vgl. *Honneth* 1992, 148ff)

*Fazit:* Wir brauchen verstärkt „haltgebende und ermöglichende" soziale Umwelten für Kinder, die rechtlich abgesichert und institutionalisiert sind. Nur in ihnen lassen sich innerseelische und soziale Fertigkeiten erwerben, die es Kindern gestatten, „ohne Angst verschieden zu sein" (*Adorno* 1984). Dies ist eine der wesentlichsten Fähigkeiten, um postmoderne Unsicherheit und Vielfalt sowohl aushalten als auch kreativ nutzen zu können.

Alle politisch-ökologischen wie sozialen Aspekte der Risikogesellschaft, die zu einer Mißachtung dieser Grundrechte des Heranwachsenden führen, nennen wir Formen „struktureller Gewalt oder Nicht-Anerkennung". Dazu gehören u.a. alle Formen physischer Mißhandlung, der Entrechtung und Entwürdigung. In diesem Fall wird die postmoderne Individualisierungserfahrung zum Ort extremer Isolation und existentieller Entfremdung.

Kinder können den Kampf um Anerkennung ihrer basalen Lebensrechte nicht selbst führen. Sie brauchen Erwachsene, die ungeachtet eines noch so radikalen sozialen Wandels die Bedingungen einklagen und zu erhalten suchen, die Kinder und Jugendlichen benötigen, um nicht zu einer ausgegrenzten Randgruppe im postmodernen Gesellschaftsspiel zu werden (vgl. *Metzmacher, Zaepfel* 1995).

Im folgenden wollen wir nun auszugsweise die Doppelgesichtigkeit postmoderner Individualisierungsprozesse anhand der gesellschaftlichen Lebensfelder Ökologie, Urbanität und Familie skizzieren.

## „Vergiftete Kindheit“ (*Petri* 1990)

Hinweise auf Umweltzerstörung verlieren immer mehr an Überraschungs- und Neuigkeitswert. Wir erfahren täglich,

- daß bei Kindern die Leukämierate, die Atemwegserkrankungen, Allergien etc. in die Höhe schnellen („Leben mit der Gasmaske“, *Der Spiegel*, 33/93, S. 110ff),
- daß die Bewegung im Freien zum Risikounternehmen wird – „Nehmt die Kinder aus der Sonne“ (*Focus*, 19.7.93),
- daß eine zunehmende umweltbedingte Unfruchtbarkeit bei Männern und Frauen registriert wird etc. (*SZ*, 15.7.93, S. 20),
- daß Lebensmittel zusehends zu „Lebensgefährdungsmitteln“ werden. Konnten wir uns bislang mit der Aussicht trösten, auf die gering belastete Babynahrung umzusteigen, wenn uns der Lindananteil im Radicchio zu hoch wird, ereilt uns im April '94 die Nachricht, daß auch Hipp und Alete Pestizidrückstände aufweisen (*Die Zeit*, 16/94, S. 41).

In der sich allmählich dem Ende neigenden Therapie frage ich den neunjährigen Alexander, was er denn glaube, was sich so ungefähr in den kommenden drei Jahren für ihn verändert haben wird.

A: Um Gottes Willen, am besten gar nichts!

Th: Was soll das denn heißen?

A: In drei Jahren ist doch alles künstlich. Draußen alles, das Essen und bestimmt auch noch die Haut. Überhaupt alles. Ich denke besser nicht an das, was in drei Jahren ist.

Wir werden zusehends zu gleichmütigen Betrachtern, die – wie Alexander – am besten gar nicht an morgen denken. Das Karussell der alltäglichen Katastrophenmeldungen können wir nicht anhalten. Wir sortieren zwar den Müll, aber ansonsten geht alles seinen geregelten Untergang.

Halten wir also fest: Umweltzerstörung als Moment struktureller Gewalt macht schon lange nicht mehr vor Säuglingen und Kleinstkindern Halt. Kinder sind noch die sensibelsten Seismographen, wenn sie laut IG-Metall-Studie folgende Realängste benennen:

1. 90% Angst vor dem Sterben (Umwelt, Tiere, Menschen)
2. 60% Umweltvergiftung
3. 50% Urbanität, d.h. Angst vor zunehmender Verstädterung (vgl. *Petri* 1994).

Am Beispiel der Umweltzerstörung kann folgender Sachverhalt postmoderner Entwicklungslogik aufgewiesen werden: Der „Mikrokosmos der eigenen Lebensführung" wird mit dem „Makrokosmos globaler Probleme von erschreckender Unlösbarkeit kurzgeschlossen" (*Beck* 1993, 236), d.h., die „globalen Krisen wurzeln von nun an im kleinsten, privaten Seelenraum"(*Schärli-Corradini* 1992, 10). Anders formuliert: Wenn die Privatheit zum Spielball wissenschaftlicher Folgen und politischer Großwetterlagen wird, dann brechen die „Fragen einer fernen Welt der chemischen Formeln im Innersten der eigenen Lebensführung als Identitäts- und Existenzfrage bluternst... auf" (*Beck* 1993, 235).

Auf diesen Zusammenhang, welcher Umwelt- als zunehmende Innenweltzerstörung aus der Perspektive von Kindern beschreibt (vgl. *Petri* 1990, 87ff), wollte ein „offener Brief" an den Bundeskanzler und die im Bundestag vertretenen Abgeordneten hinweisen. Federführend war *H. Petri*, und unterschrieben wurde er von über 40 psychosozialen und ärztlichen Verbänden der BRD.

Darin heißt es u.a.: „Die viel diskutierte ‚Umwelt- und Zukunftsangst' in der jungen Generation kann bei genauer fachlicher Betrachtung Ausdruck tiefreichender umweltbedingter Identitäts- und Entwicklungsstörungen sein. Besonders ernstzunehmen sind nach unserer Auffassung neben den individuellen Folgen die langfristigen Auswirkungen auf das Verhältnis der Generationen zueinander und das Zusammenleben in unserer sozialen Gemeinschaft. Die Umweltzerstörung stellt schon heute eine Verletzung von Grundrechten dar, und die von der jungen Generation als Verrat erlebte Bedrohung ihrer Zukunftschancen führt nach breiten psychologischen Erkenntnissen zu Rachegefühlen und Vergeltungsaggressionen. Sie richten sich gegen eine Erwachsenengeneration, die durch Aufkündigung ihrer Loyalitätsverpflichtungen gegenüber ihren Kindern auch die ungeschriebenen, aber moralisch hochwirksamen Generationsverträge außer Kraft setzt ... Die ‚Vergiftung der Kindheit' läßt sich somit als eine Krankheitseinheit von somatischen, seelischen, psychosomatischen und psychosozialen Schädigungen betrachten" (*GWG Zeitschrift*, 23.Jhg. 12/92, S. 17).

## *Ein neuer Naturvertrag oder biologische Gesellschaftsgestaltung*

Es fällt uns Verfassern schwer, in der fortschreitenden Naturzerstörung irgendein sinnhaltiges Zukunftsmoment für den Heranwachsenden zu entdecken. Vielleicht, daß es kaum eine junge Generation vorher gab, die derart engagiert Umweltfragen zu ihrem Thema gemacht hat und verstärkt auf ein verändertes ethisch-praktisches

Verhältnis zur Natur drängt: „Sitzt der Lehrer im Auto, ist er unten durch", d.h. Schüler kommentieren die Umweltproblematik viel radikaler als ihre Lehrer. Statt für Stückwerksveränderungen „wie Energiesparen oder eine verbesserte Umwelttechnik, treten sie für eine grundlegend veränderte Lebensweise ein" (*FR*, Nr. 38/94, S. 6).

Die Diskussion hierüber ist in aller Munde. Einen neuen „Naturvertrag" zu fordern, in dem „von der Erde als großem Lebewesen bzw. von der Biosphäre als Haus des Lebens" auszugehen wäre, klingt notwendig, ja edel und scheint doch eher vergeblich angesichts globaler marktwirtschaftlicher Interessen (vgl. *Zaepfel, Metzmacher* 1993, 456f). – Auch wenn wir darum wissen, bleibt folgende Forderung erhalten: ein verändertes Wissenschafts- und Rationalitätsverständnis zu etablieren, das zur Kenntnis nimmt, daß wir in unserer Leiblichkeit schon immer Teil des Naturzusammenhangs sind (vgl. *Petzold* 1985, 7). Darin ist die Kritik enthalten, daß Wissenschaft – um erfolgreich zu sein – sich weigert, zur Natur ein moralisches Verhältnis einzunehmen. Dies kann sie, weil Natur als etwas dem Menschen Fremdes, Äußerliches betrachtet wird, das man nach Belieben manipulieren darf (*Böhme* 1992, 83). Ein Partnerschaftsverhältnis zur Natur wäre ein Verhältnis der Sympathien, in dem anerkannt wird, „daß man das Andere der Natur am eigenen Leibe erkennt und erfährt" (*Böhme* 1992, 84).

Kinder wissen und praktizieren diesen Naturbezug von Beginn an in ihrer Körperlichkeit und in ihrer magischen Beseelung von Stein und Baum, Sonne und Wind, die alle sprechen können und deren Entseelung zu bloßen Dingen erst spät einsetzt, um nur mehr machtvoll in den Träumen, der Trunkenheit und den Psychosen des Erwachsenen wiederzukehren (vgl. *Meyer-Drawe* 1988, 250). In einem eindrücklichen Buch von *Schärli-Corradini* wird diese inwendige Verbundenheit von kindlicher Seele und Naturgeschehen im therapeutischen Prozeß sicht- und nutzbar gemacht (*Schärli-Corradini* 1992). Von Kindern zu lernen hieße u.a., die Art und Weise, wie sie Natur lesen und handhaben, als Mahnung zu verstehen, was wir zu verlieren im Begriff sind. Wenn wir uns im Zeichen der „physikalischen Machtergreifung" nurmehr eine virtuelle, d.h. künstlich-technische Natur denken können, dann nehmen wir den Kindern ihr selbstverständliches Erlebnismedium wie dem Fisch das Wasser.

„Aber, aber! Warum diese Melancholie?", so lassen sich bestimmte Vertreter einer biologischen Gesellschaftsgestaltung bzw. der „Gentechnik-Moderne" vernehmen. Fortpflanzungsmedizin, Humangenetik und unabsehbare neurochemische Steuerungsmöglichkeiten unseres Gefühlslebens – wie etwa „Glück auf Rezept" (*Focus*, Nr. 16, 1994) – werden uns naturunabhängig machen (*Koch* 1994). Das heißt, die Bäume werden sterben, aber die Menschen dank Reagenzglas-Eugenik überleben? „Schöne neue Welt?" *Beck* zufolge wachsen den einzelnen Menschen aufgrund gentechnischer Erfindungen „punktuelle Gestaltungsmöglichkeiten zu, die Diktatoren früherer Epochen versperrt blieben: Eigenschaften der menschlichen Natur auszuwählen und damit in individueller Kollektivität das Gesicht der entstehenden Gesellschaft mit zu gestalten: Private Eugenik" (*Beck* 1993, 239; 1988, 31 ff).

Die Therapiekultur als Teil der Humanwissenschaft muß diese Entwicklung zu Ende denken, um sie nicht den Sozialingenieuren von morgen zu überlassen. Wenn *Jens Reich* „Glasnost für die Gentechnik" fordert (*Die Zeit*, 13/94, S. 37ff), dann deshalb, weil er weiß: „Segen stiften und Mißbrauch vermeiden werden wir nur", wenn zwischen den Genetikern und der Politik ein ethischer Dialog geführt wird, der radikale Aufklärung ermöglicht und Science-fiction-Phantasien von realen Gefahren für die Würde des Menschen zu unterscheiden erlaubt.

*Fazit*: Will man für Heranwachsende die ökologische Zukunft als Möglichkeitsraum denken, kommt man nicht umhin, die extreme Konflikthaftigkeit auszuhalten, die mit den Problemen der anstehenden Gentechnik-Moderne einhergehen. Ebenso müssen bei gleichbleibender Ausbeutung der Erde Prognosen einer möglichen Öko-Diktatur ernst genommen werden (*Fleck* 1993). Das heißt, es gilt, angesichts immer realistischer werdender Katastrophenszenarien Grundhaltungen zu entwickeln, die weder zur umfassenden Verleugnung noch zur gelähmten Hoffnungslosigkeit Zuflucht nehmen müssen. Vielleicht hilft ja eine Art „heiterer Hoffnungslosigkeit"(*Fuller* 1993), um im Schwerefeld der Gegensätze Nischen für Humanveränderungen offen zu halten.

Die alltägliche Erfahrung von Kindern mit künstlichen Umwelten läßt sich nun am ehesten am Beispiel der „Großstadtkids" illustrieren.

## Kinder in den Städten

Die Erfahrungen und Lebensentwürfe von Kindern und Jugendlichen in den Großstädten lassen sich heute weniger denn je auf einen Nenner bringen. „Zwischen den Jugendlichen, die bei den Übungen der freiwilligen Feuerwehr die Schläuche über die Wiese ziehen, und denen, die als probates Mittel gegen die unerträgliche Langeweile den Kitzel einer Fahrt im geklauten Auto suchen, klaffen Welten" (*FR*, Nr. 44/94; S. B7).

In einem für unsere Überlegungen wichtigen Buch von *Fritz Thiemann* (1988) begibt sich der Autor auf die Suche nach den letzten Streifräumen und kleinen Fluchten, die für Kinder in den Betonwüsten der großen Städte verbleiben. Moderne Stadtplanung, so der Autor, hat die Kinder vergessen. Sie zwingt diese zunehmend in „Bewegungsghettos" und insuläre, kommerziell organisierte Spiel- und Freizeitlandschaften hinein. Damit verschwinden zusehends Bewegung und Körperlichkeit als naturwüchsiger Vorgang aus dem kindlichen Alltagsgeschehen und werden in ebendiese, dafür spezialisierten Orte ausgelagert. Wo bleiben die Orte, an denen Kinder ihre Duftmarken, Spuren, ihre Handschrift hinterlassen können? Vielleicht nurmehr in der Sabotage des großtechnisch verwalteten, apparatisierten Alltagsgeschehens, im Tritt gegen die Beleuchtungsanlage, im desorganisierenden Spiel mit der Fußgängerampel, im Vertauschen der Steckanschlüsse im Klingelkasten für 64 Wohnungen etc. Ein Leben also auf dem Zwischendeck zwischen Legalität und Illegalität?

Von den privilegierten Wohnghettos außerhalb der Stadt aus managen die Kinder ihr Freizeitverhalten, das, über die Stadt verstreut, auf den o.g. Freizeitinseln stattfindet. Versuchen sie dort zu spielen, wo sie leben, so laufen sie Gefahr, mit den Ruhebedürfnissen der gestreßten Erwachsenen zu kollidieren und streuen Sand ins Getriebe des geregelten Autoverkehrs; sie werden von Hunden gejagt, betreten sie die mit Stiefmütterchen bepflanzten deutschen Vorgärten.

Es sind vor allem alltagsorganisatorische Leistungen, und zwar sowohl auf Seiten der Eltern wie auch auf Seiten der Kinder und Jugendlichen selbst, die einen zunehmend *verinselten Lebensraum* zusammenzuhalten versuchen. Dieser ist insbesondere im urbanen Bereich an die Stelle eines einheitlichen Lebenszusammenhanges für Kinder getreten.

„Der verinselte individuelle Lebensraum besteht aus einzelnen separaten Stücken, die wie Inseln in einem größer gewordenen Gesamtraum verstreut sind, der als ganzer bedeutungslos und weitgehend unbekannt bleibt“ (*Zeiher* 1994, 362f). Das Areal, in dem dieser verinselte Lebensraum kleiner Kinder liegt, ist so weit, wie die Alltagsmobilität der Eltern und hierbei meist der Mütter reicht. Er ist so reichhaltig oder verarmt bestückt, wie es der Alltagsstreß oder das Portemonnaie der Erwachsenen erlaubt. Technisch aufgerüstete Kinderzimmer lassen den Mangel an gemeinsam verbrachter Zeit ebenso vergessen wie die verloren gegangenen Spielräume vor der Haustür. Was im Augenblick vielleicht noch zynisch klingen mag, wird uns vermutlich morgen eingeholt haben, nämlich daß an die Stelle sozialer eine virtuelle, und d.h. technisch-künstlich erzeugte Wirklichkeit getreten sein wird.

Die mit einer Verinselung verbundene Partikularisierung der sozialen Beziehungen bringt es nun mit sich, daß die Ausbildung stabiler Beziehungen erschwert und Unverbindlichkeit gefördert wird. „In traditionalen Verhältnissen hatte ein jedes Kind mit den Menschen zu leben, die es in seinem Lebensraum vorfand, im Guten wie im Bösen. Ungünstigen Konflikten und Zuständen konnte es nicht ausweichen. Es war gezwungen, sich mit den anderen auseinanderzusetzen“ (*Zeiher* 1994, 365). Aber bei Freizeitarrangements, die beliebig gewählt und abgewählt werden können, werden es mit diesen auch die sozialen Kontakte.

Anstatt Unlust und Konflikte durchzustehen, bietet es sich an, aus dem Feld zu gehen, ein anderes Angebot mit mehr Lustgewinn aufzusuchen.

Sowohl das Fazit des o.a. wie auch anderer Autoren, die sich mit Freisetzungs- und Entwurzelungsprozessen befassen, fallen eher pessimistisch aus. Es scheint nur schwer möglich zu sein, positive Aspekte dieser Freisetzung und Individualisierung zu finden. Statt dessen wird uneingeschränkt beklagt:

- daß die kindliche Körpertätigkeit als elementare Form der Wirklichkeitsaneignung zerfällt (vgl. *Metzmacher* 1987);
- daß die intellektuelle Tätigkeit als selbständige kindliche Kraft sich aufzulösen droht;
- daß sich da, wo die Austreibung der Kinder aus den inneren und äußeren Orten von Kindheit in den Städten geschieht, der Kin-

dermarkt als Körper- und Bewußtseinsmarkt bzw. als Markt der unbegrenzten Lustangebote einzudringen beginnt;
- daß sich soziale Integration bei Kindern heute kaum noch ungeplant herstellen kann.

Bei aller Sympathie für die Kritik und die immer wieder anklingende Trauer der Autor/inn/en über die Verlustseite dieser Erosion von Kindheit als einer historisch gewachsenen Realität und Vorstellung wird zugleich folgendes klar:

Wir wissen noch wenig darüber, welche kreativen Anpassungs- und Bewältigungsleistungen Kinder bereits heute vollbringen, um die verlorengegangenen Spielräume durch neue Erfindungen zu ersetzen (vgl. *Metzmacher, Zaepfel* in diesem Buch, Bd. II). Nach wie vor finden die Kinder der Großstadt ihr Rückzugsterrain vor der Erwachsenenwelt. Allzusehr mischt sich in die Lebensweltanalysen der Erwachsenen die Melancholie über die Stadtlandschaften von einst. Und tatsächlich „sind die Städte, die wir lieben, nur noch Erinnerung an eine vergangene Zeit. Die Stadt der Gegenwart ist eine Maschine, die uns radikal verändert" (*Kunert* 1993, 64). An dieser Entwicklung hat auch das seit 20 Jahren dokumentierte urbane Leid der Zivilisationskinder nichts geändert.

Kinder sind Nischenspezialisten. Diese kleinen Fluchten gilt es in der gemeinsamen Erkundung mit ihnen aufzuspüren, um über die Kritik nicht zu vergessen, daß sie eine andere Stadtlandkarte im Kopf haben als wir Erwachsenen: „Das Lachen der Jungen wird leiser, bis überhaupt nichts mehr zu hören ist. Sie bewohnen Gebiete, die kein Erwachsener kennt. Sie erreichen sie auf Wegen, auf denen ihnen kein Erwachsener folgt. Im Dunkeln sind sie unsichtbar" (*Die Zeit*, 16/1993, S. 77).

An dieser Stelle kann festgehalten werden, daß der Prozeß der Individualisierung auch nicht vor der Kindheit halt macht. Das heißt, Kindheit und Jugend taugen als bloße Alltagskategorie nichts mehr. Hinter diesen Bezeichnungen verstecken sich immer vielfältiger werdende Karrieren, Lebensstile und Subkulturen. In ihnen werden Erfahrungen gemacht, die noch vor zwanzig Jahren als schockierend und abweichend bewertet worden wären.

Die Modelle hierfür sind die Erwachsenen, mit ihrem „ganz alltäglichen Chaos der Liebe" und ihren „Familienkriegen" (vgl. *Beck, Beck-Gernsheim* 1990).

## Familie und Partnerschaft: Ein auslaufendes Modell bzw. episodische „Beziehungskiste"?

Noch 1964 konnte *Winnicott* auf die Frage, was Kinder für eine einigermaßen normale Entwicklung benötigen, schreiben:

> „Durchschnittlich gute Eltern gründen ein Heim und halten zusammen; auf diese Weise lassen sie ihren Kindern ein grundlegendes Maß an Fürsorge zuteil werden, und sie stellen einen Rahmen bereit, in dem jedes einzelne Kind nach und nach sowohl sein Selbst wie auch die Welt finden und eine funktionierende Beziehung zwischen beiden herstellen kann" (*Winnicott* 1990, 137).

Heute hingegen diskutiert man die Frage nach der Familiengründung entlang den Alternativen: „Ist Kinderkriegen eine milde Form von Irresein" (*Spiegel*titel vom 12.4.1993) oder „das letzte Abenteuer" (*P. Townsend*, Rocksänger der legendären „The Who")? Der Münchner Oberbürgermeister *Kronawitter* berichtet: „Familienstrukturen zerfallen in unserer Stadt zusehends. Schon heute leben von den rund 650.000 Haushalten Münchens 51% als Singles. Und drei Fünftel von diesen Singles haben 2-3-Zimmerwohnungen, was unseren Wohnungsmarkt belastet. Immer mehr Ehepaare bleiben in München bewußt kinderlos. Nur noch knapp 7% unserer Haushalte haben zwei oder mehr Kinder, rund zwei Millionen Kinder in Deutschland leben mit nur einem Elternteil, und jährlich kommen 150.000 weitere dazu" (*Der Spiegel*, 12.4.1993, S. 50).

Diese Zahlen sind durchaus repräsentativ für die demographische Lage der Familie in Deutschland, und sie stimmen mit der internationalen Entwicklung überein: „50% aller französischen, 54% aller nordamerikanischen und 64% aller schwedischen Haushalte bestehen, vor drei Jahrzehnten noch unvorstellbar, aus nicht mehr als ein oder zwei Personen" (*Honneth* 1993, 60).

Die Statistiken dokumentieren einen umfassenden Zerfallsprozeß und Legitimationsverlust von Ehe und Familie. Dieser Vorgang spiegelt exemplarisch das Doppelgesicht der Modernisierungsdynamik wider: Die Familie in ihrer bürgerlichen Verfassung war stets von halbfeudalen Abhängigkeitsbeziehungen geprägt. Ihre Binnenstabilität gründete auf einer geschlechtsspezifischen Ungleichheit: Der Mann verdiente das Geld, machte Karriere und verkörperte den Emanzipationsanspruch der Aufklärung, die Frau hingegen war für die drei K's., d.h. Kinder, Küche, Kirche, zuständig.

Drei Faktoren des Modernisierungsprozesses ließen diese Abhängigkeitsmuster quasi verdampfen:

- die zunehmende Erwerbstätigkeit der Frau;
- die umfassende Inanspruchnahme von Emanzipationsrechten auf Seiten der Frauen – z.B. Liberalisierung des Scheidungsrechtes, Erleichterung der Schwangerschaftsverhütung etc.;
- die extremen Bildungs- und Mobilitätsanforderungen des Arbeitsmarktes (*Buchholz* 1993, 18ff).

So durchsetzt die Logik der hochtechnisierten Arbeitswelt in zunehmendem Maße das Private, z.B. durch Auflösung gemeinsam geteilter Zeit im Nahraum der Familie. Die Organisation des Privat- und Familienlebens muß mit den sachlogischen Zwängen hochdifferenzierter Techniksysteme in Arbeit und Freizeit abgestimmt werden. Dies führt dazu, daß Intimität, Erotik, Erziehung und Arbeit „just in time" ineinandergreifen müssen. Das heißt, der Zeittakt der Arbeit strukturiert zunehmend die psychologische Zeit und den Rhythmus intimer Begegnungsräume (vgl. *Hosemann* 1989). Des weiteren läßt die Bindungskraft nach, aufgrund wirtschaftlicher Verpflichtungen zusammenleben zu müssen.

*Fazit*: Die Auflösungen von Familie und Ehe als biographische Leitmuster für Heranwachsende sind ein Kind verallgemeinerter Emanzipations- und Autonomieprozesse sowie arbeitsmarktpolitischer und ökonomischer Sachzwänge. Diese postmoderne Entwicklungslogik ist unumkehrbar. Konservative Stimmen beklagen ebendiese Entwicklung. Welch ein Zynismus! Sie unterschlagen die brutale, wertezersetzende Eigenlogik des Markt-, Profit- und Technikmodells, singen das hohe Lied: „Allseits bereit für Leistung und Mobilität" und stellen zugleich die Emanzipationsbewegung der Frauen an den Pranger. Der Bedeutungsverlust der Familie hat viele Gesichter. Indem wir drei davon vorstellen, behaupten wir zugleich: Diese Entwicklung läßt sich nicht einfach qua „guten Willens" der Einzelnen rückgängig machen.

## *Partnerschaft oder „das ganz alltägliche Chaos der Liebe"*

Für den Bereich der Partnerschaft bedeutet Individualisierung u.a.: Wir leben einerseits in zunehmend unterschiedlichen Lebenslagen, d.h., Beruf, Konsum- und Freizeitorientierung lassen sich immer weniger miteinander vereinbaren. Andererseits sind die Partner immer mehr aufeinander angewiesen, denn mit der Ausdünnung der Traditionen wachsen die Verheißungen der Partnerschaft. Der Verlust des Glaubens läßt die persönliche Versagensschuld und Verantwortung anwachsen; der Verlust der sozialen Klassenzugehörigkeit versagt die Milderung des sozialen Leids; der Verlust von Nachbarschaft und Mitgliedschaften läßt die Bindungen farbiger, vielfältiger und zugleich flüchtiger werden, d.h., „niemand hakt mehr fest, weder im Sex noch in Gott" bzw. der „Reibungsverlust der Seelen geht gegen Null" (*FAZ*, 1.2.1993, S. 26): „Es gibt so ein Bedürfnis nach Programmierbarkeit von Liebesbeziehungen. Die soll wie ein Konsumgut glatt und einfach ins Leben rein passen. Wie wenn ich mir einen PC kaufe ... Wenn zwei Leben nicht kompatibel sind, suche ich mir eben eine andere Software bzw. Loveware ... Das ist schon ganz schön traurig" (Thomas, 25 Jahre, in: *Zeit Magazin*, 30.7.93; S. 18). Die Widersprüche zwischen Beziehungsvielfalt und gleichzeitiger Vereinsamung bzw. zwischen fester Primärbeziehung bei gleichzeitiger Kontaktarmut nehmen zu. Die Idealisierung des Liebesideals ist ein Reflex auf die o.g. Verluste: „Wenn Gott nicht, Priester nicht, Klasse nicht, Nachbar nicht, dann wenigstens du." Angst vor dem Alleinsein wird mit zum stabilsten Fundament von Zweisamkeit. Dieser hier skizzierte Bedeutungszuwachs, den Zweierbeziehungen erfahren, führt häufig zu chronisch emotionaler Überforderung und Desillusionierung. Das „ganz normale Chaos der Liebe" (*Beck, Beck-Gernsheim* 1990) wird in den meisten Fällen als persönliches und privates Schicksal bzw. Versagen erlebt und zu verarbeiten versucht. Das heißt, alles, was von der „Kühle dieser Gesellschaft her, vom Arbeitsmarkt, der Rechtslage etc. in die Partner- und Familienbeziehungen hineinschlägt, wird ins Persönliche verdreht und verkürzt" (*Beck* 1986, 193). Mit dem enormen Bedeutungszuwachs, den Liebe und Partnerschaft erfahren, kontrastiert somit eine ebenso ausgeprägte, gesellschaftlich bedingte Labilität der Partnerschaftsbezüge. Dies hat Auswirkungen auf die Einstellungen zum Kind und zur Familiengründung.

## *Das Kind zwischen Armutsrisiko und Hoffnungsträgerschaft*

Wir konstatieren, daß einerseits die Geburtenzahlen sinken und andererseits die Bedeutung des Kindes steigt. Sieht man von der Geburtenziffer ab – danach sterben die Deutschen aus –, so scheinen immer mehr rationale Gründe gegen die Zeugung von Kindern zu sprechen: Sie sind zu teuer – 200.000 DM/Kind ohne relevante staatliche Beteiligung (*Der Spiegel*) –, erschweren die Umsetzung von Konsum- und Karrierewünschen, schaffen Verpflichtungen über mindestens zwei Jahrzehnte. Die Welt, in die sie hineingeboren werden sollen, wird immer unüberschaubarer etc.. Betrachtet man die bewußten und unbewußten Motive für den Kinderwunsch vor dem Hintergrund der oben beschriebenen Aspekte, so lassen sich eine Vielzahl von Bedeutungszuschreibungen unterscheiden:

- das Kind als verläßlichste Beziehungsinstanz bzw. als „letzte Gegeneinsamkeit";
- das Kind als einzig denkbare Gegenwelt, in der Phantasie, Spontaneität und magisch-zwangloses Spiel möglich scheint;
- das Kind als letzt-möglicher Ort, an dem Gefühle in ihrer ganzen Bandbreite und Intensität noch lebbar sind, d.h. Kinder als Vitalitätsgaranten;
- das Kind als alleinige Orientierung und Sinn stiftende Instanz: „Irgendwo hingehören, wo sich die Weltkarte dauernd ändert" (*Beck, Beck-Gernsheim* 1994, 141);
- das Kind als Möglichkeit, sich wieder festlegen zu können, verpflichtet zu sein und gebraucht zu werden.

Werdende oder tatsächliche Eltern sind nun angesichts der Scheidungsstatistiken und der Labilität von Partnerschaftsbezügen genötigt, sich mit der Tatsache zu befassen, daß ihr Kind und sie vermutlich verschiedene Erziehungswelten durchlaufen werden.

## *Die Pluralisierung von Erziehungswelten*

Der Verlust des familiären Erziehungsmonopols setzt Suchbewegungen nach einer Vielzahl von alternativen Lebensformen frei. Die Familie – in welcher Zusammensetzung auch immer – ist dabei eine unter vielen Alternativen, die aktiv gewählt werden muß. Zweifelsfrei bleibt sie von der Leitbildorientierung her dominant, was zu nicht unerheblichen innerseelischen wie psychosozialen Widersprüchen führt, versucht man mit ihr zu experimentieren. Beispiele hierfür findet jeder in seiner Nachbarschaft und seinem Bekanntenkreis: Einelternfamilie, Stieffamilie, Adoptionsfamilie, Wohngemeinschaft mit Kindern, lesbische und homosexuelle Lebensgemeinschaften mit Kindern etc. So wundert es nicht, daß ein Junge auf die Frage, wie denn sein Vater mit ihm umgehen würde, erstaunt zurückfragte, welcher Vater denn gemeint sei, der leibliche, den er so gut wie nicht kenne, der Stiefvater, der nicht in der Familie lebe und den er nur am Wochenende besuche, oder der neue Freund der Mutter? Die Literatur über diese familiären Veränderungsprozesse wächst und wächst (vgl. u.a. *Alter* 1988; *Buchholz* 1990; *Hettlage* 1992; *Lüscher, Menne, Schultheis, Wehrspaun* 1990).

Die Veralltäglichung von Scheidung und Trennung und die dadurch erzeugte Pluralisierung möglicher Familien- und Erziehungsformen könnte folgende Konsequenzen haben (vgl. *Honneth* 1993, 62/63):

- eine starke Ausweitung des Verwandschaftssystems;
- eine vermehrte Inanspruchnahme der Großeltern und anderer Verwandter, die von Alleinerziehenden in das Haushaltsgeschehen einbezogen werden;
- eine generelle Ausweitung des Netzes für bedeutsame Bezugspersonen, die am Erziehungsvorgang teilhaben; d.h. rotierender Kindertausch;
- eine matrilineare Tendenz, d.h. ein erheblicher Bedeutungszuwachs für die Mutterrolle. Sie wird schon aus rechtlichen Gründen die Instanz sein, über die sich die zukünftige Kernfamilie auf andere Formen des Zusammenlebens hin fortentwickelt;
- eine konkurrierende Vielfalt von Erziehungsmodellen und pädagogischen Wertbezügen, die, bei aller Freiheit der Wahl, dem Kind gegenüber vermittelt werden müssen.

## *Zusammenfassung:*

1. Die Verflüssigung tradierter Formen des Zusammenlebens und der Erziehung eröffnet ein unabsehbares Feld möglicher Neuerungen und Experimente. Dabei gilt, daß Erziehungsprozesse immer weniger rechtlich institutionalisiert sein werden. Es domi-

nieren kommunikative, emotionale und alltagspraktische Zwänge, die ständig neu ausgehandelt werden müssen. Hier besteht die Gefahr, daß endlose Diskussions- und Begründungsversuche in Gestalt von „Du mußt doch verstehen“ die Kinder zunehmend ratlos zurücklassen. Eine falsch verstandene „Begründungspädagogik“ macht den Erwachsenen zur erzieherischen Wattewand.

2. Die Erwachsenen werden auf die Vielfalt der postmodernen Beziehungslandschaft und die Frage der Kindererziehung vermutlich mit veränderten Problemlösemustern reagieren. *Buchholz* nennt u.a. die folgenden (*Buchholz* 1993, 36ff):
   - Die Zunahme der Scheidungsquoten spricht für das Muster, „sukzessive Ehen“ zu führen. Eine Veränderung des Verwandtschaftssystems wird die Folge sein. Kinder haben u.U. sechs Großeltern oder gar acht, aber keinen Vater.
   - Veränderung des generativen Verhaltens, d.h. der Vorrang individueller Selbstentfaltung führt zu einem Aufschub der Familiengründung;
   - Kinderlosigkeit als Konfliktlösung;
   - Die Psychologisierung der Partner- und Scheidungsdiskurse: An die Stelle lebenspraktischer und materieller Überlegungen treten immer ausschließlicher emotionale Beziehungsaspekte, die über Zusammenhalt oder Trennung entscheiden.

   Hier ist anzumerken, daß eine so ausgeprägte Psychologisierung des Erziehungsgeschehens mittlerweile zu Unverträglichkeitsreaktionen führt:

   > Mutter: Du weißt, daß ich mich nicht gut dabei fühle, wenn du das so mit mir machst.
   >
   > Sarah (13 Jahre): ... ah ja, jetzt kommt wieder das Sozial-Blabla, ist mir doch egal, wie du dich fühlst, kann ich mir nun die Haare färben oder nicht?

3. Kindsein wird vermutlich farbiger und komplizierter, d.h., der früh zugemutete Haushalt an zu bewältigenden sozialen Rollen wird erheblich größer. Aus der Perspektive des Kindes bedeutet dies eine Zunahme von Bindungschancen **und** Trennungszumutungen. Es wird ihm eine höhere Flexibilität abverlangt, sich auf veränderte Beziehungskonstellationen einzustellen und vielfältige Mutter- und Vaterschaften emotional anzuerkennen. Des weiteren erfährt es einen Machtzuwachs, der aus dem Sachverhalt resultiert, daß es ja mitbestimmen soll, wie die neu entstehenden Dyaden und Triaden beschaffen sein sollen.

4. Ob Kinder die Fülle der erwartbaren Beziehungserfahrungen als Chance oder Überforderung erfahren, ist noch offen. Entscheidend wird sein, ob sich bei aller Labilität und Vielfalt der Bindungsformen „ein kontinuierlicher Zeithorizont für die Kinder gewinnen läßt, der deren Sozialisation sichert" (*Buchholz* 1993, 46).

## Identität – was kann dies heute bedeuten?

Wir sind uns klar darüber, daß wir bei unserem kursorischen Überblick über die Bereiche Ökologie, Urbanität und Familie bislang eher eine *wertkonservative* Optik an den Tag legten. Es fällt uns immer wieder schwer, die Balance zwischen verschiedenen Lesarten der Individualisierungsprozesse zu halten. Unversehens sind wir versucht, diese Freisetzungsprozesse nicht so sehr als Befreiung denn als Entwurzelung zu interpretieren, sie nicht so sehr als Modernisierungsgewinn, sondern als „Modernisierungsfalle" (*Wahl* 1990) zu bewerten. Das heißt, uns macht der Übergang von der *kanalisierten Dynamik* traditioneller Industriegesellschaften zur *entfesselten Dynamik* postmoderner Gesellschaften eher skeptisch:

> „Wollte man den gegenwärtigen Stand der Dinge benennen, so würde ich sagen, wir befinden uns nach der Orgie. Die *Orgie* ist der explosive Augenblick der Moderne, der Augenblick der Befreiung in allen Bereichen. Politische Befreiung, sexuelle Befreiung, Entfesselung der Produktivkräfte, Befreiung der Frau, des Kindes, der unbewußten Triebkräfte, Befreiung der Kunst ... Heute ist alles befreit, das Spiel ist gespielt, und wir stehen gemeinsam vor der entscheidenden Frage: Was tun wir nach der Orgie?" (*Baudrillard* 1992, 9).

Folgt man einer *Emnidstudie*, dann antworten zwei Drittel der Bundesbürger auf diese Frage *Baudrillards* damit, daß sie keinerlei Angst vor der Zukunft haben, und zwar „trotz Wirtschaftskrise, Globalverschmutzung und Kriegen in nah und fern" (*Focus* 32/93, S. 43). Sie setzen eindeutig, ohne den Hauch eines Vorbehalts, auf die Chancenseite der Freisetzung. So entscheiden sie sich für den Aspekt der „persönlichen Freiheit" als das für sie bei weitem wichtigste Ideal der kommenden Jahrzehnte und verweisen die Themen „soziale Frage", „Toleranz" und „religiöse Orientierung" weit ab auf die Plätze.

Eine gänzlich andere Optik, was den Blick auf die gesellschaftliche Entwicklung anbelangt, zeigen die großen Studien Jugend 81 und Jugend 85: Auf die Frage: „Geben die Jugendlichen der Gesellschaft noch eine Zukunft?" wird Skepsis laut: „Die Mehrheit der Jugendlichen hat kein Vertrauen in die großen zeitgeschichtlichen Zukunftsvorschläge ...", egal, aus welchem politischen Lager sie kommen. Die industrielle Zivilisation hat an Attraktivität verloren, und acht von zehn rechnen mit Rohstoffknappheit, Wirtschaftskrisen und Hungersnöten. Drei von vier fürchten, daß Technik und Chemie die Umwelt zerstören werden (*Abels* 1993, 427ff).

Diese Studien zeigen, daß sich im Verhältnis von Selbstbild und Gesellschaftsbild bei Jugendlichen die „Selbstbehauptung als dominantes soziales Orientierungsmuster" herauskristallisiert. Dies meint etwas anderes, so die Autoren, als Selbstverwirklichung, die als Entfaltungschance von innen heraus gedacht ist: „Selbstbehauptung ruft zum Widerstand gegen die Ordnung des sozialen Makrokosmos auf, sieht die Chance zu einer selbstgewissen Lebendigkeit, zu einer würdigen Identität im ständigen Kleinkrieg um ihre Behauptung – gegen die große Sozialwelt" (*Abels* 1993, 21f). Gründe für diese Nicht-Passung von Ich und Gesellschaft suchen die Autoren u.a. in der These, „daß die Gesellschaft den einzelnen und ihrer Lebensführung näher, ja zu nahe gerückt ist in den beiden letzten Jahrzehnten" (*Abels* 1993, 135). Und sie bestätigen für Jugendliche, was wir weiter oben über den drohenden Zerfall von Lern-, Spiel- und Entwicklungsräumen für Kinder formuliert haben:

> „Die Pädagogen sind gegenüber anonymen gesellschaftlichen Instanzen (Medien, Politik, Konsummarkt) entmachtet worden. Die Jugendlichen müssen mehr oder weniger ungeschützt lernen, mit den widersprüchlichen streß- bzw. leistungsintensiven gesellschaftlichen Anforderungen und Zumutungen zurechtzukommen – und dies immer früher, im Grunde bereits als Kinder. Von einem psychosozialen Moratorium, von einer spielerischen Erprobung von Identitäten, kann nicht mehr die Rede sein. Die Karrierezwänge der künftigen Erwachsenen beginnen heute bereits in der Kinderstube und in der Schule – in jener pädagogischen Provinz, die doch angeblich den pädagogischen Geleitschutz fürs Moratorium abgeben soll" (*Abels* 1993, 287).

Risikogesellschaftliche Prozesse haben somit tiefreichende Auswirkungen auf die Biographieplanung, das Selbstverständnis und die Identitätsentwicklung von Heranwachsenden.

Damit sind wir bei unserem letzten Stichwort. Wir fragen nach den Anforderungen an die Persönlichkeits- und Identitätsentwicklung, mit denen die Kinder und Jugendlichen der Postmoderne konfrontiert sind.

## Probleme einer postmodernen Identitätsentwicklung

Die traditionelle Industriegesellschaft band das bürgerliche Individuum in ein mehr oder weniger dichtmaschiges Netz von Rollenzumutungen und -erwartungen ein. Dieses Gewebe der sozialen Welt, dessen Schattenseiten *Max Weber* einmal als „stählernes Gehäuse der Hörigkeit" beschrieb, bildete den Hintergrund für die Konstruktion einer Lebensgeschichte und der Gestaltung einer Identität im Sinne des „Wer bin ich, und wer bin ich nicht?"

Nun ist dieses geordnete Gewebe der sozialen Welt mit der Postmoderne und der ihr innewohnenden Entwicklungsdynamik unwiderbringlich zerrissen. Damit wird zunehmend die Frage aufgeworfen, wie Kinder und Jugendliche unter solchen Voraussetzungen Bilder von sich und der Welt entwickeln können, die es ihnen ermöglichen, hinreichend kreative Antworten auf eine Fülle von Grundwidersprüchen und paradoxen Entwicklungsaufgaben wie z.B. den folgenden zu entwerfen:

- Wie kann ich mit einer unübersichtlichen Vielfalt an Lebensstilmöglichkeiten leben lernen, ohne mich darin zu verlieren? Oder: Wie kann ich ein „vielheitsfähiger" Mensch (*Keupp* 1994a, 243) werden ohne Angst, in verschiedene Identitäten zu zersplittern, die einander nurmehr fremd sind?
- Wie kann ich im Sinne von *Christa Wolf* lernen, Freude aus Mehrdeutigkeit (Ambivalenz), Ungewißheit, Zweifel zu ziehen und sie somit als persönliche Entfaltungspotentiale erfahren lernen? Wie gelingt dies in einer gesellschaftlichen Welt, in der ich nurmehr schwer verläßliche Stützsysteme und Übergangsräume vorfinde, in denen ich zunächst versuchsweise und experimentell den Umgang mit der Ambivalenz als Lebensform üben kann? Oder:
- Wie kann ich mit der Paradoxie umgehen lernen, daß ich immer kompetenter, ja immer souveräner mit immer größeren Freiheitsgewinnen umgehen lernen soll und zugleich meine realen Gestaltungsräume immer enger werden?

Im folgenden werden wir zunächst Umrisse eines Identitätskonzeptes skizzieren, von dem wir nach wie vor meinen, daß sie Elemente enthält, die auch für eine postmoderne Identitätsentwicklung unerläßlich sind. Sie basiert im wesentlichen auf Arbeiten von *Petzold*. Dieser hat rollensoziologische und interaktionistische Identitätsmodelle in der Tradition von *Mead* bis *Habermas* mit leib- und entwicklungstheoretischen Annahmen unterlegt und damit weiterentwickelt (vgl. u.a. *Petzold, Mathias* 1983; *Petzold* 1984; *Petzold* 1990).

Sodann werden wir die Krise traditioneller Identitätsmodelle beschreiben und einige Aufgaben formulieren, die Heranwachsende im Zuge ihrer Persönlichkeitsentwicklung und Biographieplanung bewältigen müssen. Zuletzt formulieren wir eine Kritik neuerer Identitätsmodelle.

## *Einige Anmerkungen zum Identitätsbegriff*

Ein dreijähriges Mädchen, nennen wir sie Sophie, kuschelt sich ins Bett, schließt die Augen und sagt zur Mutter: „Mama, du kannst mich nicht sehen." Die Mutter erwiderte:" „Oh, du Gänschen, ich kann dich sehen, aber du kannst mich nicht sehen." Darauf das Kind: „Du kannst meinen Körper sehen, aber du kannst mich nicht sehen, Mama."

Für den Säuglingsforscher *Daniel Stern*, erführe er diese Geschichte, wäre dies nur ein weiterer Beleg für die Tatsache, daß Kinder – wie Sophie – bereits mit drei oder vier Jahren in der Lage sind, persönliche Erlebnisse und Motive in einer erzählenden, kohärenten Geschichte zu organisieren. *Stern* zufolge verfügen Kinder dieses Alters somit über ein narratives Selbstempfinden und damit über die Fähigkeit, ihre Innenwelt sinnhaft auszulegen und mitteilbar zu machen (*Stern* 1985).

> „Mit zwölf Jahren erhält dieselbe Sophie einen anonymen Brief mit der Frage: „Wer bist du?", worüber sie sich zu wundern beginnt: „Wenn sie das wüßte! Sie war natürlich Sophie Amundsen, aber wer war das? Das hatte sie nicht richtig herausgefunden. Wenn sie nun anders hieße? Anne Knudsen z.B. Wäre sie dann auch eine andere? ... Sie stellte sich vor den Spiegel und starrte sich in die Augen. „Ich bin Sophie Amundsen", sagte sie. Das Mädchen im Spiegel schnitt als Antwort nicht einmal die kleinste Grimasse. Egal, was Sophie machte, sie machte genau dasselbe. „Wer bist du", fragte Sophie. Auch jetzt bekam sie keine Antwort, aber für einen kurzen Moment wußte sie einfach nicht, ob sie oder ihr Spiegelbild diese Frage gestellt hatte ... Sophie drückte den Zeigefinger auf die Nase im Spiegel und sagte: „Du bist ich." Als sie keine Antwort bekam, stellte sie den Satz auf den Kopf und sagte: „Ich bin du"... War es nicht ein bißchen komisch, daß sie nicht wußte, wer sie war? Und war es nicht eine Zumutung, daß sie nicht über ihr eigenes Aussehen bestimmen konnte? Das war ihr einfach in die Wiege gelegt worden. Ihre Freunde konnte sie vielleicht wählen, sich selber hatte sie aber nicht gewählt. Sie hatte sich nicht einmal dafür entschieden, ein Mensch zu sein" (*Gaarder* 1993, 10).

Identitätsbildung, das wird Sophie klar, hat u.a. mit den Fragen zu tun: Wer bin ich für mich und wer für andere, bzw. wie kann ich der werden, der ich durch Biologie und Erziehungsgeschichte schon immer bin?

Auf die Zukunft bezogen ist Identitätsbildung u.a. mit der Frage verknüpft: Wie kann ich durch Leben, Beziehung und Arbeit etwas werden, das ich am Anfang und bis heute nicht war? „Selbsterkenntnis" und „Sorge-um-sich-selbst", dies sind, das könnte Sophie im Gespräch mit dem Sozialphilosophen *Foucault* (*Foucault* 1993) erfahren, sehr alte menschliche Formen und Methoden der Persönlichkeitsgestaltung. Mit ihrer Hilfe vermögen die Menschen am eigenen Körper, an ihrer Seele, ihrem Denken und ihrer ganzen Existenzweise Veränderungen vorzunehmen, um Ziele zu realisieren, die u.a. gesellschaftlich vorgegeben werden. Identitätsbildung kann in diesem Sinn als aktive biographische Konstruktionsleistung verstanden werden (*Berger* et al. 1973, 68). Sie ermöglicht in der Adoleszenz, so die klassische Auffassung, eine Synthese zwischen revidierten Kindheitsidealen und neuen Lebensentwürfen herbeizuführen. Dabei müssen die folgenden Widersprüche vermittelt werden: „Ich bin nicht, was ich sein sollte, ich bin nicht, was ich sein werde, aber ich bin auch nicht mehr, was ich war" (*Erikson* 1966, 112). Heute gehen wir davon aus, daß diese Konstruktionsarbeit ein letztlich unabgeschlossener, offener und lebenslanger Vorgang ist.

## *Die Angewiesenheit auf soziale Anerkennung*

Identitätsbildung verbindet stets Selbst- und Gesellschaftsbilder, d.h., sie gibt Auskunft darüber, wie sich Sophie innerhalb ihrer sozialen Lebenswelt und in bezug auf den sozialen Makrokosmos der Gesellschaft definieren wird. Identitätsgefühle beziehen sich auf die wiederholte Erfahrung, in immer neuen Lebenskontexten „heimisch werden zu können" (*Oerter* 1987b, 94). Damit ist u.a. das Vermögen gemeint, innere Handlungskonzepte und praktische, soziale Antworten auf die Entwicklungsaufgaben und -herausforderungen hervorzubringen, die über alle Lebensphasen hinweg in Gestalt von Rollenzuschreibungen und -zumutungen anfallen. Dabei sieht sich Sophie kontinuierlich im Spiegel der bedeutsamen Personen ihrer sozialen Welt und entwirft sich darüber immer wieder neu. Ihre Selbstachtung spiegelt somit stets auch erfahrene soziale Anerkennung wider. Sophie kommt somit im Entwurf ihrer Person nie zu einem Ende, d.h., sie ist gezwungen, bestimmte Lebens- und Sinngestalten immer wieder zu „verflüssigen". Dabei muß sie eine Balance zwischen zwei sich widersprechenden Impulsen finden: Ich möchte einer wie viele und doch zugleich einzigartig sein. Simon, 8 Jahre, beschreibt das wie folgt: „Mami, ich weiß, daß ich ein ganz besonderer Mensch bin..., aber das kann nicht sein, das denkt ja jeder andere Mensch auch" (*Rahm* et al. 1993, 148).

Es bleibt folglich eine lebenslange Aufgabe, die spannungsreiche Beziehung von personaler und sozialer Identität zu vermitteln (vgl. *de Levita* 1965, 97f). Gelingt uns diese Balance auch inmitten von kritischen Lebensereignissen und Grenzerfahrungen, dann kann daraus Ich-Stärke sowie Selbst- und Welt-Vertrauen entstehen. Letzteres spiegelt zugleich die Erfahrung sozialer Anerkennung im Rahmen von Primärbeziehungen, Freundschafts-, Lern- und Arbeitszusammenhängen wider.

Traditionelle Identitätsbildung ging nun von einem relativ einheitlichen sozialen, lebensweltlichen Kosmos aus, in dem Gut und Böse, Wahrheit und Lüge, Phantasie und Wirklichkeit noch verläßlich unterscheidbare Kategorien waren. Kindheitshelden wie Huckleberry Finn oder Pippi Langstrumpf mußten nicht verhaltensgestört werden. Sie vermochten als kleine Davids den Riesen Wirklichkeit noch mit allen Sinnen zu fassen, weil die Welt der Eltern, der Nachbarschaft, der Kirche, der Politik etc. noch von Traditionsbindung und Überschaubarkeit geprägt war, gegen die man noch revoltieren konnte. Damit ist es vorbei! Die Sinn-, Sozial- und Ortsbezüge der Menschen in Gestalt von Familie, Verwandtschaft, Nachbarschaft, Arbeits- und Freizeitwelt sind radikal pluralistisch und mehrdeutig geworden. Man spricht von der Erosion und Verinselung der sozialen Welt. Der Motor ist der zuvor skizzierte historische Prozeß der Individualisierung. Dieser schlägt sich nun unmittelbar in der Biographie- und Lebensstilplanung der Menschen wider.

## *Postmoderne Lebensstilvariante (1): Thomas, 12 Jahre*

Thomas verfügt über einen genauen Zeitplan, der mit dem der Mutter, die halbtags berufstätig ist, auf das genaueste abgestimmt ist. Schulalltag, Sport, Gitarrenunterricht, Besuch bei Freunden,

Einladung von Freunden, Essens- und Fernsehzeiten etc. finden an verschiedenen Orten der Stadt statt. Die Mobilität und die finanziellen Möglichkeiten der Eltern erlauben es ihm, ein alltägliches Inselspringen vorzunehmen und sich den ständig wechselnden Konsum- und Freizeiterfindungen der Gleichaltrigen relativ unproblematisch anzupassen. Er managt seine Kontakte, Hobbys und Schulleistungspflichten wie ein junger Erwachsener. Er ist permanent in Bewegung, denn nicht aktiv zu sein heißt, den Anschluß zu verlieren: „Was zählt, ist der Kick zur rechten Zeit. Verlassen kannst du dich auf keinen, weder Familie noch Schule noch Staat. Du mußt voraussagen, was angesagt ist. Immer dran bleiben, dann hast du dein Kissen für später." Thomas ist – wie erwähnt – 12 Jahre alt.

## *Die „Patchwork"-Metapher*

Dieses Beispiel deutet eine hochgradig indiviudalisierte Inszenierung des Kinderalltags bzw. des kindlichen Lebensstils an. Dieser gleicht einem bunten Flickenteppich. Würde man eine Landkarte der verinselten Lebenswelt von Thomas zeichnen und sie mit der seiner Freunde vergleichen, so würden wir sehr unterschiedliche lebensweltliche Patchworks erhalten. D.h., Kindheit zerfällt selbst in vergleichbaren sozialen Milieus in unterschiedlichste Lebensstile. Wurden Kinder früher in relativ konstante und einheitliche Lebenswelten hineingeboren, so müssen sie heute schon früh lernen, daß ihre Lebenswelt zutiefst fragmentiert und verinselt ist. Haben sie früher ihre Nachbarschaftsmilieus selber, in der Nähe der Erwachsenen und doch von ihnen weitgehend unbeeinflußt, gestaltet, so sind sie heute, frühestens nach dem Kinderhort, gezwungen, Spielpartner und Tätigkeitsfelder selber zu finden, in wohnortfernen Räumen und unter Bedingungen, wo die professionalisierten Kinderbetreuer das Sagen haben.

## *Postmoderne Lebensstilvariante (2): „Der neue Mann ohne Eigenschaften" oder „Sein wird zum Design"*

*M. Horx* schildert an Hand einer Begegnung mit einem Mann Mitte der Dreißig, Informatiker von Beruf, das postmoderne Loblied auf die Identitätslosigkeit:

„Der Mann hat alles gemacht, Wohngemeinschaft, in der Stadt und auf dem Land. Modifizierte WG mit integrierter Zweierbeziehung. Engagement in Alternativprojekten, ackernder Yuppie, stets nah am Herzinfarkt – von den Beziehungen ganz zu schweigen! Als ich mit drei Frauen simultan zusammen war, war es furchtbar, aber nicht so furchtbar wie beim Zusammenleben mit einer ... Wenn du alleine bist, ist es zum Kotzen, und gehst du wieder auf die Balz, fängt alles wieder von vorne an ... Und immer im Namen der Freiheit, der Wünsche und – ach je – der Träume vom besseren, vom selbstbestimmten Leben ... Und als sich das alles als Lug und Trug erwies, kamen die Kompromisse, die Ausgleichsversuche, der Versuch, das Leben in ein Puzzle zu verwandeln, indem man sich von allen Lebensformen die guten Teile nahm und die schlechten auf Distanz hielt ..." (*Horx* 1988, 143ff).

Der postmoderne Lebensstilmarkt gestattet die „Freiheit", standardisierte Lebensstilbausteine in endloser Vielfalt miteinander zu kombinieren. Daß „Sein" zunehmend „Design" wird, das läßt sich auch mit einem Blick in die durchschnittliche Exotik des deutschen Alltags illustrieren.

„Niederbayrische Marktflecken, Dörfer in der Eifel ... bevölkern sich mit Figuren, von denen noch vor dreißig Jahren niemand sich etwas träumen ließ. Also golfspielende Metzger, aus Thailand importierte Ehefrauen, V-Männer mit Schrebergärten, Apothekerinnen in Nicaragua-Kommitees, Mercedes-fahrende Landstreicher, Autonome mit Bio-Gärten, waffensammelnde Finanzbeamte, tamilische Eisverkäufer, Altphilologen im Warentermingeschäft, Kokaindealer mit Bräunungsstudios ..., Computerfreaks, die zwischen kalifornischen Datenbanken und hessischen Naturparks pendeln, Body-Guards, Sterbehelfer und Pornoproduzenten" (*Enzensberger* 1988, 264f).

Solche Vielfalt mag Schmunzeln machen, mutet sie doch sehr multikulturell an, doch hat sie mit der integrierten Interessenvielfalt des traditionellen bürgerlichen Identitätsmodells nichts mehr gemein. Bilder von impressionistischer Vielfalt und Zersplitterung, von Collagen und Montagen drängen sich für diese Flickenteppichexistenzen auf und verlangen nach anderen Beschreibungsmodellen.

## *Identität als Lebenskunst oder „die Ästhetisierung des Lebens"*

In den Zeitzeugnissen vieler Jugendlicher und junger Erwachsener wird ein Modell von Lebensführung sichtbar, das, versteht man es positiv, Identitätsbildung als „Lebenskunst" betrachtet (vgl. *Früchtl* 1993, 376). Die enorme Unbestimmtheit und Offenheit von Zukunft wird danach als Herausforderung erlebt, als Möglichkeitsraum.

Mehrdeutigkeit, Widerspruch und Konflikt erzeugen ein Spannungsfeld, das zu immer neuen Lebensentwürfen führt. Der „mündige Dandy" (*Früchtl* 1993, 371) flaniert, so das Firmenlogo einer „ästhetischen Lebensführung" (vgl. *Menke* 1993, 391), durch die postmoderne Lebensstilvielfalt und strickt sich seine *Flickenteppichidentität*. In einem sich ständig ändernden „Patchwork" der Persönlichkeit ist man nicht versucht, ein eindeutiges Eigenschaftsprofil auszubilden. D.h., es gibt kein „wahres Selbst" zu finden, „wie einen verlorenen Gegenstand" (vgl. *Wehrspan* 1990, 163), sondern Identität ist ein lebenslanger Konstruktionsvorgang mit vollkommen offenem Ausgang. „Sein wird zum Design", d.h.: „erfinde dich immer wieder neu." Danach ist nur Simulation möglich, d.h., alles wird zum „als ob". Wir können wie der o.g. „Mann ohne Eigenschaften", „Vater-Sein" simulieren oder „doch-noch-Lehrer" oder „Landbewohner" oder „frustrierte Midlife-Linke", aber eben nur „so tun, als ob".

Diese Identitätsphilosophie sucht die Nähe zu einer Lebensphilosophie des Künstlers. Wird somit jeder zu einem kleinen *Paul Klee*? „Ich bin mein Stil", sagte dieser, und Stil ist Vielfältigkeit und Vielgestaltigkeit, d.h., „ich bin Viele, ein multiples Subjekt" (vgl. *Schmid* 1993, 384).

## Die postmoderne Bastelexistenz

Beschreibt man die postmoderne Vielfalt der Lebensführungschancen etwas realitätsnäher, dann ist die Metapher der *Bastelexistenz* wohl zutreffender (*Hitzler, Honer* 1994, 307ff). Nicht so sehr schöpferische Genialität, sondern pragmatisches Werkeln, Wirken und Wurschteln zwischen Alltagsklugheit und Dilettantismus bestimmt diese Art des Biographiemanagements. Individualisierung des Lebensstils heißt, ein zur Freiheit verurteiltes Leben, im Sinne massenhafter Alltagserfahrungen, zu führen. D.h., die Menschen sind nicht über Nacht zu überzeugten Existentialisten und Kleinkünstlern geworden. Vielmehr gibt es keine verbindlichen Sinn-Dächer mehr, der Mensch steht im Freien. Als Kleinunternehmer in Sachen Lebensführung entscheidet er heute selbst, zu welchen und zu wieviel Partnern, Familien er zugehörig sein möchte, welche Partei, Kirche, welche Ideologie oder welches Konsum- und Medienmilieu das seine ist etc.

Dabei folgt er meist dem erlebnisrationalen „Glücksmodell" (vgl. *Schulze* 1994, 284): Sein Innen- und Außenleben wird mit äußeren Mitteln des Konsums und der Medien bearbeitet. Man geht an sich heran wie ein Ingenieur an die Verbesserung eines Produkts, sagen wir, ein Hifi-Gerät. Ziel ist es, sich „gut zu fühlen" bzw. ständig herauszufinden, wie sich mein Leben von der Fülle der Erfahrungen her noch optimieren läßt. Nehmen wir als Beispiel Thomas F.:

> „Schwarzer Anzug, kanarienbunte Weste – so was find ich super. Es gibt da einfach keine Grenzen, kein Lager mehr. Wir spielen, wir jonglieren vielmehr mit Stilen, Trends und Moden. Gestern in die Oper, heute in einen billigen Stallone-Film ... etc. – Die Halbwertzeit für Moden und Überzeugungen ist kurz geworden, man bedient sich aus den Beständen aller Zeiten" (*Die Zeit*, 31/1993, S. 16).

„Lustige Zeiten also! Für 93% der Jungen ist Spaß das wichtigste Lebensziel." Spaß als Gegengift „gegen die allgemeine Langeweile, aber die Zeit ist lang, das Erleben kurzlebig" (vgl. *Dieckman* 1994, 72). *G. Schulze* nennt eben dies den „Zwang zur Erlebnisrationalität" (vgl. *Schulze* 1992, 40f).

Nun sind aber Stimmungen, Gefühle und Wünsche leicht enttäuschbar und von daher als Orientierungsgrundlage risikoreich. Die Folge ist eine suchtartige Suche nach neuen Gruppenzugehörigkeiten, d.h. Markenzugehörigkeiten. „Alles hat eine Marke, von der Musik, über das Auto, das Bier, die Hose etc., und No-Name ist auch was ... Etwas Schlechtes gibt es nicht, nur geil und ungeil, cool und uncool." Man probiert alles mal aus und bildet Gruppen, Mischgruppen etc. „Ihre Anzahl geht gegen unendlich, die Gruppenstärke Richtung 1" (*Dieckmann* 1994, 72).

Der unmittelbare Anschluß an die Fülle des Erlebnis- und Lebensstilmarktes erlaubt jedoch noch mehr. Als Beispiel seien die „Sinn-Angebote" in esoterischen Erlösungsprogrammen genannt. Dabei wird die persönliche Zukunft als Programmpaket angeboten, „wie bei einer Package-Tour" des ADAC: Bedürfnisse, die aus der Zerrissenheit und Widersprüchlichkeit des Alltags entstehen, werden in einem geschlossenen Lebensmodell beantwortet (vgl. *Keupp* 1994, 33).

Geht jedoch die persönliche Lebensplanung schief, so bleibt jegliches Scheitern an dem individuellen Kleinunternehmer selbst hängen. D.h., die Tendenz, gesellschaftlich vermitteltes Leid als persönliches Unvermögen und Versagen zu verarbeiten, wächst. Hierfür sei exemplarisch die Stellungnahme eines Mannes im Alter von dreißig bis vierzig Jahren genannt:

„Ich bin nicht Lokomotivführer geworden. Alles ist anders geworden, als ich es gedacht habe. Ich bin nicht Präsident geworden oder Urwalddoktor, nicht einmal Studienrat. Eigentlich bin ich gar nichts geworden. Ich bin nicht Vater, nicht Ehemann, nicht ADAC-Mitglied ... Mit fehlt alles, was einen Erwachsenen ausmacht ... In der Schule hieß es, wir würden nicht für die Schule, sondern für das Leben lernen. Aber das Leben, für das ich lernte, wurde gerade abgeschafft. Während ich mich noch mit der Odyssee und den Punischen Kriegen beschäftigte, überlegten die Weitsichtigen bereits, wie man die Zeit oder den Atomkrieg in einer Streichholzschachtel unterbringen kann. Während ich mich darauf vorbereitete, gesellschaftlich wichtige Aufgaben zu übernehmen, entfielen diese Aufgaben schon wieder ... Der technische Fortschritt hat mich wieder zum Analphabeten gemacht. Ich bin vom Kreislauf der Angebote ausgeschlossen, seit mein Gebrauchswert gegen Null sinkt" (*Heinze, Koch* 1989, 6).

## Fazit: Paradoxe Entwicklungsaufgaben nehmen zu

Für den autonomen Konsum- und Medienbürger gilt, daß er einsam und frei an der Leine eines weltweit operierenden Lebensstilmarktes hängt. Indem die Familienbindung, die Milieu- und Arbeitsbezogenheit der Biographie zerfällt, durchlebt jeder mehrere Teilfamilienleben und/oder familienfreie Lebensformen. Man wechselt im Zeichen lebenslanger Mobilität vermutlich mehrfach den Arbeitsplatz, ja den Beruf und muß sich an verschiedenen Orten neu beheimaten. Dies bedeutet einerseits einen enormen Zugewinn an Freiheiten, in immer andere Beziehungs- und Arbeitsrollen zu schlüpfen, sowie einen gleichermaßen großen Mobilitätsgewinn. Andererseits nehmen bei geringer werdender sozialer Unterstützung die individuellen Entscheidungsnöte zu (vgl. *Beck* 1986, 209).

Postmoderne Lebensplanung ist somit von den widersprüchlichen Rollenzumutungen, Botschaften und „Marschbefehlen" her, die den Heranwachsenden erwarten, ungleich viel komplizierter als früher. D.h., die paradoxen Entwicklungsaufgaben, die der Einzelne zu lösen oder zu vermitteln hat, um soziale Anerkennung zu erhalten, nehmen zu. Einige wenige Beispiele seien hier genannt:

- radikaler Zwang zur Selbstbestimmung und -verfügung bei gleichzeitiger Freisetzung aus sicherheitsstiftenden Sozialbezügen;
- Erhöhung der subjektiven Freiheitsspielräume bei vollkommener Marktabhängigkeit;
- verstärkte Affektkontrolle bei gleichzeitiger radikaler Entgrenzung der Erlebnismöglichkeiten;

- Forderungen nach „Natürlichkeit" und „Authentizität" bei zunehmendem Zwang, das eigene Erleben und Verhalten selbst zu beobachten (Selbstreflexivität) und zu steuern (Selbstkontrolle).

Aus letzterem resultiert das sog. „Ausdrucksdilemma": „Ich kann schwer in mir auseinanderhalten, ob ich meine Unmittelbarkeit und Spontaneität fingiere, d.h. so tue „als ob", weil ich ja weiß, daß ich unmittelbar sein muß" (vgl. *Berking* 1994, 41ff).

Um in diesem Spannungsfeld polarer Entwicklungsaufgaben die eigene Lebensplanung durchhalten zu können, sind Lebensstilfertigkeiten gefragt, die wir im folgenden skizzieren möchten.

## *Sophie auf der Suche nach einer postmodernen „Patchwork-Identität"*

Es gibt mittlerweile eine Reihe von Versuchen, einen Typ des „souveränen Lebenskünstlers" zu beschreiben (vgl. u.a. *Beck* 1993, 249ff; *Böhme* 1985, 281ff; *Sloterdijk* 1989), von dem man meinen könnte, es wird eine Art Antiheld der Postmoderne entworfen.

Stellen wir uns vor, Sophie wollte in dessen Haut schlüpfen, so müßte sie sich eine Reihe von psychosozialen Fertigkeiten aneignen. Der Anreiz für diesen Lernprozeß bestünde in der Verheißung, daß sie damit die Herausforderungen postmodernen Wandels eher als Gewinn denn als Bedrohung verarbeiten könnte. Das folgende Eigenschafts- und Aufgabenprofil ist nur ein höchst unvollständiger Auszug aus der Vielgestaltigkeit dieses Anti-Helden.

- Statt von einer Normal- muß Sophie von einer Wahl- oder Bastelbiographie (*Beck* 1986, 217) ausgehen. Das heißt, sie wird zugleich Drehbuchautorin, Schauspielerin und Regisseurin ihres Lebensskripts und Lebenslaufes. Diese Rollenvielfalt ist nie ganz frei gewählt, sondern stets auch eine Reaktion auf die jeweiligen Situationsanforderungen. Und diese wechseln ständig. Die Chance zur vermehrten Eigenverantwortung nimmt zu und gleichzeitig die Abhängigkeit von den Trends und Moden der Gleichaltrigen-, Medien- und Konsumwelt.
- Sophies biographisches Projekt wird lebenslang offen und provisorisch bleiben. Es endet nicht mit Abschluß der Jugendphase. Daraus resultiert, daß der ihr mögliche Planungshorizont

schrumpft, denn wo vieles rascher veraltet, kann sich Lebensplanung nurmehr auf kürzere Zeiträume beziehen. Dies beinhaltet sowohl die Gelegenheit zum wiederholten Neubeginn wie die Gefahr, sich in zahllosen Projekten zu *zerspielen*.

- Sophie steht vor der Qual der Wahl. Sie muß zwischen einer Vielfalt möglicher biographischer Verläufe oder Drehbücher wählen. Zugleich droht sie den Erwachsenen über den Kopf zu wachsen. Sie ist mit dreizehn Jahren in einem Maße abgeklärt, konsumbewußt und sexuell frühreif, daß es schwierig wird, „die Alten ernst zu nehmen". Die sich verflüssigenden Unterschiede zwischen Kindheits-, Jugend- und Erwachsenenstatus birgt sowohl Chancen für neuartige Lernprozesse wie die Gefahr der Verantwortungskonfusion.
- Sophies Lebensentwurf wird eher einem Flickenteppich bzw. einer spannungsreichen Collage aus sehr verschiedenen Rollen und Neigungen entsprechen denn einem gemütlich-überschaubaren Stilleben. Darüber kann sie einerseits erleben, daß spannungsreiche Vielheit, Fremdheit und Verschiedenheit ohne Angst ertragbar und kreativ nutzbar sind. Andererseits kann sie in der impressionistischen Vielfalt ohne Zentrum verloren gehen. Chronisches Leereerleben, Einsamkeit, Langeweile und unstillbare Lebensgier wären die Folge.
- Sophie wird in der Vielfalt der Meinungen und Lebensempfehlungen vermehrt Halt in der Welt ihrer Stimmungen und Gefühle suchen. Lernt sie diese entsprechend zu „lesen" und mit konkreten Erfahrungen der Freude, des Schmerzes und der Trauer und der Wut zu verbinden, so gewinnt sie an Eigen-Sinn. Erlebt sie ihre Innenwelt jedoch als Durcheinander und bloßes „Rauschen", wird sie eher durch Zerstreuung oder mittels „chemischer Ratgeber" sich ein Innenweltdesign verpassen.
- Sophie muß sich immer wieder eine eigene Privatsphäre entwickeln, um sich vor dem aggressiven Zugriff der Politik- und Medienöffentlichkeit sowie der Konsum- und Arbeitswelt verstecken zu lernen. Damit muß die Kunst erworben werden, sich zu verbergen, Masken anzulegen, den eigenen Lebensstil mit einem Geheimcode zu versehen und Vertrautes immer wieder verfremden zu können.
- Sophie wird sich bisweilen aus dem rasanten postmodernen Gesellschaftsspiel auszuklinken versuchen. Wo Geschwindigkeit Trumpf ist, entdeckt sie die Langsamkeit oder nachdenkliches,

„aktives" Wartenkönnen. Dann gibt sie Kontrolle ab, überläßt sich dem Fluß der Ereignisse und erträgt, daß es für vieles kein zweites Mal und im Leben nicht alles geben kann (*Böhme* 1985, 281ff).

- Um ein ghettoisiertes Single-Dasein zu vermeiden, muß Sophie einen erheblichen Teil ihres Zeitbudgets darauf verwenden, um die sie tragenden, sozialen Netzwerke zu knüpfen. Hierfür braucht sie einen langen Atem bzw. sie muß „am Ball bleiben", sonst „zerfasern diese Netze oder lösen sich auf" (*Keupp* 1994, 37). Als Handwerkszeug benötigt Sophie eine Art sozialer Phantasie und moralischer Sensibilität.
- Zuletzt sei noch einmal auf die Fähigkeit verwiesen, „ohne Angst verschieden sein zu können". Darin wird zugleich anerkannt, daß wir auch für uns selbst stets Fremde bleiben und uns als Personen nie gänzlich „haben" werden. Gelingt dies Sophie nicht, droht jener suchtförmige Sog, mit sich identisch sein zu wollen.

### *Fazit*

Sophie muß, sofern sie inmitten der postmodernen Unübersichtlichkeit handlungsfähig bleiben will, lernen, die Vielfalt der Lebenswelten und -stile immer wieder in eine auf sie zugeschnittene, zumindest zeitlich befristete „*Heimatwelt*" (*Berger* 1973, 62) zu verwandeln.

Läßt man dieses Menschenbildprofil auf sich wirken, stellen sich rasch Überforderungs- und Ohnmachtsgefühle ein. Wie und unter welchen lebensweltlichen Bedingungen sollen denn Kinder solch einer Form „souveräner" Patchwork-Identität ausbilden können? Wie sollen Institutionen und Personen beschaffen sein, die solche Bildungsprozesse ermöglichen? Sind diese Entwürfe nicht einfach der Versuch, die Tatsache zu verleugnen, daß die postmodernen Veränderungszumutungen die Heranwachsenden schlichtweg überfordern? – Diese Fragen führen uns zu der folgenden Kritik an postmodernen Identitätsmodellen:

## Zur Kritik postmoderner Identitätsmodelle

Im Grunde lebt in verschiedenen Varianten postmoderner Identitätsmodelle jener Zauber fort, der „von dem Wort Identität ausgeht. Es ruft eine Sehnsucht nach einer heilen Welt wach, die, wenn schon draußen nicht, so doch drinnen existiert, tief in der Person, tief in der Geschichte, tief im Volk. Und würde man bis zum unverdorbenen Ursprung gelangen, erschlösse sich, indem man von vorne beginnt, eine herrliche Zukunft" (*Keupp* 1994c, 143).

Der „souveräne" Biographiebastler würde dies zurückweisen. Gerade er möchte sich doch von o.g. Sehnsucht nach einem in sich stimmenden Lebensentwurf verabschieden. Auch gilt es, das Hier und Jetzt zu leben, d.h., Geschichte ist allenfalls als Archiv für die Trends und Moden von morgen zu gebrauchen, sozusagen ein „gigantischer Supermarkt der Stile" (*Zeit*, 31/91, S. 16).

Doch mischen sich auch kritische Töne in die vielstimmige Kontroverse um die „Kinder der Pluralität" und diesen Stimmen wollen wir zum Abschluß Raum geben. Wir sind der Auffassung, daß die Diskussion um diese neuen Identitätsentwürfe etwas vergessen hat: Kinder kommen nicht erwachsen zur Welt. Das heißt, es bleibt in dieser Debatte häufig ungesagt, daß die Umwelten es Heranwachsenden zunehmend erschweren, sie auf dieses postmoderne Leben vorzubereiten.

Wir umreißen unsere Kritik in vier Argumenten:

## *Das entwicklungspsychologische Argument*

Kinder der Postmoderne wachsen in eine Welt hinein, die einem gigantischem „Multiple-Choice-Test" gleicht. Es ist nie erlaubt, nur eine Lösung anzukreuzen. Das werdende Leben muß sich so rüsten, daß es eine Selbst- und Ich-Struktur ausbildet, die eine Art privater Ozonschicht gleicht. Postmoderne Vielfalt droht nämlich toxisch zu werden, d.h., einer Heranwachsenden wie Sophie drohen angesichts der rasant zunehmenden Differenz zwischen Lebensstilmöglichkeiten und Realisierungschancen u.a. die folgenden Sackgassen (vgl. *Gross* 1994, 228ff):

- Das werdende Ich zerfließt im Möglichkeitsraum.
- Es gerät in eine Art Präsenzpychose, d.h., eine ständig zunehmende Hyperaktivität versucht der Angst Herr zu werden, den Anschluß zu verpassen. Oder: „Zappen", „Hoppen", neuerdings „Street-Strolling" sind Haltungen, bei denen man, wenn man an einem Ort ist, bereits am nächsten sein möchte.

- Das Ich verfällt in eine Art Entscheidungsparalyse: „Ich könnte alles tun und mache darum nichts", bzw.: „Ich habe alles zur Auswahl und kann mich für nichts entscheiden."

Will man die Extreme zwischen selbstbezogener Weltflucht und entgrenzter Weltsucht ausbalancieren, dann bedarf es folglich leiblich verankerter Selbst- und Weltbilder, die es erlauben, eine widersprüchliche Einheit in der Vielheit unserer Rollen und Eigenschaften zu leben. Postmodernes Leben droht zu einer Art Nomadentum zu werden, d.h. ein wiederkehrendes Leben in der Fremde, auf Dauer gestellte Veränderung. Wenn wir so viel unterwegs sind, bedarf es der Einkehr, und sei sie auch nur episodisch und illusionär. Die Heimat aber, so *Parin*, tragen wir nur in uns selber: „Wer ein gutes Selbstgefühl hat, der hat Heimat. Wem es darin gebricht, der habe Heimat" (*Parin* 1994, 43).

Wie gelangen wir aber zu diesem früh grundgelegten Selbst- und Weltgefühl, das uns immer wieder erlaubt, „weggehen zu können und doch zu sein wie ein Baum: Als bliebe die Wurzel fest im Boden, als zöge die Landschaft und wir stünden fest" (*Domin* 1987, 13).

Antworten hierauf finden wir u.a. in den empirischen Befunden der neueren Kleinkind- und Säuglingsforschung. Dieser zufolge ergibt sich die Entwicklung von Ich-Stärke sowie Selbst- und Weltvertrauen aus der Art und Weise, wie das Kind krisenhafte Statuspassagen und kritische Lebensereignisse subjektiv zufriedenstellend zu handhaben vermag. Die Kontinuität eines Selbstgefühls als Selbstwert und Selbstachtung ist abhängig davon, ob die frühe „Kompetenz des Säuglings" im beziehungssprachlichen Dialog mit den *bedeutsamen Anderen* anerkannt und lebendig gespiegelt wird. Auf dieser Grundlage kann sich ein positives Selbstempfinden und ein intersubjektives Selbsterleben herausbilden (vgl. *Dornes* 1993, 104, 152). Weiterhin ist für das Kind wichtig, ob es in der Folgezeit immer wieder die Erfahrung machen kann, Verursacher der eigenen Handlungen, also Konstrukteur des eigenen Lebenssinns und jemand zu sein, der etwas bei anderen zu bewegen vermag. Kindheitsmuster, in denen sich eine Art „Eigen-Sinn", eine „besondere Art der Aufsässigkeit", ein „unverschämtes Verhältnis zu Phantasie und zur Gestaltung" abbilden, sind der Nährboden für eine Haltung der „verantworteten Autonomie" (vgl. *Schiffer* 1993, 31ff). In dieser Einstellung wird die soziale Mitwelt nicht nur als Zumutung oder als Selbstbedienungsladen, sondern als Ermöglichungs- und Gestaltungsraum für die Vermittlung von Eigen- und Gemein-Sinn verstanden.

Voraussetzung hierfür ist jedoch die wiederkehrende Erfahrung, daß es in Kindheit, Jugend und Erwachsensein Gestaltungs-, Übergangs- und Spielräume gibt, in denen wir – frei nach *Winnicott* – das, was wir vorfinden, zugleich selber finden und neu erfinden dürfen (vgl. *Winnicott* 1979, 104). Identität als verläßliches Erleben von Selbstvertrauen in der Fremde und von aushaltbarer Fremdheit im Vertrauen, ein solches Selbst- und Welterleben würde Sophie u.a. so wenig süchtig machen wie „Huckleberry Finn" (vgl. *Schiffer* 1993).

So will nun die Säuglingsforschung, aber auch die Temperaments- und Emotionsforschung auf das psychosoziale Kapital hinweisen, womit das werdende Leben ausgestattet sei. Dessen Entfaltung hängt jedoch, wie o.g., von emotional verläßlichen Beziehungsangeboten und institutionell gesicherten Sozialisationsräumen ab. Kinder mögen noch so ausgeprägte *Nischenspezialisten* sein, ihr Lernvermögen noch so plastisch und phantasiereich sein, sie brauchen für die ersten Jahre eine Konstanz und Überschaubarkeit ihres Lebensfeldes, wie sie unseres Erachtens in den postmodernen Stürmen und Erosionsprozessen massiv gefährdet sind. Die begeisterten Vertreter postmoderner Beschleunigung in allen Lebensfeldern vergessen, daß die biologische, psychologische und soziale Grundausstattung des Menschen an dieselben Grenzen stößt, wie es im Bereich der Naturressourcen schon lange sichtbar wird. „Nach den Wäldern sterben die Menschen", so lautet ein schon vor Jahren gehandelter Slogan, ebenso wie die Äußerung eines siebenjährigen Mädchens mit einem pavor nocturnus: „Erst sterben die Bäume und dann die Menschen. Es hört nicht auf, wenn ich nachts so schlimm träume." „Sterben" nach den Biotopen nun auch die „Soziotope" in Gestalt sozialer Netzwerke, indem diese zu zerreißen drohen? Zerfällt damit eine der zentralen Humanressourcen, die Kindern die Herausbildung der o.g. leiblichfundierten Selbst- und Weltverständnis gestattet?

Die Netzwerkforschung ist sich da relativ einig, daß dies – zumindest vorläufig – nicht der Fall sein wird (vgl. hierzu *Petzold* in diesem Band). Es wird jedoch andersgearteter und neuer Formen und Versuche bedürfen, soziale Vernetzungen für Heranwachsende aufrechtzuerhalten bzw. herzustellen. Auch hier gilt, daß Vernetzungen, Räume und Zugehörigkeiten im Bereich des Sozialen gewählt, hergestellt und z.T. mit erheblichem Organisationsaufwand gesichert werden müssen.

## *Das ökonomische Argument*

Tatsache ist, daß dem vielbesungenen Freiheits-, Chancen- und Mobilitätszuwachs eine derzeit weltweit krisenhafte ökonomische Realität gegenübersteht. Die „soziale Frage“, von der man sich im Zeichen des Wohlstandes schon glaubte verabschieden zu können, kehrt zurück (*Klönne* 1993, 37ff). Die Zauberformel, wonach ökonomisches Wachstum zu immer mehr Arbeit führt, hat ihre Glaubwürdigkeit verloren. Wenn im März 1994 noch nie dagewesene 4,042 Millionen Arbeitslose gezählt wurden, dann besteht nach Ansicht vieler sog. Experten wenig Aussicht, daß ein konjunktureller Aufschwung diese Zahl nachhaltig nach unten korrigieren wird.

Kinder und Jugendliche müssen sich somit in einer Zeit die Vorstellung einer „hinreichend guten Zukunft“ und einer Souveränität im Umgang mit unsicheren Perspektiven erarbeiten, in denen der traditionellen Arbeitsgesellschaft die Arbeit ausgeht. So verschwinden im Zeichen einer weltweit entgrenzenden Marktdynamik eine Fülle klassischer Berufsbilder (vgl. *Spiegel*-Serie, Nr. 42, 43, 44, 1993). „Keiner ist mehr sicher, selbst gute Ausbildung und Berufserfahrung schützen nicht vor Erwerbslosigkeit“ (*Zeit* 11/94).

Die Beschäftigungsstrukturen verändern sich in Richtung einer dauerhaften Aufteilung in Arbeitsplatzbesitzer, Gelegenheitsarbeiter und Dauerarbeitslose (*Honneth* 1993, 522). Zusammen mit einer Spaltung des Wohnungsmarktes in Wohnungsbesitzer und Wohnungssuchende ergeben sich damit strukturell bedingte neue Formen der Armut: „Heute davon auszugehen, daß ungefähr 20% der Bevölkerung in der Bundesrepublik unter relativer Einkunftsarmut leiden, ist das Ergebnis einer nüchternen Schätzung auf der Basis aller verfügbarer Daten“ (*Honneth* 1993, 523).

Wir befürchten, daß derzeit die Solidargemeinschaft in Gestalt des Sozialstaatsgedankens ernsthaft gefährdet ist. Kinder und Jugendliche werden vermehrt die alltägliche Gewalt sozialer Ausgrenzung von Arbeitslosen, Sozialhilfeempfängern, psychisch Kranken und Ausländern erleben. Sie bekommen mit, ob bei den nun beginnenden gesellschaftlichen Umverteilungskämpfen die Gesellschaft bereit ist, einen Solidaritätspakt mit der Suche der Kinder und Jugendlichen zu schließen. Voraussetzungen struktureller Geborgenheit kosten etwas. Fensterreden, die den Wertezerfall bejammern und nicht zur Kenntnis nehmen, daß eine familienfeindliche Sozial- und Steuerpolitik dazu führt, daß Kinder, ökonomisch betrachtet, ein Armutsrisiko darstellen, sind nurmehr zynisch (*Dettling* 1994, 64). Dieser Sozialzynismus macht sich in Gestalt einer verschärften Ellbogenmentalität breit, die unverblümt das Recht des ökonomisch Stärkeren vertritt. Autoaufkleber wie: „Ich hasse deine Armut" sind Zeichen einer fortschreitenden *Dominanzkultur* (vgl. *Rommelspacher* 1992). Mitgefühl und Solidarität, diese stets labilen Grundtugenden einer Zivilgemeinschaft, werden für Heranwachsende zunehmend unattraktiv. Jeder möchte ein „Winner" sein im postmodernen Gesellschaftsspiel. Von daher auch die zunehmende Faszination der Gewalt, denn die Identifikation mit dem Aggressor liegt nahe: Wir möchten an der Gewalt, deren Wirksamkeit wir an uns selbst täglich erfahren, teilhaben, aber nicht als Opfer, sondern als Täter (*Erdheim* 1991, 280).

## *Fazit*

Wir stehen vor einer dritten Revolution der Arbeitsgesellschaft. Sie wird eine Verbindung aus Informationsgesellschaft und „Gentechnik-Moderne" (*Beck* 1993, 240) im Zeichen sich ausweitender Armutszonen sein. Kinder und Jugendliche, die unter Bedingungen struktureller Armut aufwachsen, werden die „postmoderne Welt des fröhlichen Durcheinanders" vermutlich eher aus der Perspektive einer ausgegrenzten Randgruppe betrachten. Die neuen Identitätsmodelle bekommen vor dem Hintergrund der neu aufbrechenden „sozialen Frage" einen etwas exklusiven, teuren Beigeschmack. Sie scheinen allenfalls für die Riege der Arbeitsplatzbesitzer tauglich, denen die Alltagsnot nicht die lebenskünstlerische Energie raubt.

## *Das warenästhetische Argument oder Gesellschaft als Echo Welt*

Kinder lernen heute früh, daß „gefällt, wer auffällt". Image- und Outfit-Pflege ist den „Konsumkids" schon von klein an selbstverständlich. Begeistert laufen sie wie kleine Werbe- und Litfaßsäulen herum und üben, ganz wie die Großen, ein gut designter Markenartikel zu werden. Wenn sie den Erwachsenen bei ihrer atemlosen Hatz nach dem nächsten Erlebniskick beiwohnen, wird ihnen klar, daß es um alles, am besten jetzt und gleich, geht. Dies geschieht natürlich abzüglich all dessen, worauf man nicht scharf ist: Leid, Krankheit, Scheitern, Unsicherheit und Tod, „alles, was den reinen Mehrwert des Lebens schmälert" (*Gronemeyer* 1993, 123). Doch die „Kinder der Pluralität" erleiden zunehmend mehr die Schattenseite einer vorgefertigten Konsum- und Medien-(Um-)Welt, deren Charakter als *Echo-Welt* (*Dieckmann* 1994).

Im Bild der *Echo-Welt* wird festgehalten, daß die Kinder im süßklebrigen Knusperwerk der Konsum- und Medien-(Um-)Welt keine Hexe, keinen Teufel, keinen Zauberer mehr finden, die ihnen die Auseinandersetzung mit dem Schrecken, der Angst und die Faszination des Befremdlichen ermöglichen. „Wo alles möglich ist, ist alles egal", d.h., es fehlt eine grenzerfahrende und gefühlsbildende Herausforderung. So wird jeglicher Genuß bzw. jegliche Erfahrung fade und drängt nach „noch doller", „noch schlimmer". Und „wo immer alles sein kann, was nicht sein darf", da kommen die inneren Koordinaten des Werteempfindens ins Wanken. Horizontverlust, unstillbarer Erfahrungshunger und Sucht können die Folge sein.

„Und der Genuß ist uns ein hoher Wert. Ständig werden wir aufgefordert, am Rendezvous der Sinne teilzunehmen, wir sollen den Gipfel der Genüsse erklimmen ... Wen wundert da unser verkrampftes Hinterherrennen hinter der Lust, unsere Genußsucht, die Tendenz zu immer schnellerer Abstumpfung und immer höherer Stimulierung" (*König* 1993, 3).

Wo das Kinderleben schon früh aus vorgefertigten (Medien-) Bildern und (Konsum-)Versatzstücken besteht, da erblinden Bewegungs-, Tast-, Geschmacks- und Geruchssinn, also die Handwerkszeuge der Phantasiearbeit. Mit ihrer Hilfe erarbeiten sich Kinder ihre Leib- und Körper-(Selbst-)Bilder. Sind diese intakt, dann hat das Kind in seinem Körperhaus Einzug genommen. Dies garantiert eine gute seelische „Außenhaut" und das leibliche Wissen, daß die Seele lebt. Ist das „Haut-Ich" durchlässig, wie z.B. beim Zappelphilipp, ertrinken die Kinder im Meer der ungefilterten Konsum- und Medienreize: „Ich zapple, also bin ich", bleibt dann als Bewältigungsversuch (*Schiffer* 1993, 99), oder ich töte bzw. stelle alles ruhig, was sich für mich unberechenbar lebendig bewegt, so die jungen Mörder des zweijährigen James Bulgar in Liverpool.

In den Wattelandschaften der Soft-Ware-Gesellschaft droht jene konstruktive Seite der Aggression zu verkümmern, die laut *Winni-*

*cott* (1988) hilft, den Wirklichkeits- und Möglichkeitssinn zu schärfen. Statt dessen bietet die Konsum- und Medienindustrie inflationär Fertigspielzeuge und Idole an, die sadistische und masochistische Formen der Gewalt verkörpern.

Die neuen Helden von Kindern und Erwachsenen sind organbestückte Roboter, Cyborgs, bizarre Mixturen aus Natur und Technik, Fleisch und Stahl. Terminator, Badman, Rambo, He-Man etc., das sind empfindungslose „Cool-Killers", wortkarge, gedankenlose, hocheffiziente Tötungsmaschinen, „der Schließmuskelmann in Vollendung" (*Sloterdijk* 1994, 28). In *Michael Jackson* lieben die Kids einen Soul-Automaten. Diese Musikmaschine mit ihrer künstlich aufgehellten Haut, dem chirurgisch maßgeschneiderten Gesicht und der kristallinen Stimme ist buchstäblich ein Self-Made-Man (*Wittstock* 1994, 48). Ist der perfekte Vater für Kids von heute „ein Roboter mit Herz", weil nur die Eindeutigkeit der Schaltkreise einen Ausweg aus der Vieldeutigkeit des Lebens ermöglicht? ... *Michael Jackson*, dem selbsternannten Vater der elternlosen Kinder dieser Welt, wird derzeit der Prozeß wegen sexuellen Mißbrauchs gemacht: Werbewirksamkeit oder doch nur ein Programmierfehler im Persönlichkeitsdesign?

Solche – zugegebenermaßen überspitzten – Skizzen treffen dennoch einen Kern kindlich-jugendlicher Welterfahrung. Kinder stoßen zusehends auf eine entgrenzte Alltagswelt, die als Konsum- und Medienumwelt nurmehr im Sinne des technischen „Als-ob" funktioniert. Wo alles zur Simulation, d.h. zum Spiel wird, muß alles mit einem Betrugsvorbehalt bedacht werden. Denn wie soll man bei einem Lebensspiel mitspielen, wo sich ständig die Regeln ändern? Die Dialektik von Beständigkeit und Veränderung kann so nicht erlebt werden. Der „kleine David" muß aber, um gegen den „Riesen Wirklichkeit" bestehen zu lernen, ihn zunächst einmal mit allen Sinnen zu fassen bekommen. Das Kind braucht Eindeutigkeit, um mit Mehrdeutigkeit umgehen zu können. In einer Echo- und Oberflächenwelt gibt es kein klar abgegrenztes Gegenüber mehr, an dem sich die kindliche Phantasietätigkeit abarbeiten könnte. Spielerisches Probehandeln läuft ins Leere und die Erfahrung der Selbstwirksamkeit und der Handlungsfähigkeit bleibt bruchstückhaft. Erfahrung, die konstante innerseelische Strukturen der Wahrnehmung, des Denkens und des Erlebens ermöglicht, zerfällt.

> „Ein Bezugssystem zum Leben entsteht aus authentischen Erlebnissen, aber die gibt es kaum noch ... Wir können uns nicht wundern, weil wir kein Empfinden für die Wirklichkeit haben" (*König* 1993, 3).

## *Fazit*

Postmoderne Lebensvielfalt, d.h., Erlebnis-, Konsum- und Medienvielfalt mutet dem Heranwachsenden sehr viel an Welt zu. Will er nicht darin ertrinken oder dem Versuch verfallen, inmitten all der Fülle zur Gewalt zu greifen, um seine leerlaufenden Strukturbedürfnisse zu stillen, bedarf er zeitlich befristeter Schutz- und Übergangsräume. Erziehung hatte, *Adorno* zu Folge, ursprünglich diese Aufgabe, „die Heranwachsenden vor dem großen Spaß der Außenwelt zu immunisieren" (*Dieckmann* 1994, 77).

Damit wären wir bei unserem letzten Punkt:

## *Das sozialisationspraktische Argument:*

Wir haben oben ausgeführt, daß es für die Familien immer schwieriger wird, sich von gesellschaftlichen, ja weltweiten Einflüssen abzuschirmen. Die Folge ist, daß sich das Erziehungsmonopol der Eltern, Lehrer etc. aufzulösen scheint und Heranwachsende sich in dieser diffusen Unübersichtlichkeit einzurichten beginnen.

> „Der Erziehungsauftrag an uns wird zwischen Eltern ohne Zeit und überforderten Lehrern hin- und hergeschoben, wir gewinnen Freiraum in diesem Chaos, und der gefällt uns. Wir verwildern in diesem Vakuum, dessen Ränder aus Watte sind und dessen Grenzen wir selbst setzen. Daß es auch noch andere Grenzen gibt, merken wir erst wieder, wenn vor uns ein brennendes Haus steht, das wir angezündet haben, und hinter uns drei Polizisten stehen, die erstaunlich fest zupacken" (*König* 1993, 3).

Daß die Erziehung ins Gespräch gekommen ist, dies läßt sich auch an einer „Zeit"-Kontroverse über „antiautoritäre Erziehung" im Jahre 1993 ablesen. Da erklären gestandene Alt-Linke plötzlich, daß die „Nazi-Kids", „Erziehungswaisen" und „kleinen Wilden" das Ergebnis einer prinzipienlosen autoritätsfeindlichen Pädagogik der 68er-Bewegung seien. Die Antwort ließ nicht auf sich warten: „Schlaffis, die von Stärke reden, brauchen wir nicht" und: „Wer beim Auftreten solcher Konflikte wie der Jugendgewalt gleich die ganze Liberalität bereut und nach dem großen Boß ruft, ist ein Schönwetterdemokrat." Die Debatte zeigte die ganze Verunsicherung darüber, wie heute das erzieherische Paradox einer Anleitung zur Selbstbestimmung zu lösen sei. Sicher scheint nur, daß Erziehung zur Autonomie und zum Selbstbewußtsein die halt- und grenzsetzende Erfahrung mit Autoritäten voraussetzt, die sich selbstkritisch in der Beziehung zum Kind riskieren.

Eine solche Haltung zu leben wird jedoch für die Erwachsenen ein immer schwierigeres Unterfangen. Für sie gibt es keinen übergeordneten moralisch-pädagogischen Konsens mehr, auf den sie im konfliktreichen Alltag der Beziehung selbstverständlich Bezug nehmen können. Kinder spüren das, wo Gebote und Grenzsetzungen zur privaten Geschmackssache oder stimmungsabhängigen Beliebigkeit werden. Entsprechend entlarven sie zusehends die Norm- und Regelvorstellungen der Erziehenden als deren „Privatmacke".

Solche Art Erziehung gerät bisweilen unter der Zuckerdecke fürsorglicher Allgegenwart zur pädagogischen Gummiwand bzw. zu Formen fürsorglicher Verwahrlosung. Für *Dieckmann* ist diese Art Verabschiedung von der Erziehung Teil der o.g. wattierten Echo-Welt, die in Kindern ein tiefes Gefühl der Boden- und Haltlosigkeit und der Ohnmachts-Allmachtserfahrung hinterläßt. Nahezu suchtförmige Zerstörungsspiele und sadistische Erfindungen aller Art sind in dieser Atmosphäre Versuche, zum anderen vorzudringen, denn „wer physische Gewalt anwendet, will aus der Echo-Welt ausbrechen" (*Dieckmann* 1994, 101).

Bis vor gar nicht langer Zeit waren jugendliche Formen des Protestes und des „Aussteigens" vor allem darin begründet, sich den Zwängen der äußeren Integration von Leistung, Kleinfamilie und Konsum entziehen zu wollen. Wurde in dieser Protestkultur versucht, Inneres zu verwirklichen, so deutet sich inzwischen geradezu deren Umkehrung an.

> „Die Gewaltfans von heute suchen Integrität im äußeren Lebenslauf, während sie sich ihrem Innenleben entfremden. Sie führen ein Leben, dem emotionale Sehnsüchte und verrückte Träume als die tägliche Wegzehrung des klassischen Aussteigers abhanden gekommen sind ... Sie sind knallharte Realisten der Normalität. Sie inszenieren einen Kult der Gefühllosigkeit und verweigern sich damit nicht den Anpassungszwängen der gesellschaftlichen Realität, sondern einer Moral, die sie irreal und geschwätzig finden" (*Simon* 1993, 28).

## *Fazit*

Für Kinder, Jugendliche und Erwachsene der Postmoderne gilt der Satz von *Agnes Heller*, „daß sie auf einem Seil wie über einem Abgrund balancieren und deshalb einen guten Gleichgewichtssinn brauchen, gute Reflexe, ungeheures Glück und das Wichtigste vor allem: ein Netz von Freunden, die sie bei der Hand halten können" (*Keupp* 1994c, 143). Das heißt, sie brauchen lebensweltliche Netzwerke, in denen Selbstorganisation, Alltagssolidarität und das Recht auf Verschiedenheit miteinander gelebt werden können. Erst das Wissen, daß es diese Lernräume weiter geben wird, machen die postmodernen Menschenbildentwürfe, wie wir sie weiter oben am Beispiel von Sophie zu skizzieren versuchten, zu vorstellbaren Figuren mit menschlichen Zügen.

Innerhalb dieser sozialen Reservate brauchen die Kinder jedoch Erwachsene, die noch den „geglückten Tag" zumindest für Stunden zu leben vermögen. Diese besitzen noch eine Ahnung von „ruhiger Aufmerksamkeit" und „gelassenem wie realistischem Wahrnehmen". Zugleich jedoch wissen sie, daß die „Zerstörungen, die von der postmodernen Wirklichkeit ausgehen", uneingeladen und um so nachdrücklicher kommen werden (vgl. *Modick* 1993, 335). Diese Erwachsenen werden, frei nach *Winnicott*, nicht aufhören, in einer zunehmend bedrängender werdenden gesellschaftlichen Wirklichkeit für sich und ihre Kinder und *mit* ihnen immer wieder neue Sinnreservate zu finden bzw. zu erfinden.

## Abschließende Bemerkungen

Wir haben Zeitzeichen wie die Phänomene der Echo-Welt, die weltanschauliche Beliebigkeit, die immense Beschleunigung des sozialen Wandels, die universelle Konkurrenz etc. skizziert. Diese Zeitzeichen sind mehr als modische Trends. Sie sind in alle Poren und Eingeweide der gesellschaftlichen Welt gedrungen, d.h., sie sind strukturell verankert. Es bleibt uns ein Rätsel, wie unter diesen Bedingungen seelische Gesundheit heranreifen kann. Integrität, so heißt es zutreffenderweise, setzt eine gewisse Kohärenz von Identität, ein einigermaßen stabiles Ich, als Regulationsinstanz voraus. Wenn jedoch die Zentrifugalkräfte der kulturellen Entwicklung an der Basis von Selbst- und Weltverständnis zerren, so kann sich nur schwerlich Identität entwickeln. Es ist zu befürchten, daß für viele Menschen die Zersplitterung der äußeren Wirklichkeit mit der Fragmentierung der inneren Erfahrung korrespondieren wird (vgl. *Heuermann* 1994).

Was *Jürgen Habermas* (1985) als „die neue Unübersichtlichkeit" beschrieben hat, enthält neben den bekannten gesellschaftspolitischen und sozialen Orientierungsschwierigkeiten eine Fülle psychologischer Anpassungsprobleme, die gerade Kinder und Jugendliche kaum mehr zu lösen imstande sind, es sei denn, es gelingt uns, Kindern und Heranwachsenden soziale Räume zur Verfügung zu stellen, in denen der aggressive Zugriff der Konsum-, Medien- und Arbeitsumwelt gemildert werden kann. Solche „Soziotope" sind für Kinder und letztlich auch für Erwachsene unerläßlich, zumindest als Übergangslösungen und Pufferzonen.

Wir glauben nicht, daß die der risikogesellschaftlichen Entwicklung innewohnende Systemlogik umkehrbar ist. Sie wird noch auf nicht überschaubare Zeit die zivilisatorischen und kulturellen Bindemittel angreifen und moderne Formen von Fundamentalismen aller Art erzeugen wie: Gewalt, Ent-Solidarisierung, Vandalismus, Fremdenhaß etc. Diese Flucht in eine falsche Eindeutigkeit nennt *Beck* die „Gegenmoderne" (*Beck* 1993, 99ff).

Die Umformung und der partielle Zerfall sozialer Welten wird andererseits zu völlig neuen Formen der Solidarisierung, des Wohnens, der Alltäglichkeit, des Arbeitens, des Erziehens, der Ausbildung von Kindern und Jugendlichen führen müssen. Das Wissen, die Entwürfe, das kreative Potential hierfür scheinen uns vorhanden, ungewiß hingegen ist jedoch die realpolitische und praktisch-soziale Umsetzbarkeit.

Die nacheinander aufbrechenden Systemkrisen, innerhalb derer die massiv zunehmende Gewaltbereitschaft nur ein Symptom ist, werden diese Lösungen jedoch vorantreiben. Sie werden nicht nur aus Einsicht, sondern aus der Not geboren werden. Insofern sind sogar die suchtförmigen Gewaltexzesse in den Medien wie im Alltag im Sinne von *Winnicott* lesbar, der über Zeichen von Dissozialität meinte, daß sich hinter ihnen die Hoffnung auf eine neu zu entwickelnde Form des haltgebenden Miteinander verberge (*Winnicott* 1988).

Ob es also eine gute postmoderne Zukunft für Sophie wird, wissen wir nicht. Die skizzierten Problemszenarien machen uns, wie gesagt, eher skeptisch. Zugleich glauben wir, daß wir zu wenig mit den Augen von Kindern zu schauen vermögen. Letztlich wissen wir noch nicht, in welcher Weise postmoderne Kinder und Jugendliche das dynamische Wechselspiel von kreativen Produktiv- und eher entmutigenden Destruktivkräften zu verarbeiten vermögen. Als Kinder- und Jugendlichenpsychotherapeuten sind wir gezwungen, zu diesen ständig sich verändernden Szenarien des sozialen Wandels Stellung zu beziehen. Mehr denn je sind wir angehalten, die Erfahrungswelten aufzusuchen, in denen Kinder und Jugendliche sich vermehrt „bewegen werden": in den Spiel-Höllen, im Cyber-Space, den Phantasy- und Horror-Videos, auf den Info-Highways, den Konsumtempeln etc. ... Dabei gilt es für den Kinder- und Jugendlichenpsychotherapeuten mehr denn je, von den Kindern zu lernen, sie uns ihre Erfahrungswelten zeigen, hören und erleben zu lassen, um zu erfahren, was sie daran gut, faszinierend und was sie als belastend empfinden.

In einem für diese Überlegungen bemerkenswerten Buch: „Eigenes Leben – Ausflüge in die Gesellschaft, in der wir leben", herausgegeben von *Ulrich Beck, Wilhelm Vossenkuhl* et al. (1995), ist es den Autoren – wie wir meinen – in anerkennenswerter Weise gelungen, jenen schmalen Grat zu wahren, der zwischen einer analysierenden Bewußtheit vielfältiger neuer Verluste und Risiken in der Lebensführung einerseits u n d den ebenfalls vielfältigen und neuartigen Formen der *Bewältigung* dieser Risiken andererseits besteht. Auf diesem schmalen Grat bewegen wir uns im Zeichen postmodernen sozialen Wandels alle: die Menschen in ihrer Alltagsbewältigung ebenso wie die psycho-sozialen Dienste, die diesen dabei behilflich sein wollen. Weder den einen noch den anderen gelingt es dabei immer, auf Verleugnungen, unzureichende Vereinfachungen, auf Lobhudelei ebensowenig wie auf Übertreibungen, Leichtsinn und Ironie zu verzichten.

Letztendlich leben wir in derselben Ungewißheitsspanne und Vorläufigkeit, allerdings zumindest die älteren Jahrgänge von uns mit Kindheitserinnerungen an eine bereits veraltete Industriemoderne. Das heißt, therapeutisches Handeln vermag ohne gegenwartssoziologischen Blick wohl kaum hilfreiche Antworten auf die paradoxen Herausforderungen zu geben, die mit postmoderner Identitätsbildung einhergehen. Ohne diesen Blick unterliegen wir all zu leicht einer optischen Täuschung, d.h. wir schauen mit den Augen der bürgerlichen Welt von gestern auf die Kinder und Jugendlichen der Pluralität von heute. Erst die Berücksichtigung soziologisch-gesellschaftskritischen Wissens erlaubt eine angemessene Revision psychotherapeutischer Zielsetzungen und Methoden. Denn: „Wo den Menschen die Konflikte aus ihren Lebensformen, die ihnen vorgegeben sind, entspringen, wo ihr Zusammenleben folgenlos wird, kann ihr Leiden nicht mehr nur auf frühkindliche Versäumnisse und Weichenstellungen zurückgeführt werden" (*Beck, Beck-Gernsheim* 1990, 56). Nimmt man diese Aussage ernst, dann kann man die Anwendung soziologischen Wissens nicht mehr auf die Formulierung anthropologischer Grundannahmen tiefenpsychologischer Verfahren beschränken. Es muß in der konkreten Methodik, d.h. in Diagnostik wie Interventionslehre Berücksichtigung finden.

## Literatur:


*Abels, H.*, Jugend vor der Moderne. Soziologische und psychologische Theorien des 20. Jahrhunderts. Leske u. Budrich, Opladen 1993.

*Baudrillard, J.*, Transparenz des Bösen. Berlin 1992.

*Baumann, Z.*, Moderne und Ambivalenz. Das Ende der Eindeutigkeit. Junius Verlag, Hamburg 1992.

*Beck, U.*, Die Risikogesellschaft. Auf dem Weg in eine andere Moderne. Suhrkamp, Frankfurt 1986.

—, Gegengifte. Die organisierte Unverantwortlichkeit. Suhrkamp, Frankfurt 1988.

—, Politik in der Risikogesellschaft. Suhrkamp, Frankfurt 1991.

—, Die Erfindung des Politischen. Zu einer Theorie reflexiver Modernisierung. Suhrkamp, Frankfurt 1993.

—, *Beck-Gernsheim, E.*, Das ganz normale Chaos der Liebe. Suhrkamp, Frankfurt 1990.

—, *Vossenkuhl, W.* et al., Eigenes Leben. Ausflüge in die Gesellschaft, in der wir leben. Beck, München 1995.

*Beck-Gernsheim, E.*, Individualisierungstheorie: Veränderungen des Lebenslaufs in der Moderne. In: *Keupp, H.*: Zugänge zum Subjekt. Suhrkamp, Frankfurt, 1994, S. 125-147.

*Berger, P.L.* et al., Das Unbehagen in der Modernität. Campus, Frankfurt 1973.

*Berking, H.*, Solidarischer Individualismus. In: *Ästhetik und Kommunikation*, Heft 85/86, 1994, S. 41ff.

*Beyer, M.*, Power Line. Fit für Power oder: Die feine Art der Selbst-Creation. Junfermann, Paderborn 1992.

*Böhme, G.*, Anthropologie in pragmatischer Hinsicht. Darmstädter Vorlesungen. Suhrkamp, Frankfurt 1985.

—, Perspektiven einer ökologisch orientierten Naturphilosophie. In: *Fischer, H.R., Retzer, A., Schweizer, J.* (Hg.): Das Ende der großen Entwürfe, Suhrkamp, Frankfurt 1992, S. 72 ff.

*Bolz, N.*, Am Ende der Gutenberg-Galaxis. Fink Verlag, München 1993.

*Bronfenbrenner, U.*, Die Ökologie der menschlichen Entwicklung. Klett-Cotta, Stuttgart 1981.
*Buchholz, M.B.*, Die unbewußte Familie. Springer, Berlin, Heidelberg, New York 1990.
—, Dreiecksgeschichten. Eine klinische Theorie psychoanalytischer Familientherapie. Vandenhoek und Ruprecht, Göttingen 1993.
—, *Reich, G.*, Panik, Panikbedarf, Panikverarbeitung. Sozio-psychoanalytische Anmerkungen zu zeitgenössischen Desintegrationsprozessen aus Anlaß von Tschernobyl und Aids. In: *Psyche*, 1/1987, S. 610-640.
*Coupland, D.*, Generation X. Aufbau-Verlag, Berlin/Weimar 1994.
*De Levita, D.J.*, Der Begriff der Identität. Suhrkamp, Frankfurt.
*Dettling, W.*, Die Familie braucht ein neues Recht. In: *Die Zeit* 14/94, S. 69.
*Dieckmann, D.*, Kinder greifen zur Gewalt. Rotbuch, Berlin 1994.
*Dubiel, H.*, Ungewißheit und Politik. Suhrkamp, Frankfurt 1994, S. 154.
*Domin, H.*, Gesammelte Gedichte. Fischer, Frankfurt 1983.
*Dornes, M.*, Der kompetente Säugling. Fischer, Frankfurt 1993.
*Eco, U.*, Der Namen der Rose. Hanser, München 1981.
*Eisen, G.*, Spielen im Schatten des Todes. Kinder und Holocaust. Piper, München 1993.
*Enzensberger, H.M.*, Mittelmaß und Wahn. Gesammelte Zerstreuungen. Suhrkamp, Frankfurt 1988.
*Erdmann, M.*, Pychoanalyse und Unbewußtheit in der Kultur. Suhrkamp, Frankfurt 1991.
*Erikson, E.H.*, Identität und Lebenszyklus. Suhrkamp, Frankfurt 1966.
*Fleck, D.C.*, Go! – Die Öko-Diktatur. Rasch und Röhring, Hamburg 1993.
*Foucault, M.*, Technologien des Selbst. In: Ders., Technologien des Selbst. S. Fischer, Frankfurt 1993, S. 28ff.
*Frank, M.*, Kaltes Herz, Unendliche Fahrt. Neue Mythologie. Suhrkamp, Frankfurt 1989.
*Früchtl, J.*, Der mündige Dandy – Foucaults Ethik der Postmoderne. In: *Maresch, R.* (Hg.), Zukunft oder Ende. Boer-Verlag 1993, S. 371ff.
*Fuller, G.*, Das Ende. Reclam, Leipzig 1993.
*Gaarder, J.*, Sofies Welt. Hanser, München 1993.
*Gebhardt, E.*, Ausschweifung. In: *Ästhetik und Kommunikation*. Heft 80/81, 1993.
*Grawert-May, E.*, Die Sucht mit sich identisch zu sein. Rotbuch, Berlin 1992.
*Gronemeyer, M.*, Das Leben als letzte Gelegenheit. Wissenschaftliche Buchgesellschaft, Darmstadt 1993.
*Gross, P.*, Die Multi-Options-Gesellschaft, Suhrkamp, Frankfurt 1994.
*Habermas, J.*, Die neue Unübersichtlichkeit, Kleine politische Schriften. Suhrkamp, Frankfurt 1985.
*Haug, W.F.*, Zur Kritik der Warenästhetik. Suhrkamp, Frankfurt 1973.
*Heinze, G., Koch, U.*, Von der Nutzlosigkeit, erwachsen zu werden. Hamburg 1989.
*Hentig, H.v.*, Die Schule neu denken. Carl Hanser, München 1993.
*Heuermann, H.*, Medienkultur und Mythen. Regressive Tendenzen im Fortschritt der Moderne. Rowohlt, Reinbek 1994.
*Hettlage, R.*, Familienreport. München 1992.
*Hitzler, R., Koenen, E.*, Kehren die Individuen zurück? Zwei divergente Antworten auf eine institutionstheoretische Frage. In: *Beck, U., Beck-Gernsheim, E.*: Riskante Freiheiten. Suhrkamp, Frankfurt 1994, S. 447-465.
*Honneth, A.*, Die zerrissene Welt des Sozialen. Suhrkamp, Frankfurt 1990.
—, Der Kampf um Anerkennung, Suhrkamp, Frankfurt 1992.
—, Die postmoderne Familie. Soziologie-Kolumne. In: *Merkur*, Heft 1/1993, S. 59ff.

*Horx, M.*, Die wilden Achtziger, Hanser, München 1988.
*Hosemann, D.*, Neue Technologien, Sexualität und Familienleben. In: *Buchholz, M.B.* (Hg.), Intimität. Über die Veränderung des Privaten. Beltz, Weinheim/Basel 1989, S. 75ff.
*Kamper, D.*, Die gut verpaßte Emanzipation oder wie das Subjekt endlich zu seiner Freiheit kam. In: *Maresch, R.* (Hg.), Zukunft oder Ende. Boer-Verlag 1993, S. 59ff.
*Kaufmann, X.*, Familie und Modernität. In: *Lüscher, K., Schultheiss, F., Wehrspaun, M.* (Hg.), a.a.O. 1990, S. 312-328.
*Keupp, H.*, Auf dem Weg zur Patchwork-Identität? DGVT 4/1988, S. 425.
—, Grundzüge einer reflexiven Sozialpsychologie. Postmoderne Perspektiven. In: ders. (Hg.), Zugänge zum Subjekt. Suhrkamp, Frankfurt 1994a, S. 226-275.
*Keupp, H.*, Psychologisches Handeln in der Risikogesellschaft. Quintessenz, München 1994b.
—, Artikel in der *Süddeutschen Zeitung*. Nr. 116, 1994c.
*Klönne, A.*, Rechtsextremismus. In: *standpunkt: sozial*, Hamburg, 3/1993, S. 37-43.
*Koch, C.*, Ende der Natürlichkeit. Hanser, München 1994.
*König, P.*, Wir Voodookinder. In: *Kursbuch*, Heft 113, Berlin 1993, S. 1-6.
*Kunert, G.*, Die Angst vor dem Verschwinden. In: *Die Zeit*, Nr. 47/93, S. 64.
*Ludwig-Körner, Ch.*, Der Selbstbegriff in Psychologie und Psychotherapie. Deutscher Universitätsverlag, Wiesbaden 1992.
*Lüscher, K.*, Postmoderne Familie. In: ders. et al., a.a.O., S. 15-38.
*Maresch, R. (Hg.)*, Zukunft oder Ende. Boer 1993.
*Menke, Ch.*, Das Leben als Kunstwerk gestalten? Zur ironischen Dialektik der postmodernen Ästhetisierung. In: *Maresch, R.* (Hg.), Zukunft oder Ende. Boer-Verlag 1993, S. 391ff.
*Menne, K., Keupp, H., Alter, K. (Hg.)*, Familie in der Krise. Beltz, Weinheim 1988.
*Metzmacher, B.*, Integrative Bewegungstherapie mit Kindern. In: *Petzold, H. Ramin, G.* (Hrsg.), Schulen der Kinderpsychotherapie. Junfermann, Paderborn 1987.
—, *Zaepfel, H.*, Umweltzerstörung, strukturelle Gewalt und Kindheit. In: *Dröschel, A.* (Hrsg.), Kinder-Umwelt-Zukunft. Votum, Münster 1995, S. 183-204.
*Meyer-Drawe, K.*, Unerwartete Antworten: Leibphänomenologische Anmerkungen zur Rationalität kindlicher Lebensformen. In: *Zeitschrift für ad paedo psychiatrica* 51, 1988, S. 250.
—, Illusionen von Autonomie. P. Kirchheim, München 1990.
*Modick, K.*, Peter Handkes „Versuche". In: *Merkur*, Heft 4/1993, S. 332ff.
*Morshäuser, B.*, Der Ernst der Neunziger. In: *Kursbuch*, Heft 113, Berlin, 1993, S. 41ff.
*Oerter, R.*, Der ökologische Ansatz. In: *Oerter, R., Montada, L.* u.a. Entwicklungspsychologie. Psychologie Verlag Union, München 1987.
*Parin, P.*, Heimat – Eine Plombe. In: *Die Zeit*, Nr. 52, 1994.
*Pessoa, F.*, Das Buch der Unruhe. Ammann, Zürich 1985.
*Petri, H.*, Kinderängste in unserer Zeit. Bestandsaufnahme und psychoanalytische Gedanken zur vergifteten Kindheit. In: *Rohde-Dachser, Chr.* (Hg.), Zerstörter Spiegel. Vandenhoeck 1990, S. 87ff.
—, Angst frißt Farbe. Zukunftsängste der Kinder. Mitschrift eines Vortrages vom 25.3.1994, Salzburg.
—, Umweltzerstörung und Innenweltzerstörungen. In: *Dröschel, A.* (Hg.): Kinder, Umwelt, Zukunft. Paderborn 1995.
*Petzold, H.G.* (Hg.), Leiblichkeit. Junfermann, Paderborn 1985, S. 7.
—, Kindliche Entwicklung, kreative Leiblichkeit und Identität – Basiskonzepte für die Arbeit mit Kindern im Vorschulbereich. In: *Kerschbaumer, F.X.*, Schriftenreihe der Niederösterreichischen Landesregierung, St. Pölten 1990.

—, „Form“ und „Metamorphose“ als fundierte Konzepte für die integrative Therapie mit kreativen Medien – Wege intermedialer Kunstpsychotherapie. In: *Petzold, H., Orth, I.* (Hg.), Die neuen Kreativitätstherapien. Bd. II, Junfermann, Paderborn 1990, S. 639ff.
—, Ein integratives Modell früher Persönlichkeitsentwicklung. *Integrative Therapie* 1-2 1992, S. 156ff.
—, Leben als Integrationsprozeß und die Grenzen des Integrierens. In: *Petzold, H., Sieper, J.* (Hg.): Integration und Kreation. Band I, Junfermann, Paderborn 1993, S. 385-395.
—, Vorüberlegungen und Konzepte zu einer integrativen Persönlichkeitstheorie. *Integrative Therapie* 1/2 1984, S. 73-115.
—, *Mathias U.*, Rollenentwicklung und Identität. Junfermann, Paderborn 1983.
—, Schuch, H.W., Grundzüge des Krankheitsbegriffs im Entwurf der integrativen Therapie. In: *Pritz, A., Petzold, H.* (Hg.), Der Krankheitsbegriff in der modernen Psychotherapie. Junfermann, Paderborn 1992, S. 371ff.
—, *Goffin, J.J.M, Oudhof, J.*,Protektive Faktoren und Prozesse – die „positive“ Perspektive in der longitudinalen „klinischen Entwicklungspsychologie“ und ihre Umsetzung in der Praxis der Integrativen Therapie. In: *Petzold, H., Sieper, J.* (Hg.): Integration und Kreation. Band I, Junfermann, Paderborn 1993, S. 125-173.
*Pollak, G.*, Bemerkungen zu dem im Umkreis des „postmodernen Diskurses“ proklamierten „Ende der Erziehung“. In: *Maresch, R.* (Hg.), a.a.O., 1993, S. 185-200.
*Postman, N.*, Das Verschwinden der Kindheit, S. Fischer, Frankfurt 1992.
*Rahm, D., Otte, H.* u.a., Einführung in die Integrative Therapie. Junfermann, Paderborn 1993.
*Rommelspacher, B.*, „Sie bedrohen unser Selbstbild“. Flüchtlinge und ImigrantInnen gehören zu den Opfern der deutschen Dominanzkultur. In: *taz*, 7.5.1990.
*Rusch, R.*, „Gewalt“. Kinder schreiben über Erlebnisse, Ängste, Auswege. Eichborn, Frankfurt 1993.
*Schärli-Corradini, B.M.*, Bedrohter Morgen. Kind, Umwelt und Kultur. pro juventute, Zürich 1992.
*Schiffer, E.*, Warum Huckleberry Finn nicht süchtig wurde. Beltz, Weinheim 1993.
*Schmidt, W.*, „Ich bin mein Stil“. Zum Verhältnis von Kunst und Lebenskunst bei Paul Klee. In: *Maresch, R.* (Hg.), Zukunft oder Ende. Boer Verlag 1993, S. 380ff.
*Schneider, P.*, Erziehung nach Mölln. In: *Kursbuch* 113: Deutsche Jugend. Rowohlt, Berlin 1993, S. 131-142.
—, Vom Ende der Gewißheit, Rowohlt, Berlin 1994.
*Schönherr, H.M.*, Die Technik und die Schwäche. Ökologie nach Nietzsche, Heidegger und dem „schwachen Denken“. Passagen Verlag, Wien 1989.
*Schulze, G.*, Die Erlebnisgesellschaft. Campus, Frankfurt 1992.
*Seele, M.*, Der Sinn angewandter Ethik. In: *Merkur*, Heft 4, 1993, S. 326 ff.
*Sennett, R.*, Verfall und Ende des öffentlichen Lebens. Die Tyrannei der Intimität. Fischer, Frankfurt 1986.
*Simon, G.*, Über Gefühl und Produktivität, *Die Zeit*, Nr. 48, 26.11.1993, S. 48.
*Sichtermann, B.*, Gewalt ist längst da. In: *Die Zeit* Nr. 10/1993.
*Sloterdijk, P.*, Eurotaoismus. Zur Kritik der politischen Kinetik, Suhrkamp, Frankfurt 1989.
—, Sendboten der Gewalt, zur Metaphysik des Action-Kinos. In: Ders., *Fischer, R., Theweleit, K.*: Bilder der Gewalt, Verlag der Autoren, Frankfurt 1994, S. 13-34.
*Stern, D.*, The interpersonal World of the Infant. A View from Psychoanalysis and Development Psychology. Basic Books, New York 1985, S. 174-182; dt.: Die Lebenserfahrungen des Säuglings. Klett-Cotta, Stuttgart 1992.

*Thiemann, F.*, Kinder in den Städten. Suhrkamp, Frankfurt 1988.
*Wahl, K.*, Die Modernisierungsfalle, Suhrkamp, Frankfurt 1990.
*Wehrspan, M.*, Alternative Lebensformen und postmoderne Identitätskonstitution. In: *Lüscher, K.* u.a. (Hg.), Die postmoderne Familie. Konstanz 1990.
*Winnicott, D.W.*, Vom Spiel zur Kreativität. Klett-Cotta, Stuttgart 1979.
—, Kind, Familie, Umwelt. Reinhardt, München 1987.
—, Aggression. Klett-Cotta, Stuttgart 1988.
—, Der Anfang ist unsere Heimat, Klett-Cotta, Stuttgart 1990.
*Wittstock, U.*, Der perfekte Mensch ist ein Roboter mit Herz. Menschsein – Mensch und Self-Made-Sänger als Zeichen der Zeit. In: *Neue Rundschau*, 105 Jg., Heft 2, 1994, S. 43-48.
*Zaepfel, H., Metzmacher, B.*, Perspektivenwandel gefordert. In: *Integrative Therapie* 1993, S. 456ff.
*Zeiher, H.*, Kindheitsräume. Zwischen Eigenständigkeit und Abhängigkeit. In: *Beck, U., Beck-Gernsheim, E.* (Hg.): Riskante Freiheiten, Suhrkamp, Frankfurt 1994, S. 353-375.
*Zickendraht, V.*, Persönlichkeitsprofil. Identity vom Scheitel bis zum Schreibtisch. Verlag Moderne Industrie, Landsberg 1991.

# Methodische Zugänge zu den Erfahrungswelten des Kindes

## Zur Verbindung von tiefenpsychologischem und sozialem Sinnverstehen in der Integrativen Kindertherapie

*Bruno Metzmacher, Helmut Zaepfel*

## Einleitende Bemerkungen

Die Ausführungen über Probleme postmoderner Gesellschaftsdynamik und Identitätsentwicklung haben u.a. gezeigt, daß das Erwachsenwerden nicht nur ein lebenslang offener, sondern auch zunehmend risikoreicher Prozeß ist. Die sozialen Schutzhüllen, die Privatheit und Öffentlichkeit, Intimität und Gesellschaft gegeneinander abzugrenzen halfen, lösen sich zunehmend auf. Die Folge ist, daß weltgesellschaftliche Realitäten aggressiv in den kindlichen Seelenraum eindringen. Sie machen weder vor dem Kinder- noch vor dem Therapiezimmer Halt.

> „Daniela ist ein hübsches, lebendiges, phantasievolles und kontaktfreudiges Kind, das offen und unkompliziert über ihre Familie und ihren Alltag spricht. Für den Interviewer nimmt das Gespräch eher unverhofft eine Wende, um schließlich bei Themen wie: Bürgerkrieg, Zerfall der Ozonschicht und dem Satz anzukommen: ‚Irgendwann schlafen wir alle im Müll'" (*Petri* 1992, 97 f.).

Sandro gilt in der Schule als „böses Kind" und leidet unter tonisch-klonischem Stottern. Wenn Sandro über sein Gottesbild erzählt, dann hören wir u.a.:

> „Der liebe Gott dort oben im Himmel hat die Welt so gemacht, wie sie ist. Er hat die reichen Menschen gemacht und die armen. In Afrika verhungern die Kinder, weil sie doofe Kinder sind, sagt der liebe Gott. Er hat die Wälder gemacht, und die Wälder sind krank, weil die Russen hinter den Wäldern lauern. ... Es gibt Kinder, die nicht so viele Spielsachen haben wie ich, und was sie haben, ist aus dem VOLG und sowieso ‚Ramsch' ..." (*Schärli-Corradini* 1992, 164).

In weiteren Passagen dieser Arbeit schildert die Autorin bewegende Therapieerzählungen, in denen sich Umwelt- als Innenweltstörungen abbilden. Da wird die Asthmaerkrankung des Italienerjungen Angelo nicht nur im Therapiezimmer, sondern in Wind und Wetter zum Sprechen gebracht. Was sie erzählt, ist nicht nur die emotionale Einödlandschaft eines begabten Kindes, dessen Klugheit vom Reichtum der Sinne abgespalten zu sein scheint. Angelos Selbstbild vom „kleinen Lämmlein, ganz allein in der Wüste" reflektiert zugleich ein postmodernes Menschenbild. Daran gleicht sich der Mensch zusehends der Logik und den Codes technischer Systeme an, bzw. er wird ein Teil von ihnen: „Der Mensch ist nicht mehr Werkzeugbenutzer, sondern Schaltmoment im Medienverbund, d.h., der Mensch rastet im Schaltkreise ein" (*Bolz* 1992, 170). Der hier zitierte begeisterte Medienphilosoph kennt Angelo zwar nicht, aber ihn scheint einiges mit ihm zu verbinden.

Die Autorin liest die Therapieerzählungen als kindliche Berichterstattung über einen „Bedrohten Morgen" (so der Titel des Buches). *Schärli-Corradini* wie auch *Horst Petri* zeigen, wie ökologisch-weltgesellschaftliche Risiken in den Selbst- und Weltbildern von Kindern ihre Spuren hinterlassen. Damit versuchen sie eine ökologisch-systemische bzw. soziologische sozio-kulturelle Sichtweise mit einer tiefenpsychologischen Perspektive zu verbinden.

Wir glauben gleichfalls, daß es erst der Psychotherapie über eine Verknüpfung beider Sichtweisen erlaubt, besser zu verstehen, auf welche Weise sich politisch-ökologische Prozesse, wie z.B. Medienkultur, Umweltzerstörung oder Erosion von Familienwelten im Erleben von Kindern, Jugendlichen und Erwachsenen niederschlagen. Des weiteren vermittelt eine lebensweltorientierte Sicht mehr Hinweise darauf, welche Hilfen Klienten benötigen, um nicht dem wachsenden Zwang zur Herstellung von individuellem Lebenssinn zu erliegen. Dabei geht es nicht um therapeutische Angebote zum Ausgleich der viel beschworenen „Sinnlücke", sondern um Impulse, zu einem sinnhaften sozialen Handeln in Solidarität mit anderen und einer beschädigten Natur zurückzufinden. Mit neuen Formen sozialer Anschlußfähigkeit im Sinne einer wirksameren „Umweltnutzung" ist die Hoffnung verbunden, sich eine „hinreichend gute Zukunft" zu ermöglichen, indem man handlungsfähig bleibt (*Neubaur* 1990, 467).

Dies gilt es jedoch zugleich einzuschränken. Der lebensweltlichen Orientierung ist, so *Keupp*, eine Art verzweifelter Optimismus eigen. Wir dürfen auf „unserer Entdeckungstour" nach Bewältigungsressourcen bzw. bei unserem Versuch, die „soziale Mikrowelt nach vorhandenen Stützpfeilern auszuhorchen und abzuklopfen", nicht vergessen, daß die zunehmenden Spuren *struktureller Gewalt* letztlich nicht durch individuelle Bewältigungsstrategien auszugleichen sind" (*Keupp* 1991, 82). Dasselbe gilt für jenes pseudo-romantische „Zurück-zur-Natur", das verkennt, daß Natur im Zeichen der „Gentechnik-Moderne" nurmehr als Reservat, als beschauliches Naturmuseum zu haben sein wird, das zutiefst technisch-kulturell durchformt bzw. deformiert ist.

Diesen Vorbehalt zu formulieren ist uns wichtig, wenn wir im folgenden einen methodischen Vermittlungsversuch von tiefenpsychologischem und systemisch-politischem Blick skizzieren.

## 1. Modelle zum Zusammenhang von gesellschaftlichem Kontext und seelischer Störung

Die folgenden Ausführungen stellen einen Versuch dar, die Theoriemodelle, wie sie vor allem *Petzold* in den Konzepten der „Erfahrungswelten" und der „social worlds" entwickelt hat, für die praktisch therapeutische Arbeit nutzbar zu machen. *Petzold* arbeitet schon lange an einem Feldbegriff, der innerseelisches Entwicklungsgeschehen und dessen sozialen und ökologischen Kontext aufeinander zu beziehen versucht (vgl. *Petzold* 1980, 1985, 1993; *Petzold, Schneewind* 1986; *Petzold, Ramin* 1987). Dabei nimmt er systematisch auf empirisch fundierte Theorieentwürfe Bezug, die Zusammenhänge zwischen psychischem Leid und gesellschaftlichen Lebensbedingungen herstellen, wie z.B.

a) Modelle aus dem Bereich der *Sozial-Epidemiologie*, die die soziale Entstehung seelischer Störungen untersuchen, wie z.B. das *Vulnerabilitätsmodell*. Es versucht soziale, seelische und biologische Faktoren zu verbinden, die Menschen besonders verletzlich bzw. verwundbar machen. Ein wichtiger Anwendungsbereich hierfür ist u.a. die Schizophrenieforschung (vgl. *Ciompi* 1982).

b) Modelle, die die Integrative Verknüpfung von Belastungs-, Bewältigungs- und Ressourcenforschung zum Ziel haben. Hier wird der Blick weniger auf die Defizite der Person gerichtet, sondern auf Selbsthilfefertigkeiten und -möglichkeiten, die im Alltag der Menschen und ihren sozialen Netzwerken angelegt sind (vgl. *Faltermaier* 1987). Hierzu gehören auch die Konzepte der sog. *Salutogenese* von *Antonowsky* (1979, 1987). Er untersucht, auf welche intrapsychischen Bewältigungsmechanismen Menschen zurückgreifen können, die unter schwersten und belastendsten Bedingungen zu existieren und zu überleben vermögen. Auch die Arbeit von *Petzold* über „protektive Faktoren als positive Perspektive in der longitudinalen klinischen Entwicklungspsychologie" ist hier anzusiedeln (*Petzold* et al. 1993c).

c) Ansätze, die das soziale Scheitern von Menschen untersuchen, weil sie keinen Sinn mehr darin sehen, sich für oder gegen etwas einzusetzen. Hierzu zählen die „Demoralisierungsforschung" oder Untersuchungen zur „gelernten Hilflosigkeit" (vgl. *Seligman* 1978) und zum Verlust von Selbstwirksamkeit.

d) Modelle, wie von *Mirowsky* und *Ross* (1989) sowie *Petzold, Schuch* (1992), die auf den Begriff der *Entfremdung* zurückgreifen. Mit *H. Keupp* halten wir dieses Konzept für geeignet, „jene Bedingungen genauer zu benennen, die zu passiven und fatalistischen Reaktionen auf belastende Lebensereignisse führen. Es werden fünf Formen der Entfremdung diskutiert: ‚Machtlosigkeit', ‚Selbst-Entfremdung', ‚Isolation', ‚Sinnlosigkeit' und ‚Normverlust'" (vgl. *Keupp* 1994, 56).

## *Leiblichkeit, Sozialität und narrative Praxis*

Neben diesen vorrangig störungsorientierten Modellen basiert das Feld- und Kontextkonzept der Integrativen Therapie vor allem auf den Arbeiten von *Merleau-Ponty* (1966) und *Mead* (1972). Über diese ist es möglich, zu einer Vermittlung von Leiblichkeit und Sozialität zu kommen. So gehen wir u.a. von der Annahme aus, daß sich „soziales Handeln" zuallererst als sinnhafter, vorsprachlicher Funktionszusammenhang von Bewegungen und Gesten verstehen läßt (*Petzold* 1991). Das heißt, Kinder und Erwachsene vollziehen ihre Sozialerfahrungen im Wege leiblich vermittelter Kommunikation und Sinnstiftung, sei es im Körperdialog mit der Mutter oder im Spiel, sei es im Tanz oder der theatralischen Kostümierung.

Es ist vor allem die Kleinkindforschung, die die Bedeutung dieses Sachverhaltes für die kindliche Entwicklung empirisch bekräftigt. So bezeichnet man den körperlichen Dialog zwischen Mutter und

Kind dann als „Einigungssituation“, wenn die leiblich vermittelte, non-verbale Kommunikation zur Zufriedenheit beider gelingt. Das Lächelspiel oder das gemeinsame Vokalisieren zwischen Mutter und Kind mit drei Monaten zeigen, daß sich die beiden vor aller Sprache verstehen, indem sie ihren Handlungen vorsprachliche Bedeutungen zuschreiben.

Soziales Miteinander beginnt somit als körpersprachliches Spiel der Gesten, Gebärden und Haltungen. Auf dieser Ebene kann die soziale Welt wie eine Choreographie von *Bewegungszeichen* gelesen werden. Die Methode hierfür nennt *Petzold* „aktionales Sinnverstehen“ (Hermeneutik). Kommt die *Sprache* hinzu, kann man in den Netzen der Sprache das soziale Geschehen als Geschichte bzw. als Text einfangen. Als dritter Zeichenbereich, mit dessen Hilfe wir das soziale Gewebe der Welt knüpfen, seien die *bildhaften* Zeichen genannt. In der therapeutischen Begegnung mit dem Kind entziffern wir somit die innere und äußere Welt des Kindes wie eine Art Text, Choreographie oder Bildpanorama, je nachdem, ob wir im gemeinsamen Spiel eine Geschichte erzählen, uns bewegen oder miteinander malen, mit Ton arbeiten etc. Dieses Vorgehen nennen wir *„narrative Praxis“*. Dieses Konzept wird im Kapitel 3 ausgeführt.

Nun beeinflussen, wie anfangs angedeutet, zunehmend Ereignisse des sozialen Wandels im Bereich der gesellschaftlichen Fernwelt die kindliche wie erwachsene Erfahrungsbildung bzw. deren Lebenstext. Die Art und Weise, wie diese politischen Gegebenheiten vom Einzelnen innerseelisch verarbeitet werden, entscheidet maßgeblich mit, wie dessen persönliche Identitäts- und Selbstwertentwicklung gelingen wird (vgl. *Honneth* 1992; *Spangenberg* 1990). Zu diesem Aspekt nehmen wir im Kapitel über soziales Sinnverstehen genauer Bezug.

## *Fazit*

Die o.g. theoretischen Bezüge haben wir als Material verwendet, um zu beschreiben, wie wir uns die Verbindung von soziologischem und tiefenpsychologischem Blick vorstellen. *Fürstenau* hat hierfür den Begriff der „doppelten Nutzung der Gegenübertragung“ geprägt (*Fürstenau* 1992). Wir sprechen in Anlehnung daran von einer „doppelten Nutzung innerer Resonanzen“.

Diese Vermittlung soll an Hand dreier Schritte vollzogen werden:

- In einem ersten Schritt beschreiben wir in Kapitel 3, was wir unter tiefenpsychologischem Sinnverstehen oder „narrativer Praxis" verstehen.
- Sodann skizzieren wir in Kapitel 4, auf welche Weise Kinder ihre soziale Nahwelt wahrnehmen, bewerten und interaktionell hervorbringen. Diese Untersuchung der lebensweltlichen Anteile der kindlichen Lebenserzählung führt uns zum Kapitel über „soziales Sinnverstehen".
- In einem letzten Schritt veranschaulichen wir das Modell der „doppelten Nutzung innerer Resonanzen".

Tiefenpsychologisches und soziales Sinnverstehen sind Handwerkszeuge, mit deren Hilfe wir Diagnose und Therapie betreiben. Um diesen Anwendungszusammenhang zu klären, ist ein knapper Exkurs über unser Therapieverständnis erforderlich. Dabei ist das folgende Kapitel etwas abstrakt gehalten, wobei sich sein Sinn, so hoffen wir, im Fortgang der Lektüre erschließen wird.

## 2. Integrative Therapie als Fokaltherapie

Wir versuchen, die seelische und soziale Wirklichkeit des Kindes in einer Art „doppelter Beschreibung" zu verstehen, um darüber einen diagnostisch-therapeutischen Fokus bestimmen zu können. Unter letzterem versteht *Petzold* „Arbeitsmodelle" (Heuristiken) des Therapeuten, die dieser mit dem Klienten gemeinsam hervorbringt. Diese „inneren Landkarten" sollen Therapeut und Klienten helfen, sich immer wieder inmitten der verschiedenen Verläufe (Viationen) des therapeutischen Prozesses zurechtzufinden. Dabei gilt stets der erkenntniskritische Vorbehalt „die Landkarte ist nie das Gelände".

Wir gelangen zu diesem Fokus mit Hilfe einer dreigliedrigen Diagnostik. Indem diese beziehungsorientiert gehandhabt wird, ist sie im Verständnis der Integrativen Therapie selbst Bestandteil des therapeutischen Prozesses. Das prozessual-diagnostische Vorgehen fragt zum einen nach der *Pathogenese:*

a) Welche lebensgeschichtlichen szenischen Erfahrungen haben vermutlich bei der Entstehung der Störung mitgewirkt (genetischer Aspekt)?

b) Welche innerseelischen, interaktionellen und sozialen Bedingungen unterhalten die Störung im Hier und Jetzt, bzw. wie wird sie einerseits in alltäglichen Beziehungen und andererseits vom Klienten selbst aktiv hervorgebracht (funktionaler und finaler Aspekt)?

Zum anderen fragt prozessuale Diagnostik ressourcenorientiert nach den Fertigkeiten und Begabungen, d.h. nach den entwicklungsfördernden Voraussetzungen des Klienten. Dies nennen wir *Salutogenese* (*Antonovsky* 1979, 1987).

Beide Diagnoseschritte führen zu Annahmen über innerseelische Strukturen bzw. zeitliche überdauernde Muster des Denkens, Fühlens und Wahrnehmens, die das Verhalten und Erleben steuern. Nahezu sämtliche Psychotherapieschulen sind sich in dieser strukturtheoretischen Annahme einig. In der Integrativen Therapie bezeichnen wir solche Strukturen als Narrative oder Skripts (*Rahm* et al. 1993, 297). Die Verhaltenstherapeuten sprechen von Plänen oder Schemata (*Grawe* 1980). Die Psychoanalytiker nennen sie Repräsentanzen (vgl. *Zelnick, Buchholz* 1991, 810 ff.), und in der Schizophrenietheorie von *Ciompi* werden sie als affektlogische Schemata oder Bezugssysteme definiert (*Ciompi* 1991).

In all diesen Ansätzen wird der Strukturbegriff in einem doppelten Sinn verwendet. Er bezeichnet zum einen lebensgeschichtlich bedeutsame Entwicklungsmotive und -erfahrungen oder Daseinsthematiken wie: Ablösung, Bindung, Autonomie etc. Kinder können diese Themen in der Beziehung zum Therapeuten inszenieren, wobei lebensgeschichtlich gespeicherte Beziehungserfahrungen und damit verbundene gefühlsintensive Atmosphären mitschwingen. Wir nennen solche verinnerlichten Erfahrungseinheiten „szenische Strukturen". Sie werden im Kapitel 3 genauer dargestellt.

Der Strukturbegriff wird noch in einer anderen Bedeutung verwendet. Er bezeichnet innerseelische Funktionsweisen, mit deren Hilfe Kinder und auch Erwachsene verschiedene Entwicklungsaufgaben zu bewältigen versuchen, wie z.B.:

- Ängste zu bewältigen und konflikthafte Ambivalenzen zu ertragen (Angst- und Spannungstoleranz sowie Abwehr und Coping-Kompetenz).
- Zwischen Realität und Phantasie zu unterscheiden (Realitätsprüfung).

- Das Selbstwertgefühle, Selbstbilder(-kognitionen) sowie Lebensentwürfe zu regulieren oder Bilder anderer Personen und den Umgang mit ihnen zu entwerfen (Selbst- und Fremdwahrnehmung etc.).

Diese Art der Strukurdiagnostik wird hier nicht weiter ausgeführt.

## *2.1 Diagnostik als dreigliedriger Prozeß*

Wir betreiben nun die Bildung von Strukturhypothesen in einem Dreischritt, bestehend aus den folgenden Komponenten:

**a) Deskriptiv-phänomenologische Diagnostik**
Sie beschreibt das Störungsbild des Kindes so verhaltensnah und sinnlich wie möglich, und zwar auf verschiedenen Ebenen, wie z.B.: Beziehungs- und Kontaktverhalten, Denken, Imagination, Leibselbsterleben, Gefühlswahrnehmung und -ausdruck etc. (Vgl. *Osten* 1995, 199-203)

**b) Beziehungsorientierte, psychodynamische Diagnostik**
Sie erarbeitet mittels tiefenhermeneutischem Sinnverstehen verinnerlichte szenische Strukturmuster auf Seiten des Klienten.

**c) Systemdiagnostik**
Sie untersucht lebensweltlich-soziale Bedingungen, wie sie real gegeben sind und wie sie sich im Erleben des Klienten auffinden lassen. Soziales Sinnverstehen ist dabei eines von verschiedenen methodischen Zugangsweisen.

Bei der Durchführung dieser dreigliedrigen Diagnostik wechseln wir ständig zwischen zwei Grundhaltungen bzw. methodischen Wahrnehmungseinstellungen.

Einerseits sind wir distanziert, ex-zentrische Diagnostiker, die die Phänomene sowohl beobachten als auch aktiv explorieren und die im Wege des Hypothesenbildens *Sinnzusammenhänge* herstellen. Genau diese sinnverknüpfende Tätigkeit, die den Phänomenen erst ihre Bedeutung verleiht, nennen wir Vorgang der *Strukturbildung*.

Beginnt sich nun der Beobachter im Sinne von *Bateson* (1982) selbst zu beobachten, d.h. seine innere Resonanz auf das Verhalten des Klienten wahrzunehmen, dann wird die Beziehung zwischen den beiden zum Ort der Strukturbildung. Das heißt, wir fragen z.B.:

Wie bildet sich inneres Erleben des Kindes in der Art seiner Beziehungsaufnahme und -gestaltung ab, d.h. was widerfährt mir mit ihm, was ihm gegebenenfalls früher oder aktuell selbst widerfahren ist? Oder: Welchen „emotionalen Ort" nehme ich als Therapeut im Selbst- und Welterleben des Kindes ein? Entwickelt der Therapeut auf diese Weise Strukturhypothesen, so schließt er von eigenseelischem auf fremdseelisches Erleben. Voraussetzung hierfür ist, daß er sich vom Spiel des Kindes ergreifen (involvieren) läßt, um über die Konzentration auf ein eigenes Erleben (Zentrierung) einen Zugang zur Selbst-und Welt-Wahrnehmung des Kindes zu finden (*Buchholz* 1993b). Das heißt, der Therapeut wird zum Mitspieler und Co-Autor eines szenischen Beziehungsspiels, in dem an ihm z.T. das an innerem Drama und Reichtum abgehandelt wird, was in den narrativen Strukturen des Kindes angelegt ist.

Mit hermeneutischem Sinnverstehen bezeichnen wir nun den methodischen Zugang, über den wir solche Beziehungs- und Interaktionserfahrungen zwischen Therapeut und Klient zu lesen versuchen.

## *Fazit*

Ein Fokus oder wechselnde Foci sind eine Art „Behandlungsfenster", das uns Zugang zu bestimmten Ausschnitten des Selbst- und Welterleben des Kindes verschafft. Foci bringen wir u.a. dadurch hervor, daß wir in einem diagnostischen Dreischritt Strukturhypothesen über Bedingungen gestörten und funktionalen Verhaltens entwerfen. Dabei liefert der Fokus einerseits eine Struktur, die ein für das Verständnis der Störung zentrales zwischenmenschliches Kontakt- und Beziehungsmuster erfaßt. Andererseits enthält er Strukturannahmen über konflikthaft-blockierte, kompensatorisch ausgebildete oder defizitär-entwickelte innerseelische Funktionen und Selbstregulationsformen.

Da stets verschiedene Strukturannahmen entwickelt werden, gilt es immer wieder, sich für einen Haupt- oder *operativen Fokus* zu entscheiden. Ein für tiefenpsychologisches Handeln wesentliches methodisches Werkzeug ist hierbei das der tiefenpsychologischen Hermeneutik.

## 3. Aspekte tiefenpsychologischen Sinnverstehens

In der Integrativen Therapie wird tiefenpsychologische Hermeneutik als methodisch verfeinertes *Alltagsverstehen* beschrieben. Sie ermöglicht uns, zwischenmenschliches Beziehungsgeschehen wie eine Art *Text* zu „lesen", indem wir von den beobachtbaren Interaktionsphänomenen auf dahinterliegende Drehbücher bzw. Strukturen schließen. Diese Form fremdseelischen Verstehens basiert folglich auf der Annahme, daß das Soziale an jedem seelischen Akt des Kindes beteiligt ist. Dies leitet sich vom Grundverständnis Integrativer Therapie her ab, welches den Menschen konsequent über alle Lebensphasen hinweg als soziales Wesen versteht (vgl. *Petzold* 1984).

### *3.1 Seelisches und soziales Sinnverstehen als narrative Praxis*

Im Modell „narrativer Praxis" werden entwicklungspsychologische und persönlichkeitstheoretische Annahmen über die Lebensverläufe von Menschen im Bild der Lebensgeschichte als Lebenserzählung (Biosodie) eingefangen. Dabei wird „Sprache als Handlung und Handlung als Sprache begriffen", darüber hinaus die vorsprachliche Welt der Imagination und der Bilder im Begriff der Bilderzählung in das Modell miteinbezogen (*Petzold* 1993c, 292). Dies sei etwas ausgeführt:

Wir gehen davon aus, daß sich unsere Selbst- und Weltbilder von Beginn an mittels gefühlsbetonter Beziehungserfahrungen herausbilden. Diese verinnerlichten Bilder und Szenen, sprich Narrative oder Skripts, werden durch immer neue Erfahrungen wie einer Art Lebenserzählung stetig umgeschrieben, wobei sich spezifische Erlebnis- und Verarbeitungsweisen sowie besondere Beziehungsthemen durchhalten. Diese Erzählstrukturen beeinflussen unser Handeln und Erleben so wie ein Drehbuch, eine innere Landkarte, eine Bühneninszenierung oder eine Wanderung steuert (vgl. *Perls* 1969; *Petzold* 1993c).

Die theoretische Metapher von der narrativen Verarbeitung und Konstruktion unseres Selbst- und Weltverhältnisses unterstellt somit folgendes:

Menschen organisieren gewissermaßen als „Schriftsteller“ und „Bühnenautoren“ in eigener Sache ihre Lebenserfahrungen und -planungen ein Leben lang in Form von Geschichten, Mythen, Gleichnissen etc. Indem sie ihre Sehnsüchte, Ängste, Wünsche und Träume im inneren Gespräch mit sich zu Geschichten verarbeiten, erzeugen sie individuellen Lebenssinn und damit Umrisse einer unverwechselbaren Lebensgestalt, die wir Identität nennen. Dieses hermeneutische Modell individuellen wie sozialen Sinnverstehens grenzt sich vom Ausschließlichkeitsanspruch einer rational-analytischen Weltsicht ab. Diese glaubt, das (Er)Leben von Menschen lasse sich letztlich nur mathematisch-logisch und kausal-linear erklären. Psychotherapie fragt nicht primär nach der empirischen, sondern zunächst nach der der subjektiven, „narrativen Wahrheit“ von Lebenserzählungen. Sie möchte eher wissen, ob die persönlich entworfene Lebensgeschichte für den Betroffenen so prägnant und überzeugend ist, daß er sich in diesem seinen Lebensentwurf und -gebäude erkennt und bejaht und daß ihm, wenn irgend möglich, darüber soziale Anerkennung widerfährt. Selbstverständlich sind die empirischen Fakten seiner Lebensgeschichte der Stoff, aus dem der Mensch seine „Erzählungen“ gewinnt, aber sie gehen nicht darin auf. Ja, er kann sich in seinem Selbst- und Weltverstehen so weit von den gemeinsamen Erzählungen, Normen und der „empirischen Wirklichkeit“ seiner gesellschaftlichen Lebenswelt entfernen (vgl. u.a. *Riemann* 1987), daß die daraus resultierende Entfremdung zur selbstbeschädigenden Selbstentfremdung wird. Nun macht die radikale Vervielfältigung postmoderner Lebensstile und der rasante Wandel der arbeitsweltlichen Anforderungen eine hinreichend gute Passung zwischen persönlichem Lebensentwurf und gesellschaftlichen Rollenerwartungen immer schwieriger. Und auch für den Therapeuten gilt: Die Vielfalt der Lebens- und Erlebnisformen machen einfühlendes Sinnverstehen immer komplizierter, weil die „Geschichten“ des Klienten und die Erfahrungswelt des Therapeuten gleichfalls auseinander driften. Und weil dies so ist, bedarf die tiefenpsychologische Sichtweise dringend einer methodischen Erweiterung, die sozialökologische „Wirklichkeitsaspekte“ zu berücksichtigen weiß und damit das Verhältnis von „innerer“ und „äußerer Realität“ im Behandlungsprozeß neu zu gewichten vermag.

Wie sind nun diese Narrative oder Skripts verfaßt?

## *3.2 Struktur und Entwicklung der Skripts und Narrative*

*Petzold* geht in seinem entwicklungstheoretischen Modell, das die neuesten Befunde empirischer Säuglingsforschung zu verarbeiten versucht, von der These aus, daß Kinder bereits zwischen drei und sieben Monaten beginnen, verstärkt in die Welt interpersonaler Erfahrungen einzutauchen (*Petzold* 1994).

Das Einsetzen des szenischen Gedächtnisses, die zunehmenden Kontroll- und Bewältigungsfertigkeiten sowie weitere Verfeinerungen des Wahrnehmungsvermögens erlauben es dem Kind, die Einfühlungs- und Resonanzangebote der betreuenden Personen immer wirksamer zu nutzen. Diese Beziehungserfahrungen werden zu Erfahrungsstrukturen verdichtet und zunächst sensumotorisch gespeichert.

*Stern* (1992) zeigt, wie ein Säugling aus verschiedenen Stillerfahrungen und ihren sinnlich-atmosphärischen Eindrücken zunehmend ein einheitliches Drehbuch für den erwartbaren Ablauf von Stillepisoden organisiert. Solch eine verinnerlichte, prototypische Erwartungsstruktur nennt *Stern* R I G („representation of interaction generalized"). Sie steuert als innerseelisches Drehbuch oder Standardskript die weiteren Erfahrungen mit der mütterlichen Brust. In diese RIGs gehen von Beginn an auch die leiblichen Erfahrungen und atmosphärischen Stimmungen mit ein, die anzeigen, wie verläßlich, berechenbar und anerkennend das primäre Dialoggeschehen mit der betreuenden Umwelt vom Säugling her erlebt wird.

Das Kind kann nun im Zuge der Symbolisierung, etwa zwischen achtzehn Monaten und vier Jahren, solche RIGs oder Interaktionsepisoden als zunehmend *selbstreflexives Regelwissen* verarbeiten. Hierbei gilt, daß dies zunächst intuitiv geschieht, denn erst ab dem vierten Jahr ist das Kind in der Lage, das eigene Denken und Wahrnehmen bewußt zu beobachten und kritisch zu kommentieren (Fähigkeit zur Metakognition). In Jedem Fall werden im Zuge der Symbolisierung die inneren Drehbücher umgeschrieben und verändert, ohne daß eine äußere Handlung daran beteiligt ist. Darüber gewinnt das Kind ungeahnte Handlungs- und Entscheidungsfreiheit, weil es nicht mehr ausschließlich auf motorisch-nonverbale Interaktions- und Bewältigungshandlungen verwiesen ist (vgl. *Buchholz* 1993b).

Ein achtzehn Monate alter Junge verarbeitet den Auszug des Vaters aus dem elterlichen Haushalt im Spiel wie folgt: Die Baby-Puppe liegt im Bett neben der Mutter. – Das Kind schläft bei der Mutter. – Weder dieser Sachverhalt noch daß die Mutter-Puppe das Baby streichelt, noch die Tatsache, daß der Therapeut die Vater-Puppe zu Mutter und Kind in das Bett legt, beruhigen das Kind. Erst nachdem das Kind die Baby-Puppe in ein separates Bett legt, dann die Vater- zur Mutter-Puppe legt, löst die Spannung: „Alles besser jetzt." (*Dornes* 1993, 194).

Erst die Verfügung über die Symbolfunktion macht die Erfahrung des Kindes abbildbar, spielerisch gestalt- und damit kommunikativ mitteilbar.

*Winnicott* beschreibt diesen Prozeß zu mehr „Unabhängigkeit" hin als einen Vorgang, in dem das Kind Möglichkeiten entwickelt, ohne ständige Fürsorge auszukommen. Dies wird durch die „Introjektion (Verinnerlichung) von Fürsorge-Details bewerkstelligt, zusammen mit der Entwicklung von Vertrauen zur Umwelt. Hier muß noch das Element des intellektuellen Verstehens mit seinen ungeheuren Folgen hinzugefügt werden" (*Winnicott* 1974, zit. nach *Davis, Wallbridge* 1983, 58).

### 3.2.1 Symbolisierung als verinnerlichtes Dialoggeschehen

Die Verfügung über die intellektuelle Symbolfunktion kann nun *beziehungssprachlich* als verinnerlichtes Dialoggeschehen beschrieben werden. *Petzold* zeigt unter Berufung auf *Nelson* (1993) und *Stern* (1992), wie das Kind zunächst „über sich" zu sprechen beginnt, sodann in der Ich-Form „von sich" und schließlich „mit sich" und dann auch vom „wir" zu sprechen vermag. Das heißt, der „Monolog wird aus dem Dialog geboren" (*Petzold* 1994, 190). Darüber wird es sich im Sinne von *Mead* selbst zum Gefährten (*Petzold* 1992, 192).

Das Kind verarbeitet somit aus dem Stoff der Alltagsbegegnungen innerseelische Drehbuch- oder Skriptstrukturen (Narrative), die aus den folgenden Elementen bestehen:

a) *Eigenhandlungen*: Damit sind alle kognitiven, emotionalen und zwischenmenschlichen Handlungsanteile bezeichnet, über die die Person ihr Selbst- und Weltverhältnis reguliert und die aktuelle Situation im Sinne einer Inszenierung gestaltet.
b) Selbstbildanteile bzw.: Wie sehe ich mich in der Szene, und wie werde ich gesehen? Oder: Wer bin ich für mich und wer für den anderen?

c) *Fremdbildanteile*, d.h.: Wie sehe ich den/die anderen? – bzw.: Was weiß ich darüber, wie diese sich selbst sehen? Oder: Wer ist der andere für mich?

d) *Gefühle* sowie *leibliche Atmosphären*. Soziale Begegnungen und Sozialität lassen sich stets als Funktionszusammenhang von Bewegungen beschreiben. In dieser leibtheoretischen Sicht ist jede Interaktion wie eine soziale Bewegung oder wie eine gebärdensprachliche Unterhaltung im Sinne von *Mead* zu verstehen (*Buchholz* 1990; *Dornes* 1993; *Mead* 1973; *Petzold* 1994).

Diese Fähigkeit von Kindern, leiblich-vermittelten individuellen wie sozialen Sinn zu erzeugen, wurde durch empirische Befunde zur Kontingenzforschung (Wirksamkeitsnachweise) bestätigt. Sie weisen nach, daß es für die Entwicklung von Selbstwert und Selbstgefühl von Kleinkindern u.a. entscheidend ist, wie ausgeprägt ihre Neugier- und Entdeckungshandlungen gegenüber der sozialen wie physikalischen Welt unterstützt werden. Für Kinder ist somit die Erfahrung, sensumotorische, innerseelische und soziale Sinnzusammenhänge knüpfen zu können, ich- und identitätsfördernd.

Was geschieht nun, wenn das Kind zu wenig Halt, Anregung und Unterstützung erfährt, so daß es gezwungen ist, sich in der verschlüsselten Sprache der Symptombildung und Entwicklungsstörung mitzuteilen?

## 3.3 *Die beziehungssprachliche und strukturelle Bedeutung von Symptomen*

Thomas ist aggressiv-destruktiv gegenüber Klassenkameraden. Die Sonderschule droht. In der Supervision stellt die Therapeutin das Kind u.a. wie folgt vor: „Ich weiß nicht, was er von den gemeinsamen Stunden hat, was er bei mir sucht. Meine Begrüßung überhört er, ebenso jedwedes Spielangebot, das mehrdeutig ist. Er mag Rätselspiele mit eindeutigen Lösungen. In dem Test „Familie in Tieren" malt er die Mutter als große, mächtige Giraffe, den Vater als Eichhörnchen und sich als Eisbär." Ziel der Supervision ist es nun u.a., Inhalt und Sinn des Rätsels, das das Kind der Therapeutin aufgibt, zu verstehen.

Es gilt also, die vom Kind entwickelten Geschichten oder *narrativen Strukturen* in der therapeutischen Interaktion zu „entziffern". Dabei unterstellen wir, daß das Kind im therapeutischen Dialog sein inneres Drama entlang den von ihm entwickelten Drehbüchern re-inszeniert. Thomas erzählt im Spiel, beim Malen, in der Bewegung aus seinen „gesammelten Werken“ über die Erfahrungen mit Mutter, Vater und den Klassenkameraden. Dies erfolgt z.T. in einer Art Privat- oder Geheimsprache, die es mit ihm zusammen zu enträtseln gilt. Diese Eigenwelt des Kindes nennt *Lempp* die „kindliche Nebenrealität“. In ihr sind die ureigensten Auslegungen und Sehweisen der mit den Erwachsenen geteilten „Hauptrealität“ enthalten (*Lempp* 1992, 23ff). Selbstverständlich gibt es nicht *die* „Eigen- und Hauptrealität“ von Kindern und Erwachsenen. Es handelt sich bei diesen beiden Begriffen um übervereinfachte, jedoch praktisch brauchbare theoretische Bilder (Metaphern), und so wollen wir sie auch im weiteren verwenden. Gerade im Zeichen postmodernen sozialen Wandels gilt, daß an Stelle überschaubar vieler, z.B. schichtenspezifisch unterschiedlicher „Hauptrealitäten“, unübersehbar mannigfaltige Realitätsentwürfe von Erwachsenen entstehen.

Zwei Störungsmodelle der Integrativen Therapie ermöglichen ein genaueres Verstehen des inneren Dramas des Kindes: das beziehungstheoretisch und sozioökologisch begründete *Streßmodell* und das entwicklungspsychologisch begründete *Strukturmodell* (vgl. *Rahm* et al. 1993, 275ff).

### 3.3.1 Mißlingende Passung zwischen Kind und Umwelt und die Entwicklung fehlender „Überstiegsfähigkeit“

Folgen wir dem *beziehungstheoretischen Streßmodell*, so könnten wir z.B. die folgende Frage aufwerfen: Auf welche Weise entgleisen die alltäglichen Dialoge zwischen Mutter, Vater und Thomas, so daß es zu keiner hinreichend gelingenden Passung zwischen den elementaren Bedürfnislagen des Kindes und seiner familiären Nahwelt kommt? Chronisch mißlingende Begegnungen innerhalb der familiären Triade bestehend aus Mutter, Vater und Kind können in unterschiedlicher Gestalt auftreten:

- als *überstimulierendes*, traumatisierendes Geschehen;
- als *unterstimulierendes*, reiz- und anregungsarmes Interaktionsgeschehen;
- als ständig *wechselhaftes* und *gegenläufiges Stimulierungsgeschehen.*

Zur Störung kommt es u.a. unter folgender Bedingung: Das Kind verarbeitet diese mißlingenden Passungs- und Beziehungserfahrungen derart, daß es seine innere- und äußere Realitätswahrnehmung, d.h., seine „Eigenrealität", immer weniger mit der von den Erwachsenen geteilten „Hauptrealität" zu vermitteln vermag. Die kindlichen Mitteilungen werden immer bizarrer und verschlüsselter, weil das Kind zunehmend die Fähigkeit verliert, zwischen Eigen- und Hauptrealität hin- und herzuwechseln. Durch diesen Verlust der Überstiegsfähigkeit droht es in seiner Privatwelt und der Eigenlogik seines Selbst- und Welterlebens verlorenzugehen (vgl. *Lempp* 1992, 37f).

Thomas' konflikthafte Bindung an die Mutter und seine unbearbeitete Trennung vom Vater sind emotional verkapselt. Das Kind erfährt zu wenig zwischenmenschliche Dialog- und Symbolisierungsangebote. Nur über diese könnte es z.B. die „Eigenrealität" seiner aggressiven Abgrenzungs- und Enttäuschungsgefühle mitteilbar und darüber für sich und andere verstehbar machen.

Damit verweist das Kind, so vermuten wir im Sinne des o.g. Modells, auf Erfahrungen unzureichender primärer Anerkennung seiner Lebensäußerungen, und zwar im Sinne fehlender oder verfehlter Einfühlung (Empathie). Die Symptombildung ist, beziehungssprachlich verstanden, eine Art kompromißhaft entstellter Mitteilung des Kindes an die soziale Mitwelt. Es erlebt sich in seiner inneren Konflikthaftigkeit, Not und Einsamkeit nicht mehr gesehen. Wird die Symptomatik nicht in diesem Sinne gelesen, so führt dies zu weiterer Isolierung und „privatsprachlicher" Verkapselung kindlicher Wünsche, Ängste und Sehnsüchte.

Untersuchen wir nun die Störung vor dem Hintergrund des entwicklungstheoretisch begründeten Strukturmodells, so kommen wir zu einer weiteren Lesart kindlicher Störungsbilder.

### 3.3.2 Symptome als Ausdruck fixierter narrativer Strukturen

Thomas verinnerlicht die immer wieder konflikthaft und/oder defizitär erlebten Beziehungserfahrungen innerhalb eines familiären Dreiecks (Triade) in Gestalt narrativer Strukturen. Diesen inneren Drehbüchern zufolge beginnt er zusehends, auch andere Interaktionssituationen, z.B. in Schule und Freizeit, so wahrzunehmen und zu gestalten, wie er es von der familiären Dreieckserfahrung her kennt. Auch in der therapeutischen Begegnung erzählt er diese „Dreiecksgeschichten" (vgl. *Buchholz* 1993c). So könnte Thomas z.B. die Geschichte vom Kind als „umstrittenen Bundesgenossen" erzählen, das von den zerstrittenen Elternteilen wechselseitig in Dienst genommen wird. Entsprechend entwickelt sich z.B. sein Selbstbild in Richtung eines zu früh erwachsenen, grandiosen Kindes, das zugleich tief verletzlich ist. Verliert es die Position des bevorzugten Dritten, ist er entweder der „Star" oder ein „Nichts".

Oder aber er berichtet die Dreiecksgeschichte vom „Kind als Retter", das als lebendiges „Antidepressivum" einem oder beiden Elternteilen dabei hilft, deren Selbstachtung aufrechtzuerhalten (*Buchholz* 1993, 175). In diesem Fall orientiert sich sein Selbstbild größtenteils danach, welche Rollenerwartungen die Erwachsenen an Thomas richten. Indem er sein Selbstbild ständig nach Maßgabe des Fremdbildes formt, entwickelt er das Skript für die Geschichte vom „falschen Selbst". In beiden Fällen führt die Verinnerlichung fehlschlagender Dreiecks- bzw. Triangulierungserfahrungen dazu, daß Thomas kein mehrperspektivisches, flexibles und differenziertes Selbst- und Fremdbild entwickeln kann. Er wird auf bestimmte Beziehungsrollen fixiert, die er in vielen Alltagssituationen geradezu zwanghaft zu reinszenieren versucht. Entsprechend eingeschränkt ist seine Fähigkeit, konflikthafte Alltags- und Beziehungssituationen flexibel zu handhaben.

Innerseelisch wie auch strukturell betrachtet, sind Symptome somit Ausdruck rigid-verfestigter Skripts oder narrativer Strukturen. Solche biographisch erworbene „Notprogramme" zeichnen sich durch übervereinfachte oder chaotisch vielfältige, eingeschliffene Abwehr- und Bewältigungsmuster aus. Dabei findet ein teilweiser Verlust der Symbol- oder Sinnerzeugungsfunktion statt. Übersetzt man diese These, so verliert Thomas in bestimmten innerseelische Bereichen die Beweglichkeit, konflikthafte oder schmerzhafte Gefühle, Gedanken, Phantasien und Beziehungserfahrungen im inneren Gespräch mit sich zu klären und vermittelnde Problemlösungen zu entwerfen. D.h., es gelingt ihm kein hinreichend guter „Überstieg" zwischen „Haupt- und Nebenrealität" im Sinne eines „Sowohl-als-auch". Alltagskonflikte und Kränkungen werden zunehmend mit Hilfe solcher rigid-vereinfachter Skriptstrukturen verarbeitet. Das Kind vermag in Folge zunehmender Angst- und Streßentwicklung die inneren Selbst- und Fremdbilder immer weniger getrennt zu halten. Auch das Bild von sich selbst wie vom anderen verliert seine integrierte Mehrdeutigkeit, d.h., der andere wird immer mehr nur zur „guten" oder „bösen" Person. In einer solchen narrativen Struktur finden sich nurmehr Entweder-Oder-

Lösungen bzw. verhärtete Sichtweisen wie: „Wer anderer Meinung ist als ich, ist gegen mich." Oder: „Überhaupt versteht mich keiner", etc. Plötzlich aufbrechende Aggressivität kann die Folge dieser innerseelischen Verarbeitungsschwäche wie der kommunikativen Mitteilungsnot sein.

### *Fazit*

Der Zusammenbruch des inneren Dialograumes bedeutet, daß die flexible und differenzierte Herstellung von Selbst- und Fremdbildern „einfriert" bzw. das innere Zwiegespräch zwischen Wunsch- sowie Phantasieimpulsen und „Realitätserwartungen" verfällt. Dadurch wird die Verbindung von Impuls und Handlung entweder kurzgeschlossen, wie im Falle aggressiver Impulsdurchbrüche, oder aber der Wunsch-, Angstimpuls zeigt sich in regressiv verkleideter Form. Dieser Vorgang ist auf das engste mit dem Zerfall zwischenmenschlicher Kommunikationsbezüge und damit der Anschlußfähigkeit an die soziale Welt verknüpft. Selbstverständlich können rigid verfestigte Handlungs- und Erlebnisprogramme gerade bei Kindern immer auch Ausdruck hirnorganisch bedingter, kognitiver Entwicklungsprobleme in Gestalt von Teilleistungs- bzw. Informationsverarbeitungsstörungen sein. Diese gilt es zusätzlich zur psychodynamischen Betrachtung sorgfältigst abzuklären. In jedem Fall verliert das Kind im Symptom seine innere und äußere Erlebnis- und Handlungsfreiheit, weil spezifische Konflikte, Traumata etc. aus dem inneren wie zwischenmenschlichen Dialoggeschehen ausgeschlossen (exkommuniziert) werden. Die Folge sind u.a. ausgeprägt widersprüchliche und paradoxe Beziehungsbotschaften, auf die wir weiter unten eingehen werden.

## *3.4 Szenisches Verstehen eines Skriptes oder Narrativs*

Im kindlichen Spiel wie in der therapeutischen Begegnung reinszeniert das Kind verinnerlichte Begegnungserfahrungen, die kränkend, traumatisierend oder konflikthaft verliefen. Es gestaltet diese unabgeschlossenen Szenen in der Hoffnung auf einen Neuanfang im *Hier und Jetzt*.

Thomas reinszeniert im therapeutischen Kontakt die konflikthafte Nähe zur „dominanten" Mutter. Diese sendet nach der Trennung vom „Eichhörnchen-Vater" dem Kind gegenüber mehrdeutige, ersatzpartnerschaftliche Signale. Der therapeutische Raum fungiert als Bühne, auf der Thomas mit der Therapeutin eine für ihn hinreichend befriedigende Lösung seines Bindungs-Trennungskonfliktes in Szene setzen kann.

Das szenische Verstehen der Therapeutin setzt an ihrer affektiven Resonanz auf die Beziehungsangebote des Kindes an: „Ich fühle mich kühl, abgewiesen, desorientiert, ratlos, wie in einem Labyrinth ... etc." „Unter Gegenübertragung verstehen wir nun eine bewußtseinsfähige Resonanz der Therapeutin auf das, was ihr die Klientin entgegenbringt, eine empathische Reaktion" (*Rahm* et al. 1993, 361). Bewußtseinsfähigkeit herzustellen bedeutet, daß der Therapeut diese seine Resonanz, bestehend aus Gedanken, Phantasien, Körper- und Handlungsimpulsen, zu lesen vermag, indem er in die Position einer exzentrischen Wahrnehmung geht (*Plessner* 1982; *Buchholz* 1993b).

Gegenübertragungsanalyse ist somit eine methodisch verfeinerte Form alltäglichen Fremdverstehens, wie es z.B. in Mutter-Kind-Dialogen stattfindet. Handeln letztere jedoch aus einem intuitiven und vorbewußten Erfahrungswissen heraus (*Papoušek, Papoušek* 1981), so durchläuft die innere Reaktion beim Therapeuten einen selbstreflexiven Abklärungsprozeß mit Hilfe des szenisch-hermeneutischen Verstehens.

Dabei versucht er über das eigene affektive Erleben bzw. über die in ihm auftauchenden Phantasien und Handlungsimpulse nicht nur die emotionale Verfassung des Kindes zu rekonstruieren, sondern auch den Selbst- und Fremdbildanteil der kindlichen Szene bzw. der verinnerlichten Interaktionsstruktur zu erfassen. Der Therapeut versucht also nicht nur, das Bedürfnis des Kindes nach einer dosierten Nähe bzw. die Maskierung des Wunsches nach Nähe zu verstehen und zu berücksichtigen, sondern er versucht auch, seine Rolle in dieser Erzählung des Kindes zu bestimmen. Dies folgt der Hoffnung, daß das Kind Nähe und Distanz selbständiger zu regulieren vermag und zugleich, um dem kindlichen Bedürfnis Rechnung zu tragen, daß es in seinen kindlichen Anlehnungsbedürfnissen vorsichtig enträtselt und gesehen wird.

Der Therapeut liest also das manifeste Kommunikationsverhalten wie einen Beziehungstext, der eine bestimmte Kränkungs- oder

Erfolgsgeschichte des Kindes erzählt. Er unterstellt dabei, daß er Teil dieser Geschichte wird, d.h., er bekommt bestimmte Rollen und die damit verbundenen Affekte zugewiesen. Diesen Übertragungsanteil zu verstehen ist für den Therapeuten wichtig, weil er nur darüber ahnen kann, welchen Part er zu „spielen" hat. Das heißt, in der Folge erzählen beide, Kind und Therapeut, eine gemeinsame Geschichte, in der Hoffnung, daß sie für das Kind zu neuen Antworten der Passung bzw. der Einigung von Wunschimpuls bzw. Bedürfnis und Erwachsenenantwort führt.

### 3.4.1 Strukturelemente einer fokalen „inneren Formel"

Diese „Geschichte" hat zunächst einmal einen offenen Verlauf und Ausgang. Klinisch formuliert bedeutet dies, daß der operative Fokus des zu behandelnden Konflikt- oder Problemgeschehens sehr häufig *interaktiv* hervorgebracht wird. Es gilt, ihn unter all jenen Inszenierungsangeboten zu entdecken, mit denen das Kind kreative Umwege, Vermeidungen und Bewältigungsversuche unternimmt.

So geht es bei Thomas zunächst um den fokalen Schwerpunkt der Distanzierung, der Abgrenzung gegenüber mehrdeutigen mütterlichen Beziehungsangeboten. Je nachdem, wie die Therapeutin diesen Test besteht, kristallisieren sich zusehends solche Foci wie der Umgang mit „Nähe-, Geborgenheits- und Versorgungsbedürfnissen" heraus.

Dem Therapeuten kommt bei der Inszenierung des kindlichen Dramas die mitunter schwierige Aufgabe zu, zugleich Mitspieler und Regisseur zu sein. Das heißt, er versucht dezent, mitunter auch direktiv, die Inszenierung so zu beeinflussen, daß sich der Fokus, d.h. der aktuelle Kernkonflikt oder ein bislang abgewehrtes traumatisches Geschehen so zeigen kann, daß das Alte sichtbar wird, um anders weitergeführt zu werden. Dies verlangt vom Therapeuten ein hohes Maß an methodischer Elastizität und im Sinne einer progressionsorientierten Behandlungsführung, eine Ausrichtung an den unmittelbar gegebenen Entwicklungsaufgaben des Kindes, die dieses zu bewältigen hat (vgl. *Fürstenau* 1992).

Fassen wir zusammen: Die Auswertung der Gegenübertragungsresonanz zielt auf die Erstellung einer *fokalen „inneren Formel"* oder eines Orientierungsrahmens, der Bilder und Hypothesen bzgl. der dem Kind eigenen narrativen Strukturen enthält. Dabei beantwortet der Therapeut für sich die folgenden Fragestellungen:

a) Welches Szenarium mit welchem Thema entfaltet das Kind, d.h., welche Bühne baut das Kind und welches Stück wird inszeniert? Thomas möchte u.a. in seinen kindlichen Versorgungswünschen anerkannt werden und den Verlust des Vaters verarbeiten.

b) In welcher affektiv-atmosphärischen Gestimmtheit befindet sich das Kind, bzw. welche Beziehungsatmosphäre ist spürbar? Das heißt, was ersehnt und befürchtet das Kind in der Situation? Was möchte es für sich, und woran hindert es sich? Thomas möchte z.B., daß Abgrenzung respektiert wird und ihm der Rhythmus der Annäherung überlassen wird. Dabei ist die unterstützende Nähe, die er ersehnt, zugleich bedrohlich.

c) Wer bin ich als Therapeut für das Kind, wozu möchte es mich bewegen, was zu tun möchte es mich hindern?
Das heißt, welche lebensgeschichtlich gelernten Rollen schreibt es dem Therapeuten zu? Wir unterscheiden dabei drei Formen der Gegenübertragung als Resonanzphänomen. (*Rahm* et al. 1993, 361f.)

*Konkordante Gegenübertragung*
findet dann statt, wenn sich der Therapeut mit dem Selbstbildaspekt identifiziert bzw. diesen zugewiesen bekommt. Im Kontakt mit Thomas spürt die Therapeutin dessen Selbstbild des „vergessenen", desorientierten Kindes.

*Komplementäre Gegenübertragung*
liegt vor, wenn sich der Therapeut mit dem Fremdbildaspekt bzw. mit dem erwachsenen Gegenüber in der Szene identifiziert bzw. diesen zugewiesen bekommt. So erlebt die Therapeutin im Kontakt mit Thomas auch die mütterliche Faszination für das Kind, wobei diese eher dem männlichen, denn dem kindlichen Anteil gilt.

*Reziproke Gegenübertragung*
meint das affektive Erleben aus der Perspektive des ängstlichen Kindes. In diesem Fall nimmt der Klient, z.B. Thomas, die Rolle der Mutter ein, die fasziniert von dessen früh erwachsener Attraktivität vergißt, daß der Zehnjährige auch noch andere Bedürfnisse hat.

d) Welche, gleichfalls lebensgeschichtlich entwickelten, kommunikativen Problemlösemuster reinszeniert es in Gestalt von Beziehungsfallen, paradoxen Botschaften etc.? Das heißt, in der Szene ist sehr oft ein konflikhaftes und dysfunktionales Beziehungsmuster enthalten, das zu teufelskreisähnlichen Verstrickungen mit der sozialen Nahwelt führen kann. Indem der Therapeut sich verstricken läßt, werden ihm die paradoxen Beziehungstests verdeutlicht, mit denen das Kind den Therapeuten konfrontiert.

Thomas verwirrt durch paradoxe Botschaften, wie z.B.: „Komm mir nicht zu nahe, aber erkenne meine kindlichen Anlehnungswünsche an." Oder: „Ich will auf Mamas Schoß und zugleich ein cooler, erwachsener Junge sein, auf den Mami stolz sein kann."

Letzeres weist auf den Sachverhalt hin, daß die kindliche Hoffnung auf einen Neuanfang im Hier und Jetzt des therapeutischen Übergangsraumes stets ambivalent ist, d.h., daß sie zugleich ersehnt *und* befürchtet wird.

## *3.5 Die Paradoxie kindlichen Hilfeersuchens – der Therapeut auf dem Prüfstand*

Die in der Symptomatik mitgeteilten kindlichen Behandlungsbotschaften sind stets paradox. Das heißt, in der kommunikativen Gestaltung (Externalisierung) verinnerlichter Szenen/Narrative wird zunächst das wiederherzustellen versucht, was wiederholt als Kränkung oder „unabgeschlossene Sinngestalt" erfahren wurde. Ebendieses ist vertraut, so schmerzhaft das Widerfahrene auch gewesen ist. Die Wiederholung geschieht, wie o.g., zum einen in der Sehnsucht nach einem Neubeginn im Hier und Jetzt der aktuellen Beziehung. Zum anderen äußert sie sich in der Hoffnung, keine Wiederholung der in diesen Szenen enthaltenen Kränkungen, Mängel, Konflikte und Traumatisierungen erfahren zu müssen. Ein „ängstliches Kind" hofft z.B. auf Ent-Ängstigung, ohne dabei noch einmal Angst erleben zu müssen. Das „depressive Kind" möchte den Erfolg ohne die Anstrengung, die es bislang stets entmutigt hatte. Thomas schließlich möchte die kindliche Nähe, ohne die Kontrolle zu verlieren, die ihm sein „cooles" Verhalten erlaubt.

Die Botschaft der Symptomatik enthält somit ein zutiefst widersprüchliches Element, das vielen Menschen mit freundlichem Helfertum meist verborgen bleibt, das sog. „Freiheitsparadox". Es besteht darin, „daß der leidende Mensch am stärksten an dem zu kleben scheint, was er am dringendsten loswerden möchte" (*Mader* 1989, 129). Auf dieses leidbedingte Lebensrätsel eine hinreichend entwirrende Antwort zu finden zeichnet u.a. professionelles Helfertum gegenüber wohlmeinender Nächstenliebe aus. – Was ist damit gemeint?

### 3.5.1 Innerseelische Ambivalenz und paradoxe Beziehungsbotschaften

Der Zusammenbruch des inneren Dialograumes blockiert die Fähigkeit, Widersprüche und polare Gegensätze im Sinne eines „Sowohl-als-auch" zu balancieren und zu vermitteln. Die innere Not läßt das Erleben immer mehr zu einem „Entweder – Oder" verkümmern, so daß eine maßgebliche Voraussetzung für jegliche seelisch-soziale Entwicklung, nämlich das Aushalten und/oder Lösen paradoxer Entwicklungsaufgaben, blockiert wird. Denn die Vermittlung von individueller Impuls- und Bedürfniswelt und sozialer Rollenzumutungen bzw. gesellschaftlicher Chancenstruktur ist stets paradoxer Natur. Erziehung ist u.a., so *Lenzen* (1993), als eine „kultische Form" der Inszenierung und Lösung solcher Paradoxien zu verstehen.

Konkret bedeutet dies, daß die ambivalente Zerrissenheit, z.B. das Pendeln zwischen Liebe und Haß oder panischem Flucht- oder klammerndem Verschmelzungsimpuls, zwecks Entlastung in hoch widersprüchliche Beziehungsbotschaften übersetzt und veräußerlicht wird. Ambitendenzen, wie „Komm-her-geh-weg" oder „Was ich habe, das will ich nicht, und was ich will, das bekomme ich nicht", sind Beispiele für solche konflikthaften Impulsmuster, die innerseelisch nicht mehr ausgehalten und in eindeutig mitteilbare Beziehungsbotschaften übersetzt werden können (vgl. *Bauriedl* 1984).

### 3.5.2 Paradoxe Beziehungsbotschaften als Beziehungsfalle

Paradoxe Beziehungsbotschaften werden leicht zu Beziehungsfallen („Double-binds"), wenn der „Helfer" seine „innere Autonomie" verliert. In solchen Fällen läßt er sich wie ein Ping-Pong-Ball von den innerseelisch polarisierten Handlungsimpulsen des Klienten hin- und herjagen. Befriedigt er den einen Impuls, jagt oder entwertet ihn schon der andere. Der Helfer wird zum unabgegrenzten innerseelischen Bestandteil bzw. zum Gefangenen des unbalancierten Handlungsfeldes des Anderen. So wird der Therapeut im Kontakt mit Thomas ständig zwischen zwei Handlungsimpulsen hin- und hergerissen. Einerseits ist er versucht, Thomas' „coole" Distanzierung mit vermehrter Anstrengung, diesen „aufzutauen", zu begegnen. Andererseits ist er geneigt, ihm unvorsichtig den therapeutischen Beziehungsraum zu überlassen.

Wir erleben in kindertherapeutischen Behandlungen oft genug, daß eben jene Kinder sich am schwersten mit haltgebenden und anerkennenden Beziehungsangeboten tun, denen kaum eine einfühlende, mildernde und ordnende Spiegelung oder Grenzsetzung ihrer widersprüchlichen Impulswelt zuteil wurde. Darüber mußten sie schon früh erfahren, daß Paradoxien bzw. Widersprüche zwischen kindlichem Impuls und sozialer Antwort nicht aushaltbar und vermittelbar waren. Das heißt, das autoritär-begrenzte oder verwahrloste-entgrenzte Kind lernt nicht, mit Grenze, Konflikt und Widerspruch als Bedingung für Lernen und Entwicklung umzugehen. Im Gegenteil: es sucht sie, wenn möglich, zu vermeiden, wodurch sich seine innerseelische Bewältigungskompetenz der Angstbindung und Konflikttoleranz nur unzureichend entwickelt. Je schwächer jedoch das innerseelische und psychosoziale Abwehr- und Bewältigungsniveau ist, desto stärker ist die Tendenz zur widersprüchlichen Beziehungsbotschaft. Oder anders formuliert: Je höher der Leidensdruck, desto schärfer das „Freiheitsparadox" und damit die Testzumutung für den Therapeuten.

### 3.5.3 Die „allergische" Abwehr (in) der kindlichen Sehnsucht

So erlebt ein Kindertherapeut, der, ganz im Geiste eines umfassenden „Nachsozialisationskonzeptes", emotional verarmten Kindern großzügig Anerkennung zukommen lassen möchte, häufiger destruktiv-entwertende denn freudig-zustimmende Reaktionen auf sein Bestreben.

> „Es ist, als gehöre es zu den Kosten und Folgen des Traumas, eine ‚Allergie' gegenüber jener ‚Substanz' zu entwickeln, die man braucht und die einem vorenthalten wurde. Führt man die Analogie weiter, bedeutet eine solche allergische Reaktion, daß die therapeutische Aufgabe weitaus komplexer ist, als eine Kompensation für einen frühen Mangel zu bieten" (*Eagle* 1988, 169).

Die Botschaft des Kindes ist oft paradox, was bedeutet, daß manches emotional unerfahrene, destruktiv handelnde Kind eine Grenze erfahren will, ohne auf die Macht verzichten zu wollen, die die Angst in den Augen des bedrohten Anderen vermittelt. In diesem Sinne testet es den Therapeuten in der Hoffnung, er wisse eine Antwort auf sein Rätsel, ohne daß dieser sich dazu verführen läßt, das Unmögliche zu wollen bzw. die „Quadratur des Kreises" zu versuchen. Letztere besteht in der Verleugnung der Tatsache, daß jegliche entwicklungsförderliche seelische Erfahrung mit der Fähigkeit verbunden ist, Widerspruch, Grenze und Verlust aushalten zu können. Der Therapeut muß somit dem Kind vermitteln, daß eine Annäherung an seine Sehnsucht, z.B. mit einem erlittenen Trauma anders leben zu lernen, stets mit dem Verlust vertrauter Sicherheiten oder Machtpositionen einhergeht, die gleichfalls die Symptomatik unterhalten. Für Thomas wird der Wunsch nach Anlehnung und Geborgenheit z.T. nur darüber zu realisieren möglich sein, daß er dosierte Erfahrungen von Kontrollverlust, Schwäche und Fehlerhaftigkeit in Anwesenheit des Anderen zuzulassen vermag.

Macht der Therapeut Beziehungsangebote, die das Kind noch nie verläßlich erfahren hat, so kommt es zum einen auf die Dosierung an, in der die Unterstützung und die Förderung erfolgen. Zum andern müssen beide, Kind und Therapeut, durch das Nadelöhr des Verzichts und der Versagung, denn häufig stellt sich etwas von der Angst und der Kränkung ein, die mit dem Mangel und dem Trauma verbunden war. Wird letzteres ausgeblendet, so wiederholt sich im Zeichen der Hilfe die Logik der Fehlentwicklung. Unbalanciertes Geben ist nur die Kehrseite extremer Begrenzung und Vorenthaltens. Eine therapeutische Antwort, die z.B. begrenzt, ohne zu beschämen oder zu vergelten, und zugleich der Macht eine schmerzhafte Korrektur zumutet, wäre ein Versuch, den Test des Kindes zu bestehen, d.h., auf die Paradoxie eine balancierte und damit befreiende Beziehungsantwort zu finden. Allerdings gilt, und das ist ein wesentliches Kennzeichen *therapeutischer Hilfe*, daß der Therapeut sich stets aufs neue in die Paradoxien des Kindes verwickeln lassen muß (vgl. *Bauriedl* 1985). Erst über die Anerkennung und das Gewahrwerden der darin enthaltenen Not und Verzweiflung, die es gemeinsam auszuhalten gilt, ist eine Integration als Vermittlung denkbar. Sie hat gewissermaßen das Ziel, aus der Ver- eine Entwicklung zu machen.

## *3.6 Zusammenfassung*

Mit Hilfe tiefenpsychologischer Hermeneutik versucht der Therapeut einen Zugang zum innerseelischen Dialoggeschehen und damit zum „psychischen Raum“ des Kindes zu finden. Sie hat somit strukturdiagnostische Funktionen.

Gelingt dem Therapeuten diese Strukturdiagnostik in ausreichendem Maße, so erschließen sich ihm für die Bestimmung seines „operativen Fokus“ (*Petzold* 1993c) folgende Sachverhalte:

1. Szenen und Daseinsthematiken, die auf innerseelisches Konfliktgeschehen und unverarbeitete Kränkungserfahrungen verweisen.
2. Hinweise darüber, welche innerseelischen Funktions- oder Organisationsweisen altersgemäß entwickelt oder aber beeinträchtigt und defizitär ausgebildet sind. Hierzu zählen die verschiedenen Strukturen und Funktionen des Selbst wie z.B. Sinnerzeugungsfunktionen, Affektsteuerung, Niveau der Abwehrmechanismen, kognitive Teilleistungsfunktionen etc. (Dieser letztgenannte Aspekt wurde hier nicht weiter erörtert.)
3. Annahmen darüber, welchen „emotionalen Ort“ das Kind ihm innerhalb seiner Bindungsgeschichten mit den bedeutsamen Bezugspersonen zuweist. Das heißt: Wer ist er für das Kind vor dem Hintergrund seiner biografischen Erzählung?

Nun spiegeln sich in den Ängsten von Kindern nicht nur die konflikthaften oder traumatischen Erfahrungen im Umgang mit Themen wie Bindung und Autonomie oder Vernachlässigung wider. Vielmehr sind diese Ängste mannigfaltig besetzt von Umwelt-, Medien- und Gewalterfahrungen und in die Bewältigungsphantasien gehen z.B. Geschichten von He-Man oder Super-Mario ein.

Das heißt, die zunehmend komplexer und differenzierter werdenden Erzählstrukturen (Narrative) des Kindes bilden nicht nur die unmittelbaren affektiven Bindungserfahrungen mit den bedeutsamen Bezugspersonen seiner sozialen Welt ab. In sie gehen auch deren Normen und Ideale, Ängste, Ideologien, Konsum- und Lebensstile ein (vgl. u.a. *Preuss-Lausitz* 1989; *Schulze* 1990). Das wachsende Gefühl der Selbst-Verständlichkeit als Identitätserleben ist vollständig durchsetzt von den Zeichen, Symbolen und Deutungsmustern der sozialen Welt. Will man die Erzählungen des „sozialen Ortes“, wie *Bernfeld* die soziale und politische Nah-Welt aus der

Perspektive des Kindes nannte, entschlüsseln, bedarf es einer weiteren Lesart des kindlichen Beziehungs- und Handlungstextes.

## 4. Aspekte einer sozialen Hermeneutik bzw. Lebensfeldanalyse

Soziales Sinnverstehen fragt z.B. danach: Wie erlebt das Kind die Einflüsse der gesellschaftlichen Nah- und Fernwelt, d.h., in welcher Weise verarbeitet es deren Regeln, Werte, Normen und Mythen sowie deren ökologisch-ökonomischen Randbedingungen? Im Prozeß der Fokusbestimmung bezeichnet *Petzold* diesen Schritt als *Standardfokussierung* (*Petzold* 1993c).

### *4.1 Fünf Grundannahmen sozialen Sinnverstehens*

1. Wir gehen davon aus, daß es „harte", ökonomische, mediale und ökologische Realitäten gibt, die in je individueller Weise die Grenzen und Chancen der kindlichen Persönlichkeitsentwicklung mitbestimmen. Diese „harten Realitäten" entscheiden, je nachdem wie sie subjektiv verarbeitet werden, über die gesamte Lebensspanne hinweg mit, in welcher Weise Lebenszielvorstellungen als offener Planungshorizont verfolgbar sind, ohne daß es zu einem „Einfrieren des Zeit- und Zukunftshorizontes" kommt (*Spangenberg, Clemenz* 1990, 74). Letzteres ergibt sich z.B., wenn strukturell bedingte Armut oder wiederholte Ausbildungsabbrüche als persönliches Versagen verarbeitet werden und ein chronisches Gefühl von „erlernter Hilflosigkeit" (*Seligman* 1978) erzeugen.

Wir haben ausgeführt, daß die Gesellschaft den Kindern immer mehr zu Leibe rückt. Die Filter- und Pufferfunktion der familiären und außerfamiliären Übergangs- und Erziehungsräume wird immer schwächer und durchlässiger. Wir müssen folglich von einer zunehmend intensiveren Wechselwirkung zwischen biographisch und konstitutionell bedingten seelischen Störungsanteilen einerseits und politisch-ökologischen Faktoren struktureller Gewalt andererseits ausgehen.

2. Wir meinen, daß kindliche Symptombildung u.a. das Ergebnis nicht mehr verarbeitbarer psychosozialer Lebenslagen ist. Soziale Lebenslagen, wie z.B. Armutsbedingungen, Elternlosigkeit, Gewalt in der Familie, Wohlstandsverwahrlosung etc., führen zwar nicht notwendigerweise zu schweren Störungsbildern, jedoch ist es entscheidend, ob das Kind diese lebensweltlichen Widersprüche als *psychosoziale Ambivalenz* erfährt, die es in seinem innerseelischen Dialograum nicht mehr vermitteln kann. Die Folge ist, daß es zu einem Verlust der „Überstiegsfähigkeit" von kindlicher „Nebenrealität" und der mit der Erwachsenenwelt geteilten „Hauptrealität" kommt (*Lempp* 1992, 37 ff.). Letztere wird nun im Gefolge postmodernen sozialen Wandels, wie o.g., immer komplexer und in ihren widersprüchlichen Rollenanforderungen an das Kind zunehmend konflikthafter. Entsprechend höher werden die Anforderungen an die kindliche Ambivalenztoleranz, d.h. die Fähigkeit, Rollenunsicherheiten und -widersprüchlichkeiten aushalten zu können. Psychosoziale Spannungs- und Konflikterfahrungen sind das Ergebnis von „Bruchstellen" zwischen individuellen Entwicklungszielen sowie vorhandenen Fertigkeiten des Kindes einerseits und Umweltanforderungen in Schule, Freizeit und Familie andererseits. Symptombildungen im Sinne einer psychosozialen Problemlösung dürften wahrscheinlicher werden, wenn folgendes geschieht (vgl. hierzu *Petzold* 1993d, 1273):

- Das Kind erlebt wiederholt, daß es bei der Bewältigung von Entwicklungsaufgaben in Krisen gerät und es keine hilfreichen Umweltantworten erhält bzw. zu wenig Umweltressourcen verfügbar sind;
- es realisiert, daß seine psychosozialen Problemlöseversuche fehlschlagen und
- es verarbeitet beide Erfahrungen im Sinne einer „Demoralisierung" oder „erlernten Hilflosigkeit" (vgl. *Seligman*).

Trifft es hingegen auf hinreichend wirksame Lebensfeldnischen und -angebote, bzw. vermag es diese immer wieder zu finden, so können selbst sog. „Rio-Kinder" ihren Weg machen. Dies gelingt jedoch nur, wenn ihre Art der „Umweltnutzung" zu wirksamen Bewältigungsstilen im Umgang mit psychosozialen Widersprüchen (Ambivalenzen) führt (vgl. u.a. *Petzold* 1993c, sowie ders. in diesem Band).

3. Das Integrative Konzept sozialen Sinnverstehens geht ähnlich wie im Ansatz einer „objektiven Hermeneutik“ davon aus, daß „harte“ ökonomisch-technische und soziale Realitäten symbolisch codiert sind (vgl. *Oevermann* 1983; *Oevermann*, *Leber* 1993).

Dabei vertreten wir – wie weiter oben angedeutet – einen Symbolbegriff, der drei Zeichenbereiche umfaßt:

- vorsprachliche bzw. leibliche Zeichen;
- bildhaft-ikonische Zeichen (*Petzold* 1991);
- sprachlich-diskursive Zeichen.

Dieser Auffassung zufolge kann die soziale Welt als *Text* gelesen werden (vgl. *Garz* 1993), d.h. als ein „Kosmos sinnhafter Verweisungszusammenhänge“. Dieser Auffassung zufolge kann die soziale Welt als Text gelesen werden (vgl. *Garz* 1993), d.h. als ein „Kosmos sinnhafter Verweisungszusammenhänge“. Man kann somit die Lebenswelten von Kindern als kulturelle „Erzählgemeinschaften“ auffassen, über die sie in die sozialen Umgangsweisen, Konsumstile, Machtbezüge etc. eingeführt werden.

Mit der symbolischen Verschlüsselung der sozialen Welt ist u.a. folgendes gemeint: In Abhängigkeit von der sozialen Lebenswelt, der sie zugehören, erfahren Kinder je anders, welchen persönlichen oder familiären Stellenwert z.B. Geld, Konsum, Freizeit, Arbeit etc. in dieser Welt haben. Dies spüren sie, wenn sie in der Kinderkrippe, im Kindergarten etc. erleben, wie verschiedene Kinder und Eltern anderer Familien sich kleiden, konsumieren, spielen, auf den Pfennig schauen müssen oder nicht und wie die anderen Kinder dies kommentieren und bewerten (vgl. u.a. *Preuss-Lausitz* 1989). Das Kind lernt des weiteren innerhalb und außerhalb der Familie, wie andere Menschen Leistungs-, Beziehungs- und Freizeitprobleme etc. bewerten, ihre Entstehung erklären und Bewältigungsversuche entwickeln. Das heißt, das Kind lernt sogenannte Alltagstheorien (vgl. *Baltes* 1993) darüber, wie man mit psychosozialen Problemlagen umgeht. Ob und wie man über Ängste, Konflikte, Wünsche und Sehnsüchte sprechen lernt, ist zutiefst symbolisch-sozial vermittelt, was sich bis in die linguistische Struktur der kindlichen Sprache hinein zeigt.

So läßt sich aus den sprachlichen Äußerungsformen von Kindern und Jugendlichen, die von schichten-, cliquen- und lebensweltspezifischen Eigenarten durchsetzt sind, der Wechsel von sich verändernden Welt- und Selbstbildern ablesen. Die „reduzierte Normalsprache" vieler Heranwachsender hört sich für den zuhörenden Erwachsenen wie eine aus Comic und Komik zusammengewürfelte Mitteilungsverstümmelung an, eine Art „kunstvoller Sprechblasenmanier", die kein Subjekt mehr verlangt.

> „Ich gestern im Zug gesessen, Augen zu, träum, plötzlich voll die Panik, Zug schon da. Ich so: Scheiße!, aufspringen, raff die Sachen, raus, Zug fährt an, ich so: ächz, gerade noch geschafft."

Die Autorin dieses Mitgehörten, *Dorothea Dieckmann*, kommentiert dies selbst wie folgt:

> „Eine relevante Außenwelt, ein Situationsrahmen, Ort und Zeit in engerem Sinne interessieren nicht. Das Erleben, von dem die Rede ist, konzentriert sich auf kleine Sketche, denen es allein auf die Handelnden, weniger noch: auf die reinen, ihnen gegenüber verselbständigten Handlungen ankommt." ... „Die Beteiligten handeln nicht mehr – sie zappeln sich in ihrem Aktionismus ab: wie Marionetten, die das Getriebe nicht kennen, dem sie gehorchen. Nicht länger Urheber des eigenen Tuns, können sie weder dessen Ursache noch dessen Folgen abschätzen. Sie müssen spontan sein: Es bleibt ihnen nichts anderes übrig" (*Dieckmann* 1994, 11f).

Es gilt folglich, sich über den sozialen Symbol- und Zeichenvorrat kundig zu machen, den die Kinder und Erwachsenen benutzen, um ihre sozialen und lebensweltspezifischen Anliegen mitzuteilen. Hierzu bedarf es, wie wir meinen, mehr als nur einer Schulung in Empathie und Gesprächsführung, weil wir selbst bei annäherndem Verständnis nicht vor Fragen wie des 14jährigen Kai gefeit sind, der am Ende eines fünfzigminütigen Erstgespräches mit ihm kundtut: „Sie kennen sich mit uns nicht so gut aus, oder?"

4. Nun ist ein wesentlicher Befund postmoderner Entwicklung, daß die soziale Welt alles anderes als eine relativ überschaubare „Erzählgemeinschaft" darstellt. Im Gegenteil, sie ist zersplittert und atomisiert zusehends, d.h., Kinder treffen auf viele Kulturen und unvereinbare Scenen, Werte, Sprachen, und Traditionen, die nebeneinander existieren. „Brüche, Wechsel, das intuitive Balancieren an deren Grenzen entlang – das ist der seelische und intellektuelle Kinderalltag" (*Bergmann* 1995, 35). Dabei wird das Leben in und mit den neuen Medien für die Kinder zusehends der Ort, an dem definiert wird, was soziale Wirklichkeit ist.

Wie Kinder in und mit den Medien leben, dies besser zu verstehen, ist dringlicher denn jeh. Kulturkritisches Warngeschrei hilft nicht mehr weiter. Soziales Sinnverstehen umfaßt somit die Auseinandersetzung mit den „Medien- und Computerkids", d.h., mit der

Art und Weise wie das „Übergangsobjekt" Computer (*Bergmann* 1995, VI) z.B. zu erheblich verändertem Wahrnehmungs-, Konzentrations- und Aufmerksamkeitsverhalten führt: „Was schnell geht, in sich different ist, erzwingt ihre Konzentration. Was behutsam, Schritt für Schritt linear vorgetragen wird, bereitet ihnen Probleme. Was von Rhythmuswechseln und einer Ästhetik der Plötzlichkeit, des Unerwarteten geprägt ist, findet Aufmerksamkeit, was schlüssig auseinander hervorgeht, vorhersehbar ist, ermüdet rasch etc." (*Bergmann* 1995, 35). *Bergmann* kommt zu dem Schluß, daß z.B. Schulwirklichkeit und die Spielrealitäten des Computers weit auseinander liegen und die Kinder Lehrer brauchen, die nachzuvollziehen versuchen, daß Kinder, die „heimisch sind zwischen Schock und Trance", einfach anders lernen. Dasselbe Urteil kann in absehbarer Zukunft den Therapeuten treffen, der das veränderte Lern- und Aufmerksamkeitsverhalten von Kindern unversehens pathologisiert, weil er die mediengeprägte Erfahrungswelt der Kinder als nur mehr fremd erlebt.

5. Ziel des lebensweltlichen Verstehens ist es zum einen, den „sozialen Ort" des Kindes bzw. dessen subjektive Sicht seiner familiären wie außerfamiliären Umweltwirklichkeit zu bestimmen. Darüber sind jene Bruchstellen erfahrbar, die dem Kind keine wirksame Umweltnutzung mehr ermöglichen. Anders formuliert bedeutet dies, daß die Passung zwischen innerem und lebensweltlichem Dialoggeschehen gestört ist. Es droht, daß sich zunehmend Umwelt- in Innenweltzerstörung verwandelt (vgl. *Petri* 1990, 1992). Indem das Kind Mut faßt, wieder Anschluß an soziale Netze und andere lebensweltliche Stützsysteme und Potentiale zu finden, nimmt es die Fäden der Erzählhandlung seines Lebens wieder in die Hand. Dies geschieht mit dem Ziel, diese Fäden zu einem bunten Netz zu verspinnen, das *Stark* „Leben-mit-Fähigkeiten" (*Stark* 1991, 230) nennt.

Mit den hier entwickelten Grundannahmen sozialen Sinnverstehens rückt der Begriff der *Lebens-* bzw. *Entwicklungsaufgabe* in den Mittelpunkt. Entwicklung wird hiernach nicht mehr vorrangig als Prägungsprozeß, als Resultat vergangener Ereignisse verstanden, „sondern als ein Prozeß ständiger Problemlösung oder solcher Versuche" (*Buchholz* 1990, 81). In diesem Konzept wird Entwicklung stets in ihrer Verbindung von Individuum und sozialer Umwelt gesehen, indem die sozio-kulturellen Anforderungen mit individueller Leistungsfähigkeit in Beziehung gesetzt werden. – Jegliche Bezugnahme auf Phasenmodelle, gleichgültig welcher theoretischen Couleur, erweisen sich angesichts der kulturell-gesellschaftlichen Entwicklungsdynamik als zunehmend weniger brauchbar. Hierauf weist *Petzold* unter Bezugnahme auf die Life-Long-Development-Research (*Faltermaier* 1992; *Filipp* 1990) immer wieder nachdrücklich hin (vgl. u.a. *Petzold* 1993c, 270). Wir sehen also das Kind nicht als passiven Empfänger von Umwelteinflüssen, sondern als einen ehrgeizigen Problemlöser und kreativen Konstrukteur seiner Lebenswelt mit sich ständig ändernden Anforderungsprofilen. Dies hat wesentliche Auswirkungen auf diagnostische wie auch auf prognostische Einschätzungen.

## 4.2 Fragen zur Erschließung des „sozialen Ortes"

Indem wir aus der Sicht des Kindes, seinen Wünschen wie Ängsten folgend, um seine soziale Welt rekonstruieren, d.h. herausfinden wollen, wie es die sozialen Einflüsse der nicht-familiären Welt verarbeitet, erhalten wir Zugang zu seinen sozialen Erzählungen und Geschichten (Narrativen). Das heißt, wir verstehen den „sozialen Ort" und seine subjektive Sicht der „harten" sozialen Realitäten. Dieser Zugang umfaßt z.B. die folgenden Fragen:

- Wie erfährt es die alltägliche „strukturelle Gewalt", der es in Gestalt von kinderfeindlichen Maßnahmen, Erlassen und Gesetzen begegnet oder in Gestalt von Wohnsituationen, wo zwei Zimmer für fünf Leute da sind, wo Kinder keinen Platz haben für ihren Ranzen; keinen Tisch, um ihre Hausaufgaben zu machen, keinen Platz, um sich auszutoben? (vgl. *Preuschoff, Preuschoff* 1992, 29).
- Wie bewertet es innerseelisch, daß wegen Ozonalarm der Schulausflug ausfällt?
- Wie vermag es sich innerseelisch gegen die Gewalt- und Horrorvideos abzugrenzen, oder besetzen sie seine Bilderwelt dergestalt, daß sie noch Wochen später präsent sind, etc.?
- Welchen Medienhelden eifert es nach, und welche Konsumwünsche verbindet es mit welchem Gruppenstatus und Prestige innerhalb seiner Gleichaltrigengruppe?

- Wie verarbeitet es den Widerspruch zwischen schichtenspezifischem Herkunftsmilieu und ersehntem Zielmilieu bzw. zwischen Wunschstruktur und sozial verfügbaren Befriedigungschancen? (*Spangenberg*, *Clemenz* 1990, 73 – u.v.a.m.)

Durchwandert man somit im Gespräch, Spiel, im Sceno oder in der Phantasiereise z.B. die alltäglichen Lebenswelten von Kindern, interviewt man sie quasi mit erkennbarem Interesse für ihre Belange, so kann man herausfinden, welche sozialen Nischen sie zu finden in der Lage sind, bzw. ob es das „kleine Glück" oder Abenteuer gleich um die Ecke für sie noch gibt. Des weiteren erfahren wir, in welcher Weise die Zeichen der Umweltzerstörung oder medialer wie Alltags-Gewalt von ihnen vorteilhaft oder schädigend abgewehrt oder verarbeitet werden. Sie teilen uns mit, nach welchen offen besprechbaren wie geheimen sozialen Regeln in der Familie Intimität, Macht und Gewalt organisiert sind, aber auch, welche kreativen Aneignungsideen sie im Umgang mit den Medien entwickeln und wie sie den Cliquenzwang im Kampf um den höchsten Konsumstatus im Kinderland bestehen. In diesem Interesse an der Beschaffenheit seiner sozialen Wirklichkeit ist zugleich eine *Anerkennung* bzgl. der enormen Integrationsleistungen enthalten, die ein Kind alltäglich erbringt, um in den unterschiedlichen Milieus und Lebensfeldern bestehen zu können. Diese Anerkennung zielt immer auch auf eine Stärkung des Selbstwertgefühls.

Soziales Sinnverstehen kindlicher und jugendlicher Lebenswelten interessiert sich darüber hinaus für die *subkulturellen Mythen* und Ideologien, die der individuellen Konstruktion von Alltagswirklichkeit zugrunde liegen. So dürfte es schwierig sein, Heranwachsende in ihren Lebensentwürfen zu verstehen, wenn man z.B nichts von den Lebensstilauffassungen der „Generation X" (*Coupeland* 1993) weiß. Das heißt, jener „vergessenen Generation", die nicht mehr den Wohlstand und die soziale Sicherheit ihrer Eltern erreicht, die der „alltäglichen Apokalypse ein lakonisches Trotzdem entgegensetzt" und Armut und Bescheidenheit als neue Statusinsignien hochhält: „Statt mit dem Saab Turbo geben sie mit ihrer Monatskarte für die U-Bahn an; statt Rolex-Uhren tragen sie das handgeknüpfte Armband aus dem Dritte-Welt-Laden. Pünktlich zur Arbeit kommen müssen sie nicht, sie haben ja keine" (*Spiegel* 52/1993, S. 171).

Schließlich soll soziales Sinnverstehen (Hermeneutik) helfen, den sozialen Rahmen zu rekonstruieren, den die bedeutsamen Bezugspersonen und das Kind immer wieder aufs Neue zu organisieren haben. Das heißt, wir fragen danach, welche alltäglichen Leistungen alle Beteiligten erbringen müssen, um die lebensweltlichen Randbedingungen des Erziehens und Zusammenlebens zu garantieren. In diesem Sinne spricht *Buchholz* von einer erhöhten *Organisationskompetenz* auf Seiten der Familienmitglieder, Umweltarrangements bereitzustellen: „Kinder müssen zu den außerfamilialen Umwelten, zu den Inseln gebracht und dabei auftretende Risiken bewältigt und ihre Bewältigung gelehrt werden" (*Buchholz* 1990, 91). Wenn Eltern somit nicht nur als Norm- und Wissensvermittler sowie Identifikationsfiguren auftreten, sondern als Alltagsmanager, so wird damit ein kaum mehr zu balancierender Rollenhaushalt, vor allem auf seiten der Mütter, zur Regel: Karriereplanung und -sicherung in der beruflichen Welt, Selbstverwirklichung, offene und zugleich verläßliche Partnerschaften etc. etc. Bei allem sollen es die Kinder besser haben, als sie es selbst gehabt haben, aber natürlich auch mitspielen bei all dem, was es an Alltagszwängen zu organisieren gilt (vgl. *Beck, Beck-Gernsheim* 1990; *Zeiher* 1994).

Erkennt man diesen Sachverhalt an, so bedeutet dies für den Umgang mit den bedeutsamen Bezugspersonen des Kindes u.a. zweierlei: Zum einen gilt es, die dabei erbrachten Vermittlungsleistungen anzuerkennen, und zum anderen aber auch mit der Neigung zu konfrontieren, solchen Rollenzumutungen völlig entgrenzt und möglichst noch alleine auf sich gestellt genügen zu wollen. Vor allem die „moderne" Mutter droht unter der Lawine der alltäglichen Managementverpflichtungen buchstäblich unterzugehen. Das Modell der „hinreichend guten Mutter", wie es noch *Winnicott* beschrieben hat, ist auf dem Hintergrund der hier nur angedeuteten postmodernen Rollenzumutungen neu zu entwerfen, will man die Mütter nicht erneut zu den Sündenböcken fehlschlagender Erziehungsverläufe machen oder zu ständiger Selbstausbeutung „anleiten".

## *4.3 Versuch einer Systematik*

Fassen wir diese eher unsystematische Skizze sozialen Sinnverstehens zusammen, so gilt: Soziale Hermeneutik erlaubt es, aus der Sicht des Kindes wichtige Aspekte seiner sozialen Lebenswelt zu rekonstruieren und damit seinen „sozialen Ort" zu bestimmen.

Das Ziel einer solchen Lebensweltanalyse ist die Erstellung eines *psychosozialen Kompetenz- sowie Chancen- und Belastungsprofils* . Hieraus lassen sich im Dialog mit dem Kind und seinen bedeutsamen Bezugspersonen lebensweltbezogene Therapiezielvorstellungen sowie die je spezifischen Entwicklungsaufgaben ableiten, die kurz- und mittelfristig vom Kind zu bewältigen sind.

Die gemeinsame lebensweltliche Erkundung ermöglicht es dem Kind, sensibler seine sozialen Stärken und Schwächen zu registrieren und sich klar darüber zu werden, über welche sozialen Stützpunkte und Fluchtburgen es verfügt und welche Entwicklungshürden es schon gemeistert hat. Ein Kind, dessen Eltern sich nach jahrelangen, zermürbenden Auseinandersetzungen getrennt haben und das dann in der Folge Symptome entwickelt, hat bis zu diesem Zeitpunkt schon Erstaunliches geleistet. Es hat ausgehalten, gehofft, kompensiert und viele andere kleine kreative Problemlösungen entwickelt. Indem der Therapeut dieses Vermögen dem Kind wiederholt zuspiegelt, wird sein Selbstbewußtsein gefestigt, nämlich ein wirkungsfähiger „Bastler" und „Manager" seiner Lebensentwürfe zu sein. Das heißt, es muß schon früh beginnen, sich aktiv der Ressourcen verschiedener sozialer Stützsysteme zu vergewissern, die im Zuge risikogesellschaftlicher Entwicklung nicht mehr als selbstverständlicher Horizont seines Handelns gegeben sind.

Folgende Ebenen der Analyse wollen wir unterscheiden:

### 4.3.1 Die Analyse kindlicher Rollenanforderungen und -kompetenzen

a) Wie flexibel, distanziert und zugleich engagiert vermag das Kind am Prozeß des Aushandelns von Alltagswirklichkeit teilzunehmen? Das heißt, welche Berücksichtigung finden kindliche Klagen, Wünsche und Äußerungen über die Familienwirklichkeit? Oder werden alle familiären Fragen pseudo-demokratisch in einer Art Konsenszwang selbst mit kleinen Kinder diskutiert? Wie entwicklungsadäquat sind somit die Generationsgrenzen und die informellen Interaktionsregeln aus der Sicht des Kindes ausgebildet? (vgl. u.a. *Lüscher* 1990).

b) Welchen Rollenzuschreibungen bzw. psychosozialen Delegationen unterliegt es im familiären wie außerfamiliären Bereich? Das heißt, wie verändert sich z.B. die Rolle des 12jährigen mit jeweils einer älteren und einer jüngeren Schwester nach der Trennung der Eltern als nunmehr einzig männliches Mitglied der Familie? Oder welche Funktionen bekommt das 5jährige Mädchen, nachdem die Mutter ihre Halbtagstätigkeit verloren hat?

c) Welche soziometrische Position schreibt es sich innerhalb der Alltagsrealitäten von Familie, der Gleichaltrigengruppe, der Klassen- und Freizeitgemeinschaft etc. zu? Wie verarbeitet z.B. das wohlstandsverwöhnte, 7jährige Einzelkind die schulische Realität, eines unter 28 Kindern zu sein?

### 4.3.2 Die Analyse seines sozialen Netzwerkes

- Anzahl und Enge der Kontakte, d.h., wie ist die Qualität seines sozialen Netzwerkes beschaffen?
- Wie nimmt das Kind familiäre wie außerfamiliäre Netzwerke unter den folgenden Gesichtspunkten wahr?

*Kontaktmöglichkeiten*
D.h.: Wohnen z.B. die Schulkameraden in mit dem Fahrrad erreichbarer Nähe, oder müssen die Kinder – in der Regel von der Mutter – mit dem Auto dort hingebracht werden?

*Emotionale Unterstützung* im Falle von fürsorgerischen Engpässen oder Krisen.
D.h.: Gibt es verläßliche Sitter, Nachbarn oder Freunde der Erziehungsperson, die im Bedarfsfall einspringen können?

*Soziale Experimentierräume*
D.h.: Welche Institutionen, Gruppen und Freundschaften findet das Kind in seiner erreichbaren Umgebung, um mit verschiedensten Rollenmustern zu experimentieren, Schutz vor Straßen- und Cliquengewalt zu finden, materielle Hilfen und Dienstleistungen sowie Informations- und Wissensvermittlung in Anspruch zu nehmen?

### 4.3.3 Alltägliches Belastungs- und Anforderungsprofil

Welche Anforderungen der Alltagsorganisation fallen aus der Sicht des Kindes an? Bereits der Blick auf den durchschnittlichen Terminkalender des Kindes vermittelt einen Eindruck über die Menge und Beschaffenheit der „familiären" und „außerfamiliären Anschlußsysteme" und Aufgabenstellungen, mit denen das Kind verbunden bzw. konfrontiert ist. Z.B.: Montags: Klavierunterricht; dienstags: Jugendgruppe und Nachhilfe; mittwochs: Einzeltherapie; donnerstags: frei bzw. mit der Kinderfrau alleine zu Hause; freitags: vom getrenntlebenden Vater in eine neue Wohnung mit neuer Lebenspartnerin und deren 2jährigen Sohn abgeholt werden und dort das Wochenende verbringen?

### 4.3.4 Ressourcen- und Mängelanalyse in familiären wie außerfamiliären Lebensfeldern

Wir fragen zum Beispiel nach:

- Ambiente und Beschaffenheit seiner Wohnwelt;
- der ökologischen Beschaffenheit der unmittelbaren Umgebung;
- Zugang zu Spielräumen und -möglichkeiten;
- Konsumneigungen, Musik-, Fernseh-, Video- und Computerpräferenzen,
- Wissen über Freizeit- und Kontaktzentren bzw. Zugehörigkeit zu bestimmten Szenen und subkulturellen Milieus etc.

Ferner fragen wir:

- Wie werden kulturell vermittelte Werte, Ideologien und Lebensstilentwürfe vom Kind angeeignet?
- Über welche psychosozialen Abwehrmechanismen verfügt das Kind, um Diskrepanz- und Widerspruchserfahrungen zu verarbeiten, die ansonsten Hilflosigkeit erzeugen?

### 4.3.5 Welche Selbst- und Weltbilder, Ideale und Idole, Ideologien und Mythen entwickelt das Kind im Alltag von Familie, Konsum und Medienerfahrung?

Konsumgüter und Markenartikel, die Helden der elektronischen Medien etc. bilden u.a. den Vorrat an kulturspezifischen Symbolen und Zeichen, über die Kinder ihre Selbst- und Weltbilder organisieren. In der Identifikation mit diesen modernen, marktförmig aufbereiteten Märchen- und Mythenfiguren entwickeln sie Geschichten und Metaphern darüber, was sie werden wollen und was sie befürchten. Es ist also der Zeichenvorrat der Medien- und Konsumwelt, der den Stoff für die kindlichen Gegenwartsträume liefert. Die hieraus bezogenen Bilder und Geschichten gehen in die o.g. innerseelischen Strukturen, genannt: Erzählungen (Narrative) oder Skripts ein, die die kindliche Selbst- und Fremdwahrnehmung sowie deren emotionales Erleben und soziales Handeln steuern.

Um diese verstehen zu können, läßt der Therapeut sich die Alltagsgeschichten der Kinder erzählen, zeigt sich hinreichend informiert und ist bereit, eigene Identifikationsproben vorzunehmen, d.h. zu verkosten, ob ihm die Spielhelden „Link", „Mario und Co" etwas zu sagen haben. Ein Bummel durch die Warenwelt eines „Toys Я us", läßt den Therapeuten vielleicht besser verstehen, wie es einem 6jährigen Kind ergeht, wenn es von Spielzeugangeboten quasi erschlagen wird. Vielleicht jedoch erfährt der Therapeut bei diesen Identifikationsproben eben auch jene zunehmende Diskrepanz zwischen dem Erleben eines 30- oder 40jährigen Therapeuten und dem eines 6- oder 12jährigen Kindes. Vielleicht haben die Kinder sich schon an das gewöhnt und auf das eingestellt, was uns Erwachsene ein zunehmendes Maß an Befremdung beschert. Auch diese Diskrepanz gilt es wahrzunehmen und zu reflektieren, um nicht Bewertungsfolien zur Grundlage eines Verständnisversuches werden zu lassen, die dem Erleben und Bewerten der Kinder, mit denen wir es zu tun haben, nicht mehr angemessen sind.

### 4.3.6 Über welche funktionalen, d.h. wirksamen psychosozialen Bewältigungs-(Coping-)Mechanismen verfügt das Kind?

Wir unterscheiden u.a. die folgenden Haupttypen des Coping-Verhaltens (vgl. *Moos* 1988).

a) *Bewertungsorientiertes Coping*:
Wie bewertet und beschreibt das Kind mit Hilfe sprachlich wie nicht-sprachlicher Mittel und Medien sein Problem und die psychosozialen Konsequenzen im familiären wie außerfamiliären Bereich? Wie erklärt es sich dessen Entstehung, und auf welchem Entwicklungsniveau des Realitätsbezuges bewegt es sich dabei?

So geraten beispielsweise viele Kinder im Alter zwischen fünf und zehn Jahren bei Verlusten und anhaltenden Konflikten im familiären Bereich in partielle Regressionen, d.h., es findet mehr oder weniger ein Verlust der Überstiegsfähigkeit zwischen Haupt- und Nebenrealität im Sinne von *Lempp* statt. Die Folge ist die Rückkehr in sehr ich-gebundene und wenig dezentrierte Formen der Realitätsverarbeitung, wie z.B. das magische Denken. So führt nicht so sehr die Tatsache, daß der Vater die Familie verlassen hat, zum Therapeuten, sondern eher die allabendliche Vorstellung, daß die Einbrecher kommen könnten.

b) *Problemorientiertes Coping:*
Wie geht es im Alltag schon immer mit den vorhandenen Problemen, Konflikten und Defiziten um? Wie beschafft es sich Hilfe und von wem? Wie vermag es Probleme im Erleben und Handeln zu vermeiden, sie zwecks Entlastung „unsichtbar" zu machen? Welche Aktivitäten mag es besonders, um sich zu trösten und sich Mut zu machen?

c) *Emotionsorientiertes Coping*
Welche Gefühle sind mit dem Problemerleben verbunden? Wie differenziert erlebt das Kind diese Gefühle? (*Petzold* 1992) Wie verschafft es sich Gefühle der Bestätigung und Anerkennung? Wie stabil ist die Affektsteuerung des Kindes?

### 4.3.7 Welche eher dysfunktionalen Formen psychosozialer Abwehr verwendet das Kind, um in einer sozialen und ökologischen Realität handlungsfähig zu bleiben, die es immer wieder hilflos zu machen droht?

Wir wissen noch wenig über dysfunktionale kindliche Verarbeitungsweisen psychosozialer Widersprüche. Gleichwohl dürften sie sich von erwachsenen Mechanismen nicht grundsätzlich unterscheiden, denn sie lernen über die Beobachtung der Erwachsenen und beginnen, sie nachzuahmen. Von Erwachsenen kennen wir z.B. die folgenden psychosozialen Abwehrformen (vgl. *Buchholz, Reich* 1987, 622 ff; *Zygowsky* 1991, 56 f):

- Tagträumerischer Rückzug in Phantasiewelten, d.h. Verleugnung von Widersprüchen und alltäglichen Realitätsanforderungen in Gestalt von Illusions- und Mythenbildung. So berichten beispielsweise Kinder, die durch andauernde Konzentrationsprobleme in der Schule auffallen, daß sie mit realitätsfremden Wunscherfüllungsträumen und -phantasien beschäftigt sind. Noch ein Fahrrad mehr, die bessere PC-Version, noch ein T-Shirt von Chevignon oder Esprit etc. bekunden, wie sehr bereits Kinder im Grundschulalter sich mit Konsumwünschen vor den alltäglichen Realitätsanforderungen abzuschirmen versuchen.

- passive Hinnahme, Sich-Abfinden im Sinne einer „Immigration", aber auch mißtrauischer Rückzug und emotionale Oberflächlichkeit etc.;
- Überidentifikation mit den sozialen Arbeits- und Leistungsanforderungen, wie z.B. bei Erwachsenen der Workalcoholic oder bei Kindern der „Streber";
- orale Formen des „Sich-Reinziehens", „Sich-Einverleibens" von Lebensmitteln, Videos, Informationen aller Art etc. Sie gehen z.B. enge Verbindungen mit Technikphantasien ein, d.h., „passiv" angeschlossen an die elektronische „Welt am Draht" scheint der Wirkungsverlust persönlichen Handelns erträglicher zu sein;
- Risikoverhaltensweisen und die ständige Suche nach dem nächstem „Thrill", wie z.B. das „S-Bahn-Surfen" oder das „Russisch-Roulett auf Straßen", bei dem Kinder Gegenstände auf die Straßen werfen, um sie gerade noch vor einem Auto wegzuholen (vgl. *Steinert* 1993, 47);
- Formen „neuer Rücksichtslosigkeit" oder das, was *Buchholz* (1987) unter „autistischer Militarisierung" versteht: männliches, soldatisches Aussehen, Brutalisierung der Erotik, suchtartiges Training im Fitneß-Center etc. Bei Kindern finden wir hier die Zunahme von Alltagsbrutalitäten in Schule und Freizeit (vgl. *Rauchfleisch* et al. 1994; *Dieckmann* 1994, u.a.);
- neue „Innerlichkeit" in Gestalt von Harmonie- und Konsenssehnsucht sowie esoterischer Fluchtbewegungen; Psychologisierung politischer Sachverhalte, d.h., „Heute kommt es nicht mehr darauf an, was man tut, sondern wie man sich dabei fühlt"; eine suchtartige Suche nach dem „wahren Selbst" fern jeder politischen Realität und ein handlungsarmer Betroffenheitskult.

All diesen psychosozialen Abwehrmustern ist gemeinsam, daß ein Realitätsverlust im doppelten Sinne droht, sofern sie dauerhafter Art sind. Innerseelisch betrachtet kommt es zu einer Entdifferenzierung des Dialograumes und zur Schwächung der Sinnverknüpfungsfunktion und Überstiegsfähigkeit. Kontrollverlustängste bzw. Minderung der Angstbindungsfähigkeit sowie die Furcht vor Stille und Alleinsein nehmen zu. Die Fähigkeit zu Bedürfnis- und Anerkennungsaufschub sowie kritisch selbstreflexives Denken verarmen. Nach außen kommt es zu einer Erblindung politisch-sozialer

Wahrnehmung. Die Folgen könnten eine Verkümmerung sozialer Bindungsfähigkeit und Verantwortungsbereitschaft sein, der Verlust von Gemein-Sinn und Solidaritätsbereitschaft, ein vermehrter Rückzug ins Private oder die Anlehnung an den Fundamentalismus einer sozialen Gruppe oder Sekte (vgl. u.a. *Richter* 1993).

## 5. Die doppelte Nutzung der inneren Resonanzen

Wir haben in den Abschnitten 3.4.-3.6. skizziert, wie wir im Wege tiefenpsychologischen Sinnverstehens den „emotionalen Ort" des Therapeuten im Erleben des kindlichen Klienten sowie dessen intime Lebensthematiken zu bestimmen versuchen. Nehmen wir nun das Wissen um den „sozialen Ort" des Klienten hinzu, das wir mit Hilfe des sozialen Sinnverstehens entwickeln, so können wir beide Sichtweisen bzw. Perspektiven in der *„doppelten Nutzung der inneren Resonanzen"* miteinander verbinden.

Hierzu das folgende Beispiel:

### *5.1 „Kai"*

Kai, 14 Jahre alt, kommt aus „bestem Hause". Die Mutter ist erfolgreiche Unternehmerin, der Stiefvater einer der angesehensten Anwälte vor Ort. Seine Wochenarbeitszeit liegt bei 70 bis 80 Stunden, die der Mutter bei 40. Der Alltag ist durchorganisiert durch Haushälterin, Kinderfrau und drei verschiedenen Nachhilfelehrer für unterschiedliche Fächer; ferner Tennis- und Gitarrenunterricht. Kai ist äußerst medienversiert, mit allem bestückt, was man sich denken kann.

Der Therapeut wurde aufgesucht wegen einer Angstsymptomatik: Kai kann nicht alleine einschlafen. Lange Zeit fungierte das Fernsehen als „Wiegensitter", aber inzwischen reicht dies nicht mehr. Ein Elternteil muß bei ihm schlafen, was natürlich Auswirkungen auf das Eheleben hat, worüber die Eltern sich jedoch nicht beklagen!

Folgender kurzer Ausschnitt aus der 7. Einzeltherapiesitzung:

Kai, wohlstandsgenährt-übergewichtig, was an überdauerten Babyspeck erinnert, gleichzeitig bedürftig, zerfließend, flezt sich in den Stuhl, räkelt sich und fragt:

Kai: „So, was soll ich denn heute tun?"

Sein Erscheinungsbild wie diese Eingangsfrage erzeugen zum wiederholten und bei diesem Mal in besonderer Weise eine Form ungeduldiger Aggression beim Therapeuten. Mit dem Wissen um seine Lebensweltbeschaffenheit verwendet er seine innere Resonanz wie folgt:

Therapeut: „Bin ich hier für dich neben Latein, Französisch, Englisch so etwas wie eine vierte Nachhilfe in Sachen Angstbewältigung?"

Kai (etwas irritiert und auf den etwas konfrontativen Unterton reagierend): „Nein, nein!" (Pause).

Dann schmunzelnd: „Sie erinnern mich an Columbo." (TV-Krimi-Serienheld). „Kennen Sie den?"

Therapeut: „Ja, den kenne ich, und an den erinnere ich dich also?"

Kai: „Ja, cool, sympathisch ..., aber immer mit Fragen parat, mit denen man nicht rechnet."

In die Beschreibung des Therapeuten gehen sozial gefärbte und bewertende Resonanzphänomene, wie: „wohnstandsgenährt, übergewichtig" ein. Des weiteren erwähnt der Therapeut seine aggressive Ungeduld, die u.a. aus der oral-passiven Grundhaltung resultiert, die er als psychodynamische Strukturmetapher dem Kind unterstellt. Sodann stellt er eine Frage, die die Rollenzuschreibung durch das Kind verdeutlichen soll. Auch in diese Frage geht das Wissen des Therapeuten um die Lebensweltzusammenhänge ein, in denen das Kind zu Hause lebt. Dieses wiederum identifiziert ihn unter Rückgriff auf ein TV-Idol. Wir vermuten, daß es den Therapeuten unbewußt in eine innere Dramaturgie oder Erzählung einbindet, in der dieser Fernsehheld eine bestimmte „ideologische Bedeutung" für dieses Kind gewonnen hat. Eine weitere Abklärung könnte nun der Erhellung dieser TV-Figur als eines Erlebnissymboles dienen, das wie eine Art Formel die Grundlage für mögliche Selbstbildaspekte, Beziehungswünsche und Sehnsüchte des Kindes darstellt. Columbo ist ein dem Zeichenvorrat der Medienwelt entlehnte quasi-mythische Figur, so wie es bislang die Hexe, der Zauberer oder Pippi Langstrumpf waren. Diese Leitfiguren aus den Medien weisen sowohl väterliche wie mütterliche Züge auf und verkörpern zugleich auch zeitspezifische Männlichkeits- und Weiblichkeitsattribute. Dadurch vermögen sie für die beginnende Geschlechtsrollenentwicklung zu bedeutsamen Identifikationsfiguren zu werden. Diese Figuren können im therapeutischen Dialog mit dem Kind mittels der reichen Methodik der Integrativen Therapie zum Sprechen gebracht, bzw. es kann ihnen eine „Bühne" gebaut werden, auf der sich ihre innere Bedeutung erschließt.

Kennen wir z.B. mediengemachte kindliche Helden, Sehnsuchtsgestalten, Monster und Schurken, so fließt dies in unsere Lesart von Gegenübertragungsresonanzen ein. Daraus kann die spielerische Inszenierung kindlicher Wünsche, Ängste, Stärken und Schwächen entstehen, die sich in diesen Gestalten mitteilen und die bislang dem innerseelischen wie zwischenmenschlichen Dialog verborgen geblieben sind. Dadurch, daß sie im Spiel entfaltet und vom Therapeuten wahr-genommen und beantwortet werden, wird konflikthaftes

Erleben in das innere Zwiegespräch des Kindes mit hineingenommen. Indem ausgedrückt und benannt wird, was zuvor stumm körperlich erlitten wurde, gewinnt das kindliche Ich seine Dialog- und Vermittlungsfunktion zurück. Letzteres reguliert und kontrolliert den Überstieg zwischen seiner phantasie-geleiteten „Eigenrealität" und der sinnlich erlebbaren „Hauptrealität" der sozialen Nahwelt.

Im Modell einer „doppelten Nutzung der inneren Resonanzen" wird somit tiefenpsychologisches und soziales Sinnverstehen methodisch zusammengeführt und nutzbar gemacht. Seine Anwendung führt zu einer Reihe diagnostischer und behandlungstechnischer Konsequenzen, die wir abschließend unter vier Gesichtspunkten skizzieren möchten.

## 6. Das Modell einer „doppelten Nutzung der inneren Resonanzen" und seine Folgen

Vier Anmerkungen:

### *6.1 Konsequenzen für die Theorie der Übertragung*

Das Modell der *„doppelten Nutzung der inneren Resonanzen"* erlaubt dem Therapeuten die Selbst- und Welt-Bilder des Kindes, wie sie sich u.a. im Beziehungsgeschehen niederschlagen, mittels zweier Lesarten zu verstehen: *Tiefenpsychologisches Verstehen* erschließt die Selbst- und Welt-Sicht des Kindes unter Bezugnahme auf seine biographisch bedeutsamen Erfahrungen mit den Erziehungspersonen seiner unmittelbaren Nahwelt.

*Soziales Sinnverstehen* hingegen versucht der Tatsache Rechnung zu tragen, daß das Kind seine biographischen Rollenschicksale und seine aktuellen Beziehungskonflikte immer im Medium der Sprache, ikonische Bilder (Symbole) der „Ideologien", des Rollenrepertoires etc. seiner aktuellen Lebenswelt, seiner „Szene, Milieu- und Medienerfahrungen" inszeniert und „erzählt".

Übertragungsprozesse spiegeln von daher niemals nur Erfahrungen aus der biographischen Tiefe der Person und den gegenwärtigen Bindungen mit den bedeutsamen Erziehungspersonen wider.

Sie sind zugleich von den je aktuellen lebensweltspezifischen Konsum- und Medienerfahrungen durchsetzt und überlagert, in denen sich das Realitätsverständnis des Kindes konstruiert. Erst die Verbindung beider Sehweisen stellt die Frage: „Wie erleben Sie Ihre Wirklichkeit" gleichberechtigt neben die Frage: „Wie leben Sie denn wirklich?"

In diesem Sinn grenzen wir uns gegen tiefenpsychologische Konzepte ab, die ausschließlich der psychodynamischen Wahrheit den Vorrang gegenüber der sozialen Realität geben bzw. letztere ausschließlich als Projektionsfläche für die Entfaltung des „inneren Dramas" ausgeben.

## 6.2 *Methodische Anmerkungen zur psychodynamischen Diagnostik*

Die Wechselwirkung von dramatischen politisch-ökologischen Alltagserfahrungen und Störungsbildern bei Kindern und Jugendlichen bildet sich mittlerweile in einer Fülle von Kasuistiken ab.

Bastian, ein 11jähriger Junge, berichtet: „Ich kann nicht mehr, ich will sterben ... Es hat keinen Sinn, auf dieser Welt zu sein ... Die ganze schöne Natur stirbt sowieso: der Wald, der Hallwilersee, die Fische in der Suhre, die Igel ... Den Krieg will ich auch nicht mehr erleben ..., und die Menschen sind ja so gräßlich, und ich werde auch immer schlechter. Nicht einmal ein Tier möchte ich sein – auch die Tiere gehen kaputt ..." (*Schärli-Corradini* 1992, 211).

Wenn dieser Junge, der alle Anzeichen einer depressiven Krise signalisiert, Niedergeschlagenheit und Verzweiflung u.a. auf die zunehmende Umweltzerstörung bezieht, benutzt er dann diese nur, um die Auseinandersetzung mit eigenen innerseelische Problemen zu vermeiden (vgl. *Petri* 1992, 186ff)? Sollten wir somit primär nach biographisch bedingten Anlässen für Selbsthaß und „gelernte Hilflosigkeit" suchen?

Ob der 13jährige, der seine destruktiven Schlägereien mit dem Hinweis auf Rambo-Filme und andere Gewaltvideos begründet, nur nach „faulen Ausreden" sucht bzw. seine biographisch bedingten Gewaltneigungen rationalisiert und damit seine augeprägte Selbst- und Anerkennungsproblematik verlagert? *Mentzos* bezeichnet die Bereitschaft, persönliche Konflikte und Probleme als Ergebnis nicht beeinflußbarer sozialer und institutioneller Faktoren zu sehen, um sich darüber zu entlasten, als eine Form *„psychosozialer Abwehr"* (*Mentzos* 1976). Diesen Abwehranteil gilt es bei Themen wie Umweltzerstörung, Mediengewalt etc. stets in Betracht zu ziehen. Zugleich muß jedoch der Realanteil der Wahrnehmung von Kindern und Jugendlichen immer auch anerkannt werden.

## 6.3 Methodische Konsequenzen für die Handhabung der Gegenübertragung und der Fokusbestimmung

Die o.g. Beispiele machen u.a. folgendes deutlich: Soziologisches Hintergrundwissen über risikogesellschaftliche Entwicklungen wie Umweltzerstörung, Medienkultur, Wohlstandsverwöhnung und andere Auswirkungen struktureller Gewalt ermöglicht dem Therapeuten eine bessere Kontrolle seiner Resonanzen und Gegenübertragungsreaktionen. D.h., es schützt ihn eher davor, den Verweis auf politische Schädigungsquellen nur als Abwehr unerledigter persönlicher Entwicklungskonflikte zu verstehen. Eine mögliche Reaktion der Therapeutin auf den o.g. Bericht von Bastian könnte sein: „Ja, was würde ich denken? ... Etwa: Daß so ein kostbares Menschenwesen zu zarthäutig, zu hellhörig und nachdenklich ist für die Geröllhalden zeitgenössischer Realität ... Unternehmen wir einen Rundgang durch die Umwelt des Kindes Bastian, so sind es doch die alltäglichen hautnahen Gegebenheiten des Kinderlebens, die sich so ätzend in den Lebenswillen des Menschen einfressen" (*Schärli-Corradini* 1992, 211).

Eine solche Resonanz der Therapeutin spiegelt zweierlei. Sie anerkennt zum einen den Realanteil am Erleben des Kindes und sieht zugleich folgendes: Biographisch bedingte unzulängliche Bewältigungsmechanismen können dazu führen, daß das Kind zu vermehrt selbstdestruktiven Antworten greift, um der persönlich erlebten Bedrohung durch politisch-ökologische Gegebenheiten Herr zu werden. So kann es sein, daß er einen depressiven Rückzug vollzieht, indem der politisch-soziale Auslöser unkenntlich wird (vgl. u.a. *Petri* 1992, 186ff). Dieser sollte vom Therapeuten in der therapeutischen Begegnung wieder deutlich gemacht werden und dem Kind als Beweis seiner funktionierenden Realitätswahrnehmung zurückgemeldet werden.

Vor allem bei Jugendlichen ist das Sensorium für eine vorschnelle Psychologisierung der berichteten Problemlagen sehr fein ausgeprägt. In ihre Problemwahrnehmung gehen zunehmend politische Gründe ein, die sie für ihre seelische Befindlichkeit verantwortlich machen. Deutet man dies nicht vorschnell als Abwehr bzw. Widerstand, sondern nimmt man diese als Ausgangspunkte der Behandlung, dann vermag der Therapeut bestimmte inhaltliche Positionen des Klienten zu unterstützen. Dies kann als Nebeneffekt zur Vertiefung der Arbeitsbeziehung führen. Ein solches Vorgehen sollte jedoch nie nur therapie-*taktisch* verstanden werden.

Die Mutter des 5jährigen Ralf, der wiederholt „außer Rand und Band" in der Wohnung randaliert, schildert ihre Wohnsituation in einem 24-Parteien-Hochhaus inmitten eines tosenden Verkehrsgeschehens, weitab vom nächsten Spielplatz als eine Art „Wohngefängnis". Wenn der Therapeut dieser Frau zunächst dazu verhilft, die in diesem Wohnhaus möglichen Kontakte zu anderen Familien und Alleinerziehenden zu erschließen, anerkennt er mit dieser Fokuswahl die sozialen Gründe ihrer zunehmenden Hilflosigkeit und einen realen Auslöser dafür, daß Ralf die Türen eintritt. Zugleich bereitet er den Boden für einen weitergehenden therapeutischen Kontakt mit Mutter und Kind. Erst darüber können möglicherweise bislang nie mitteilbare Phantasien, Gefühle und Impulse der Verlorenheit wie der Gewalt, seien sie gegen sich selbst wie gegen andere gerichtet, zur Darstellung kommen.

Soziales Sinnverstehen trägt dazu bei, den Einzelnen dafür zu sensibilisieren, daß er nicht für alles persönliche Leid verantwortlich ist und daß Veränderungen sowohl im „Außen" wie „Innen" ansetzen kann. Darüber hinaus regt es eine Art „sozialer Phantasie" an und ermutigt dazu, sich mit den eigenen Netzwerklandschaften zu befassen. Das Ergebnis können unvermutete „kleine", alltägliche Solidaritätserfahrungen sein. Wo immer mehr soziale Stützsysteme, von der Großfamilie über die Nachbarschaft bis zur kirchlichen Gemeindezugehörigkeit etc. zerfallen, ermöglicht erst die Sicherung minimaler sozialer Netzwerke, ein tragfähiges, übertragungsintensives, tiefenpsychologisches Arbeiten. – Genau dies versucht *Petzold* (*Petzold* 1988, 173-285) in seinem „Vierten Weg der Heilung", den er ein „Herzstück Integrativer therapeutischer Arbeit" (*Petzold* 1993d, 1289) nennt.

## 6.4 *Konsequenzen für die allgemeine Therapieziel-bestimmung*

Die bisherigen Ausführungen führen für uns notwendig zum Modell einer *progressionsorientierten Behandlungsführung*. Danach richten sich Fokuswahl und Therapiezielbestimmung auf die lebensweltlich zu bewältigenden Entwicklungsaufgaben und nicht auf eine „Sanierung der Persönlichkeit" im Wege langzeitregressiver Prozesse.

Aber wie heißt es so bezeichnend in der Comic-Serie Peanuts?

> „Lucy, die Ärztin, erteilte ihre guten Ratschläge zum vorinflationären Preis von fünf Cents. Klein-Linus leitete die therapeutische Begegnung mit der Behauptung ein, er sei jetzt auf dem Wege, einige seiner Kindheitsprobleme zu lösen. Lucy stimmte empathisch zu: „Das ist gut, Linus, denn dann wirst du reif sein für Teenagerprobleme, Probleme junger Erwachsener, Eheprobleme, Probleme der mittleren und späteren Lebensjahre und Altersprobleme." Linus schnappte nach Luft und schwieg. Wie jemand, der rückwärts schauen möchte, aber weiß, daß er vorwärts schauen muß, erwiderte er: „Na, dann wollen wir mal auf meine Kindheitsprobleme zurückkommen" (*Erikson* 1978, 43).

Hätten wir Lucy, die Ärztin, in Supervision, so würden wir ihr sagen müssen, daß sie Klein-Linus in seiner Gegenwarts- und Zukunftsorientierung eher entmutigt. Anstatt seinen Blick für die anstehenden Entwicklungsaufgaben und die vielen kleinen Problemlösemöglichkeiten zu schärfen, über die er schon verfügt, entwirft sie eine Zukunft voller Unübersichtlichkeit. Kein Wunder, daß Klein-Linus dazu neigt, seine Zukunft eher als Zumutung denn als Herausforderung zu erleben. Sein Blick in die Vergangenheit folgt der Hoffnung, dort finde sich der Schlüssel für eine gelingende Zukunft. Wir hingegen würden ihn ermutigen, die Gegenwart in überschaubare Bewältigungsfelder zu zerlegen, und ihn darin unterstützen, sein kreatives Problemlösewissen und Experimentieren weiter zu entwickeln.

Das Wissen über biografisch bedingte Schädigungsanteile wird überall da wichtig, wo es in seinen negativen Auswirkungen auf aktuelle Problemlöseversuche deutlich wird und wir klären wollen, in wie starkem Maße lebensgeschichtlich bedingte Defizite, Traumata und Konflikte die Gegenwartsbewältigung z.B. von Klein-Linus überlagern.

Gehen wir davon aus, daß die Beschleunigung des sozialen Wandels sich noch verstärken wird, dann bedürfen Kinder vermehrt solcher Lern- und Erfahrungsnischen, in denen Langsamkeit, Sorgfalt und kreatives Probehandeln mit den eigenen Bilderwelten stattfinden können. In ihnen können sie auch mit leibnahen Formen der Annäherung und der Distanznahme, des Versorgtwerdens und kindlicher Selbstvergessenheit experimentieren. Solche selbst- und ich-stärkenden Regressionsangebote orientieren sich am Wunsch des Kindes, nicht den Anschluß an seine soziale Welt zu verlieren, bzw. die aktuell gegebene Entwicklungsaufgabe bewältigen zu können.

Hinsichtlich der Prognostik wären wir eher vorsichtig, weil wir noch sehr wenig darüber wissen, wie Kinder und Jugendliche den extremen postmodernen sozialen Wandel verarbeiten. Jeglicher Prognostik liegt eine Vorstellung von einer einigermaßen vorhersehbaren Zukunft zugrunde. Dies scheint uns von der Entwicklungslogik postmoderner Gesellschaftsentwicklung her schwieriger denn je zu sein. Was die absehbaren gesundheitspolitischen Tendenzen anbelangt, so werden diese der Therapiekultur in weitaus stärkerem Maße kurzzeit- und fokaltherapeutische Zielsetzungen vorschreiben und auch vertretbar erscheinen lassen.

Die bislang dargestellte Verbindung tiefenpsychologischer und systemisch-politischer Perspektive in Diagnostik und Behandlungsführung bedarf nun einer bestimmten Grundhaltung, die wir abschließend an Hand von vier Thesen andeuten wollen (vgl. hierzu auch *Metzmacher, Zaepfel* 1995):

## 7. Zum Verhältnis von gesellschaftskritischem Engagement und tiefenpsychologischer „Zurück-Haltung"

1. Gesellschaftskritisches Wissen und Engagement ist Teil einer *sozialen Fürsorge*, die nicht allein der professionellen Politik überlassen werden kann. Wir haben im ersten Artikel dieses Bandes darauf hingewiesen, daß große Politik und privatester Lebensraum immer mehr kurzgeschlossen werden. Diese Bedrohung des Intimen und Privaten gilt auch für die therapeutischen Übergangsräume. Eltern und Freunde, Nachbarn und Arbeitskollegen sind mehr und mehr gezwungen, dem Trend zur Individualisierung entgegenzutreten und neue Formen der Solidarisierung und des zivilen Ungehorsams zu entwickeln. Gleiches gilt jedoch auch für die Vertreter der tiefenpsychologisch orientierten Therapeutik. Sie muß einen Blick und

Handwerkszeuge entwickeln, um den sozialen Boden zu bereiten, auf dem ihre Art der Therapie überhaupt (noch) Früchte tragen kann. Die Zeiten, in denen man die Feld- und Lebensweltorientierungen allein dem Familientherapeuten oder Gemeinwesenarbeiter überlassen konnte, sind vorbei. Aber auch die ausschließlich psychologisierende Betrachtungsweise sozialer und politischer Sachverhalte gilt es zu verändern. Damit ist u.a. die Neigung gemeint, postmoderne Lebensstiltrends wie z.B. die rasante Veränderung der Konsum- und Mediengewohnheiten mit einem kulturkritisch eingefärbtem Vorbehalt zu ignorieren. Gleiches gilt für die fatale Tendenz, institutionelle und politische Fragen von Hierarchie, Macht und Einfluß ausschließlich nach Art von „Familienkriegen" zu analysieren oder mit Hilfe von Charakter- und Beziehungsanalysen verstehen zu wollen. Dies bezieht sich auf die Institutionen von Psychotherapieausbildungen ebenso wie auf die von klinischer psycho-sozialer Arbeit und Beratung.

2. Aus (1) folgt, daß tiefenpsychologisch orientierte Psychotherapeuten gleichfalls die Fähigkeit zum Überstieg zwischen dem therapeutischen Übergangs- und dem gesellschaftlichen Realraum lernen müssen. Dies beinhaltet u.a., psychodynamisches und soziologisches Denken und Wahrnehmen miteinander verbinden zu können. Vom Handeln her ist der Therapeut allerdings weder dazu aufgerufen, sich mit dem Klienten vorschnell in Form einer politisch-pädagogischen Aktion zu solidarisieren, noch ist eine Art Universalzuständigkeit anzustreben. Letztere liefe auf das Bild des soziotherpeutischen Universalarbeiters hinaus, der am Morgen die Erziehungshilfe in der Familie versieht, am Mittag die Einzeltherapie des Kindes durchführt und nach Feierabend die Stadtteilinitiative zu organisieren hilft, von der die besagte Familie sich einen neuen Kinderspielplatz erhofft.

3. Entwicklung der Überstiegsfähigkeit bedeutet somit: Wie kann mir die schwierige Balance zwischen beratender sowie planender Netzwerk- bzw. Angehörigenarbeit einerseits und „zurück-haltendem" therapeutischem Begleiten andererseits gelingen? Dabei werden mögliche Rollenkonfusionen zunehmen, und die Kontrolle des Übertragungsgeschehens wird ungleich schwieriger. Aber warum soll der tiefenpsychologisch orientierten therapeutischen Zunft nicht eine ähnliche Herausforderung durch wachsende Rollenkom-

plexität zugemutet werden, wie es für jeden postmodernen Normalhaushalt der Fall ist?

4. Die Entwicklung einer solchen Überstiegsfähigkeit ist deshalb so notwendig, weil es gerade um den Schutz und die Entwicklung solcher Übergangsräume geht, wie sie im Wege in tiefenpsychologisch orientierten Arbeitens herstellbar sind. Es ist diese Art therapeutischen Begleitens, die diese Ansätze von den rein handlungsorientierten Modellen der Verhaltenstherapie und einer ingenieurshaft betriebenen systemischen Therapie unterscheiden. Auch wenn im Modell der Integrativen Therapie/Gestalttherapie zielorientiert, fokusgerichtet, aktiv-fördernd und übend gehandelt wird, so verbinden wir dies, so stark wie irgend möglich, mit der Haltung eines „aktiven Wartens". Wir verstehen dies als Metapher für eine bestimmte Grundhaltung, die, wird sie ausreichend realisiert, die Entfaltung eines „Übergangs- und Möglichkeitsraums" erlaubt. Dabei versuchen wir, wenn möglich, einen Schritt hinter dem Patienten zu bleiben, also einen therapeutischen Raum zu schaffen, „in dem dieser seine Geschichte in seiner *eigenen Weise*, seiner *eigenen Geschwindigkeit* und seinen *eigenen Worten* (Hervorhebungen durch die Autoren) wieder zu entdecken vermag" (*Auchter* 1994, 20).

Die in der Integrativen Therapie vertretene Grundhaltung des „partiellen Engagements" ist somit eine Verbindung aus größtmöglicher Zurück-Haltung und dosierter Impulsgebung. Seine Interventionen sollten die Grenzen eines eigenen Verstehens markieren und/oder Hilfestellung zum behutsamen Experiment mit sich und der Beziehung zum Therapeuten sein, um zu einer Veränderung der gemeinsamen Perspektiv-Wahrnehmung zu kommen. Ziel einer solchen Grundhaltung ist es, das Kind in eine Welt des zweck- und leistungsfreien Spieles, des „play" und nicht des „game" der Erwachsenen, zurückzuführen (vgl. *Schiffer* 1993, 110). Verhaltenstherapeutisches Training, so spielerisch es gestaltet wird, gerät allzu oft zu einer Form von Pädagogik, die zu rasch das Regel- und Leistungsprinzip in die kindliche Welt des „play" einführt. Allein letzteres schaufelt dem Kind einen „Möglichkeitsraum" frei, in dem es noch einmal für Stunden „seine Welt finden und erfinden" kann und somit vom ständigen Zwang zur Eindeutigkeit und dem Sich-Entscheiden-Müssen freigestellt ist. Nur in solchen Erlebnisräumen erleben sich die Kinder für Augenblicke von den mittlerweile immer früher einsetzenden Leistungszumutungen entlastet. Innere Dialogfähigkeit als grundlegende Ich-Funktion und Bedingung für eine Form „bezogener Autonomie" entsteht letztlich nur im Rahmen von Beziehungsprozessen, die dem Heranwachsenden den Wechsel zwischen zwei Erfahrungsmustern ermöglichen: Allein bzw. für sich sein zu können in Anwesenheit des Andern und Formen gemeinsamer Selbst-Besinnung und des Zusammenspiels, aus denen erst Gemein-Sinn zu entstehen vermag.

## 8. Schlußbemerkung

Wir machen es uns gewiß schwerer, wenn wir neben dem seelischen und somatischen Geschehen auch noch die soziale und ökologische Welt von Kindern und Erwachsenen in den Blick zu nehmen versuchen. Der Wechsel bzw. Überstieg zwischen einem psychodynamischen Wahrnehmen und Denken und der soziologischen Perspektive kann nie bruchlos gelingen. Beide Ebenen können immer nur nacheinander berücksichtigt werden. Solch eine mehrperspektivische Betrachtungsweise ist gewiß ambivalent. Darin ist sie der Doppelgesichtigkeit des postmodernen sozialen Wandels verwandt und somit als Analyse- und Wahrnehmungseinstellung angemessen. So stimmen wir mit *M. Buchholz* überein, wenn er schreibt: „Perspektivische Wahrnehmung zu lernen, befreit das Denken von jeder Form des Fundamentalismus – etwa vom Rekurs auf „letzte Gefühle" oder „letzte Wahrheiten" (*Buchholz* 1993, 127). Die (mehr-) perspektivische Verbindung von psychodynamischem und soziologischem Blick kann, so wollten wir zeigen, therapeutisch nutzbar gemacht werden. Das Ziel ist die gemeinsame Erarbeitung kleiner, aktiver, kreativer Lösungsversuche für die Entwicklungsaufgaben des Kindes.

Wenn mehrperspektivisches Denken darauf verzichtet, den großen Heilungsabsichten traditioneller Tiefenpsychologie zu folgen, dann ist es, bei aller Vielfalt der Informationen und der Wahrnehmungsmöglichkeiten, zugleich immer auch verunsichernd. Es konfrontiert uns mit der Vorläufigkeit, Unabgeschlossenheit und Offenheit unserer theoretischen Modelle. Auch darin spiegelt sich die ungeheure Beschleunigung postmodernen sozialen Wandels. Der Wechsel von Rollen-, Leistungs- und Lebensweltanforderungen, denen Kinder heute und morgen ausgesetzt sind und sein werden, zwingt die Therapiekultur, ihre Konzepte und Methoden ständig auf ihre Lebensweltangemessenheit hin kritisch zu überprüfen.

Kinder müssen immer früher immer mehr leisten. So gesehen sprechen wir durchaus in einem ambivalenten Sinne von „kompetenten Säuglingen" (*Dornes* 1993). Wir haben in diesem Aufsatz vornehmlich von Passungs- und Anpassungsleistungen von Kindern, Bezugssystemen und auch von Therapie gesprochen. Indem wir uns als Kindertherapeuten gleichzeitig als realistische Zeitzeugen wie auch als Anwalt von genuinen kindlichen Entwicklungsbedürfnissen verstehen, sind wir mit einem Paradoxon konfrontiert und ihm zugleich verpflichtet: „Unter dieser Rücksicht funktioniert Psychotherapie gleichzeitig als Symptom und Kritik eines auf bürgerlichen Freiheitsvorstellungen beruhenden Gesellschaftssystems, zu dessen Gefährdungen von innen Psychotherapeuten zu sprechen in der Lage wären" (*Mader* 1989, 132).

## Literatur


*Antonovsky, A.*, Health, Stress and Coping. Jossey Bass, London 1979.

—, Unraveling the Mystery of Health. Jossey Bass, London 1987.

*Auchter, T.*, Winnicott oder: Psychoanalyse mit menschlichem Gesicht. Vorwort für die deutsche Ausgabe: *Winnicott, W.D.*: Die menschliche Natur. Stuttgart, Klett-Cotta 1994, 7-25.

*Baltes, P.*, Lebenstechnik. Eine kritische Theorie des Alltags. Wissenschaftliche Buchgesellschaft, Darmstadt 1993.

*Bateson, G.*, Geist und Natur. Eine notwendige Einheit. Suhrkamp, Frankfurt 1982.

*Bauriedl, T.*, Beziehungsanalye. Suhrkamp, Frankfurt 1984

—, Psychoanalyse ohne Couch. Urban-Schwarzenberg, München 1985.

*Beck, U.*, Die Risikogesellschaft. Auf dem Weg in eine andere Moderne. Suhrkamp, Frankfurt 1986.

—, *Beck-Gernsheim, E.*, Das ganz normale Chaos der Liebe. Suhrkamp, Frankfurt 1990.

*Becker, H., Becker, S.*, Der Psychoanalytiker im Spannungsfeld zwischen innerer und äußerer Realität. In: *Psyche*, 4/1987, S. 289 ff.

*Bergmann, W.*, Heimisch zwischen Schock und Trance. In: DIE ZEIT, Nr. 37, 1995, S. 35.

—, Lieblingsspielzeug PC. Was ein Kuscheltier und einen Computer magisch verbindet. In: Süddeutsche Zeitung, Nr. 208, 1995, S. VI.

*Bolz, N.*, Philosophie nach ihrem Ende. Boer-Verlag, München 1992.

*Buchheim, P., Sierpka, M., Kaechele, H., Jimenez, J.P.*, Das „strukturelle Interview". In: *Fundamenta psychiatrica*, 1987, 1: 154 ff.

*Buchholz, M.*, Die unbewußte Familie. Berlin, Heidelberg 1990.

—, Supervision in (de-)konstruktivistischer Absicht, In: derselbe: Metapheranalyse. Göttingen 1993.

—, Dreiecksverhältnisse. Eine klinische Theorie psychoanalytischer Familientherapie. Vandenhoeck & Ruprecht, Göttingen 1993c.
—, *Reich, G.*, Panik, Panikbedarf, Panikverarbeitung. Soziopsychoanalytische Anmerkungen zu zeitgenössischen Dessintegrationsprozessen. In: *Psyche*, 1986, S. 611-640.
*Ciompi, L.*, Affektlogik. Über die Struktur der Psyche und ihre Entwicklung. Klett Cotta, Stuttgart 1982.
*Coenen, H.*, Leiblichkeit und Sozialität. In: *Integrative Therapie* 2/3, 1981, S. 138 ff.
*Coupeland, D.*, Generation X. In: *Der Spiegel*, Heft 52/1993.
*Davis, M.*, *Wallbridge, D.*: Einführung in das Werk von Winnicott. München 1983.
*Dieckmann, D.*, Kinder greifen zur Gewalt. Rotbuch-Verlag, Hamburg 1994.
*Dornes, M.*, Der kompetente Säugling. Die präverbale Entwicklung des Menschen. Fischer, Frankfurt 1993.
*Eagle, M.*, Neuere Entwicklungen in der Psychoanalyse. München, Wien 1988.
*Emde, R.N.*, Die endliche und die unendliche Entwicklung. In: *Psyche* 9/1991, S. 745 ff.
*Erikson, E.H.*, Kinderspiel und politische Phantasie. Suhrkamp, Frankfurt 1978.
*Essen, S.*, Aktives Warten. Über die Beziehung zwischen therapeutischer und politischer Verantwortung. In: *Integrative Therapie*, 4/1984, S. 295 ff.
*Faltermaier, T.*, Lebensereignisse und Alltag. Profil, München 1987.
—, *Mayring, Ph.*, *Saup, W.*, *Strehme, P.*, Die Entwicklungspsychologie des Erwachsenenalters, Kohlhammer, Stuttgart 1992.
*Filipp, S.-H.* (Hrsg.), Kritische Lebensereignisse. Urban und Schwarzenberg, München 1981, erw. Aufl. 1990.
*Fürstenau, P.*, Entwicklungsförderung durch Therapie. Grundlagen psychoanalytisch-systemischer Psychotherapie. Pfeiffer, München 1992.
*Grawe, K.*, Die diagnostisch-therapeutische Funktion der Gruppeninteraktion. In: ders. (Hg.), Verhaltenstherapie in Gruppen. Urban-Schwarzenberg, München, S. 89 ff.
*Honneth, A.*, Kampf um Anerkennung. Suhrkamp, Frankfurt 1992.
*Keupp, H.*, Sozialepidemyologie – Zur gesundheitspolitischen Hypothek der Klassengesellschaft –. In: *Hörmann, G.*, *Körner, W.* (Hg.): Klinische Psychologie. Rowohlt, Hamburg 1991.
—, Psychologisches Handeln in der Risikogesellschaft. Quintessenz, München 1994.
*Lempp, R.*, Vom Verlust der Fähigkeit, sich selbst zu betrachten. Huber, Bern 1992.
*Lenzen, D.*, Pädagogik – eine kultische Form der Inszenierung von Paradoxien? In: *Maresch, R.* (Hrsg.): Zukunft oder Ende?, Boer Verlag, München 1993, S. 206-225.
*Lüscher, K.*, Familie und Familienpolitik im Übergang zur Postmoderne, In: *Lüscher, K.*, *Schultheiss, F.*, *Wehrspaun, M.* (Hrsg.): Die postmoderne Familie. Konstanz 1990, S. 15-38.
*Mader, W.*, Paradoxien im psychotherapeutischen Handeln. In: *Weymann* (Hrsg.): Handlungsspielräume. Enke, Stuttgart 1989
*Maresch, R.*, Im Übergang begriffen – ohne „Wohin"? In: ders. (Hrsg.): Zukunft oder Ende? Boer Verlag, München 1993, S. 9-23
*Mead, G.H.*, Geist, Identität und Gesellschaft. Suhrkamp, Frankfurt 1973.
*Mentzos, S.*, Interpersonale und institutionelle Abwehr. Suhrkamp, Frankfurt 1976.
*Merleau-Ponty, M.*, Phänomenologie der Wahrnehmung. de Gruyter, Berlin 1966.
*Metzmacher, B.*, *Zaepfel, H.*, Umweltzerstörung, strukturelle Gewalt und Kindheit. Ein Beitrag von politischem Engagement und therapeutischer Abstinenz. In: *Dröschel, A.* (Hrsg.): Kinder – Umwelt – Zukunft, 1995.
*Mirowsky, J.*, *Ross, C.E.*, Social causes of psychological distress. New York 1989.

*Moos, R.H.*, Coping: Konzepte und Meßverfahren. In: *Zeitschrift für psychosomatische Medizin und Psychoanalyse*, 1988.
*Nelson, N.*, Erinnern und Erzählen: Eine Entwicklungsgeschichte. In: *Integrative Therapie* I-II (1993), Junfermann, Paderborn.
*Neubaur, C.*, Good enough future. in: *Sloterdijk, P.* (Hrsg.): Vor der Jahrtausendwende. Berichte zur Lage der Zukunft, Band II. Frankfurt 1990.
*Oevermann, U.*, Zur Sache. Die Bedeutung von Adornos methodologischem Selbstverständnis für die Begründung einer materialen soziologischen Strukturanalyse. In: *Friedeberg, L., Habermas, J.*, Adorno-Konferenz. Suhrkamp, Frankfurt 1983, S. 234-292.
—, *Leber, M.*, Möglichkeiten der Therapieverlaufsanalyse in der objektiven Hermeneutik. In: *Garz, G.* (Hrsg.): Die Welt als Text. Suhrkamp, Frankfurt 1993.
*Papoušek, H., Papoušek, M.*, Intuitives elterliches Verhalten im Zwiegespräch mit dem Säugling. *Sozialpädagogische Praxis Klin*. 3. 1981, S. 229-238.
*Passett, P.*, Plädoyer für die Souveränität psychoanalytischen Denkens. In: *Psyche*, 3/1991, S. 193 ff.
*Perls, F.*, Gestalt-Wahrnehmung. Verworfenes und Wiedergefundenes in meiner Mülltonne. Verlag für humanistische Psychologie W. Flach, Frankfurt am Main 1981.
*Petri, H.*, Kinderängste in unserer Zeit. Bestandsaufnahme und psychoanalytische Gedanken zur vergifteten Kindheit. In: *Rhode-Dachser*, H. (Hrsg.): Zerstörter Spiegel. Göttingen 1990, S. 87 ff.
—, Umweltzerstörung und seelische Entwicklung unserer Kinder. Zürich 1992.
*Petzold, H.G.*, Die Rolle des Therapeuten und die therapeutische Beziehung. Junfermann, Paderborn 1980.
—, Vorüberlegungen und Konzepte zu einer Integrativen Persönlichkeitstheorie. *Integrative Therapie*, 1/2 1984, S. 73.
—, Mit alten Menschen arbeiten. Pfeiffer, München 1985.
—, Integrative Dramatheorie und Szenentheorie. In: *Petzold, H.G./Orth, I.* (Hrsg): Die neuen Kreativitätstherapien, 2 Bd. Junfermann, Paderborn 1990, S. 849-880.
—, Zur Hermeneutik des sprachlichen und nichtsprachlichen Ausdrucks in der Integrativen Therapie. In: *Petzold, H.G.*: Integrative Therapie. Ausgewählte Werke Bd. II/I, Klinische Philosophie. Junfermann, Paderborn 1991.
—, Integrative fokale Kurzzeittherapie (IFK) und Fokaldiagnostik. In: *Petzold, H.G., Sieper, J.* (Hrsg.): Integration und Kreation. Junfermann, Paderborn 1993 (a), S. 267-341.
—, Leben als Integrationsprozeß und die Grenzen des Integrierens. In: *Petzold, H.G., Sieper, J.* (Hrsg): a.a.O. Band I, S. 385-394, Junfermann, Paderborn 1993 (b).
—, Grundorientierungen, Verfahren, Methoden. In: *Integrative Therapie* 4/1993, S. 341-379, 1993 (c).
—, Soziotherapie als methodischer Ansatz in der Integrativen Therapie. In: ders.: Integrative Therapie. Modelle, Theorien und Methoden für eine schulenübergreifende Psychotherapie, Bd. III. Junfermann, Paderborn 1993d, S. 1263-1290.
— (Hrsg.), Psychotherapie und Babyforschung. Junfermann, Paderborn 1994.
—, *Schneewind, U.*, Konzepte zur Gruppe und Formen der Gruppenarbeit. In: *Petzold, H.G./Frühmann, R.* (Hrsg.): Modelle der Gruppe, 2 Bde.. Junfermann, Paderborn 1986.
—, *Ramin, G.*, Integrative Therapie mit Kindern. In: *Petzold, H.G., Ramin, G.* (Hrsg.), Schulen der Kinderpsychotherapie. Junfermann, Paderborn 1987, S. 359-426.
—, *Goffin, J.J.M., Oudhof, J.*, Protektive Faktoren und Prozesse – Die positive Perspektive in der longitudinalen „klinischen Entwicklungspsychologie" und ihre Umsetzung in der Praxis der Integrativen Therapie. In: *Petzold, H.G., Sieper, J.* (Hrsg.) a.a.O. S. 173-267, Junfermann, Paderborn 1993 (c).

—, *Schuch, H.E.*, Grundzüge des Krankheitsbegriffes im Entwurf der Integrativen Therapie. In: *Pritz, A., Petzold, H.*: Der Krankheitsbegriff in der modernen Psychotherapie. Junfermann, Paderborn 1992, S. 414 ff.

*Plessner, H.*, Mit anderen Augen. Aspekte einer philosophischen Anthropologie. Reclam, Stuttgart 1982.

*Preuschoff, G., Preuschoff, A.*, Gewalt an Schulen. Papy Rossa Verlag 1992.

*Preuss Lausitz, U.* (Hrsg.), Kriegskinder, Konsumkinder, Krisenkinder. Zur Sozialisationsgeschichte seit dem 2. Weltkrieg. Beltz, Weinheim 1989.

*Rahm, D., Otte, H., Bosse, S., Ruhe-Hollenbach, H.*, Einführung in die Integrative Therapie Junfermann, Paderborn 1993.

*Riemann, G.*, Das Fremdwerden der eigenen Biographie. Narrative Interviews mit psychiatrischen Patienten. Fink, München 1987.

*Schärli-Corradini, B.M.*, Bedrohter Morgen. Pro Juventute, Zürich 1992.

*Schiffer, E.*, Warum Huckleberry Finn nicht süchtig wurde. Beltz, Weinheim 1993.

*Schulze, G.*, Die Erlebnisgesellschaft. Frankfurt 1992.

*Seligman, M.E.P.*, Helplessness. Freeman, San Francisco 1978.

*Sloterdijk, P.*, Im selben Boot. Suhrkamp, Frankfurt 1993.

*Spangenberg, N., Clemenz, M.*, Die Last der Vergangenheit und der Kampf um die Zukunft. Familienkonflikte und ihre gesellschaftlichen Hintergründe: Ein sozio-psychoanalytisches Modell. In: *Clemenz, M.* et al.: Soziale Krise, Institution und Familiendynamik. Westdeutscher Verlag, Opladen 1990, S. 28-110.

*Stark, M.*, Prävention und Empowerment. In: *Hörmann, G., Körner, W.* (Hg.): Klinische Psychologie. Rowohlt, Hamburg 1991, S. 213 ff.

*Steinert, T.*, Risikoverhaltensweisen. In: *Suizidprophylaxe* 20. 1993, S. 47.

*Stern, D.*, Die Lebenserfahrung des Säuglings. Klett-Cotta, Stuttgart 1992.

*Strupp, H. A., Binder, J. L.*, Kurzpsychotherapie. Klett-Cotta, Stuttgart 1991.

*Thomae, H., Kächele, H.*, Lehrbuch der psychoanalytischen Therapie, Bd. 2. 2. korrig. Nachdruck 1989, S. 100 ff, Springer, Berlin 1989.

*Winnicott, D.W.*, Reifungsprozesse und fördernde Umwelt. München 1984.

—, Die Fähigkeit zum Alleinsein. In: a.a.O., 1984.

—, Vom Spiel zur Kreativität. Klett-Cotta, Stuttgart 1987.

*Zaepfel, H., Metzmacher, B.*, Wie wirklichkeitsbezogen ist die Integrative Therapie? Zum Verhältnis von Politik und Therapie. In: *Integrative Therapie*, Heft 3/4, 1994 (a.).

*Zeiher, H.*, Kindheitsträume: Zwischen Eigenständigkeit und Abhängigkeit. In: *Beck, U., Beck-Gernsheim, E.* (Hrsg.): Riskante Freiheiten. Suhrkamp, Frankfurt 1994, S. 353-375.

*Zygowski, H.*, Modelle psychischer Störungen. In: *Hörmann, G., Körner, W.* (Hg.), Klinische Psychologie. Rowohlt, Hamburg 1991, S. 15 ff.

# Kinderpsychotherapie als dialogischer Prozeß – ein der frühen Mutter-Kind-Entwicklung entsprechendes Konzept

*Heinz Stefan Herzka, Wolf Reukauf*

## 1. Einleitung

Durch die Konzeption eines Kindes werden Elemente von Vater- und Mutterseite zur Einheit des neuen Menschen in seiner Einzigartigkeit miteinander verknüpft. Während der Fötus- und Embryogenese ist das Kind auf Gedeih und Verderb mit der Mutter, ihrem Organismus und ihrem Schicksal verbunden. In dem Augenblick, in dem das Kind geboren ist, entsteht eine anthropologisch grundsätzlich andere Situation. Es beginnt ein Wachstums- und Reifungsprozeß, bei dem das Kind aktiv seine Möglichkeit entwickelt, als Individuum Autonomie zu erwerben, ein Gegenüber für andere Menschen „von Angesicht zu Angesicht" zu sein, sich als einmalige Persönlichkeit mit der Familie und der Gesellschaft zu verbünden und sich seiner eigenen Existenz im Schnittpunkt biologischer, ökologischer und spiritueller Prozesse bewußt zu werden.[1)] Der mögliche Entwicklungsweg, der eine Kette von Entwicklungsaufgaben beinhaltet, führt von der Einheit mit der Mutter zu der seiner Einmaligkeit selbstbewußten Persönlichkeit, die Verantwortung für sich selbst, aber auch für die sozialen und ökologischen Prozesse seiner Lebenswelt übernimmt. In der ersten Phase dieses langen Weges ist das Kind zunächst noch gänzlich auf die Mutter angewiesen, in einer Symbiose,[2)] die sich von der intrauterinen Situation dadurch unterscheidet, daß auch eine andere erwachsene Person für die Mutter einspringen kann.

Das erste antwortende Lächeln, das Fremdeln, die Fähigkeit von sich selbst als *Ich* zu sprechen und „Nein" zu sagen, (die drei von *Spitz* bezeichneten Organisatoren),[3)] sind Meilensteine eines kontinuierlichen Prozesses, bei dem das Kind als kompetentes Individuum sui generis der Mutter gegenübertritt. Auch von der Mutter wird dieser Begegnungsprozeß wahrgenommen, beginnend mit ihrer (und des

Vaters)[4] Überraschung über den ersten Schrei und den ersten Anblick des Kindes, gefolgt von der zärtlichen Bewunderung für das neue Lebewesen und Auseinandersetzungen in Anbetracht unterschiedlicher individueller Bedürfnisse von Säugling und Erwachsenen, gekennzeichnet auch durch Ambivalenz zwischen extremer Verbundenheit und dem Bedürfnis nach Abgrenzung und Eigenständigkeit beispielsweise, bis hin zu den Konfrontationen der Trotzphase.

Ein gutes Abbild dieses Prozesses[5] gibt die frühe Sprachentwicklung.[6] Sprache besteht zwischen einem Menschen und einem anderen. Die Lautäußerungen des Säuglings werden dadurch zur Sprache, daß die Mutter sich von ihrem Kind angesprochen fühlt, die Laute hört und darauf reagiert. Die Bedeutung der Reaktion (Rückwirkung) der Mutter auf ihr Kind, welche für die gesamte Entwicklung des Säuglings so wesentlich ist, wird im sprachlichen Bereich besonders deutlich. Die Mutter „übernimmt" Lautgebilde ihres Kindes und wiederholt sie. Das Kind hört von ihr Laute, welche denjenigen ähnlich sind, die es selbst hervorbringen kann. Dabei verfügt die Mutter über den ausgebildeten Lautschatz ihrer Sprache. Diesem entnimmt sie die Laute, welche sie zum Kinde spricht. Weil sie aber gleichzeitig das Kind „nachahmt", werden ihre Laute dem Säugling angepaßt. So bemüht sich die Mutter unwillkürlich in der Sprache des Kindes zu reden, während das Kind auf die Sprache seiner Mutter achtet. In einem wechselseitigen Anpassungsvorgang differenzieren sich die Säuglingslaute allmählich. Aus einer großen Anzahl von Lautbildungen, die das Kind äußert, werden diejenigen geformt und bleiben zuletzt bestehen, welche in der Muttersprache verankert sind.

Diese Zwiesprache ist Ausdruck des eingangs genannten Entwicklungsprozesses, der von der pränatalen Mutter-Kind-Einheit zu bisweilen konfrontativen Gegenüberstellungen von Mutter und Kind im Trotzalter führt. Es ist ein Prozeß des Auseinander- und sich Gegenübertretens, zu dem Differenzierung, Verselbständigung und Abgrenzung ebenso gehören wie Verbundenheit und gemeinsame Beteiligung am Ganzen der ersten Zweierbeziehung, der kleinsten Einheit eines sozialen Systems.[7]

Diese existenzielle Situation, die zu jedem Anfang eines Menschen gehört, und die nicht statisch ist, sondern ein Prozeß, findet ihr theoretisches Korrelat in der Philosophie der Dialogik und im dialogischen Prinzip, an dem wir uns für die folgenden grundsätzlichen Ausführungen über Kindertherapie orientieren.

Die Dialogik ist Philosophie, die sich ausdrücklich nicht mit der Erörterung theoretischer Fragen oder Denkergebnisse begnügt, sondern in ihrem Ansatz die Anwendung des Denkens einschließt. Ihr Anliegen ist Erkenntnis *und* deren Verwirklichung im täglichen Leben. Sie ist im Sinne der Philosophie der Antike Lebenshaltung. Dialogik wurde von *H.L. Goldschmidt*[8)] in Weiterführung der Tradition dialogischer Philosophie entwickelt. Sie ist eine bestimmte Art des Denkens in Dualitäten, in „Gegenübern", welche in enger Beziehung steht zu erkenntnistheoretischen Ergebnissen der modernen Physik,[9)] zu neueren Ansichten der Hirnforschung[10)] und zu zeitgemäßen wissenschaftstheoretischen Forderungen. Sie postuliert, daß zwei Gedanken die man nicht gleichzeitig denken kann, oder zwei Begriffe, die sich gegenseitig ausschließen, gleichzeitig (d.h. nicht nacheinander) und gleichwertig (d.h. ohne Überlegenheitsanspruch des einen über das andere) gemeinsam ein Ganzes ausmachen.[11)] Zwischen den „Gegenübern" besteht eine Spannung und ein zu bestimmender Widerspruch.[12)] Dialogik impliziert dessen Bejahung, da er als grundsätzlich erachtet und andauernd vorhanden anerkannt wird. Dialogik basiert auf der Andersartigkeit des anderen und damit auf der Wertschätzung der Differenz und der Verschiedenheit. Gleichzeitig aber postuliert sie die definierte Kooperation sich widersprechender und ausschließender Bereiche, jeweils gleichwertig und gleichzeitig.

Dialogik ist eine bestimmte Form der Wahrnehmung des Seienden, eine Ontologie und Anthropologie. Sie ist ein Prinzip der Strukturierung und Ordnung und stellt damit eine Systematik zur Verfügung, aber ohne ein System zu bilden; vielmehr werden bestehende Systeme in einen bestimmten Zusammenhang gebracht. Auf die Abgrenzung, aber auch auf Gemeinsamkeiten der hier vertretenen Auffassung von Dialogik, gegenüber anderen dialogischen Strömungen und der Komplementarität kann im Rahmen dieser Arbeit ebensowenig eingegangen werden, wie auf die Geschichte der Dialogik seit *Ludwig Feuerbach*[13)] oder auf verwässernde und unklare Verwendungen des Begriffes Dialog, die bisweilen ein inflationäres Ausmaß annehmen. Die dialogischen Gegenüber in dem von uns verwendeten Sinn sind definiert. Dialogik beschränkt sich nicht auf ein und dasselbe Objekt (wie dies zumeist für die Komplementarität der Fall ist), sondern bezieht sich einerseits immer auch auf das Subjekt-Objekt-Verhältnis, und andererseits auf die Verbindung verschiedener Ebenen und Bereiche, die miteinander nicht zur Deckung zu bringen sind.

Die Notwendigkeit für den dialogischen Zugang in der Psychotherapie ergibt sich nicht nur aus der in dieser Arbeit erläuterten Abspaltungssituation. Wir benötigen auch einen systematischen Zugang, der, ohne wiederum ein neues System zu schaffen, die Strukturierung der bestehenden Vielfalt der Systeme und Zugänge und ihre Kooperation im Dienst einer übergeordneten Aufgabe ermöglicht.

Das dialogische Menschenbild und die dialogische Anthropologie gehen davon aus, daß der Mensch im oben beschriebenen Sinne dualistisch ist und wir diesem Dualismus auf eine dialogische Art und Weise Rechnung zu tragen haben, wenn wir uns als Menschen in einer menschlichen Gesellschaft und in einer menschenwürdigen Welt entwickeln wollen. Es mag einleuchtender sein, das Verhältnis der Eltern zueinander als dialogisch zu bezeichnen als das Verhältnis zwischen Erwachsenem und Kind; dieses muß nuanciert betrachtet werden, um die dialogische Gleichwertigkeit zu erfassen. Auf den ersten Blick besteht ein zu großer Unterschied an Wissen, Können und Vermögen: Das Kind vermag allein nichts, nicht einmal sich zu ernähren; der Erwachsene kann alles, selbst das Kind abtreiben oder töten. Aber dieses enorme Gefälle an Macht hat nur innerhalb eines von Machtverhältnissen geprägten Denkens und Empfindens eine Bedeutung. Bedenkt man, was für ein fühlendes, offenes und lernfähiges Wesen das Kind ist und wozu es in seiner Entwicklung fähig ist, und beachtet man nicht nur das, was es *noch nicht* ist und kann, sondern auch das, was ein Erwachsener nicht mehr ist und *nicht mehr* kann, so erkennt man, daß das Kind in seiner „Hilflosigkeit" und „Unbildung" dem in seinen Zwängen und seiner Verbildung befangenen Erwachsenen mindestens ebenbürtig ist. Nicht nur hat das Kind viel vom Erwachsenen zu lernen, sondern auch der Erwachsene vom Kind: zum Beispiel Feinfühligkeit und Entwicklungsfähigkeit, grundlegende Elemente der Menschlichkeit. Jedes Kind ist eine neue Chance.[14)]

Das Konzept Psychotherapie erhält seit seinen frühen Anfängen entscheidende Impulse von der existenziellen Erfahrung der Kindheit und ihrer theoretischen Aufarbeitung. In den letzten Jahren haben die Kompetenzen, über welche schon das Neugeborene, der Säugling und erst recht das Kleinkind verfügen, zunehmend Beachtung erfahren.[15] Mit diesen Kompetenzen[16] erweist sich das Kind von Anfang an als kreatives Gegenüber des Erwachsenen, der in einem gleichzeitig durch Verbundenheit und Abgrenzung gekennzeichneten Verhältnis die Möglichkeit erhält, nicht nur für das Kind als das andere Wesen da zu sein, sondern auch sich dem Ursprung der eigenen Persönlichkeitsentwicklung als Erwachsener neu anzunähern und auf dem Entwicklungsweg verlorengegangene Möglichkeiten wieder zu entdecken.

„Mutter-Kind-Beziehung" ist sowohl eine duale Struktur, wie auch ein Prozeß der Entwicklung, der von der Mutter-Kind-Symbiose des intrauterinen Lebens über die Kompetenz des Säuglings, das Ich-Bewußtsein des Kleinkindes und die Autonomie-Bestrebungen der Pubertät zum Verhältnis von „Du und Du" (*Goldschmidt*) des Erwachsenen der älteren Generation mit dem ebenso Erwachsenen der folgenden Generation führt. Diese duale Struktur ist grundsätzlicher Art, von Anfang an dialogisch angelegt und konkretisiert sich im „Dialogisierungs-Prozeß" der sich verändernden Beziehung zwischen Mutter und Kind. Das dialogische „Potential", verstanden als eine a priori bestehende Entwicklungsfähigkeit, die sich während der Kindheit und Jugend zunehmend manifestiert, ist eine grundsätzliche anthropologische Gegebenheit. Ihr sucht die Philosophie der Dialogik gerecht zu werden, auf welcher wir das Konzept Psychotherapie, das im folgenden dargestellt wird, aufbauen.

## 2. Zum Konzept: Begründung und Erfahrungen

Die Bedingungen für die Entwicklung des Kindes und die Lebensverhältnisse der Familien sind, wie auch die Therapieformen, äußerst vielgestaltig. Jedes Kind ist ein Fremdling in dieser Welt der Erwachsenen.[17] Auf seinem Entwicklungsweg durch die Kindheitsjahre begegnet es verschiedenen Erziehungshaltungen, unterschiedlichen Erwartungen, Wert- und Zielvorstellungen. Dabei trifft es auch auf unlösbare Widersprüche.[18] Eltern und Erzieher sind mit vielfältigen und sich widersprechenden Erziehungsmeinungen konfrontiert, und häufig hatten Vater und Mutter selbst eine vom Partner sehr verschiedene Erziehung. Oft kommt es zu widersprüchlichen Auffassungen zwischen den Eltern. Das Kind, der Neuling unter den Erwachsenen, nimmt vieles von dem auf, das ihm begegnet. Widersprüche entwickeln sich in ihm selbst, so wie sie als widersprüchliche Tendenzen in den Erwachsenen vorkommen. Es entstehen eine intrapsychische Widersprüchlichkeit und die gesunde Ambivalenz und Ambitendenz,[19)] mit der sich das Kind wie die Erwachsenen auseinanderzusetzen haben.

Psychotherapie ist in sich ein heterogener Begriff,[20)] der verschiedene Therapieschulen und ihre Abkömmlinge umfaßt. Zwischen den einzelnen therapeutischen Richtungen bestehen oft heftige Widersprüche. Wenn das Kind zu einer Therapie kommt, weil auf seinem Entwicklungsweg zwischen persönlichen Anlagen und Möglichkeiten einerseits und den Entwicklungsbedingungen[21)] andererseits Schwierigkeiten aufgetreten sind und Symptome gebildet wurden,[22)] so gibt es für die Therapie zwei grundsätzliche Möglichkeiten: Sie kann sich auf eine der vielen Theorien und Schulen stützen und von diesem einen Standort aus dem Kind und seiner Familie eine Orientierungshilfe geben. Dies vermag durchaus nützlich zu sein, kann aber auch dazu führen, daß die Klienten und ihre Probleme nach und nach der zur Verfügung stehenden Methode[23)] und den ihr innewohnenden Gesichtspunkten angepaßt werden. Dabei werden leicht sowohl die Widersprüchlichkeit der Lebenssituation und die intrapsychischen Widersprüche wie auch die widersprüchliche Vielfalt der therapeutischen Möglichkeiten ausgeblendet.

Die andere Möglichkeit therapeutischen Zugangs besteht darin, daß die Therapie sich auf ein Konzept stützt, welches der heutigen Widerspruchssituation und den damit verbundenen Anforderungen an die Konfliktfähigkeit Rechnung zu tragen versucht. Die erstgenannte Lösung ist eine „fundamentalistische“, die sich, wie auch immer sie geartet ist, auf einem vermeintlich sicheren theoretischen Boden bewegt, über sogenannt erwiesene Erfahrungen verfügt und damit auch eine vordergründige Sicherheit vermittelt.[24)] Die zweite Lösung impliziert die Entscheidung für einen Prozeß, über den noch vieles unbekannt und kaum etwas definitiv bestimmt ist. Dennoch ist es diese zweite Lösung, die wir in dieser Arbeit überzeugt vertreten. Denn wir meinen, daß eine scheinbare Sicherheit auch in der Therapie mehr Unsicherheiten mit sich bringt als ein offener und permanent in Entwicklung begriffener Zugang; auch halten wir die Auseinandersetzung mit der Widerspruchs- und Konfliktfähigkeit sowohl auf seiten der Klienten wie der Therapeuten für ein zentrales Anliegen des therapeutischen Auftrags. Schließlich hoffen wir, und glauben dafür auch einige Anhaltspunkte zu haben, daß der zweitgenannte Zugang nicht nur bestehende Schwierigkeiten entwirren und Symptome überflüssig werden läßt, sondern auch eine prophylaktische und psychohygienische Wirkung entfaltet, indem er die Widerspruchs- und Konfliktfähigkeit für spätere Problemstellungen und Krisenzeiten fördert.

Als theoretische Grundlage dient uns die Philosophie der Dialogik.[25)] Es ist dies ein anthropologischer Zugang, den wir seit den späten 60er Jahren in die Psychiatrie, die Therapie und die Medizin einzuführen uns bemühen.[26)] Es geht dabei um ein übergeordnetes Modell, ein Metaparadigma,[27)] das es erlaubt, widersprüchliche Bereiche, Zugänge und Begriffe je für sich bestehen zu lassen, aber miteinander in eine sinnvolle und zweckmäßige Verbindung zu bringen. Dadurch wird sowohl den für unsere gegenwärtigen Lebensverhältnisse charakteristischen Differenzierungen, welche auch die Psychotherapie betreffen, Rechnung getragen, wie auch der Notwendigkeit, voneinander getrennte und abgespaltene Elemente zu einer Ganzheit zu verbinden. Dabei soll kein „Einheitssystem" entstehen, weder im Sinne einer therapeutischen Supermethode noch einer Gesamttheorie für die Entwicklung des Kindes und für seine Probleme, die den Anspruch erhebt, alle bisherigen Kenntnisse unter einem Dach zu vereinigen und für jede Problematik eine Antwort bereit zu halten.

Auf die Therapie bezogen geht es nicht um eine neue Mischform, sondern um eine Systematik (nicht aber um ein System) für die Kooperation von einander abgegrenzten, sich aber gerade deswegen ergänzenden therapeutischen Ansätzen, die gleichzeitig und gleichwertig zur Geltung kommen, ohne daß dabei entstehende Widersprüche verleugnet oder harmonisiert werden.

Unsere Auffassung, die theoretisch auf der Dialogik beruht, wird faktisch von Erfahrungen mit verschiedenen Methoden und Kooperationen gestützt.

Dies betrifft seit Mitte der 70er Jahre die institutionalisierte und regelmäßige Verbindung einer psychoanalytischen Kindertherapie mit gleichzeitiger systemischer Familientherapie, durchgeführt im Rahmen der Zürcher Tagesklinik durch zwei verschiedene Therapeuten;[28] die Verbindung von Ergo- und Kreativtherapie des Kindes mit systemischer Familientherapie in der gleichen Institution, ebenfalls seit über 1½ Jahrzehnten;[29] die parallele ambulante Behandlung von Kindern und Jugendlichen durch eine Gesprächspsychotherapie einerseits und eine Bewegungstherapie andererseits, durchgeführt durch ein unabhängig voneinander tätiges, aber in Koordination stehendes Therapeutenpaar;[30] die Verbindung von familientherapeutischen und einzeltherapeutischen Sitzungen und Strategien in der ambulanten Behandlung sowohl bei Schulkindern wie bei Jugendlichen durch den gleichen Therapeuten; die ambulante Durchführung einer analytischen Kindertherapie mit gleichzeitiger Gesprächstherapie eines Elternteiles unter Berücksichtigung systemischer Aspekte; die Verbindung einer ambulanten nichtdirektiven Spieltherapie des Kindes unter Einbeziehung psychoanalytischer Erklärungsansätze mit verhaltenstherapeutisch orientierter Erziehungsberatung durch den gleichen Therapeuten.

## 3. Zur Lage des Kindes und der Familie[31]

Jedes therapeutische Konzept befindet sich in einem spezifischen kulturgeschichtlichen Kontext. Diagnostiker und Therapeut und ihre Beziehung mit dem Kind und den Eltern stehen in einem gesamtgesellschaftlichen Zusammenhang. Die ihre Beziehungen charakterisierenden gegensätzlichen und widersprüchlichen Phänomene werden durch diesen Kontext mitgeprägt (vgl. Übersicht 1).

Die soziokulturellen Voraussetzungen, welche die Entwicklung des Kindes als Mitglied seiner Gesellschaft und als Zeitgenosse bestimmen, sind gleichzeitig auch die Rahmenbedingungen der Therapie. Dazu zählen insbesondere der Verlust der sozialen Geborgenheit, der Pluralismus der Wertsysteme und der Vertrauensschwund in dieselben, die Trennung von Schul- und Arbeitswelt und die globale Migration und Information sowie die Veränderung der Familienstruktur in den Industrieländern.

Übersicht 1: Fachliche Arbeit im Kontext[32)]

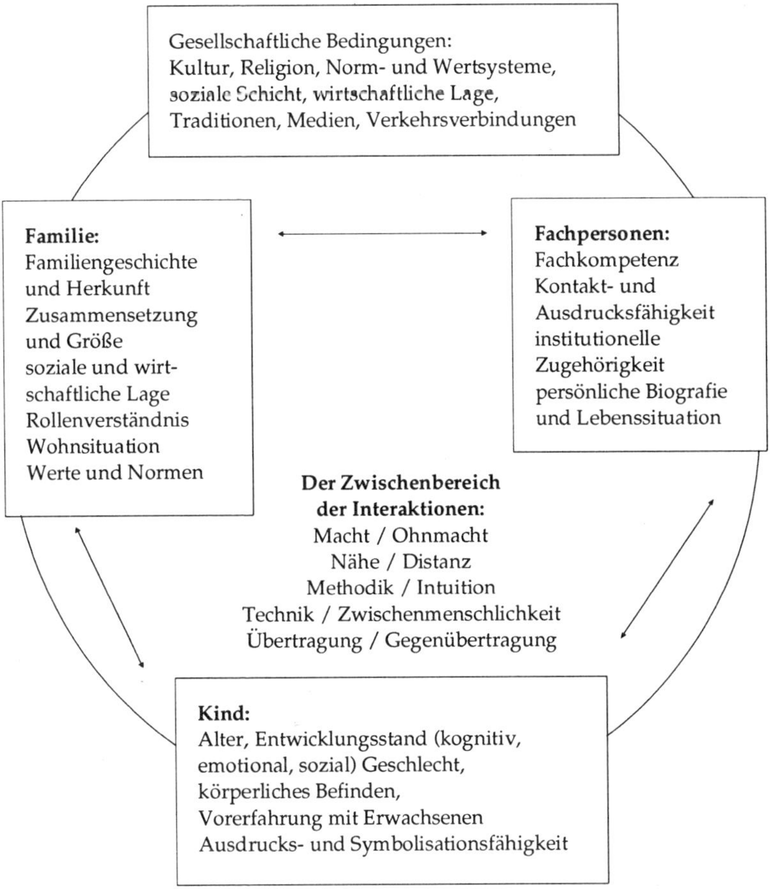


Für die Entwicklung der Widerspruchs- und Konfliktfähigkeit, für die Entstehung von Bewältigungs- und Copingstrategien und im Hinblick auf die zur Verfügung stehenden Ressourcen, ist die Lage der Familie von besonderer Bedeutung: Sie ist eine Freizeitfamilie[33)] geworden.

Die Familienmitglieder verbringen die meiste Zeit des Tages voneinander getrennt in Gruppen Gleichartiger und Gleichaltriger. Selbst Geschwister sind für viele Stunden nicht zusammen, sondern in Kindergarten und Schulklassen, sobald sie den ersten Lebensjahren entwachsen sind. Jedes Familienmitglied, auch Vater und Mutter, machen tagsüber ihre separaten sozialen und emotionalen Erfahrungen ohne Kommunikation mit den anderen Familienmitgliedern. Daher besteht in der für die Familie verbleibende Zeit keine gemeinsame Erlebnis- und Erfahrungsbasis. Jeder hat seine eigenen Erlebnisse tagsüber gehabt und seine Gefühlserfahrungen je für sich gemacht. Die Freizeitfamilie ist nicht besser oder schlechter als die vorindustrielle Familie; nur ist für die Familienmitglieder jetzt alles anders geworden. Ferner werden, wie schon angedeutet, immer mehr Paare Eltern, deren Partner ganz unterschiedliche soziokulturelle Kindheitsbedingungen durchlebt haben, so daß sie verschiedene Wert- und Zielvorstellungen, insbesondere für die Erziehung mitbringen.

Das Kind hat aber auch den Erwartungen der für Kinder geschaffenen Institutionen, wie Kindergarten und Schule zu entsprechen. Dazu kommt, daß sowohl das Kind, wie auch die Eltern einer intensiven Beeinflussung durch Werbung und durch modellhafte und meinungsbildende Sendungen in den Medien ausgesetzt sind. Ein weiteres System, in dem sich die Entwicklung des Kindes abspielt, wird durch die Nachbarschaftsbeziehungen und die Kinder- bzw. Peergruppe gebildet. Alle diese Systeme oder Subsysteme stehen untereinander nur in sehr losem Zusammenhang. Jedes derselben vertritt seine eigenen Wertvorstellungen, hat seine eigenen Zielsetzungen und trägt an das Kind seine spezifischen Erwartungen heran, die keineswegs mit denen der anderen Systeme übereinstimmen. Das Kind ist zum Grenzgänger zwischen Systemen geworden, von denen ihm keines Hilfe dafür anbietet, wie es den unterschiedlichen Erwartungen und Wertvorstellungen entsprechen könnte. So findet sich das Kind verhältnismäßig allein einer widersprüchlichen Situation zwischen den Mikrosystemen gegenüber; auch *die Familie* ist, als Freizeitfamilie, *strukturell nicht in der Lage* ihm bei der notwendigen Identitätsbildung und Synthese *genügend behilflich zu sein.*

Das Kind und damit auch seine Therapeutin und sein Therapeut sind, ebenso wie die Eltern, Teilhaber einer aufgespaltenen Lebenswelt. Die gesellschaftlichen Aufspaltungen sind eine Begleiterscheinung der Differenzierung und Spezialisierung, die sich im Klassenwesen der Schule oder in den für das Verständnis des Kindes nicht mehr faßbaren und sich fern der Familie abspielenden Arbeitsprozessen besonders deutlich manifestieren.

Differenzierungsprozesse, die weitgehend in Spaltung und Abspaltung entgleist sind, betreffen aber auch die individuelle Person, den einzelnen Menschen. Dies spiegelt sich im Wissenschaftsbetrieb.[34] Somatisch orientierte Arbeiten enthalten kaum etwas über psychische Prozesse, psychologische Arbeiten sprechen selten von somatischen Vorgängen, sofern es sich nicht ausdrücklich um „Psychosomatik" handelt, was wieder ein Spezialgebiet ist. Soziogene und konstitutionspathologische Theorien haben sich je für sich entwickelt. Modelle der Individuation, beispielsweise Phasenmodelle, sind weitgehend ohne Kontakt mit den Sozialwissenschaften und soziologischen Modellen. Die Reihe der Beispiele läßt sich beliebig verlängern.

Übersicht 2 zeigt in Stichworten personale Bereiche, die gemeinsam eine Ganzheit bilden, die aber voneinander nicht nur getrennt wurden, sondern auch untereinander oft den Kontakt verloren haben, d.h. abgespalten wurden.

Übersicht 2: Personale Dual-Entitäten[35]

| | | |
|---|---|---|
| Anlage | ←+→ | Umwelt |
| Soma | ←+→ | Psyche |
| Individuation | ←+→ | Sozialisation |
| »Es« | ←+→ | »Über-Ich« |
| Biographie | ←+→ | »Hier und Jetzt« |
| Emotion | ←+→ | Kognition |
| Wahrnehmen | ←+→ | Bewegen |
| Imaginäres | ←+→ | Reales |
| Kreativität | ←+→ | Reproduktion |
| Autonomie | ←+→ | Bindung |

Die Entwicklung von der Differenzierung zur Spaltung und Abspaltung hat ein Ausmaß erreicht, das es rechtfertigt, von einem Jahrhundert der Spaltungen zu sprechen.[36] Die Spaltung der Materie ist in diesem Zusammenhang das materielle Korrelat der Spaltungsentwicklung abendländischer Kultur.

Die Psychotherapie ist den Prozessen der Differenzierung und späteren Spaltung und Abspaltung beispielhaft unterworfen,[37] wobei sich alle Begleiterscheinungen der Dogmatisierung, der Entwertung Andersartiger und des Interessenverlustes für die Ganzheit und Gesamtheit der therapeutischen Möglichkeiten finden.[38)]

Übersicht 3: Identität als System dialogischer Dual-Entitäten[40)]

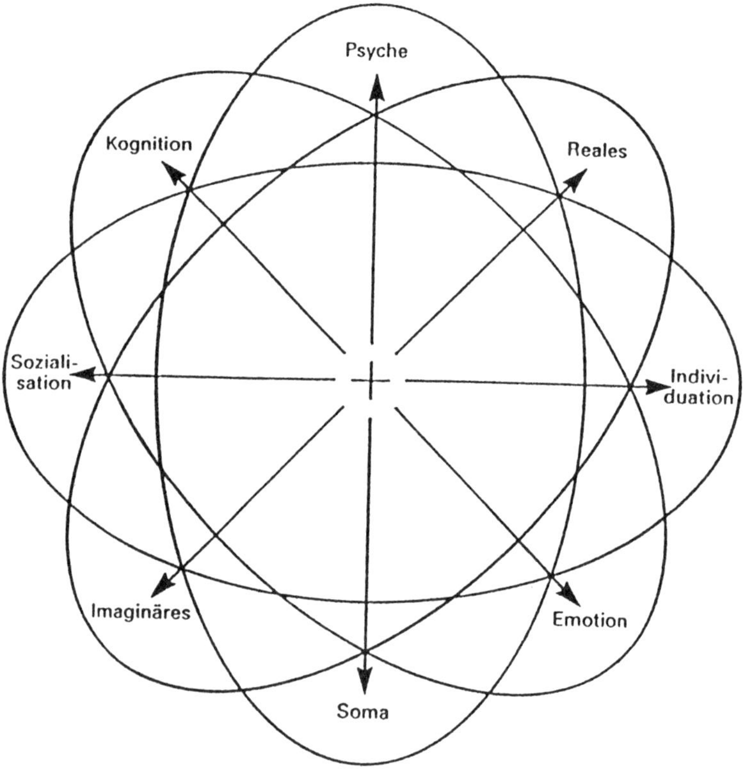


Die Anzahl der konstituierenden Ellipsen ist grundsätzlich unbestimmt. Die Pfeile veranschaulichen Widerspruch und Spannungszustand, das + in der Mitte die integrative Kraft, der kreisförmige »Innenraum« den Identitätsbegriff. Das Schema kann auch auf andere komplexe dialogische Begrife oder Bereiche angewendet werden.

Sowohl in unterschiedlichen psychologischen Modellen, wie in der Alltagspraxis, spielen Spaltungsphänomene eine grundlegende Rolle bei Entwicklungsstörungen und psychischer Krankheit. Der Verlust der Ganzheit der Person, d.h. Spaltung in vielfacher Gestalt, welche die Identität gefährden, Aufspaltungen der sozialen Beziehungen einerseits und innerseelische Spaltungsprozesse andererseits, sind ein zentrales Phänomen dessen, was wir als Entwicklungsstörung oder seelische Krankheit bezeichnen.[39)]

Für die Förderung von Gesundheit und für die Therapie ergibt sich aus dem bisher Gesagten die Anforderung, sich an einer Identität der Person zu orientieren, die unterschiedliche Bereiche und widersprüchliche Erfahrungen miteinander verknüpft. Dem entspricht ein komplexes und polar strukturiertes Identitätsmodell, dessen Widersprüche und Spannungen notwendig und ein Zeichen von Vitalität sind. Gesundheit erweist sich aufgrund dieses Modells als die Fähigkeit, innerhalb der widerspruchs- und spannungsvollen Lebenswelt Identität zu entwickeln, ohne die Widersprüche aufzulösen oder zu harmonisieren (vgl. Übersicht 3).

Zur Gesundheitsförderung und Therapie gehört die Förderung der Wahrnehmung für diese Widerspruchssituation und die Einübung im Umgang mit ihr, sowohl innerseelisch wie gesellschaftlich, damit sowohl für das Individuum wie für die Gesellschaft destruktive Konfliktstrategien eingeschränkt und solche gefördert werden, die Wachstum, Entwicklung und Solidarität ermöglichen.[41)]

Dies bedingt entsprechend orientierte Erziehungsprozesse, samt den notwendigen ökonomischen, politischen und institutionellen Voraussetzungen; es bedeutet aber auch, daß der seelisch kranke oder in seiner Entwicklung behinderte einzelne Mensch eine *Therapie benötigt, welche die hier angedeutete Lage einbezieht und dafür Hilfestellungen anbietet.*

## 4. Zur Lage der Psychotherapie[42)]

Die heutigen Psychotherapien sind wissenschaftsgeschichtlich aus der Medizin und Psychologie hervorgegangen, mit Beziehungen zur Theologie und Pädagogik. Die Ursprünge der Psychotherapie lassen sich auf religiös-magische und naturalistisch-wissenschaftliche Traditionen des Heilens zurückführen,[43] welche ihrerseits wieder einer vorgeschichtlichen, archaischen Lehre vom Heil und von der Heilung entstammen.[44] *S. Freud, I.P. Pawlow* und *C.R. Rogers* begründeten die drei heutzutage bedeutsamsten Therapieschulen der tiefenpsychologisch, lerntheoretisch und humanistisch orientierten Richtungen, aus denen später die entsprechenden Schulen der Kinderpsychotherapie hervorgingen. Mit der System- und Kommunikationsforschung etablierten sich zudem Gruppentherapieformen und familientherapeutische Schulen, die zu einer wesentlichen Erweiterung im Verständnis und in der Behandlung psychischer Störungen des einzelnen Individuums und seiner Bezugspersonen beitrugen.

Es entspricht einer „Einschränkungsregel"[45] und ist verständlich, daß sich alle ernsthaften, um ein rationales Vorgehen bemühten und einigermaßen systematischen psychotherapeutischen Schulen, sowohl in ihren theoretischen Ansätzen und Erklärungsmodellen wie in ihren Methoden auf *einzelne* Aspekte beziehen und beschränken. Jede der im 20. Jahrhundert entstandenen Therapieschulen, mit jeweils zahlreichen Einzelschulen und bereits in die Hunderte gehenden Varianten, hat entweder den einen *oder* anderen Gesichtspunkt zu ihrem „punctum fixum" und damit zu ihrer Grundlage gemacht, beispielsweise Individuum (Einzeltherapie) *oder* System (Familientherapien), Emotionalität (z.B. Psychoanalyse) *oder* Cognition (cognitive Therapie), das „Hier und Jetzt" (z.B. humanistische Richtungen) *oder* die Biographie, das subjektive Erleben *oder* das Verhalten (Verhaltenstherapie). Eine Zusammenstellung von sog. *„schulenspezifischen Wirkfaktoren der Psychotherapie"* gibt Übersicht 4, in welcher sowohl theoretische als auch technische Schwerpunkte aufgeführt wurden.

Übersicht 4: Schulenspezifische Wirkfaktoren der Psychotherapie[46]

| **Theoretische Schwerpunkte** | |
|---|---|
| dualistisch | monistisch |
| Individualismus | Gesellschaftsbedingtheit |
| »Innenkontrolle« | »Außenkontrolle« |
| Unbewußtes dominant | Bewußtsein dominant |
| Kognition, Ratio, Logik | Emotion, Erfühlen, Sensibilität |
| Verhalten, Handeln, Agieren | Introspektion, Sublimation |

**Technische Schwerpunkte**

| | |
|---|---|
| verbal | non-verbal |
| direktiv | nicht direktiv |
| dominater Therapeut | partnerschaftlicher Therapeut |
| Aktiver Therapeut | Abstinenz |
| Empathie, Wärme | »Literaturtherapie«, Computersteuerung |
| Experten, Insider | Laien, Outsider |
| Körperberührung | Distanz |
| Therapeut als Subjekt | Therapeut als Spiegel |
| Einzelsituationen | Gruppe, Familie, System |

Nach unserer Kenntnis der Situation muß im wissenschaftlichen und praktischen Bereich einerseits mit einer *isolierten Weiterentwicklung bestehender Therapieschulen*[47)] gerechnet werden. Dies mag wohl für bestimmte Schulen mit den Vorteilen einer differenzierten Erweiterung der jeweiligen Therapietheorien und einer zunehmenden methodischen Vervollkommnung verbunden sein. Demgegenüber beobachtet man jedoch auch Abkapselungs- und Spaltungstendenzen anstelle einer Öffnung und Kooperation, welche sich sowohl für die Theoriebildung als auch für das konkrete therapeutische Tun nachteilig auswirken.

In Abhebung von den schulenspezifischen Entwicklungen lassen sich andererseits – in der Erwachsenenpsychotherapie seit etwa 25 Jahren und in der Kinderpsychotherapie seit etwa 15 Jahren – auch sog. *„integrative Ansätze"*[48)] feststellen, welche Einseitigkeiten korrigieren, Therapieindikationen spezifizieren oder die verlorengegangene Einheit wiederherstellen sollen. Integration kann in diesem Zusammenhang als „Wiederherstellung", „Vervollständigung", „Zusammenschluß", „Vereinigung" oder „Summierung" verstanden werden. Ein einfaches Ordnungsprinzip[49)] erlaubt es, innerhalb der Integrationsbestrebungen drei Ansätze zu unterscheiden: eklektische, im engeren Sinn integrative oder unitaristische und pluralistische. Innerhalb dieser letzteren nimmt der hier vorgestellte dialogische Ansatz eine besondere Stellung insofern ein, als durch ihn der Pluralismus strukturiert und definiert wird.

Die integrativen Ansätze lassen sich nach drei verschiedenen Grundtendenzen, denen sie folgen, gliedern:

- Bei der *eklektischen* Vorgehensweise vermischt man in (theoretisch) oft unzulässiger Weise Theorien unterschiedlicher Herkunft miteinander, gemäß dem Motto „Der Zweck heiligt die

Mittel", wobei es einzig auf Effektivität, nicht aber auf theoretische Klarheit ankommt.

- Eigentliche *integrative (unitaristische)* Bestrebungen sind durch die Suche nach einer allumfassenden „Einheitstheorie" gekennzeichnet, ein Vorhaben, das sich als illusionär erwiesen hat, weil der Mensch für jede geschlossene Einheitstheorie zu komplex ist.

- Der Forderung von *Keupp* und *Kraiker* (1977), wonach theoretischer Fortschritt in Zukunft nur durch eine Doppelstrategie „Arbeit am jeweiligen Paradigma und Verknüpfung der Paradigmen auf der anderen Seite" (S. 702) zu erreichen sei, entsprechen *pluralistische Lösungen*. Hier wird die Widersprüchlichkeit bestehender Therapietheorien akzeptiert und als Grundlage für einen fruchtbaren Dialog zwischen den Schulen angesehen. Verglichen mit eklektischen und schulenübergreifenden Zusammenstellungen von Therapiemaßnahmen scheinen sich für die Praxis Kombinationen bewährter und in sich kohärenter Therapiemethoden am besten zu eignen. Dabei behält zwar jede Therapieform ihre Spezifität, aber verschiedenen und allenfalls widersprüchlichen Therapieformen sind auch *unspezifische Wirkfaktoren* gemeinsam (vgl. Übersicht 5).

Übersicht 5: Unspezifische Wirkfaktoren der Psychotherapie[50)]

---

**Allgemeine situative Faktoren**
- Soziale Umwelt, ökonomische Lage, Wohnumwelt, Schul- und Arbeitsplatzsituation
- Therapeutische Umwelt (z.B. ambulant, stationär)

**Spezielle situative Faktoren**
- legitimierter Helfer weckt Hoffnung und Zuversicht
- Einrichtung, Geräte, Techniken, Zeremoniell

**Beziehungsfaktoren**
- gegenseitige Achtung, Wertschätzung, Erwartungen
- Zuwendung mit Respekt, Wärme, Interesse, Takt; der Glaube, helfen zu können
- gemeinsames »Weltbild«
- Vermittlung von: Einsicht, Verstehen, Katharsis, Entspannung
- Anregung zu neuen Verhaltensweisen und Modifikationen der Selbst- und Sozialwahrnehmung

Ferner sind bestimmte, für die Therapie bei Erwachsenen und speziell bei Kindern relevante *Persönlichkeitsfaktoren*[51)] hervorzuheben (vgl. Übersicht 6).

Übersicht 6: Persönlichkeitsfaktoren[52)]

**Allgemeine Einstellungen:**
Interesse, Mitgefühl, Geduld
andauernde Wissenserweiterung
Zugang zu „Realem" und „Imaginärem"

**Fachliche Grundfähigkeiten:**
Empathie für Konflikte und Emotionen
Handhabung von Nähe und Distanz
begriffliche und bildhafte Sprache

**Für die Arbeit mit Kindern:**
„Wissen" und Handhaben von entwicklungs- und phasenbedingten Eigenheiten (Ausdrucksverhalten, Sprache, Bedürfnisse und Konflikte)

Reflexion über eigene Stellung im Beziehungsdreieck mit Kind und Eltern (z.B. keine Expertenautorität, kein Konkurrenzverhältnis, keine einsichtigen Bündnisse)

Reflexion und Bearbeitung eigener Kindheitserfahrungen
Umgang mit Erwartungs- und Werthaltungen

## 5. Zur Dialogik der Psychotherapie[53)]

Integrationsbemühungen betreffen (nach *Baumann* et al. 1984) drei Ebenen:

- *„theoretische Ebene*[54)] (Suche nach Gesetzes- und Bedingungswissen)
- *technologische Ebene* (Suche nach technologischen Theorien, nach brauchbaren Regeln wissenschaftlichen Handelns, nach Änderungsprinzipien und klinischen Strategien)
- *Handlungsebene* (Praktisches, konkretes Vorgehen, Realisierung einer Strategie oder Technik und deren Effektivität" (S. 15-16).

Integration unter dialogischem Aspekt besagt nun, daß *auf allen drei Ebenen* eine Verknüpfung von gegensätzlichen und selbständigen, jedoch miteinander ein sinnvolles Ganzes bildenden, Handlungs- und Denkprinzipien zu realisieren versucht wird (vgl. die Gegensatzpaare in Übersicht 7).

Innerhalb der **Therapie*praxis*** bedeutet Integration die **Suche nach Zuordnungs- und Kombinationsregeln** zwischen verschiedenen Therapiemethoden. Demgegenüber beinhaltet **Integration** im Bereich der **Therapie*theorie*** die **Schaffung von Rahmenkonzepten** für Kombinationen therapeutischer Methoden.[55]

Nach unserer Auffassung ist die Dialogik als Grundlage zweckmäßig für ein theoretisches Rahmenkonzept bzw. eine Metatheorie, und erfüllt wesentliche der nachfolgend aufgeführten Anforderungen, welche innerhalb der Wissenschaft an einen metatheoretischen Ansatz gestellt werden können: Wenn *Theorien* Hauptinformationsträger der wissenschaftlichen Erkenntnis sind, so sind *Metatheorien* hingegen Theorien *über* Theorien, welche das Erkenntnisziel spezifizieren, die Art der zulässigen Problemlösungen bestimmen, Anweisungen über Konstruktion, Interpretation und Kritik der Theorien geben und den Erkenntnisfortschritt der Wissenschaft bestimmen. Im weiteren sollen Metatheorien umfassend und programmatisch sein; sie rekurrieren auf alternative Erkenntnismodelle, propagieren alternative Wissenschaftskonzeptionen und regen zu unterschiedlichen Forschungsprogrammen an.[56]

Übersicht 7: Zur dialogischen Struktur der Psychotherapie[57]

| | | |
|---|---|---|
| Einzeltherapie | ←und→ | Systemtherapie |
| Autonomie | ←und→ | Bindung |
| Hilfe | ←und→ | Selbsthilfe |
| Emotionalität | ←und→ | Kognition |
| Imaginäres | ←und→ | Reales |
| Bild | ←und→ | Begriff |
| rechte Großhirnhemisphäre | ←und→ | linke Großhirnhemisphäre |
| Psyche | ←und→ | Soma |
| Biographie | ←und→ | »Hier und Jetzt« |
| Psychotherapie | ←und→ | Pädagogik (und andere Methodenkooperationen) |
| Wissen | ←und→ | Glauben |

Im Sinne einer Verdeutlichung des bisher Gesagten folgt nun noch eine Umschreibung der Bereiche, mit denen *Psychotherapien aus dialogischer Sicht* in Beziehung stehen (vgl. Übersicht 7).

Sie befassen sich mit dem einzelnen Menschen *und* mit seinen Beziehungen, mit Kommunikation und *mit* sozialen Gefügen. Sie interessieren sich für die menschlichen Bindungen, sei es an den Partner, die Eltern oder den Therapeuten *und* für eine wachsende Autonomie. Dabei genügt die Hilfe des Therapeuten nicht, sondern es soll *auch* ein Selbsthilfeprozeß aktiviert werden. Psychotherapie ist ein emotionaler *und* gleichzeitig kognitiver Prozeß, an dem das realitätsbezogene *und* das imaginäre Bewußtsein[58] beteiligt sind. Die therapeutische Kommunikation verwendet *sowohl* Bilder, Symbole und Metaphern, *als auch* die verbale Sprache und die durch sie formulierten Begriffe und ist neuropsychologisch *sowohl* eine Sache der rechten *wie* der linken Großhirnhälfte. „Gegenstand" ist *sowohl* das seelisch-geistige Leben, *wie* der Leib, das Soma (beispielsweise in den Bereichen Körpersprache oder Sexualität). Die Therapie betrifft den Patienten im „Hier und Jetzt", der jedoch

Übersicht 8: Zur dialogischen Struktur der Psychotherapie[60]

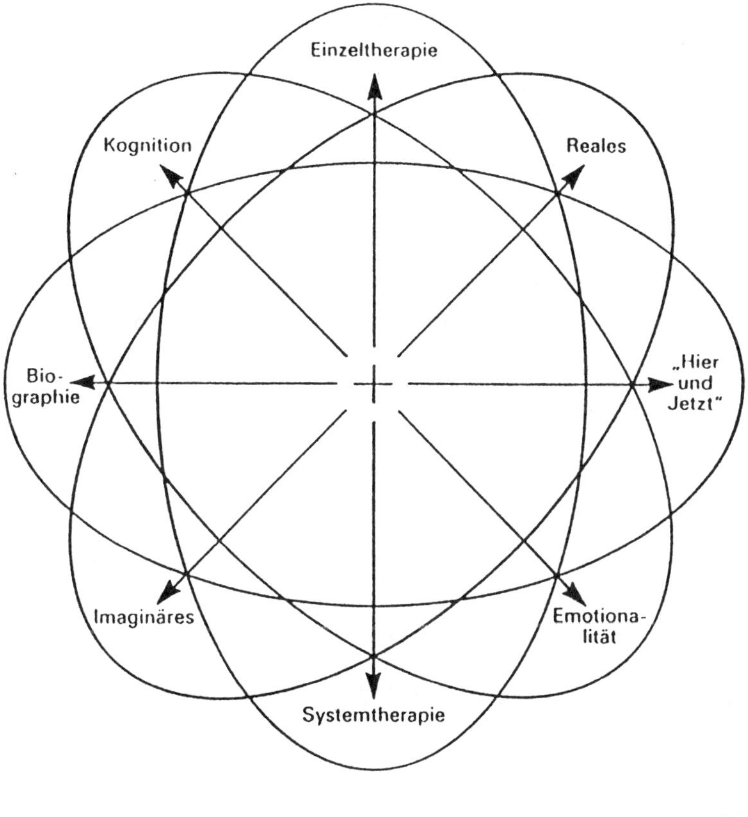

im Laufe seines Lebens – biographisch – so geworden ist. Therapie ist ferner – besonders bei Kindern und Jugendlichen- immer auch Erziehung und Selbsterziehung, und sie läßt sich mit Wissen *allein* weder durchführen noch erklären, sondern ist stets auch ein jenseits des Rationalen gelegener, das heißt transzendenter Vorgang.[59)]

Der dialogische Ansatz ermöglicht die Strukturierung einer pluralistisch orientierten Weltsicht, bei welcher gegenüber den Theorien in vielen Wissensbereichen Kooperationsbereitschaft und Offenheit geübt wird. Dabei werden jedoch auf den Metaebenen vorhandene *Widersprüche nicht durch eine dialektische Synthese aufzulösen* bzw. *aufzuheben versucht, sondern* aus prinzipiellen Gründen *stehengelassen.* Als Veranschaulichung für diese Sichtweise kann Übersicht 8 dienen, welche in einer synoptischen Gesamtschau einige der in Übersicht 7 erwähnten, zur *dialogischen Struktur der Psychotherapie* gehörigen Elemente enthält.

Nach unserer Auffassung können die in Übersicht 8 aufgeführten Begriffspaare mit zunehmender Entwicklung des Erkenntnisstandes im Bereich der Psychotherapie wohl durch weitere ergänzt werden. Entscheidend bleibt jedoch, daß es sich dabei um *Begriffspaare* handeln muß, welche der grundsätzlich dialogischen und komplementären Struktur des Menschen am besten gerecht werden.

## 6. Die Dialogik der therapeutischen Praxis

Dialogik begnügt sich – wie oben mitgeteilt – ausdrücklich *nicht* mit der Erörterung theoretischer Fragen oder Denkergebnisse, sondern schließt die *Anwendung* des Denkens schon in ihrem Ansatz ein. Daher sind verschiedene praktische Konsequenzen zu erörtern, welche sich aus dialogischer Sicht in der therapeutischen Arbeit ergeben.

Da jede therapeutische Tätigkeit im Sinne eines diagnostisch-therapeutischen Kreisprozesses[61)] immer auch mit Diagnostik in Wechselwirkung steht, sei zunächst ein dialogisches *Konzept der Diagnostik*[62)] vorgestellt. Von diesem ist zu erwarten, daß es bestimmte Aspekte je für sich in ihrer Spezifität wahrnimmt, gleichzeitig aber auch immer einen anderen, ebenso spezifischen Standpunkt gleichwertig miteinbezieht. Zudem sollte das Konzept eine Strukturierung des äußerst komplexen Geschehens ermöglichen (vgl. Übersicht 9).

## Übersicht 9: Diagnostisches Konzept[63)]

allgemeine körperliche Befunde
entwicklungsneurologische Befunde
ergänzende Laborbefunde

Vorstellungsanlaß
Aufnahmemodus
Familienanamnese
Eigenanamnese

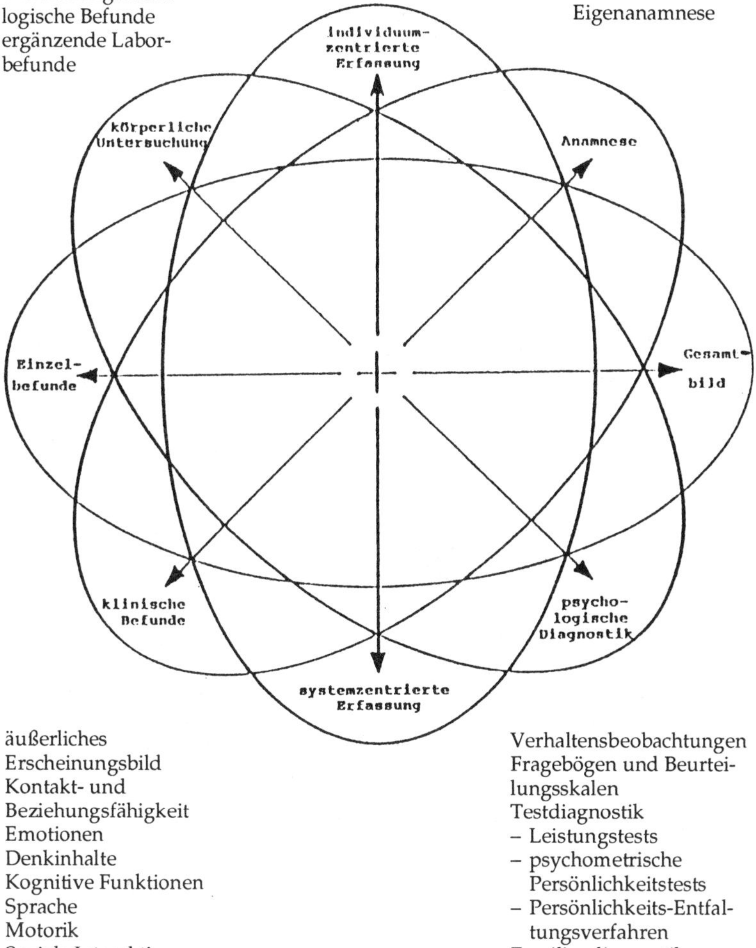


äußerliches Erscheinungsbild
Kontakt- und Beziehungsfähigkeit
Emotionen
Denkinhalte
Kognitive Funktionen
Sprache
Motorik
Soziale Interaktionen

Verhaltensbeobachtungen
Fragebögen und Beurteilungsskalen
Testdiagnostik
- Leistungstests
- psychometrische Persönlichkeitstests
- Persönlichkeits-Entfaltungsverfahren

Familiendiagnostik
- Familienerstgespräch
- Beobachtungsverfahren
- Fragebogeninventare

Die für die Diagnostik relevanten Befunde betreffen *sowohl* die individuelle, intrapsychische Befindlichkeit *wie* das nach außen wahrnehmbare soziale Verhalten. Sie sind *sowohl* Ausdruck kognitiver *wie auch* emotionaler Seiten der Person und werden *sowohl* von körperlichen, insbesondere neurophysiologischen, *wie* von psychologischen Sachverhalten bedingt. Sie beruhen *sowohl* auf den klinischen Daten wie auf der Anamnese; sie befassen sich *sowohl* mit dem Individuum in seiner einmaligen Art und seinen allgemeinen Entwicklungsregeln *wie auch* mit den sozialen Systemen, insbesondere der Familie, der Schule oder anderen Ausbildungseinrichtungen. Dabei ist es *sowohl* notwendig, die je für sich relevanten Einzelbefunde genau zu erheben *wie auch* stets ein Gesamtbild wahrzunehmen, das mehr ist als die Elemente, in die es sich aufgliedern läßt.[64)]

Wir legten oben dar, daß das dialogische Prinzip geeignet ist, als Grundlage eines *theoretischen* Rahmenkonzepts bzw. einer Metatheorie für eine Methodenintegration zu dienen. Darüber hinaus liefert der dialogische Ansatz jedoch auch Richtlinien für die *praktische* Verwirklichung einer *Kooperation und Integration von Therapiemethoden.*[65)] Für die Praxis bedeutet dies, daß bei einer bestimmten Fragestellung unter Berücksichtigung allgemeiner Gesichtspunkte und Grundsätze zur Indikationsstellung[66)] aus den Interventionsmöglichkeiten die jeweils günstigen ausgewählt und miteinander kombiniert werden. Dabei sind Entscheidungen bezüglich des Therapie*settings* (ambulante, halbstationäre bzw. tagesklinische oder stationäre Therapie) und der *Zeitdauer* (Kurz- oder Langzeittherapie), vor allem aber bezüglich der *Art der Verfahren* (wie beispielsweise Prävention, Frühförderung, Einzel-, Familien- oder Gruppentherapie, Elternberatung, Ergotherapie und kreativtherapeutische Verfahren, Pharmakotherapie,[67)] heil- und sonderpädagogische Methoden, Sozio- und Milieutherapie sowie Maßnahmen der schulischen und beruflichen Eingliederung) zu treffen.[68)]

Es würde hier zu weit führen, auf die wenigen, uns bisher bekannten und publizierten Möglichkeiten und Anregungen zur Kombination von Therapieverfahren bei Kindern, Jugendlichen und ihren Familien ausführlich einzugehen.[69)] Wir begnügen uns stattdessen mit Hinweisen auf „Elemente und Regeln für die Aufstellung eines Behandlungsplanes".[70)] Ferner sind bestimmte „Regeln zur Kombination von Psychotherapiemethoden"[71)] zu beachten.

Die Besonderheit des dialogischen Ansatzes liegt darin, daß eine Koordination und Kooperation von Methoden *unter Wahrung ihrer Spezifität* ermöglicht wird. Das dialogische Denken stellt die therapeutischen Methoden, die ihre Identität behalten, in einen neuen Zusammenhang.

Die *Methodenkooperation* betrifft nicht nur systemorientierte und individuumorientierte Ansätze, sondern auch die Verbindung verschiedener tiefenpsychologischer

Modelle untereinander sowie mit lerntheoretischen Ansätzen. Beispielsweise kann in einer Therapie der mehr auf das kollektive Unbewußte ausgerichtete Ansatz der Psychologie *C.G. Jungs* ebenso von Bedeutung sein wie der ursprüngliche Ansatz *Freuds*, der das individuelle Unbewußte in den Vordergrund stellt, und eine analytisch orientierte Spieltherapie ist auch eine lernpsychologische Situation. Es sei wiederholt, daß bei jeder solchen Methodenkooperation keine Mischung gemeint ist, kein Kompromiß und keine bloß tolerante Koexistenz; solche Methoden müssen in der Regel auch nicht aufeinander folgen. Sie haben ihre eigenen Identitäten, die voneinander abgegrenzt und zueinander oft widersprüchlich sind, haben aber gleichzeitig und gleichwertig ihre Berechtigung und können und sollen daher je nach Situation miteinander verknüpft werden.

Eine solche *Methodenkooperation* nicht nur unterschiedlicher, sondern oft auch *widersprüchlicher therapeutischer Schulen* durchbricht die sonst in der Psychotherapie übliche schulenspezifische Isolation. Sie bedeutet die Überwindung des Ausschließlichkeitsanspruches, den die meisten psychotherapeutischen Schulen in ihrer Dogmengeschichte vertreten und schärft die Bewußtheit der Therapeuten für den Einsatz von komplementären Verfahren. Damit wird methodisch der widersprüchlichen Lebenswelt und intrapsychischen Widersprüchlichkeit, von der eingangs die Rede war, Rechnung getragen und gleichzeitig die dialogische Verknüpfung *innerhalb* der Therapie, methodenimmanent, eingeübt. Der dabei notwendige dialogische Prozeß auf seiten des Therapeuten und ein dialogisches Arbeitsbündnis[72)] mit den Klienten dienen als der Lebenswelt analoge Modellsituationen des Umgangs mit Widerspruch und Konflikt.

Die Dialogik ist auch anzuwenden auf die Zusammenarbeit mit Nachbardisziplinen, wie der Pädiatrie, der Pädagogik[73)] oder der sozialen Arbeit und auf die Kooperation im Team. Man ist sich heute zudem der Notwendigkeit einer fachlich übergreifenden Zusammenarbeit bewußter, welche *Interdisziplinarität*[74)] erfordert.

Diese ist das notwendige dialogische Korrelat zur Spezialisierung der Wissenschaften. Sie verlangt eine zweifache geistige Bewegung der Abgrenzung (z.B. der eigenen Methodik und des eigenen Standpunktes) und der Verbundenheit (durch die übergreifende, gemeinsame Sache und Aufgabe). Ihr Träger ist einerseits eine integrative Kommunikation,[75)] andererseits ein auf Interdisziplinarität hin angelegtes Organisationsmodell und Betriebskonzept mit zirkulärem und kommunikationsförderndem Charakter. Entgleisungen der Interdisziplinarität manifestieren sich in Teamsymptomen, welche denjenigen der Psychopathologie der Patienten und ihrer Familien analog sind.[76)]

Was „integrative" Kommunikation meint, wird aus Übersicht 10 skizzenhaft ersichtlich, welche die integrative Haltung der imperativen gegenüberstellt, die wir als behindernd erachten sowohl für Interdisziplinarität wie für die Methodenkooperation.

Übersicht 10: Gegenüberstellung imperativer und integrativer Kommunikation[77]

| **Imperative Kommunikation** | **Integrative Kommunikation** |
|---|---|
| *1. Umstände der Kommunikation* | |
| Ausgeschlossen:<br>Äußere Bedingungen<br>Innere Bedingungen<br>Unbeteiligte Dritte | Einbezogen:<br>Äußere Bedingungen<br>Innere Bedingungen<br>Unbeteiligte Dritte |
| *2. Frage und Anwort* | |
| Der Vorgesetzte stellt die Fragen | Die Gesprächspartner fragen und antworten |
| Der Untergebene antwortet<br>– wenn er gefragt wird<br>– auf das, was er gefragt wird | Der Vorgesetzte hört auf<br>– das Ungefragte<br>– das Ungesagte |
| Der Untergebene stellt Fragen<br>– wenn sie erlaubt sind<br>– wie sie erlaubt sind | Der Mitarbeiter fragt aus<br>– eigener Initiative und<br>– Verantwortung |
| Der Vorgesetzte muß in erster Linie befehlen können | Der Vorgesetzte muß in erster Linie zuhören können |
| *3. Kommunikationsbeziehungen* | |
| Hierarchische Struktur | Wechselnde Strukturen |
| Rolle festgelegt | Rolle entwickelt sich im Gespräch |
| Kommunikation bestätigt Hierarchie | Kommunikation bestätigt Glaubwürdigkeit (Risiko!) |
| Gehorsam | Konsens |
| Der Untergebene interessiert als „Empfänger" | Der Mitarbeiter interessiert als selbständige Persönlichkeit |
| *4. Gegenstand der Kommunikation* | |
| Thematisch festgelegt | Thematisch offen – aber nicht richtungslos |
| Problemlösung gefunden | Problemlösung gesucht |
| *5. Sprache* | |
| Eine Sprache | Viele Sprachen |
| Die Sprache bestimmt den Gegenstand | Der Gegenstand bestimmt die Sprache |

| | |
|---|---|
| Das Entscheidende wird gesagt | Entscheidendes wird oft nicht gesagt |
| Was nicht gesagt wird, ist nicht wichtig | Auch das Nicht-Gesagte muß verstanden werden |
| Die Sprache ist durch Zeichen ersetzbar | Die Sprache ist nicht ersetzbar |

Die folgenden beiden Grafiken veranschaulichen, wie sich ein dialogischer Ansatz in der institutionellen Konzeption auswirkt, am Beispiel der Zürcher Tagesklinik,[78)] ohne daß wir im Rahmen dieser Arbeit auf Einzelheiten eingehen können. Der dialogische Zugang erfordert eine konzentrische Organisation, die sich um das Kind gruppiert und die zwar Hierarchien enthält, diese Hierarchien aber gewissermaßen den integrativen Bemühungen unter- und nicht überordnet. Ein wichtiges Element dialogischer institutioneller Organisation sind definierte Zeiten und Formen der Kommunikation, das heißt ein komplexes Muster von institutionalisierten Gelegenheiten zum Zusammentreffen, zum Austausch von Informationen und zur Koordination der verschiedenen Zugänge (vgl. Übersichten 11 und 12a/b).

Übersicht 11: Therapeutisch-pädagogische Struktur der Tagesklinik[79)]

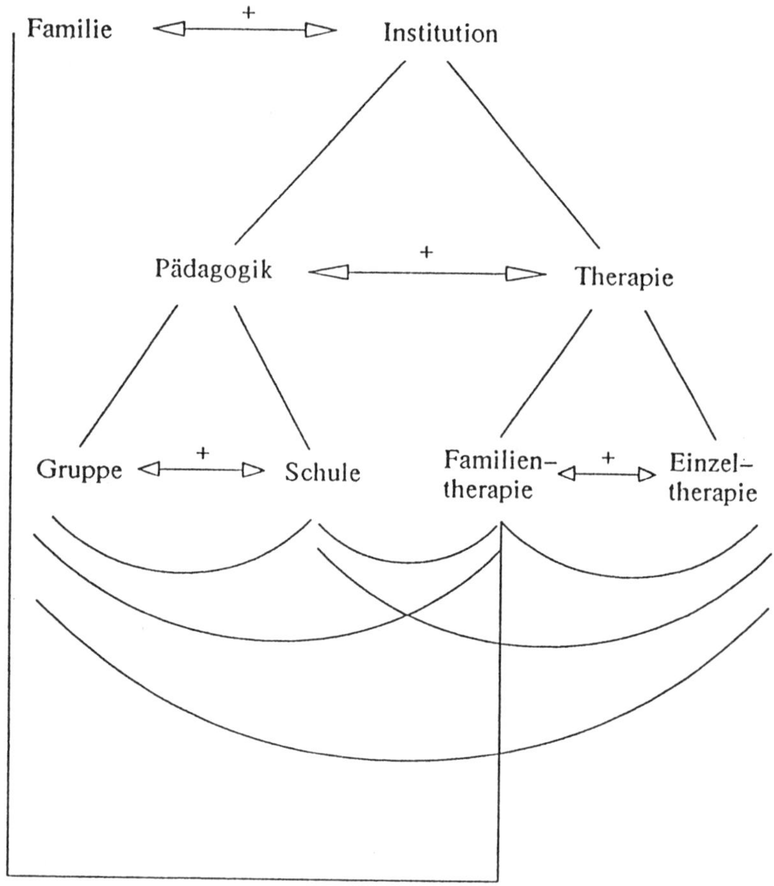

Übersicht 12a: Beispiel eines dialogisch fundierten institutionellen Organigramms (Tagesklinik Zürich)[80)]

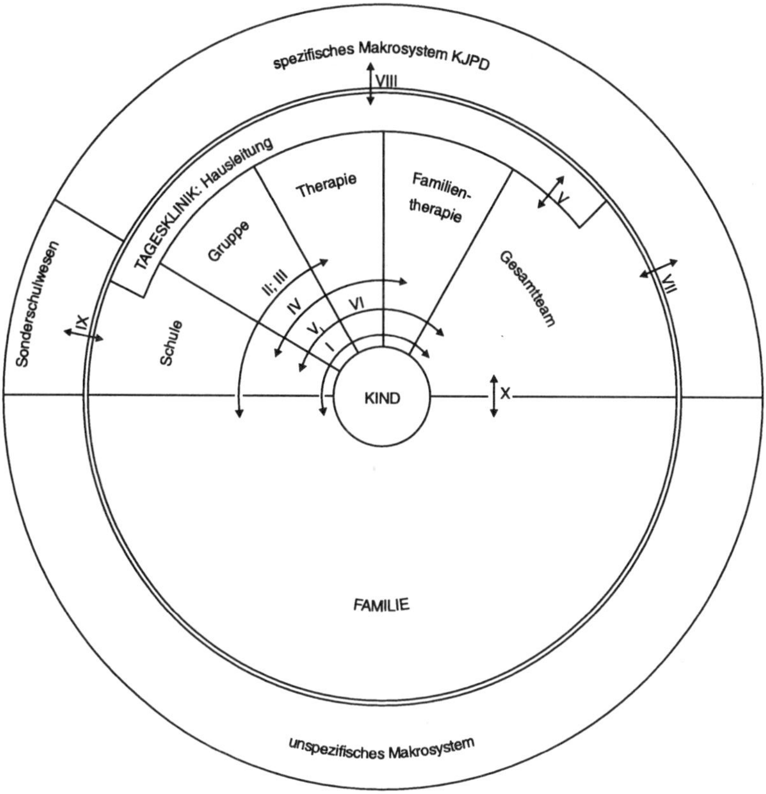

Übersicht 12b: Legende zum Organigramm

| Nr. | Besprechung | Frequenz | Dauer | Teilnehmer | Inhalt |
|---|---|---|---|---|---|
| I | Standort-gespräch | 3x/Jahr | 60 min | Kind, Eltern, alle beteiligten Fachkräfte | gemeinsam Ziele setzen, Konflikte besprechen |
| II | Elternabend gruppenweise | je 8x/Jahr | 120 min | Eltern der Gruppe, Lehrer, Erzieher, Therapeutenvertreter | Schul- und Erziehungsfragen allgemein in der speziellen Gruppe |
| III | Kontakt Eltern – Gruppenleiter | grundsätzlich täglich am Übergang | offen | Elternteil, Gruppenleiter, evtl. Kind | aktuelle Fragen, Informationen, Konflikte |
| IV | Patientenbesprechung gruppenweise | je 1x/Woche | 90 min | je alle beteiligten Fachkräfte | täglicher Verlauf der Behandlung von Kind + Familie |
| V | Teamsitzung | 2x/Woche | 75 min | alle Mitarbeiter | ausführliche Besprechung eines Patienten (jeder 3x/Jahr), variable Teamthemen |
| VI | Kaffeepause | mehrmals täglich | 10 min | alle Mitarbeiter | Austausch aktuellster Begebenheiten bezüglich der Kinder und des Teams |
| VII | Chefvisite | 2x/Monat | 60 min | alle beteiligten Fachkräfte | Information des Direktors |
| VIII | Rapport im Kinder- und Jugendpsychiatrischen Dienst | 2x/Monat | 90 min | Leitender Arzt, Oberärztin | Fachliche und organisatorische Koordination |
| IX | Besuch des Inspektors (Sonderschulwesen) | 2x/Jahr | ½ Tag | Lehrer | Fachliche Aufsicht |
| X | Hausanlässe | 3x/Jahr | ½ Tag | Kinder, Eltern, alle Mitarbeiter | spontane Begegnungen |

## 7. Zusammenfassung

Die „Dyade Mutter-Kind“ ist sowohl eine duale Grundstruktur, als auch ein bipolarer Beziehungsprozeß zweier Gegenüber. Dieser Struktur und diesem Prozeß entspricht die Philosophie der Dialogik, auf der wir das Konzept Psychotherapie aufbauen.

Das Kind und seine Familie sind Teil einer heterogenen Gesellschaft. Entwicklung und Erziehung sind von Widersprüchen geprägt, die zwischen Mikrosystemen bestehen, wie auch von innerseelischen Widersprüchen. Die Wissenschaften und insbesondere die Kinderpsychotherapien entsprechen selbst diesem heterogenen, zwar differenzierten, aber auch gespaltenen und widersprüchlichen Bild.

Das in seiner Entwicklung gestörte und seelisch kranke Kind ist ganz besonders darauf angewiesen, daß es selbst und seine Familie Hilfestellungen dabei erhalten, wie man mit Widersprüchen umgehen und leben kann, ohne daß dies zu destruktiven Erscheinungen für die eigene Entwicklung und für die Gemeinschaft führt. Eine solche Hilfestellung durch Therapiesysteme setzt voraus, daß sich diese selbst ihrer eigenen Lage bewußt werden und Modelle und Strategien für eine übergreifende Kooperation entwickeln.

Wir stützen uns seit über zwei Jahrzehnten für diese Aufgabe auf die Philosophie der Dialogik, welche „Freiheit für den Widerspruch“[81)] bedeutet und die Andersartigkeit des andern grundsätzlich für notwendig hält und bejaht. Sie bietet ein Metaparadigma, das es erlaubt, bestehenden therapeutischen Schulen und Systemen ihre eigenen Charakteristika zu belassen und diese zu erweitern, und gleichzeitig eine Verbindung zwischen solchen therapeutischen Zugängen zu schaffen, die gemeinsam ein größeres Ganzes bilden.

Dies setzt auch die Anwendung dialogischen Denkens in diagnostischen Belangen voraus und erfordert in der Praxis eine integrative Kommunikation, sowie geeignete Organisationsmodelle und -strukturen.

Das dialogische Konzept ist weder ein neues Einheitssystem noch ein beliebiger Eklektizismus, sondern ein Ansatz für die beabsichtigte und definierte Verknüpfung gleichzeitiger und gleichwertiger Zugänge. Dies gilt nicht nur innerhalb der Psychotherapie, sondern auch für die Zusammenarbeit mit Nachbardisziplinen, beispielsweise mit der Pädagogik oder mit sozialen Berufen.

Die Fragen, welche bei jeder Therapieaufgabe im Sinne der Dialogik zu stellen sind, können zusammenfassend wie folgt formuliert werden:[82)] Welche beiden unterschiedlichen therapeutischen Zugänge, die durch zur Zusammenarbeit bereite und verfügbare Therapeuten vertreten werden, können sich für dieses Kind und seine Familie, bei einer bestimmten Problematik und in einer bestimmten Situation zweckmäßig zu einem größeren Ganzen ergänzen? Wie kann dadurch, mit einem begrenzten und definierten Rückgriff auf die Vielfalt der therapeutischen Möglichkeiten unter anderem auch die Widerspruchs- und Konfliktfähigkeit des Kindes und seiner Familie gefördert, die Selbsthilfe aktiviert und die Entwicklung von neuen Strategien für den nicht destruktiven Umgang mit Problemen und Konflikten gefördert werden?

## Anmerkungen

1. vgl. *Brazelton & Cramer* (1991); *Lichtenberg* (1991); *Winnicott* (1984).
2. vgl. *Bowlby* (1985, 1986); *Mahler* (1986).
3. vgl. *Spitz* (1985).
4. vgl. *Fthenakis* (1985).
5. vgl. *Herzka* (1972).
6. vgl. *Herzka* (1979).
7. vgl. *Dornes* (1993).
8. vgl. *Goldschmidt* (1964, 1976).
9. vgl. *Fischer* (1987); *Nicolescou* (1985).
10. vgl. *Eccles* (1975, 1985).
11. vgl. *Herzka* (1989b, 19-20; 1992d).
12. vgl. *Goldschmidt* (1976).
13. vgl. *Goldschmidt* (1964, 1976).
14. vgl. *Herzka* (1989b).
15. vgl. *Lichtenberg* (1991).
16. vgl. *Asendorpf* (1988); *Dornes* (1993); *Largo* (1993); *Stern* (1992).
17. vgl. *Saner* (1979).
18. vgl. *Herzka* (1989b).
19. vgl. *Otscheret* (1988).
20. vgl. *Baumann* et al. (1984, 3-4); *Reukauf* (1984, 4-9; 1992a, 220-222);*Schmidtchen* (1989, 14-15); *Strotzka* (1975).
21. vgl. *Zentner* (1993).
22. vgl. *Herzka* (1981).
23. vgl. *Devereux* ($1988^2$).

24. vgl. *Feyerabend* (1980).
25. vgl. *Goldschmidt* (1964, 1976).
26. vgl. *Herzka* (1969; 1970ff; 1989a; 1989c).
27. vgl. *Küng* (1987).
28. vgl. *Herzka* (1987).
29. vgl. *Herzka* (1984).
30. vgl. *Herzka & Nil* (1989).
31. vgl. *Herzka* (1992a, 1992c, 1992d).
32. aus *Herzka, Jeanrenaud & Reukauf* (1992), leicht abgeändert.
33. vgl. *Herzka* ($1986^2$).
34. vgl. *Herzka & Reukauf* (1985).
35. aus *Herzka* (1992c, 205).
36. vgl. *Herzka* (1992a, 1992c).
37. vgl. *Elkin* (1990).
38. vgl. *Reukauf* (1984).
39. vgl. *Herzka* (1992c).
40. aus *Herzka* (1992c, 213).
41. vgl. *Herzka* (1989b).
42. vgl. *Herzka & Reukauf* (1988); *Reukauf* (1984, 1986, 1992a, 1992b).
43. nach *Herschbach* et al. (1980).
44. nach *Schmidbauer* (1975).
45. vgl. *Herzka* (1981, 28). *Einschränkungsregel:* Je genauer eine wissenschaftliche Beobachtung und Beschreibung, je spezifischer ein fachlicher Standpunkt und je präziser ein theoretisches Modell, desto kleiner der erforschte Teilbereich, desto einseitiger die Interpretation und desto spezieller ihre Anwendbarkeit.
46. aus *Reukauf* (1992a, 227); nach *Blaser* (1982).
47. vgl. die ausführlichen Bibliographien in *Reukauf* (1984, 1992b).
48. vgl. die ausführlichen Bibliographien in *Herzka & Reukauf* (1988); *Reukauf* (1984, 1992b).
49. vgl. *Reukauf* (1984).
50. aus *Reukauf* (1992a, 232); nach *Blaser* (1982); *Garfield* (1982); *Schmidtchen* (1980).
51. vgl. *Schmidtchen* (1989, 122ff; 1991, 82ff); *Tscheulin* (1982).
52. aus *Herzka, Jeanrenaud & Reukauf* (1992).
53. vgl. *Herzka* (1992a); *Herzka & Reukauf* (1988); *Reukauf* (1992a).
54. Hervorhebungen *Herzka/Reukauf.*
55. nach *Schmidtchen* (1980).
56. nach *Spinner* (1974).
57. aus *Reukauf* (1992a, 222); nach *Herzka & Reukauf* (1988, 16).
58. vgl. *Sartre* (1940; dt. 1971).
59. vgl. *Feyerabend* (1980); *Jaspers* ($1973^4$).
60. aus *Reukauf* (1992a, 240).
61. vgl. *Herzka* (1981).
62. vgl. *Herzka, Jeanrenaud & Reukauf* (1992).
63. aus *Herzka, Jeanrenaud & Reukauf* (1992); nach *Berger* et al. (1985); *Brickenkamp* (1975, 1983); *Cierpka* (1988); *Poustka* et al. (1988); *Steinhausen* (1988, 35-45); *Strunk* (1989); *Tieber* et al. (1987).
64. vgl. *Herzka* (1986).
65. vgl. *Herzka* (1992a); *Herzka & Reukauf* (1988); *Reukauf* (1992a).
66. vgl. *Remschmidt* (1988).
67. vgl. *Martinius* (1991).

68. vgl. *Eggers* et al. (1989); *Remschmidt & Schmidt* (1988); *Steinhausen* (1988).
69. vgl. *Remschmidt* (1991).
70. nach *Hoghughi* et al. (1988).
71. nach *Schmidtchen* (1989, 235-239).
72. vgl. *Herzka* (1989c).
73. vgl. *Herzka* (1981).
74. vgl. *Herzka* (1992b).
75. vgl. *Anderegg* (1985, 1990).
76. vgl. *Herzka & Reukauf* (1985).
77. aus *Herzka* (1992b); nach *Anderegg* (1990).
78. vgl. *Herzka* (1987).
79. aus *Herzka* (1992b, 116).
80. aus *Herzka* (1992b, 118).
81. vgl. *Goldschmidt* (1976).
82. in Anlehnung an *Hartig* (1975, 100); *Schmidtchen* (1982, 18).

## Literatur

*Anderegg, J.* (1985): Sprache und Verwandlung: zur literarischen Ästhetik. Göttingen: Vandenhoeck & Ruprecht.

—, (1990): Zu Führung und Kommunikation – Eine Skizze. Thema. Forschung und Wissenschaft an Schweizer Hochschulen 9, S. 5-6.

*Asendorpf, J.* (1988): Keiner wie der andere. Wie Persönlichkeits-Unterschiede entstehen. München: Piper.

*Bastine, R.* et al. (Hg.) (1982): Grundbegriffe der Psychotherapie. Weinheim: Edition Psychologie.

*Baumann, U.* et al. (1984): Psychotherapieforschung: Unterschiedliche Perspektiven. In: *Baumann, U.* (Hg.): Psychotherapie: Makro-/Mikroperspektive. Göttingen: Hogrefe, S. 3-28.

*Berger, E.* et al. (1985): Verhaltensbeurteilung bei Kindern und Jugendlichen. Allgemeine und spezielle Psychopathologie. Stuttgart: Thieme.

*Biermann, G.* (Hg.) (1992): Handbuch der Kinderpsychotherapie, Band V. München: Reinhardt.

*Blaser, A.* (1982): Wirkfaktoren der Psychotherapie. In: *Bastine* et al. (1982), S. 455-458.

*Bowlby, J.* (1953): Child care and the growth of love. London: Penguin Books; dt.: Mutterliebe und kindliche Entwicklung. München / Basel: Reinhardt, 1985.

—, (1969): Attachment and loss, Volume I, Attachment. London: The Hogarth Press; dt.: Bindung. Eine Analyse der Mutter-Kind-Beziehung. Frankfurt/M: Fischer Taschenbuch Verlag, 1984, 1986[3].

*Brazelton, T.B. & Cramer, B.G.* (1989): The earliest relationship – parents, infants, and the drama of early attachment. Reading: Addison-Wesley Publ. Comp.; dt.: Die frühe Bindung. Die erste Beziehung zwischen dem Baby und seinen Eltern. Stuttgart: Klett-Cotta, 1991.

*Brickenkamp, R.* (Hg.) (1975): Handbuch psychologischer und pädagogischer Tests. Göttingen: Hogrefe.
—, (Hg.) (1983): Erster Ergänzungsband zum Handbuch psychologischer und pädagogischer Tests. Göttingen: Hogrefe.
*Cierpka, M.* (Hg.) (1988): Familiendiagnostik. Berlin: Springer.
*Devereux, G.* (1967): From anxiety to method in the behavioral sciences. Paris: Editions Mouton & Co. und Ecole Practique des Hautes Etudes; dt.: Angst und Methode in den Verhaltenswissenschaften. Frankfurt/M: Suhrkamp, 1984, 1988[2].
*Dornes, M.* (1993): Der kompetente Säugling. Die präverbale Entwicklung des Menschen. Frankfurt/M: Fischer Taschenbuch Verlag.
*Eccles, J.C.* (1973): The understanding of the brain. New York: McGraw-Hill; dt.: Das Gehirn des Menschen. München: Piper, 1975, 1984[5].
—, (1980): The human psyche. Berlin: Springer; dt. Die Psyche des Menschen. München: Reinhardt, 1985.
*Eggers, C.* et al. (1989): Kinder- und Jugendpsychiatrie. (5. völlig neubearb. u. erhebl. erw. Aufl.). Berlin: Springer. (Erstaufl. 1971).
*Elkin, Ph.J.* (1990): Spaltung als seelisches und kulturelles Phänomen. Erscheinungsformen und Umgangsweisen. Zürich: Philos. Diss. an der Universität Zürich.
*Feyerabend, P.* (1980): Erkenntnis für freie Menschen. Frankfurt/M: Suhrkamp, 1981[2].
*Fischer, E.P.* (1987): Sowohl als auch. Denkerfahrungen der Naturwissenschaften. Hamburg/Zürich: Rasch und Röhring.
—, *Herzka, H.S. & Reich K.H.* (Hg.) (1992): Widersprüchliche Wirklichkeit. Neues Denken in Wissenschaft und Alltag. Komplementarität und Dialogik. München: Piper.
*Fthenakis, W.E.* (1985): Väter. Bd.1: Zur Psychologie der Vater-Kind-Beziehung; Bd.2: Zur Vater-Kind-Beziehung in verschiedenen Familienstrukturen. München / Wien / Baltimore: Urban & Schwarzenberg.
*Garfield, S.L.* (1980): Psychotherapy. An eclectic approach. New York: Wiley and Sons, Inc.; dt: Psychotherapie. Ein eklektischer Ansatz. Weinheim: Beltz, 1982.
*Goldschmidt, H.L.* (1964): Dialogik – Philosophie auf dem Boden der Neuzeit. Frankfurt/M: Europäische Verlagsanstalt.
—, (1976): Freiheit für den Widerspruch. Schaffhausen: Novalis.
*Hartig, M.* (1975): Probleme und Methoden der Psychotherapieforschung. München: Urban & Schwarzenberg.
*Herschbach, P.* et al. (1980): Die Therapeut-Klient-Beziehung. Forschungsergebnisse und -perspektiven. Salzburg: Müller.
*Herzka, H.S.* (1969): Die Dialogik der Psychiatrie. Über die Bedeutung eines philosophischen Prinzips für das ärztliche Denken. Schweiz. Arch. Neurol. Neurochirurg. Psychiat. 104/1, S. 163-167.
—, (1970ff): Ansätze zu einer Anthropologie des Kindes I-III, V. *Prax. Kinderpsychol. Kinderpsychiat.* (I: 19, S. 16-18 (1970); II: 20, S. 253-257 (1971); III: 22, S. 250-253 (1973); V: 25, S. 28-31 (1976).
—, (1972): Das Kind von der Geburt bis zur Schule. Basel: Schwabe, 1984[6].
—, (1979): Gesicht und Sprache des Säuglings. (2. erw. Aufl.). Basel: Schwabe.
—, (1981): Kinderpsychopathologie. Basel: Schwabe, 1986[2], 1992[3].
—, (1984): Ergotherapie in kinderpsychiatrischer Sicht. Ergotherapie 3, S. 3-9.
—, (unter Mitarbeit von *Jeanrenaud, M.-L. & Reukauf, W.*) (1986): Die Untersuchung von Kindern. Ganzheitliche Erfassung und psychischer Befund. Ein Leitfaden für den Untersucher. Göttingen: Verlag für Medizinische Psychologie im Verlag Vandenhoeck & Ruprecht.

—, (1987): System und Indivuum in einer Tagesklinik. *Prax. Kinderpsychol. Kinderpsychiat.* 4, S. 134-138.
—, (1989a): Der Arzt als Therapeut der Medizin. Schweiz. *Ärztezeitung* 70/10, S. 393-396.
—, (1989b): Die neue Kindheit. Dialogische Entwicklung – autoritätskritische Erziehung. Basel: Schwabe, 1991[2].
—, (1989c): The dialogics of a doctor-patient relationship. In: *von Raffler-Engel, W.* (Hg.): Doctor-patient-interaction. Amsterdam/Philadelphia: J. Benjamins Publ. Co.
—, (1992a): Dialogische Psychotherapie mit Kindern, Jugendlichen und deren Familien. In: *Biermann* (1992), S. 176-188.
—, (1992b): Erfahrungen und Gedanken zur Interdisziplinarität. In: *Steinhausen, H.-Ch.* (Hg.): Festschrift 70 Jahre Kinder- und Jugendpsychiatrie des Kantons Zürich (1921 – 1991). Zürich: KDMZ, S. 113-123.
—, (1992c): Gesundheit und Krankheit. Dialogisches Denken als Grundlage medizinischer Anthropologie. In: *Fischer* et al. (1992), S. 199-219.
—, (1992d): Was ist Dialogik? In: *Fischer* et al. (1992), S. 38-42.
—, *Jeanrenaud, M.-L. & Reukauf, W.* (1992): Diagnostik der Psychopathologie des Kindes. In: *Imoberdorf, U.* et al. (Hg.): Psychodiagnostik heute – Beiträge in Theorie und Praxis. Dübendorf: Schweiz. Verband für Berufsberatung / Stuttgart: Hirzel.
—, & *Nil, V.* (1989): Gemeinsame Strukturen der Psychotherapie und Bewegungstherapie. *Prax. Kinderpsychol. Kinderpsychiat.* 6, S. 216-219.
—, & *Reukauf, W.* (1985): Wissenschaftlichkeit, Dialogik und Psychose. *Schweiz. Arch. Neurol. Psychiat.* 136, S. 9-18.
—, & *Reukauf, W.* (1988): Zur Methodenintegration in der Kinder- und Jugendpsychiatrie. In: *Klosinski, G.* (Hg.): Psychotherapeutische Zugänge zum Kind und zum Jugendlichen. Bern: Huber, S. 11-20.
*Hoghughi, M.* et al. (1988): Treating problem children. issues, methods and practice. London: Sage Publications.
*Jaspers, K.* (1932): Philosophie, 3 Bde. Berlin: Springer, 1973[4].
*Keupp, H. & Kraiker, Ch.* (1977): Die Kontroverse zwischen Verhaltenstherapie und Psychoanalyse. In: *Zeier, H.* (Hg.): Die Psychologie des 20. Jahrhunderts IV: Pawlow und die Folgen. Von der klassischen Konditionierung bis zur Verhaltenstherapie. Zürich: Kindler, S. 666-712.
*Küng, H.* (1987): Theologie im Aufbruch. München: Piper.
*Largo, R.H.* (1993): Babyjahre. Die frühkindliche Entwicklung aus biologischer Sicht. Das andere Erziehungsbuch. Hamburg: Carlsen.
*Lehmkuhl, U.* (Hg.) (1991): Therapeutische Aspekte und Möglichkeiten der Kinder- und Jugendpsychiatrie. Berlin: Springer.
*Lichtenberg, J.D.* (1983): Psychoanalysis and infant research. New Jersey, USA: The Analytic Press; dt.: Psychoanalyse und Säuglingsforschung. Berlin / Heidelberg: Springer, 1991.
*Mahler, M.S.* (1979): Selected papers. New York: Jason Aronson; dt.: Studien über die drei ersten Lebensjahre. (2. Aufl.). Stuttgart: Klett-Cotta, 1986.
*Martinius, J.* (1991): Verbindung von Pharmakotherapie mit Psychotherapie: Das eine tun und das andere nicht lassen. In: *Lehmkuhl* (1991), S. 136-143.
*Nicolescou, B.* (1985): Nous, la particule et le monde. France: Editions le Mail.
*Otscheret, E.* (1988): Ambivalenz. Geschichte und Interpretation der menschlichen Zwiespältigkeit. Heidelberg: Asanger.
*Poustka, F.* et al. (1988): Diagnostik psychischer Störungen bei Kindern und Jugendlichen. In: *Remschmidt & Schmidt* (1988), S. 478-606.

*Remschmidt, H.* (1988): Gesichtspunkte zur Indikationsstellung therapeutischer Maßnahmen. In: *Remschmidt & Schmidt* (1988), S. 608-614.
—, (1991): Therapie und Therapieforschung in der Kinder- und Jugendpsychiatrie. In: *Lehmkuhl* (1991), S. 1-32.
—, & *Schmidt, M.H.* (Hg.) (1988): Kinder- und Jugendpsychiatrie in Klinik und Praxis. Bd. I: Grundprobleme, Pathogenese, Diagnostik, Therapie. Stuttgart: Thieme.
*Reukauf, W.* (1984): Kinderpsychotherapien. Schulenbildung, Schulenstreit, Integration. Basel: Schwabe, 1985[2].
—, (1986): Kinderpsychotherapien. Anspruch und Wirklichkeit. In: *Imoberdorf, U. & Reichlin, U.* (Hg.): Beratung, Diagnostik und Therapie in der anthropologischen Psychologie. Festschrift zum 60. Geburtstag von Detlev von Uslar. Stuttgart: Hirzel.
—, (1992a): Die Zukunft der Psychotherapie. Der Beitrag des dialogischen Prinzips. In: *Fischer* et al. (1992), S. 220-243.
—, (1992b): Neuere Entwicklungen in der Psychotherapie für Kinder und ihre Familienangehörigen. In: *Biermann* (1992), S. 352-366.
*Saner, H.* (1979): Geburt und Phantasie. Von der natürlichen Dissenz des Kindes. Basel: Lenos.
*Sartre, J.P.* (1940): L'Imaginaire – Psychologie phénoménologique. Paris: Gallimard; dt.: Das Imaginäre. Phänomenologische Psychologie der Einbildungskraft. Reinbek b. Hamburg: Rowohlt, 1971.
*Schmidbauer, W.* (1975): Psychotherapie. Ihr Weg von der Magie zur Wissenschaft. München: Deutscher Taschenbuch Verlag.
*Schmidtchen, S.* (1980): Probleme einer Indikation und Integration psychotherapeutischer Verfahren. In: *Schmidtchen, S. & Baumgärtel, F.* (Hg.): Methoden der Kinderpsychotherapie. Möglichkeiten und Grenzen ihrer Anwendung. Stuttgart: Kohlhammer, S. 162-182.
—, (1982): Indikation zur Spieltherapie. In: *Benecken, J.* (Hg.): Kinderspieltherapie. Fallstudien. Stuttgart: Kohlhammer, S. 18-37.
—, (1989): Kinderpsychotherapie. Grundlagen, Ziele, Methoden. Stuttgart: Kohlhammer.
—, (1991): Klientenzentrierte Spiel- und Familientherapie. (3., vollst. überarb. u. erw. Aufl.). Weinheim: Psychologie Verlags Union.
*Spinner, H.F.* (1974): Pluralismus als Erkenntnismodell. Frankfurt/M: Suhrkamp.
*Spitz, R.A.* (1965). The first year of life. A psychoanalytic study of normal and deviant development of object relations. New York: International Universities Press; dt.: Vom Säugling zum Kleinkind: Naturgeschichte der Mutter-Kind-Beziehung im ersten Lebensjahr. (8. Aufl.). Stuttgart: Klett-Cotta, 1985.
*Steinhausen, H.-Ch.* (1988): Psychische Störungen bei Kindern und Jugendlichen. Lehrbuch der Kinder- und Jugendpsychiatrie. München: Urban & Schwarzenberg.
*Stern, D.N.* (1986): The interpersonal world of the infant. New York: Basic Books; dt.: Die Lebenserfahrung des Säuglings. Stuttgart: Klett-Cotta, 1992.
*Strotzka, H.* (1975): Was ist Psychotherapie? In: *Strotzka, H.* (Hg.): Psychotherapie: Grundlagen, Verfahren, Indikationen. München: Urban & Schwarzenberg, S. 3-6.
*Strunk, P.* (1989): Grundzüge der Diagnostik. In: *Eggers* et al. (1989), S. 37-61.
*Tieber, E.* et al. (1987): Kinder- und jugendpsychiatrische Diagnostik. In: *Remschmidt, H.* (Hg.): Kinder- und Jugendpsychiatrie. Eine praktische Einführung. (2. neubearb. u. erw. Aufl.). Stuttgart: Thieme, S. 31-85. (Erstaufl.: 1979).
*Tscheulin, D.* (1982): Therapeutenmerkmale in der Psychotherapie. In: *Bastine* et al. (1982), S. 411-416.

*Winnicott, D.W.* (1965): The maturational processes and the facilitating environment. London: The Hogarth Press: dt.: Reifungsprozesse und fördernde Umwelt. Frankfurt/M: Fischer Taschenbuch Verlag, 1984.

*Zentner, M.* (1993): Die Wiederentdeckung des Temperaments. Die Entwicklung des Kindes im Lichte moderner Temperamentforschung und ihrer Anwendung. Paderborn: Junfermann.

# 2.

# Klinisch-entwicklungs-psychologische Konzepte der Integrativen Kindertherapie

# Weggeleit, Schutzschild und kokreative Gestaltung von Lebenswelt – Integrative Arbeit mit protektiven Prozessen und sozioökologischen Modellierungen in einer entwicklungsorientierten Kindertherapie

*Hilarion Petzold**

Definition: »*Integrative Kinder- und Jugendlichentherapie ist ein ganzheitlicher und differentieller Ansatz der Behandlung und Förderung von Kindern und Jugendlichen in Einzel- und Gruppensitzungen unter Einbeziehung ihrer Familien bzw. Bezugspersonen in Berücksichtigung der pathogenen und salutogenen Einflüsse des jeweiligen mikroökologischen und sozialen Kontextes. Auf eine „kindgemäße Weise" wird mit den „heilenden Kräften des kindlichen Spiels" (Zulliger), mit Spielmitteln, kreativen Medien gearbeitet, die auf die jeweilige Altersstufe und „Spielkultur" (Petzold) zugepaßt werden, so daß ein „Raum des Möglichen", eine „fördernde Umwelt" (Winnicott) entstehen kann. Die Integrative Kindertherapie gründet sich dabei auf tiefenpsychologische Denkmodelle und Konzepte, die Ergebnisse moderner Psychotherapie- und Longitudinalforschung und auf eine „integrative Entwicklungspsychologie", die richtungsübergreifend die Erträge psychomotorischer, emotionaler, kognitiver, sozialer und ökologischer Entwicklungsforschung einbezieht, um sie mit einem reichen Repertoire an Methoden, Techniken, Medien, Formen auf kreative Weise interventiv umzusetzen. Dies geschieht „im Prozeß" eines „Handelns um Grenzen", in gemeinsamem Gestalten, in liebevoller Bezogenheit und Respekt vor der sich in der Ko-respondenz entwickelnden einzigartigen Persönlichkeit des Kindes oder Jugendlichen. In der Integrativen Kindertherapie wird versucht, für Kinder in schwierigen Lebenslagen „schützende Insel-Erfahrungen" bereitzustellen. Der Kindertherapeut bemüht sich dabei, zum wichtigsten protektiven Faktor zu werden, den es für Kinder geben kann: ein „significant caring adult" (Rutter), der als „innerer Beistand" internalisiert werden kann und der das bereitzustellen und zu ermöglichen sucht, was das Kind braucht*« (*Petzold, Sieper* 1993a, 491).

---

* Diese Arbeit ist den AusbildungskandidatInnen im Zweig Kinder- und Jugendlichenpsychotherapie der Gruppe (IK 2-2) an FPI/EAG gewidmet, als Dank für die gute und fruchtbare Zusammenarbeit.

# Teil I: Theoretische Konzepte

## 1. Integrative Kinder- und Jugendlichenpsychotherapie ein ganzheitlicher und differentieller Ansatz auf komplexem Hintergrund

Integrative Kindertherapie ist – die vorangestellte Definition macht dies deutlich – ein komplexer Ansatz lebensweltorientierter, ganzheitlicher und differentieller Behandlung und Entwicklungsförderung. Sie ist orientiert an der anthropologischen Grundformel der Integrativen Therapie: *„Der Mensch ist Leib-Subjekt in der Lebenswelt, d. h. ein Körper-Seele-Geist-Wesen in einem sozialen und ökologischen Kontext/Kontinuum, in dem er personale Identität gewinnt und in einem lebenslangen Prozeß – verstanden als Differenzierung, Integration und Kreation – sich selbst, seine bewußten und unbewußten Strebungen, seine sozialen Beziehungen und seine ökologische Bezogenheit immer besser verstehen lernt, um auf diese Weise als Mann und als Frau einen reichen persönlichen Lebenssinn zu gewinnen, den er mit anderen teilt"* (vgl. *Petzold* 1988n, 3. Aufl. 1995, 283 f).

Ein solch komplexer anthropologischer Ansatz und eine so spezifische Definition kindertherapeutischen Selbstverständnisses bestimmt natürlich die Qualität des Verfahrens nachhaltig. Das Konzept der *beständigen Entwicklung*, gründend im Kontinuumsverständnis der anthropologischen Formel, verlangt, daß eine lebensaltersspezifische Zupassung der anthropologischen Sichtweise erfolgt. Es reicht nicht, den Menschen „an sich" zu definieren, sondern es muß ein *Bild des Kindes als Junge und Mädchen*, des Jugendlichen, des Erwachsenen, des alten Menschen als Mann und als Frau im jeweiligen soziohistorischen Kontinuum und soziokulturellen Kontext vorhanden sein, das für therapeutisches Tun handlungsleitend wirkt (vgl. *Metzmacher, Zaepfel* 1995 und dieses Buch, S. 69ff) und übergeordnete *Metaziele* skizziert. Da also Altersstufen in kulturellen und sozialen Kontexten unterschiedliche und z. T. geschlechtsspezifische Bedeutungszuweisungen haben, muß bei Berücksichtigung der Kontextdimension der anthropologischen Formel auch das jeweils relevante kulturspezifische Bild des Kindes, das Verständnis von Kindheit in einer Gesellschaftsform mit in den Blick genommen werden. Die Geschichte der Kindheit im Abendland

(*Ariès* 1978), eine psychohistorische Betrachtungsweise (*L. DeMause* 1977) ist hierfür genauso unverzichtbar wie eine Analyse des Gegenwartskontextes von solchem Hintergrund. Sie wurde in den Einleitungskapiteln dieses Buches entfaltet, und so sei auf die Arbeiten von *Metzmacher* und *Zaepfel* sowie andere Arbeiten aus unserem Kollegenkreis verwiesen, die diese Aspekte berücksichtigen (*Frühmann* 1992; *Petzold* 1989f).

## *1.1 Die Leitbildfunktion von „Konzepten über Gesellschaft"*

Neben die Leitbildfunktion von „Konzepten über den Menschen" als Mann und als Frau (anthropologische Perspektive) muß die von „Konzepten über Gesellschaft" und mundane gesellschaftliche Verhältnisse treten (politische Perspektive), um aufgrund sozialwissenschaftlicher, soziologischer, sozialphilosophischer Überlegungen zu einem *„sozialen Sinnverstehen"* (*Metzmacher, Zaepfel*, dieses Buch), zu *„sozialem Empathieren"* (*Petzold* 1989i) und – auf dieser Grundlage – zu *„sozialem Engagement"* und Strategien seiner Umsetzung zu finden: politische Repräsentation der Anliegen von Patienten (idem 1979k, 301), wechselseitige Hilfeleistung (idem, *Laschinsky, Rinast* 1979; idem, *Schobert, Schulz* 1991), Maßnahmen des *Supports, Enrichments, Empowerments* (idem 1994a, *Orth, Petzold, Sieper* 1995).

Gerade die auch zunehmend Psychotherapeuten ins Bewußtsein tretenden, pathogenen makrosozialen Einflüsse des gegenwärtigen *Zeitgeistes* und der aktualen Lebensbedingungen, aber auch ihrer sozialisatorischen Chancen, wie sie im *Projekt der Postmoderne* (*Wellmer* 1985) aufscheinen, machen es notwendig, Kultur grundsätzlich neu zu denken und Handeln im kulturellen Raum – und das ist Psychotherapie – grundsätzlich neu zu bestimmen, wenn man nicht im Widerhall des Rufes der „Kassandra" (*Chr. Wolf*) den „Untergang der Titanic" (*H.M. Enzensberger*) mit betreiben will mit endzeitlichem Fatalismus: wir sind „heute alle Passagiere auf einer ‚Titanic'. Wir fahren auf den Eisberg zu, aber es ist zu spät, das Steuer herumzureißen" (*Weizenbaum* 1984). Die „katastrophale Moderne" (*H.-J. Heinrichs*) würde von einer postmodernen Apokalyptik abgelöst. Dabei birgt postmodernes Denken und Handeln die Chance, zu einer „Einübung in das Nicht-Ende" (*J. Derrida* 1985) zu werden, in der Geschichte nicht verschwindet (*Jung* 1986), sondern sich bewußter vollziehen läßt, befreit von **Diskursen** bzw. Metaerzählungen einer gewalttätigen Humanität (*Lyotard* 1982, 1985; *Foucault* 1978), die „Ordnungen des Zwanges" als einer Angst vor der Unordnung (*Guttandin* 1986) gesetzt hat – *Kant* die aufklärerische Vernunft, *Freud* die Erhellung (und damit Disziplinierung) des Unbewußten, *Marx* die Bändigung des Kapitals, *Luhmann* die Komplexitätsreduktion –, Unordnung, die nicht als „chaotische Mannigfaltigkeit" und „kreative Vielfalt" gesehen werden kann. Aber diese Ungeordnetheit bietet Offenheiten für eine neue menschliche Ästhetik und eine befreite Ethik (*Kamper, Taubes* 1986), in der sich – im Sinne einer metahermeneutischen Reflexion (*Petzold* 1994a) – die *Aufklärung* aufklärerisch auf ihren gegenwärtigen Zustand, ihre Funktion, ihre Wirkung und auf die Bedingungen ihres Entstehens (*Habermas* 1985) befragt, um zu einer „Selbstüberschreitung der Vernunft" (*Castoriadis* 1981, 192) zu gelangen, die Veränderung zu einer von fragwürdigen Humanismen (*Foucault* 1978; *Deleuze* 1986) gereinigten *neuen Humanität* ermöglicht, und die macht – wie so vieles Neue – angst. Sie überantwortet einer *ko-respondierenden Freiheit*.

Die nicht mehr zu beseitigende *„mundane Präsenz der anderen bzw. des anderen"* (durch Mobilität, Migration, Medieninformationen, Wirtschaftsverflechtungen, grenzüberschreitende Katastrophenmöglichkeiten, Weltklima) durch Strategien der *Globalisierung* (*Giddens* 1990), der Fernwirkung – oder besser der Nah- und Fernwirkung – machen generalisierte Identitätsideale obsolet. Sie müssen dem anderen Gewalt antun – in Therapie und Erziehung werden sie repressiv (*Wulf* 1986, 29) –, Gewalt auch dem „anderen in uns": „Die Herrschaft des Menschen über sich selbst, die sein Selbst begründet, ist virtuell allemal die Vernichtung des Subjekts, in dessen Dienst sie geschieht, denn die beherrschte, unterdrückte und durch Selbsterhaltung aufgelöste Substanz ist gar nichts anderes als das Lebendige, als dessen Funktion die Leistungen der Selbsterhaltung einzig sich bestimmen, eigentlich gerade das, was erhalten werden soll" (*Horkheimer, Adorno* 1971). Das andere und die anderen gilt es radikal ernst zu nehmen (*Lévinas* 1983), auch das andere in uns, das es wieder aufzufinden gilt unter den verhärteten Lavaströmen der Metaerzählungen (*Lyotard* 1982), der Macht anonymer Diskurse (*Foucault* 1974). Die „mundan präsenten anderen" konfrontieren uns mit dem Faktum, daß Besitz, Macht, Wissen geteilt werden müssen, wie die Welt als Lebensraum heute geteilt wird (*Orth* et al. 1995) und *synarchisch* verwaltet werden muß (*Petzold* 1992a, 497 f), wenn wir gemeinsam überleben wollen. Sie zeigt uns auch das Faktum, daß unsere Weltbilder, Ideale, Normen (vgl. UNESCO Courier 7/8, 1992) keineswegs universale Geltung beanspruchen können, daß *unsere Version* des „aufgeklärten Subjekts" keineswegs Allgemeingültigkeitsanspruch hat – Kinder in der Kindertherapie zeigen uns dies in eklatanter Deutlichkeit, bevor sie den Prozessen edukativer und klinischer Disziplinierung erliegen. Damit entsteht eine *Leere*, was generalisierte Menschen- und Weltmodelle mit exklusivem Geltungsanspruch anbetrifft. *„Diese Leere stellt jedoch kein Manko her, sie schreibt keine auszufüllende Lücke vor. Sie ist nichts mehr und nichts weniger als die Entfaltung eines Raumes, in dem es schließlich möglich ist zu denken"* (*Foucault* 1974) – gemeinsam, ko-respondierend zu denken, möchte ich hinzufügen. Dazu ist aber eine *Dekonstruktion* (*Derrida* 1972) der Lavaströme des fixierenden, abendländischen Denkens und seine Fortsetzung in einer betonierenden Aufklärung unabdingbar. Es muß Platz geben für das „andere der Vernunft" (*Böhme, Böhme* 1983), das „Heteronome" (*Bataille* 1981), für das „Paralogische" (*Lyotard* 1982). *Dekonstruktion* sehen wir aber nicht als „Zerstörung von Überkommenem", sondern als das Außer-Kraft-Setzen seiner universalistischen Ansprüche, womit es zu „Wirklichkeit unter Wirklichkeiten" wird und damit zum Element, mit dem man – ist es seiner Totalitätsqualität entkleidet – Neues schaffen kann. In solchen **Diskursen** wird Vernunft nicht abgeschafft, sondern in ihrer pluralen Qualität verfügbar (*Welsch* 1987).

Gesellschaftliche Realität unter mundaner Perspektive erweist sich immer, selbst in eingegrenzten Arealen (sie wurden ja an den *Grenzen* vom anderen berührt), als *eminent plural*. Neokonservativität mit all ihren häßlichen Phänomenen (Fremdenfeindlichkeit, Ausländerhaß, Intellektuellenschelte, Gleichgültigkeit gegenüber Armut, Verachtung für die „looser", Geschlechterhegemonie etc.) wird aber das Faktum der „Präsenz des anderen und der anderen" in seiner historisch nie zuvor so unvermeidbaren Radikalität nicht verleugnen können. (Die Zerstörung der Regenwälder als Notraubbau erreicht uns genauso wie die Verschmutzung der Atmosphäre in Drittweltländern, die die Mittel für umweltverträgliche Maßnahmen nicht aufbringen können).

Weil die Konfrontation mit der Präsenz des anderen immer auch eine Konfrontation mit anderen „Weisen der Welterzeugung" (*N. Goodman* 1984) ist, die die Ausschließlichkeit unserer eigenen Weltmodelle in Frage stellen, wird der Anspruch jeder auf die

Erarbeitung universaler Sinnfolien gerichteten Hermeneutik hinfällig. Gemeinschaftliche, ko-respondierende hermeneutische Arbeit schafft nur noch *Konsensfindungen auf Zeit* - sofern *Diskurse* möglich sind (*Habermas* 1985) zwischen Menschen, die nicht von der *Macht* anonymer **Diskurse*** (*Foucault* 1974; *Dreyfus, Rabinow* 1994), verstanden als wirkende Traditionen des Denkens und Handelns – z. B. in Therapie oder Erziehung (*Ball* 1990) –, gelähmt werden. Dann wird eine differentielle Sicht auf Neues möglich – auch neue Lösungen in der „neuen Unübersichtlichkeit" (*Castoriadis* 1985), Lösungen für den „bedrohten Morgen" (*Schärli-Corradini* 1992). Dann spricht man nicht nur von „vergifteter Kindheit" (*Petri* 1990), sondern auch von „Immunisierung" (*Rutter* 1991) und „kreativer Umgestaltung" (*Joas* 1992) zu einer „good enough future" (*Neubaur* 1990). Auch für makrogesellschaftliche Dynamiken und die von ihnen bestimmten Lebenswirklichkeiten gilt der Ansatz der Integrativen Therapie, daß sie immer als die Interaktion, das Zusammenwirken von positiven, negativen und Defiziteinflüssen gesehen werden müssen und sich einseitige Schwarz- oder Rosarotgemälde verbieten. Ansonsten gerät der „apokalyptische Diskurs" der Fortschritts- und Zivilisationskritik am Ende des Jahrhunderts und Jahrtausends (*Sloterdijk* 1989, 1994, 1995) selbst zur Metaerzählung, die nicht auf ihre zeitgeschichtlichen Bedingtheiten und auf die sich in ihnen artikulierenden **Diskurse** hin metahermeneutisch reflektiert wird (*Kamper, Wulff* 1990; *Usher, Edwards* 1994).

*G. Simmel* (1968) über *E. Lévinas* (1983), *T. Todorov* (1985), *R. Sennett* (1987) u. a. haben gezeigt, daß wir das andere, die anderen für unser Selbstverständnis brauchen. „*Das Eigene wächst am Fremden*" (*Petzold* 1995f). Deshalb muß das Fremde, das andere Platz haben und darf nicht an der Anwesenheit machtvoller und privilegierter „erzeugter Welten" (unserer Welten) scheitern, die allen Raum belegt haben oder erobern. Wir werden damit als Platzhalter, Besitzende, Okkupatoren letztlich selbst verarmen, denn *das andere ist ein Reichtum.* Seine Vielfalt, Vielfältigkeit verhindert schlechte Selbigkeit, kulturelle Monotonie und die Verödung, ja Zerstörung, die derartige Strategien der Monopolisierung und Kolonialisierung hinterlassen.

---

* *Diskurs* im Sinne von *Habermas* (1971) wird in diesem Text *kursiv*, **Diskurs** im Sinne von *Foucault* (1974) **fett** gedruckt, im generellen Gebrauch (*Potter, Wetherell* 1987) normal.

Das Faktum postmoderner *Pluralität von Wirklichkeit* durch die mannigfache Präsenz der anderen und die Strategien der *Globalisierung* (*Giddens*) erfordert für die Therapie und Pädagogik auf dem Hintergrund eines solchen *Leitbildes von Gesellschaft* neue Modelle und Wege der Verständigung und des Miteinanders auf der Makro- wie auf der Mikroebene der mundanen Gesellschaft. In der Integrativen Therapie wurde das *Ko-respondenzmodell* (*Petzold* 1978c, 1991e) als ein solches Modell erarbeitet, durch das in Gesprächs- und Erzähl- und Aktionsgemeinschaften und in der Pflege narrativer Kultur, durch Diskursivität (idem 1992a, 882 ff.), *Kooperation* und *Kokreativität* in dezidiert kulturüberschreitender Absicht (*culture sharing*) Weltsichten als mehrperspektivische ausgehandelt werden können (idem 1994a), Welt-anschauungen als ko-respondierende nebeneinander stehen dürfen und auch subjektive Identität sich als „flexibilisierte Identität im Kontext" und damit als *„emanzipierte Identität"* (von den Zwängen einer „verordneten Konsistenz" und der „Identitätssicherung durch Abgrenzung" befreit) in gemeinsamem Sprechen und Handeln konstituiert (idem 1991o, 1993d). Das erfordert ein Sensibel-Sein für die *„Diskurse der anderen"* (*Habermas*), für den *„anderen* **Diskurs**" (*Foucault*), der sich durch sie artikuliert, und für die *Differenz* (*Derrida*) der Diskurse, für das, was sie repräsentieren und für ihre kontingenten Anfänge.

Die „metahermeneutische Reflexion" (*Petzold* 1994a) mit der Befragung des eigenen **Diskurses** auf seine *Genealogie* (*Foucault* 1966), seine Hintergründe, um zum **Diskurs** des anderen überhaupt Zugang zu finden, wird hier unverzichtbar. Strategien der *Dekonstruktion* (*Derrida* 1986) ermöglichen „zumindest auch eine Weise, Stellung zu beziehen, in ihrer Arbeit der Analyse, in bezug auf die politischen und institutionellen Strukturen, die unsere Praxis, unsere Kompetenz, unsere Performanz ermöglichen und beherrschen. Gerade weil sie sich vormals nur mit den bezeichneten Inhalten befaßt, sollte die Dekonstruktion nicht von dieser politisch-institutionellen Problematik getrennt werden können und sollte eine Befragung der Verantwortlichkeit suchen ..." (idem 1982).

Eine derartige „Infragestellung der eigenen Verfahrensweisen und Kategorien" (*Culler* 1994, 171) vermag vor Dogmatismus und Ideologemen, an denen Therapietheorien reich sind (*Orth* et al. 1995; *Orth, Petzold* 1995a; *Pohlen, Bautz-Holzherr* 1994), zu bewahren und feinhörig werden lassen für andere **Diskurse**, besonders die der Ausgegrenzten, Marginalisierten, und das ist ein Großteil der Zielgruppen, mit dem sich Therapie befaßt. „Da die Dekonstruktion den Versuch unternimmt, Systeme von außen wie von innen zu betrachten, versucht sie, die Möglichkeit offenzulassen, daß die Exzentrizität von Frauen, Dichtern, Propheten und Verrückten [ich möchte hier die *Kinder* einfügen, H.P.] weltweit Wahrheiten über das System vermitteln, für das sie selbst marginal sind" (*Culler* 1994, 170). Damit besteht die Chance, daß die **Diskurse** von Patienten – und auch die der Kinder – Gehör finden, Gehör auch bei Therapeuten mit ihren gesellschaftlich verordneten Anpassungs- und Einpassungsaufträgen (*Berger, Luckmann* 1970), derer sie sich oft nicht bewußt sind oder die sie verleugnen, obgleich sie sich in ihren Theorien und Praktiken auf Schritt und Tritt finden. Strategien der „Dekonstruktion", der „diskursanalytischen Genealogie" (*Foucault* 1966, 1974), der „metahermeneutischen Triplexreflexion" (*Petzold* 1994a) können deshalb zu einer Relativierung anthropologischer, subjekttheoretischer, persönlichkeitstheoretischer und pathogenesetheoretischer Universalmodelle führen, wie sie besonders der psychoanalytische Diskurs hervorgebracht hat und in jeder Revision erneut hervorbringt, weil er versäumt hat, die Struktur des eigenen **Diskurses** zu reflektieren bzw. zu dekonstruieren. Zumindest wird eine Nuancierung möglich, das Skizzieren „tentativer Folien", über die ko-respondiert werden muß – mit den Patienten, so daß ein Freiraum für suchende, experimentierende Konstruktionen, für *bricolage* (im Sinne von *C. Lévi-Strauss* 1973, 291 ff. und *R. Barthes*) entsteht, Raum für „Individualisierung im Kontakt", welcher *Globalisierung* (*A. Giddens* 1990, 1991) spezifiziert.

Die gegenwärtige Lage in der mundanen Kultur und in den Humanwissenschaften, die gegenwärtige postmoderne Reflexivität (*Jung* et al. 1986) und reflexive Modernität (*Beck, Giddens, Lash* 1995) verlangen einen sehr vorsichtigen Umgang mit explikativen Folien als „Weisen der Welterzeugung" – auch und sehr dezidiert in der Psychotherapie, welche immer wieder dazu tendiert, individuelle Schicksale zu normieren und in normierende Modelle zu pressen, die postmoderner Lebensqualität in komplexen, multikulturellen Gesellschaften nicht entspricht (vom Stand psychologischer Wissenschaft einmal ganz zu schweigen). In diesem Sinne sind die nachstehenden Ausführungen in ihrem *Konzeptcharakter*, ihrer „heraklitischen" Orientierung, die für den Integrativen Ansatz charakteristisch ist (*Petzold, Sieper* 1988b), zu sehen und mit Sorgfalt, mit in einer *fragenden Haltung* an den anderen – das Kind, die Eltern, die

Bezugspersonen – heranzutragen, um *Differenzen* nicht zu übergehen. Es sind konsensuelle Wege einzuschlagen, oder es ist *Konsens über Dissens* – wo er vorliegt – anzustreben (*Petzold* 1978c) und Dissens als Dissens, als *Differenz*, als Äußerung eines anderen wertzuschätzen oder zumindest als solche stehenzulassen. Das wäre im kleinen die Einlösung eines Leitbildes von Gesellschaft, die sich durch *Pluralität* auszeichnet, auch an ihr leidet, aber letztlich aus ihr all ihre Lebens- und Überlebenskraft bezieht. Therapie, die solche Erfahrungen im therapeutischen Raum und im geteilten Raum psychosozialen Handelns – man betritt ihn in jedem Patientenkontakt, nicht nur beim Hausbesuch – möglich macht, rüstet aus für das Leben in pluralen Gesellschaften, mag man sie postmodern nennen oder anders, rüstet aus für das Aushandeln und Konstituieren von *„emanzipierter Identität"* (idem 1992a, 527 ff.) und für das persönliche und gemeinschaftliche Umgehen mit der Komplexität, die Menschen als Individuen und vergesellschaftete Wesen immer wieder schaffen.

## 1.2 *Die Leitbildfunktion von „Konzepten über den Menschen"*

Die Leitbildfunktion anthropologischer Visionen (idem 1991l) hat für die Gestaltung therapeutischer Praxis nachhaltigen Einfluß. Wichtige Positionen des Integrativen Ansatzes seien kurz umrissen:

Eine Konsequenz der Betonung der Dimension des **Körpers** – des männlichen, weiblichen, der des Kindes – in der Anthropologie ist die Entwicklung **somatischer**, d. h. leib- und bewegungstherapeutischer Interventionen im Rahmen der Integrativen Kinder- und Jugendlichenpsychotherapie, weiterhin der Einsatz von kreativen Medien und leiborientierter Spielsituationen (idem 1972a; *Metzmacher* 1987; *Schneewind*, dieses Buch, etc.). Die Betonung der Dimension des **Seelischen** verlangt nach **psychologischen** Interventionsformen, die darauf gerichtet sind, den Umgang mit Gefühlen, motivationalen Kräften, Stimmungen bzw. Grundstimmungen möglich zu machen. Hierzu wurden spezifisch emotionsorientierte Methoden (*Petzold* 1992b) mit Kindern in der Integrativen Kinderbehandlung entwickelt: der Einsatz bestimmter kreativer Medien, z. B. Ton (*Petzold, Kirchmann* 1990) oder Puppenspiel (idem 1987a), von Awareness-Übungen (idem, *Metzmacher* 1984), sind hier bedeutsame Möglichkeiten. Das Herausstellen der Dimension des **Geistigen** als der „Gesamtheit der *kognitiven Prozesse* und *ihrer Inhalte*" (*Petzold* 1988n, 3. Aufl. 1995, 283) läßt auch in der Kinderbehandlung **nootherapeutische** Momente wichtig werden durch Einbezug von Methoden und von Ansätzen der Kinderphilosophie bzw. des Philosophierens mit Kindern (*Brüning* 1987; *Camhy* 1989; *Freese* 1989) oder meditativer Techniken in der Arbeit mit Kindern (*Bräunling, Walter* 1992; *Brunner* 1994; *Bücken* 1995; *Hoppe* 1995; *Rozman* 1993; *Smithwhite* 1989) oder durch die Arbeit mit kreativen Medien und Imagination (*Petzold, Geibel* 1972; *Katz-Bernstein* 1990), um diese Dimension aufzugreifen, denn *Kinder haben einen Hunger nach philosophischer Erkenntnis* (*Matthews* 1993). Sie stellen tiefsinnige Fragen, und sie dürstet danach, das „Wesen der Dinge" zu ergründen. Leider wird diesem Bedürfnis viel zu wenig entsprochen, so daß seine Frustration durchaus Krankheitswert gewinnen kann, nämlich das *Syndrom der spirituellen Verödung*, was später Menschen auf die Suche nach dem „Einklang mit dem inneren Kind" (*Samuels, Lukan* 1993), die Suche nach „transpersonalen Erfahrungen" und spirituellen Wegen gehen läßt, die sich oft genug als „Fehlwege" oder gar als „Abwege" erweisen (*Orth, Petzold* 1995a), wie das immer weiter um sich greifende Unwesen von radikalen oder fundamentalistischen Gemeinschaften (*Haack* 1983; *Schmidtchen* 1987) zeigt. Ein fundiertes Verhältnis von Philosophie und Psychotherapie (*Kühn, Petzold* 1992) könnte mit Blick auf nootherapeutische Bemühungen in einer „Psychotherapie der Lebensspanne", die schon den geistigen Bedürfnissen von Kindern gerecht wird, große Bedeutung gewinnen.

Das Herausstellen der vierten Dimension des **Sozialen** in der anthropologischen Grundformel erfordert „soziales Sinnverstehen" (*Metzmacher, Zaepfel*, dieses Buch) und „soziales Empathieren", ja „soziales Engagement" (*Petzold* 1989i) und führt zu *soziotherapeutischer* Arbeit, psychosozialen Projekten (idem, *Zander* 1985) und aktiver Hilfe in Notlagen (*Brühlmann-Jecklin* 1995), Maßnahmen, denen besonders in der Kinderbehandlung herausragende Bedeutung zukommt, denn Kinder sind abhängig von ihren Familien und sozialen Netzwerken. Familientherapeutische und aufsuchende netzwerktherapeutische Maßnahmen (*Keupp* 1995) sehe ich deshalb für Kindertherapeuten als zentrale Aufgabe. Es wird ihnen deshalb auch in diesem Beitrag besondere Aufmerksamkeit geschenkt. Schließlich wird die fünfte Dimension des menschlichen Wesens herausgestellt, die des **Ökologischen**. Weil der Mensch in Mikro-, Meso- und Makroökologien eingebunden ist (*Lewin, Bronfenbrenner, Gibson*), die zu seiner gesunden Entwicklung beitragen oder sie beeinträchtigen, werden **ökologische Interventionen** notwendig, „micro-ecological modeling", Maßnahmen, die an Prinzipien der *ökologischen Psychologie* ausgerichtet sind. Auch hier werden wir in diesem Beitrag besondere Akzente setzen, weil es sich um einen im Feld der Kindertherapie noch sehr vernachlässigten Bereich handelt – im Unterschied etwa zu dem sehr entwickelten Bereich der ökologischen Gerontologie (*Saup* 1993).

Der Mensch steht als *„Leibsubjekt in der Lebenswelt"* auch in der Zeit, und so sind die aus der anthropologischen Grundformel abgeleiteten Dimensionen einer „ganzheitlichen", d. h. differentiellen *und* integrativen Kinder- und Jugendlichentherapie, in die **Zeitdimension** gestellt. Das *Kontinuum* wird *retrospektiv* zur Vergangenheit hin erschlossen, läßt uns *aspektiv* die Gegenwart betrachten und *prospektiv* die Zukunft in den Blick nehmen. Die *Integrative Therapie* ist deshalb eine **entwicklungsorientierte Therapie**, und das hat Auswirkungen für die Konzeptbildung und für die Interventionen, wie an diesem Beitrag deutlich erkennbar werden wird.

Es ist erstaunlich zu sehen, wie sehr die klassischen Ansätze der Kinderpsychotherapie – seien es die psychoanalytischen Formen in der Tradition von *Susanne Isaak, Melanie Klein, Anna Freud* oder *Donald Winnicott*, seien es humanistisch-psychologische Formen, wie der kindzentrierte Ansatz von *Virginia Axline* (1947) oder der erlebnisaktivierende von *Violet Oaklander* (1981) – an den Ergebnissen der empirischen Entwicklungspsychologie (*Rutter, Rutter* 1992; *Trautner* 1991) und Psychotherapieforschung (*Grawe* et al. 1994; *Märtens, Petzold* 1995b) vorbeigehen, indem sie sich entweder – wie die Mehrzahl psychoanalytischer Autoren – in ihrer *Entwicklungstheorie* allein an schulenimmanenten Konzepten ausrichten, die zum Teil auch noch äußerst spekulativ sind oder aus psychopathologischen Phänomenen des Erwachsenenalters extrapoliert wurden, oder indem sie – wie *Oaklander, Axline* und Autoren in deren Nachfolge – glauben, gänzlich auf entwicklungstheoretische und entsprechende psychologische Konzepte verzichten zu können. Namen wie *Piaget* oder *Vygotsky, Flavell* oder *Bruner*, kommen im Schrifttum beider „mainstreams" (*Petzold* 1993h), dem gestalttherapeutischen und kindzentrierten, praktisch nicht vor. Ohne diese entwicklungstheoretischen Referenztheorien aber ist eine wissenschaftlich fundierte Kindertherapie nicht möglich, denn sie haben Paradigmata begründet, die sich als äußerst fruchtbar erwiesen haben und weiterwirken.

Kindertherapie und Entwicklungspsychologie haben es offenbar schwer miteinander. Von beiden Seiten ist man wenig aufeinander zugegangen, so daß die Beobachtungen aus beiden Feldern nicht füreinander fruchtbar gemacht werden konnten, obgleich es immer wieder Ausnahmen gab – es sei an die Arbeiten der *Piaget*-Mitarbeiterin *Bärbel Inhelder* im kindertherapeutischen Bereich erinnert. Die *Integrative Kinder- und Jugendlichenpsychotherapie* innerhalb der „Integrativen Therapie" rechnet sich nicht nur zum *mainstream* des „neuen Integrationsparadigmas" (*Petzold* 1992g; *Norcross, Goldfried* 1992; *Stricker, Gold* 1993; *Märtens, Petzold* 1995a, b) im Felde moderner Psychotherapie und klinischer Psychologie, sondern auch zu dem der „clinical developmental therapy" (*Petzold* 1992d, 1993c, j; *Rolf* et al. 1990; *Verhofstadt-Denève* 1994).

## 2. Entwicklungspsychologische Positionen – eine differentielle und synoptische Perspektive

Es kann an dieser Stelle natürlich nicht darum gehen, die entwicklungstheoretischen und entwicklungspsychologischen Konzeptionen der Integrativen Therapie darzustellen (vgl. *Petzold* 1991e, 1994c; idem et al. 1994a), sondern es geht darum, bestimmte Dimensionen entwicklungspsychologisch orientierter Therapie im Integrativen Ansatz herauszuarbeiten wie z. B. die Arbeit mit *sozialen Netzwerken als „convoys"* oder mit *Schutzfaktoren* (*protective factors*) und *Resilienzen*. Dafür aber ist es notwendig, zumindest eine entwicklungspsychologische Grundposition zu umreißen. Diese kann als *„differentiell"* und *„synoptisch"* charakterisiert werden. Schaut man nämlich in das Feld der Entwicklungspsychologie, so sieht man – wie allenthalben in der Psychologie – eine Vielzahl von Schulen und Orientierungen, welche auf den ersten Blick das Bild einer „chaotic diversity" (*Mahrer* 1989) vermittelt, die dann aber deutlich macht, daß *differentielle Sichtweisen*, daß *Mehrperspektivität* (*Petzold* 1994a), unterschiedliche Ausgangspositionen, Blickwinkel und Ziele vorhanden und auch notwendig sind, wenn man einen so komplexen Erkenntnis- und Forschungsgegenstand hat wie die Psychologie im allgemeinen, die Entwicklungspsychologie im besonderen, und wenn man eine so breite integrative Aufgabe hat, wie die Kinder- und Jugendlichentherapie, die sich mit unterschiedlichsten Menschen verschiedener Altersstufen in äußerst variablen Lebenslagen und einer kaum zu überschauenden Vielfalt von sozialen Traditionen befaßt.

Entwicklungstheorie und Entwicklungspsychologie machen Aussagen über die Entwicklung der menschlichen Persönlichkeit in Kontexten und Kontinuitäten. Hinter einer solchen Aussage stehen natürlich auch anthropologische Prämissen (idem 1992a, 494 ff., 386 ff.; *Orth, Petzold* 1993c), die – und das ist uns wichtig – durch die empirischen Fakten der entwicklungspsychologischen Forschung eingelöst werden müssen. Die Aussage: „Der Mensch ist wesensmäßig ein Koexistierender" (*G. Marcel*) bleibt kein Philosophem, sondern wird durch eine interaktionistische entwicklungspsychologische Position (*Petzold* et al. 1994a), die den Menschen in der Entwicklung seiner sozialen Relationen und Netzwerke in den Blick nimmt, bestätigt. Die anthropologische Position: „Der Leib ist intentional" (*M. Merleau-Ponty*) findet eine entwicklungspsychologische Fundierung in der „ecological developmental psychology" (*Gibson, Spelke* 1983; *Bronfenbrenner* 1978). Die anthropologische Aussage: „Der Mensch steht in einem lebenslangen Prozeß der Entwicklung und Selbstverwirklichung in der Lebenswelt" (*Petzold* 1981f, g), wird unterfangen durch eine „life span developmental psychology" (*Baltes* et al. 1980). Die Positionen der anthropologischen Referenzphilosophen der Integrativen Therapie *Marcel, Buber, Lévinas, Merleau-Ponty, Plessner, Ricoeur, Habermas* – um einige bedeutende Namen zu nennen – erhalten damit einen fundierenden Bezug zur empirischen Entwicklungspsychologie, den Autoren wie *Plessner, Merleau-Ponty* oder *Habermas* zum Teil selbst gesucht haben und der, das ist unsere Überzeugung, für anthropologische Theorienbildung unerläßlich ist (*Hernegger* 1978, 1982; *Böhme* 1985). Wenn wir also sagen, die *Entwicklungstheorie* und Entwicklungspsychologie der Integrativen Therapie sei *synoptisch,* und diese Synopse umfasse eine **interaktionale**, **ökologische** und **lebenslaufbezogene** Perspektive, so hat dies für die praktische Arbeit in der Behandlung von Kindern und Jugendlichen grundlegende Konsequenzen, nämlich die, daß Kinder (wie letztlich auch Erwachsene und alte Menschen) immer im Netz ihrer Interaktionen gesehen und behandelt werden müssen, also in ihrem „social network" (*Lewis* 1984; *Keupp,*

*Röhrle* 1987; *Röhrle* 1994) als „Geflecht von Beziehungen in der Zeit" (*Sameroff, Emde* 1989), das sich als „Konvoi auf der Lebensstrecke" erweist (*Petzold* 1990g).

## 2.1 *Die sozialisationstheoretische Perspektive*

Die Entwicklung eines Kindes ist – so schon *Moreno* (1934, 1953) – von den Entwicklungsbedingungen und Entwicklungen seines sozioökologischen Kontextes, seines Netzwerkes selbst nicht abzutrennen. Soziale Realität ist eingebettet in konkrete Umwelt: Hinterhof, Elendsviertel, Bauernhof, weite Landschaft, Villa, Park, Großstadtspielplatz. Das alles kann in der Gegend von Neapel oder von Bergen, Delmenhorst oder Oberammergau liegen. Eine Einteilung in Mikro-, Meso- und Makroökologien ist sicher notwendig und muß zum ontogenetischen Entwicklungsniveau eines Menschen hin spezifiziert werden (das Mikromilieu eines sechsmonatigen, sechzehnmonatigen, sechsjährigen, sechzehnjährigen Menschen – Jungen und Mädchen sind dabei differenziert zu betrachen – ist höchst unterschiedlich). Die prägenden und für unterschiedliche Altersstufen spezifische Einflüsse einer Wohnung, eines Hauses, eines Stadtteils, einer Landschaft, können in ihrer Bedeutung gar nicht hoch genug eingeschätzt werden. Diese auf *Lewin* zurückgehende und von seinen Schülern *Barker* und *Bronfenbrenner* entfaltete Perspektive einer „ökologischen Psychologie" und „ökologischen Entwicklungspsychologie" wird durch die von *Merleau-Ponty* (1966) herausgearbeitete Verschränkung von wahrnehmendem Leib und Lebenswelt und die „*Gibson*ian perspective" einer ökologischen Wahrnehmungs- und Handlungspsychologie nachhaltig unterstrichen (*Gibson* 1979; *Reed* 1988; *Petzold* et al. 1994a, b). Da nun das *Feld* (ibid. 1994a, 511) prägend auf den Leib einwirkt, der Leib mit der Umwelt verschränkt ist – der soziokulturellen wie der ökologischen –, ist es ein naheliegender Schritt, den Entwicklungsgedanken mit dem der *Enkulturation*, der *Sozialisation* bzw. *ökologischen Sozialisation* zu verbinden. Es fügt der synoptische Blick dem spezifischen Entwicklungsparadigma *Piagets* also ergänzend die Paradigmen *Lewins*, *Vygotskys*, *Gibsons* und – hier liegt ein Spezifikum unserer entwicklungstheoretischen Position im Integrativen Ansatz – das sozialisationstheoretische Paradigma *Meads* hinzu. Auf dem Hintergrund einer sozioökologischen (*Valenti, Good* 1990; *Rogoff* 1990) und sozialisationstheoretischen (*Hurrelmann* 1988) Perspektive Therapie zu betreiben, die darum weiß, daß der Mensch „*ab ovo* ein Sozialer ist", wie der Biologe *Adolf Portmann* (1952) formulierte, und die im Entwicklungsgeschehen auch die Prozesse der Enkulturation und Sozialisation (*Fend* 1970; *Haubl* et al. 1985) am Werk sieht, wird man *Therapie selbst als Sozialisationsgeschehen* verstehen können und die „Therapeut-Kind-Relation in Situationen" als interaktives Rollenhandeln im sozialen Netzwerk und einer konkreten Mikroökologie sehen, in die der Therapeut eingetreten ist und wo er vielleicht zu einer bedeutsamen Bezugsperson wird. Eine solche Sichtweise ergänzt herkömmliche Entwicklungsperspektiven in der Kinderpsychotherapie ganz grundsätzlich.

## 2.2 *Dimensionen entwicklungspsychologischer Betrachtung*

Entwicklungsorientierte Psychotherapie mit Kindern und mit Erwachsenen wird in ihren Integrationsbemühungen weiterhin spezifische Felder entwicklungspsychologischer Forschung einzubeziehen haben:

2.2.1 Die **sensumotorische Entwicklungspsychologie** (*Netelenbos* 1988; *Thelen* 1994; *Salvesbergh* 1993) ist ein Bereich, der in einem therapeutischen Verfahren, das die Leibdimension derart in das Zentrum stellt wie die Integrative Therapie (*Petzold* 1974j, 1988n), unbedingt berücksichtigt werden muß. Er ist für das Verständnis der frühen Entwicklung, wenn man auf das Entwicklungsgeschehen und auf die soziale Interaktion in sensumotorischen Prozessen zentriert (*Hopkins* 1991; *Kalverboer* et al. 1993; *Papoušek, Papoušek* 1993; *Petzold* et al. 1994a), gänzlich unverzichtbar. Die Vernachlässigung dieses Bereiches der Entwicklungspsychologie in der herkömmlichen Kinderpsychotherapie zeigt sich in dem weitgehenden Fehlen interventiver Ansätze, die sensumotorische Methoden in der kinderpsychotherapeutischen Behandlung verwenden (vgl. *Ayres* 1979; *Metzmacher* 1987; *Petzold* 1969b; 1993i; *Hauch*, dieses Buch).

2.2.2 Die **emotionale Entwicklungspsychologie** (*Kruse* 1991; *Izard* 1977; *Petzold* 1995g) ist ein weiteres einzubeziehendes Gebiet. Obgleich die Emotionen in allen großen Psychotherapieschulen eine zentrale Rolle spielen (*Schelp, Kemmler* 1988), gibt es kaum solide, ausgearbeitete psychotherapiespezifische Theorien zur emotionalen Entwicklungspsychologie, und das, obgleich die Psychoanalyse sich von Anfang an dem emotionalen Bereich als einer zentralen menschlichen Realität zugewandt hatte. Dieser wichtige Gedanke *Freuds* und *Ferenczis* steht denn auch, historisch betrachtet, hinter der Zentrierung auf die Entwicklung von Gefühlen in der Integrativen Kindertherapie, die allerdings hier den psychoanalytischen Theoremen und Spekulationen zumeist nicht folgt, sondern ihre Positionen anhand der Befunde der empirischen Entwicklungspsychologie der Emotionen bzw. der Emotionspsychologie ausgearbeitet hat (*Petzold* 1992b). Eine wichtige Aufgabe der Sozialisation besteht in der *„emotionalen Differenzierungsarbeit durch Interaktionen"* innerhalb des „sozialen Netzwerkes" bzw. „convoys", und genau an diesem Punkt setzt auch Integrative Kinder- und Jugendlichenpsychotherapie (ibid.) an. Therapeuten müssen dabei auf solide Kenntnisse emotionaler Entwicklungspsychologie zurückgreifen können (*Ulich* 1987; *Scherer, Wallbott* 1990; *Izard, Malatesta* 1987).

2.2.3 **Kognitive Entwicklungspsychologie** in der Tradition *Piagets* und ihrer Weiterentwicklungen, wie sie z. B. durch die Arbeiten von *Flavell, Bruner, Kagan, Kohlberg, Gilligan* oder *Nelson* repräsentiert werden, ist ein weiterer Bereich, der für die Arbeit mit Kindern grundlegende Bedeutung hat. Es ist erstaunlich zu sehen, daß die Mehrzahl der kinderpsychotherapeutischen Schulen die Ergebnisse dieser Forschungsrichtung (*Wessels* 1994) weder theoretisch integriert noch in ihrer Praxeologie systematisch genutzt hat. Kindertherapie muß beständig die alterspezifischen, kognitiven Fähigkeiten eines Kindes berücksichtigen, muß sie fördern und in das Gesamt entwicklungsorientierter Intervention integrieren.

2.2.4 Die **sozial-kommunikative Entwicklungspsychologie** sei als ein weiterer Bereich an dieser Stelle genannt, die Art und Weise, wie sich prosodisch-nonverbales und verbales Sozial- und Kommunikationsverhalten ausbildet (*Papoušek* 1994; *Bruner* 1987). Unter diese entwicklungspsychologische Perspektive fallen sowohl die Bereiche zur „social cognition" (*Bischof-Köhler* 1989), zur Rollenentwicklung (*Petzold, Mathias* 1983; *Flavell* 1975) und zur Entwicklung kommunikativer bzw. interaktiver Kompetenz (*Peukert* 1981; *Waller* 1978; *Wine, Smye* 1981). Damit ist auch der schon erwähnte große

Strom sozialisationsorientierter Entwicklungsforschung angesprochen (*Haubl* et al. 1985; *Hagemann-White, Wolf* 1975; *Hurrelmann, Ulich* 1991).

2.2.5 Die **ökologische Entwicklungspsychologie** ist für den Integrativen Ansatz eine zentrale Perspektive. Dies wurde schon erwähnt. Der Mensch kann nur in seinem jeweiligen sozioökologischen Kontext verstanden werden, wie *Lewin, Bronfenbrenner* und die *Gibsons* mit jeweils unterschiedlichen Akzentsetzungen überzeugend gezeigt haben. Die Perspektiven ökologischer Entwicklungspsychologie (*Oerter* 1987; *Gibson, Spelke* 1983; *Rogoff* 1990) haben in der Kinderpsychotherapie bislang unverständlicherweise noch kaum Berücksichtigung gefunden, obgleich sie hier zentrale Bedeutung haben, denn ohne ein „environmental modeling“, eine Gestaltung und Beeinflussung der Lebenswelt von Kindern, sind Therapieerfolge nur sehr schwer und nur sehr partiell zu erreichen. Für den Integrativen Ansatz der Kinder- und Jugendlichenpsychotherapie ist diese Dimension mit ihren Mikroperspektiven konkreter interpersonaler Interaktion (*Petzold* 1969b, idem et al. 1994a) und ihren auf „soziale Netzwerke“ und „sozioökologische Milieus“ (Mesoperspektive), aber auch auf gesamtgesellschaftliche Kontexte gerichteten Blick (vgl. *Petzold* 1989f sowie die Arbeiten von *Metzmacher* und *Zaepfel*, dieses Buch) ein besonderes Anliegen.

## 2.3 *Entwicklungspsychologie der Lebensspanne*

Jeder der bislang aufgewiesenen Bereiche der Entwicklungspsychologie muß nun in die Kontinuumsdimension gestellt werden, in ein Entwicklungsgeschehen, das von den Prozessen fötaler Entwicklung (*Prechtl* 1984) über die Entwicklung in den ersten Lebensjahren (*Keller* 1989; *Osofsky* 1987), die Entwicklung im Jugendalter (*Verhofstadt-Denève* 1994; *Fend* 1991), über die Entwicklung der Psychologie des Erwachsenenalters (*Faltermaier* et al. 1992) hin zur Entwicklungspsychologie im Senium reicht (*Lehr* 1987; *Mayring, Saup* 1990; *Petzold, Petzold* 1991; *Saup* 1991, 1993). Damit wird das Paradigma der „life span developmental psychology“ (*Baltes, Reese, Lipsitt* 1980) auf jeden der aufgeführten Bereiche der Entwicklungspsychologie angewandt, und es wird affirmiert: Entwicklung ist ein lebenslanger Prozeß, den man *als Ganzes* erfassen und begreifen muß, dessen Aufgabe es ja ist, Menschen dahin zu bringen, daß sie „sich selbst im Lebensganzen verstehen lernen" (*Petzold* 1981f). Es ist keineswegs so, daß nur der Erwachsenentherapeut auch etwas über kindliche Entwicklung wissen muß, um Pathogenese zu verstehen, sondern der Kindertherapeut muß etwas über die Entwicklung des Erwachsenenalters wissen, um gezielt in der Therapie *antizipatorisch* handeln zu können. „Frühe Schäden – späte Folgen" (*Prechtl* 1981), das erfordert ein Wissen um Entwicklungsverläufe, Trajektorien, Viationen, Karrieren, Ereignisketten, „convoys" (*Werner, Smith* 1982; *Rutter, Rutter* 1992; *Robins, Rutter* 1990; *Antonucci* 1985).

In modernen Darstellungen der Entwicklungspsychologie (*Oerter, Montada* 1987) werden die hier aufgezeigten Perspektiven monographisch nebeneinander dargestellt. Eine integrierte Entwicklungspsychologie fehlt bislang. In dem Moment, wo man die aufgezeigten Bereiche der Entwicklungspsychologie und die wesentlichen Forschungsergebnisse, die von ihnen hervorgebracht wurden, in den Blick nimmt, bewegt man sich durch solche *Mehrperspektivität* schon in Richtung einer *Synopse*. Wenn man sensumotorische Entwicklungsschritte mit kognitiven und sozialen verbindet (*Bischof-Köhler* 1989) und in diesen Prozessen die emotionalen Entwicklungsschritte zu beachten beginnt (*Malatesta, Culver, Tesmann, Shepard* 1989), wenn man den Einfluß sozialer Netzwerke (*Röhrle* 1994) und Beziehungsgeflechte betrachtet (*Sameroff, Emde* 1989) und noch einmal reflektiert, wie die ökologischen Gegebenheiten dieses alles beeinflussen (*Oerter* 1987) und ökonomische Gegebenheiten und gesamtgesellschaftliche Zusammenhänge zum Tragen kommen (*Vygotsky* 1978; *Valsiner* 1987), dann wird dieser mehrperspektivische Blick (*Petzold* 1994a) auch eine *pluriforme Wirklichkeit* sehen, und als solche muß die Lebensrealität von Kindern und ihren Familien in ihren jeweiligen sozioökologischen und soziökonomischen Lebenslagen gerade in der postmodernen Pluralität der Lebenswelt am *fin de siècle*, ja des Millenariums (*Sloterdijk* 1989), in ihrer ganzen Unübersichtlichkeit, risikogesellschaftlichen Vielschichtigkeit riskanter Freiheiten (*Keupp* 1995; *Beck* 1986; idem, *Beck-Gernsheim* 1994; *Metzmacher, Zaepfel* 1995) aufgefaßt werden (vgl. *Habermas* 1985). Kinderpsychotherapie, die effektiv und wirklich hilfreich sein will, braucht die differentielle Sicht und die Synopse, um Interventionen zu konzipieren, die nicht eindimensional ansetzen und entfremdend Fragmentierungen von lebensweltlichen Bezügen fortschreiben, sondern die synoptisch-synergetische Wirkungen entfalten können, weil sie das Kind in und mit seinem Kontext zu erreichen suchen, auf dem Hintergrund der Reflexion gesellschaftlicher Zusammenhänge, die stets in die individuelle Situation durchschlagen (*Metzmacher, Zaepfel*, dieses Buch).

Auf dem Hintergrund dieses kurz umrissenen synoptischen Konzeptes der Entwicklungstheorie und Entwicklungspsychologie müssen unsere folgenden Ausführungen gesehen werden.

## 3. Gesundheit und Krankheit unter longitudinaler Perspektive – Konzepte klinischer Entwicklungspsychologie als Grundlagen therapeutischen Handelns

Der „life span developmental approach" in der Entwicklungspsychologie (*Oerter* 1987) hat durch die entwicklungspsychologische und klinische Longitudinalforschung (*Werner, Smith* 1982; *Schmidt, Droemann* 1981; *Robins, Rutter* 1990) eine grundsätzliche Stütze erfahren. Dies gilt nicht nur für die Longitudinalforschung im Frühbereich (*Kalverboer* 1988; *Kalverboer, Hopkins, Geuze* 1993) oder im Bereich der kindlichen Entwicklung zum Jugendlichen- und Erwachsenenalter hin (*Rutter* 1989; *Robins, Rutter* 1990; *Rutter, Rutter* 1992), sondern es gilt auch für Entwicklungen vom Erwachsenenalter zum Senium hin (*Thomae* 1983, 1988; *Lehr, Thomae* 1987; *Schroots* 1993). Die „power of longitudinal data" (*Rutter* 1988) erweist sich darin, daß letztlich nur durch Längsschnittuntersuchungen, die Lebenswege verfolgen und die in ihnen vorhandenen Einflußgrößen – *positive* wie *negative* wie *defizitäre* – „in ihrer Interaktion" untersuchen, ganz allgemein gesehen hinreichend verläßliche Aussagen über das Entstehen von Verhalten (gesundem wie gestörtem) und die Verursachung somatischer, psychischer, psychosomatischer und sozialer Erkrankungen im besonderen möglich machen. Longitudinalstudien, die das Leben *prospektiv* in den Blick nehmen, setzen uns in die Lage, das Lebenskontinuum *„begleitend"* zu erforschen. Dadurch, daß immer wieder eine gegenwärtige Lebenssituation *aspektiv* mit den gleichen Parametern untersucht wird, läßt sich der Lebensverlauf „kartieren", so daß eine *retrospektive* Betrachtung – z. B. mit dem Ziel der Theorienbildung – sich an Fakten orientieren und das Geflecht *multipler Kausalitäten* berücksichtigen kann, denn eines ist sicher: Monotraumatische Ursachen von Pathogenese finden sich äußerst selten. Die Persistenz früh verursachter und weitere Probleme determinierender interner „working models" (*Bowlby* 1979), wie sie der tiefenpsychologische „mainstream" in der einen oder anderen Form annimmt, z. B. durch die generalisierende Affirmation eines zentralen Beziehungskonfliktes (*Luborsky* 1988), wird durch Longitudinalforschung nicht gestützt (*Vyt* 1993; *Weiner* et al. 1990), was nicht heißt, daß es nicht in Einzelfällen auch solche Konstellationen geben kann, die dann entsprechend behandelt werden müssen. Insgesamt ist aber das *zeitextendierte Zusammenspiel vielfältiger Einflüsse* zu sehen. Die Längsschnittforschung zeigt durchaus „statistisch signifikante Verbindungen zwischen adversiven Kindheitserfahrungen und abnormem psychosozialen Verhalten im jungen Erwachsenenalter. Daraus sollte aber nicht geschlossen werden, daß diese Befunde zwangsläufig auf einen weiterwirkenden Effekt früher Erfahrungen verweisen. Zum Teil liegt die Erklärung darin, daß adversive Umweltbedingungen die Tendenz haben, sich fortzuschreiben, und das, was die Ergebnisse widerspiegeln, einfach eine Fortdauer der Risikofaktoren ist" (*Rutter* 1991, 189).

Die demnach bestehenden Zusammenhänge weisen eine Reihe operativer Mechanismen auf:

„1. *an immediate effect leading to emotional/behavioural disturbance in childhood that then persists into adult life (this mechanism may be more important than appreciated hitherto, because heterotypic continuity has concealed the strength of the persistence of disturbance),*
2. *one risk environment increasing the likehood of occurrence of a second, different risk environment;*
3. *the establishment of patterns of behavior that bring about later risk environments; and*
4. *the development of an increased vulnerability to later risk environments"* (ibid.; Einfügung der gliedernden Zahlen von mir – H.P.)

Derartigen Mechanismen gilt es nachzugehen: in Erwachsenentherapien, um nicht monokausal konstruierte „Ursachen" zu behandeln (etwa 1 unter Vernachlässigung von 2, d. h. anderer Risiken und Negativeinflüsse); weiterhin um nicht gegenwärtige Negativsituationen (3) mit fixiertem Blick auf frühe Ursachen, die in ihrer Wirkung nicht abschätzbar sind, gering zu werten und, statt gegenwärtig erforderliche Hilfen zu geben, in vergangenen Traumata und

Konflikten zu gründeln; schließlich um nicht Präventiv- und Puffer- bzw. Schutzschildmaßnahmen bei vorhandener Vulnerabilität (4) und bei gegenwärtigen Risiko-Environments zu versäumen. Für Kinder gilt es nicht nur die Konstellation 1 zu verändern, sondern prospektive Maßnahmen zur Verhinderung von Langzeitwirkungen in die Therapie einzubringen (Netzwerkarbeit, *affordance-modeling*, „Aufbau innerer Beistände" [*Petzold* et al. 1993a, 204], Aufbau von „Soziotopen" [*Metzmacher, Zaepfel,* dieses Buch] usw.). Damit ist auch die Vermeidung von Multi-Risikoeinflüssen (2) anzugehen. Die überwältigende Bedeutung, die die longitudinal ausgerichtete „developmental psychopathology" (*Achenbach* 1990; *Robins, Rutter* 1990; *Lewis, Miller* 1990) den negativen „environments" aufgrund ihrer Forschungsergebnisse zuweist, verlangt nach soziotherapeutischen, netzwerkorientierten, pädagogischen und ökologischen Interventionen, damit Psychotherapie im Rahmen einer breit angelegten, integrativen Behandlungskonzeption greifen kann.

Die Pathogenesezentrierung in der Psychotherapie und klinischen Psychologie erfaßt das Entstehen von Krankheit nur einseitig und wahrscheinlich sogar wegen der Ideologie ausschließlicher Orientierung an krankmachenden Ursachen (*Orth, Petzold* 1995a) recht unzureichend bis falsch, weil die Längsschnittforschung und die Gesundheitsforschung gezeigt haben, daß alle Einflußgrößen *in ihrer Interaktion* betrachtet werden müssen. Die Forschungen zu den Bedingungen von Gesundheit und Wohlbefinden (*Haisch, Zeitler* 1991; *Schröder, Reschke* 1992; *Abele, Becker* 1991; *Becker* 1982; *Becker, Minsel* 1986) stellen eine unverzichtbare Ergänzung für das Verstehen von Störungen, Krankheiten, Leid dar. Besonders die Arbeiten von *Antonovsky* (1979, 1987) und die an ihn anschließende Forschung zu *salutogenen* Einflüssen im Lebensverlauf zeigen, daß das menschliche Leben in einer komplexen Interaktion von *Risiko-* und *Schutzfaktoren* steht, die ein persönliches „Gesundheits-Krankheits-Kontinuum" konstituieren. *Becker* (1982, 222) bestimmt seelische Gesundheit als „*Muster all jener psychischen Eigenschaften (relativ stabilen Kennzeichen des Verhaltens und Erlebens)..., die bei vorgegebenem Ausmaß der konstitutionellen Vulnerabilitäten, bei vorgegebener Intensität und Dauer der Stressoren und bei vorgegebenem Ausmaß der förderlichen Umweltbedingungen, die Wahrscheinlichkeit des Auftretens einer psychischen Krankheit verringern*". Die Frage, was nun Vulnerabilitäten, was Stressoren oder förderliche Umweltbedingungen sind, läßt sich keineswegs leicht beantworten.

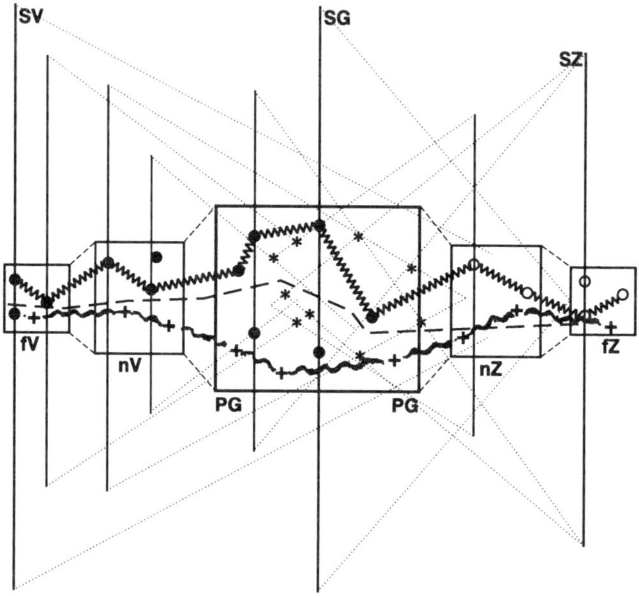


*Abb. 1:* Pathogene und salutogene Ereignisse, protektive, defiziente und adversive Erlebnisströme im Lebenszusammenhang, d. h. in Kontext und Kontinuum bzw. Lebensraum/Zeitperspektive als individuelle Lebenskarriere (aus: *Petzold, Goffin, Oudhof* 1993, 243)

**Legende**

**PG** psychologische Gegenwart
**nV** nähere Vergangenheit
**fV** ferne Vergangenheit
**nZ** nähere Zukunft
**fZ** ferne Zukunft
**SV** Schatten der Vergangenheit auf die Gegenwart bzw. Zukunft
**SG** Schatten aus der Gegenwart in die Zukunft
**SZ** Schatten aus der Zukunft
\+ positive Stimulierung/förderndes Lebensereignis/Eustreß
● pathogene Stimulierung/kritisches Lebensereignis/Distreß oder **Krise** in der Vergangenheit oder Gegenwart
○ antizipierte Bedrohung (threat) oder Streßsituation
✱ Schnittpunkt pathogener Einflußlinien, Störzone, **Krise**, Symptome, Erkrankung
⟍ Prägnanzhöhe des Ereignisses
ʌʌʌ maligne Narrative, pathogene Faktoren, Risiken, chain of negative events
∿ benigne Narrationen, salutogene Faktoren, chain of positive events, continuity of protective factors
··· pathogene Einflußlinien
···· prolongierte Mangelerfahrungen, Defizite

## 3.1 *Ereignisketten*

Die Längsschnittforschung (*Rutter* 1988; *Robins, Rutter* 1990) trägt dazu bei, monotraumatisch ausgerichtete Theorien zu überwinden, die zuvor eine „mißlungene ödipale Situation“ oder das traumatische Erleben der „Urszene“ als alleinigen oder wesentlichsten Hintergrund einer aktual vorfindlichen Erkrankung annahmen, wenn sie statt dessen *Ketten negativer, positiver und defizitärer Ereignisse* (*Petzold* 1992a, 610), protektiver und Risikofaktoren, pathogener und salutogener Einflüsse in ihrer Interaktion und Summation als Erklärungsmodell (Abb. 1) heranziehen.

In der Kinder- und Jugendlichenpsychotherapie des Integrativen Ansatzes wird deshalb dezidiert darauf geschaut, was im Lebenskontextes des Kindes an gesundheitsfördernden Einflüssen vorhanden ist. Diese gilt es zu bekräftigen. *Salutogenese* (*Antonovsky* 1987) wird damit ein „core issue“ therapeutischen Handelns, und das verlangt *Netzwerkinterventionen*, die Verbesserung der gesundheitsfördernden Qualität des „*convoy*“. Therapie ist vor diesem Hintergrund selbst als ein Teil eines guten „*Weggeleits*“ zu verstehen, das „Schutzschildfunktion“ hat, negative Einflüsse „abpuffert“, gute Beziehungsqualitäten entwickelt – möglichst in Kontinuität – oder einen „safe place“ (*Katz-Bernstein* 1995, dieses Buch), „schützende Inselerfahrungen und gute Zeiten“, eine „Kette positiver Ereignisse“ (Abb. 1) bereitstellt (*Petzold* 1969b; *Petzold* et al. 1993).

## 3.2 *Protektive Faktoren und Prozesse, Risikofaktoren und Resilienz*

Dem Auffinden und Bereitstellen von „*protektiven Faktoren und Prozessen*“ kommt dabei eine besondere Bedeutung zu. Die longitudinale Entwicklungsforschung (*Werner, Smith* 1982; *Thomas, Chess* 1980; *Rolf* et al. 1990) hat herausgefunden, daß es in Populationen mit hohen Risiken doch eine große Zahl von Kindern gibt, die eine große Widerstandsfähigkeit (*resilience*) aufweisen und trotz negativer Einflüsse und schwerer Belastungen in der Lage sind, Probleme zu bewältigen und eine gesunde Lebensführung verwirklichen. Neben einer favorablen genetischen Ausstattung (*Plomin* 1986, 1987) sind es vor allen Dingen persönliche Eigenschaften und Kontextbedingungen, die als „protektive Faktoren“ bezeichnet wurden (*Rutter* 1985), auf deren Wirksamwerden die positiven Entwicklungsmöglichkeiten zurückgeführt wurden. Von verschiedenen Forschern wurden diese Schutzfaktoren als eine Art „psychischer Immunisierung“ angesehen, als die Fähigkeit des psychophysischen Gesamtorganismus, sich an Schwierigkeiten so anzupassen, daß er eine gewisse Widerstandsfähigkeit und Robustheit ihnen gegenüber entwickelt. *Rutter* (1991, 204) definiert die Wirkung von Schutzfaktoren als ein *„rather controlled exposure to the pathogenetic circumstances that allow a body to cope successfully – the basis of immunization and also natural immunity. It appears that the same may apply in the psychological area. Probably resilience does not mainly derive from things that make you happy but rather from the selfesteem and coping skills that come from successful encounters with earlier challenges and stresses“* (*Rutter* 1991, 204; vgl. *Rutter* 1985, 1987)

Eine derartige Sicht ist durchaus möglich, wenn man bedenkt, daß beim Eintreten schwieriger Lebensverhältnisse, wie wir sie z. B. im ehemaligen Jugoslawien finden, Kinder aus gutem Haus, positiven Familiensituationen und „geordneten Verhältnissen“ sich als vulnerabel erwiesen, schwerer mit den Belastungssituationen umgehen konnten als „hard growing children“, Kinder aus schwierigen Familienverhältnissen, denen der Wind schon etwas rauher ins Gesicht geweht hat (*Josić* 1994; *Josić, Petzold* 1995). Natürlich ist *Radke-Yarrow* (1990) zuzustimmen: „Hard growing children cannot walk between the raindrops“. Dennoch ist daran festzuhalten, daß Schutzfaktoren belastende Lebenseinflüsse „abpuffern“ können, daß sie einen *„Schutzschild“* darstellen. Wesentlich aber ist, daß sie differentiell betrachtet werden, rückgebunden werden an situative Faktoren, an kulturelle Bewertungsmuster. So gibt es geschlechtsspezifische Differenzen oder altersspezifische Varianten – ein niedliches Aussehen ist für ein kleines Mädchen sicher ein protektiver Faktor, für die Jugendliche hingegen trifft dies durchaus nicht immer zu.

Ich habe an anderem Ort in einer großen Übersichtsarbeit den aktuellen Stand der Forschung zu Schutzfaktoren und die Konsequenzen, die daraus für die Praxis der Psychotherapie zu ziehen sind, dargestellt (*Petzold* et al. 1993) und hervorgehoben – und damit gehe ich einen Schritt weiter als *Rutter* mit der oben zitierten Definition –, daß protektive *Faktoren* und *Prozesse* nicht nur als Kompensations-, Immunisierungs- oder Puffereffekte zu sehen sind, sondern als positive Einflüsse, die zu jeder Lebenskarriere gehören und als solche auch bereitgestellt werden müssen. Sie haben *als solche* eine salutogene Wirkung. Es kann folgende Definition gegeben werden:

*»Protektive Faktoren und Prozesse sind einerseits – internal – Persönlichkeitsmerkmale und verinnerlichte positive Erfahrungen, andererseits – external – spezifische und unspezifische Einflußgrößen des sozio-ökologischen Mikrokontextes (Familie, Freunde, Significant caring adults, Wohnung), Mesokontextes (Subkultur, Schicht, Quartier, Region) und Makrokontexes (übergreifende politische und sozioökonomische Situation, Zeitgeist, Armuts- bzw. Krisenregion), die im* ***Prozeß ihrer Interaktion*** *miteinander und mit vorhandenen Risikofaktoren Entwicklungsrisiken für das Individuum und sein soziales Netzwerk weitgehend vermindern. Sie verringern Gefühle der Ohnmacht und Wertlosigkeit und gleichen den Einfluß adversiver Ereignisse und Ereignisketten aus bzw. kompensieren ihn. Sie fördern Resilienz und verstärken aber auch als salutogene Einflußgrößen den Selbstwert und Kompetenzgefühle und -kognitionen sowie die Ressourcenlage und „supportive Valenz" sozioökologischer Kontexte (Familie, Schule, Nachbarschaft, Arbeitssituation), so daß persönliche Gesundheit, Wohlbefinden und Entwicklungschancen über ein bloßes Überleben hinaus gewährleistet werden«* (*Petzold* 1990g).

Den protektiven Faktoren muß man die Risikofaktoren gegenüberstellen. *Sameroff* et al. (1987; vgl. *Seifer* et al. 1992) geben eine Aufstellung, anhand derer „High-risk"- und „Low-risk"-Kinder differenziert werden können. Wenn aus den 10 Items vier oder mehr zusammentreffen, kann nach Auffassung der Autoren von „High-risk"-Kindern gesprochen werden:

1. psychiatrische Probleme bei einem Elternteil (DSM-III-Diagnose),
2. die Mutter hat 6 oder mehr Punkte auf *Rutters* (1979) Belastungs-/Malaise-Fragebogen,
3. im abgelaufenen Jahr fanden sich 20 oder mehr „stressfull life events",
4. die Mutter hat keinen Hauptschulabschluß,
5. der Ernährer der Familie ist arbeitslos,
6. es ist kein Vater in der Familie anwesend,
7. die Familie hat vier oder mehr Kinder,
8. die Familie gehört einer ethnischen Minderheit an,
9. die Eltern haben rigide Erziehungsvorstellungen,
10. es findet sich eine schlechte Qualität der Mutter-Kind-Interaktion.

Wir möchten folgende kindorientierte Items hinzufügen:

11. Das Kind hat dysfunktionale emotionale Stile (*Leff, Vaughn* 1985; *Petzold* 1992b),
12. das Kind hat keinen protektiven „significant caring adult" (*Petzold* et al. 1993),
13. das Kind hat keine Netzwerkorientierung und geringe soziale Kompetenz (*Tolsdorf* 1976),
14. das soziale Netzwerk ist für das Kind ressourcen- und supportarm.

Diesen *Risikofaktoren* muß man nun die *protektiven Einflüsse* (siehe unten) und die *Resilienzen* an die Seite stellen, um aufgrund der daraus ablesbaren Interaktionseffekte zu differenzierten diagnostischen und prognostischen Einschätzungen und Interventionen zu gelangen, denn aus den festgestellten Risikofaktoren ergeben sich therapeutische Zielsetzungen und Maßnahmen, bei denen vorhandene Resilienzen und protektive Faktoren und Prozesse (*Petzold* et al. 1993) stets mit berücksichtigt werden müssen.

Die Entdeckung der *Widerstandsfähigkeit* (*resilience*) und Überlebenskraft von Kindern „in face of adversity" hat, seitdem dieses Faktum in Längsschnitt- und Querschnittstudien erkennbar wurde, immer größere Aufmerksamkeit gefunden. Sprach man zunächst von einer grundsätzlichen Robustheit oder gar „invulnerability" (*Werner, Smith* 1982), so ist man inzwischen zu einer differenzierten Betrachtungsweise gekommen, die die Interaktion von *Risikofaktoren, protektiven Faktoren* und *Resilienz* ins Auge faßt. Unter *„Resilienz"* versteht man in der Entwicklungspsychopathologie folgende Phänomene:

1. Eine hereditäre Disposition zur Vitalität, die eine gewisse Unempfindlichkeit gegenüber Belastungsfaktoren gewährleistet,
2. die Fähigkeit, Belastungen oder Risiken effektiv zu bewältigen,
3. die Fähigkeit, sich nach traumatischen Erfahrungen schnell und nachhaltig zu erholen,
4. die Fähigkeit, Situationskontrolle und Kompetenz unter akutem Streß und in Konfliktsituationen aufrechtzuerhalten,
5. die Fähigkeit, sich an Belastungssituationen so anzupassen, daß Möglichkeiten bestehen, in ihnen zu überleben, ohne daß psychische oder psychosomatische Schädigungen feststellbar werden,
6. die Möglichkeit, Belastungserfahrungen zu kommunizieren und aufgrund von Netzwerkorientierung und guter interaktiver Kompetenz und Performanz Schutzpersonen zu mobilisieren.

Diese *Resilienzen* variieren mit dem Alter und der Art der Belastungen. Zum Beispiel sind bei Auswirkungen von Negativeinflüssen im *ersten Lebensjahr* – ganz entgegen der gängigen Annahmen psychoanalytischer und vieler humanistisch-psychologischer Autoren – Anpassungsleistungen und Möglichkeiten eines „catch up" in dieser Lebensperiode besonders gut gegeben (*Rauh, Steinhausen* 1987; *Rauh, Ziegenhain* 1992; *Bakeman* et al. 1989).

Oftmals wirken verschiedene Resilienzfaktoren bei „hard growing children" (*Radke-Yarrow* 1990), die sich in positiver Weise entwickeln und behaupten, zusammen (*Masten* et al. 1990). Resilienzeigenschaften sind zum einen genetisch disponiert, zum anderen durch Lernprozesse bestimmt, die in der Interaktionen mit der Umwelt erfolgen, wobei „protektive Faktoren" einerseits und „Risikofaktoren" andererseits ausschlaggebende Entwicklungseinflüsse sind. Erlebte Risiken und Belastungen ermöglichen die Ausbildung von Bewältigungsstrategien und – wie erwähnt – eine gewisse Habitualisierung oder „Immunisierung" (*Rutter* 1991, 204), Effekte, die man immer wieder in *Multiproblemfamilien* und *Fatumfamilien* (*Petzold, von Schlippe* 1990) findet, wobei sich unterschiedliche Ausprägungen der Resilienz annehmen lassen (*Anthony, Cohler* 1987). Insgesamt zeigen Kinder mit einer *hohen Resilienz* eine höhere Kontaktfähigkeit und interaktive Kompetenz und Performanz. Sie sind sozial flexibler als die Vergleichsgruppen mit geringeren kommunikativen Fähigkeiten und eingeschränkter „psychischer Widerstandskraft" und erweisen sich in der Regel auch als intelligenter. Dabei ist nicht klar zu entscheiden, inwieweit genetische Dispositionen oder Umweltförderung ausschlaggebend sind, zumal eine solche Dichotomisierung unter sozioökologischer bzw. „dynamic systems" Perspektive (*Thelen* 1994; *Petzold* et al. 1994a) ohnehin nicht sinnvoll erscheint. Bei resilienten Kindern findet man in der Regel ein positives Selbstkonzept. Das aber bedeutet, daß es Möglichkeiten im frühen Milieu gegeben haben muß, in denen Selbstwirksamkeit (*Flammer* 1990) erlebt werden konnte, „Mastery"-Erfahrungen (*Harter* 1978; *Messer* 1993) möglich waren und auch ein gewisses Maß an positiven Attributionen zur Wirkung gekommen sein muß. So lassen sich bei ihnen immer wieder auch „protektive Faktoren" feststellen, insbesondere eine positive Bindung zu einem Mitglied der Kernfamilie (Mutter, ältere Geschwister, Großmutter), häufig auch zu einem „significant caring adult" im weiteren Netzwerk, z. B. in der Nachbarschaft. Das setzt voraus, daß ein Netzwerk von entsprechender Größe und Vielfalt vorhanden sein muß, damit eine solche „Schutzperson" gefunden werden kann.

Die guten *kommunikativen Fähigkeiten* und die *Netzwerkorientierung* resilienter Kinder machen es ihnen möglich, vorhandene Support-Möglichkeiten zu erschließen. Immer wieder findet sich diese „soziale Geschicklichkeit", durch die aktive „coping styles" entwickelt und praktiziert werden und „schützende Inselerfahrungen" und „gute Zeiten" genutzt werden können. Werden in bestimmten Sektoren der Lebenswelt des Kindes positive emotionale Erfahrungen möglich, werden adäquate Realitätsorientierungen bestätigt und wird in der „social world" des Kindes eine „klare Wertorientierung" geboten (z. B. in der Schule oder in kirchlichen Jugendgruppen), so sind diese Faktoren als „resilienzfördernd", d. h. als protektiv zu betrachten (*Rutter* 1990; *Werner, Smith* 1982). *Resilienz* wird also durch positive Ressourcen und durch *„potentiell protektive Faktoren"* verstärkt. Folgende seien genannt:

- soziale Unterstützung innerhalb des sozialen Netzwerkes, d. h. in der und außerhalb der Familie;
- eine verläßliche Beziehung zu einem „significant caring adult" innerhalb und/oder außerhalb der Familie;
- „schützende Inselerfahrungen" und „gute Zeiten" im Verlauf der Entwicklung;
- positive Temperamentseigenschaften (emotionale Flexibilität, Kontaktfähigkeit, Affektregulation);
- positive Erziehungsklimata (Wärme, Offenheit, Akzeptanz) in Segmenten der Lebenswelt (mit einem Elternteil, in der Schule, in der Kirchengemeinde etc.);
- Möglichkeitsräume (potential space), in denen Gestaltungsimpulse und Selbstwirksamkeit erfahren werden können, so daß sich internal orientierte Kontrollüberzeugungen und konstruktive selbstreferentielle Emotionen und Kognitionen, d. h. positive Selbst- und Identitätsschemata entwickeln können;
- soziale Vorbilder, die Werte und Sinnbezüge vermitteln und die konstruktives Bewältigungsverhalten modellhaft zeigen;
- realistische Situationseinschätzung und positive Zukunftsorientierung;
- Leistungsmotivationen und Impetus zur aktiven Problembewältigung;

- kognitive und emotionale Integrationsfähigkeit, die einen „sense of coherence" (*Antonovsky* 1987) ermöglichen;
- sozioökologische Kontexte, die einen breiten Aufforderungscharakter haben und eine Vielfalt von *affordances* bereitstellen, so daß Handlungskompetenzen (*effectivities*) gewonnen werden können;
- dosierte Belastung, die Immunisierungen und das Ausbilden von Bewältigungsstrategien ermöglichen, weil sie die Coping-Kapazitäten und die vorhandenen Ressourcen nicht überfordern;
- Angebote für kokreative (*Iljine* et al. 1990) sinn-volle Aktivitäten (Hobbys, Sport, Spielmöglichkeiten), die Entlastung, Erfolgserlebnisse und Kreativitätserfahrungen bieten;
- ein positiver ökologischer Rahmen (Landschaft, Garten etc.), der durch Naturerleben Kompensationsmöglichkeiten schafft;
- Netzwerkorientierung, d. h. die Fähigkeit, soziale Netzwerke aufzubauen und sie zu nutzen;
- Haustiere, deren protektive Funktion gar nicht hoch genug eingeschätzt werden kann;
- Phantasiepotential, die Möglichkeit, sich „innere Welten" zu erschaffen und „äußere Welten" in neuer und außergewöhnlicher Weise zu sehen und zu nutzen.

Diese Auflistung ist natürlich nicht vollständig, sondern beispielhaft. Sie ist auch nicht altersstufenspezifisch oder geschlechtsspezifisch ausdifferenziert. In ihr sind externale und internale Faktoren, Prozesse und Ressourcen zusammengetragen, und sie ist außerdem *nicht* hierarchisiert nach Wichtigkeit. Derartige Gliederungen sind möglich, aber generalisierend nicht sinnvoll, denn was schützend wirkt oder was als Ressource betrachtet werden kann, welche Faktoren und Prozesse in nützlicher Weise interagieren oder sich vielleicht sogar hemmen, kann nur durch eine sorgfältige *ressourcendiagnostische Exploration* erfaßt werden, und eine solche muß Bestandteil aller diagnostisch-anamnestischen Bemühungen sein (*Osten* 1995), weil nur dann protektive Faktoren und Prozesse in guter Weise für therapeutische und übergreifende interventive Maßnahmen genutzt werden können, sei es zur Evokation guter Vergangenheitserfahrung bei *retrospektiver* Arbeit, sei es zur Bekräftigung und Bereitstellung schützender Gegenwartserfahrungen in *aspektiver* Arbeit oder sei es *prospektiv* durch die Planung und zukunftsbezogene Umsetzung von Entwicklungsmöglichkeiten und Perspektiven.

Das Wissen um protektive und Resilienz fördernde Faktoren, wie sie hier auf dem Hintergrund einer umfassenden Auswertung der relevanten Literatur und eigener Forschung (*Petzold* et al. 1993) aufgeführt wurden, bietet Therapeuten und Therapeutinnen Anregungen für die diagnostische Exploration im konkreten Einzelfall und auch Möglichkeiten, in den Interventionen entsprechende Akzente zu setzen und Prozesse so zu gestalten, daß

1. vorhandene externale Ressourcen und Schutzbedingungen mobilisiert oder neu erschlossen und bereitgestellt werden, daß
2. internale protektive Mechanismen („innere Beistände", ibid. 204 f), soweit sie vorhanden sind, gestützt und bekräftigt werden oder durch die Therapie erarbeitet werden können.

Die Liste der Schutzfaktoren macht eigentlich in sehr sinnfälliger Weise deutlich, worum es in Kindertherapie und nicht nur dort – geht und was neben die *verarbeitenden Maßnahmen* – emotionaler Entlastung, Förderung von Einsicht in Zusammenhänge, Trauer- und Aggressionsarbeit, Neubewertungen, Versöhnungsarbeit, Problemdifferenzierung, Affekt- und Verhaltenssteuerungen – gestellt werden muß. Man kann sagen, daß ohne ressourcen- und schutzfaktorenbezogenes Vorgehen verarbeitende Strategien kaum zum Tragen kommen können bzw. daß sie für diese geradezu Vorbedingungen sind, indem sie ein heilendes Potential bereitstellen, das bis in die Verarbeitungsstrategien hineinwirkt und eine wichtige Komponente derselben darstellt. So zählt etwa nicht nur die vermittelte *Einsicht*, die ein Zwölfjähriger gewinnt, sondern das Faktum, daß dieser Erkenntnisprozeß von einem „significant caring adult" angeregt, begleitet und geteilt wird, daß aufkommende Trauer in der wohlwollenden Präsenz eines anderen, verstehenden Menschen möglich wird, daß die Vergegenwärtigung vergangener Schrecken und ihre kathartische Abreaktion jetzt mit einer „close support figure" erfolgt, wohingegen in der Ursprungssituation kein Mensch da war, der Hilfe und Stütze gab. Eine therapeutische Beziehung und Situation, die einen Teil der aufgezählten Schutzfaktoren und Ressourcen bereitstellt, muß in sich schon als ein „protektiver Megafaktor" angesehen werden. Eine pathologie- bzw. traumaorientierte theoretische und praxeologische Ausrichtung beeinträchtigt diese therapeutischen Möglichkeiten.

Protektive Faktoren, Risikofaktoren und Resilienzen müssen jeweils im sozioökologischen Bezugssystem betrachtet werden (*Masten* et al. 1990; *Rutter* 1990; *Werner, Smith* 1992), und dieses muß in seiner ganzen Vielschichtigkeit gesehen werden, denn nur so wird ein *multi-setting-multi-information-approach* (*Achenbach, McConaughy* 1987) möglich. Nur so wird es auch sinnvoll, protektive Faktoren und Prozesse in ihrer eigenständigen Qualität zu erkennen und nicht nur als *„Puffer"* für Negativeinwirkungen, sondern als salutogene Potentiale, die Entwicklungen fördern. Damit wird eine eng gefaßte Konzeption (*Osborn* 1990) überschritten und sogar noch die von *Rutter* (1985) vertretene interaktive Moderator-Definition erweitert. Es werden zwar kompensatorische Möglichkeiten angenommen und angestrebt, aber es wird auch vom Konzept eines „salutogenen Entwicklungsklimas" ausgegangen, und solche Klimata gilt es zu fördern – trotz aller makrogesellschaftlichen Bedrohungen (*Petri* 1990; *Schärli-Corradini* 1992) –, indem man das Zusammenwirken von Risiko- und Schutzfaktoren ausgewogen (*Cicchetti, Garmezy* 1993; *Cicchetti, Carlson* 1989) unter Berücksichtigung alters-, krankheits-, und zielgruppenspezifischer Überlegungen, unter Berücksichtigung der Kontext- bzw. Settingvariablen (vgl. z. B. für Populationen von Suchtkranken *Hawkins* et al. 1992) und bei Reflexion gesamtgesellschaftlicher Klimata als bestimmende Einflüsse betrachtet. Die Integrative Therapie gehört zu den wenigen Ansätzen, die im Bereich der Kindertherapie Konzepte der „developmental psychopathology" (*Lewis, Miller* 1990) bzw. der „klinischen Entwicklungspsychologie" (*Petzold* 1993c) aufgenommen und in Behandlungsstrategien klinisch umgesetzt haben (*Petzold* et al. 1993; *Müller* 1994). Sie verfügt damit nicht nur über einen breiten Explikationsrahmen, was das Verständnis klinischer und lebensweltlicher Konstellationen anbelangt, sondern auch über Möglichkeiten, Interventionen in breiter Weise anzulegen und durchzuführen. Sie hat weiterhin stets Netzwerkperspektiven einbezogen und interventiv berücksichtigt (*Petzold, Schulwitz* 1972), und sie hat immer dem Einfluß kontextueller Bedingungen, ja makrosozialen Klimata Beachtung geschenkt (*Petzold* 1968c, 1969b, 1971c, 1989f; *Metzmacher, Zaepfel*, dieses Buch) durch „soziales Sinnverstehen", „soziales Empathieren" und praktisches soziotherapeutisches Engagement (*Vollmer* 1974; *Petzold* 1969c, 1974b; *Petzold, Petzold* 1991, 1993a).

## 3.3 *Pathogenesetheoretische und interventive Konsequenzen*

In ihrer kompensatorischen Funktion mit Blick auf „critical life events, adversive events, pathogenetic influences“ (vgl. *Filipp* 1990) und gegenüber „prolongierten Mangelerfahrungen“ (*Petzold* et al. 1994a; *Mei* 1994; *Mei, Yang* 1993), Defiziten und Vernachlässigung (*neglect*), ist der gezielten Arbeit mit Schutzfaktoren und Resilienzen im Rahmen therapeutischer Interventionen eine immense Bedeutung zuzumessen. Ja, man kann sagen, daß *eine gelungene Psychotherapie selbst ein protektiver Megafaktor* ist, der lebensbestimmende, resilienzfördernde Wirkung hat, wie wir durch eine Nachuntersuchung an erwachsen gewordenen Kindern unserer Kindertherapiegruppen vom Anfang der 70er Jahre (*Petzold, Geibel* 1972; *Petzold, Schulwitz* 1972) feststellen konnten (*Petzold* et al. 1993). Dabei wurde deutlich, daß *„schützende Inselerfahrungen und gute Zeiten“* – und als solches wurde die Kindertherapie erlebt – verbunden waren mit dem Erleben eines positiven *„significant caring adult“* und den von ihm bereitgestellten Freiräumen, den Möglichkeiten kreativen Ausdrucks, spielerischer Interaktion, der emotionalen Wertschätzung und Akzeptanz, d. h. aber der Bekräftigung und Förderung des *Selbstwertgefühls*, der Selbstsicherheit und Selbstfindung, selbstreferentieller Emotionen und Kognitionen also. Derartige Beziehungsqualitäten korrespondieren nun in auffallender Weise mit denen, die von der empirischen Psychotherapieforschung als positive Wirkfaktoren bzw. „unspezifische Heilfaktoren“ herausgearbeitet wurden (*Huf* 1992; *Petzold* 1992g; *Garfield* 1992). Die protektive Erfahrung einer entwicklungsfördernden Beziehung zu einem *„significant caring adult“* im **Weggeleit** (*convoy*) erhält ihre Bedeutung und Wirkung – ähnlich wie eine positive therapeutische Erfahrung – nicht nur durch das Moment situativen Erlebens, sondern aufgrund des Faktums, daß diese „Person-in-Situationen-und-in-Beziehung“ erlebt und verinnerlicht wird, so daß „innere Beistände“ (*Petzold* 1985l), eine „secure base“ (*Bowlby* 1979), „safe places“ (*Katz-Bernstein*, dieses Buch) und „and good times“ eine memorierbare innere Repräsentation bilden, die als **Schutzschild**, als bewußtes und unbewußtes Vorhandensein guter, schützender, nährender Erfahrungen Grundstimmungen, ja, das *Lebensgefühl* eines Menschen (*Petzold* 1992b, 823 ff.) bestimmen. Daß die Dichte und das Schutzpotential solcher zwischenmenschlicher Atmosphären eine immense Kraft haben, zeigen die Biographien von Kindern, die im Zweiten Weltkrieg in der Präsenz guter Netzwerke aufgewachsen sind und die Unbehaustheit der „Schlüsselkinder" nach dem Krieg (*Preuss-Lausitz* 1989). Kindertherapeutische Arbeit, die diese Faktoren und Prozesse zu nutzen weiß, hat nicht nur eine kurative, sondern eine immense präventive Bedeutung und zeitigt über die Beseitigung von Symptomen hinaus nachhaltige Wirkungen, die als eine Art *„sleeper effect"* vorhanden sind und zu späteren Zeitpunkten aktualisiert werden können. *Pathogene* Einflüsse bleiben natürlich auch bei einer solchen Sichtweise wesentlich und bedeutsam, denn sie stehen ja mit den *salutogenen* in Interaktion, und das spezifische „Mischungsverhältnis" der Einflußlinien bestimmt Gesundheit und Krankheit. Das Feststellen von Risikofaktoren, ihre Beseitigung im mikroökologischen Kontext bzw. im sozialen Netzwerk, ist deshalb für die Kinder- und Jugendlichenpsychotherapie in diagnostischer wie in interventiver Hinsicht von großer Bedeutung. Aber durch die „positive Perspektive in der klinischen Entwicklungspsychologie" (*Petzold* et al. 1993) haben sich die Akzente verschoben.

Wenn man sich klarmacht, daß der bedeutendste Risikofaktor für Kinder ein „schlechter sozioökonomischer Status" der Familie ist, daß z. B. der Bildungsstand der Mutter – je nachdem, ob er gut oder schlecht ist – ein massiver Schutz- oder Risikofaktor ist (ibid.), daß die Arbeitslosigkeit des Vaters als Risikofaktor häufig die Entwicklung einer Symptomatik bei einem Familienmitglied im Gefolge hat (das Kind beginnt einzunässen, Nägel zu kauen etc.), welche spontan wieder verschwindet, wenn der Vater erneut eine Arbeitsstelle hat und mit seinen „Atmosphären der Unzufriedenheit" (der Frustration, der Resignation oder Gewalttätigkeit) wieder „aus dem Hause ist", dann sieht man, wie bedeutend sozioökologische Bedingungen für kindertherapeutische Arbeit sind und wie entscheidend damit *sozioökologische* Interventionen werden. Es wird aber gleichfalls evident, wie schwierig diese Aufgaben sind, weil im Hinblick auf die *sozioökonomische* Situation von Familien die professionellen Helfer oft an ihre Grenzen kommen und häufig nur beschränkte Hilfestellung geben können. Durch Entlastungsstrategien, das Bilden von Solidargemeinschaften, Selbsthilfegruppen (*Petzold, Schobert* 1991), das Erschließen von externalen Ressourcen, Unterstützungsmöglichkeiten – soziotherapeutische Maßnahmen also –, können gewisse soziale Support-Faktoren angeboten werden, die den „Situationsdruck“ mindern.

Parenting-Strategien und das Bereitstellen eines *„safe place“* für das Kind (*Katz-Bernstein*, dieses Buch) sind aber – für sich allein genommen – nicht immer die richtigen Maßnahmen, denn sie können dazu führen, daß im Kontrasteffekt zu der „schützenden Insel“ der Therapiesituation die desolate Situation zu Hause als doppelt belastend und bedrückend erlebt wird. Weiterhin können *Konflikte*, die auch in der therapeutischen Beziehung Platz haben müssen, vermieden werden, wenn der Therapeut sich alleinig auf die Rolle des „caring adult“ festlegt bzw. festlegen läßt. Nicht in jeder therapeutischen Beziehung müssen sich *Defizitreaktionen, Konflikte* reinszenieren. Eine derartig generalisierende Annahme ist mit Blick auf die Vielfalt der Beziehungsmöglichkeiten von Kindern und der Wichtigkeit alternativer *Narrationen* problematisch. Genauso einseitig ist aber eine generalisierte „Positive-parent“-Rolle. Gerade die Erfahrung einer *„secure base“* bietet ja die Möglichkeit, alternative Muster des Konflikterlebens und der Konfliktbearbeitung in der Therapie zu entwickeln, welche in die Familie transportiert werden, die allerdings dann insgesamt im Hinblick auf ihr Konfliktverhalten beraten werden muß, was oft genug Entlastung verursacht. Auch deshalb schon ist es notwendig, für die Familie selbst „schützende Inseln“, z. B. in Form von Familiennachmittagen, Familienfreizeiten etc. bereitzustellen und die Familie als Ganzes für die Notwendigkeit solcher Maßnahmen zu sensibilisieren, weil ansonsten Mangel, Belastung, Streß und der Sog der *„tristesse“* eine Dauerwirkung entfalten, die das *emotionale Klima* in einer Weise prägen, daß die Ausbildung von negativen Grundstimmungen, dysfunktionalen Konfliktstrategien und „emotionalen Stilen“ (*Petzold* 1992b, 823 ff.) einen adversiven sozialisatorischen Dauereinfluß bewirkt (*Elder* 1974). Auch bedrückende gesamtgesellschaftliche Atmosphären müssen im therapeutischen Gespräch Raum haben, lasten sie doch auf manchen Familien schwer und tönen das Familienklima, das als verinnerlichtes auch das Individuum belastet bis hin zur Ausbildung psychischer Störungen.

*Risikofaktoren* sind gleichfalls situations- und geschlechtsspezifisch zu sehen, und es empfiehlt sich nicht, allzu feste Typologien zu entwickeln. Die „Broken-home“-Situation aufgrund der Scheidung eines total zerstrittenen Elternpaares kann z. B. eine Entlastung für die Restfamilie sein. Endlich hören die Streitereien auf, endlich sitzen Mutter und Kinder nicht beständig auf dem „Pulverfaß", bis der Vater wieder einmal explodiert. Die abwesende Mutter kann eine Entlastung sein, wenn sie mit ihrer psychotischen Erkrankung wieder einmal in die Klinik kommt und die konstruktive, lebensbejahende Großmutter die Versorgung der Kinder ohne destruktive Interferenzen ihrer psychotischen Schwiegertochter übernehmen kann. Die Beispiele ließen sich beliebig vermehren, zumal die postmoderne, „postfamiliale Familie" (*Beck-Gernsheim* 1994) vielfältige Konstellationen hervorbringt – Fortsetzungsehen (*Fürstenberg* 1987), Mehrelternfamilien (*Napp-Peters* 1993), multikulturelle Ehen –, deren Wirkungen auf Kinder noch nicht vollends einzuschätzen sind. Untersuchungen zeigen aber, daß das Szenario schlimmer Folgen keineswegs generalisierend angenommen werden darf. Kinder haben gute Adaptierungsmöglichkeiten (*Cherlin* 1992; *Fürstenberg, Cherlin* 1991), und es kommt auf die entstehenden neuen Beziehungen und Bindungen und die Bewahrung alter Relationen an, ob gute oder böse Folgen eintreten. Deshalb wird es wichtig, protektive wie Risikofakten jeweils *aufgrund ihrer Wirkungen* auf das Kind und seine aktuale Lebenssituation herauszuarbeiten bzw. bei biographischer Arbeit mit Erwachsenen oder Jugendlichen zu rekonstruieren und *nicht* aufgrund spezifischer „therapeutischer Ideologien" und eines sehr hinterfragbaren klinischen „common sense", Negativwirkungen von Familiengeheimnissen, Delegationen, elterlichen Handlungen etc. einfach zu unterstellen (*Orth, Petzold* 1995a). Die Zusammenstellung von *potentiell* protektiven und Risikofaktoren hat deshalb nur einen heuristischen Charakter. Sie bietet aber für pathogenesetheoretische Überlegungen eine breite Hintergrundperspektive.

Als besonders gravierend unter den Risikoeinflüssen müssen „prolongierte Mangelerfahrungen" (*Mei* 1994; *Mei, Yang* 1993) gesehen werden und hier solche, die durch Vernachlässigung, defiziente Stimulierungen bzw. Angebote in „spezifisch sensiblen Phasen" wirksam werden. Wenn in der Zeit „intensivierter Kommunikation" der frühen Säuglingsentwickung (wir ziehen diesen Ausdruck *Mahlers* irreführendem Term der „symbiotischen Phase" vor) keine „gazing dialogues" stattfanden, etwa aufgrund des Faktums, daß die Mutter depressiv war und keine kompensatorischen Bezugspersonen vorhanden waren, die Prozesse des „intuitive parenting" (*Papoušek, Papoušek* 1981; *Petzold* et al. 1994a) also gestört sind, so kann dies als ein *Entwicklungsrisiko* betrachtet werden. Wenn in der

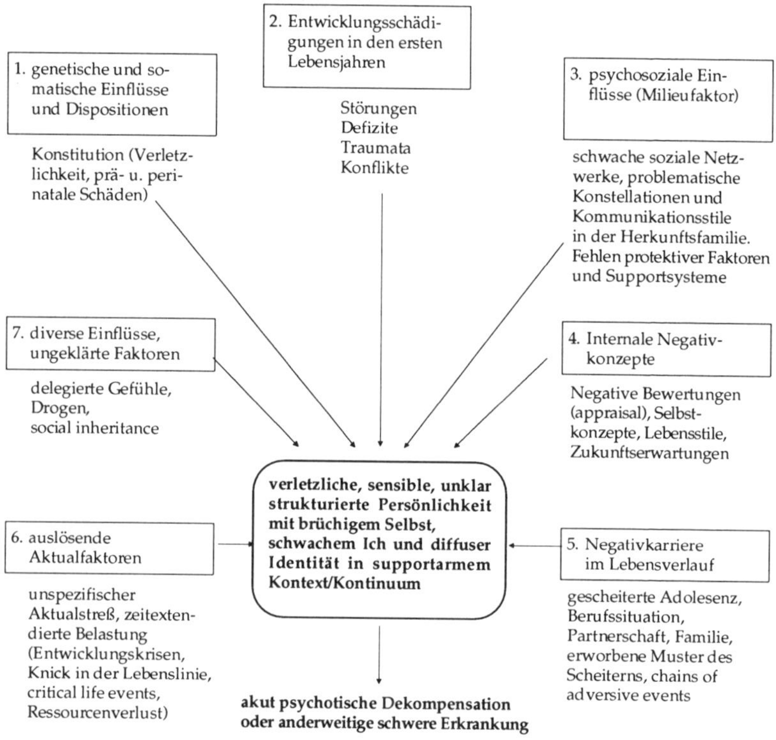


*Abb. 2:* Multifaktorielle Genese psychotischer oder anderer schwerer Erkrankungen (aus *Petzold* 1992a, 566)

**Legende**: Das Diagramm zeigt die multifaktorielle Genese deutlich auf, wobei mögliche genetische Dispositionen (1.) zusammenwirken mit Schädigungen in der frühen Entwicklungsphase (2.), Schädigungen durch psychosoziale Einflüsse (3.) in der Adoleszenz und im weiteren Lebensverlauf, aktuellen „stressful life events" (*Filipp* 1981) und zeitextendierten Überlastungen (6.) im Verein mit internalen Negativkonzepten (4.), z. B. negative Selbstbilder. Mit dieser Sicht wird konsequent eine „life span developmental perspective" (*Petzold* 1988n) angenommen, also die Pathologie in einer „unglücklich verlaufenden Lebenskarriere" (5.) als negativem Sozialisationsgeschehen („chain of adversive events" und „absence of protective factors", vgl. idem et al. 1993) gegründet, das sich über die „gesamte Lebensspanne" hin erstreckt und bei Ressourcenverlust und kritischen Lebensereignissen kulminiert, sofern keine Entlastung durch tragfähige Support-Systeme eintritt. Auslösend für Dekompensationen werden dann „critical life events", Streß bzw. zeitextendierte Überlastung. Die genetischen Einflüsse werden geringer gewertet, als dies früher geschah, wenngleich der Aspekt einer hereditären Disposition bzw. Vulnerabilität durchaus beachtet wird. Es bleiben diverse Einflüsse wie z. B. Drogenmißbrauch, chronische Intoxifikationen, ökologische Einwirkungen sowie ungeklärte und z. T. unklärbare Faktoren (7.).

„sprachsensiblen Phase" (vgl. *Bruner* 1987), der Zeit, in der das Kind offen ist, eine ganze Sprachwelt aufzunehmen, nicht genügend Angebote zur sprachlichen Interaktion gemacht wurden, durch die dem Kind „die Welt erklärt wird" (*Nelson* 1993, 1994), dann kann dieses Defizit durchaus nachwirkende Konsequenzen haben, sofern keine kompensatorischen Einflüsse durch andere Familienmitglieder oder Bezugspersonen aus dem sozialen Netzwerk zum Tragen kommen. Finden sich in der „rollenspielsensiblen Phase" (*Petzold, Mathias* 1983; *Flavell* 1975) keine Menschen (Kinder, spielerische Erwachsene), mit denen das Kind „Vater-Mutter-Kind" spielen kann oder „Schule" oder „Kaufladen" etc., so daß es die Möglichkeiten der Rollenübernahme, Rollenflexibilität, Rollendistanz nicht erfahren, erlernen, einüben, spielerisch erproben kann, so ist auch hier ein Mangel eingetreten, der Folgen haben *kann* – nicht muß. In diagnostischer, wie in interventiver Hinsicht ist das Feststellen solcher *prolongierter Mangelerfahrungen* von herausragender Bedeutung, denn der Kindertherapeut kann – sofern es ich um Aktualsituationen handelt – hier die entsprechenden kompensatorischen Maßnahmen planen und in die Wege leiten und – wenn es sich um vergangene Ereignisse handelt – die entsprechenden therapeutischen Methoden, Techniken und Medien einsetzen (etwa bei Defiziten in der rollenspielsensiblen Phase, *Rollenspiele*, in der sprachsensiblen Phase, *Sprachspiele, Körperspiele*, wo die zwischenleiblichen Interaktionen gefehlt oder eine bedrohliche Qualität hatten).

In gleicher Weise läßt sich aus einer solchen diagnostischen und pathogenesetheoretischen Sicht entscheiden, welche Kommunikations- und Interaktionsformen in der kindertherapeutischen Behandlung besonders betont werden und in den therapeutischen Strategien zur Anwendung kommen:

- Formen des „**intuitive parenting**", bei denen die Wechselseitigkeit des Mimik- und Blickdialogs, prosodische Sprachspiele, Körperspiele – *Interaktionsformen* des ersten Lebensjahres – im Vordergrund stehen (therapeutisch einzusetzen bei Defiziten, Störungen und Traumata als pathogenem Hintergrund),
- Formen des „**sensitive caregiving**", bei denen das gemeinsame kreative Gestalten, sprachliche Benennungen, differenzierender emotionaler Zugang, ausgehandelte Grenzen – *Kommunikationsformen* also, die für das zweite, dritte und vierte Lebensjahr besonders bedeutsam sind (vgl. insgesamt *Petzold* et al. 1994a) – vorherrschend sind (therapeutisch einzusetzen bei Störungen, Konflikten, z. T. bei Defiziten und Traumata und bei polyvalentem pathogenem Hintergrund), .
- Formen der „**co-responding mutuality**", der ko-respondierend in Akten wechselseitiger Empathie , „Begegnung und Auseinandersetzung" ausgehandelten Bewertungen von Situationen und Ereignissen (idem 1994e), aufgrund derer „shared

meaning" (idem 1995n) und konstruktive Kooperation möglich wird – *Kommunikations-/Interaktionsformen*, die für Kinder vom fünften Lebensjahr an, für Jugendliche und Erwachsene (sofern keine Regressionen vorliegen) charakteristisch sind (therapeutisch einzusetzen vor allem bei Konflikten und Störungen, aber auch bei Defiziten und Traumata sowie bei allen Mischformen von Pathogenese).

Die Vorstellung interagierender Ereignisketten führt zu *Pathogenesemodellen*, die multiple Kausalitäten im Lebensverlauf annehmen (*Petzold, Schuch* 1991), differenzierte Krankheitsmodelle, die stets mit dem Blick auf oder Vorstellungen über gesunde Entwicklungen erfaßt werden können. In der Integrativen Therapie wurden drei solcher Modelle entwickelt:

1. das Modell zeitextendierter Überlastung (Streßmodell der Pathogenese, *Petzold* 1992a, 586 ff.),
2. das Modell multipler Noxen im Entwicklungsprozeß (ibid. 575 ff.),
3. das Modell der Repression von Ausdrucksverhalten (ibid. 856 ff.).

Alle drei Modelle erschließen unterschiedliche Sichtweisen auf das Krankheitsgeschehen, die für die therapeutische Arbeit auch eine differenzierte Strategienbildung ermöglicht. Zusammenfassend kann man folgende Grundkonzeption für Pathogenese als Folge einer *negativen Synergie* folgender potentiell pathogener Einflüsse annehmen:

## 4. Soziale Netzwerke und „social worlds" als Basiskonzepte für supportive kindertherapeutische Arbeit

Betrachtet man die Ursachen der Pathogenese unter dem Aspekt einer longitudinal ausgerichteten „klinischen Entwicklungspsychologie", so wird unmittelbar evident, daß wir es nicht mit dem belastenden Schicksal einer Einzelperson zu tun haben, sondern mit der Situation einer sozialen Gruppe, z. B. einer *Fatumfamilie*, die im makrogesellschaftlichen Einfluß (*Beck* 1986; *Petzold* 1989f; *Metzmacher, Zaepfel*, dieses Buch) steht, aus der uns das Kind in die Praxis gebracht wird. Damit kommt neben individueller Pathologie auch Netzwerkpathologie, ja destruktive Sozialität in die Praxis: Begleitperson ist in der Regel die Mutter (womit ein weiteres wichtiges Mitglied des sozialen Netzwerkes erscheint). Zuweilen ist auch sie im Patientenstatus, völlig überfordert von ihrer Lebenssituation und von den „Schwierigkeiten mit dem Kind". Kommen noch Kindergartenprobleme oder Schulschwierigkeiten hinzu, sind Kindergärtnerinnen, Lehrer, Lehrerinnen, der Vater, Nachbarskinder, Schulkameraden recht bald mit im Spiel, zumindest, wenn man in der Exploration diese relevanten Bezugspersonen mit in den Blick nimmt und nicht, die soziale Wirklichkeit des Kindes verkürzend, eine „Personenzentrierung" vornimmt, die negiert, daß der Mensch ein „soziales Netzwerk" **ist** – nicht hat (*Moreno* 1936; *Petzold* 1982b).

In der Integrativen Kindertherapie ist durch den Einfluß der Soziometrie und Netzwerktheorie von *J. L. Moreno* (1934, 1936, 1947, 1953) seit ihren Anfängen mit netzwerktheoretischen Überlegungen und Interventionen in diagnostischer und therapeutischer Hinsicht gearbeitet worden (*Petzold, Schulwitz* 1972). Insbesondere wurde mit dem „zonenstrukturierten sozialen Atom" (ibid., idem 1979c) vom Autor ein Instrument entwickelt, das in der Lage ist, soziale Netzwerke differenziert zu erfassen (Abb. 3), nicht zuletzt ihre „supportive Valenz" und ihre „salutogenen Kräfte". Seit *Morenos* soziometrischen Untersuchungen im Flüchtlingslager in Mitterndorf (1917) oder von *Hildegard Hetzer* (1926) zum Einfluß der sozialen Umwelt auf pubertierende Mädchen ist die Bedeutung des sozialen Kontextes für die Entwicklung von Kindern und Jugendlichen ein unbestrittenes Faktum (*Neugarten, Datan* 1980), das – sieht man von familientherapeutischen Konzeptionen einmal ab – in der Theorienbildung und der Entwicklung der Praxeologie der Kinderpsychotherapie in ihren „mainstreams" (dem analytischen, dem behavioralen und dem kindzentrierten) praktisch nicht berücksichtigt worden ist. Das individiuumzentrierte Paradigma war zu stark.

*Als „soziales Netzwerk"* definieren wir die *„Gesamtheit an sozialen Beziehungen zwischen einer umschriebenen Zahl von Personen mit ihren Positionen und Rollen und den für sie relevanten Organisationen und Institutionen"* (*Petzold* 1973, 22) – für Kinder z. B. Schule, Kirche, Vereine, Jugendorganisationen. Die Kopplung in der Theorienentwicklung und in der Forschung zwischen *„sozialen Netzwerken"* und *„sozialer Unterstützung"* (*Laireiter* 1993; *Perkonigg* 1993) und die damit eingeführten ressourcentheoretischen Perspektiven (*Veil, Ihle* 1993, 61 f) machen die Netzwerkkonzeption mit ihrer *handlungstheoretischen* und *kognitionstheoretischen* Dimension (*Röhrle* 1994, 227 ff.) zu einem Basiskonzept psychosozialer Hilfeleistung, das sich mit den *sozioökologischen* Ansätzen (*Lewin* 1963; *Bronfenbrenner* 1979; *Bronfenbrenner, Crouter* 1983; *Gibson* 1979; *Reed* 1988; *Rogoff* 1990; *Petzold* et al. 1994a) in der Integrativen Therapie (vgl. 5) sehr gut

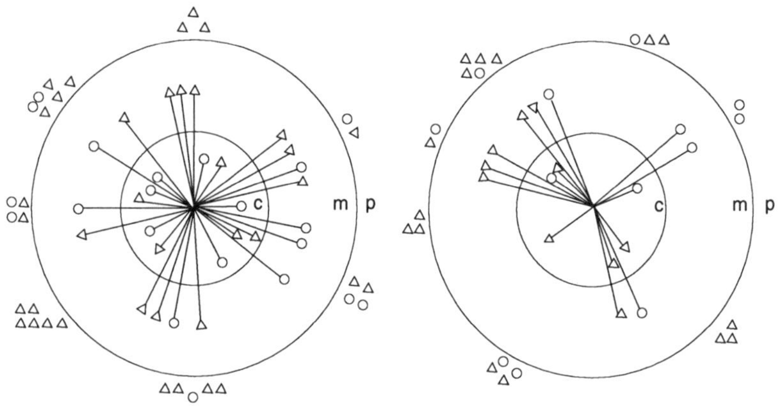


*Abb. 3:* Soziale Netzwerke Jugendlicher Drogenabhängiger (aus *Petzold* 1982v, 267)
c = Kernzone, m = Mittelzone, p = Randzone

verbinden läßt. Netzwerke haben salutogenes und destruktives Potential, stellen Unterstützung bereit, üben aber auch soziale Kontrolle, ja, Gewalt aus. Ihr Interaktionsgefüge kann im Sinne eines „selbstregulierenden Systems“ verstanden werden. Diese Perspektive muß aber unbedingt durch das Konzept *„kollektiver, kognitiver Repräsentation“* ergänzt werden. In einem sozialen Netzwerk sind oftmals durchaus unterschiedliche Formen der *„répresentations sociales“* (*Moscovici* 1984; *Jodelet* 1987a, b), d. h. eines allgemeinen Wissens über soziale Regeln, Normen und Verarbeitungsprozesse vorhanden, unterschiedliche *„social worlds“* (*Strauss* 1978), die wir definieren als „die geteilten Perspektiven einer Gruppe auf die Welt“ (*Petzold, Petzold* 1991), d. h. gruppenspezifische „Welt-anschauung“. Für die kindertherapeutische Behandlung ist diese Differenzierung zwischen der numerischen Anzahl von Personen im *„sozialen Netzwerk“* und ihrer Verbindung in unterschiedlichen *„sozialen Welten“* geteilter „believe-systems“ bzw. Wertegemeinschaften wesentlich. Ein Neunjähriger hat seine eigene „Peer-Gruppe“ und deren Werte stimmen keineswegs problemlos mit denen der „social world“ etwa seiner 15jährigen Schwester überein, von denen der Eltern ganz zu schweigen.

## 4.1 *Netzwerkqualitäten*

Die moderne Netzwerktheorie und -forschung hat komplexe Zusammenstellungen der Merkmale sozialer Netzwerke erarbeitet, womit auch diagnostische Kategorien im Hinblick auf die Qualität sozialer Netzwerke bereitgestellt werden (vgl. die nachstehende Tabelle aus *Röhrle* 1994, 16).

***Tabelle:*** *Merkmale sozialer Netzwerke* (aus *Röhrle* 1994,16)

I. Relationale Merkmale
*A. Starke vs. schwache Bindungen* (Intimität, Intensität)
*B. Kontakthäufigkeit*
*C. Latente vs. aktualiserte Beziehungen*
*D. Dauer* (Stabilität)
*E. Multiplexe vs. uniplexe Beziehungen* (Vielartigkeit der Beziehungsinhalte; z. B. diverse Rollenbeziehungen)
*F. Egozentriertheit vs. Altruismus*
*G. Reziprozität*
*H. Homogenität*
*I. Grad der an Bedingungen geknüpften Zugänglichkeit*

II. Kollektiv und individuell bedeutsame funktionale Merkmale
*A. Soziale Unterstützung* (Sicherheit, Rückhalt usw.)
*B. Soziale Kontrolle* (Normorientierung, Übermittlung von Werten)

III. Merkmale der Morphologie
*A. Größe* (Zahl der Elemente; z. B. Personen, Organisationen, Nationen)
*B. Dichte* (Zahl der möglichen zu den tatsächlich vohandenen Beziehungen)
*C. Erreichbarkeit* (Möglichkeiten zur Herstellung von direkten und indirekten sozialen Beziehungen zwischen undefinierten oder definierten Mengen von Verknüpfungspunkten [Pfaden])
*D. Zentralität* (Grad der sozialen IntegratioREon don direkte*n* und indirekten *sozialen* Beziehung*en zwis*chen undefin (Zahl der Elementl abgrenzbaren, in sich dichten Netzwerkteile)
*F. Sektoren/Zonen* (Familie, Verwandte, Freunde usw.)

Bei einer diagnostischen Betrachtung sozialer Netzwerke (*Petzold* 1979c) gilt es, verschiedene Aspekte zu beachten: die Netzwerke können einmal als solche mit ihren Gesamteigenschaften, sie können zum anderen aber auch personenzentriert gesehen werden, d. h. im Hinblick auf einen bestimmten Menschen in einem Netzwerk bzw. aus der Perspektive dieser Person. In der Kindertherapie ist dabei jeweils die Perspektive des Kindes zu untersuchen, aber auch die Perspektiven der „relevant caregivers“, des Vaters, der

Mutter etc. „Der kontinuierliche und flukturierende Perspektivenwechsel zwischen einer individuellen und sozialen Sicht mag auf den ersten Blick noch am adäquatesten erscheinen" (*Röhrle* 1994, 29). Weiterhin muß die *supportive, salutogene Valenz*, aber auch die *belastende, pathogene Valenz* eines Netzwerkes angesehen werden. Wieviel Hilfe und Stütze findet das Kind im Netzwerk, und wieviel an Streß, wieviel an Belastung, Gefährdung ist es in seinem sozialen Zusammenhang ausgesetzt. Wie stabil ist das Netzwerk in seiner Entwicklung über die Zeit hin – wir sprechen hier von „convoy" (*Kahn, Antonucci* 1980a, b) und führen dabei eine Längsschnittperspektive ein, denn Kinderpsychotherapie bedeutet für das Kind und seine Familie eine Begleitung auf der *Lebensstrecke* durch den Therapeuten bzw. die Therapeutin über eine mehr oder weniger lange Zeit hin, zuweilen über Jahre.

Bei der Untersuchung sozialer Netzwerke zeigt sich, daß es in ihnen besonders wesentliche Interaktions-/Kommunikationsverhältnisse gibt – besonders in der Kernzone (*Petzold* 1979k, 436 ff.) –, die auch in spezifischer Weise untersucht werden müssen, was natürlich ein elaboriertes Modell von Interaktion/Kommunikation erforderlich macht (*Petzold* et al. 1994a). Folgende Perspektiven sollen insgesamt in den Blick genommen werden:

- Größe des Netzwerkes
- Dichte
- Zentralität
- soziale Nähe/Distanz
- räumliche Nähe/Distanz
- Zahl reziproker Beziehungen
- Möglichkeiten sozialer Unterstützung
- Menge sozialer Unterstützung
- Kontakthäufigkeit
- Kontaktintensität und -qualität.
  (*Eder-Debye* 1988)

Wichtig wird es, die *„soziale Kompetenz und Performanz"* des Netzwerkes als Ganzes (*Wiemann, Giles* 1992; *Wine, Smye* 1981), seine *„supportive Valenz"* und sein *„kokreatives Potential"*, d. h. seine gemeinschaftlichen Aktivitäten zum Lösen von Problemen und zum Gestalten von Lebensqualitäten in den Blick zu nehmen.

## 4.2 *Netzwerkentwicklung – convoy – geteilte Lebensstrecken*

Für die Kindertherapie ist es wichtig zu beachten, daß soziale Netzwerke aus kindzentrierter Sicht „soziale Gefüge in Entwicklung" sind (*Lewis* 1984; *Salzinger* et al. 1988; *Salzinger* 1990; *Vaux* 1988). Der *convoy* bewegt sich auf der Lebensstrecke. Für Netzwerke von Kindern können wir folgende Entwicklungsniveaus annehmen:

- Erstes bis drittes Lebensjahr: *primäre Zentrierung*. Für das Kind sind Eltern, Geschwister, Großmutter, gegebenenfalls Tagesmutter/Kindermädchen (*Werner* 1984) wesentlich.
- Drittes bis sechstes Lebensjahr: *generalisierende Netzwerk-Lateralisierung*. Das Kind geht über die Kernfamilie hinaus, nimmt zahlreiche Beziehungen zu Erwachsenen auf, die nicht zur Familie gehören (*Lewis, Feiring* 1989), und baut in ständig zunehmendem Maße Freundschaften mit anderen Kindern auf (*Schmidt-Denter* 1984; *Cauce* et al. 1990),
- Sechstes bis neuntes Lebensjahr: *differenzierende Netzwerk-Lateralisierung*. In diesem Alter kommt es in einem ständig wachsenden Netzwerk zu sehr differenzierten Beziehungen, die für das Kind spezifische Bedeutung und Funktion haben (*Furman, Buhrmester* 1985). Wichtig ist es allerdings, hier die Quartierstruktur, die Schichtzugehörigkeit, die Familiengröße, die Regionalität (Stadt, Kleinstadt, Dorf) mit in den Blick zu nehmen (*Schmidt-Denter* 1984; *Cauce* et al. 1990; *Bryant* 1985; *Ladd* et al. 1988).
- Neuntes bis dreizehntes Lebensjahr: *vertiefende Netzwerkstrukturierung*, z. B. durch amikale Netzwerkstrukturen. In dieser Zeitspanne beginnen intensive Freundschaften in ihrer dyadischen, triadischen oder multikonnektierten Qualität in den Vordergrund zu treten. Schulfreunde und -freundinnen, Clubkameraden bekommen eine zentrale Stelle (*Diaz, Berndt* 1982). Dabei sind geschlechtsspezifische Differenzierungen wesentlich (*Sharabany* et al. 1981). Schule und projektorientierte Freizeitaktivitäten (Jugendgruppen, Fanclubs) sowie Orientierung auf gemeinsame Idole als *Synchronisatoren von social worlds* im Netzwerk erhalten eine größere Bedeutung als in früheren Zeiten (man wird Fan der „World Wrestling Federation", träumt von „Alex" und läßt sich von der „Hulkomania" ergreifen).

- Dreizehntes bis achtzehntes Lebensjahr: *geschlechts- und aufgabenorientierte Netzwerkstrukturierung*. Im adoleszenten Netzwerk werden die amikalen Beziehungen immer deutlicher geschlechtsheterogen. Man beginnt, mit jemandem „fest zu gehen". Es entstehen überdies Arbeitsbeziehungen (sowohl in den weiterführenden Schultypen wie auch im beginnenden Berufsleben), außerdem nimmt eine Flexibilisierung und Mobilität innerhalb der Netzwerke zu. Netzwerke haben in der Mittelzone einen höheren Austausch an Mitgliedern (*Hirsch* et al. 1990; *Hurrelmann* 1990).

Die sozialen Beziehungen im adoleszenten Netzwerk sind oftmals von Ambivalenz gezeichnet – nicht nur den Eltern, sondern auch den eigenen „Peers" gegenüber (*Bruhn, Philips* 1987). So kommt es zuweilen zu plötzlichen Zusammenbrüchen im Netzwerk mit Krisengefühlen und Einsamkeitserlebnissen (*Elbing* 1991), die aber eher von vorübergehender Natur sind. Die unterstützende Funktion sozialer Netzwerke, insbesondere aber ihre Bedeutung für die Identitätssicherung – aus ihnen erfolgen die wichtigen Identitätsattributionen (*Frey, Haußer* 1987) – und ihre Bedeutung für die Bekräftigung des Selbstwertgefühls (*Blyth, Traeger* 1988), muß dem Kinder- und Jugendlichenpsychotherapeuten stets präsent sein. Betrachtet man Netzwerke von Kindern als *„Begleitschutz"*, als *„Weggeleit"* (*Antonucci* 1985; *Boyce* 1985) auf der Lebensstrecke, durch den auch Rollenübergänge und Statuspassagen unterstützend abgesichert werden (*Rice, O'Brien* 1990), so mindern positive Netzwerke Risikofaktoren und zeigen durch die Mobilisierung sozialer Unterstützung salutogene Wirkungen, wie die Forschung bestätigt (*Arling* 1987; *Compas* 1987a, b; *Seeman, Berkman* 1988). Die in Kindheit und Jugend erfahrene Unterstützung in sozialen Netzwerken bestimmt spätere Möglichkeiten, als Jugendlicher oder junger Erwachsener, soziale Hilfen nutzen zu können oder selbst tragfähige Netzwerke mitzugestalten bzw. in Vereinsamung oder Isolation zu geraten (*Parkes* et al. 1991; *Perlman* 1988; *Kotler, Omodei* 1988), ohne daß damit die determinierenden Annahmen der ethologisch orientierten Attachment-Theoretiker (*Ainsworth* 1992; *Salter, Ainsworth* 1991) bestätigt werden konnten (*Robins, Rutter* 1990; *Lewis, Feiring, Kotsonis* 1984). Insgesamt kann man mit *Röhrle* (1994, 49) feststellen: „Größe bzw. Zusammensetzung des sozialen Netzwerkes und der Kontakthäufigkeit gelten aufgrund einer stattlichen Zahl von Untersuchungen als ganz wesentlich für die Entwicklung von Selbstwert und sozialer Kompetenz von Kindern." Das gleiche kann natürlich dann auch von Eltern, insbesondere von Müttern gesagt werden (*Wahler* 1990; *Corse* et al. 1990).

## 4.3 *Netzwerkpathologie, positive Netzwerkvalenz und erlebter Support*

Wenn man in der Kindertherapie die *pathogene* und die *salutogene Valenz* von sozialen Netzwerken untersucht, ist es wesentlich, dieses nicht nur im Bezug auf die Störung oder Symptombildung beim betroffenen Kind zu tun, sondern es ist wesentlich, daß die *Pathologie und die positiven Valenzen des Netzwerkes insgesamt* in den Blick genommen werden (*Antonucci, Depner* 1982; *Perucci, Targ* 1982). Nur so lassen sich Netzwerkinterventionen (*Froland* et al. 1981), wie etwa Training zur Stärkung sozialer Fertigkeiten (*Danish, D'Augelli* 1983), in sinnvoller Weise planen und durchführen, so daß hier ihre Unterstützungsfunktion bzw. ihr wachstumsförderndes Potential zur Wirkung kommen kann – dies wird als *Haupteffekt* bezeichnet – oder daß sie in ihrer Funktion der Milderung von Streßfaktoren wirksam werden können – dies wird als *Puffereffekt* (*Heller* 1979; *Laireiter* 1993, 187 f) bezeichnet. Insgesamt ist aber große Sorgfalt darauf zu verwenden, zu eruieren, was, wie, in welcher Situation tatsächlich *wirkt*, und zwar mit Blick auf die Einzelperson (das Kind, den Jugendlichen und auch die Mutter, den Vater), aber auch mit Blick auf das Familiensystem bzw. das übergreifende soziale Netzwerk. Auch dieses braucht zuweilen abpuffernde Maßnahmen, die durch soziale Unterstützung erreicht werden können, zuweilen aber auch nicht greifen oder sogar gegenteilige Effekte auslösen (*Barrera* 1986), wenn z. B. durch hyperprotektive Maßnahmen Selbstwert verletzt wird oder Möglichkeiten eigener Bewältigung, Erfahrungen von *Selbstwirksamkeit* (*Flammer* 1990) verhindert oder Stressoren verschärft werden (*Barrera, Baca* 1990; *Lehman, Hemphill* 1990).

In der Regel entlastet familiäre Unterstützung Kinder und Jugendliche (*Barrera* 1981) und Erwachsene. Z. B. werden Mütter, Eltern durch soziale Unterstützung so entlastet, daß sie mit Depressionen und Angst besser fertig werden (*Billings, Moos* 1981; *Solomon* 1985a). Indes muß dies spezifisch sein, sonst läßt sich keine Wirksamkeit feststellen (*McFarlane* et al. 1983). Psychotherapeuten, Soziotherapeuten, Netzwerkarbeiter müssen deshalb ihre Interventionen „im Prozeß" evaluieren, im Hinblick darauf, ob sie für die verschiedenen Formen von streßhaften Einflüssen und Überforderung wirklich Unterstützung und Entlastung geben. Für Eltern, Kinder, für die Familie insgesamt sind ja nicht nur die massiven kritischen Lebensereignisse (Arbeitsverlust des Vaters, Wohnungswechsel, Erkrankung eines Familienmitglieds, Trennung, schwere eheliche Zerwürfnisse) Stressoren, sondern gerade auch die vielen

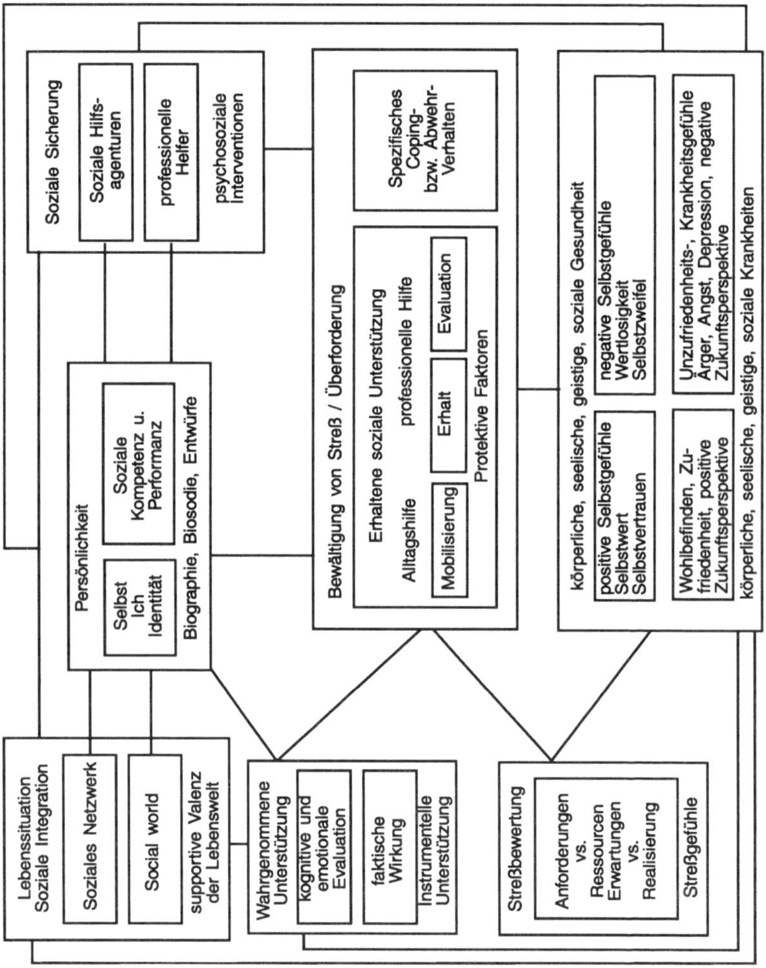


*Abb. 4:* Soziale Unterstützung, soziale Situation der Person, psychosoziale Intervention und Gesundheit, Krankheit und Wohlbefinden (aus *Petzold* 1993a, 1280)

**Legende:** Ausgegangen wird von der allgemeinen Lebenssituation des Menschen, bei der das Maß seiner sozialen Integration, d. h. die Stabilität seines sozialen Netzwerks in qualitativer und quantitativer Hinsicht (*Petzold* 1979c; *House* et al. 1988) und die Konsistenz seiner „social world", seiner Wertewelt und -gemeinschaft (*Petzold, Petzold* 1991b) von ausschlaggebender Bedeutung für die allgemeine „supportive Valenz" seiner Lebenswelt ist, aber – nicht zuletzt unter biographischer und prospektiver Sicht – auch für die Stabilität seiner Persönlichkeit (von Selbst, *Ich*, Identität) und für ihre sozialen Fähigkeiten (Kompetenzen) und Fertigkeiten (Performanzen).

Interventionen werden deshalb immer auf eine Förderung der sozialen Integration durch Stabilisierung der Lebenssituation und auf eine Stützung der Persönlichkeit, ihrer historisch gewachsenen Identität und ihrer Zukunftsentwürfe gerichtet sein. Ein weiterer Faktor für supportive psychosoziale Interventionen ist das Netz sozialer Sicherungen, das z. B. das öffentliche Gesundheitswesen mit seinen sozialen Hilfsagenturen (Beratungsstellen, Kliniken, Diensten usw.) und helfenden Berufen bereitstellt. Hier liegen die wesentlichen Bedingungen für interventive Erfolge und Mißerfolge bei Hilfen zur Bewältigung von Krisen, Streß bzw. Überforderungserlebnissen. Das Vorhandensein sozialer Sicherungen und das Wissen um diese wird für die Betroffenen im Hinblick auf ihre Kontrollüberzeugungen, ihre Erwartungen und ihre persönliche Stabilität von Einfluß sein. Neben das Wissen um Alltagshilfe von Familie und Freunden tritt das Wissen um die Möglichkeiten professioneller Hilfe als „informationeller Support", der zu den Dimensionen instrumenteller/materieller und emotionaler Support hinzutritt (*Schwarzer, Leppin* 1989) und im Verein mit protektiven Faktoren (*Petzold* et al. 1993) die Copingbemühungen oder das Abwehrverhalten der Betroffenen unterstützt. Supportive Angebote werden in Krisensituationen genauso wahrgenommen und bewertet wie die Stressoren, und wahrscheinlich wird man in der Soziotherapie vermehrt auf die Spezifität in der Relation von Streßereignis und Support-Form zu achten haben bzw. auf die Angemessenheit in der Kombination emotionalen, materiellen und informativen Supports. Die Streßbewertung etwa einer Diskrepanz von *Anforderungen* (z. B. finanzieller und emotionaler Art bei einer Alleinerziehenden) und *vorhandenen Ressourcen*, von Erwartungen auf Hilfe und realiter eintretender oder ausbleibender Hilfeleistungen, werden wiederum bewertet und mit vorhandenen Copingmöglichkeiten aufgrund vorgängiger Krisenerfahrungen abgeglichen, was zum Wiedergewinn von Kontrolle und Beruhigung oder aber zu Streßemotionen, Überforderungsgefühlen führt und die Wahrnehmung und emotionale Evaluation von supportiven Maßnahmen beeinflußt. Dies zuweilen derart, daß instrumentelle Unterstützung, etwa in Form von Geld oder Sachmitteln, gar nicht gewertet werden kann, keine emotionale Entlastung bringt oder faktische Wirkungen – z. B. Fortfall von Schuldendruck durch Schuldenregulierung – schmälert. Emotionalen und kognitiven Bewertungen kommt deshalb beim Bereitstellen von Support durch psychosoziale Interventionen ganz erhebliche Bedeutung zu, ja die Ermöglichung einer positiven Sicht der Hilfsmaßnahme wird zu ihrer Akzeptanz und ihrem Gelingen wesentlich beitragen. Das *„emotional management"* von Streßemotionen durch entlastende Interventionen aus dem Repertoire der Integrativen Therapie (*Petzold* 1991p, 1991b) wird hier eine wichtige Funktion haben.

Gelingen die supportiven Interventionen, werden Gesundheit und Wohlbefinden gefördert, wird Krankheit vermieden oder bewältigt, treten positive Selbstgefühle vermehrt auf und werden negative Selbstgefühle vermindert (ibid.). Die Rückwirkung auf die allgemeine Lebenssituation und soziale Integration einerseits und auf die Stabilität der Persönlichkeit andererseits erweist sich gleichfalls je nach Gelingen oder Mißlingen der Maßnahmen und Hilfeleistungen zur Unterstützung der Bewältigungsleistungen als positiv oder negativ.

kleinen Schwierigkeiten des Lebens, *„daily hassles"*, die insbesondere bei knapper Ressourcenlage zu erheblichen Belastungen werden können (*Caspi* et al. 1987). Für Kinder auf jeden Fall ließ sich durch *soziale Unterstützung* sowohl für den Umgang mit den *„daily hassles"* als auch mit schweren Belastungen ein *Puffereffekt* nachweisen, der sich auf vorfindliche Verhaltensstörungen positiv auswirkte.

*Erfahrbare Hilfen, erlebte Unterstützung* (*perceived support*) aus ressourcenreichen Netzwerken, etwa durch Nachbarn, Freunde, andere junge Elternpaare für die betreffenden Eltern und durch Nachbarskinder, Schulkameraden und deren Eltern für die betroffenen Kinder, das Wissen um eine wohlwollende, stützende Präsenz von hilfsbereiten Menschen im sozialen Netzwerk, im *„convoy"*, können die Funktion eines *sozioemotionalen Schutzschildes* haben. Die Rolle von professionellen Helfern in einem solchen ***Schutzschild*** oder zu seinem Aufbau darf nicht unterschätzt werden (*Lin* 1986; *Lin* et al. 1986). Entscheidend bei allen Maßnahmen, die auf eine Schild-Wirkung abzielen, ist, neben objektivierbarer, faktischer Hilfe (an Gesprächen, an Abnahme von Aufgaben wie Einkaufen, Kinder beaufsichtigen, ja, an finanzieller Zuwendung) auch, daß von den Empfängern diese Hilfen als unterstützend und nützlich wahrgenommen, erlebt und bewertet werden (*perceived and valuated support*). Beide Größen, die *faktisch erhaltene* und die *subjektiv wahrgenommene* und bewertete Unterstützung, sind wichtig.

*Schwarzer* und *Leppin* (1989a, b, 1991) bringen in ihren Übersichten und Metaanalysen für beide Einflußgrößen Belege. Die Verschiedenartigkeit der Ergebnisse und die Diskussion dieser Frage in der Literatur läßt sich u. a. auch damit erklären, daß die Populationen, bei denen die Untersuchung durchgeführt wurden, sehr variierten und deshalb unterschiedliche „Kulturen" im Umgang mit Unterstützung und Hilfeleistung hier zu Buche schlagen. Hilfe angeboten zu bekommen oder annehmen zu müssen, ist für manche Menschen, Familien, soziale Gruppen extrem demütigend und intensiviert sogar noch Hilflosigkeitsgefühle, wenn damit die persönliche „Würde" verletzt wird. Auch scheinen Persönlichkeitsmerkmale eine Rolle zu spielen, wie z. B. Kontrollüberzeugung (*Lefcourt* et al. 1984; *Bandura* 1986). Wo immer in dieser Hinsicht die Forschungsergebnisse heterogen sind, zum Teil widersprüchlich, ist für die klinische Praxis ein differentielles Vorgehen und eine sorgfältige Evaluation der Interventionen angezeigt. Es ist ohnehin ein Schwachpunkt vieler psychotherapeutischer Verfahren, daß sie die Wirksamkeit ihrer Ansätze und die Gültigkeit ihrer theoretischen Annahmen häufig mit einer derart dogmatischen Haltung (*Orth, Petzold* 1995a) unterstellen, daß Unwirksamkeit nicht wahrgenommen wird oder – wo sie sich unübersehbar zeigt – „weginterpretiert" wird, indem von „Widerstandsphänomenen" gesprochen wird oder – spekulierend – „noch frühere" Probleme unterstellt werden, die noch „tiefer" oder nachhaltiger verdrängt worden sind, anstatt sich zu fragen, ob nicht vielleicht auch grundsätzliche Interventionsfehler, falsche Erklärungsmodelle oder Fehlstrategien für mangelnde Erfolge verantwortlich zeichnen. Die Geschichte der Psychotherapie ist voll von derartigen Fehlannahmen, durch die ganze Populationen (die der alten Menschen, Alkoholiker, Psychotiker) vom „mainstream" bestimmter Schulen (z. B. der Psychoanalyse) als „untherapierbar" stigmatisiert wurden, und die klinische Arbeit von Außenseitern, die zeigten, daß doch Hilfen möglich wären, einfach ignoriert wurde. Deshalb ist es erforderlich, daß Praktiker bei blockierten Situationen daran gehen, ihre Voraannahmen, ja ihre Basiskonzepte zu hinterfragen und ihr methodisches Vorgehen kritisch in den Blick zu nehmen, ob die „Diskurse der andere", d. h. wesentliche *Differenzen* erfaßt wurden (vgl. 1.1), damit aus einer differenzierten Reflexion der *Phänomene* in der Situation auf ihre *Strukturen* hin – Reflexionen, an denen die Klienten oder Patienten aktiv beteiligt werden müssen – adäquate Hilfen gefunden werden, Situationen *kokreativ* (*Iljine, Petzold, Sieper* 1990) zu gestalten und neue *Entwürfe* für den Lebensvollzug zu erarbeiten.

Netzwerkinterventionen z. B. müssen kein „Allheilmittel" sein. Es ist durchaus möglich, daß Menschen die Unterstützung sozialer Netzwerke, die mobilisiert werden, als bedrängend erleben und sie deshalb nicht nutzen können, z. B. wenn sie in der Kindheit vernachlässigt worden waren. Menschen, die sich an derartige Situationen erinnern, lehnen ihr soziales Netzwerk häufig ab (*Pierce* et al. 1991). Andererseits wird erlebte mütterliche oder väterliche Zuwendung auch für die spätere Möglichkeit, Netzwerke konstruktiv zu nutzen, wichtig (*Flaherty, Richman* 1986; *Richman, Flaherty* 1987). Auf jeden Fall gilt es zu schauen, welche Hintergründe sich bei Einzelpersonen oder Familien finden, die soziale Netzwerke nicht nutzen können und über keine *„Netzwerkorientierung"* (*Tolsdorf* 1976, 413) verfügen. Die therapeutische Maßnahme wird deshalb nicht nur darin bestehen, diese Zusammenhänge aufzudecken, sondern *Netzwerkorientierung* als protektiven Faktor aufzubauen, um die potentiell salutogenen Möglichkeiten sozialer Netzwerke und ihrer „supportiven Valenz" nutzen zu können.

## 4.4 Interventive Perspektiven für die Arbeit mit „social networks" und „social worlds"

Besonders in der Kindertherapie ist die Notwendigkeit gegeben, bestehende *Netzwerkorientierung* zu fördern (*Belle* 1991), weil Kinder in Netzwerken leben und fehlende Möglichkeiten, sich konstruktiv in ihnen zu bewegen, meistens zu Verletzungen und Ausgrenzungen führen und zu künftiger Unfähigkeit, soziale Zusammenhänge zu nutzen. In gleicher Weise wird es für Mütter wichtig, sich in Netzwerken bewegen zu können, um Austausch und Unterstützung zu erhalten (*Colletta* 1987). Die Untersuchung von *Colletta* zeigt, daß die Bereitschaft und Möglichkeit, Netzwerke zu nutzen, mit der persönlichen Geschichte zusammenhängen, guten und schlechten Erfahrungen in Netzwerken (*Vaux, Wood* 1987). Netzwerkorientierte, kindertherapeutische Interventionen haben damit eine hohe präventive Bedeutung, wird doch hier der Grund für die spätere Möglichkeit gelegt, soziale Hilfe zu suchen. Eine alleinig kindzentrierte *„Einzeltherapie"* bzw. ein *„dyadisches Setting"* kann deshalb den Negativeffekt haben, im Moment zwar Entlastung zu geben, dabei aber ein dysfunktionales Muster zu etablieren. Die *therapeutische Dyade* ist – das zeigt die klinische und soziotherapeutische Erfahrung –, bei wirklich schweren Lebenskrisen von Patienten oder Familien meistens überfordert, wenn sie nicht durch ein Netzwerk mit hoher *„supportiver Valenz"*, das auch als *hilfreich wahrgenommen* und einbezogen werden kann (Abb. 4), gestützt wird. Es gilt deshalb Familien wie Kindern die konkrete Erfahrung zu vermitteln – und dies hat immer eine emotionale, eine kognitive und eine leibhaftig vollzogene Qualität –, daß Netzwerke hilfreich und nützlich sind, daß man Hilfe annehmen kann und darf, daß es keine Schande ist, Unterstützung aus Netzwerken in Anspruch zu nehmen, weil man selber bereit ist, in seinen Netzwerken auch unterstützend zu handeln, wenn immer dies einem möglich ist. Die *Bedeutung guter Freunde* muß als Wert vermittelt werden, Gegenstand der persönlichen „subjektiven Theorien" (*Flick* 1991) werden. Hier finden sich also wichtige Gesprächsthemen und Informationsaufgaben im Sinne einer kognitiven Schulung, die zur Aufgabe des Therapeuten werden.

Spätestens hier wird auch deutlich, daß das Konzept der *„sozialen Netzwerke"* mit dem der *„social world"* (*Strauss* 1978) bzw. der *„répresentations sociales"* (*Moscovici* 1984) – das sind kollektive kognitive soziale Repräsentationen – verbunden werden muß. Zeichnet man Netzwerke auf und bespricht sie mit den Klienten, so wird ihnen evident, wie wichtig solche Strukturen sind. Sie erhalten „persönliche Bedeutung" und sind zugleich in kollektive, kognitive und emotionale Bedeutungszusammenhänge eingepaßt (*Eckensberger, Silbereisen* 1980). Auch die Frage der „Pflege von Netzwerken", um zum *Klima* von Netzwerken beizutragen, wird aufgegriffen. Obwohl fast alle Menschen in sozialen Netzwerken „schwimmen", wie Fische im Wasser, sind sich viele dieses Faktums nicht bewußt. Überwiegend „einzeltherapeutisch" arbeitende und nicht in kollegialen Supervisions- und Intervisionsgruppen stehende Psychotherapeuten neigen dazu, Netzwerkdimensionen auszublenden, weil sie nicht zu ihrer „Kultur" oder „Ideologie" (*Orth* et al. 1995) gehören. Sozialpsychologische Erkenntnisse (*Stroebe* et al. 1992) werden von Therapeuten in der Regel nicht zur Kenntnis genommen. Netzwerke zu bilden und in ihnen Hilfe zu suchen (*Amato, Saunder* 1985), in ihnen Entlastung zu finden, in ihnen Kreativität zu erleben und zu entfalten erfordert, daß *subjektive Theorien* (*Scheele, Groeben* 1988) des Indiviuums an *kollektive Theorien* über den *Wert von Gemeinschaft* zurückgebunden werden, denn derartige Werte sind sozialisationsvermittelt. Wo derartige Werte nicht vermittelt werden, ist die Möglichkeit, Netzwerke in supportiver Funktion einzusetzen, zunächst begrenzt. Die Frustration der Helfer, die erleben müssen, daß ein solcher Klient die zur Verfügung gestellten Netzwerkangebote nicht nutzen kann, ist vorprogrammiert. Therapeutische Maßnahmen müssen deshalb hier einen Schritt zurückgehen und an etwaig vorhandenen defizitären Netzwerkerfahrung in der Sozialisation arbeiten oder an den belastenden Aspekten sozialer Netzwerkerfahrungen (*Laireiter, Lettner* 1993), wenn sie etwa sehr konfliktreich waren (*Cooper* 1981; *Hinkle* 1974), wenn es akkumulierende Verlusterfahrungen gab (*Silver, Wortman* 1980), wenn Feindseligkeit im Netzwerk herrschte oder ein Übermaß an Unterstützung (für eine Aufstellung von Belastungsfaktoren in sozialen Beziehungen vgl. *Laireiter, Lettner* 1993, 106 f). War keine Reziprozität in Vergangenheitserfahrungen vorhanden, muß erst einmal diese Erfahrung vermittelt werden. Liegt Resignation vor aufgrund des Erlebens von immer wieder ineffektiver sozialer Unterstützung, die zum Teil häufiger ist als effektive (*Wortman, Convay* 1985), so ist daran zu arbeiten, wie verlorenes Vertrauen wieder aufgebaut werden kann. Ist dies alles in Betracht gezogen, so müssen Menschen – insbesondere Kinder – auch darin unterstützt werden, sich in sozialen Netzen angemessen zu bewegen. Insbesondere wird es bei schwierigen Patienten notwendig, diese selbst, sofern das nötig ist, oder die Angehörigen, sofern man sie emotional erreichen kann, darüber aufzuklären, daß chronische Belastungen zu „Erosionen sozialer Hilfe und Stützsysteme" beitragen können (*Laireiter* 1993, 193). Je mehr Möglichkeiten es gibt, diese Effekte durch die Arbeit an der emotionalen und kognitiven Bewertung von Familienklimata zu verhindern, desto besser sind die Chancen, die „supportive Valenz" des Netzwerks (*Petzold* 1973, 19) zu erhalten. Die emotionale Gestaltung des Netzwerkklimas, z. B. durch die Art und Weise, wie Interaktionen und Kommunikationen „laufen", wie Gefühle in ihnen ausgedrückt werden, kann im *Netzwerk* zu positiven Wirkungen für die *Kohäsion*, das Gemeinschaftsgefühl und das *Netzwerkbewußtsein* (das Wissen um die Gemeinschaft) sowie für das Erleben der *Netzwerkidentität* führen. Kollektive kognitive Bewertungen von „expressed emotions" (*Leff, Vaughn* 1985) und damit die *„emotionale Kultur"* eines Netzwerkes müssen deshalb Gegenstand der Therapie werden. Dies ist letztlich nur erfolgversprechend, wenn das Netzwerk selbst in das Zentrum der therapeutischen Bemühungen rückt und versucht wird, seine *sozioökologischen Qualitäten* in der Zusammenarbeit verschiedener professioneller Helfer mit so vielen Netzwerkmitgliedern wie möglich sinnvoll zu beeinflussen.

Nur so ist es möglich, daß Netzwerke mehr werden als *Schutzschilde* gegenüber Streßereignissen, *Pufferzonen* für Belastungen (*House* et al. 1988), *Unterstützungssysteme* bei Problemen, sondern multipel konnektierte (*Petzold* 1979c, 51 ff.) *soziale Lebensgemeinschaften* für Kinder, Erwachsene und alte Menschen, die in sich selbst eine gute *Lebensqualität* haben, die Möglichkeiten kreativer Selbstverwirklichung und Verwirklichung als Gemeinschaft bieten, und das ist die

Grundlage von Gesundheit und Lebensglück. Netzwerke werden damit zum Ort *kokreativer Gestaltung von Lebenswelt* und zur Möglichkeit der Partizipation an sozialer Realität anstelle des Rückzugs in die Vereinzelung oder in die Hermetik der Privatheit (*Sennett* 1983).

## 5. Die sozioökologische Perspektive in der Integrativen Therapie

Eng verbunden mit der Netzwerkperspektive, dem „Raum des Sozialen“, ist die Einbeziehung des *ökologischen Raumes*. Seit ihren Anfängen hatte die Integrative Therapie eine starke ökologische Orientierung – ihre anthropologische Grundformel bringt dies zum Ausdruck (*Petzold* 1988n, 3. Aufl. 1995, 283 f). Referenztheorien waren einmal die *Lebensweltkonzeption* von *Merleau-Ponty* (1945), zum anderen das *Milieukonzept* von *Henry Wallon* (1954), weiterhin das *Umfeldkonzept* des feldtheoretischen Ansatzes von *Lewin* (1963) und die *Settingtheorie* seines Schülers *Barker* (1968, 1978) sowie die ökologische Wahrnehmungspsychologie *von J.J. Gibson* (1979) und *E.J. Gibson* (1988) und die aus ihr hervorgegangene *dynamische Systemtheorie* (*Adolph, Eppler, Gibson* 1993; *Warren* 1988; *Kugler* et al. 1982; *Turvey* 1990; *Thelen* 1989, 1994). Diese Theorieansätze befassen sich mit der Verschränkung von Wahrnehmung und Motorik, Perzeption und Handeln in „environments“, gegebenen Kontexten, wobei man zunächst auf physikalische Umweltgegebenheiten zentrierte (*Warren* 1984), dann aber zunehmend auch soziale Kontexte einbezog (*Valenti, Good* 1991). Die ökologische Psychologie in der Tradition *Gibsons* eignet sich in hervorragender Weise, Wahrnehmungs-Handlungs-Zusammenhänge von Kleinkindern und Kindern zu untersuchen, ein Forschungsbereich, dem sich die Abteilung des Autors in besonderer Weise zugewandt hat (*Salvesbergh* 1993; *Petzold* 1990g; *Petzold* et al. 1994). Dieser Ansatz hat für die Kinderpsychotherapie, Familienarbeit, Soziotherapie und die Psychotherapie insgesamt ein sehr interessantes, vielversprechendes Potential, insbesondere, wenn er in die Richtung kognitiver und psychosozialer Modelle erweitert und damit für komplexe soziale Interaktionen zu einer *sozioökologischen* Konzeption ausgebaut wird, die Brücken zum „information processing approach“ oder zu konnektionistischen

Modellen zu schlagen versucht (*Petzold* et al. 1994a) und makrokontextuelle, gesellschaftliche Einflüsse, „kollektive Kognitionen" mit einbezieht (vgl. schon *Eichberg* 1978). Er entspricht auch der neuerdings wieder vermehrt vertretenen Position der Arbeit „vor Ort" in Netzwerken (*Dewe, Wohlfahrt* 1991; *Straus* 1990; *Thiersch* 1992), in den Familien durch ein „verstärktes Maß an Hausbesuchen, alltagsnahen und lebenspraktischen Familienhilfen ... Angebote von Beratung an der Stelle, wo Probleme entstehen" (*Keupp* 1995, 256), zum Beispiel in der Lehrstelle, im Kindergarten usw. Hier bietet der ökologische bzw. sozioökologische Ansatz neue Perspektiven. Einige Grundpositionen seien dargestellt:

Menschen und Tiere werden in unlösbarer Verbundenheit mit ihrer relevanten Umwelt gesehen. Die sinnenhaft erfahrbaren Strukturen der Umwelt und das Handlungsrepertoire von Lebewesen sind aufeinander abgestimmt, so daß *Wahrnehmung, Handlung und Umwelt* unlösbar miteinander verbunden sind und eine Beeinflussung dieses *sozioökologischen Systems* besonders chancenreich ist, wenn man den „Aufforderungscharakter" (*Lewin* 1926) der Umwelt, ihre Handlungsspielräume verändert. Ein Kernbegriff dieses Ansatzes ist das Konzept der *„affordance"*, ein Kunstwort, das *Gibson* (1979, 127) wie folgt definiert hat:

»*The affordances of the environment are what it offers the animal what it provides or furnishes, either for good or ill. The verb „to afford" is found in the dictionary but the noun „affordance" is not. I have made it up. I mean by it something that referes to both the environment and the animal in a way that no existing term does. It implies the complementary of the animal and the environment.*«

Das heißt aber, daß die Umwelt in spezifischer Weise dem Lebewesen bekannt sein muß, eine Auffassung, die auch schon *Bernstein* (1967/1984, 348) vertreten hatte:

»*Each meaningful motor direction demands not an arbitrarily coded world, but an objective quantitatively and qualitatively reliable representation of the surrounding environment in the brain*« (ibid.).

*Affordances* bestehen aus drei Komponenten: 1. den physikalischen und sozialen Gegebenheiten einer spezifischen Umwelt, die von einem spezifischen Lebewesen wahrgenommen werden können, 2. in der physischen Kapazität (Möglichkeiten und Grenzen) dieses Lebewesens, ein bestimmtes Repertoire von Handlungen in dieser Umwelt und bezogen auf sie auszuführen, für die es aufgrund evolutionärer und ontogenetischer Lernprozesse ausgerüstet ist (effectivities/constraints), und 3. schließlich in der Wahrnehmung spezifischer Merkmale von Objekten oder Eigenschaften seiner Umgebung, die zu einer effizienten Ausführung (effectivity) der Handlung führen.

Der Begriff „affordance" ist schwer zu übersetzen. Er bezeichnet *wahrnehmungsgebundene Handlungsmöglichkeiten* (vgl. *van Wieringen* 1989), „potential relations between an animal and its environment" (*Reed* 1982, 112). Der Organismus nimmt aus dem Feld über seine Sinne beständig einen Informationsstrom auf. Dabei darf nicht übersehen werden, daß der Organismus selbst Teil des Feldes ist, der durch seine Bewegung in Kontext selber Informationen generiert (movement procuced information, *Warren* 1990, 28). Handlungsrelevante Information wird in Bewegungsprozessen generiert und dient zugleich dazu, im Sinne des Prinzips der Selbstorganisation Bewegung zu regulieren. „We must perceive in order to move, but we must also move in order to perceive" (*Gibson* 1979, 223). So entstehen „perception-action-cycles" (PAC), wie sie von *Turvey* et al. (1981), *Warren* (1988, 1990) u. a. konzeptualisiert und untersucht wurden. Bewegt sich ein Mensch in seiner Umgebung, führt dies zu einer Veränderung des gesamten Wahrnehmungsfeldes, in Sonderheit des akustischen und optischen Informationseinstroms, der bewirkt, daß die motorischen Aktionen so adaptiert werden, daß sie die Gegebenheiten des Feldes (z. B. Hindernisse) berücksichtigen. Die Bewegungsaktionen generieren wiederum einströmende Daten, die erneute optische Orientierungen im Gefolge haben usw. Dabei bleiben die Gegebenheiten des Umfeldes prinzipiell „invariant". Eine Wand bleibt hart, und eine Kante bleibt scharf, und der Organismus ist darauf ausgerichtet, diese Invarianten wahrzunehmen, wohl „wissend", was er sich an Handlungsmöglichkeiten unter diesen Bedingungen leisten (*afford*) kann. Mit einem solchen Modell wird ein beständiges „information processing" angenommen, in einer unmittelbaren Wahrnehmungs-Handlungs-Koppelung. Wenn ich durch eine Drehtür gehe, deren Bewegungsgeschwindigkeit noch durch andere Personen in anderen Segmenten beeinflußt wird, so adaptieren sich hier Wahrnehmung und Bewegungsverhalten beständig in einer Weise, daß diese komplizierte Prozedur ohne große Zwischenfälle gelingt. Dabei kommen Wahrnehmungs- und Bewegungsmöglichkeiten zur Ausführung, die aufgrund evolutionärer Lernprozesse angelegt sind und/oder aufgrund biographischer Lernprozesse erworben wurden. Eine solche wahrnehmungstheoretische Position geht davon aus, daß die Umwelt spezifizierte Informationen bereitstellt, für die das Wahrnehmungs-Handlungs-System ausgelegt ist. „The old view of perception knows that 'input' from stimuli fell upon the retina, creating a meaningless image composed of unrelated elements. Static and momentary, this image had to be added to, interpreted in the light of past experiences, associated with other images, etc. Such a view of perception dies hard, but die it must. There is no shutter on the retina, no such thing as a static image. Furthermore, perceiving is active, a process of obtaining information about the world ... We don't simply see, we look" (*E.J. Gibson* 1988, 5). Für das aber, was wir wahrnehmen (sehen, hören, mit den vestibulären Sinnen aufnehmen), haben wir *„effectivities"*, unmittelbar zur Aufführung kommende und dabei Informationen produzierende Handlungsmuster, die allerdings durch die Gegebenheiten der Umwelt und die Leistungsmöglichkeiten des Organismus Grenzen (*constraints*) haben. Eine solche Sicht versucht zunächst ohne die Interferenz biographischer Erfahrung auszukommen. Sobald aber die Wirklichkeit komplexer wird und insbesondere soziale Wirklichkeit mit dem *„display"* von Verhaltensweisen durch andere Menschen ins Spiel kommt, wird der Begriff der „Invarianten" im Sinne einer strikten Selbigkeit nicht mehr brauchbar. Zwar ist emotionale Mimik und Gestik eine transkulturell recht stabile Größe (*Ekman* 1988), jedoch haben solche *„invariants"* eine gewisse Plastizität. Bei *„social affordances"*, Situationen, in denen Menschen wechselseitig füreinander zur *„affordance"* werden, d. h. komplexe Handlungs*möglichkeiten* bereitstellen, die konkrete Handlung (*effectivities*) im Gefolge haben, gehen auch repräsentationale Informationen in das Geschehen ein. Dabei muß unterstrichen werden, daß der Begriff „repräsentational" keineswegs, wie dies von psychoanalytischen Autoren zumeist unterstellt wird, primär eine bildhafte Qualität haben muß, sondern als *Informationskonfiguration* aufgefaßt werden sollte, denn es gibt ja auch akustische, kinästhetische, olfaktorische, emotionale „Repräsentationen", und die letztgenannten haben sicher keinen „ikonischen" Charakter. *Gibsons* (et al. 1987) Experimente zur Wahrnehmungs-Handlungs-Koppelung und die anderer ökologischer Psychologen (*Warren* 1984; *Warren, Hannon* 1988; *Thelen, Fisher* 1983) zeigen für motorische Performanz deutlich die Perzeptions-Aktions-Verbindung, die Art und Weise, wie Organismus und Umgebung „auf einander zugepaßt" sind und daß eine Veränderung des Bewegungsverhaltens die „Affordance", d. h. die „Perception/effectivity-Konfigurationen" an Grenzen bringen kann, an einen „kritischen Punkt", wo neue Wahrnehmungs-Handlungs-Konfigurationen die vorausgegangenen ablösen (*Thelen* 1994). Wo das vorhandene Repertoire an Handlungsmöglichkeiten nicht reicht, werden durch exploratives Verhalten (*Newell* et al. 1989) neue *affordances* gelernt. „Affordances of things generally have to be learned, with the aid of perceptual systems and exploratory behavior" (*E.J. Gibson* 1988, 7). Als man z. B. das Greifverhalten von kleinen Kindern untersuchte, wurde festgestellt, daß dieses sich auf unterschiedlichen Altersstufen jeweils nach dem Verhältnis der Größe des angebotenen Objektes und der Handgröße richtete in einer unmittelbaren Wahrnehmungs-Handlungs-Koppelung, für die, weil keine Vorerfahrungen mit ähnlichen Konstellationen da waren, keine Interferenzen von Erinnerungsprozessen als repräsentationalen szenischen Aufzeichnungen anzunehmen sind (*Salvesbergh* 1993).

## 5.1 *Die Verschränkung der kognitiven und der aktionalen Perspektive – repräsentationale und Handlungsprozesse*

*Werden Kinder älter, kommen sprachliche Benennungen, kontextuelle Strukturwahrnehmungen hinzu, so müssen repräsentationale Prozesse, das Wirksamwerden repräsentierter Information in Erinnerungsvorgängen und sinngeleitete Intentionen für die Erklärung von Handlungen beigezogen werden.* Damit wird das Subjekt, den klassischen „*Gibson*ian approach" überschreitend, in die sozioökologische Theorie einbezogen.

Die Verarbeitung *kruder Wahrnehmungsinformation* führt zu komplexeren Organisationsformen des Wahrgenommenen, zu konfigurierter Information auf höheren Niveaus, die durchaus bildhafte Charakteristik annehmen kann (vgl. das psychoanalytische Imago-Konzept), wohl aber eher – die simplifizierende psychoanalytische Auffassung bildhafter Repräsentanzen übersteigend – als „Holorepräsentationen" (*Petzold* et al. 1994a) verstanden werden müssen, d. h. als Repräsentationen von „Person-in-Interaktion-in-Situationssequenzen" (ibid.). Handlungssequenzen, „Filme", Skripts, Narrationen (*Mandler* 1984; *Petzold* 1990p) kommen zum Tragen. Die eingegangene Information wurde verarbeitet und kommt in neuen Aktionen als „memorierte Information", als aus ihr abstrahiertes *Regelwissen* für das spontane und reflexive Handeln zum Tragen, das

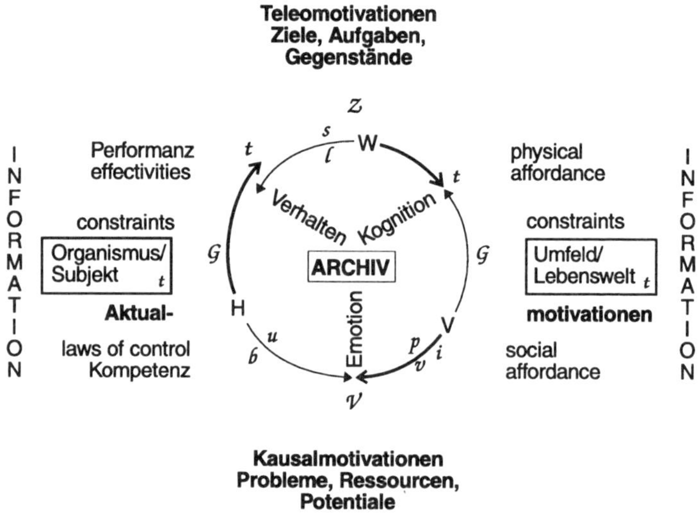


*Abb. 5:* Wahrnehmungs-Verarbeitungs³-Handlungsspirale (WVH-Modell) (aus *Petzold* 1990g)

**Legende:**

| | | | |
|---|---|---|---|
| W = Wahrnehmung | V = Verarbeitung³ | H = Handlung | *V* = Vergangenheit |
| *s* = subliminal | *p* = Ebene des processing | | *G* = Gegenwart |
| *f* = supraliminal | *i* = Ebene der Interpretation | | *Z* = Zukunft |
| *b* = bewußt | *v* = Ebene der Bewertung (valuation) | | *t* = Zeit |
| *u* = unbewußt | ↷ = progredierende und rückwirkende Dynamik | | |

Die Pfeilrichtungen zeigen, daß im „Prozeß", der progrediert, jeweils auch Rückwirkungen gegeben sind: Wahrnehmen führt zum Verarbeiten und wirkt zurück ins Handeln, Verarbeiten führt ins Handeln und wirkt zurück ins Wahrnehmen, Handeln führt zum Wahrnehmen und wirkt zugleich zurück ins Verarbeiten usw. Handeln, Wahrnehmen und Verarbeiten sind zum einen multikausal durch Bedingungen der Vergangenheit (V) bestimmt – **Kausalmotivationen** – zum anderen durch ermöglichende und einschränkende Bedingungen (constraints) des gegenwärtigen Feldes – **Aktualmotivationen** – und schließlich durch antizipierbare Aufgaben oder durch Ziele – **Teleomotivationen**. Prozesse stehen immer in der Zeit (t), verlaufen in Kontext/Kontinuum (V, G, Z) und werden als dieser Verlauf „aufgezeichnet". Verarbeitungsprozesse beziehen deshalb immer im *Archiv* des Gedächtnis festgehaltene, durch vorgängige Wahrnehmungs-Verarbeitungs$^3$-Handlungsprozesse gewonnene, d. h. durch Lernprozesse erworbene Erfahrungs- und Wissensbestände ein. Antizipationsleistungen (sie gründen immer auf Memorationen) wären sonst gar nicht möglich. Organismus und Feld haben Geschichte (t). In der Wahrnehmungs-Verarbeitungs$^3$-Handlungs-Spirale wirken Kognitionen, Emotionen und Verhalten auf der Grundlage von „Aktualinformation" und „Archivmaterial" synergetisch zusammen. Verarbeitungsprozesse erfolgen auf verschiedenen Niveaus. In ihnen wird aus dem Umfeld eingehende *krude Information* oder auch komplexer Informationsinput durch „transformative Konfigurierungen" zu *organisierter Information* mit unterschiedlichen Graden von Strukturiertheit und Komplexität (einfache Muster bzw. Schemata bis zu komplexen Repräsentationen und Holorepräsentationen) verarbeitet, wobei ein Spektrum anzunehmen ist, das vom *information processing* (p) von Wahrnehmungsinput bis zur *Interpretation* (i) und *Bewertung* (v) vielschichtiger, in symbolische Formen gefaßter Zusammenhänge in reflexiven hermeneutischen bzw. metahermeneutischen Prozessen reicht und spiralig fortschreitenden Erkenntnisgewinn möglich macht im Sinne der „hermeneutischen Spirale" des Integrativen Ansatzes (*Petzold* 1988a, 1994a).

damit Handeln eines *Subjekts* wird. Der „perception-action-cycle" (PAC) erweitert sich damit – wie ich gezeigt habe (*Petzold* et al. 1994a) – zu einer „Wahrnehmungs-Verarbeitungs$^3$-Handlungs-Spirale " (WHV), in der wahrgenommene Information durch einen dreifachen$^3$ Verarbeitungsprozeß (*information processing, information appraisal, interpretation)* zu „sinnvollen", begründeten und an memorierten Kontextbedingungen orientierten Handlungen führt, in denen ein spiralig fortschreitender Erkenntnisgewinn möglich ist. Dieses sozioökologische Modell verbindet ökologische und kognitivistische Konzepte und sieht Verarbeitungsprozesse in einem Spektrum, das sich von einfacher Informationsselektion über komplexe Bewertungsvorgänge des Wahrgenommenen bis hin zu hermeneutisch-interpretativen Prozessen ausspannt (ibid.). Die Probleme der Modellverbindung, der Modellhybridisierung bzw. -annäherung, die entstehen, wenn man die ökologischen und kognitivistischen Diskurse (etwa den des information processing approach, der kognitiven Architektonik oder der konnektionistischen Modellbildung) miteinander zu verbinden sucht, können hier nicht erörtert werden (vgl. aber *Petzold* 1994a). Es sei nur darauf verwiesen, daß ein entsprechend zugepaßter „Informationsbegriff" hier eine *Brücken-*

*funktion* haben kann, über den eine Annäherung von „hinlänglicher Konsistenz" zu gewährleisten ist. Hier liegen auch die Grundlagen für eine an die *Gibson*sche Perspektive anschließende, sie aber auch überschreitende Konzeption von *Sozioökologie**.

Weil Umgebung mit zunehmender Gedächtniskapazität *szenisch* archiviert wird, kann der Einstrom sinnesadäquater, ökologischer Information (*Thelen* 1989; *Gibson, Spelke* 1983) aus dem *Feld* in seiner Außendimension (external affordances) wie aus seiner propriozeptiven Innendimension (internal affordances) nicht von interferierenden, durch die Wahrnehmungen „aufgerufenen" Informationen aus dem Gedächtnisspeicher unberührt bleiben, die die Prozesse der Selbstorganisation in Wahrnehmungs-Handlungs-Systemen (*Thelen, Kelso, Fogel* 1987) beeinflussen können. Das Selbstorganisationskonzept der reinen Wahrnehmungs-Handlungs-Ebene wird in das memorative System einbezogen und muß – werden weiterhin vielfältige Wahrnehmungsdimensionen ins Spiel gebracht – erweitert werden. Die „dynamische Systemtheorie" der *Gibson*-Schule (*Adolph, Eppler, Gibson* 1993) macht einen Schritt in diese Richtung, indem sie ein Modell liefert, das davon ausgeht, daß Elemente in einem System zusammenspielen, *„koordinierende Strukturen"* bilden und komplexe Informationen sich in übergeordneten Informationsverbindungen zusammenschließen. Der *Affordance*-Begriff in diesem Modell wird erweitert, weil er auf Handlungsmöglichkeiten in verschiedenen Ebenen angewandt wird, ein dynamisches Zusammenspiel verschiedener koordinierender Strukturen, die zu „funktionellen Synergien" verschiedener Wahrnehmungs-Handlungs-Systeme führen. Es findet sich hier ein *Synergiekonzept*, wie es im Integrativen Ansatz schon 1974 (*Petzold* 1974j) für das Interagieren komplexer psychosozialer und personaler Systeme vertreten wurde.

---

* Das hier vertretene Konzept der „Sozioökologie" (*socioecology*) – zuweilen wird auch der Begriff „Sozialökologie" gebraucht – schließt nicht an *Robert E. Parks* (1936) „Human Ecology" und die auf ihm aufbauende bzw. in der Auseinandersetzung mit ihm entstandene „Social Ecology" (*Alihan* 1938) an, eine soziologische Schule (*Quinn* 1950; *Hawley* 1950) mit Richtungen in der Kulturanthropologie, Humangeographie, Sozialraumanalyse, Faktorialökologie (*Hamm* 1990), aber auch in der Sozialpsychologie. In der Linie von *Barker* und *Bronfenbrenner* ist die „social ecology" von *Moos* und *Insel* (1974; *Moos* 1976) zu sehen: „Social ecology may be viewed as the multidisciplinary study of the impact that physical and social environments have on human beings" (*Moos, Insel* 1974, IX). Dieser Orientierung einer allgemeinen ökologischen Psychologie (*Graumann* 1978) ist der Ansatz der *Sozioökologie*, wie wir ihn vertreten, zuzuordnen.

Dehnt man die ökologische Perspektive in den Bereich des Sozialen aus, indem man soziale Wahrnehmung und soziale Handlungen als Zusammenspiel von *„affordances/effectivies"* mit Invarianten (z. B. emotionale Mimik), die einen gewissen Flexibilitätsspielraum haben, auffaßt und der Einwirkung von *„internal affordances"* als Propriozeptionen *und* durch Wahrnehmung aufgerufenen Memorationen Bedeutung beimißt, die zu sinngeleiteten Intentionen eines *Subjekts* werden, kommt man zu einer *sozioökologischen Theorie*, für die folgende interventive Konsequenz gezogen werden muß: Wahrnehmungs-Handlungs-Muster sind von kontextuellen *affordances* bestimmt und können dann am besten verändert werden, wenn man diese modifiziert, neue, alternative *affordances* bereitstellt und der Wahrnehmung erschließt, so daß auch neue Handlungen vollzogen werden und dadurch neue Handlungsfolien und -muster als subjektive Theorien (Kompetenzen) und persönliche Handlungsstrategien (Performanzen) entwickelt werden können. Mit alternativem Handlungsvollzug ist die Veränderung von internalem „Regelwissen" und „mentalen Repräsentationen", die sich aufgrund der Internalisierung von Wahrnehmungs-Handlungs-Sequenzen als komplex konfigurierte Informationen herausgebildet und ihrerseits stabilisierend auf diese Sequenzen eingewirkt haben, verbunden. Auch der Junge in einer Waldlaufgruppe, dessen Bewegungen sich durch „Perception-Action-Cycles" (PAC) organisieren, erkennt (d. h. memoriert) andere Läufer, erkennt Wege, erinnert: „An diesem Hang muß ich vorsichtig sein, er ist rutschig". Er stimmt sein Bewegungsverhalten auf die anderen Läufer durch PAC's ab (*Schmidt* et al. 1990, 1994), aber er erinnert auch „events": „An dem Hang hat der Peter immer Mühe, da lauf' ich 'mal etwas langsamer!" Damit kommen WVH-Prozesse ins Spiel, Memorationen, die Antizipationen („der Hang kommt bald!") und subjektive Entscheidungen („da lauf' ich langsamer") ermöglichen, und diese beeinflussen Performanz, welche sich als von „multiplen Kausalitäten" bestimmt erweist. In komplexen sozialen Situationen, etwa im Spiel mit Kindern, wo verbale und nonverbale *affordances* in der leiblichen Interaktion zusammenwirken, aber auch immer „event memories" einfließen, Wirkungen antizipiert, Ursachen memoriert werden, ist eine sozioökologische Perspektive mit dem Konzept der „social affordance" unverzichtbar.

## 5.2 *Exkurs: Affordance, multiple Kausalitäten und Leiblichkeit*

Die „richtige" körpersprachliche Antwort im Rahmen eines zwischenleiblichen Interaktionsprozesses auf die Mimik, die Geste eines anderen bezeugt eine vorausgegangene „Einleibung". Der andere ist in mir repräsentational *und* verkörpert anwesend in einer Dichte, die mir neben meiner Fähigkeit, auf seine Performanz (sie wird mir zur *affordance*) in stimmiger Weise nonverbal (und verbal) zu antworten, auch die leiblich-konkrete Interpretation seiner körpersprachlichen Ausdrucksform ermöglicht. Ja, sie erschließt mir, soweit dies als Näherung möglich ist – und es ist immer nur Approximation –, seine Form und Qualität *leiblicher Präsenz*. Bei Berichten über Verhaltensweisen eines Dritten (etwa in der kindertherapeutischen Supervision) erscheint „auf dem Gesicht" des Erzählers häufig die Mimik des Kindes, über das berichtet wird, und diese „verkörperte Mimik" kann Affordance-Charakter „nach innen" für den nachsinnenden Erzähler wie „nach außen" für den Supervisior und die Gruppe als Beobachter gewinnen. Eine non-verbale Antwort ist *Folge* einer motivierenden Ursache, d. h. einer die Re-spondenz verursachenden „leibhaftigen Präsenz" des anderen mit seiner „performativen Äußerung" (*Austin* 1972). Unser Lächeln, das Antwort auf sein Lächeln ist – nehmen wir an, dieses sei schon vom Gesicht des Gegenübers verschwunden –, rekonstruiert innerlich diese mimische Äußerung im Sinne einer „chronologischen Umdrehung". „Die Grundtatsache einer ‚inneren Erfahrung' ist, daß die Ursache imaginiert wird, nachdem die Wirkung erfolgt ist ...", wie *Nietzsche* (1955, III, 804) in den Fragmenten des Nachlasses argumentiert. Ein plötzlich wahrgenommener, scharfer Schmerz, läßt mich auf die Einwirkung einer Nadel schließen (und gegebenenfalls nach ihr suchen, wird also zur Ursache meiner Suchaktivität), was bedeutet, daß ich die Ursache des Schmerzes nachträglich als Kausalität konstituiere, und oft genug ergeben sich dabei *multiple Kausalitäten*. Ein verschwundenes mimisch-gestisches Signal (d. h. eine *social affordance*) – eine Skepsis, die nur für einen Moment, kaum merklich, ‚im Auge', in der Mimik des anderen aufleuchtete, verbunden mit einem leichten Zurücklehnen (Ab-neigung), von mir nicht bewußt wahrgenommen – erfordert, wenn ich meine Verstimmung *wahr*-nehme (und diese hat einen mimischen Ausdruck, der mit seiner „movement produced information" zu diesem Gewahrwerden, dieser Wahrnehmung beiträgt [*Warren* 1990], eine Vergegenwärtigung). Diese Stimmungswahrnehmung läßt mich nach der Stimmungsursache fragen, und das imaginierte Gesicht des abwertenden Zweifels erfordert die Reaktualisierung der ab-lehnenden Haltung. Durch diese kann ich dann eine Kausalität gleichsam „im nachhinein" feststellen, von der ich *annehme*, sie sei ursächlich für meine Befindlichkeit und mein Verhalten. Das *wahrgenommene* komplexe Verhalten des anderen und die darin enthaltenen Implikate – ganz gleich, ob es sich nun um eine subliminale oder wachbewußte Perzeption, eine unbewußte oder ich-bewußte Interpretation des Perzipierten handelt – trägt die Möglichkeiten der bewußten und/oder unbewußten Re-aktionen schon in sich. Die „effectivity", d. h. meine Handlung, ist demnach in der *affordance*, der Aufforderungsqualität (*Lewin*) seines skeptischen Blickes, den ich vorgängig wahrgenommen hatte, schon enthalten. Und wahrscheinlich wohnte meine Antwort seinem Blick schon leibhaftig inne. *Affordance/effectivity* ist demnach nicht als Kausalsequenz im Sinne des behavioristischen Stimulus → Response-Modells zu sehen. Das hieße das Konzept mißverstehen, sondern als *eine perception ↔ action-unit*, die von vielfältiger Rekursivität, Feedback- und Feedforward-Prozessen, der Verschränkung von Reaktionen und Proaktionen bestimmt ist. Die *„effectivity"* ist wie die

*„perception"* nebst den *„constraints"* (d. h. den Begrenzungen in der Leistungsfähigkeit des Organismus und den physikalischen Bedingungen des *„environments"*) als Strukturelement in der *„affordance"* eingeschlossen. *Affordance* ist demnach als dynamisches, *systemisches* Konzept zu sehen (*Adolph* et al. 1993), als ein holistisches Konzept, das die im Laufe der Evolution ausgebildete und durch ontogenetische Lernerfahrung angereicherte Organismus-Umfeld-Interaktion, ihre Wahrnehmungs-Handlungs-Zyklen (PAC) expliziert. Bei komplexen sozialen Interaktionen wird mit der Entwicklung des Affordance-Konzeptes zu dem der *„social affordance"* die kognitivistische Perspektive des *„cognitive information processing"* hinzugenommen. Nicht nur die Wahrnehmungs- und Handlungsmöglichkeiten des Organismus haben sich evolutionär entwickelt, sondern auch die wahrnehmungsvermittelten Interaktionen „Gehirn ↔ Umwelt", wie z. B. *Edelman* (1987, 1989, 1993) in seinem bahnbrechenden Ansatz deutlich macht. So kann in das Affordance-Konzept das Moment kognitiver Prozesse durchaus einbezogen werden, besonders, wenn es um Prozesse geht, die die sensumotorische Koordination (*Beek* 1989; *Thelen, Fisher* 1983) übersteigen. Es liegen damit Wahrnehmungs-Verarbeitungs[3]-Handlungs-Zyklen (WVH) vor, die mit der gleichen Flüssigkeit und Unmittelbarkeit den interaktiven Bezug des Menschen in seiner Lebenswelt als ein weitgehend unbewußtes (im neurowissenschaftlichen Sinn, *Prince* 1983; *Marcel* 1983) und zum Teil auch bewußtes bzw. bewußtseinsfähiges Geschehen regeln. Das Spiel von Kindern, synthetisches Zusammenwirken sensumotorischer, emotionaler, kognitiver und kommunikativer Komponenten, macht dies evident.

Die Berührungsängste der Vertreter strenger *Gibson*scher Positionen (*Michaels* 1992) mit kognitivistischen Ansätzen erweisen sich als nicht erforderlich, und die neueren Entwicklungen in der ökologischen Psychologie gehen in diese Richtung. Das Problem des Bezugs Organismus ↔ Umfeld, Mensch ↔ Welt hat eine inhärente Logik, wie sich schon an zwei luziden Aufsätzen von *Heinrich von Kleist* sehen läßt. Der Text „Über die allmähliche Verfertigung der Gedanken beim Reden" (1805/6, 1977, 975-980) zeigt, daß komplexe kognitive Prozesse, wie sie etwa hinter einer freien Rede stehen, keineswegs nur oder gar überwiegend ich-bewußte, absichtsvolle Aktivitäten sind, sondern ein spontanes Geschehen kognitiver Organisation und Emergenz (*Krohn, Küppers* 1992). Denn es stimmt in der Tat: „Ich glaube, daß mancher große Redner in dem Augenblick, da er den Mund aufmachte, noch nicht wußte, was er sagen würde. Aber die Überzeugung, daß er die ihm nötige Gedankenfülle schon aus den Umständen und der daraus resultierenden Erregung seines Gemüts schöpfen würde, macht ihn dreist genug, den Anfang, auf gutes Glück hin, zu setzen" (ibid. 976). Die *Affordances* des Kontextes einerseits und der „level of cortical arrousal" andererseits führen zu einem kontextgenerierten Reden, und „ein solches Reden ist ein wahrhaft lautes Denken". So erfolgt auch „durch ein lebhaftes Gespräch, eine kontinuierliche Befruchtung der Gemüter mit Ideen" (ibid. 978 f). Zuweilen entdeckt man erstaunend „im Prozeß" oder „im nachhinein", was einem alles *„in den Sinn kommt"* bzw. *„in den Sinn gekommen ist"* (um ähnliches handelt es sich, wenn mir, nachdem ich ein Problem zur Seite gelegt habe, in anderen Kontexten Lösungen auftauchen bzw. mir „klar werden". Die Kreativitätsforschung hat sich mit diesem Phänomen ausgiebig befaßt, vgl. *Ullmann* 1968; *Eisler-Stehrenberger* 1990). Die Feinanalyse derartiger Prozesse zeigt, daß hier der Aufforderungscharakter einer auf die kognitive und aktionale Ebene zielende Umweltanforderung zu einer *effectivity* führt, die in der komplexen sozialen Situation, ja, kulturellen Situation als Möglichkeit enthalten ist, genau wie die Bewegungen des Bären im Fechtkampf, die *Kleist* im „Marionettentheater" (1810) beschreibt, nicht vom Nachdenken, sondern vom Aufforderungscharakter seines Gegners, des Fechtvirtuosen bestimmt sind. Diese beiden, der Bär und der Fechtmeister, bilden mit ihren Wahrnehmungen und Handlungen eine Einheit, wobei sich das Geschehen „aus dem Prozeß" entwickelt, in der Unmittelbarkeit selbst, die all das zur Verfügung hat, was im Möglichkeitsraum der Begrenzungen (constraints) vorhanden ist. „Wir sehen, daß in dem Maße, als, in der organismischen Welt, die Reflexion dunkler und schwächer wird, die Grazie darin immer strahlender und herrschender hervortritt" (*Kleist* 1810/1977, 987).

Neben dem Ansatz über die Handlungsebene ist immer wieder bei der repräsentationalen Ebene selbst anzusetzen – und je älter das Kind ist und je komplexer die Zusammenhänge sind, um die es geht (Person-in-Interaktion-in-Situations-Sequenzen), desto bedeutsamer ist es, auch mit dieser Ebene zu arbeiten und beide Arbeitsmöglichkeiten zu verbinden. Insgesamt werden deshalb sozioökologisch begründete Interventionen auf *beide Ebenen* abzielen, die – verkürzend – als die „behaviorale" und die „mentale" bezeichnet werden können oder als die „aktionale" und die „diskursive" (*Petzold* 1992a, 902 f), wobei zu betonen ist, daß es sich hier um ein miteinander verschränktes Wahrnehmungs-Verarbeitungs[3]-Handlungs-System (WVH) handelt und deshalb Wahrnehmungsgewohnheiten zu beeinflussen und Wahrnehmungsmöglichkeiten zu erweitern sind, womit auch neue Wahrnehmungsgegenstände angeboten werden müssen. Weiterhin sind Verarbeitungsmodalitäten – Formen des Processing, Bewertungsstereotype, Interpretationsfolien – zu verändern, und das erfordert *Erinnerungsarbeit des Subjekts*: ein *Nachspüren, Nachsinnen, Nachfühlen* und *Nachdenken* über diese Prozesse und ihr Zustandekommen, damit schließlich durch die Erweiterung dieser *Kompetenzen** neue Handlungsmöglichkeiten, *Performanzen***, entstehen können bzw. alte, dysfunktionale Handlungsmuster verändert werden. Interventiv gesehen haben wir deshalb zwei Strategien, die miteinander interagieren: einen *„bottom-up-approach"* – von den Verhaltensstilen zu den kognitiven und emotionalen Stilen – und einen *„top-down-approach"* – von den Kognitionen zu den emotionale Bewertungen und zu den konkreten Handlungen. Beides indes ist eingebun-

---

* Wir definieren »Kompetenz als die Gesamtheit aller Fähigkeiten (allen Wissens) des Subjekts – verstanden als personales, identisches Selbst –, die in der Interaktion mit dem Kontext/Kontinuum zur Lösung von Problemen, Nutzung von Ressourcen, Erschließung von Potentialen und zur Planung und Erreichung von Zielen erforderlich sind« (*Petzold* et al. 1994b, 507).

** »Performanz wird gesehen als die Gesamtheit aller Fertigkeiten (allen Könnens) des Subjektes, die zur Umsetzung von Kompetenz in einem Kontext/Kontinuum zum praktischenLösen von Problemen, zum Nützen von Ressourcen, Erschließen von Potentialen und zur konkreten Verwirklichung von Zielen gebraucht werden« (*Petzold* et al. 1994b, 507).

den in „soziale Interaktionssysteme“, die sich entwickeln und in ihrer Entwicklung gesehen werden müssen, ein Paradigma entwicklungspsychologischer Betrachtung, das neben *Vygotsky* (1934/1978) mit dem Namen von *Henry Wallon* (1941/1968, 1954/1973) verbunden werden muß (*Nadel* 1980, 1994), der auch die frühen interaktionistischen Konzepte meines Ansatzes (*Petzold* 1965, 1970c, idem et al. 1994a) beeinflußt hat und einer sozioökologischen Betrachtungsweise (vgl. die Arbeiten seines Schülers *Zazzo* 1974) den Weg bereitet hat (*Wallon* 1954), ein Ansatz, der besonders auf die emotionale Bedeutung körperlich-mimetischen Ausdrucks in der Interaktion zentrierte (idem 1934).

## 6. Interaktion und Kommunikation

Kinder werden von frühesten Säuglingstagen an durch ihre sozioökologischen Zusammenhänge, in denen sie sich selbst, ihr Selbst erleben, maßgeblich bestimmt (*Grossmann* 1990). *Neisser* (1991), *Rochat* und *Bullinger* (1994) haben deshalb von einem *„ecological self“* gesprochen, daß sich in der leibhaftigen Erfahrung des Körpers mit der Umwelt ausbildet (ich sprach vom „organismischen Selbst in der Welt sensumotorischer Erfahrung“ [*Petzold* 1990e]). Es kann also von einer „ökologischen Sozialisation“ mit Fug und Recht gesprochen werden (*Bronfenbrenner* 1978, 1990), da Kinder durch ihren konkreten Lebensraum, das Bettchen, den Laufstall, die Wohnung, den Garten, den Spielplatz, den Hof, die Straße, das Quartier, die Landschaft und die in all diesen Kontexten lebenden und interagierenden Menschen und Tiere nachhaltig beeinflußt werden. Deshalb *sind für eine effektive Kindertherapie sozioökologische Interventionen in das Netzwerk*, in den familiären Raum (*Schneewind* 1990), den nachbarschaftlichen Kontext (*Bracely* 1964; *Frick* 1986), den schulischen Bereich (*Barker* 1978; *Linneweber* 1990) unverzichtbar. Je kleiner die Kinder sind, desto weniger können sie von ihren Kontexten abstrahieren. *Territorialität* (*Altman* 1975; *Miller* 1990) ist eine verhaltensbestimmende Größe. Erwachsene Therapeuten scheinen sich dieser vitalen Realität des kleinen Kindes (*Bierhoff* 1990; *Flade* 1990) nicht in ausreichendem Maße bewußt zu sein. Deshalb muß dem vitalen Zusammenhang – Kind/ökologische/soziale Welt – in Zukunft in der Kindertherapie eine weitaus größere Bedeutung beigemessen

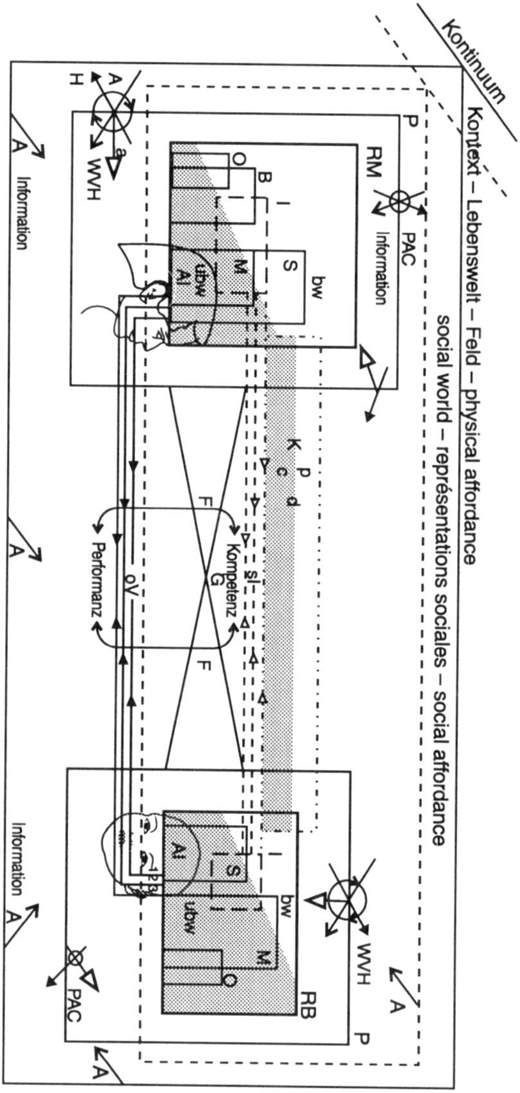


*Abb. 6:* Differentielles und Integratives Modell interaktiver und kommunikativer Kompetenz und Performanz – Mutter-Kind-Interaktion/Kommunikation (aus *Petzold* et al. 1994a, 508 f)

**Legende:**

AI = Absichten / Intentionen des Subjekts
F = Funktion der Interaktion / Kommunikation
G = Gegenstand / Ziel der Interaktion / Kommunikation
P = Gesamtpersönlichkeit (offenes Verhalten und Repräsentationen)
RM = relevante Repräsentationen der Mutter RB = relevante Repräsentationen des Babies
K = Korepräsentationen p = private c = kollektive d = prädisponierte
S = Repräsentationen des eigenen Selbst
M = Repräsentation der Mutterrolle (persönliche und kollektive Folie)
B = Repräsentation der Babies (persönliche und kollektive Folie)
O = Repräsentationen von „significant others"; z.B. des Ehemanns oder der eigenen Mutter
I = Repräsentation der Interaktion
sI = symbolische Interaktion / Kompetenz
oV = offenes Verhalten / behaviorale Interaktion / Performanz
bw = bewußt
ubw = unbewußt
1 = kognitiv bestimmte Interaktion
2 = emotional bestimmte Interaktion
3 = sensumotorisch bestimmte Interaktion

A = externale Affordance
a = internale Affordance
H = Handlung (effectivity)

= Verschränkung von A/a/WH in der Wahrnehmungs-Verarbeitungs[3]-Handlungs-Spirale: **WVH**

= Perception-action-cycle: **PAC**

= Verschränkung von Kompetenz und Performanz

werden (Therapie auf dem Spielplatz, Bewegungsbaustelle, Therapie auf dem Bauernhof, Therapie mit Tieren, vgl. *Arkov* 1977; *Levinson* 1969; *Miedzinski* 1987), als das bei der Mehrzahl der vorhandenen Ansätze bislang der Fall ist. Sozioökologische Überlegungen zur *Interaktion* und *Kommunikation* in Kontext und Kontinuum, die die performatorische Ebene wie die der Kompetenz, die des offenen Verhaltens wie die der repräsentationalen Realität berücksichtigen, sind auch als Hintergrund unserer interaktionstheoretischen Modelle zu sehen.

In Kommunikations-/Interaktionsprozessen können folgende mnestisch aktualisierbaren Repräsentationen angenommen werden:

1. Die Repräsentation des „Interaktionspartners im Kontext" (= Information über den Partner und den Kontext) mit seiner Art und Weise des Interagierens – für die Mutter die Repräsentation des Babys **(PB)** mit dem Wissen um seine spezifische Formen der Kontaktgestaltung in der Interaktion **(I)**,

2. die Repräsentation des „eigenen Selbst im Kontext" (**S**) – d. h. Information über das eigene Selbst und den Kontext – mit dem Wissen um die eigene Art des Interagierens (**I**),
3. die Repräsentation von Teilaspekten des Selbst – z. B. der Mutterrolle (**M**),
4. die Repräsentation anderer, für den Kommunikations-/Interaktionskontext wichtiger „significant others" (**O**) – etwa des Vater oder eines Geschwisterteils und ihre Art des Interagierens (**I**),
5. die vollzogene Interaktion (**I**) vor dem Hintergrund der Interaktionsgeschichte in ihrer ganzen Vielfältigkeit.

Therapeutische Prozesse und Relationsverhältnisse vollziehen sich als Interaktionen, die jeweils auch eine kommunikative Komponente haben. Deshalb ist es erforderlich, über ein *Modell von Interaktion**/ *Kommunikation*** *zu verfügen (Abb. 6), das das, was in den verschiedenen Relationalitätsformen geschieht, strukturell erklärbar und verstehbar macht.* Ein solches Modell wurde im Rahmen der Integrativen Therapie mit Rückgriff auf Konzepte der ökologischen Psychologie *Gibsons* und auf interaktionspsychologische Modelle kognitivistischer Orientierung im Kontext von Forschungsarbeiten mit Eltern und Säuglingen (*Petzold* et al. 1994a) und Hochbetagten und ihren Pflegepersonen (*Petzold* 1990g) erarbeitet. Für beide Zielgruppen ist charakteristisch, daß bei der Beobachtung offenen Verhaltens angesetzt werden muß und die Frage kognitiver Repräsentationen zumindest für die Seite der Babys und hochdementer Patienten aus der „Performanz" offenen Verhaltens erschlossen werden muß, wohingegen mit der anderen Gruppe der Interaktionspartner darüber gesprochen werden kann, welche Vorstellungen bei ihnen über den jeweils anderen Interaktionspartner oder welche Erwartungen über die Form der Interaktion selbst, sowie über Inhalte der

---

* »Interaktion ist der strukturierte, wechselseitige Vollzug offenen Verhaltens in Kontext und Kontinuum, welcher in Repräsentationen – sie sind Basis der Strukturiertheit – gründet und sie zugleich begründet« (*Petzold* et al. 1994a, 504).

** »Menschliche Kommunikation ist die Vermittlung von Information zwischen Subjekten in jeweils gegebenen Kontexten mit ihrem Vergangenheits- und Zukunftshorizont, ihrem K o n t i n u u m, über die faktischen, in der Performanz offenen Verhaltens sichtbaren Interaktionen. Kommunikation erfolgt nach bestimmten, generellen (genetisch disponierten) und spezifischen (kultur-, familien- und personabhängigen) Regeln in symbolischer, nicht-sprachlich und sprachlich gefaßter Form. Diese kann aufgrund von gemeinsamem Zeichenvorrat und Regelwissen, d. h. aufgrund „kommunikativer K o m p e t e n z ", von den an Kommunikationsprozessen Beteiligten „gelesen" werden, d. h. sie wird identifiziert, zur Herstellung von Sinnbezügen interpretiert und gegebenenfalls zu P er f o r m a n z verwandt, zu sinngeleitetem Handeln, welches wiederum in den Kontext (d. h. auch auf die vorhandenen Interaktions-/Kommunikationspartner) wirkt« (*Petzold* 1990g, 4).

Kommunikation vorhanden sind. Es wird davon ausgegangen, daß jeder der Interaktions-/Kommunikationspartner über ein bestimmtes Maß an „interaktiver/kommunikativer Kompetenz und Performanz“ verfügt (*Peukert* 1979), wobei diese Fähigkeiten und Fertigkeiten miteinander verschränkt sind, und daß weiterhin das *System der Interaktionspartner als Gesamt* über eine spezifische kommunikative Kompetenz und Performanz verfügt (*Wiemann, Giles* 1992; *Wiemann, Bradac* 1994). Durch Interviews mit Müttern ergibt sich, daß die Mutter ein „Bild“ von ihrem Baby hat, d. h. also auch darüber, wie es sich verhalten soll, weiterhin ein Bild von sich selbst in der Rolle als Mutter, mit bewerteten Eigenschaften, die sie sich zuschreibt oder die sie zu realisieren sucht. Darüber hinaus finden sich Bilder von anderen Rollensegmenten oder Rollen (Ehefrau, Berufsrollen etc.). Schließlich finden sich Vorstellungen darüber, wie die Kommunikation mit dem Baby abzulaufen hat, in welcher Art das Baby kommuniziert, in welcher Art sie als Mutter selbst kommuniziert. Dann hat die Mutter noch Vorstellungen von anderen wichtigen Bezugspersonen „im Kopf“ (ihrem Mann, der Kinderfrau, der eigenen Mutter etc.). Auch das Kleinkind – wie z. B. die Einschlafmonologe (*Nelson* 1989) erkennen lassen – hat Vorstellungen von der Mutter, Erwartungen an die Formen der Interaktionen von seiten der Mutter und sogar Vorstellungen darüber, was es selbst tun will oder kann. Betrachtet man die Inhalte derartiger Interaktionen und Kommunikationen, so zeigt sich, daß sie deutlich an das übergeordnete soziale und kulturelle Milieu zurückgebunden sind, an allgemeine Vorstellungen darüber, was Mütter tun *sollten* (von seiten des Kindes z. B. Vorstellungen darüber, wann es zu Bett gehen muß, daß es sein Schlafhemd anziehen muß – warum eigentlich, es könnte doch auch nackt ins Bett gelegt werden?!).

Die subjektiven Vorstellungen/Theorien sind also eingebettet in *„répresentations sociales“* (*Moscovici* 1984), kollektive kognitve Repräsentationen über Sachverhalte bzw. Kommunikationsregeln. Die Fragen nach der Art und Qualität der Repräsentationen, ihrer Organisation als Informationsmengen von unterschiedlich *komplexer Konfigurierung* und die dahinterstehenden emergenztheoretischen Überlegungen können an dieser Stelle nicht näher dargestellt werden. Es sei deshalb auf andere Publikationen verwiesen (*Petzold* et al. 1994a; idem 1994a). Wichtig jedoch ist herauszustellen, daß die *repräsentationale* Ebene für die Performanz im Vollzug von Interaktion/Kommunikation bestimmend ist, andererseits aber die Interaktion selbst wiederum auf die Qualität der Repräsentationen wirkt und jeweils das *Gesamtsystem operativ* ist. Insbesondere unmittelbare motorische Interaktionen oder „emotional events" sind im Sinne eines Zusammenspiels von „social affordances" mit ihren „social effectivities" zu sehen, das Zusammenspiel von vertrauten Interaktionspartnern, die „füreinander" zur „social affordance" werden. Gelingt es, die performatorische Seite der Wahrnehmung zu verändern, indem man durch eine andere Körperhaltung andere Perspektiven eröffnet (in der Frühförderung sehen wir, wie nachhaltig die Veränderung von *„postural control"* wirkt, vgl. *de Groot* 1993; *van der Hoek, de Groot, Vermeer* 1992), so können andere *affordances* wahrgenommen werden und ins Spiel kommen. Arbeitet man mit Veränderungen des Umfeldes (Einrichtung eines Spielzimmers, Umgruppierung einer Möblierung, andere Farbgebung für den Raum), so hat auch dieses Wirkungen auf die Verhaltensperformanz. Arbeitet man schließlich mit Instruktionen oder Arrangements, die unmittelbar das „display" habitualisierten Verhaltens eines der Interaktionspartner (oder auch beider) verändern, so kommt es insgesamt zu anderen Inszenierungen, die auf Dauer auch das repräsentationale Geschehen beeinflussen (Repräsentation der Interaktion, Repräsentation der Person-in-Situation). Statt eines solchen *„bottom-up-approach"* ist es natürlich auch möglich, bei der Veränderung der Vorstellungswelt mit einem *„top-down-approach"* anzusetzen, indem man über Verhaltensreflexionen, Reflexion der eigenen inneren Bilder und Erwartungen und ihrer systematischen Veränderung ansetzt, vor allem durch alternative Vor-stellungen, indem man sich „ein anderes Bild macht", eine andere „innere *Haltung*" oder *„Einstellung"*. Die Begriffe für diese kognitiven Um-stellungen zeigen deutlich ihre Anbindung an motorische und posturale Grunderfahrungen (*Wallon* 1941; *Mead* 1934, beide mit Bezug auf *Baldwin* 1895). Die experimentell gut gesicherten Befunde zu Attributionsprozessen und zu „self-fulfilling prophecies" machen deutlich, wie stark Verhaltenserwartungen bzw. -zuschreibungen, bestimmende mentale Repräsentationen faktisches Verhalten zu verändern vermögen. In der therapeutischen Arbeit versuchen wir, wo immer dies möglich ist, auf beiden Ebenen der Interaktion – der behavioralen und repräsentationalen – anzusetzen, um zu wechselseitigen Beeinflussungen durch Nutzung beider „approaches" zu kommen. Je kleiner das Kind ist oder je massiver seine Verhaltensstörungen sind, desto schwieriger wird es allerdings, zur repräsentationalen Ebene hin zu intervenieren. Hier wird der Schwerpunkt deshalb auf die *Performanzaspekte* zu legen sein, wobei es bei den erwachsenen Bezugspersonen oder älteren Geschwistern wichtig ist, beide Ebenen einzubeziehen. Der Begriff der *„social affordance"* ist denn auch so ausgearbeitet worden, daß er sowohl den *Gibson*schen Ansatz der unmittelbaren Wahrnehmungs-Handlungs-Verbindung (perception-action-cycle, PAC) aufnimmt wie auch mentale Verarbeitungsprozesse, subjektive Theorien berücksichtigt, so daß soziale Interaktion/Kommunikation, „emotional invariants", relativ stabile Interaktionsmuster unter der Perspektive der Wahrnehmungs-Verarbeitungs-Handlungs-Spirale (Abb. 5) betrachtet und interventiv angegangen werden (*Petzold* et al. 1994a).

## 7. Die therapeutische Beziehung in der Integrativen Kindertherapie – sozioökologische, sozialphänomenologische und tiefenhermeneutische Konzepte

Die sozioökologische Perspektive muß, will sie nicht in die Gefahr biologistischer Verkürzungen geraten, die eine radikale *Gibson*sche Perspektive mit sich bringen könnte, mit der sozialphänomenologischen Sicht von *Relationalität* (*Orth, Petzold* 1993b) und ihrer Auslotung durch eine „ernüchterte Tiefenhermeneutik" (dieselben 1995; idem 1994a) verbunden werden, wie es für den Ansatz der Integrativen Therapie kennzeichnend ist. In dieser Perspektive wird dem therapeutischen Geschehen als therapeutischem Handeln „in der Beziehung", Arbeit „an der Beziehung" und Wirken „durch die Beziehung" die zentrale Stellung zugeschrieben, einerseits auf der Grundlage anthropologischer Überlegungen, die sich an der Intersubjektivitätstheorie (*Petzold* 1980g) ausrichten, andererseits orientiert an den Ergebnissen der empirischen Psychotherapieforschung, die affirmieren, daß eine gute therapeutische Beziehung das wichtigste Moment für eine gelingende Psychotherapie ist (*Orlinsky, Howard* 1986; *Huf* 1992; *Grawe* et al. 1994). Dabei bleiben folgende Aspekte meistens unklar: Wie ist die interaktionale Seite der therapeutischen Beziehung zu sehen, wie die kommunikative? Für beides bietet die sozioökologische Theorie gute Modellvorstellungen (vgl. Abb. 6).

Im Hinblick auf Funktion und Wertung der interaktiv/kommunikativen Vorgänge im Kontext von Therapie müssen aber weitere Bestimmungen unter „klinischer Perspektive“ und unter beziehungstheoretischen Reflexionen erfolgen. Es wird notwendig, zur ökologischen Perspektive der Wahrnehmungs-Handlungs-Verschränkung (PAC) qualitative Dimensionen – Bewertung, Bedeutung, die subjektive Sicht – hinzuzugewinnen: Was muß in einer therapeutischen Beziehung zum Tragen kommen, damit sie eine „gute“ wird? Auch das bleibt oftmals unklar. Akzeptanz, emotionale Wärme, Einfühlung (*Petzold* 1980g), soziales Sinnverstehen und Empathieren (*Metzmacher, Zaepfel*, dieses Buch), Klarheit, Eindeutigkeit in der Konfliktarbeit und beim Aushandeln von Grenzen, die Fähigkeit zur Konsensbildung und zur Konstitution von „shared meaning“ (*Petzold* 1995n), all das sind sicherlich wichtige Qualitäten, aber sie kennzeichnen in gleicher Weise auch gute *Alltagsbeziehungen*. Gute therapeutische Beziehungen jedoch gehen über einen guten zwischenmenschlichen Bezug hinaus, wenngleich sie diesen immer einschließen müssen. Sie werden bestimmt:

1. durch das faktisch vorhandene, relationale Klima, die Form der Relationalität (*Konfluenz, Kontakt, Begegnung, Beziehung, Bindung, Übertragung*, vgl. *Petzold* 1991b, 1995n),
2. durch die faktische kommunikative Kompetenz und Performanz der therapeutischen Dyade (hier gehen Faktoren wie Lebensalter, Intelligenz, Behinderungen, Symptomatik mit ein),
3. durch die aufgrund der Diagnostik erfolgten Indikationen (Zielperspektiven, Wahl des methodischen Zugangs, der Strategien),
4. durch die *vereinbarten* Therapieziele (wo immer dies möglich ist; in der Kindertherapie finden wir hier erhebliche Grenzen).

All diese Aspekte haben Einfluß auf das Anlegen, die Gestaltung, die Handhabung einer therapeutischen Beziehung durch einen in den Formen alltäglicher und klinischer *Relationalität* geschulten Therapeuten. Therapeutische Beziehung ist also nicht nur oder überwiegend ein unkalkulierbares, spontanes Ereignis, wie es manche humanistisch-psychologischen Therapien mit ihren Begegnungsideologien propagieren. Es ist intentionale Beziehungsgestaltung, und je nachdem, was vom Patienten, seiner Persönlichkeit, Erkrankung, Netzwerk- und Lebenssituation indiziert ist, wird eher eine

- einsichtsgerichtete, konfliktorientierte Ausrichtung einzuschlagen sein (erster „Weg der Heilung und Förderung“, vgl. idem 1988n, 3. Aufl. 1995) oder eine
- nährende/nachnährende, Defizite kompensierende (zweiter Weg)
- oder eine erlebnisaktivierende, alternative Erfahrungen vermittelnde (dritter Weg) oder eine
- sozialintegrative, Solidaritätserfahrungen vermittelnde Ausrichtung (vierter Weg).

Zumeist werden diese Wege verbunden. Sie kommen in unterschiedlichen Phasen von Therapien zum Tragen. Die erste Strategie erfordert eine ausreichende Ich-Stärke und Einsichtsfähigkeit. Sie wird bei sehr kleinen, entwicklungsverzögerten oder sehr bedürftigen Kindern kaum eingesetzt, wohl aber bei Kindern, die in der therapeutischen Beziehung spontan generalisierende Konfliktmuster inszenieren und in der Lage sind, „an der Beziehung“ mitzugestalten. Die dritte Strategie der Erlebnisaktivierung kommt in praktisch jeder Kindertherapie zum Einsatz. Sie fordert den Therapeuten in seinen spontanen, kreativen, spielerischen Fähigkeiten (idem 1987a). Wie auch immer die Beziehungsgestaltung orientiert ist – Therapeuten müssen sich fragen und in der Supervision (idem 1993m) fragen lassen, wie sie zu ihrer Indikation gekommen sind, warum sie welchen Weg eingeschlagen haben, was sie vielleicht vermeiden oder zu stark determiniert inszenieren. Dabei werden „integrativ“ ausgerichtete Supervisoren bzw. Kontrollanalytiker – gerade aufgrund der Umwälzungen einerseits durch die entwicklungsspychologische Früh- und Längsschnittforschung (*Stern* 1985; *Dornes* 1993; *Papoušek* 1994; *Petzold* 1993c; 1994j), die zentrale Annahmen von *Freud, Spitz, Mahler* u. a. in Frage stellen, und andererseits durch die Ergebnisse der empirischen Psychotherapieforschung (*Grawe* et al. 1994; *Märtens, Petzold,* dieses Buch) – sich auf die Befragung der Therapie-Ideologien von Praktikern zu richten haben (idem 1993m; *Orth, Petzold* 1995a), eine Thematik, auf die wir noch kurz im folgenden eingehen werden, weil sie für die Beziehungsgestaltung wesentlich ist. Supervisoren werden weiterhin ihr Augenmerk auf einige Grundmomente *therapeutischer* Beziehung richten müssen: Resonanzphänomene, identifikatorische Leistungen, Empathie, die interaktive und die kommunikative Dimension in der Beziehung, auf nonverbale und repräsentationale Aspekte. Es sei der Identifikationsaspekt herausgegriffen.

Beziehungsgestaltung erfordert drei identifikatorische Schritte „aus innerer Resonanz" (wobei die ersten beiden dem zuzurechnen wären, was im psychoanalytischen Verständnis als „Gegenübertragung" bezeichnet wird, über die der dritte Schritt dann deutlich herausführt):

(1.) *Eine* **projektiv-persönliche Identifikation** – *ich setze mich an die Stelle des Betroffenen, versuche herauszufinden, wie ich an seiner Stelle (d. h. aber aus meiner persönlichen Perspektive) seine Situation erleben würde, um auf dieser Grundlage Richtwerte für mein Handeln zu finden;*

(2.) *eine* **empathisch-intuierende Identifikation** – *ich versuche mich in die Situation des Patienten als Betroffener hineinzubegeben, indem ich mich bemühe, seine Sicht der Dinge, seine Art des Denkens und Fühlens aufzunehmen.* Wir können nun auf dieser Grundlage zu

(3.) *einer* **sozialperspektivischen Identifikation** *finden – ich versuche mich aufgrund sozialen Sinnverstehens und sozialen Empathierens, in Akten „sozialer Intuition" also, für die Wirkungen makrosozialer Einflüsse auf den Betroffenen zu sensibilisieren, mich seinen Perspektiven und Erlebensweisen von politischen und ökonomischen Lagen und Ereignissen, von gesellschaftlichen Verhältnissen und Zeitgeist anzunähern.*

Gelingende therapeutische Beziehungen erfordern also komplexe Identifikations- und Intuitionsleistungen. Dabei bestimmen wir

(a) »**Intuition** *als das Zusammenwirken von aktualer, supra- und subliminaler Wahrnehmung und ihrer mnestischen Resonanz aufgrund genetischer Ausstattung und vorgängiger Erfahrung (persönlicher und professioneller). Hinzu kommen antizipatorische Leistungen. Führt Intuition zu affektiver Teilnahme und wird sie von mitmenschlichem Interesse und Engagement getragen, sprechen wir von Empathie*« (Petzold 1991b).

(b) »*Gelingende therapeutische Beziehungen sind Interaktionen, die von* ***wechselseitiger Empathie*** *und multiplen Beziehungsqualitäten bestimmt sind. Durch kognitive und emotionale Bemühungen und praktische „gemeinsame Aktivitäten" von Therapeut und Patient wird versucht, in der Beziehung selbst und durch gezielte Transferschritte in die Alltagswirklichkeit vieles von dem zu ermöglichen, was zur Bewältigung der Lebensprobleme des Patienten und seines Bezugssystems (coping), zur Linderung und Beseitigung seiner Leidenszustände und Krankheitssymptome (caring), zu seinem persönlichen Wachstum (enrichment) und zur Stärkung seiner Selbstbestimmtheit (empowerment) sowie zur Stütze (support), Bewahrung und Entwicklung eines supportiven und kokreativen sozialen Netzwerkes – reich an Ressourcen und Potentialen – notwendig* *ist: kommunikative Kompetenz, Selbstsicherheit, Ambiguitätstoleranz und soziale Kreativität«* (*Petzold* 1990g).

Bei den aufgeführten drei identifikatorischen Schritten handelt es sich – das darf nie vergessen werden – um Näherungen, die immer auch ein projektives Moment und subjektiv-bewertende Qualitäten von seiten des Therapeuten implizieren und die aufgrund klinischer und persönlicher Erfahrung und theoriegeleiteter Bewertungsparameter – beides geht in intuitive Prozesse ein, diese haben durchaus kognitive Komponenten – stets auch empathisch das zu erfassen suchen, was der Patient/Klient ausblendet, verdrängt, fehlbewertet, was ihm möglich ist, weil in jeder therapeutischen Identifikation, die nicht von Übertragungen kontaminiert ist, „klinische Exzentrizität" des Therapeuten wirksam ist.

In dieser Definition wird die *Mutualität* (*Ferenczi* 1988) der *Empathie*, ihre Wechselseitigkeit in *multiplen Beziehungsmöglichkeiten* betont. Nicht nur der Patient muß adäquate Einfühlung erfahren, wie *Kohut* (1979) herausstellt, sondern er muß auch die Möglichkeit haben, den Therapeuten in den unterschiedlichen Momenten und damit Formen und Realitäten der therapeutischen Beziehung *einfühlen zu dürfen.* Die Empathie der Mutter und anderer *„relevant caregiver"* fördert nicht nur die Möglichkeit zur Selbstempathie bei ihrem Säugling und Kleinkind, sondern sie schafft auch die Voraussetzungen dafür, daß das Kind sich in sie und in andere Menschen im Rahmen sozialer Situationen einfühlen und vielfältige Beziehungen aufnehmen und gestalten kann. Wird ihm dies in seinem primären Netz (und hier ist nicht nur die Mutter zu sehen, vgl. *Lewis* 1984; *Werner* 1984) nicht ermöglicht, so ist dies ein potentieller Hintergrund für schwere Persönlichkeitsstörungen, denn das Moment der erwachenden und *praktizierten Einfühlungsfähigkeit* und das der *differentiellen Beziehungsgestaltung* von seiten des Kindes (*Bischof-Köhler* 1989) ist im Rahmen gelingender Entwicklungs- und Sozialisationsprozesse von zentraler Bedeutung (*Petzold* 1986e, 1991b).

Hier nun ist die abgrenzende Art und Weise, wie die klassische Psychoanalyse oder Gestalttherapie aufgrund ihrer Ideologeme zur therapeutischen Beziehung (*Orth, Petzold, Sieper* 1995) mit empathischen „Avancen" von Patienten/Patientinnen dem Therapeuten gegenüber umgehen, unter entwicklungspsychologischer Perspektive mit großen Fragezeichen zu versehen. Diese starren, performatorischen Schablonen und Standardformen des Therapeutenverhaltens und damit der Form therapeutischer Beziehung in den klassischen Versionen der genannten Verfahren produzieren Beziehungsstereotype, ja, -artefakte (z. B. abnorm intensive oder zeitlich prolongierte Übertragungen) und verhindern multiple und differentielle Beziehungsmöglichkeiten. Solche aber sind von den ersten Lebenswochen schon Säuglingen möglich, die wenige Tage nach der Geburt Personen unterscheiden (*Spieker* 1986) und zu ihnen – Mutter, Vater, Großmutter, Kindermädchen etc. – durchaus differenziert gestaltete *Kontakte* aufnehmen. Sie entwickeln nach dieser „Phase der Kontakt- bzw. Beziehungpromiskuität" erst um die Mitte des ersten Lebensjahres *Bindungen* (*attachments*). Es wurden von Attachment-Theoretikern die Bindungstypologien A, B und C (*Ainsworth* et al. 1978) unterschieden, dann mußte aufgrund von Klassifizierungsproblemen noch eine Kategorie D eingeführt werden (*Main, Solomon* 1986; *Main* et al. 1985). Vieles spricht dafür, daß diese Typologien noch zu eng greifen, die Bindungsformen und -muster noch vielfältiger sind und natürlich vom jeweiligen erwachsenen Beziehungspartner (*Bowlby* 1969) mitbestimmt werden (*Grossmann* et al. 1985; *Goldsmith, Alansky* 1987; *Spangler* 1992; *Main, Hesse* 1990; *Ainsworth, Eichberg* 1991). Bei den Kleinkindern konnten geschlechtsspezifische Unterschiede in den Reaktionen nachgewiesen werden (*Turner* 1991). Durch den „Mütter-Bias" bindungstheoretischer Untersuchungen haben wir über die differentiellen Bindungsqualitäten zu Vätern, Geschwistern und Pflegepersonen weniger an Information. Aber auch hier fanden sich spezifische Formen der *Relationalität* (*Lewis* 1984; *Werner* 1984; *Lamb* 1976; *M. Papoušek* 1987). Säuglinge, Kleinkinder, Kinder – Menschen über die Lebensspanne hin – haben vielfältige, unterschiedlich gestaltete Beziehungen. Das ist eine banale Aussage, aber sie verdient unterstrichen zu werden, *steht sie doch quer zu der Kernideologie tiefenpsychologischer Therapeuten, daß sich in der therapeutischen Beziehung wesentliche biographische Beziehungskonflikte reinszenieren müssen. Das kann geschehen, muß aber nicht so eintreten, und ob es so eintritt, hängt neben vergangenen und aktualen Einflüssen wesentlich von der Erwartungshaltung und den Zuschreibungen der Therapeuten ab,* wie die Vielfalt vorliegender sozialpsychologischer Forschungsergebnisse zur Wirkung von Attributionen, Erwartungsstrukturen, *Rosenthal*effekt, selffulfilling prophecies (*Försterling* 1986; *Krampen* 1982, 1989; *Stroebe* et al. 1992) deutlich machen, ja, tiefenpsychologische Annahmen über die bestimmende Wirkung elterlicher Phantasien für die kindliche

Entwicklung (*Spitz* 1965/1974, 270; *Massie* et al. 1988; *Dornes* 1995) selbst nahelegen. (Diese letztgenannten Annahmen sind aber m. E. wenig aussagekräftig, wenn sie die Wirkung von Zuschreibungen, wie es häufig geschieht, zu früh ansetzen und dabei die Möglichkeiten differenzierender sozialer Wahrnehmung und Empathie für „inner states" von Erwachsenen auf seiten des Säuglings und dessen Memorationsfähigkeit – und nur dann sind weitere Wirkungen möglich – überschätzen, vgl. *Stern* 1985, 138 ff.; *Petzold* 1993c, 260 ff.). Bei einer solchen Theorie- und Forschungslage ist es schwer verständlich, warum Therapeuten, die sich aufgrund ihrer ideologischen Option in Elternpositionen sehen (*Petzold, Orth* 1995a) und sich auf die Kraft ihres benignen Einflusses (*A. Freud* 1968, 208, 1970, 23 f) verlassen, sich nicht kritisch fragen – „dekonstruktiv" reflektierend (*Derrida* 1982) –, welchen beziehungsbestimmenden Einfluß ihre *Reinszenierungserwartungen* von Konflikten aber auch von Defiziten haben und wieviel an Artefakten damit verbunden ist nebst der daraus folgenden theoretischen Fehlkonzeptualisierungen sowie der Vernachlässigung von bedrängender Aktualproblematik. Man kann *Anna Freud* gänzlich zustimmen, wenn sie schreibt: „Wenn wir erkannt haben, daß die Mächte, mit denen wir bei der Heilung der kindlichen Neurose zu kämpfen haben, nicht nur innere sind, sondern zum Teil auch äußere, dann haben wir auch ein Recht zu fordern, daß der Kinderanalytiker die äußeren Situationen, in der das Kind steht, richtig einzuschätzen versteht, ebenso wie wir verlangen, daß er die inneren Situationen des Kindes zu erfassen vermag" (ibid. 80). Nur, ihre Konsequenz ist problematisch, nämlich: „Wenn es sich als notwendig erweist – den Erziehern des Kindes für die Dauer der Analyse ihre Arbeit aus der Hand zu nehmen und sie selbst zu verrichten" (ibid.), problematisch nicht zuletzt, weil die Wirkung dieser Maßnahme, die erziehungsideologischen Hintergründe in den Intentionen der so handelnden Therapeuten, ( d. h. in ihren verhaltens- und beziehungsprägenden Theorieannahmen) nicht metareflektiert werden. Jedenfalls findet sich in *Anna Freuds* Text kein Hinweis darauf, daß dies bei einem derart einschneidenden Vorgehen Voraussetzung der Intervention sein müsse.

Die stereotype *Reinszenierungsannahme* für Konflikte und Defizitreaktionen wird weder der Fähigkeit von Kindern zur differenzierten Beziehungsgestaltung gerecht, noch respektiert und nutzt sie die kindliche *Wahl* einer nicht reinszenierenden Beziehungsform. Sie zwingt es vielmehr durch Verhaltenserwartungen in ein anderes Beziehungsmuster, das durchaus disfunktional sein kann – die fehlenden oder unzureichenden Wirkungsnachweise so konzeptualisierender und arbeitender Therapieansätze, insbesondere im unmittelbaren Vergleich mit anders ausgerichteten, z. B. familientherapeutischen (*Märtens, Petzold*, dieses Buch; *Heekerens*, dieses Buch) legt diesen Schluß nahe. Kinder waren immer schon Opfer von Ideologien über Kinder (*Hopkins* 1994) – pädagogischen oder therapeutischen –, warum nicht auch hier? Dekonstruktivistische (*Derrida*), diskursanalytische (*Foucault*), metahermeneutische (*Petzold*) Untersuchungen wären im Hinblick auf „Beziehungsideologien" in der Kindertherapie durchaus angebracht. Da sie fehlen, scheint es hier an *Sensibilität für den „anderen Diskurs"* und seine *Differenz* zum Diskurs der eigenen Annahmen zu mangeln. Bewältigung von Konflikten geschieht ja nicht nur über Reinszenierung in der Übertragung, die verbal und/oder aktional interpretiert wird oder durch Umgestaltung des Szenarios andere Lösungen erschließt. Sie geschieht auch durch die Möglichkeit, Raum für „Display" anderer Szenarien zu haben, besonders, wenn der Raum keine determinierenden *„social affordances"* vom Typ der in den familiären *environments* vorhandenen bietet. Nur bei Berücksichtigung und Ermöglichung der *ganzen Breite* von *Beziehungsformen und -qualitäten* für das Kind können die Möglichkeiten der Bindungsforschung (allerdings ohne ihren zu starken Typisierungstendenzen zu folgen) für eine *Bindungstherapie* genutzt werden, wie sie *Bowlby* (1979, 1988) in seinen späten Veröffentlichungen angedacht hat, und wie sie allmählich auch bei einigen Therapeuten umgesetzt wird (*Parkes* 1991; *Murray* 1994). Das hier vertretene Plädoyer für die Flexibilität von Beziehungsgestaltungen in der Kinderbehandlung erscheint uns unbedingt erforderlich, weil gerade neuere Forschung, insbesondere Longitudinalstudien, ein noch größeres Spektrum an Beziehungs- und Bindungsmöglichkeiten zeigen, besonders aber, weil sie die überdauernde und verhaltensprägende Qualität verinnerlichter Beziehungsmuster, wie sie Objektbeziehungstheoretiker annehmen – etwa im Sinne von *Bowlbys* „internal working models" –, in Frage stellen (*Lamb* 1987; *Vyt* 1991, 1993; *Morisset, Spieker* 1988; *Van der Ver* et al. 1986, etwa gegenüber *Matas* et al. 1978). In einer der wenigen Longitudinalstudien mit größeren Populationen und differenziertem Forschungsdesign (12 Jahre Dauer, 200 Kinder) konnten bei Kindern, die mit 12 Monaten als „unsicher gebunden" eingestuft wurden, keine Anzeichen für spätere Störungen und Probleme psychischer und sozialer Art sowie im Leistungsbereich festgestellt werden (*Weisner* et al. 1990).

Es sollte deshalb in der Initialphase jeder Therapie sehr viel Sorgfalt auf die Beobachtung der Formen der Beziehungsgestaltung, die das Kind anbietet, verwandt werden. Von seiten des Therapeuten sind unterschiedliche Beziehungsangebote zu machen, um experimentierend herauszufinden, was das Kind in welcher Weise aufnimmt. Vor allen Dingen müssen sich Therapeuten gerade mit Blick auf die vielen fragwürdig gewordenen oder sogar als falsch erwiesenen entwicklungstheoretischen Annahmen der traditionellen Psychoanalyse aktiv darum bemühen, in der Initialphase der Beziehungsgestaltung keine zu weitreichenden und festlegenden Hypothesen „ins Spiel zu bringen", da diese, wie alle mentalen Vor-stellungen von Beziehungsformen und -repräsentationen (internal working models), die auf einen kognitiv und empathisch kompetenten, d. h. dekodierungsfähigen Kommunikationspartner treffen, adaptives oder kontrastierendes Verhalten evozieren und die Möglichkeiten des Kindes zu freier Experimentation mit Beziehungsqualitäten einschränken (sie wirken z. B. auf ein Kind im ausgehenden zweiten Lebensjahr nur in sehr globaler, aber im vierten und fünften Lebensjahr in schon sehr spezifischer Weise).

Wo immer kindertherapeutisch gearbeitet wird, werden die Momente *der „Empathie des Kindes"* – hier zum Therapeuten hin (*Fremmer-Bombik, Grossmann* 1991) –, *„wechselseitiger Empathie"* und *„multipler Beziehungsmöglichkeiten"* eine große Bedeutung haben, weil sie ganz natürlich in den interaktionalen und kommunikativen Prozessen zwischen Therapeut und Kind aufkommen, und zwar jeweils abhängig vom Alter des Kindes und seinen Möglichkeiten, soziales Einfühlungsvermögen zu praktizieren, an gemeinschaftlicher Sinnkonstitution (*Petzold* 1995n) mitzuwirken und sich an sozialen Aktionen stimmig zu beteiligen. *Die altersangemessene Performanz dieses Vermögens ist geradezu als ein Kriterium für die seelische Gesundheit und ihren altersentsprechenden Entwicklungsstand anzusehen.* Beeinträchtigungen solcher Mutualität können vielfältige Ursachen haben: defizitäre Interaktionen oder konflikthafte oder gestörte, wahrscheinlich von allem etwas. Deshalb sind differentielle Behandlungsstrategien in unterschiedlichen Stadien des therapeutischen Prozesses erforderlich.

Die prinzipielle Fähigkeit zu differenzierten, empathischen Beziehungen ist wesentlich früher anzusetzen, als dies die „Egozentrismus-Hypothese" von *Piaget* annehmen ließ (*Bischof-Köhler* 1989; *Fremmer-Bombik, Grossmann* 1991). Die Grundlagen für diese Fähigkeit finden sich in den offenbar genetisch disponierten sozialen Fähigkeiten des Säuglings (*Plomin* 1986), z. B. schon in frühen Tagen die emotionale Mimik von Erwachsenen zu diskriminieren (*Wallon* 1941; *Nadel* 1994; *Field* 1979), in Prozessen des „social referencing" auf emotionale Botschaften erwachsener „caregiver" zu reagieren bzw. diese selbst zu initiieren und sich im Verlauf der Babyzeit mehr und mehr in differentiellen intentionalen Interaktionen mit seinen relevanten Bezugspersonen abzustimmen. Baby- und Kleinkindforscher haben dafür Begriffe wie „genetische Soziabilität" (*Wallon* 1947), „primäre Intersubjektivität" (*Trevarthen* 1984), „bidirectionality, fit, match, affective attunement, coorientation" etc. verwandt (*Stern* 1985; *Dornes* 1993; *Petzold* 1990e; *Petzold* et al. 1994a). Für eine nähere Auseinandersetzung mit diesen Phänomenen muß auf die aufgeführte Literatur verwiesen werden. Insbesondere die Forschungen von *Bischof-Köhler* (1989) und *Grossmann* (*Fremmer-Bombik, Grossmann* 1991, 1993) zur frühen Empathieentwicklung zeigen, daß es in zentraler Weise um interaktionale Prozesse geht, in denen soziale Wahrnehmung und soziales Handeln zur Entwicklung *interaktiver empathischer Kompetenz und Performanz* führen. Natürlich sind in der Kindertherapie die Rollen und Aktivitäten des Erwachsenen jeweils altersspezifisch zu variieren, und darin liegen die besonderen Anforderungen an die *empathische Kompetenz und Performanz* von Kindertherapeuten, wobei auch noch geschlechtsspezfische Parameter zu berücksichtigen sind.Kindertherapie heißt immer auch Entwicklung der zwischenmenschlichen Beziehungsmöglichkeiten des Kindes im Kontext sowie die Beseitigung von Störungen, die in der Gestaltung dieser Beziehungsmöglichkeiten eingetreten sind und gegebenenfalls schon zur Schädigung der *Relationalität* geführt haben, dadurch, daß die relationalen Qualitäten im sozialen Bezugssystem des Kindes einen problematischen Charakter hatten bzw. haben, d. h. defizient, konfliktreich, chaotisch, toxisch waren oder noch sind. Stets aber muß gesehen werden, daß Kinder zumeist mehr Beziehungsmöglichkeiten in ihrem *Repertoire* (Rollenrepertoire, Reinszenierungen, Inszenierungen und kreative Neugestaltungen) haben, als oftmals angenommen wird. Derartige „Inkompetenzattributionen" führen zu Einschränkungen des *displays*, weil die erforderlichen *social affordances* ausbleiben, wohingegen ein an *Ressourcen* und *Potentialen* orientierter Ansatz alternative und neue Performanzmöglichkeiten fördert – *Moreno* (1943, 438) hatte schon früh das Prinzip der „role creation" betont (*Petzold, Mathias* 1983, 86 f). Weil spontane Therapeuten (ein gutes Beispiel findet sich bei *Anna Freud* [1970, 23] in der Beschreibung ihres kindertherapeutischen Verhaltens) über sehr viele Möglichkeiten der Beziehungsgestaltung verfügen – wie alle gesunden und nicht von therapeutischen Dogmatiken (*Orth, Petzold* 1995a) behinderten Menschen –, können sie diese auch in der (Kinder-)therapeutischen Behandlung spezifisch einsetzen: aufgrund einer auf die „Geschichte von Beziehungserfahrungen" gerichteten Diagnostik, die nicht nur die Mutterbeziehung in den Blick nimmt. „Natürlich haben auch die anderen Familienmitglieder eine bevorrechtigte Stellung, nicht ganz so privilegiert wie die des ‚Objekts', aber immer noch bevorzugt vor anderen Personen", wie selbst *Spitz* (1974, 178), wenn auch nur in einer Anmerkung konzidiert. Wir müssen heute aufgrund der Forschungslage zu Kinderbeziehungen (*Lewis* 1984; *Rutter, Rutter* 1992; *Werner* 1984) und Netzwerkentwicklung (*Röhrle* 1994) weiter greifen als dies *Bowlby* noch angenommen hatte. Seine von ethologisch-ökologischen Konzepten nachhaltig geprägte Sicht kommt in seinen späten therapiebezogenen Konzepten zum Ausdruck, die eine Entwicklung der Behandlungstechnik für notwendig erachtet: »Unterdessen sind diejenigen, die sich die Bindungstheorie zu eigen machen, davon überzeugt, daß sowohl die Struktur der Theorie als auch ihre Beziehung zu den empirischen Daten es nun erlauben, sytematisch ihre Nützlichkeit zu überprüfen. Auf den Gebieten der Ätiologie und der Psychopathologie kann sie dazu dienen, spezifische Hypothesen zu entwicklen, die eine Verbindung der verschiedenen Formen der Familienerfahrungen zu den sie begleitenden neurophysiologischen Veränderungen bilden [...]. Auf dem Gebiet der Psychotherapie kann sie dazu dienen, therapeutische Techniken zu spezifizieren, therapeutische Prozesse zu beschreiben und, sofern die notwendigen technischen Entwicklungen stattfinden, Veränderungen zu messen« (*Bowlby* 1979, 195). Wir gehen darüber hinaus, wenn wir vertreten, daß auf *Relationalitätsformen* und *-qualitäten* (der Begriff ist breiter als der der *Bindung*) gerichtete Diagnostik auch die Wahl der Gestaltung von therapeutischen Relationsmodalitäten bestimmen muß. *Bowlbys* (1979, 175 ff.) vier Prinzipien zu einer beziehungstheoretisch orientierten Therapie können aufgenommen, ergänzt und für die kindertherapeutische Praxis spezifiziert werden:

1. Dem Patienten muß eine „*secure base*" geboten werden, von der aus er seine Erfahrungen sammeln, Schlüsse ziehen und seine eigenen Entscheidungen treffen kann – soweit dies (das gilt es für die Kindertherapie zu beachten) im altersgemäßen Kompetenzrahmen möglich ist.
2. Der Patient ist bei seinen Nachforschungen zu unterstützen, wie er in seinen realen Interaktionen mit wichtigen Personen – also nicht so sehr in seinen phantasierten – mit Gedanken, Gefühlen und Handlungen reagiert und (hier liegt unsere Ergänzung) welche Interaktionsszenarien ihm unter welchen Bedingungen noch möglich sind. In der Kindertherapie muß dies experimentiert und erlebbar gemacht werden.
3. Der Patient muß verstehen, wie er Gefühle und Verhaltensweisen des Therapeuten interpretiert, welche Konklusionen er daraus zieht. Der Therapeut zeigt ihm auf, ob er die vermuteten Absichten im Sinne einer „zielkorrigierten Partnerschaft" richtig einschätzt. Dabei ist die Untersuchung von Beziehungen zu den Eltern (zu wichtigen Bezugspersonen ergänzen wir) in der Kindheit, Adoleszenz und Gegenwart wichtig. In der Kindertherapie macht man verschiedene Interaktionen im Spiel oder in Familiensituationen erlebbar.
4. Wegen der „secure base" muß der Therapeut im Hinblick auf Trennungssituationen (wir ergänzen auf emotional bedeutsame Situationen) sehr sensibel und vorsichtig vorgehen (*Bowlby* 1979).
5. Wir fügen hinzu: Der Therapeut muß mit den Patienten die Kontextbedingungen (*affordances*) für seine Beziehungsinszenierungen untersuchen und mit ihm experimentierend so gestalten (transparent, konsensuell – bei Kindern soweit möglich), daß neue Erfahrungs- und Handlungsmöglichkeiten erschließbar werden. Das bedeutet auch ein Experimentieren mit Beziehungsformen, was gerade auf dem Boden einer „secure base" möglich wird.
6. Der Therapeut arbeitet weiterhin aktiv am *Transfer* von Beziehungserfahrungen (*Vogt, Winitzki* 1995) aus der Therapie in das Alltagsleben und an der Veränderung von Alltagsbeziehungen durch In-vivo-Situationen (Hausbesuche), Familiensitzungen und -beratung zur Veränderung von Umfeldeinflüssen (*affordance modeling*).

Für weitere Hinweise und Konzepte zur Handhabung und Gestaltung der therapeutischen Beziehung in der Integrativen Kindertherapie muß auf andere Arbeiten verwiesen werden (*Ramin, Petzold* 1987; *Petzold, Kirchmann* 1990; idem 1995n, *Metzmacher* 1987 und die Arbeiten dieses Buches), die, je nach der vorliegenden Situation, unterschiedliche Akzente setzen und *„Wege der Heilung und Förderung"* – wir haben vier herausgearbeitet (*Petzold* 1969b, 1988n) – beschreiten: Arbeit mit sich reinszenierenden Konflikten (*Metzmacher, Zaepfel*, dieses Buch; *Petzold* 1969b), Arbeit nachnährender Ausrichtung (*Müller* 1994), Arbeit mit Erlebnisaktivierung (*Katz-Bernstein* 1990), multimodales Vorgehen (*Petzold* 1987a) usw.

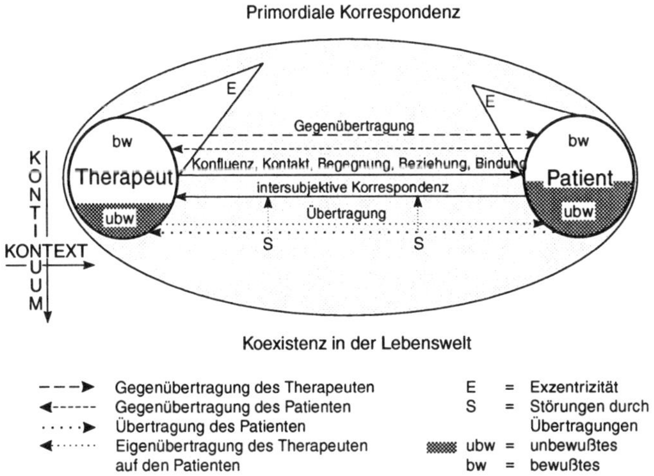


*Abb. 7:* Modell der therapeutischen Beziehung in der Integrativen Therapie, Dimensionen der Relationalität (aus *Petzold, Sieper* 1993a, 271)

Im Integrativen Ansatz gehen wir, wie hervorgehoben, mit einem sozialphänomenologischen Zugang zur zwischenmenschlichen *Relationalität* von beobachtbaren Formen der Beziehungsgestaltung aus, Formen, die auch von der Sprache selbst differenzierend benannt werden: *Kontakt, Begegnung, Beziehung, Bindung, Abhängigkeit, Hörigkeit* (*Petzold* 1991b) sind in alltäglichen und therapeutischen Interaktionen durchaus beschreibbare Phänomene in jeweils kontext-, alters- und geschlechtsspezifischen Nuancierungen. Eine Reduktion der Relationsverhältnisse unter unbilliger Generalisierung der durchaus wesentlichen tiefenhermeneutischen Perspektive (*Petzold* 1988a, b) auf *Übertragung, Gegenübertragung, Arbeitsbündnis* wird weder der zwischenmenschlichen noch der therapeutischen Realität gerecht, der kindertherapeutischen mit ihrer Netzwerkorientierung schon gar nicht. Sensibel zu werden für die Phänomene der Beziehungsgestaltung, für die Manifestation von Beziehungsdynamik (*Rau*, dieses Buch), für emphatisch individuell und kollektiv konstellierte *Resonanzphänomene* (*Metzmacher, Zaepfel*, dieses Buch), die die Übertragungs-Gegenübertragungs-Dynamik (*Schneewind*, dieses Buch) einschließen, ist nicht nur zentrales Anliegen (kinder-) psychotherapeutischer Ausbildung (*Reiser* 1993; *Petzold, Frühmann* 1993), sondern auch psychotherapeutischer Arbeit selbst. Sozialphänomenologische wie auch tiefenhermeneutische, auf Ausdrucksformen unbewußter Konflikte gerichtete Beobachtungen lassen sich wiederum rückbinden an entwicklungspsychologische Befunde (*Petzold* 1995n), wobei der Begriff des *„Resonanzphänomens"* Anschluß an ökologische und kognitivistische Perspektiven ermöglicht und die chaotische Theorielage (*Gysling* 1995) des Gegenübertragungskonzeptes zu klären oder zumindest zu umgehen hilft.

Theorie und Praxis zur Handhabung der *therapeutischen Beziehung* führt die verschiedenen, in dieser Arbeit angesprochenen Theorien und Konzepte zusammen. In dieser Strecke „geteilter Biographie", die der Therapeut im Weggeleit (convoy) seines Patienten miterlebt und als „significant caring adult" in „Schutzschildfunktion" oder als „innerer Beistand" mitgestaltet, geschieht eine natürliche *Synthese* der aufgezeigten Perspektiven, verbinden sich mehrperspektivische Wahrnehmung mit mehrdimensionalem, differentiellem und integrativem Handeln. Um die Praxis dieses komplexen Ansatzes zu verdeutlichen, werden im zweiten Band des vorliegenden Werkes wesentliche Konzepte des hier umrissenen Verfahrens der „Integrativen Kindertherapie" und der in diesem Beitrag vorgestellten theoretischen Positionen anhand einer exemplitizierenden Kasuistik dargestellt (*Petzold*, dieses Buch).

Kindertherapie – Psychotherapie insgesamt – ist eine anspruchsvolle, komplexe Aufgabe, die der vielfältigen Lebensrealität, höchst unterschiedlichen Menschen in ihren sozialen Netzwerken bzw. Konvois gerecht werden muß. Simplifizierende Modelle sind hier nicht angebracht, denn Reduktionismus verhindert Heilung und blockiert die Entwicklung der Persönlichkeit. Um beides aber geht es bei der Arbeit mit unseren kleinen Patienten, den Kindern, und ihren Angehörigen in der Vielschichtigkeit postmoderner Lebensrealität.

# Literatur

*Abele, A., Becker, P.*, Wohlbefinden. Theorie – Empirie – Diagnostik, Juventa, München 1991.

*Achenbach, T.M.*, What is „developmental" about developmental psychopathology?, in: *Rolf et al.* (1990) 29-48.

—, *McConaughy, S.H.*, Empirically-based assessment of child and adolescent psychopathology: Practical applications, Sage, Beverly Hills, 1987.

—, —, *Howell, C.T.*, Child/adolescent behavioral and emotional problems: Implications of cross-informant correlations for situational specifity, *Psychological Bulletin* 101 (1987) 213-232.

*Adolph, K.E., Eppler, M.A., Gibson E.J.*, Crawling versus walking infants' perception of affordances for locomotion over sloping surfaces, *Child Development* 64 (1993) 1158-1174.

*Ainsworth, M.D.S.*, The development of infant-mother attachment, in: *Caldwell, B.M., Riccuiti, H.N.*, Review of child development research, University of Chicago Press, Chicago, Vol. 3, 1973, 1-94.

—, Attachment: Retrospect and prospect, in: *Parkes, C.M., Stevenson-Hinde* (eds.), The place of attachment in human behavior, Basic Books, New York 1982, 3-30.

—, Attachments and other affectional bonds across the life cycle, in: *Parkes, C.M., Stevenson-Hinde, J., Maris, P.* (eds.), Attachment across the life cycle, Tavistock/Routledge, London 1991, 33-51.

—, *Blehar, M.C., Waters, E., Wall, S.*, Patterns of attachment. A psychological study of the strange situation, Lawrence Erlbaum, Hillsdale 1978.

—, *Eichberg, C.G.*, Effects on infant-mother attachment of mother's unresolved loss of an attachment figure or other traumatic experience, in: *Murray Parkes* et al. (1991) 160-183.

*Alihan, M.A.*, Social ecology, Columbia Univ. Press, New York 1938.

*Althen, U.*, Das Erstinterview in der Integrativen Therapie, *Integrative Therapie* 4 (1991) 421-449.

*Altman, I.*, The environment and social behavior: Privacy, personal space, territory and crowding, Brooks/Cole, Monterey Ca. 1975.

*Amato, P.R., Saunders, J.*, The perceived dimensions of help-seeking episodes, *Social Psychology Quaterly* 48 (1985) 130-138.

*Anthony, E.J., Cohler, B.J.*, The invulnerable child, Guilford, New York 1987.

*Antonovsky, A.*, Health, stress and coping, Jossey Bass, London 1979.

—, Unraveling the mystery of health, Jossey Bass, London 1987.

*Antonucci, T.C.*, Personal characteristics, social support, and social behavior, in: *Binstock, R.H., Shanas, E.* (eds.), Handbook of aging and the social sciences, Van Nostrand Reinhold, New York 1985a, 94-128.

—, Social support: Theoretical advances, recent findings and pressing issues, in: *Sarason, Sarason* (1985b) 21-38.

—, *Depner, C.E.*, Social support and informal helping relationship, in: *Wills, T.A.* (eds.), Basic processes in helping relationships, Academic Press, New York 1982, 233-254.

*Anthony, E.J.*, Risk, vulnerability, and resilience: An overview, in: *Anthony, E.J., Cohler, B.J.* (eds.), The invulnerable child, Guilford, New York 1987, 3-48.

*Ariès, Ph.*, Geschichte der Kindheit, Hanser, München 1975.

*Arkov, P.*, Pet therapy, American Humane Association, Washington 1977.

*Arkowitz, H.*, A common factors therapy for depression, in: *Norcross, Goldfried* (1992) 402-432.

—, *Messer, S.B.*, Psychoanalytic therapy and behavior therapy: is integration possible? Plenum Press, New York 1984.

*Arling, G.*, Strain, social support, and distress in old age, *J. Gerontol.* 42 (1987) 107-113.

*Austin, J.L.*, Philosophical papers, Clarendon Press, Oxford 1961; dtsch. Zur Theorie der Sprechakte, Reclam U.B., Stuttgart 1972.

*Axline, V.*, Play Therapy, Houghton-Mifflin, New York 1945.

*Ayres, J.*, Lernstörung. Sensorisch-integrative, Dysfunktionen, Springer, Heidelberg 1979.

*Bakeman, R., Adamson, L.B., Brown, J.V., Eldridge, M.*, Can early interaction predict? How and how much ? in: *Bornstein, M.H., Krasnegor, N.A.* (eds.), Stability and continuity in mental development: Behavioral and biological perspectives, Erlbaum, Hillsdale 1989, 235-248.

*Baldwin, J.M.*, Mental development in the child and race, Macmillan, New York 1895.

*Ball, St.*, Foucault and education, Routledge, London 1990.

*Baltes, P.B., Reese, H.W., Lippsitt, L.P.*, Life-span developmental psychology, *Annual Review of Psychology* 31 (1980) 65-110.

*Bandura, A.*, Social foundations of thought and action: A social cognitive theory, Prentice-Hall, Englewood Cliffs 1986.

—, *Ross, D., Ross, F.A.*, Imitation on film-mediated aggressive models, *J. Abnomal Soc. Psychol.* 66 (1963) 3-11.

*Bargh, J.A.*, Automatic and conscious processing of social information, in: *Wyer, R.S., Srull, T.K.* (eds.), Handbook of social cognition, Erlbaum, Hillsdale 1984, 1-44.

*Barker, R.G.*, Ecological psychology: Concepts and methods for studying the environment of human behavior, Stanford University Press, Stanford 1968.

—, Theory of behavior setting, in: *Barker, R.G.* et Associates (1978) 213-228.

— et Associates (eds.), Habitats, environment, and human behavior. Studies in ecological psychology and eco-behavioral science from the Midwest Psychological Field Station, Jossey Bass, San Francisco 1978.

*Barrera, M.*, Social support and adjustment of pregnant adolescents: Assessment issues, in: *Gottlieb* (1981) 69-96.

—, Distinction between social support concepts, measures, and models, *American Journal of Community Psychology* 14 (1986) 413-445.

—, *Baca, L.M.*, Recipient reactions to social support: Contributions of enacted support, conflicted support and network orientation. Special issue: Predicting, activating and facilitating social support, *Journal of Social and Personal Relationship* 7 (1990) 541-551.

*Bataille, G.*, Die Tränen des Eros, Matthes & Seitz, München 1978, 1981.

*Beck, U.*, Risikogesellschaft. Auf dem Weg in eine andere Moderne, Suhrkamp, Frankfurt/M. 1986.

—, *Giddens, A., Lash, Chr.*, Reflexive Modernisierung, Suhrkamp, Frankfurt/M. 1995.

*Beck-Gernsheim, E.*, Auf dem Wege in die postfamiliale Familie – von der Notgemeinschaft zur Wahlverwandschaft, in: *Beck, Beck-Gernsheim* (1994) 115-138.

—, *Beck, U.*, Riskante Freiheiten, Suhrkamp, Frankfurt/M. 1994.

*Becker, P.*, Psychologie der seelischen Gesundheit, Hogrefe, Göttingen, Bd. 1, 1982.

—, *Minsel, B.*, Psychologie der seelischen Gesundheit, Hogrefe, Göttingen, Bd. II, 1986.

*Beek, P.J.*, Juggling dynamics, Free University Press, Amsterdam 1989.

*Beek, Y. van, Hoek, A.-M., Petzold, H.G.*, Early parent-infant communication, Lehrfilm, Free University of Amsterdam, Europäische Akademie für psychosoziale Gesundheit, Düsseldorf 1994.

—, *Samson, J.F.*, Communication in preterm infants: Why is it different? *Early Development & Parenting* 1 (1994) 37-50.

*Belle, D.*, Children's social networks and social supports, Wiley, New York 1989.

*Berger, P.L., Luckmann, T.*, Die gesellschaftliche Konstruktion der Wirklichkeit. Eine Theorie der Wissenssoziologie, Fischer, Frankfurt 1970, 1980.

*Bernstein, N.*, The coordination of movements, in: *Whiting, H.T.A.*, Human motor actions: Bernstein reassesed, North Holland, Amsterdam 1984.

*Bierhoff, H.W.*, Spielumwelt, in: *Kruse* et al. (1990) 365-370.

*Billings, A.G., Moos, R.H.*, The role of coping responses and social resources in attenuating the stress of life events, *Journal of Behavioral Medicine* 4 (1981) 139-157.

*Bischof-Köhler, D.*, Spiegelbild und Empathie. Die Anfänge der sozialen Kognition, Huber, Bern, Stuttgart, Toronto 1989.

*Bloch, H., Bertenthal, B.I.* (eds.), Sensory-motor organizations and development in infancy and early childhood, Kluwer Academic Publishers, Dordrecht 1990.

*Bloch, S., Lemeignan, M.*, Precise respiratory-posturo-facial patterns are related to specific basic emotions, *Bewegen & Hulpverlening* 1 (1992) 31-39.

*Blyth, D.A., Traeger, C.*, Adolescents self-esteem and perceived relationships with parents and peers, in: *Salzinger* et al. (1988) 171-194.7

*Böhme, G.*, Anthropologie in pragmatischer Hinsicht. Darmstädter Vorlesungen, Suhrkamp, Frankfurt 1985.

—, *Böhme H.*, Das Andere der Vernunft, Suhrkamp, Frankfurt 1983.

*Bohm, D.*, Thought as a system, Routledge, London 1994.

*Bosch, M., Ullrich, W.*, Die entwicklungsorientierte Familientherapie nach V. Satir, Junfermann, Paderborn 1989.

*Bowlby, J.*, Attachment and loss, 3 Volumes, Tavistock, London 1969, 1973, 1980.

—, A secure base: Clinical applications of attachment theory, Routledge, London 1988.

*Boyce, W.T.*, Social support, family relations, and children, in: *Cohen, S., Syme, S.L.* (eds.), Social support and health, Academic Press, New York 1985, 151-174.

*Bracely, H.E.*, Neighbours, Louisiana State Univ. Press, Baton Rouge 1964.

*Bräunling, E., Walter, P.G.*, Komm mit ins Land der Phantasie. Meditation für Kinder, Musikbär, Schriesheim 1992.

*Bremm-Gräser, L.*, Familie in Tieren, München, Reinhardt 1970.

*Bretherton, I., Waters, E.* (eds.), Growing points in attachment theory and research, Monographs of the Society for Research in Child Development, Vol. 50, 1985.

*Bronfenbrenner, U.*, Ansätze zu einer experimentellen Ökologie menschlicher Entwicklung, in: *Oerter* (1978) 33-65.

—, The ecology of human development, Harvard University Press, Cambridge, Mass. 1979; dtsch. Die Ökologie der menschlichen Entwicklung, Klett, Stuttgart 1981.

—, *Crouter, A.D.*, The evolution of environmental models in developmental research, in: *Kessen, W.*, Handbook of child psychology: History, theory, and methods, Vol. 1, Wiley, New York 1983, 357-414.

—, Ökologische Sozialisationforschung, in: *Kruse* et al. (1990) 76-79.

*Brossmann, K.E.*, Frühkindliche Umwelt, in: *Kruse* et al. (1990) 349-355.

*Brühlmann-Jecklin, E.*, Das Schweizer Kreuz nicht mehr ertragen, Nußbaum, Basel 1994.

—, Der vierte Weg der Heilung am Beispiel der Flüchtlingsarbeit, Graduierungsarbeit am Fritz Perls Institut, Düssedorf 1995.

*Brüning, B.*, Philosophieren mit Kindern, Informationsbroschüre mit Literaturangaben und Kontaktadressen, Verlag Kinder und Eltern, Hamburg 1987.

*Bruhn, J.G., Philips, B.U.*, A developmental basis for social support, *Journal of Behavioral Medicine* 10 (1987) 213-229.

*Bruner, J.S.*, Wie das Kind sprechen lernt, Huber, Bern 1987.

*Brunner, R.*, Hörst du die Stille? Meditative Übungen mit Kindern, Kösel, München 1994.

*Bryant, B.K.*, The neighborhood walk. Sources of support in middle childhood, University of Chicago Press, Chicago 1985.

*Buchholz, W.*, Lebensweltanalyse. Sozialpsychologische Beiträge zur Untersuchung von kristenhaften Prozessen in der Familie, Juventa, München 1984.

*Bücken, E.*, Hören, was der Tag erzählt. Stille und Meditation mit Kindern, Burckhardthaus-Laetare, Offenbach 1995.

*Camhy, D.G.* (Hrsg.), Wenn Kinder philosophieren ..., Graz 1989.

*Camras, L.A., Grow, J.G., Ribordy, S.C.*, Recognition of emotional expression in abused children, *Journal of Clinical Child Psychology* 12 (1983) 325-328.

*Caspi, A., Bolger, N., Eckenrode, J.*, Linking person and context in the daily stress process, *Canadian Journal of Behavioral Science* 11 (1987) 184-195.

*Castoriadis, C.*, Durchs Labyrinth. Seele, Vernunft, Gesellschaft, Suhrkamp, Frankfurt/M. 1981.

—, Die neue Unübersichtlichkeit. Suhrkamp, Frankfurt/M. 1985.

*Cauce, A.M., Srebnik, D.S.*, Returning to social support systems: A morphological analysis of social networks, *American Journal of Community Psychology* 18 (1990) 609-616.

*Cherlin, A.J.*, Marriage, divorce, remarriage, Cambridge Univ. Press, Cambridge 1992.

*Cicchetti, D., Carlson, V.* (eds.), Child maltreatment: Theory and research on the causes and consequences of child abuse and neglect, Cambridge University Press, Cambridge 1989.

—, *Garmezy, N.*, Special issue: Milestones in the development of resilience, *Development and Psychopathology* 4 (1993) 497-783.

*Cohen, C.I., Adler, A.*, Network interventions: Do they work? *Gerontologist* 24 (1984) 16-22.

*Colletta, N.D.*, Correlates of young mothers' network orientation, *Journal of Community Psychology* 15 (1987) 149-160.

*Compas, B.E.*, Coping with stress during childhood and adolescence, *Psychological Bulletin* 101 (1987a) 393-403.

—, Stress and life events during childhood and adolescence, *Clinical Psychology Review* 7 (1987b) 275-302.

*Conway, M.A.*, Autobiographical memory. An introduction, Open University Press, Philadelphia 1990.

*Cooper, C.L.*, Streßbewältigung: Person, Familie, Beruf, Urban & Schwarzenberg, München 1981.

*Corse, S.J., Schmid, K., Trickett, P.K.*, Social network characteristics of mothers in abusing and nonabusing families and their relationships to parenting beliefs, *Journal of Community Psychology* 18 (1990) 44-59.

*Culler, J.*, Dekonstruktion, Rowohlt, Reinbek 1994.

*Danish, S.J., D'Augelli, A.R.*, Helping skills II: Life development intervention. Trainee's work book, Human Science Press, New York 1983.

*Davies, G.M., Thomson, D:M.*, Memory in context: context in memory, Wiley, Chichester 1988.

*DeMause, L.* (Hrsg.), Hört ihr die Kinder weinen. Eine psychogenetische Geschichte der Kindheit, Frankfurt/M. 1977.
*Deleuze, G.*, Foucault, Suhrkamp, Frankfurt 1987.
*Derrida, J.*, L'écriture et la difference, Gallimard, Paris 1967; dtsch. Die Schrift und die Differenz, Suhrkamp, Frankfurt 1972.
—, Marges de la philosophie, Paris 1972a; dtsch. Randgänge der Philosophie, Suhrkamp, Frankfurt 1976.
—, The conflict of faculties, in: *Riffaterre, M.* (ed.), Languages of knowledge and of inquiry, Columbia Univ. Press, New York 1982.
—, Apokalypse. Von einem neuderdings erhobenen apokalyptischen Ton in der Philosophie, Böhlau, Wien, Graz 1985.
—, Positionen, Böhlau, Wien, Graz 1986.
*Dewe, B., Wohlfahrt, N.* (Hrsg.), Netzwerkförderung und soziale Arbeit, Bielefeld 1991.
*Diaz, R.M., Berndt, T.J.*, Children's knowledge of a best friend: Fact or fancy, *Developmental Psychology* 18 (1982) 787-794.
*Dornes, M.*, Der kompetente Säugling. Die präverbale Entwicklung des Menschen, Fischer, Frankfurt 1993a.
—, Psychoanalyse und Säuglingsforschung, *Psyche* 12 (1993b) 1116-1152.
—, Gedanken zur frühen Entwicklung und ihrer Bedeutung für die Neurosepsychologie, *Forum der Psychoanalyse* 1 (1995) 27-49.
*Dreyfus, H.L., Rabinow, P.*, Michel Foucault. Jenseits von Strukturalismus und Hermeneutik, Beltz, Weinheim 1994[2]
*Dröschel, A.*, Kinder, Umwelt, Zukunft, Votum, Münster 1995.
*Dunn, J.*, Normative life events as a risk/protective factor in childhood, Minster Lovell Workshop, 28-31 January 1987.
*Eckensberger, L.H., Silbereisen, R.K.*, Entwicklung sozialer Kognitionen, Klett-Cotta, Stuttgart 1980.
*Edelman, G.*, Unser Gehirn. Ein dynamisches System, Piper, München 1987.
*Edelman, G.M.*, Neural Darwinism: the theory of neuronal group selection, Basic Books, New York 1987.
—, The remembered present, Basic Books, New York 1989.
—, Neural Darwinism: Selection and reentrant signaling in higher brain function, *Neuron*. 10 (1993) 115-125.
*Eder-Debye, R.*, Social Support und medizinische Versorgung. Einfluß von Social Support auf Inanspruchnahme medizinischer Dienste und Krankheitsverlauf aus sozialpsychologischer u. gesundheitsökonomischer Sicht, Roderer, Regensburg 1988.
*Edwards, R., Manstead, A.S.R., MacDonald, C.J.*, The relationship between children's sociometric status and ability to recognize facial expressions of emotion, *European Journal of Social Psychology* 14 (1984) 235-238.
*Eggers, Ch.*, Bindungen und Besitzdenken beim Kleinkind, Urban & Schwarzenberg, München 1984.
*Eichberg, H.*, Leistung, Spannung, Geschwindigkeit. Sport und Tanz im gesellschaftlichen Wandel des 18./19. Jahrhunderts, Klett, Stuttgart 1978.
*Eisler-Stehrenberger, K.*, Kreativer Prozeß – Therapeutischer Prozeß, in: *Petzold, Orth* (1990) 113-168.
*Ekman, P.*, Gesichtsausdruck und Gefühl, Junfermann, Paderborn 1988.
*Elbing, E.*, Einsamkeit, Hogrefe, Göttingen 1991.
*Elder, G.H.*, Children of the great depression, Univ. of Chicago Press, Chicago 1974.
*Engelkamp, J., Pechmann, T.*, Mentale Repräsentation, Huber, Bern 1993.

*Falloon, I.*, Behavioral familiy therapy: systems, structures, and strategies, in: *Street, E., Dryden, W.*, Familiy Therapy in Britain, Open University Press, Philadelphia 1988.
*Faltermaier, T., Mayring, Ph., Saup, W., Strehmel, P.*, Entwicklungspsychologie des Erwachsenenalters, Kohlhammer, Stuttgart 1992.
*Farr, R., Moscovici, S.*, Social representations, Cambridge Univ. Press, Cambridge 1984.
*Fend, H.*, Sozialgeschichte des Aufwachsens, Suhrkamp, Frankfurt 1988.
—, Sozialisierung und Erziehung, Beltz, Weinheim 1969, 1970, 1971[3].
—, Identitätsentwicklung in der Adoleszenz, Huber, Bern 1991.
*Ferenczi, S.*, Das ungewollte Kind und sein Todestrieb (1929), in: Schriften II (1972) 251-256.
—, Schriften zur Psychoanalyse (Hrsg. *M. Balint*) Fischer, Frankfurt 1972.
—, Journal clinique, Payot, Paris 1985; dtsch. Ohne Sympathie keine Heilung. Das klinische Tagebuch von 1932, S. Fischer, Frankfurt 1988.
*Field, T.M.*, Visual and cardiac responses to animate and inanimate faces by young term and preterm infants, *Child Development* 50 (1979) 188-194.
—, *Fogel, A.* (eds.), Emotion and early interaction: Normal and high risk infants, Erlbaum, Hillsdale 1983.
*Filipp, S.*, Kritische Lebensereignisse, Urban & Schwarzenberg, München 1981, 1990[2].
*Flade, A.*, Kind und Umwelt, in: *Kruse* et al. (1990) 356-364.
*Flaherty, J.A., Richman, J.A.*, Effects of childhood relationships on the adult's capacity to form social supports, *American Journal of Psychiatry* 143 (1986) 851-855.
*Flammer, A.*, Entwicklungstheorien, Huber, Bern 1988.
—, Erfahrung der eigenen Wirksamkeit. Einführung in die Psychologie der Kontrollmeinung, Huber, Bern 1990.
*Flavell, J.H.*, Rollenübernahme und Kommunikation bei Kindern, Beltz, Weinheim 1975.
—, Kognitive Entwicklung, Klett, Stuttgart 1979.
*Flick, U.* (Hrsg.), Alltagswissen über Gesundheit und Krankheit: subjektive Theorien und soziale Repräsentationen, Asanger, Heidelberg 1991.
*Fogel, A.*, Development of perception and action in the social context in infancy: Object exploraton during the transition to reaching, in: *Valenti, Pittenger* (1993) 136-139.
*Försterling, F.*, Attributionstheorie in der klinischen Psychologie, Urban & Schwarzenberg, München 1986.
*Foucault, M.*, Die Ordnung des Diskurses, Hanser, München 1974.
—, Die Subversion des Wissens, Ullstein, Frankfurt 1978.
*Freese, H.-L.*, Kinder sind Philosophen, Quadriga, Weinheim 1989.
*Fremmer-Bombik, Grossmann, K.E.*, Frühe Formen empathischen Verhaltens, *Zeitschrift für Entwicklungspsychologie und Pädagogische Psychologie* 23 (1991) 299-317.
—, —, Über die lebenslange Bedeutung früher Bindungserfahrungen, in: *Petzold* (1993c) 83-110.
*Freud, A.*, Normality and pathology on childhood, Intern. Univ. Press, New York 1965; dtsch.:Wege und Irrwege in der Kindesentwicklung, Klett, Stuttgart 1968.
—, Einführung in die Technik der Kinderanalyse, Reinhard, München 1970[5].
*Frey, H.-P., Haußer, K.* (Hrsg.), Identität, Enke, Stuttgart 1987.
*Frick, D.*, The quality of urban life, de Gruyter, Berlin 1986.
*Frohland, C., Pancoast, D.L., Chapman, N.J., Kimboko, P.J.*, Linking formal and informal support systems, in: *Gottlieb* (1981) 259-277.
*Frühmann, R.*, Spiele zwischen Eltern und Kindern – Die Bedeutung der „Spielkultur" in Familien, *Gestalt und Integration* 1 (1992) 29-41.
—, *Petzold, H.G.*, Lehrjahre der Seele, Junfermann, Paderborn 1993a.

*Furmann, W., Buhrmester, D.*, Childrens's perceptions of the personal relationships in their social networks, *Developmental Psychology* 21 (1985) 1016-1024.

*Fürstenberg, F.F.*, Fortsetzungsehen. Ein neues Lebensmuster und seine Fragen, *Soziale Welt* 1 (1987) 29-39.

—, *Cherlin, A.J.*, Divided families. What happens to children when parents part? Cambridge Univ. Press, Cambridge 1991.

*Garfield, S.L.*, Eclectic Psychotherapy: A common factors approach, in: *Norcross, Goldfried* (1992) 162-195

*Garmezy, N.*, Stress resistant children: The search for protective factors, in: *Stevenson, J.E.* (ed.), Recent research in developmental psychopathology. Journal of Child Psychology and Psychiatry, Book SupplementNo. 4, Pergamon, Oxford 1985, 213-233.

*Geert, P. van*, A dynamic system model of cognition and language growth, *Psychological Review* 98 (1991) 3-53.

*Genter, P., Grudin, J.*, The evolution of mental metaphors in psychology: A 90-year retrospective, *American Psychologist* 40 (1985) 181-192.

*Gibson, E.J.*, Exloratory behavior in the development of perceiving, acting, and the acquiring of knowledge, *Annual Review of Psychology* (1988) 1-41.

—, *Riccio, G., Schmuckler, M.A., Stoffregen, T.A., Rosenberg, D., Taormina, J.*, Detection of the traversability of surfaces by crawling and walking infants, *Journal of Experimental Psychology: Human Perception and Performance* 13 (1987) 533-544.

—, *Spelke, E.*, The development of perception, in: *Flavell, E., Markman, M.* (eds.), Handbook of child psychology, Vol. III, Cognitive development, Wiley, New York 1983, 1-76.

*Gibson, J.J.*, The ecological approach to visual perception, Houghton Mifflin, Boston 1979; dtsch. Der ökologische Ansatz in der visuellen Wahrnehmung, Urban & Schwarzenberg, München 1982.

*Giddens, A.*, The consequences of modernity, Stanford Univ. Press, Stanford 1990.

—, Modernity and self-identity. Self and society in the late modern age, Polity Press, Cambridge 1991.

*Goldsmith, H.H., Alansky, J.A.*, Maternal and infant temperamental predictors of attachment: A meta-analytic review, *Journal of Consulting and Clinical Psychology* 55 (1987) 805-816.

*Goodman, N.*, Weisen der Welterzeugung, Suhrkamp, Frankfurt 1984.

*Gottlieb, B.H.*, Social networks and social support, Sage, Beverly Hills 1981.

*Goudena, P.P., Groenendaal, H.J., Swets-Gronert, F.A.* (eds.), Kind in geding: Bedreigende en beschermende factoren in de psychosociale ontwikkeling van kinderen, ACCO, Leuven/Amersfoort 1988.

*Granzow, S.*, Das autobiographische Gedächtnis. Kognitionspsychologische und psychoanalytische Perspektiven, Quintessenz, Berlin, München 1994.

*Graumann, C.*, Ökologische Perspektiven der Psychologie, Huber, Bern 1978.

*Grawe, K., Caspar, F., Ambühl, H.*, Die Berner Therapievergleichsstudie: Wirkungsvergleich und differentielle Indikation, *Zeitschrift für klinische Psychologie* 19 (1990c) 338-361.

—, *Donati, R., Bernauer, P.*, Psychotherapie im Wandel. Von der Konfession zur Profession, Hogrefe, Göttingen 1994.

*Grohnemeyer, R.*, Die Entfernung vom Wolfsrudel. Über den drohenden Krieg der Jungen gegen die Alten, Düsseldorf 1989.

*Groot, L. de*, Posture and motility in preterm infants – a clinical approach, VU University Press, Amsterdam 1993.

*Grossmann, K.E.*, Die Ontogenese kindlicher Zuwendung gegenüber Bezugspersonen und gegenüber Dingen, in: *Eggers* (1984) 121-154.
*Grossmann, K., Grossmann, K.E., Spangler, G., Suess, G., Unzner, L.*, Maternal sensitivity and newborns' orientation responses as related to quality of attachment in northern Germany, in: *Bretherton, Waters* (1985) 233-256.
*Guttandin, F.*, Ordnungen und Gegenbilder, in: *Jung* et al. (1986) 132-152.
*Gysling, A.*, Die analytische Antwort. Eine Geschichte der Gegenübertragung in Form von Autorenportraits, edition discord, Tübingen 1995.
*Haack, F.W.*, Ratschläge. Jugendreligionen – Bewegungen und Sekten. Was können Betroffene und Verantwortliche tun? Evangelischer Presseverbund Bayern, München 1983.
*Habermas, J.*, Hermeneutik und Ideologiekritik, Suhrkamp, Frankfurt 1971.
—, Der philosophische Diskurs der Moderne, Suhrkamp, Frankfurt 1985.
*Hagan, T., Finnegan, L., Nelson, Zlupko, L.*, Impediments to comprehensive treatment models for substance-dependant women: Treatment and research questions, *J. Psychoactive Drugs* 26 (1994) 163-171.
*Hagemann-White, C., Wolf, R.*, Lebensumstände und Erziehung. Grundlagen der Sozialisationsforschung, Roter Stern, Frankfurt 1975.
*Haisch, J., Zeitler, H.-P.*, Gesundheitspsychologie, Asanger, Heidelberg 1991.
*Hamm, B.*, Progress in social ecology, Mittal, New Delhi 1990.
*Hammer, M.*, Psychotherapy and the structure of social networks, in: *Hammer, M., Salzinger K.* (eds.), Psychotherapy: Contributions from the social behavioral and biological sciences, Wiley, New York 1973, 91-105.
*Harter, S.*, Effectance motivation reconsidered: Toward a developmental model, *Human Development* 21 (1978) 34-64.
*Haubl, R., Peltzer, U., Wakenhut, C., Weidenfeller, G.*, Veränderung und Sozialisation. Einführung in die Entwicklungspsychologie, Westdeutscher Verlag, Opladen 1985.
*Hauch, G.*, Vorüberlegungen und Konzepte zur Integrativen Frühtherapie, dieses Buch.
*Hawkins, J.D., Catslino, R.F., Miller, J.Y.*, Risk and protective factors for alcohol and other drug problems in adolescence and early adulthood: Implications for substance abuse prevention, *Psychological Bulletin* 112 (1992) 64-105.
*Hawley, A.*, Human ecology, Ronald, New York 1950.
*Hay, D.F.*, Studying the impact of ordinary life: a developmental model, research plan and words of caution, in: *Rutter* (1988) 245-254.
*Heekerens, H.-P.*, Was wird aus der Kinder- und Jugendlichenpsychotherapie? Zur Diskussion um geplante rechtliche Änderungen, dieses Buch.
*Hejl, P.*, Selbstorganisation und Emergenz in sozialen Systemen, in: *Krohn, Küppers* (1992) 269-292.
*Heller, K.*, The effects of social support: Prevention and treatment implications in: *Goldstein, A.P., Kanfer, H.* (eds.), Maximizing treatments gains, Academic Press, New York 1979, 353-382.
*Hermer, M.* (Hrsg.), Die Gesellschaft der Patienten, dgvt, Tübingen 1995.
*Hernegger, R.*, Der Mensch auf der Suche nach Identität, Habelt, Bonn 1978.
—, Gesellschaft ohne Kollektiv-Identität, Leudemann, München 1982.
—, Psychologische Anthropologie, Beltz, Weinheim 1982.
*Herzka, S., Reukauf, W.*, Zum dialogischen Prinzip in der Integrativen Kindertherapie, dieses Buch.
*Hetzer, H.*, Der Einfluß der negativen Phase auf soziales Verhalten und literarische Produktion pubertärer Mädchen, *Quellen und Studien zur Jugendkunde* 4 (1926) 1-44.

*Hinkle, L.E.*, The effect of exposure to culture change, social change, and changes in interpersonal relationships on health, in: *Dohrenwendt, B.S., Dohrenwendt, B.B.* (eds.), Stressful life events: Their nature and effects, Wiles, New York 1974, 9-44.

*Hirsch, B.J., Engel-Levy, A., DuBois, D.L., Hardesty, P.H.*, The role of social environments in social support, in: *Sarason, B.R., Sarason, I.G., Pierce, G.R.* (eds.), Social support: An interactional view, Wiley, New York 1990, 367-394.

*Hoek, A.-M. van der, Groot, L. de, Vermeer, A.*, De Petö-Methode, VU Uitgeverij, Amsterdam 1992.

*Hopkins, B.*, Kindheit und Erziehung: Das Auf und Ab einer vernachlässigten Beziehung, in: *Petzold* (1994j) 27-44.

*Hopkins, J.B.*, Putting the motor back into development, Freie Universität Amsterdam, Inauguralvorlesung, VU Boekhandel, Amsterdam 1991.

*Hoppe, G.*, Mit Kindern meditieren. Grundlagen und Anleitungen, Don Bosco, München 1995.

*Horkheimer, M., Adorno, Th.W.*, Dialektik der Aufklärung, Suhrkamp, Frankfurt/M. 1971.

*House, J.S., Umberson, D., Landis, K.R.*, Structure and processes of social support, *Annual Review of Sociology* 14 (1988) 293-318.

*Huf, A.*, Psychotherapeutische Wirkfaktoren, Psychologie Verlags Union, Weinheim 1992.

*Hurrelmann, K.*, Sozialisation und Gesundheit. Somatische, psychische und soziale Risikofaktoren im Lebenslauf, Juventa, Weinheim 1988.

—, *Ulich, D.*, Neues Handbuch der Sozialisationsforschung, Beltz, Weinheim 1991.

—, —, Gegenstands- und Methodenfragen der Sozialisationsforschung, in: *Hurrelmann, Ulich* (1991) 3-20.

—, Parents, peers, teachers and other significant partners in adolescence, *International Journal of Adolescence and Young* 2 (1990) 211-236.

*Ignatieff, M. Prinz von*, Das russische Album: Geschichte einer Familie, Heyne, München 1991.

*Iljine, V.N., Petzold, H.G., Sieper, J.*, Kokreation – die leibliche Dimension des Schöpferischen – Aufzeichnungen aus gemeinsamen Gedankengängen, in: *Petzold, Orth* (1990a) 203-213.

*Ingram, R.E.* (ed.), Information processing approaches to clinical psychology, Academic Press, New York 1986.

—, *Kendall, P.C.*, Cognitive clinical psychology: Implications of an information processing perspective, in: *Ingram* (1986) 4-22.

—, *Smith, T.W.*, Depression and internal versus external focus of attention, *Cognitive Therapy and Research* 8 (1984) 139-152.

*Izard, C.E.*, Human emotion, Plenum Press, New York 1977; dtsch. Die Emotionen des Menschen, Beltz, Weinheim 1981.

— (ed.), Emotion in personality and psychopathology, Plenum Press, New York 1979.

— (ed.), Measuring emotions in infants and children, Vol. I, Cambridge University Press, Cambridge, New York 1982.

—, Facial expressions and the regulation of emotions, *Journal of Personality and Social Psychology* 3 (1990) 487-498.

—, *Buechler, S.*, Emotion expressions and personality integration in infancy, in: *Izard* (1979) 445-472.

—, *Malatesta, C.Z.*, Perspectives on emotional development: Differential emotions theory of early emotional development, in: *Osofsky, J.D.*, Handbook of infant development, Wiley, New York 1982, 1987, 494-554.

—, *Read, P.B.*, Measuring emotions in infants and children, Vol. II, Cambridge Univ. Press, New York 1986.

*Joas, H.*, Die Kreativität des Handelns, Suhrkamp, Frankfurt/M. 1992.

*Jodelet, D.*, Les représentations sociales, Presses Universitaires de France, Paris 1989a.

—, Folies et représentations sociales, Presses Universitaires de France, Paris 1989b.

*Josisć, S.*, Therapeutische Interventionen mit kriegstraumatisierten Kindern, Jugendlichen und jungen Erwachsenen, Zentrum für Kriegshilfe, Belgrad 1994 (serb.).

—, *Petzold, H.G.*, Kriegstraumatisierung, posttraumatischer Streß – diagnostische und therapeutische Dimensionen, Zentrum für Kriegshilfe, Belgrad 1995 (serb.).

*Jung, Th.*, Das Verschwinden der Geschichte, in: *Jung* et al. (1986) 68-91.

—, *Scheer, K.-D., Schreiber, W.*, Vom Weiterleben der Moderne, Karin Bölbert KT-Verlag, Bielefeld 1986.

*Jüttemann, G., Thomae, H.*, Biographie und Psychologie, Springer, Heidelberg 1987.

*Kagan, J.*, The second year of life: the emergence of self awareness, Havard Univ. Press, Cambridge 1981.

*Kahn, R.L., Antonucci, T.C.*, Convoys of social support: A life course approach, in: *Kiesler, I.B., Morgan, J.N, Oppenheimer, V.K.* (eds.), Aging, Academic Press, New York 1980a, 383-405.

—, —, Convoys over the life course: Attachment, roles and social support, in: *Baltes, P.B., Brim, O.G.* (eds.), Life-span development and behavior, Academic Press, New York 1980b, 253-286.

*Kalverboer, A.F.*, Longitudinaal onderzoek bij risicogroepen: problemen en perspectieven, in: *Goudena* et al. (1988) 9-17.

—, *Hopkins, A.F., Geuze, R.*, Motor development in early and later childhood: Longitudinal approaches, Cambridge Univ. Press, Cambridge 1993.

*Kamper, D., Taubes, J.*, Nach der Moderne. Umrisse einer „Historie der Posthistorie", Suhrkamp, Frankfurt/M. 1986.

—, *Wulf, Chr.* (Hrsg.), Rückblick auf das Ende der Welt, Boer, München 1990.

*Kardorff, E. von, Stark, W., Rohner, R., Wiedemann, P.* (Hrsg.), Zwischen Netzwerk und Lebenswelt – Soziale Unterstützung im Wandel, Profil, München 1989.

*Kasl, Ch.*, Yes you can: A guide to empowerment groups, R.R. Bowker, New Providence 1991.

*Katz-Bernstein, N.*, Phantasie, Symbolisierung und Imagination – „komplexes katathymes Erleben" als Methode in der Integrativen Therapie mit Vorschulkindern, in: *Petzold, Orth* (1990) 883-927.

—, Über die Bedeutung und Verwendung von Symbolen in der Integrativen Kindertherapie, dieses Buch.

*Kazdin, A.E.*, Integration of psychodynamic and behavioral psychotherapies: Conceptual versus empirical synthesis, in: *Arkowitz, Messer* (1984).

*Keller, H.*, Handbuch der Kleinkindforschung, Springer, Heidelberg 1989.

—, *Gauda, G.*, Eye contact in the first months of life and its developmental consequences, in: *Rauh, H., Steinhausen, H.Ch.*, Psychology and early development, Elsevier Science Publishers, North Holland 1987, 129-143.

*Keenan, J.M., Baillet, S.D.*, Memory for personally and socially significant events, in: *Nickerson, R.S.* (ed.), Attention and performance, VIII, Erlbaum, Hillsdale 1980, 651-670.

*Keul, A.G.*, Soziales Netzwerk – System ohne Theorie, in: *Laireiter* (1993) 45-54.

*Keupp, H.*, Erziehungsgestaltung in einer Welt riskanter werdender Chancen, in: *Dröschel* (1995) 238-257.

—, *Röhrle, B.*, Soziale Netzwerke, Campus, Frankfurt 1987.

*Kiwitz, P.*, Das Lebensweltkonzept und seine Bedeutung für die Sozialwissenschaften, in: *Petzold, Petzold* (1991) 2-19.
*Kleist, H. von*, Über die allmähliche Verfertigung der Gedanken beim Reden (Orig. wahrscheinlich 1805/1806). Sämtliche Werke, Löwit, Wiesbaden 1977, 975-980.
—, Über das Marionettentheater, 1810. Sämtliche Werke, Löwit 1977, 980-987.
*Kliman, J., Trimble, D.*, Network therapy, in: *Wolman, B., Stricker, G.* (eds.), Handbook of family and marital therapy, Plenum, New York 1983, 277-314.
*Kohut, H.*, Die Heilung des Selbst, Suhrkamp, Frankfurt 1979.
*Kotler, T., Omodei, M.*, Attachment and emotional health: A life span approach, *Human Relations* 41 (1988) 619-640.
*Krampen, G.*, Differentialpsychologie der Kontrollüberzeugungen, Hogrefe, Göttingen 1982.
—, Diagnostik von Attributionen und Kontrollüberzeugungen, Hogrefe, Göttingen 1989.
*Krohn, W., Küppers, G.* (Hrsg.), Emergenz: Die Entstehung von Ordnung, Organisation und Bedeutung, Suhrkamp, Frankfurt/M. 1992.
*Kruse, L., Graumann, C.-F., Lantermann, E.-D.*, Ökologische Psychologie, Psychologie Verlags Union, München 1990.
*Kruse, O.*, Emotionsentwicklung und Neurosenentstehung, Enke, Stuttgart 1991.
*Kugler, P.N., Kelso, J.A.S., Turvey, M.T.*, On control and co-ordination of naturally developing systems, in: *Kelso, J.A.S., Clark, J.E.*, The development of movement control and coordination, Wiley, New York 1982, 5-78.
*Kühn, R., Petzold, H.G.*, Psychotherapie & Philosophie. Philosophie als Psychotherapie, Junfermann, Paderborn 1992.
*Lachman, R., Lachman, J.L.*, Information processing psychology: Origins and extensions, in: *Ingram* (1986) 23-49.
*Ladd, G.W., Hart, C.H., Wadsworth, E.M., Golter, B.S.*, Preschoolers' peer networks in nonschool settings: Relationship to familiy characteristics and school adjustment, in: *Salzinger* et al. (1988) 61-92.
*Laireiter, A.* (Hrsg.), Soziales Netzwerk und soziale Unterstützung, Huber, Bern 1993.
—, *Lettner, K.*, Belastende Aspekte sozialer Netzwerke und sozialer Unterstützung. Ein Überblick über den Phänomenbereich und die Methodik, in: *Laireiter* (1993) 101-111.
*Lamb, M.E.* (ed.), The role of the father in child development, Wiley, New York 1976.
—, Predictive implications of individual differences in attachment, *Journal of Consulting and Clinical Psychlogy* 55 (1987) 817-824.
*Lazarus, R.S., Launier, R.*, Stress-related transactions between person and environment, in: *Pervin, Lewis* (1978) 287-327.
*Lefcourt, H.M., Martin, R.A., Saleh, W.E.*, Locus of control and social support. Interactive moderators of stress, *Journal of Personality and Social Psychology* 47 (1984) 378-389.
*Leff, J.M., Vaughn, L.*, Expressed emotions, Erlbaum, Hillsdale 1985.
*Lehman, D.R., Hemphill, K.J.*, Recipients' perceptions of support attempts and attributions for support attempts that fail. Special issue: Predicting, activating, and facilitating social support, *Journal of Social and Personal Relationships* 7 (1990) 563-574.
*Lehr, U.*, Erträgnisse biographischer Forschung in der Entwicklungspsychologie, in: *Jüttemann, Thomae* (1987) 217-248.
—, Persönlichkeitsentwicklung im höheren Lebensalter – Differentielle Aspekte, in: *Lehr, Thomae* (1987) 39-44.
—, *Thomae, H.*, Formen seelischen Alterns. Ergebnisse der Bonner gerontologischen Längsschnittstudie (BOLSA), Enke, Stuttgart 1987.

*Lemmens, F., Busschbach, J. van, de Ridder, D., van Lieshout, P.*, Psychotherapie in de RIAGG: een balans, *Maanblad Geestelijke Volksgezondheid* 4 (1990) 356-372.
*Lévi-Strauss, C.*, Das wilde Denken, Suhrkamp, Frankfurt/M. 1973.
*Lévinas, E.*, Die Spur des anderen, Alber, Freiburg 1983.
*Levinson, B.M.*, Pet-oriented child psychotherapy, C.C. Thomas, Springfield 1969.
*Lewin, K.*, Vorsatz, Wille und Bedürfnis, *Psychologische Forschung* 7 (1926) 330-385.
—, Feldtheorie in den Sozialwissenschaften, Huber, Bern 1963.
*Lewis, M.*, The social network systems model: Toward a theory of social development in: *Field, T.* (ed.), Review of human development, Vol. 1, Wiley, New York 1982.
—, Beyond the dyadic genesis of behavior, Klamann Press, New York 1984.
—, *Feiring, C.*, Infant, mother, and mother-infant interaction behavior and subsequent attachment, *Child Development* 60 (1989) 831-837.
—, —, *Kotsonis, M.*, The social network of the young child: A developmental perspective, in: *Lewis* (1984) 129-160.
—, *Michalson, L.*, Socialization of emotions, in: *Field, T., Fogel, A.* (eds.), Emotion and early interaction: Normal and high risk infants, Erlbaum, Hillsdale 1983.
—, *Miller, S.M.*, Handbook of Developmental Psychopathology, Plenum Press, New York 1990.
—, *Saarni, C.*, The socialization of emotion, Plenum, New York 1985.
—, —, Culture and emotions, in: *Lewis, Saarni* (1985) 1-17.
*Lin, N.*, Modeling the effects of social support, in: *Lin* et al. (1986) 173-214.
—, *Dean, A., Ensel, W.M.* (eds.), Social support, life events, and depression, Academic Press, Orlando 1986.
*Linneweber, V.*, Lernumwelt: Schule, in: *Kruse* et al. (1990) 383-388.
*Luborsky, L.*, Einführung in die analytische Psychotherapie, Springer, Heidelberg 1988.
*Ludewig, K.*, Systemische Therapie, Klett-Cotta, Stuttgart 1992.
*Ludwig-Körner, C.*, Übertragung und Gegenübertragung in der Psychoanalyse, Gestalttherapie und Integrativen Therapie, *Integrative Therapie* 4 (1991) 466-488.
—, Der Selbstbegriff in Psychologie und Psychotherapie, Deutscher Universitäts Verlag, Wiesbaden 1992.
*Lyotard, J.-F.*, Das postmoderne Wissen. Ein Bericht, Bremen 1982, 2. Aufl., Passagen Verlag, Graz-Wien 1986.
—, Immaterialität und Postmoderne, Merve, Berlin 1985.
*Mahoney, M.J.*, Integrating cognition, affect, and action: A comment, *Cognitive Therapy and Research* 8 (1984) 585-589.
*Mahrer, A.R.*, The integration of psychotherapies, Human Sciences Press, New York 1989.
*Main, M., Hesse, E.*, Parents' unresolved traumatic experiences are related to infant disorganized attachment status: Is frightened and/or frightening parental behavior the linking mechanism? in: *Greenberg, M.T., Cicchetti, D., Cummings, E.M.* (eds.), Attachment in the preschool years, University of Chicago Press, Chicago 1990, 161-184.
—, *Kaplan, N., Cassidy, J.*, Security in infancy, childhood, and adulthood, in: *Bretherton, Waters* (1985) 6-104.
—, *Solomon, J.*, Discovery of an insecure disorganized/disoriented attachment pattern: Procedures, findings and implications for the classification of behavior, in: *Brazelton, T.B., Yogman, M.* (eds.), Affective development in infancy, Ablex, Norwood 1986, 95-124.

*Malatesta, C.*, Developmental course of emotion expression in the human infant, in: *Zivin, G.* (ed.), The development of expressive behavior. Biology-environment interactions, Academic Press, New York 1985, 183-219.

—, *Culver, C., Tesmann, J., Shepard, B.*, The development of emotion expression during the first two years of life, Monographs of the Society for Research in Child Development, Vol. 54, University of Chicago Press, Chicago 1989.

*Mandler, J.M.*, Stories, scripts, and scenes: Aspects of schema theory, Erlbaum, Hillsdale 1984.

*Markefka, M., Nauk, B.*, Handbuch der Kindheitsforschung, Luchterhand, Neuwied 1993.

—, *Nave-Herz, R.*, Handbuch der Familien- und Jugendforschung, 2 Bde., Luchterhand, Neuwied 1989.

*Marlatt, G.A., Perry. M.A.*, Modeling methods, in: *Kanfer, F.H., Goldstein, A.P.*, Helping people change, Pergamon, New York 1975, 117-158.

*Märtens, M., Petzold, H.G.*, Perspektiven der Psychotherapieforschung und Ansätze für integrative Orientierungen, *Integrative Therapie* 1 (1995a) 7-44.

—, —, Psychotherapieforschung und kinderpsychotherapeutische Praxis, 1995b, dieses Buch.

*Massie, H., Bornstein, A., Afterman, J., Campbell, B.*, Inner themes and outer behavior in early childhood development, *Psychoanalytic Study of the Child* 43 (1988) 213-242; auch in: *Petzold* (1993c) 235-276.

*Massing, A.*, Das Kind in der analytischen Familientherapie, in: *Petzold, Ramin* (1987) 95-321.

*Masten, A.S., Best, K.M., Garmezy, N.*, Resilience and development: Contributions from the study of children who overcome adversity, *Development and Psychopathology* 2 (1990) 425-444.

—, *Morison, P., Pellegrini, D., Tellegen, A.*, Competence under stress: risk and protective factors, in: *Rolf* et al. (1990) 236-256.

*Matas, L., Arend, R., Sroufe, L.A.*, Continuity of adaptation in the second year of life. The relationship between quality of attachement and later competence, *Child Development* 49 (1978) 547-556.

*Matthews, C.B.*, Philosopische Gespräche mit Kindern, Freese, Berlin 1993.

*Mayring, P., Saup, W.* (Hrsg.), Entwicklungsprozesse im Alter, Kohlhammer, Stuttgart 1990.

*McFarlane, A.H., Norman, G.R., Streiner, D.L.*, The process of social stress: Stable reciprocal, and mediating relationships, *Journal of Health and Social Behavior* 24 (1983) 501-510.

*McGoldrick, M., Carter, B.*, The family life cycle, in: *Walsh, F.*, Normal family process, Guilford, New York 1982, 167-195.

*Mei, J.*, The northern Chinese custom of rearing babies in sandbags: Implications for motor and intellectual development, in: *van Rossum, Laszlo* (1994) 41-48.

—, *Yang, Y.*, A general report on children's physical and mental development at Wei Shan Lake, Shan Dong province, China, *Psychological Sciences* 1 (1993) 34-37.

*Merleau-Ponty, M.*, Phénoménologie de la perception, Gallimard, Paris 1945; dtsch. v. *Boehm, R.*, Phänomenologie der Wahrnehmung, de Gruyter, Berlin 1966.

*Messer, D.J.*, Mastery motivation: childrens' investigation, persistance and development, Routledge, London 1993.

*Messer, S.B.*, Behavioral and psychoanalytic perspective at therapeutic choice points, *American Psychologist* 41 (1986) 1261-1272.

*Metzmacher, B.*, Integrative Bewegungstherapie in der Behandlung von Kindern und Jugendlichen, in: *Petzold, Ramin* (1987) 227-256.
—, *Ross, J., Schlippe, A. von, Schmauch, R.*, Ein familientherapeutisches Konzept von Veränderung, *Integrative Therapie* 3 (1982) 173-193.
—, *Zaepfel, H.*, Umweltzerstörung, strukturelle Gewalt und Kindheit. Zum Verhältnis von politischem Engagement und therapeutischer Abstinenz, in: *Dröschel* (1995) 183-204.
—, —, Methodische Zugänge zu kindlichen Erfahrungswelten von heute, dieses Buch.
*Michaels, C.F.*, The reunification of sensory information and coordinated action, VU Boekhandel, Vrije Universiteit Amsterdam, Amsterdam 1992.
*Miedzinski, K.*, Die Bewegungsbaustelle, Verlag Modernes Lernen, Dortmund 1987$^2$.
*Miller, R.*, Territorialität, in: *Kruse* et al. (1990) 333-338.
*Minucchin, S.*, Familie und Familientherapie, Lambertus, Freiburg 1977.
*Mitscherlich, M.*, Die Bedeutung des Übergangsobjektes für die Entfaltung des Kindes, in: *Eggers* (1984) 185-203.
*Moos, R.*, The human context. Environmental determinants of behavior, Wiley, New York 1976.
—, *Insel, P.M.*, Issues in social ecology: Human milieus, National Press Books, Palo Alto 1974.
*Moreno, J.L.*, Who shall survive? A new approach to the problem of human interrelations, Nervous and Mental Disease Publ. Co., Washington 1934; erw. Ausg. Beacon House, Beacon 1953.
—, Organization of the social atom, *Sociometric Review* 1 (1936) 11-16.
—, The concept of sociodrama, *Sociometry* 4 (1943) 434-449.
—, Psychodrama and therapeutic motion pictures, *Sociometry* 2 (1944) 230-240.
—, The future of man's world, *Psychodrama Monographs* 21, Beacon House, Beacon 1947a.
—, The social atom and death, *Sociometry* 10 (1947b) 81-86.
*Morisset, C.E., Spieker, S.J.*, Contribution of attachment security to amount of infant-mother conversation: A comparison of high and low-risk samples. Paper presented at the International Conference on Infant Studies, Washington, D.C., April 1988.
*Moscovici, S.*, The phenomenon of social representations, in: *Farr, Moscovici* (1984).
*Müller, L.*, Integrative Musiktherapie in der Behandlung eines Kindes mit früher Entwicklungs- und Persönlichkeitsstörung, Fritz Perls Institut, Düsseldorf 1994; in: *Müller, L., Petzold, H.G.*, Klinische Musiktherapie, G. Fischer, Stuttgart (in Vorb.).
*Murray, L.*, Clinical application of attachment theory and research: Change in infant attachment with brief psychotherapy, *Journal of Child Psychology and Psychiatry*, 9 (1994) 15-24.
*Nash, H.*, The role of metaphor in psychological theory, *Behavioral Science* 8 (1963) 336-347.
*Nadel, J.*, Wallon aujourd'hui, Scarabée, Paris 1980.
—, The development of communication: Wallon's framework and influence, in: *Vyt, Bloch, Bornstein* (1994) 177-189.
*Napp-Peters, A.*, Mehrelternfamilien, *Neue Schriftenreihe der Arbeitsgemeinschaft für Erziehungshilfe* 9 (1993) 12-26.
*Neisser, U.*, Two perceptually-given aspects of the self and their development, *Developmental Review* 11 (1991) 197-209.
*Nelson, K.*, Event knowledge: Structure and function in development, Erlbaum, Hillsdale 1986.

—, Narratives from the crib, Harvard University Press, Cambridge, Mass., London 1989.
—, Remembering: A functional developmental perspective, in: Solomon, P.R., Goethals, G.R., Kelley, C.M., Stephens, B.R. (eds.), Memory: An interdisciplinary approach, Springer Verlag, New York 1990.
—, Ereignisse, Narrationen, Gedächtnis: Was entwickelt sich? 1993a, in: *Petzold* (1993c) 195-234.
—, Erinnern und Erzählen: eine Entwicklungsgeschichte, *Integrative Therapie* 1/2 (1993b) 73-94 und in: *Petzold* (1994j) 167-192.
*Netelenbos, J.B.*, Cognitie en motoriek bij jonge kinderen, VU Uitgeverij, Amsterdam 1988.
*Neubaur, C.*, Good enough future, in: *Sloterdijk* (1989).
*Neugarten, B.L., Datan, N.*, Soziologische Betrachtung des Lebenslaufs, in: *Baltes, P.B., Eckensberger, L.H.*, Entwicklungspsychologie der Lebensspanne, Klett-Cotta, Stuttgart 1980.
*Newell, K.M., Emmerink, R.E.A. van, McDonald, P.V.*, Search strategies and the acquisition of coordination, in: *Wallace, S.A.* (ed.), Perspectives on the coordination of movement, Elsevier, North Holland 1989, 85-122.
*Nietzsche, F.*, Werke, Hrsg. K. Schlechta, 3 Bde., München 1955.
*Norcross, J.C., Goldfried, M.R.* (eds.), Handbook of psychotherapy integration, Basic Books, New York 1992.
*Oaklander, V.*, Gestalttherapie mit Kindern und Jugendlichen, Klett, Stuttgart 1981.
*Oerter, R.*, Moderne Entwicklungspsychologie, Auer, Donauwörth 1970[8], 1984[20].
— (Hrsg.), Entwicklung als lebenslanger Prozeß, Hoffmann & Campe, Hamburg 1978.
—, Entwicklung der Motivation und Handlungssteuerung, in: *Oerter, Montada* (1987) 637-695
—, *Montada, L.*, Entwicklungspsychologie. Ein Lehrbuch. Psychologie Verlags Union, München, Weinheim 1987, 2. völlig neubearbeitete, erweiterte Auflage.
*Orlinsky, D.E., Howard, K.I.*, A generic model of psychotherapy, *J. of Integrative and Eclectic Psychotherapy* 6 (1986) 6-27; dtsch. *Integrative Therapie* 4 (1988) 281-308.
*Orth, I., Petzold, H.G.*, Beziehungsmodalitäten – ein integrativer Ansatz für Therapie, Beratung, Pädagogik, 1993b, in: *Petzold, Sieper* (1993a) 117-124.
—, —, Zur „Anthropologie des schöpferischen Menschen", 1993c, in: *Petzold, Sieper* (1993a) 93-117.
—, —, Gruppenprozeßanalyse – ein heuristisches Modell für Integrative Arbeit in und mit Gruppen, *Integrative Therapie* 3/4 (1995b) 197-212.
—, —, Kritische Überlegungen zu offenen und verdeckten Ideologien in der Psychotherapie – Überlieferungen und Veränderungen im psychotherapeutischen Feld – Präzisierungen Integrativer Positionen, Fritz Perls Institut, Düsseldorf 1995.
—, —, *Sieper, J.*, Ideologeme der Macht in der Psychotherapie – Reflexionen zu Problemen und Anregungen für alternative Formen der Praxis, Fritz Perls Institut, Düsseldorf 1995.
*Osborn, A.F.*, Resilient children: A longitudinal study of high achieving socially disadvantaged children, *Early Child Development and Care* 62 (1990) 23-47.
*Osofsky, J.D.*, Handbook of infant development, Wiley, New York 1982, 1987.
*Osten, P.*, Die Anamnese in der Integrativen Therapie, *Integrative Therapie* 4 (1994) 392-430.
—, Die Anamnese in der Psychotherapie – ein Integratives Konzept, Reinhardt, München 1995.

*Papoušek, H., Papoušek, M.*, Neue Wege der Verhaltensbeobachtung und Verhaltensmikroanalyse, *Sozialpädiatrie in Praxis und Klinik* 3 (1981) 229-238.
—, —, Intuitive parenting: aspects related to educational psychology, *Eur. J. Psychol. Educ.* 4 (1989) 201-210.
—, —, Early interactional signalling: the role of facial movements, in: *Kalverboer* et al. (1993) 136-152.
*Papoušek, M.*, Wurzeln der kindlichen Bindung an Personen und Dinge: Die Rolle der integrativen Prozesse, in: *Eggers* (1984) 155-184.
—, Die Rolle des Vaters in der frühen Kindheit: Ergebnisse der psychobiologischen Forschung. Kind und Umwelt, *Beiträge zur analytischen Kinder- und Jugendlichenpsychotherapie* 54 (1987) 29-49.
—, Vom ersten Schrei zum ersten Wort. Anfänge der Sprachentwicklung in der vorsprachlichen Kommunikation, Huber, Bern 1994.
*Park, R.E.*, Human ecology, *Am. J. Sociol.* 42 (1936) 1-15.
—, *Burgess, E.W., McKenzie, R.D.*, The city, Univ. of Chicago Press, Chicago 1925.
*Parkes, C.M.*, Attachment, bonding, and psychiatric problems after bereavement in adult life, in: *Parkes* et al. (1991) 268-292.
—, *Stevenson-Hinde, J., Marris, P.* (eds.), Attachment across the life cycle, Tavistock/Routledge, London, New York 1991.
*Parsons, T.*, Zur Theorie sozialer Systeme, Westdeutscher Verlag, Opladen 1976.
*Perkonigg, A.*, Soziale Unterstützung und Belastungsverarbeitung: Ein Modell zur Verknüpfung der Konzepte und Analyse von Unterstützungsprozessen, in: *Laireiter* (1993) 115-127.
*Perlman, D.*, Loneliness: A life-span, family perspective, in: *Milardo, R.M.* (ed.), Families and social networks, Sage, Newbury Park 1988, 190-220.
*Perucci, R., Targ, D.B.*, Mental patients and social networks, Auburn House, Boston, Mass 1982a.
—, —, Network structure and reactions to primary deviance of mental patients, *Journal of Health and Social Behavior* 23 (1982b) 2-17.
*Pervin, L., Levis, M.*, Perspectives in interactional psychology, Academic Press, New York 1978.
*Petri, H.*, Kinderängste in unserer Zeit, *Neue Sammlungen* 29 (1989) 14-26.
—, Zur Psychoanalyse der vergifteten Kindheit, in: *Dröschel* (1995) 152-170.
*Peukert, U.*, Interaktive Kompetenz und Identität, Pathmos, Düsseldorf 1979.
*Petzold, H.G.*, Géragogie – nouvelle approche de l'éducation pour la viellesse et dans la viellesse. *Publications de L'Institut St. Denis* 1 (1965) 1-16 ; dtsch. in: *Petzold* (1985a) 11-30.
—, Überforderungserlebnis und nostalgische Reaktion als pädagogisches Problem an Auslandsschulen, *Der deutsche Lehrer im Ausland* 1 (1968c) 2-9.
—, L'analyse progressive en psychodrame analytique. Paris, mimeogr. 1969b; auszugsweise dtsch. in: Petzold (1988n) 455-491.
—, Les Quatre Pas. Concept d'une communauté thérapeutique. Paris 1969c, mimeogr.; teilweise dtsch. in: (1974l).
—, Thérapie du mouvement, training rélaxatif, thymopratique et éducation corporelle comme integration, Paris 1970c.
—, Möglichkeiten der Psychotherapie bei drogenabhängigen Jugendlichen, 1971c, in: *Birdwood, G.*, Willige Opfer, Rosenheim 1971, 212-245.
— (Hrsg.), Angewandtes Psychodrama in Therapie, Pädagogik, Theater und Wirtschaft, Junfermann, Paderborn 1972a, 1992[5].

—, Komplexes Kreativitätstraining mit Vorschulkindern, *Schule und Psychologie* 3 (1972e) 146-157.
—, Supervision in der Drogentherapie, Supervisionsbericht für die Therapiekette Hannover, Hannover 1973.
— (Hrsg.), Drogentherapie – Methoden, Modelle, Erfahrungen, Junfermann/Hoheneck, Paderborn 1974b; 2. Aufl. Klotz, Frankfurt 1980.
—, (Hrsg.) Psychotherapie und Körperdynamik, Junfermann, Paderborn 1974j, 3. Aufl. 1979.
—, Thymopraktik als körperbezogene Arbeit in der Integrativen Therapie, *Integrative Therapie* 2/3 (1975e) 115-145; erweitert in: *Petzold* (1977n); revid. in: (1988n) 341-406.
—, Die Rolle der Medien in der integrativen Pädagogik 1977c, in: *Petzold, Brown* (1977) 101-123.
— (Hrsg.), Die neuen Körpertherapien, Junfermann, Paderborn 1977n; gekürzte Taschenbuchausgabe dtv, München 1992.
—, Das Ko-respondenzmodell in der Integrativen Agogik, Integrative Therapie 1 (1978c) 21-58.
—, Konzepte zu einer integrativen Rollentheorie auf der Grundlage der Rollentheorie Morenos, Fritz Perls Institut, Düsseldorf 1979a; in: *Petzold, H.G., Mathias, U.*, Rollenentwicklung und Identität – Die sozialpsychiatrische Rollentheorie J.L. Morenos, Junfermann, Paderborn 1983.
—, Zur Veränderung der sozialen Mikrostruktur im Alter – eine Untersuchung von 40 „sozialen Atomen" alter Menschen, *Integrative Therapie* 1/2 (1979c) 51-78.
—, Psychodrama-Therapie. Theorie, Methoden, Anwendung in der Arbeit mit alten Menschen, Junfermann, Paderborn 1979k, 2. Aufl. 1985.
—, Die Rolle des Therapeuten und die therapeutische Beziehung, Junfermann, Paderborn 1980f.
—, Die Rolle des Therapeuten und die therapeutische Beziehung in der Integrativen Therapie, 1980g, in: *Petzold* (1980f) 223-290.
—, Grundfragen der menschlichen Kommunikation im Lebensverlauf, *Gestalt-Bulletin* (1981f) 54-69; repr. in: *Petzold, Stöckler* (1988) 47-64.
—, Sich selbst im Lebensganzen verstehen lernen, 1981g, in: *Pro Senectute, Schneider, H.G.* (Hrsg.), Vorbereitung auf das Alter, Schönigh, Paderborn 1981, 89-112; repr. (1985a) 93-122.
—, An integrated model of identity and its impact on the treatment of the drug addict, Proceedings of the 12th. Int. Conf. on Drug Depencence, 22.-26.3.1982, Bangkok, International Council on Alcohol and Addictions, Lausanne, Genf 1982v, 260-276.
— (Hrsg.), Puppen und Puppenspiel in der Psychotherapie, Pfeiffer, München 1983a.
— (Hrsg.), Zur Ausbildung von dynamisch orientierten Leib- und Bewegungstherapeuten, Schwerpunktheft Körpertherapie, *Gruppendynamik* 1 (1983i) 1-84; revid in: *Frühmann, Petzold* (1993a) 303-330.
—, Mit alten Menschen arbeiten, Pfeiffer, München 1985a.
—, Über innere Feinde und innere Beistände, in: *Bach, G., Torbet, W.*, Ich liebe mich – ich hasse mich, Rowohlt, Reinbek 1985l, 11-15.
—, Episkript – Wirklichkeiten und Realitäten. Umkreisungen des Wunsches, *Integrative Therapie* 3/4 (1985q) 381-384.
—, Konfluenz, Kontakt, Begegnung und Beziehung im Ko-respondenzprozeß der Integrativen Therapie, *Integrative Therapie* 4 (1986e) 320-341.
—, Zur Psychodynamik der Devolution, *Gestalt-Bulletin* 1 (1986h) 75-101.
—, Puppen und Puppenspiel in der Integrativen Therapie mit Kindern, 1987a, in: *Petzold, Ramin* (1987) 427-490.

—, Integrative Therapie als intersubjektive Hermeneutik bewußter und unbewußter Lebenswirklichkeit, Fritz Perls Institut, Düsseldorf 1988a; erw. in: *Petzold* (1991a) 153-332.
—, Zur Hermeneutik des sprachlichen und nichtsprachlichen Ausdrucks in der Integrativen Therapie, Fritz Perls Institut, Düsseldorf 1988b; erw. in *Petzold* (1991a) 91-152.
—, Integrative Bewegungs- und Leibtherapie. Ausgewählte Werke Bd. I/1 und I/2, Junfermann, Paderborn 1988n.
—, Beziehung und Deutung in der Integrativen Bewegungstherapie, 1988p, in: *Petzold* (1988n) 285-340.
—, Zeitgeist als Sozialisationsklima – zu übergreifenden Einflüssen auf die individuelle Biographie, *Gestalt und Integration* 2 (1989f) 140-150.
—,Supervision zwischen Exzentrizität und Engagement, *Integrative Therapie* 3/4 (1989i) 352-363.
—, „Form und Metamorphose" als fundierende Konzepte für die Integrative Therapie mit kreativen Medien – Wege intermedialer Kunstpsychotherapie 1990b, in: *Petzold, Orth* (1990a) II, 639-720.
—, „Entwicklung in der Lebensspanne" und Pathogenese, Vortragsfolge auf der Tagung „Bewegungstherapie und Psychosomatik", 22.-23.11.1990 an der Freien Universität Amsterdam, 1990e; erw. in: *Petzold* (1992a) 649-775.
—, Nonverbale Interaktion mit Hochbetagten und Sterbenden, Vortrag auf dem Studientag von „Pro Senectute", Österreich, 4.12.1990, Batschuns, Vorarlberg 1990g.
—, Selbsthilfe und Professionelle – Gesundheit und Krankheit, Überlegungen zu einem „erweiterten Gesundheitsbegriff", Vortrag auf der Arbeitstagung „Zukunftsperspektiven der Selbsthilfe", 8.-10.6.1990, Düsseldorf, Dokumentation, 1990i, auch in: *Petzold, Schobert* (1991) 17-28.
—, Integrative Dramatherapie und Szenentheorie – Überlegungen und Konzepte zur Verwendung dramatherapeutischer Methoden in der Integrativen Therapie, 1990p, in: *Petzold, Orth* (1990a) II, 849-880; überarb. in: *Petzold* (1992a) 897-924.
—, Integrative Therapie. Ausgewählte Werke, Bd. II/1: Klinische Philosophie, Junfermann, Paderborn 1991a.
—, Das Ko-respondenzmodell als Grundlage der Integrativen Therapie und Agogik, 1991e, in: *Petzold* (1991a) 19-90.
—, Menschenbilder als bestimmendes Moment von Grundhaltungen und Konzepten der Drogenhilfe, Eröffnungsvortrag auf dem 14. Bundeskongreß, 10.-13. Juni 1991, FDR, 1991l, in: Was hilft! Grundhaltung – Menschenbild – Konzepte, Fachverband Drogen und Rauschmittel, Braunschweig 1992, 16-41; auch in: *Gestalt und Integration* 2 (1994)/1 (1995) 7-32.
—, Chronosophische Überlegungen zu Zeit, Identitätsarbeit und biographischer Narration, 1991o, in: *Petzold* (1991a) 333-396.
—, Krisen der Helfer – Überforderung, zeitextendierte Belastung und Burnout, 1991p, Vortrag auf dem Symposion „Krisenintervention Heute", 25./26. Oktober 1991, Inselspital, Kinderklinik, Bern, in: *Schnyder, U., Sauvant, Ch.*, Krisenintervention in der Psychiatrie, Huber, Bern 1993, 157-196.
—, Integrative Therapie. Ausgewählte Werke, Bd. II/2: Klinische Theorie, Junfermann, Paderborn 1992a.
—, Konzepte zu einer integrativen Emotionstheorie und zur emotionalen Differenzierungsarbeit als Thymopraktik, 1992b; in: *Petzold* (1992a) 789-870.

—, Empirische Baby- und Kleinkindforschung und der Paradigmenwechsel von psychoanalytischer Entwicklungsmythologie und humanistisch-psychologischer Unbekümmertheit zu einer „mehrperspektivischen, klinischen Entwicklungspsychologie", *Integrative Therapie* 1/2 (1992d) 1-10.

—, Das „neue" Integrationsparadigma in Psychotherapie und klinischer Psychologie und die „Schulen des Integrierens" in einer „pluralen therapeutischen Kultur", 1992g, in: *Petzold* (1992a) 927-1040.

—, Gebt Narziß seinen Namen zurück – Überlegungen zu einem Buch über „Narzißmus", *Integrative Therapie* 3 (1992f) 323-325.

—, Integrative Therapie. Gesammelte Werke, Bd. II/3: Klinische Praxeologie, Junfermann, Paderborn 1993a.

—, Emotionen in der Psychotherapie und der menschlichen Entwicklung, Fritz Perls Institut, Düsseldorf 1993b, in: Die Wiederentdeckung des Gefühls, Junfermann, Paderborn 1995g.

—, Frühe Schädigungen, späte Folgen? Psychotherapie und Babyforschung, Bd. 1, Junfermann, Paderborn 1993c.

—, Identität und Entfremdung, Fritz Perls Institut, Düsseldorf 1993d.

—, Grundorientierungen, Verfahren, Methoden – berufspolitische, konzeptuelle und praxeologische Anmerkungen zu Strukturfragen des psychotherapeutischen Feldes und psychotherapeutischer Verfahren aus integrativer Perspektive, *Integrative Therapie* 4 (1993h) 341-378 und in: *Hermer, H.* (Hrsg.), Psychologische Beiträge, Pabst Science Publishers, Lengerich 1994, 248-284.

—, Zur Integration motopädagogischer, psychotherapeutischer und familientherapeutischer Interventionen in der Arbeit mit geistig Behinderten, Vortrag, Univ. Dortmund 1993i, in: *Koch, U., Lotz, W., Stahl, B.* (Hrsg.), Die psychotherapeutische Behandlung geistig behinderter Menschen, Huber, Bern 1994, 226-240.

—, „Kontrollanalyse" und Gruppensupervision in „Kompetenzgruppen" – zwei unverzichtbare, aber unterschiedliche Methoden der psychotherapeutischen Weiterbildung in einer integrativen Perspektive, 1993m, in: *Frühmann, Petzold* (1993) 479-616.

—, Integrative fokale Kurzzeittherapie (IFK) und Fokaldiagnostik – Prinzipien, Methoden, Techniken, 1993p, in: *Petzold, Sieper* (1993a) 267-340.

—, Mehrperspektivität – ein Metakonzept für die Modellpluralität, konnektivierende Theorienbildung und für sozialinterventives Handelns in der Integrativen Supervision, 1994a, *Gestalt und Integration* 2 (1994)/1 (1995) 225-297.

—, Metapraxis: Die „Ursachen hinter den Ursachen" oder das „doppelte Warum" – Skizzen zum Konzept „multipler Entfremdung" und einer „anthropologischen Krankheitslehre" gegen eine individualisierende Psychotherapie, 1994c, *Gestalt* (Schweiz) 20 (1994) 6-28; repr. in: *Hermer, M.* (Hrsg.), Die Gesellschaft der Patienten, dgvt, Tübingen 1995, 143-174.

—, Psychotherapie mit alten Menschen – die „social network perspective" als Grundlage integrativer Intervention, in: *Berhaus, H.C., Sievert, U.* (Hrsg.), Behinderung im Alter, Kuratorium Deutsche Altershilfe, Köln 1994e, 86-117.

—, Unterwegs zu einer allgemeinen Psychotherapiewissenschaft: „Integrative Therapie" und ihre Heuristik der „14 healing factors" – theoriegeschichtliche, persönliche und konzeptuelle Perspektiven und Materialien. Überarbeitete und ergänzte Fassung eines Vortrages auf dem Symposion der Rheinischen Landesklinik in Düren, 10.09.1994, 1994g, ersch. in: Forum Klinische Psychiatrie-Psychotherapie, Kohelet, Köln (im Druck).

—, Die Kraft liebevoller Blicke, Psychotherapie und Babyforschung, Bd. 2, Junfermann, Paderborn 1994j.

—, Die Wiederentdeckung des Gefühls. Emotionen in der Psychotherapie und der menschlichen Entwicklung, Junfermann, Paderborn 1995g.

—, Fremdheit, Entfremdung und die Sehnsucht nach Verbundenheit – anthropologische Reflexionen, Vortrag auf dem interationalen Symposion des Orff-Instituts am 29.06.1995 in Salzburg, Fritz Perls Institut, Düsseldorf 1995f.

—, Schulenübergreifende Perspektiven zu einer integrierten Psychotherapie und einer allgemeinen Psychotherapiewissenschaft – der Beitrag von Gestalttherapie und Integrativer Therapie, in: Berufsverband deutscher Psychologen (Hrsg.), Gegenwart und Zukunft der Psychotherapie im Gesundheitswesen, Deutscher Psychologen Verlag, Bonn 1995h, 71-94.

—, Therapeutische Beziehung und „shared meaning" in der Integrativen Kindertherapie, Fritz Perls Institut, Düssseldorf 1995n.

—, *Beek, Y van, Hoek, A.-M. van der*, Grundlagen und Grundmuster „intimer Kommunikation und Interaktion" – „Intuitive Parenting" und „Sensitive Caregiving" von der Säuglingszeit über die Lebensspanne, 1994a, in: *Petzold* (1994j) 491-645.

—, *Brown, G.* (Hrsg.), Gestaltpädagogik, Pfeiffer, München 1977.

—, *Geibel, Ch.*, „Komplexes Kreativitätstraining" in der Vorschulerziehung durch Psychodrama, Puppenspiel und Kreativitätstechniken, in: *Petzold* (1972a) 414-427.

—, *Goffin, J.J.M., Oudhof, J.*, Protektive Faktoren und Prozesse – die „positive" Perspektive in der longitudinalen, „klinischen Entwicklungspsychologie" und ihre Umsetzung in die Praxis der Integrativen Therapie, in: *Petzold, Sieper* (1993a) 173-266 und in: *Petzold* (1993c) 345-497.

—, *Hentschel, U.*, Niedrigschwellige und karrierebegleitende Drogenarbeit als Elemente einer Gesamtstrategie der Drogenhilfe, *Wiener Zeitschrift für Suchtforschung* 1 (1991) 11-19.

—, *Kirchmann, E.*, Selbstdarstellungen mit Ton in der Integrativen Kindertherapie, in: *Petzold, Orth* (1990a) 933-974.

—, *Laschinsky, D., Rinast, M.*, Exchange Learning – ein Konzept für die Arbeit mit alten Menschen, *Integrative Therapie* 3 (1979) 224-245; repr. *Petzold* (1985a) 69-92.

—, *Lemke, J., Rodriguez-Petzold, F.*, Feldentwicklung und supervisorisches Lernen – Überlegungen zur Weiterbildung von Lehrsupervisoren aus Integrativer Perspektive: Kontext, Ziele, Qualitätsprofil, didaktische Konzeption, 1994b, *Gestalt und Integration* 2 (1994)/1 (1995) 298-345.

—, *Mathias, U.*, Rollenentwicklung und Identität, Junfermann, Paderborn 1983.

—, *Metzmacher, B.*, Kreative Medien, Awareneness-Training und Interaktionsspiele der Integrativen Gestalttherapie in der Arbeit mit Kindern und Jugendlichen, in: *Kreuzer (Hrsg.)*, Handbuch der Spielpädagogik, Bd. 4, Schwann, Düsseldorf (1984), 253-267.

—, *Orth, I.* (Hrsg.), Poesie und Therapie. Über die Heilkraft der Sprache. Poesietherapie, Bibliotherapie, Literatische Werkstätten, Junfermann, Paderborn 1985a.

—, —, Die neuen Kreativitätstherapien, 2 Bde., Junfermann, Paderborn 1990a.

—, —, Therapietagebücher, Lebenspanorama, Gesundheits-/Krankheitspanorama in der karrierebezogenen Arbeit in der Integrativen Therapie, *Integrative Therapie* 1/2 (1993a) 95-153; auch in: *Frühmann, Petzold* (1993a) 365-438.

—, — , Kreative Persönlichkeitsdiagnostik durch „mediengestützte Techniken" in der Integrativen Therapie und Beratung, *Integrative Therapie* 4 (1994a) 340-391.

—, *Petzold, Ch.*, Lebenswelten alter Menschen, Vincentz, Hannover 1991a.

—, *Petzold, Ch.*, Soziale Gruppe, „social worlds" und „narrative Kultur" als bestimmende Faktoren der Lebenswelt alter Menschen und gerontotherapeutischer Arbeit, 1991b, in: *Petzold, Petzold* (1991a) 192-217.
—, —, Soziotherapie als methodischer Ansatz in der Integrativen Therapie, 1993a, in: *Petzold, Sieper* (1993a) 459-482.
—, *Ramin, G.*, Schulen der Kinderpsychotherapie, Junfermann, Paderborn 1987, 1991[2].
, *von Schlippe, A.*, Die Familie und das schwerkranke Mitglied. Therapeutische Hilfen für Fatum-Familien, *Integrative Therapie* 4 (1990) 271-275.
—, *Schobert, R.*, Selbsthilfe und Psychosomatik, Junfermann, Paderborn 1991.
—, —, *Schulz, A.*, Anleitung zu „wechselseitiger Hilfe" – Die Initiierung und Begleitung von Selbsthilfegruppen durch professionelle Helfer – Konzepte und Erfahrungen, in: *Petzold, Schobert* (1991) 207-259.
—, *Schuch, W.*, Grundzüge des Krankheitsbegriffes im Entwurf der Integrativen Therapie, in: *Pritz, Petzold* (1991) 371-486.
—, *Schulwitz, I.*, Tetradisches Psychodrama in der Arbeit mit Schulkindern, in: *Petzold* (1972a) 394-413.
—, *Sieper, J.*, Integration und Kreation, Junfermann, Paderborn 1993a.
—, *Stöckler, M.* (Hrsg.), Aktivierung und Lebenshilfen für alte Menschen. Aufgaben und Möglichkeiten des Helfers, Integrative Therapie, Beiheft 13, Junfermann, Paderborn 1988.
—, *Zander, B.*, Stadtteilarbeit mit alten Menschen – ein integrativer Ansatz zur Verhinderung von Segregation, in: *Petzold* (1985a) 159-201.
*Pierce, G.R., Sarason, I.G., Sarason, B.R.*, General and realtionship-based perceptions of social support: Are two constructs better than one? *J. Personal. Social Psychol.* 61 (1991) 1028-1039.
*Plomin, R.*, Development, genetics and psychology, Erlbaum, Hillsdale 1986.
—, Developmental behavioral genetics and infancy, in: *Osofsky* (1987) 363-414.
*Pohlen, M., Bautz-Holzherr, M.*, Psychoanalyse – Das Ende einer Deutungsmacht, Rowohlt, Reinbek 1994.
*Portmann, A.*, Zoologie und das neue Bild des Menschen, Rowohlt, Reinbek 1952.
*Potter, J., Wetherell, M.*, Discourse and social psychology, Sage Publ., London 1987.
*Prechtl, H.F.R.*, Frühe Schäden – späte Folgen. Neuere Erkenntnisse aus Nachuntersuchungen von Kindern, in: *Schmidt, Droemann* (1981).
— (ed.), Continuity of neural functions from prenatal to postnatal life, Spastics International Medical Publications, London 1984.
*Preuss-Lausitz, U.*, Kriegskinder, Konsumkinder, Krisenkinder. Zur Sozialisationsgeschichte seit dem 2. Weltkrieg, Beltz, Weinheim 1989.
*Pritz, A., Petzold, H.G.*, Der Krankheitsbegriff in den psychotherapeutischen Schulen, Junfermann, Paderborn 1992.
*Quinn, J.A.*, Human ecology, Prentice Hall, New York 1950.
*Radke-Yarrow, M., Sherman, T.*, Hard growing: Children who survive, in: *Rolf* et al. (1990) 97-119.
*Rahm, D.*, Gestaltberatung, Junfermann, Paderborn 1979, 1985[3], 1990[6].
*Ramin, G., Petzold, H.G.*, Integrative Therapie mit Kindern, in: *Petzold, Ramin* (1987) 359-426; auch in *Petzold* (1991a) 1089-1150.
*Rau, H.*, Das diagnostische Elterngespräch beim Hausbesuch als Teil einer familientherapeutischen Diagnostik unter gestalttherapeutischen Aspekten, *Gestalt-Bulletin* 3 (1982) 94-118.
—, Familienorientierte Behandlung in der Integrativen Kinder- und Jugendlichenpsychotherapie, dieses Buch.

*Rauh, H., Steinhausen, H.C.*, Psychobiology and early development, North-Holland, Amsterdam 1987.

—, *Ziegenhain, U.*, Frühkindliche Anpassung, Bericht DFG-Projekt Ra 373/5-1 u. 5-2, Berlin 1992.

*Reed, E.S.*, An outline of a theory of action systems, *J. Motor Behavior* 14 (1982) 93-134.

—, Revolution in perception: The ecological psychology of James J. Gibson, Yale University Press, New Haven 1988.

*Reiser, C.*, Die Kinder- und Jugendpsychotherapeutische Ausbildung, Reinhardt, München 1993.

*Rice, M.L., O'Brien, M.*, Transitions: Times of change and accommodation, *Topics in Early Childhood Special Education* 9 (1990) 1-14.

*Richman, J.A., Flaherty, J.A.*, Adult psychosoical assets and depressive mood overtime: Effects of internalized childhood attachments, *Journal of Nervous and Mental Disease* 175 (1987) 703-712.

*Robins, L., Rutter, M.*, Straight and devious pathways from childhood to adulthood, Cambridge University Press, Cambridge 1990.

*Rochat, P., Bullinger, A.*, Posture and functional action in infancy, in: *Vyt* et al. (1994) 15-33.

*Röhrle, B.*, Zur Rezeption des Konzeptes der sozialen Netzwerke in der Psychologie, in: *Kardorff* et al. (1989a) 77-94.

—, Soziale Netzwerke: Ansatzpunkte psychiatrischer Hilfen, in: *Angermeyer, M.C., Klusmann, D.* (Hrsg.), Soziales Netzwerk. Ein neues Konzept für die Psychiatrie, Springer, Berlin 1989b, 249-270.

—, *Soziale Netzwerke und soziale Unterstützung, Beltz, Weinheim 1994.*

—, *Sommer, G.*, Social support and social competences: Some theoretical and empirical contributions to their relationship, in: *Nestmann, F., Hurrelmann, K.* (eds.), Social networks and social support in childhood and adolescence, de Gruyter, New York, Berlin (in press).

*Rogoff, B.*, Apprenticeship in thinking: Cognitive development in social context, Oxford University Press, New York 1990.

*Rolf, J., Masten, A.S., Cicchetti, D., Nuechterlein, K.H., Weintraub, S.* (eds.), Risk and protective factors in the development of psychopathology, Cambridge University Press, Cambridge 1990.

*Rossum, J.H.A. van, Laszlo, J.*, Motor development. Aspects of normal and delayed development, VU Uitgeverij, Amsterdam 1994.

*Rozman, D.*, Meditation für Kinder, Bauer, Freiburg 1993.

*Rutter, M.*, Protective factors in children's responses to stress and disadvantage, in: *Kent, M.W., Rolf, J.*, Primary prevention of psychopathology, Univ. Press of New England, Hanover, N.H. 1979, 49-74.

—, Maternal deprivation, 1972-1978: New findings, new concepts, new approaches, *Child Development* 50 (1979) 283-305.

—, Resilience in the face of adversity: Protective factors and resistance to psychiatric disorder, *British Journal of Psychiatry* 147 (1985a) 598-611.

—, Family and school influences on behavioral development, *Journal of Child Psychology and Psychiatry* 26 (1985b) 349-368.

—, Continuities and discontinuities from infancy, in: *Osofsky* (1987a) 1256-1296.

—, Intergenerational continuities and discontinuities in serious parenting difficulties, in: *Cicchetti, D., Carlson, V.* (eds.), Research on the consequences of child maltreatment, Cambridge University Press, New York 1987b.

—, Longitudinal data in the study of causal processes: some uses and some pitfalls, Minster Lovell Workshop 1987c.
—, Studies of psychosocial risk. The power of longitudinal data, Cambridge Univ. Press, Cambridge 1988.
—, Pathways from childhood to adult life, *J. Child Psychology and Psychiatry* I (1989) 23-51; dtsch.: *Integrative Therapie* 1/2 (1992) 11-44.
, A fresh look at 'maternal deprivation', in: *Bateson, P.* (ed.), The development and integration of behavior, Cambridge University Press, Cambridge 1991, 331-374.
—, Childhood experiences and adult psychosocial functioning, in: *Ciba Foundation Symposium* (1991) 189-208.
—, *Rutter, M.*, Developing minds. Challenge and continuity across the life span, Penguin Books, London 1992.
*Salvesbergh, G.J.P.*, The development of coordination in infancy, North-Holland, Amsterdam 1993.
*Salzinger, S.*, Social networks in child rearing and child development, *Annals of the New York Academy of Sciences* 602 (1990) 171-188.
—, The role of social networks in adaption throughout the life cycle, in: *Gibbs, M.S., Lachenmeyer, J.R., Sigal, J.*, Community psychology, Gardner, New York 1995.
—, *Antrobus, J., Hammer, M.* (eds.), Social networks of children adolescents and college students, Erlbaum, Hillsdale 1988.
—, *Hammer, M., Antrobus, J.*, From crib to college: An overview of studies of the social networks of children, adolescents, and college students, in: *Salzinger* et al. (1988) 1-16.
*Saltzman, N.*, Die Integration emotionaler Methoden mit Elementen psychodynamischer, Gestalt-, kognitiver und Verhaltenstherapie, *Integrative Therapie* 2 (1995) 62-79.
*Sameroff, A.J., Chandler, M.J.*, Reproductive risk and the continuum of caretaking casuality, in: *Horowitz, F.D.*, Review of child development research, University of Chicago Press, Chicago 1975, 87-244.
—, *Emde, R.N.*, Relationship disturbances in early childhood, Basic Books, New York 1989.
—, *Seifer, R.*, Early contributors to developmental risk, in: *Rolf* et al. (1990) 52-66.
—, —, *Zax*, M., Early development of children at risk for emotional disorder, *Monographs of the Society for Research in Child Development* 47 (1982).
*Samuels, A., Lukan, E.*, Im Einklang mit dem inneren Kind. Ein meditativer Weg zu sich selbst, Herder, Freiburg 1993.
*Sarason, I.G., Sarason, B.R.*, Social support: Theory, research and applications, Nijhoff, Dordrecht 1985.
*Saup, W.*, Konstruktives Altern, Hogrefe, Göttingen 1991.
—, Alter und Umwelt – Eine Einführung in die ökologische Gerontologie, Kohlhammer, Stuttgart 1993.
*Schärli-Corradini, B.M.*, Bedrohter Morgen. Kinder, Umwelt, Kultur, Pro Juventute, Zürich 1992.
*Schelp, T., Kemmler, L.*, Emotion und Psychotherapie, Huber, Bern 1988.
*Scheele, B., Groeben, N.*, Dialog – Konsens – Methoden zur Rekonstruktion Subjektiver Theorien, Francke, Tübingen 1988.
*Scherer, K.*, Psychologie der Emotionen, Enzyklopädie der Psychologie, Bd. III, Hogrefe, Göttingen 1990.
—, *Ekman, P.*, Approaches to emotion, Erlbaum, Hillsdale 1984.
—, *Wallbott, H.G.*, Ausdruck von Emotionen, in: *Scherer* (1990) 345-422.

*Schiepek, G.*, Systeme erkennen Systeme, Psychologie Verlags Union, Weinheim 1987.
*Schlippe, A. von*, Familientherapie im Überblick, Junfermann, Paderborn 1984.
—, *Mattaei, C.*, Das Kind in der strukturellen und entwicklungsorientierten Familientherapie, in: *Petzold, Ramin* (1987) 323-356.
*Schmidt, M.H., Droemann, S.* (Hrsg.), Langzeitverlauf kinder- und jugendpsychiatrischer Erkrankungen, Enke, Stuttgart 1981.
*Schmidt, R.C., Carello, C., Turvey, M.T.*, Phase transitions and critical fluctuations in the visual coordination of rhythmic movements between people, *J. Exper. Psychol.: Human Percept. Perform.* 16 (1990) 227-247.
—, *Christenson, N., Carello, C., Baron, R.*, Effects of social and physical variables on between-person visual coordination, *Ecol. Pychol.* 6 (1994) 159-184.
*Schmidt-Denter, U.*, Die soziale Umwelt des Kindes, Springer, Berlin 1984.
*Schmidtchen, G.*, Sekten und Psychokultur. Reichweite und Attraktivität von Jugendreligionen in der Bundesrepublik Deutschland, Herder, Freiburg 1987.
*Schmitz, H.*, Gefühle in philosophischer (neophänomenologischer) Sicht, in: *Petzold* (1993c/1995g).
*Schneewind, K.A.*, Familien, in: *Kruse* et al. (1990) 370-375.
*Schneewind, U.-J.*, Leibtherapie bei Kindern mit frühen Persönlichkeitsschädigungen, dieses Buch.
*Schneider, K.*, Familientherapie in der Sicht therapeutischer Schulen, Junfermann, Paderborn 1983.
*Schnyder, U.*, Familiengestützte Krisenintervention nach Suizidversuch, *Nervenarzt* 66 (1995) 554-560.
*Schröder, H., Reschke, K.*, Psychosoziale Prävention und Gesundheitsförderung, Roderer, Regensburg 1992.
*Schroots, J.J.F.*, Aging, health & competence. The next generation of longitudinal research, Elsevier, Amsterdam 1993.
*Schubert, F.-C.*, Lebenweltbezug in der Beratung. Eine ganzheitlicher systemisch-ökologischer Ansatz, in: *Dröschel* (1995) 216-237.
*Schwarzer, R., Leppin, A.*, Sozialer Rückhalt und Gesundheit. Eine Meta-Analyse, Hogrefe, Göttingen 1989a.
—, —, Social support and health: A meta-analysis, *Psychology and Health: An American Journal* 3 (1989b) 1-15.
—, —, Soziale Unterstützung und Wohlbefinden, in: *Abele, Becker* (1991) 175-190.
*Seeman, T.E., Berkman, L.F.*, Structural characteristics of social networks and their relationship with social support in the elderly: Who provides support, *Social Science and Medicine* 26 (1988) 737-749.
*Seifer, R., Sameroff, A.J., Baldwin, C.B., Baldwin, A.*, Child and family factors that ameliorate risk between 4 and 13 years of age, *Journal of the American Academy of Child and Adolescence Psychiatry* 5 (1992) 893-903.
*Seligman, M.E.B.*, What you can change and what you can't, Academic Press, New York 1994.
—, Was wir an uns verändern können und was nicht, *Psychologie Heute* 12 (1994) 35-39.
*Sennett, R.*, Verfall und Ende des öffentlichen Lebens. Die Tyrannei der Intimität, Fischer, Frankfurt/M. 1987[3]; orig. The fall of public man, Alfred Knopf, New York 1974.
*Sharabany, R., Gershoni, R., Hofman, J.E.*, Girlfriend, boyfriend: Age and sex differences in intimate friendship, *Developmental Psychology* 17 (1981) 800-808.

*Silver, R.L., Wortman, C.G.*, Coping with undesiderable life events, in: *Garber, J., Seligman, M.E.P.* (eds.), Human helplessness: Theory and applications, Academic Press, New York 1980, 279-340.

*Simmel, G.*, Der Fremde, in: idem, Das individuelle Gesetz. Philosophische Exkurse, Suhrkamp, Frankfurt 1968.

*Sloterdijk, T.*, Vor der Jahrtausendwende, Bd. II, Suhrkamp, Frankfurt/M. 1989.

—, Falls Europa erwacht. Gedanken zum Programm einer Weltmacht am Ende des Zeitalters ihrer politischen Absence, Suhrkamp, Frankfurt/M. 1994.

*Sloterdijk, T.*, Im selben Boot, Suhrkamp, Frankfurt/M. 1995.

*Smithwhite, M.*, Kinderkunst durch Meditation ... ein Buch des Friedens, Falk, Seeon 1989.

*Snyder, M.*, Self-monitoring of expressive behavior, *Journal of Personality and Social Psychology* 30 (1974) 526-537.

—, Self-monitoring processes, in: *Berkowitz, L.* (ed.), Advances in experimental social psychology, Vol. 12, Academic Press, New York 1979, 85-128.

—, *White, P.*, Moods and memories: elation depression, and the remembering of the events of one's life, *Journal of Personality* 50 (1982) 149-167.

*Solomon, Z.*, Stress, social support and affective disorders in mothers of preschool children: A test of the stress-buffering effect of social support, *Social Psychiatry* 20 (1985a) 100-10.

—, Three Mile Island: Social support and affective disorders among mothers, in: *Hobfoll, S.E.* (ed.), Stress, social support, and woman, Hemisphere, New York 1985b, 85-98.

*Spangler, G.*, Sozioemotionale Entwicklung im ersten Lebensjahr. Individuelle, soziale und physiologische Aspekte. Unveröffentlichte Habilitationsschrift, Universität Regensburg 1992.

*Spieker, S.J.*, Infant recognition of invariant categories of faces: Person, identity and facial expression, Unpublished doctoral dissertation, Cornell University 1982.

*Spitz, R.*, The first year of life, Intern. Univ. Press, New York 1965; dtsch.: Vom Säugling zum Kleinkind, Klett, Stuttgart 1974[4].

*Staabs, G., von*, Der Szenotest, Huber, Bern 1964.

*Steen, M.P. van der, Vermeer, A.*, Competentie en bewegingsbeinvloeding, *Bewegen & Hulpverlening* 2 (1987) 92-111.

*Steinbacher, K.*, System/Systemtheorie, in: *Sandkühler, H.J.*, Europäische Enzyklopädie zu Philosophie und Wissenschaften, Meiner, Hamburg 1990, 500-509.

*Steller, M., Hommers, W., Zienert, H.J.*, Modellunterstütztes Rollentraining, Springer, Heidelberg 1978.

*Stern, D.N.*, The interpersonal world of the infant, Basic Books, New York 1985; dtsch. Die Lebenserfahrung des Säuglings, Klett-Cotta, Stuttgart 1992.

*Straus, F.*, Netzwerkarbeit. Die Netzwerkperspektive in der Praxis, in: *Textor, M.* (Hrsg.), Hilfen für Familien. Ein Handbuch für psychosoziale Berufe, Frankfurt/M. 1990, 496-520.

*Strauss, A.L.*, A social world perspective, in: *Denzin, M.K.*, Studies in symbolic interaction, Vol. I, JAI Press, Greenwich 1978, 119-128.

*Stricker, G., Gold, J.R.* (eds.), Comprehensive handbook of psychotherapy integration, Plenum, New York 1993.

*Stroebe, W., Hewstone, M., Codol, J.-P., Stephenson, G.M.* (Hrsg.), Sozialpsychologie. Eine Einführung, Springer, Berlin 1992[2].

*Tergan, S.*, Psychologische Grundlagen der Erfassung individueller Wissenrepräsentationen, in: *Engelkamp, Pechmann* (1993) 117-126.

*Thelen, E.*, Self-organization in developmental processes: Can systems approaches work, in: *Gunnar, M., Thelen, E.* (eds.), Systems in development. The Minnesota Symposia on Child Psychology, Vo. 22, Erlbaum, Hillsdale 1989, 77-117.

—, Coupling perception and action in the development of skill: a dynamic approach, in: *Bloch, Bertenthal* (1990) 39-56.

—, Motor development. A new synthesis, *American Psychologist* 2 (1994) 79-95.

—, *Fisher, D.M.*, The organization of spontaneous leg movements in newborn infants, *Journal of Motor Behavior* 15 (1983) 353-377.

—, *Kelso, J.A.S., Fogel, A.*, Self-organization systems and infant motor development, *Developmental Review* 7 (1987) 39-65.

—, *Smith, L.B.*, A dynamic systems approach to the development of cognition and action, MIT-Press, Bradford Books, Cambridge MA 1994

*Thiersch, H.*, Erziehungsberatung und Jugendhilfe, in: *Klug, H.-P., Specht, F.* (Hrsg.), Erhiehungs- und Familienberatung, Göttingen 1985, 24-40.

—, Lebensweltorientierte soziale Arbeit. Aufgaben der Praxis im sozialen Wandel, Beltz, Weinheim 1992.

*Thomae, H.*, Alternsstile und Alternsschicksale. Ein Beitrag zur differentiellen Gerontologie, Huber, Bern 1983.

—, Das Individuum und seine Welt, Hogrefe, Göttingen 1968; 2., neu bearbeitete Aufl. 1988.

*Thomas, A., Chess, S.*, Temperament and development, Brunner/Mazel, New York 1977; dtsch. Temperament und Entwicklung, Enke, Stuttgart 1980.

*Todorov, T.*, Die Eroberung Amerikas – Das Problem des anderen, Suhrkamp, Frankfurt/M. 1985.

*Tolsdorf, C.C.*, Social networks and families of divorce: A study of structure-content interaction, *International Journal of Family Therapy* 3 (1976) 275-280.

*Traue, H.C.*, Gefühlsausdruck, Hemmung und Muskelspannung unter sozialem Streß, Hogrefe, Göttingen 1989.

*Trautner, H.M.*, Lehrbuch der Entwicklungspsychologie, Hogrefe, Göttingen, Bd. I 1978, Bd. II 1991[2].

*Trevarthen, C.*, The foundations of intersubjectivity: Development of interpersonal and cooperative understanding in infants, in: *Olsen, D.R.* (ed.), The social foundations of language and thought: Essays in honor of Jerome Bruner, Norton, New York 1980.

—, Emotions in infancy: Regulations of contact and relationships with persons, in: *Scherer, Ekman* (1984) 129-162.

*Turner, P.*, Relations between attachment, gender and peers in preschool, *Child Development* 62 (1991) 1475-1488.

*Turvey, M.T.*, Coordination, *American Psychologist* 45 (1990) 938-953.

—, *Shaw, R.E., Reed, E.S.* et al., Ecological laws for perceiving and acting: A reply to Fodor and Pylyshyn, *Cognition* 9 (1981) 237-304.

—, *Fitzpatrick, P.*, Commentary: Development of perception-action-systems and general principles of pattern formation, *Child Development* 64 (1993) 1175-1190.

*Ulich, D.*, Krise und Entwicklung – Zur Psychologie der seelischen Gesundheit, Psychologie Verlags Union, München, Weinheim 1987.

—, Sozialisation und Entwicklung von Emotionen, *Gestalt und Integration* 1 (1992) 7-17 und in: *Petzold* (1993c/1995g).

—, *Mayring, Ph.*, Psychologie der Emotionen, Kohlhammer, Stuttgart 1992.

*Ullmann, G.*, Kreativität, Beltz, Weinheim 1968.

*Usher, R., Edwards, R.*, Postmodernism and education, Routledge, London 1994.

*Valenti, S.S., Good, J.M.M.*, Social affordance and interaction I: Introduction, *Ecological Psychology* 3 (1991) 77-98.
—, *Pittenger, J.B.* (eds.), Studies in perception and action II, Erlbaum, Hillsdale 1993.
*Valsiner, J.*, Culture and the development of children's action, Wiley, Chichester 1987.
*Vaughn, C., Leff, M.J.*, Expressed emotions, Erlbaum, Hillsdale 1985.
*Vaux, A.*, Social support associated with gender, ethnicity, and age, *Journal of Social Issues* 41 (1988a) 89-110.
—, Social and emotional loneliness: The role of social and personal characteristics, *Personality and Social Psychology Bulletin* 14 (1988b) 722-734.
—, *Wood, J.*, Social support resources, behavior, and appraisals: A path analysis, *Social Behavior and Personality* 15 (1987) 105-109.
*Veer, van der, van Ijzendoorn, M.H., Van Vliet-Visser, S.*, Gehechthei en cognitie: Een longitudinaal onderzoek naar de relatie tussen affectieve en cognitieve ontwikkeling in de voorschoolse periode, *Pedagogisch Tijdschrift* 11 (1986) 286-295.
*Verhofstadt-Denève, L.*, Zelfreflectie en persoonsontwikkeling, Acco, Leuven/Amersfoort 1994[2].
*Vojta, V.*, Die zerebralen Bewegungsstörungen im Säuglingsalter. Frühdiagnose und Frühtherapie, Enke, Stuttgart 1981.
*Vollmer, S.*, Streetwork, in: *Petzold* (1974b) 445-450.
*Vosk, B.N., Forehand, R., Figueroa, R.*, Perception of emotion by accepted and rejected children, *Journal of Behavioral Assessment* 5 (1983) 151-160.
*Vygotsky, L.S.*, Thought and language (Orig. russ. 1934), MIT Press, Cambridge, 1962, 1978.
*Vyt A.*, Leven mit z'n tween: ouder-kind communicatie in het tweede levensjaar, *Het Kind* 1 (1991) 3-15.
—, Das Tonbandmodell und das transaktionale Modell für die Erklärung früher psychischer Entwicklung, in: *Petzold* (1993c) 111-156.
—, *Bloch, H., Bornstein, M.H.*, Early child development in the French tradition, Lawrence Erlbaum, Hillsdale 1994.
*Wachtel, P.L., McKinney, M.K.*, Cyclical psychodynamics and integrative psychodynamic therapy, in: *Norcross, Goldfried* (1992) 326-361.
*Wahl, H.*, Narzißmus?, Kohlhammer, Stuttgart 1985.
*Wahler, R.G.*, Some perceptual functions of social networks in coercive mother-child interactions. Special issue: Social support in social and clinical psychology, *Journal of Social and Clinical* Psychology 9 (1990) 43-53.
*Waller, M.*, Soziales Lernen und Interaktionskompetenz, Klett, Stuttgart 1978.
*Wallon, H.*, Les origines du charactère chez l'enfant [1934], P.U.F., Paris 1973.
—, L'étude psychologique et sociologique de l'enfant [1947], *Cahiers Internationaux de Sociologie. Enfance* (1973) 297-308.
—, Les milieux, les groupes et la psychogenèse de l'enfant [1954], *Cahiers Internationaux de Sociologie. Enfance* (1973) 227-296.
*Warren, W.H.*, Perceiving affordances: Visual guidance of stair climbing, *Journal of Experimental Psychology: Human Perception and Performance* 10 (1984) 683-703.
—, Action modes and laws of control for the visual guidance of action: in: *Meijer, O.G., Roth, K.* (eds.), Complex movement behavior: 'The' motor-action controversy, Elsevier, Amsterdam 1988, 339-380.
—, The perception-action coupling, in: *Bloch, Bertenthal* (1990) 23-37.
—, *Hannon, D.J.*, Direction of self-motion is perceived from optic flow, *Nature* 336 (1988) 162-163.

*Weisner, T.S., Bernstein, M., Garnier, H., Rosenthal, J., Hamilton, C.E.*, Children in conventional and nonconventional family lifestyles classified as C in attachment at 12 months: A 12-year longitudinal study. Poster presented at the International Conference of Infant Studies, Montreal, Canada, April 1990.
*Wellmer, A.*, Zur Dialektik von Postmoderne und Moderne, Suhrkamp, Frankfurt/M. 1985.
*Werner, E.E.*, Child care: Kith and kin and hired hands, University Park Press, Baltimore 1984.
—, *Smith, R.S.*, Overcoming the odds, Cornell University Press, Ithaca 1992.
—, *Smith, R.S.*, Vulnerable but invincible. A longitudinal study of resilient children and youth, McGraw-Hill, New York 1982.
*Welsch, W.*, Unsere postmoderne Moderne, Acta Humaniora, Weinheim 1987, 1988[2].
*Wessels, M.*, Kognitive Psychologie, Reinhardt, München 1994[3].
*Wiemann, J.M., Bradac, J.J.*, Communicative competence: A theoretical analysis, Edward Arnold, London 1994 (in press).
—, *Giles, H.*, Kommunikation und soziale Interaktion, in: *Stroebe* et al. (1992) 209-231.
—, *Kelly, C.W.*, Pragmatics of interpersonal competence, in: *Wilder-Mott, C., Weakland, J.H.* (eds.), Rigour and imagination: essays from the legacy of Gregory Bateson, Praeger, New York 1981.
*Wieringen, P.C.W. van*, Waarneming, in: *Orlebeke, F.J., Drenth, P.J.D., Janssen, R.H.C., Sanders, C.* (eds.), Compendium van de psychologie, Deel 2/1, Coutinho, Muiderberg 1989.
*Wine, J.D., Smye, M.D.*, Social competence, Guilford Press, Londen/New York 1989.
*Winnicott, D.W.*, Transitional objects and transitional phenomena: a study of first not-me possession, *International Journal Psycho-Analysis* 3 (1953) 89-97; dtsch. Übergangsobjekte und Übergangsphänomene, *Psyche* 23 (1969) 666-682.
—, The maturational process and the facilitating environment: studies in the theory of emotional development, Hogarth Press, London, 1965, 1972[2]; dtsch. Reifungsprozeß und fördernde Umwelt, Kindler, München 1974.
*Wortman, C.B., Convay, T.L.*, Social support and recovery from illness, in: *Cohen, S., Syme, S.L.* (eds.), Social support and health, Academic Press, Orlando 1985, 281-302.
*Wulf, Chr.*, Der pädagogische Diskurs der Moderne, in: *Jung* et al. (1986) 17-33.
*Zaepfel, H., Metzmacher, B.*, Kindheit und Identitätsentwicklung im Zeichen des (post-) modernen sozialen Wandels, dieses Buch.
*Zazzo, R.*, L'attachement, Délachaux & Niestlé, Neuchâtel 1974.
*Zentner, M.*, Die Wiederentdeckung des Temperaments. Die Entwicklung des Kindes im Lichte moderner Temperamentsforschung und ihrer Anwendungen, Junfermann, Paderborn 1993a.
—, Passung: Eine neue Sichtweise psychischer Entwicklung – Die Entwicklung des Kindes im Lichte moderner Temperamentsforschung und ihrer Anwendungen, 1993b, in: *Petzold* (1993c) 157-194.

# Entwicklungsaufgaben und Bewältigung – die Integration von psychoanalytischen Konzepten und Längsschnittforschung in der Kinder- und Jugendlichenpsychotherapie

*Hans G. Reinhard*

Eine Entwicklung von integrativen Therapiemodellen, die einen wissenschaftlich-theoretisch fundierten Ansatz für sich in Anspruch nehmen können, steht noch am Anfang.

Die Ganzheit des Menschen als vielgestaltige Einheit kann nicht vollkommen und adäquat abgebildet werden. Verschiedene Therapien beleuchten nur ausschnitthaft Aspekte, begründen sie mit theoretischen Sätzen und grenzen ihre Arbeit gegen andere Sichtweisen ab. Dieses schulengebundene Vorgehen birgt die Gefahr in sich, andere Positionen ohne offene und kritische Auseinandersetzung zu ignorieren oder voreingenommen abzulehnen.

Als historisch bedeutsame Schulen der Kinderpsychotherapie können tiefenpsychologische, lerntheoretische und humanistisch orientierte Richtungen angesehen werden. Zur heutigen Theorien- und Methodenvielfalt tragen auch Anschauungen und Verfahren der Gruppen- und Familientherapie mit ihrer je eigenen Geschichte bei.

Die Vielzahl der Methoden, die gleichzeitig auch verschiedene Zugänge zur komplexen Wirklichkeit des Menschen aufzeigen, macht das Vergleichen, das Aufzeigen von Divergenzen und verbindenden Konzepten, das Entwerfen von integrativen Modellen längst erforderlich.

Ein Vergleich wesentlicher theoretischer und behandlungsmethodischer Positionen der einzelnen Verfahren zeigt, daß die unterschiedlichen Sichtweisen nicht als unversöhnliche Gegensätzlichkeiten der Psychotherapie dastehen, sondern Differenzierung ermöglichen zum Verständnis des Menschen in seiner Ganzheitlichkeit.

Im Bemühen um empirisch begründete und vergleichende Erwachsenen- und Kinderpsychotherapie lassen sich in den letzten Jahren verstärkt integrative Ansätze verschiedener Art aufzeigen. Davon abzugrenzen sind eklektische Tendenzen, die sich nach *Plaum* (1981) zumeist den Vorwurf gefallen lassen müssen, oberflächlich, widersprüchlich und subjektiv zu sein.

Bei den integrativen Bestrebungen fügen sich therapeutische Denkweisen im Sinne einer Vereinheitlichung in ein Rahmenkonzept ein. Modellvorstellungen und die Vielfalt schulengebundener Ansätze werden unter einer einheitlichen Theorie zusammengefaßt, z.B. in den Arbeiten von *Petzold* (1982b), *Wachtel* (1981), *Wyss* (1982).

Schließlich sind pluralistische Tendenzen erkennbar. Dort wird das Widersprüchliche bestehender Theorien akzeptiert und als Grundlage für einen fruchtbaren Dialog zwischen den Schulen gesehen (*Trenkel* 1978).

In der Gegenwart zeichnet sich eine zunehmende Annäherung extremer Positionen ab und eine immer intensivere Auseinandersetzung mit verschiedenen Aspekten des Integrationsgedankens. Vor allem die Ergebnisse empirischer Untersuchungen der Säuglings- und Kleinkindforschung sowie Untersuchungen über die Lebenswelten älterer Menschen (*Petzold/Bubolz* 1976; *Thomae* 1987) tragen zum Überdenken theoretischer Positionen der traditionellen psychologischen Schulen bei.

## 1. Psychoanalyse und entwicklungspsychologische Aspekte

### *1.1 Zum Theorem der „frühen Störung" in der Psychoanalyse*

Alle klassischen psychoanalytischen Theorien betonen die hohe Bedeutsamkeit der Urbeziehung von Mutter und Kind. *Freud* spricht von einem Geburtstrauma als Quelle einer Urangst, die sich der analytischen Deutung entzieht. Diese Urangst sei ursprünglich Angst vor der Trennung von der Mutter.

In der *Jung*schen Tiefenpsychologie wird die Urbeziehung zwischen Mutter und Kind als Basis gesehen, auf der sich „das Hineinwandern des SELBST aus der Mutter in das Kind" vollzieht.

Der Säugling wird als inkompetentes, inaktives und hilfloses Wesen interpretiert, das sich auf die Mutter zentriert und sich der Welt gegenüber erst allmählich öffnet. Diese Positionen werden auch noch heute vertreten. *Spitz, Bowlby* betonen, daß eine frühe Trennung von Mutter und Kleinkind pathogene Wirkung hat, weil keine Bindung zwischen beiden entsteht, was später zu generalisierten Beziehungsstörungen führen kann. *Hoffmann* (1986) geht von einer „inneren Trennung" im Sinne einer ungenügenden Bemutterung aus. Ungenügende Betreuung durch die Mutter entspricht nicht den starken Bedürfnissen des Kindes und führt aufgrund relativer Mangelsituationen beim Kind zu anhaltenden Disphorien, die später zu Charakter- und Persönlichkeitsstörungen führen. Die allerfrüheste Kindheit setzt damit den prägenden Schwerpunkt für die spätere Persönlichkeitsentwicklung. Die frühe Mutter-Kind-Beziehung wird als verantwortlicher Kausalfaktor für spätere Charakter-und Persönlichkeitsstörungen gesehen.

Neuere Baby- und Kleinkindforschung stellt eine Reihe von Grundannahmen der traditionellen psychoanalytischen oder humanistisch orientierten Psychotherapie in Frage.

*Gauda* (1992) beschreibt in einer Längsschnittstudie Interaktionssituationen von Säuglingen und Eltern. Bereits zwischen dem 2. und 4. Lebensmonat sind *aktive* Blickkontaktvermeidungen des Säuglings beobachtbar, die als Ausdruck einer frühen Beziehungsstörung verstanden werden. Diese Kinder zeigen eher als andere Entwicklungsverzögerungen und z.T. auch Entwicklungsstörungen in den ersten sechs Lebensjahren. Zu ähnlichen Ergebnissen kommen *Keller* et al. (1985). Die Studien belegen, daß der Säugling als kompetenter Interaktionspartner zu betrachten ist, der ab Geburt über Verhaltensmöglichkeiten verfügt, die ihn optimal für eine aktive Interaktion ausstatten (Lächeln, Schauen, Vokalisieren). Eltern müssen die Bereitschaft mitbringen, ihre Verhaltensweisen auf die des Kindes abzustimmen (Körperkontakt, Sprache, taktiles Verhalten). Das gelingt ihnen umso besser, je stärker sie bereits während der Schwangerschaft ihre Elternidentität entwickelt haben.

Eine Langzeituntersuchung von *Suess* (1987) zeigt, daß Störungen in der frühen Mutter-Kind-Beziehung später überzufällig häufig zu Kontaktschwierigkeiten des Kindes führen. *Suess* führt die beeinträchtigte Beziehungsfähigkeit des Kindes im Sinne eines Kausalfaktors auf ungenügende Bemutterung (es wäre besser von „Beelterung zu sprechen") zurück. Wenn Kinder aber in den ersten Lebensjahren in mangelhafte und fast unerträgliche Interaktionszyklen geraten, die über Jahre aufrecht erhalten werden – und diese Langzeitwirkung ist wichtig –, so erwerben sie sich allmählich ein Verhalten, das sich in der Beziehung mit anderen negativ auswirkt. Eine solche Interpretation ist im Sinne des Zusammenspiels von Anlagen und langfristig einwirkender Umwelt denkbar. Diese Argumentation unterstützen *Plomin* und *de Fries* (1985) aufgrund von Ergebnissen ihrer Denver-Studie von 192 Adoptivkleinkindern. Auch die von *Ernst* vorgelegten Ergebnisse (1992) sprechen für eine hohe Umweltresistenz der frühesten Kindheit. *Kagan* nimmt an, daß beim Kind eine bestimmte genetische Disposition gegeben ist, die mitbestimmt, wie sich das Selbstbild des Kindes in ständiger Interaktion mit seiner Umwelt entwickelt, ob es allmählich negative Züge annimmt und irreversibel oder schwer reversibel wird. Äußere und innere Einflüsse, welche den Menschen formen, verformen, müssen prospektiv unter Einbezug genetischer Vulnerabilität, d.h. unter Einbezug der Eltern geklärt werden.

Die longitudinale Säuglings- und Kleinkindforschung zeigt, daß die frühe Kindheit nicht den Stellenwert für das Theorem der „frühen Störung" hat, wie es von der Psychoanalyse vertreten wird. Sie ist aber auch nicht so unbedeutend, wie *Perls* formuliert hat, denn die Bedingungen früher Erfahrung hinterlassen Spuren. Der Säugling ist nicht ein sich selbst regulierender Organismus, sondern ein aktives, sich im Lebenslauf entwickelndes Subjekt, das von seinen biographischen Erfahrungen geprägt wird. An die Stelle der überwiegend durch die frühe Kindheit determinierten Persönlichkeit der *Freud*schen Theorie ist das Konzept des „life span developmental approach" getreten.

Für die Psychotherapie stellt sich zwingend die Aufgabe, die Ergebnisse der sensumotorischen, emotionalen, kognitiven, sozialen und ökologischen Entwicklungspsychologie in Hinsicht auf theoretische Umorientierung und praktisches Handeln aufzunehmen. Säuglingsforschung, therapeutische Konsequenzen und neue theoretische Begründungen für psychologisches Handeln sollten nach *Petzold* (1992) ein Zentrum sein für die Ausbildung einer integrativen Theorien- und Behandlungssprache, zu der viele Schulen ihre spezifischen Erfahrungen und Erkenntnisse beitragen können.

## 1.2 *Das Jugendalter: Krisenphase oder Phase produktiver Anpassung?*

In den letzten Jahren haben Interesse und Diskussionen zu Auffälligkeiten/Störungen im Kinder- und Jugendalter auf breitester Ebene zugenommen. Erhöhte Gewaltbereitschaft, steigende Kriminalität, stärkere Inanspruchnahme von Beratungs- und Therapieeinrichtungen werden als Beleg für eine steigende Zahl von „Verhaltensstörungen" im Jugendalter angeführt (*Thalmann* 1971).

Die These scheint fragwürdig. Zum einen fehlen Vergleichsdaten aus früheren Jahren, zum anderen sind diese Abweichungen häufig Abweichungen von den sehr subjektiven Verhaltenserwartungen der Eltern und Lehrer. Schwere Störungen der Persönlichkeit können ebenso gemeint sein wie vorübergehende Ausdrucksformen eines normalen Prozesses der Auseinandersetzung des Jugendlichen mit gesellschaftlichen Normen. *Lempp* (1981) fragt kritisch danach, ob Jugend und Reifeentwicklung denn tatsächlich „eine obligate pathologische Durchgangsphase der menschlichen Entwicklung sei und nicht ein Entwicklungsabschnitt des Menschen, der nicht weniger gesund und nicht krankhafter ist als jeder andere Entwicklungsabschnitt, den wir im Leben durchlaufen" (S. 77). Nach *Ziehe* (1975, 1982) gibt es heute deshalb so viele verhaltensgestörte Jugendliche, weil die frühen Mutter-Kind-Beziehungen durch narzißtisch gestörte Mütter stark beeinträchtigt sind.

Wir betonen in unseren Untersuchungen von Abwehr- und Bewältigungsprozessen die Eigenständigkeit des Jugendalters als Entwicklungsphase, in der dem Menschen eine zweite Chance zur kreativen Veränderung ermöglicht wird, in der sogar Schäden, die in der frühen Kindheit gesetzt wurden, teilweise repariert werden können.

Ähnlich kontrovers werden die Ansätze eines Störreizmodells versus Entwicklungsreizmodell diskutiert. Aufgrund empirischer Untersuchungen verschiebt sich der Forschungsschwerpunkt immer mehr zu einem Entwicklungsreizmodell.

Den meisten Entwicklungsaufgaben stellt sich der Jugendliche und paßt sich ihnen überwiegend produktiv an. Nacheinander wendet er sich unterschiedlichen Aufgaben zu und bewältigt sie. Nach *Thomae* (1984) entsprechen ca. 70 bis 80 % der Jugendlichen dieser Handlungsweise.

Die Vielzahl und Vielfältigkeit der Aufgaben im Jugendalter kann gelöst werden, erst eine zu starke Überhäufung mit Problemen führt zu Problemverhalten. Die Art der aktiven Auseinandersetzung, die Fähigkeiten des Jugendlichen zur Bewältigung entwicklungsnotwendiger Aufgaben und zusätzlicher Belastung bestimmen die Verschiebung des Gleichgewichts in Richtung Anpassung oder Störung.

## 2. Aktive Auseinandersetzung als Entwicklungsprinzip

Ein theoretisches Konzept, das geeignet scheint, Thematiken von Bewältigung und Entwicklung zusammenzuführen, ist das der Entwicklungsaufgaben (*Havighurst* 1963; *Oerter* 1987).

In jeder Lebensperiode des Menschen von der Geburt bis zum Tode gibt es spezifische Anforderungen (Entwicklungsaufgaben) zu bewältigen. Dieser kreative und eigendynamische Prozeß entwickelt sich im Miteinander von physischer Reife, gesellschaftlichen Erwartungen und den in diesem Prozeß entstehenden individuellen Zielsetzungen und Werten. Die Art und Weise der Bewältigung von Entwicklungsaufgaben führt zu neuen emotionalen, sozialen und kognitiven Kompetenzen in wechselseitiger Verwobenheit und formt somit auch die weiteren übergeordneten Bewältigungsmöglichkeiten. *Oerter* schreibt von Aufgaben der nächsthöheren Zone, das heißt von Herausforderungen, die gleichzeitig schwierig und erreichbar sind und dadurch für das Individuum einen Anreiz bieten. Einmal erworbene Kompetenzen sind über die gesamte Lebensspanne wirksam, auch wenn sie durch neue Umweltanforderungen verändert und in andere Kompetenzen integriert werden.

Psychopathologische Mängel können u.a. durch unangemessene Bewältigung von Entwicklungsaufgaben/Anforderungen in einer Entwicklungsperiode entstehen. Die Untersuchungen von Verhaltensstörungen über den Entwicklungsverlauf hinweg werden in den letzten Jahren anhand von Langzeituntersuchungen forciert. Die Studien belegen, daß relativ unscheinbare Störungen der frühen Kindheit weitreichende Folgen haben und trotz starker Veränderungen im beobachtbaren Verhalten nachfolgender Jahre als ursächliche Störungen über den Entwicklungsverlauf bestehen bleiben können (*Campbell* 1991; *Cicchetti & Toth* 1991). Andererseits ist festzustellen, daß auffälliges oder gestörtes kindliches Verhalten nicht in jedem Fall die Prognose Jugendlicher gestattet. Häufig weichen Entwicklungsverläufe zeitweilig von der normalen Entwicklung ab, münden jedoch wieder in einen normalen Verlauf. So zeigen z.B. Befunde, daß trotz eines massiven Verlaufs aggressiver Störungen bei vielen Kindern solche Verhaltensmuster nur vorübergehend auftreten (*Petermann* 1993).

In Pubeszenz und Adoleszenz stellen sich dem Jugendlichen neben der Verarbeitung rascher und eingreifender körperlicher Veränderungen vielfältige spezifische Aufgaben. Er steht vor der Aufgabe, sich hinsichtlich seiner beruflichen und sozialen Rollen sowie seiner persönlichen Identität neu zu orientieren und festzulegen. Habitualisierte und routinemäßige Verhaltensweisen müssen in dieser veränderten Lebenssituation zum großen Teil aufgegeben werden. Gefühle der Unsicherheit und Angst können zur Desorganisation von kognitiven und motivationalen Faktoren führen. Anforderungen der Entwicklungsaufgaben bieten aber auch Chancen der Weiterentwicklung. Sie verlangen verstärkten Einsatz von Energien und neue Sichtweisen und bieten damit Aussicht auf Aneignung neuer Handlungskompetenzen und erlebter Identität.

Mit dem Coping-Konzept sollen Bemühungen, sich mit fordernden Situationen auseinanderzusetzen, erfaßt werden. Das hat auch praktische Konsequenzen für eine Therapie bei psychisch auffälligen Jugendlichen hinsichtlich der Stärkung und Ausbildung positiver Bewältigungsmöglichkeiten. Eine entscheidende Komponente für den Grad psychischer Krankheit ist „die Kompetenz, mit der altersspezifische Anforderungen aus dem Arbeitsbereich oder dem sozialen Bereich bewältigt werden können" (*Schlottke, Wetzel* 1980, 31).

Die Entwicklungspsychologie hat diesen Ansatz aufgegriffen und sieht im Bewältigen von Entwicklungsaufgaben das Kernstück kognitiv-emotionaler Entwicklung im Kinder- und Jugendalter.

## *2.1 Neoanalytische Auffassung von Copingprozessen*

Die neoanalytische Entwicklungskonzeption untersucht Coping-Prozesse als Leistungen des Ich und differenziert Coping- und Abwehrprozesse.

Nach *Haan* (1977) sind Ich-Prozesse allgemeine Strategien, die Personen anwenden, um alltägliche und besondere Lebensprobleme zu lösen. Coping ist *die* Ausdrucksform der Ich-Aktivitäten, die Realität nicht negiert. Coping schließt Absicht, Zweckgebundenheit, Auswahl und flexible Änderung ein, ist an eine intersubjektive Realität gebunden und erlaubt angemessene affektive Äußerung. Reaktionen, bei denen die intersubjektive Realität verzerrt oder aufgegeben wird, grenzt sie als Abwehr und Fragmentierung aus.

*Haan* versteht ihre Theorie als Entwurf einer neuen integrativen „Ich-Psychologie" und als Vermittlung zwischen der Konzeption der analytischen Ich-Psychologie, die ihrer Ansicht nach nicht genügend die rationale, logische und produktive Seite des Ich repräsentiert, und der zu sehr auf kognitive Dimensionen zentrierten Theorie *Piagets*. In ihrem Modell werden zehn Mechanismen der Abwehr zehn Mechanismen aktiver Auseinandersetzung (Coping) gegenübergestellt und später durch zehn Aspekte der Fragmentierung ergänzt. Trotz Unterscheidung in Coping, Abwehr und Fragmentierung bleibt eine wertende Orientierung am Erfolg bestehen. Coping ist bei ihr eine normale Reaktionsweise in einer normalen Situation. *Norma Haan* wertet aktive Auseinandersetzung höher, weil sie zwischen subjektiver Realität des Individuums und der realen Außenwelt vermittelt, auf ihr basiert der Realitätsbezug. Hier wird eine Beziehung zu *Piaget*s Auffassung von Assimilation und Akkomodation deutlich. Assimilation meint Integration äußerer Elemente in bestehende innere Strukturen des Organismus. Akkomodation ist dagegen eine Modifikation innerer Strukturen unter dem Einfluß äußerer Elemente. *Haan* erkennt in der Abwehr eine Nichtverfügbarkeit von Strukturen, die für Wahrnehmung, Handlungsplanung und -ausführung wichtig sind. Nutzt ein Jugendlicher seine Copingfähigkeiten, kann er eine wesentlich breitere Verhaltenspalette einsetzen und Identität erleben.

*Haan* hat drei Verfahren zur Messung von Ich-Prozessen entwickelt, die sich testmethodisch unterscheiden. Neben Rating von Gesprächsprotokollen hat sie aus dem Item-Pool von MMPI und CPI „Ich-Skalen" entwickelt. Problematisch erscheint hier, daß Prozeß und Ergebnis des Prozesses miteinander vermischt werden, zudem die Kategorien überschematisiert sind und ungenügend beschrieben wurden. Als letztes ist ein Q-Sorting mit spezifischen Items für jeden Ich-Prozeß zu nennen. Über eine Punktebewertung wird ein Ich-Profil aufgezeigt, das die Hierarchie der Ich-Prozesse widerspiegeln soll. Dieses Verfahren findet Anwendung bei der Erfassung von Krankheitsbewältigung chronisch kranker Menschen (*Dorn* 1989).

## 2.2 *Kognitionspsychologische Auffassungen von Copingprozessen*

Die bedeutsamste Variante einer kognitionspsychologischen Auffassung von Copingprozessen ist das transaktionale Bewältigungsmodell von *Lazarus* (1981), das im Zusammenhang mit Untersuchungen zur Streßbewältigung und Steßtheorie entwickelt wurde.

Im Mittelpunkt dieses Modells stehen subjektive Einschätzungs- und Bewertungsprozesse (appraisal), die zwischen situativen Anforderungen und Handlungen des Individuums vermitteln, und Bewältigungsreaktionen (coping). Nicht die Stressoren sind ausschlaggebend für eine Fehlanpassung, sondern vor allem die reaktionsvermittelnden kognitiv-emotionalen Verarbeitungsprozesse.

Die aus der Psychoanalyse bekannten Abwehrformen werden unter „coping" subsummiert, sie sind hier eine Klasse von Bewältigungsverfahren, denen vor allem im Hinblick auf objektiv nicht beeinflußbare Situationen eine adaptive Funktion zugesprochen wird; sie erlauben keine Veränderung der Situation.

*Lazarus* unterscheidet vier Copingformen: Informationssuche, direkte Handlungen, Unterlassen von Handlungen und intrapsychische Bewältigungsformen. Informationssuche schafft einen angemessenen Wissensstand für zu treffende Entscheidungen. Auch das Ignorieren von Informationen bzw. das Überdecken von Information durch andere zählt *Lazarus* dazu. Zur direkten Handlung gehören der Ausdruck von Emotionen, aber auch Flucht und verschiedene pathologische Verhaltensweisen. Nichthandeln wird im Sinne bewußt unterlassener Reaktionen gesehen. Die Kategorie „intrapsychische Bewältigungsformen" meint kognitive Prozesse, die die Bewertung von Ergebnissen, von vergangenen, gegenwärtigen und zukünftigen Situationen verändern.

Die Messung relevanten Bewältigungsverhaltens scheint äußerst schwierig. Entsprechend der theoretischen Ansätze gibt es eine Fülle von Meßinstrumenten. Experimentelle Untersuchungen werden lebensweltlich relevanten Bewältigungsprozessen nicht gerecht. Ein Mittelweg zwischen normativer Forschungsstrategie und ideographischer Analyse individueller Problemlöseformen scheint am sinnvollsten zu sein.

## 2.3 *Biographisch-deskriptive Auffassung von Copingprozessen*

Die biographisch-deskriptive Theorie von Formen des Bewältigungsverhaltens in belastenden Situationen geht zurück auf die Arbeiten *Thomaes* (1968, 1988). Sein Anliegen ist die Erstellung einer kognitiven Persönlichkeitstheorie auf der Basis der biographischen Methode. In ihr sind Entwicklungspsychologie und Persönlichkeitstheorie integriert sowie psychoanalytische und klinisch-phänomenologische Ansätze zu finden.

Im Zusammenhang mit kindlichen Verhaltensstörungen sind vor allem seine Untersuchungen zu Konflikt und Konfliktlösung (1960, 1972, 1974, 1975; vgl. *Reinhard* 1981) von Bedeutung. *Thomae* bezieht reale Konfliktlösungsformen ein, die sich sowohl auf den sozialen Kontext als auch auf die Auseinandersetzung mit Normen und Sanktionen beziehen. Das kindliche Verhalten kann dann bei mangelhafter Lösung von Entwicklungsaufgaben auch im Sinne von Entwicklungsstörung – je nach Spezialisierungsgrad und aktualisierter Motivationssysteme – geformt werden, wenn verdeckte Konfliktformen genutzt werden, die den Abwehrmechanismen, z.B. der Verdrängung zugrunde liegen. Abwehr und Bewältigung als Lösung von Entwicklungskonflikten sind als ein entscheidender Ausdruck kognitiv-emotionaler Tendenzen des Kindes anzusehen, die in ihrer Analyse dazu beitragen, Verhaltensauffälligkeiten voneinander zu unterscheiden und verstehen zu können.

Die Vielfalt der theoretischen Ansätze und empirischen Untersuchungen, von denen aus die Struktur und Dynamik der sich entwickelnden Persönlichkeit von Kindern und Jugendlichen verstanden werden kann, konnte bisher einer möglichst „umfassenden und detaillierten wissenschaftlichen Erfassung" des alltäglich relevanten Verhaltens nur unzureichend nachkommen (*Thomae* 1968). Gefordert wird deshalb eine Rückkehr zu den Quellen, um das Verhalten selbst in seiner „unverbildeten" Form, als Aspekt, als Glied eines natürlichen Lebenslaufs zu erfassen. Nach *Angleitner* (1980) geht es dabei um möglichst voraussetzungsloses empirisches Arbeiten, soweit möglich ohne theoretische Vorannahmen. Zielstellung ist das Erarbeiten eines Kategoriensystems, das die individuellen Welten einer Persönlichkeit möglichst unverfälscht mit wenigen Verzerrungen und Reduzierungen abbilden kann. Fragebogen und experimentelle Methoden reduzieren das Verhalten auf wenige Variable; eine Orientierung an intra- und interindividueller Variationsbreite ist damit ebenso wenig möglich wie eine ganzheitliche Erfassung im Hinblick auf Lebenslauf und situative Bezüge. Eine Kombination ideographischer und nomothetischer Verfahren ist ein forschungsmethodischer Weg, der den genannten Anforderungen besser gerecht werden kann. *Kipnowski* (1980) und *Uhl* (198) wählten diesen Ansatz bei Untersuchungen des Bewältigungsverhaltens bei chronisch kranken Menschen. Nach *Thomae* soll das ganze Spektrum von Verfahren genutzt werden: Fragebögen, Tests, projektive Verfahren. Vorrang hat aber die Exploration des menschlichen Verhaltens im natürlichen Ablauf des Lebens, wobei er als Verhaltenseinheiten einzelne Handlungen, Tagesabläufe und Lebensläufe vorschlägt.

Als Kategorien zur Verhaltensbeobachtung hat *Thomae* formale und inhaltliche Klassifizierungssysteme erarbeitet. Diese Skalen zur Erfassung von Daseinsthemen und Daseinstechniken liegen unseren Untersuchungen zugrunde (1985,1988).

Konstanz und Variabilität des Lebens eines Individuums lassen sich als thematische Strukturierung verstehen: eine Persönlichkeit orientiert sich an bestimmten Daseinsthemen und verwendet dabei bestimmte Daseinstechniken. Diese Techniken sind als mehr oder weniger chronisch gewordene Aktionssysteme zu sehen, mit denen das Individuum Anforderungen und Erlebnisse deutet, verarbeitet und bewältigt. Wird die Daseinstechnik mit bestimmten Zielen verbunden und das Verhalten mehr oder minder ausschließlich damit bestimmt, erweitert sich diese zur Daseinsthematik. Je nach vorherrschenden Verhaltens- und Erlebnisqualitäten verändern sich subjektiver Lebensraum und Selbstbild.

Der Vorteil der *Thomae*schen Kategorien liegt in ihrer Nähe zur Lebenswelt Jugendlicher. Sie beschreiben in ihrer Kombination von formalen Persönlichkeitseigenschaften, Daseinsthemen und Daseinstechniken auf einer mittleren Abstraktionsebene die Stufen des Prozesses der Identitätsfindung des Jugendlichen. Daseinstechniken Jugendlicher sind bereits zum Inhalt psychologischer Studien geworden. Eine frühe Arbeit beruht auf Beobachtung und Sichtung von Aktenmaterial erziehungs- und strafauffälliger Jugendlicher (*Thomae* 1952). Mit „normalen" Jugendlichen zwischen 12 und 22 Jahren setzt sich *Thomae* 1984 bzw. 1986 auseinander. Die Ergebnisse zeigen, daß aktive Mittel der Problembewältigung im Vordergrund stehen, die auf eine Veränderung der Umgebung oder des eigenen Handelns abzielen. Auch intrapsychische Verarbeitungsformen spielen eine große Rolle.

Die Forschung zur Bewältigung im Jugendalter steht – trotz verschiedener empirischer Befunde – noch am Anfang. Bewältigungsformen entscheiden darüber, ob für den einzelnen Jugendlichen die Entwicklungsaufgaben zum „Störreiz" oder „Entwicklungsreiz" werden und er sich im Sinne produktiver Anpassung entwickelt oder zu Fehlanpassung und psychischer Störung neigt.

Ansätze zum Bewältigungsverhalten wurden von neoanalytischer, kognitionspsychologischer und biographisch-deskriptiver Seite vorgelegt. Die Konzepte gehen von einem dynamischen und prozeßorientierten Verständnis der Persönlichkeit aus und erlauben ein Erschließen pathologischer Auffälligkeiten sowie Differenzierung im Bereich aktiver Auseinandersetzung. Alle wählen sie ein beschreibendes Vorgehen.

Unterschiede liegen im Abstraktionsniveau der Kategorien und dem Grad der impliziten Bewertungen. Während *Lazarus* auf Bewertungen ganz verzichten will (auch Realitätsverzerrung und -verleugnung akzeptiert er als mögliche positive Lösung von Konflikten), bleibt im *Haan*schen Modell die Orientierung am Erfolg bestehen. *Thomae* hat sich um einen neutralen Standpunkt bemüht. Seine von ihm beschriebenen Daseinsthemen und -techniken sind zudem sehr lebensnah.

## 3. Abwehr und Bewältigung: bedeutsame Dimensionen für eine Psychopathologie des Kinder- und Jugendalters

Alle genannten theoretischen Auffassungen verweisen auf die Dimensionen der Abwehr und Bewältigung. Wir haben uns in unseren Untersuchungen für den biographisch-deskriptiven Ansatz entschieden, weil wir hier am ehesten klinisch relevante Ergebnisse hinsichtlich der Entwicklung und der Zuordnung psychisch gestörter Jugendlicher erwarten und an eigene Erfahrung im Bonner Arbeitskreis um *Thomae* bei einem Durchgang der Bonner Längsschnittstudie anknüpfen konnten.

Daß sich die durch dieses Kategoriensystem erfaßten Dimensionen auf Formen der Abwehr und Bewältigung als Handlungs- und Interaktionsformen zurückführen lassen, die sich auch zur Beschreibung der Psychopathologie des Kinder- und Jugendalters bewähren, kann anhand empirischer Untersuchungen unserer Studien überprüft werden.

Insgesamt wurden 1312 Kinder und Jugendliche – 1008 Patienten der Viersener Klinik für Kinder- und Jugendpsychiatrie und 304 Patienten der Abteilung Kinder- und Jugendpsychiatrie in Düsseldorf – stationär behandelt und untersucht. Hier sollen zusammenfassend nur die wichtigsten Ergebnisse genannt werden.

Für die von uns untersuchten psychisch gestörten Jugendlichen muß vor allem die Pubeszenz als „Störreiz" gewertet werden. Es zeigte sich eindeutig, daß die Anpassungsformen so gut wie nicht, wohl aber die einer Fehlanpassung naheliegenden Bewältigungsformen besonders stark beim Übergang vom Grundschulalter zur Pubeszenz zunehmen. Formen „produktiver Anpassung" können hier nicht kompensatorisch verstärkt werden, sie bleiben konstant oder nehmen in manchen Fällen ab. Offensichtlich vollziehen sich in dieser Übergangsphase starke Veränderungen des Wahrnehmens und Handelns und der Gestaltung des subjektiven Lebensraumes. Das bestätigt unsere Auffassung, die Adoleszenz als Entwicklungsphase mit eigenständiger Bedeutung anzusehen, in der es nicht auf die frühe Kindheit allein ankommt.

Während sich Entwicklungsaspekte bei psychischen Störungen im Jugendalter eindeutig dem „Störreizmodell" zuordnen lassen, werden hinsichtlich der diagnostischen Trennung zwei Drittel der abwehrnahen und ein Drittel der anpassungsnahen Bewältigungsformen empirisch belegt. Die Übereinstimmung zwischen Aspekten der Daseinsbewältigung, die für die Entwicklung und den Aspekten, die für die Diagnose entscheidend sind, ist sehr groß. Daseinstechniken und Handlungsformen, in geringerem Maße auch Daseinsthemen, sind wesentlich für die Diagnose.

Psychotische Jugendliche neigen zu Illusionsbildung, geringer Aktivität und greifen am wenigsten Chancen auf. Neurotische Jugendliche sind depressiv-resignativ. Sie neigen zu evasiven und defensiven Reaktionen, ihr Erleben ist durch ein hohes Maß an Belastung/Begrenzung in fast allen Erlebnisbereichen bestimmt.

Jugendliche mit einem gestörten Sozialverhalten sind indirekt oder direkt aggressiv. Eigene Bedürfnisse stellen sie nicht oder nur ungern zurück. Sie sind aber auch realitätsorientiert und greifen gebotene Chancen auf.

Insgesamt zeigt sich nach diesen Ergebnissen, daß die Formen der Daseinsbewältigung – erfaßt mit Kategorien formaler Persönlichkeitseigenschaften, Daseinsthemen und -techniken – eine sinnvolle Ergänzung bisheriger Diagnose darstellen können.

Eine Dimensionsanalyse der patientenbezogenen Daten unterstützt die Ergebnisse. Analysiert man auf faktorieller Ebene die Daseinstechniken, hebt sich eindeutig ein Bewältigungsfaktor von mehreren relativ unabhängigen Abwehrfaktoren ab. Verschränkungen von Dimensionen der Abwehr und Bewältigung zeigen sich in bezug zu zahlreichen psychopathologisch relevanten Dimensionen, zur gewählten Therapieform und zur diagnostischen Differenzierung. Schlußfolgernd ist hervorzuheben, daß Bewältigungsverhalten für den Behandlungserfolg und die Wahl einer psychotherapeutischen Behandlung von Bedeutung ist. Dagegen können Abwehrformen eher als Indikator für die Art der psychischen Störung, für die Zuordnung zu bestimmten diagnostischen Kategorien herangezogen werden.

Damit ergibt sich ein empirisches Rahmenmodell für therapeutisches Vorgehen, das sich aus diagnostischen Erkenntnissen ableiten läßt und praxisbezogenes problemorientiertes Arbeiten erlaubt. Durch die Beschreibung von individuumbezogenen Interaktionsformen können therapeutische Interventionen sicher und begründbar sein. Das Erfassen von Bewältigungsformen im Sinne positiver Kompensationsmöglichkeiten ist ein Teilschritt auf dem Wege zur Förderung der Ich-Funktionen, zur Förderung realitätsangemessener Bewältigung, auf dem Weg zum angestrebten Therapieziel.

In der Copingforschung nimmt das Thema Krankheitsbewältigung in den letzten Jahren einen immer höheren Stellenwert ein. Vor allem Longitudinalstudien sollen zu der Frage beitragen, wie Krankheitsbewältigung über einen längeren Zeitraum verläuft und wie sie therapeutisch zum Nutzen des Patienten beeinflußt werden kann.

Viele Untersuchungen beschäftigen sich mit dem Bewältigungsverhalten bei chronischer Krankheit wie Diabetes, Herzinfarkt oder Morbus Crohn. Coping ist ursprünglich und auch in diesen Fällen bezogen auf den Umgang von psychisch Gesunden mit kritischen Lebensereignissen (hier körperlichen Erkrankungen). Bisherige Untersuchungen fokussieren hauptsächlich das Erwachsenenalter. *Seiffge-Krenke* et al. haben diabeteserkrankte Jugendliche untersucht und Besonderheiten in deren Bewältigungsbemühen im Vergleich zu chronisch erkrankten Erwachsenen festgestellt.

Inzwischen dehnt sich die Copingforschung auf seelische Störungen aus und führt damit in eine andere Ebene. Allerdings steht auch hier das Erwachsenenalter im Mittelpunkt, die Forschung zum Bewältigungsverhalten psychisch gestörter Jugendlicher steht noch völlig am Anfang.

Die nachfolgend genannten Untersuchungen sind prospektive Erhebungen erwachsener schizophrener Patienten. Obwohl in den Studien mit unterschiedlichem methodischem Inventar verschiedenen Fragestellungen nachgegangen wird, zeigen sich Ergebnisse, die von zukünftigen therapeutischen Nutzen sein können. *Bailer* et al. stellen fest, daß ersthospitalisierte Schizophrene überwiegend Bewältigungsstrategien einsetzen, die für eine aktive und kognitive Auseinandersetzung mit der Krankheit sprechen. Die subjektive Einschätzung der Regulierbarkeit hat starken Einfluß auf das Bewältigungsverhalten. Erleben sich die Patienten nicht hilflos ausgeliefert, wenden sie deutlich häufiger problemzentriertes Coping an. Dieses Ergebnis besitzt therapeutische Relevanz. Entsprechend des subjektiven Erlebens des Patienten sollte in der Therapie der Realitätsgrad derartiger Annahmen zur Selbstwirksamkeit bearbeitet werden. Die Beantwortung der Frage, ob und wie sich spezifische Bewältigungsmuster auf den sozialen und psychopathologischen Krankheitsverlauf auswirken, steht noch aus. *Rau* und *Wiedel* versuchen mit Hilfe einer Tagebuch-Erfassung von Belastung und Bewältigung von Schizophrenen einen differenzierten ereignis- und prozeßorientierten Zugang und kommen u.a. zu dem Ergebnis, daß Bewältigung und Krankheitsverlauf in engem Zusammenhang stehen. Spezifische Verlaufserfahrungen der Krankheit und Zahl der Hospitalisierungen beeinflussen die Art der Bewältigung. Bezogen auf therapeutische Bemühungen schlußfolgern sie, daß die durch den Krankheitsverlauf mitbeeinflußten Copingmerkmale therapeutisch durch spezifische, krankheitsbezogene Zielsetzung beeinflußt werden können.

In den genannten Studien wird darauf verwiesen, daß die Patienten das differenzierte Interesse an ihren eigenen Copingbemühungen als wichtig und hilfreich erlebten. Das betont einen Forschungsansatz, der nicht die Störung in den Mittelpunkt stellt, sondern eher die gesunden Anteile im Sinne eigener Anstrengung und Bemühungen.

Es bleibt abzuwarten, ob im weiteren Foschungsprozeß differenzierte Analysen vorgelegt werden können, die langfristig die Entwicklung spezifischer und effektiver psychotherapeutischer Interventionen gestatten.

## 4. Abwehr und Bewältigung: Indikatoren für den Verlauf und Erfolg des therapeutischen Prozesses

Die Forschungsergebnisse zu Abwehr- und Bewältigungsprozessen scheinen kompatibel mit den theoretischen Positionen, die der Integrativen Therapie zugrunde liegen. Diese basiert auf der Gestalttheorie von *Perls*, wurde in Deutschland durch kreative Methoden und körperzentrierte Verfahren erweitert und von *Petzold* zur Integrativen Bewegungs- und Leibtherapie als eine der wesentlichsten Methoden der Integrativen Therapie entwickelt. Es ist ein tiefenpsychologisch fundiertes Verfahren mit phänomenologischem, gegenwarts- und personenzentriertem Ansatz. Gestaltpsychologische und feldtheoretische Positionen – insbesondere der ganzheitliche und organismische Ansatz – werden in der Integrativen Therapie erweitert durch den Bezug auf die Leib- und Lebenswelt- Theorie von *Merleau-Ponty* mit ihrer ganzheitlichen Sichtweise.

Die Therapie wird als einzel-, gruppen- und familientherapeutisches Verfahren in der Arbeit mit Kindern, Jugendlichen, Erwachsenen, alten Menschen, bei neurotischen, psychiatrischen, psychosomatischen und Suchterkrankungen angewendet. Gestalttherapeutische Methoden sind erfolgreich in der Arbeit mit Randgruppen, Selbsthilfegruppen, therapeutischem Wohngemeinschaften sowie in der präventiven Arbeit.

Integrative Therapie verbindet konflikt-zentriert aufdeckendes Vorgehen mit erlebniszentrierter und übungszentrierter funktionaler Arbeit und erhält damit eine handlungstheoretische Fundierung. Der therapeutische Prozeß läßt sich in vier Phasen gliedern: die Initialphase, Aktionsphase, Integrationsphase und Phase der Neubewertung. Die vier Phasen stellen die Struktur eines Problemlöseprozesses dar und können innerhalb einer Sitzung oder über einen längeren Zeitraum durchlaufen werden.

Die Zielstellung der Therapie besteht nicht nur in einer Symptombeseitigung, sondern in einer bestmöglichen Befähigung des Einzelnen zur allgemeinen Lösung seiner gegenwärtigen und zukünftigen Probleme.

Nach gestalttherapeutischer Auffassung besteht Gesundheit in der Fähigkeit des Organismus, sich kreativ an die Umwelt anzupassen und fähig zur adäquaten Reizverarbeitung zu sein. Krankheit entsteht, wenn die organismische Selbstregulation unterbrochen ist. Toxische Einflüsse aus der Umwelt und/oder Defizite in der Entwicklung und Reifung können zu Ausblendungen und Blockierungen führen, um Kontakt mit unerwünschten inneren/äußeren Impulsen zu vermeiden. Typische Grundmuster des Vermeidungsverhaltens sind nach *Perls* Introjektion, Projektion und Retroflektion (*Perls* et al. 1951). Es sind Operationen, die zu den habitualisierten Formen des SELBST gehören und nur dann zu chronischen Formen der Abwehr werden, wenn sie Kontakt verhindern. In der Abwehr verwendet das Individuum seine bisher gemachten Interaktionserfahrungen. In Krisensituationen greift es auf solche Verhaltensweisen und Daseinstechniken zurück, die sich bereits als erfolgreich erwiesen haben. Von entscheidender Bedeutung ist, in welchem Entwicklungsschritt ein solches Coping-Muster aufgebaut wurde. Dem kleinen Kind stehen z.B. nur wenige und eng begrenzte Bewältigungsstrategien zur Verfügung. Frühe Schädigungen wirken deshalb besonders nachhaltig.

Konflikthafte Geschehnisse, die Krankheitswert besitzen, müssen in der Regel mehrmals bearbeitet werden. Das geschieht auf verschiedenen Ebenen der therapeutischen Tiefung, beginnt in der Initialphase, erfährt einen Höhepunkt in der Aktionsebene und klingt in der Integrationsphase aus.

Die Ergebnisse unserer Untersuchungen zu Abwehr- und Bewältigungsverhalten psychisch gestörter Jugendlicher – operationalisiert als Daseinsthemen, -techniken und formale Persönlichkeitseigenschaften – lassen sich hier einordnen. Die auf konstitutionale Basisvariablen (formale Persönlichkeitseigenschaften im Sinne *Tho-*

*maes*) gestützten Befunde weisen auf die Bedeutung der Körperlichkeit als menschliche Dimension hin. In der konfliktorientierten Arbeit der Integrativen Therapie wird auf unterschiedlichen Stufen der Tiefung der therapeutische Zugang über den Körper als grundlegende Realität von Wahrnehmung, Empfindung, Fühlen, Denken und Handeln besonders genutzt. Die verschiedenen Abwehrformen, die vom Klienten bevorzugt in der Therapie eingesetzt werden, geben Aufschluß über Art und Grad seiner Störung. Entsprechend werden therapeutische Techniken und Methoden ausgewählt, um weiterführende Impulse des Patienten zu fördern.

Die vier Ebenen der therapeutischen Tiefung unterscheiden sich hinsichtlich der kognitiven Kontrolle, des bewußten emotionalen Erlebens sowie dem Grad und der Tiefe körperlicher Reaktionen.

Auf der Ebene der Reflexion kommen gedankliche Inhalte ohne sichtbare emotionale Beteiligung ins Bewußtsein. Diese gedankliche Beschäftigung ist oft ein intensiver Prozeß, der Integration des Erlebten einleiten kann oder der benutzt wird, um durch Rationalisierung der Auseinandersetzung mit sich selbst auszuweichen. Auf der Ebene des Bilderlebens und der Affekte kommen bildhafte Szenen auf, häufig ohne stärkere emotionale Beteiligung des Klienten. Durch therapeutische Führung kann eine Vertiefung in Richtung Involvierung erreicht werden. Auf dieser Ebene tritt die Außenrealität stark zurück. Der ganze Körper wird am Gefühlsleben beteiligt und die kognitive Kontrolle eingeschränkt. Die Situation wird für den Klienten so plastisch, als sei er wirklich in ihr. Oft setzt eine plötzliche Regression ein. Der Prozeß der Involvierung kann sich so verdichten, daß der Körper autonom zu reagieren beginnt. Die kognitive Kontrolle ist ausgeschlossen. „Primärerfahrungen" kommen auf und äußern sich mit massiver Regression. Der Prozeß bedarf der schrittweisen therapeutischen Führung zu höheren Ebenen und zurück.

Der Regression wird indikationsspezifisch eine große Bedeutung zugemessen. Sie ist erforderlich, um an frühe Störungen heranzukommen. Erst nach mehrmaliger Bearbeitung der konflikthaften Ereignisse und der Einordnung des Geschehens in den Lebenskontext ist ein Nachsozialisieren auf der emotionalen oder sensumotorischen Ebene möglich. Nach Analyse der entsprechenden habitualisierten Verhaltensmuster und Kommunikationsstrukturen und unter Einbeziehung der in der Therapie erworbenen emotionalen Erfahrungen und rationalen Einsichten werden in der Phase der

Neuorientierung Transferhilfen angeboten, die zum Aufbau bisher nicht verfügbarer Strategien bei der Bewältigung künftigen Verhaltens führen sollen. Neu Erlebtes und Erfahrenes kann veränderte Verhaltensmöglichkeiten induzieren, mit denen in der Therapie bewußt, kreativ und eigenverantwortlich experimentiert werden kann. Das führt zu neuen emotionalen Erfahrungen und kognitiven Inhalten. Dem Klienten werden emotionale und kognitive „Umbewertungen" von Situationen möglich, die ihn erkennen lassen, daß er nicht nur die Bewältigungsformen zur Verfügung hat, die sich im Kontext seiner Lebensstrategien habitualisiert haben, sondern angemessenere Copingstrategien und Problemlösungsmuster einsetzen kann. Diese treten sozusagen neben die „alten" und müssen allmählich deren Stelle einnehmen. Die Einbeziehung solcher Transferhilfen, die sich auf vorgängig gemachte emotionale Erfahrung und rationale Einsicht gründen, führen in der Regel zu einer schnelleren und dauerhafteren Verfügbarkeit adäquater Copingstrategien.

Wir sehen als ein wichtiges Ergebnis unserer Forschungen eine Integration von phänomennaher Analyse von Bewältigungsformen, die für die Entwicklung und psychische Störung entscheidend sind, mit empirisch-statistischer Kontrolle der Befunde. Therapeutische Interventionen als wesentlicher Prüfstein psychopathologischer Theoriebildung werden durch individuum-bezogene Beschreibungen solcher Interaktionsformen erleichtert. Als Therapieziel ergibt sich die Förderung aktiver Ich-Funktionen durch eine Förderung von Formen realitätsangemessener Bewältigung.

## Literatur

*Aichele, K., Volk, G.,* Kinder in Psychotherapie: Eine Einführung. Waiblingen, Bonz 1992.

*Angleitner, A.,* Einführung in die Persönlichkeitspsychologie Bd. 1: Nichtfaktorielle Ansätze. Bern, Huber 1980.

*Atzesberger, M.,* Einführung in die Tiefenpsychologie und Kinderpsychotherapie: mit besonderer Berücksichtigung der analyt. Kinderpsychotherapie. Berlin, Marhold 1980.

*Battegay, Trenkel* (Hrsg.), Die therapeutische Beziehung unter dem Aspekt verschiedener therapeutischer Schulen. Bern, Huber 1978.

*Beutel, M.,* Bewältigungsprozesse bei chronischen Erkrankungen. Weinheim, Edition Medizin 1988.

*Campell, S.B.*, Longitudinal studies of active and aggressive preschoolers: Internalizing and externalizing expression of dysfunction (pp 57-90). Hillsdale, Erlbaum 1991.
*Cicchetti, D., Todt, S., Bush, M.*, Developmental psychopathology and incompetence in childhood. Suggestions for intervention; in: *B.B. Lakey, A.E. Kazdin* (Eds.): Advences in clinical child psychology (vol. 11, pp 1-71). London, Plenum Press 1988.
*Dorn, A.*, Das Ich-Prozeß-Modell von Norma Haan: Erfahrungsbericht über den Einsatz der Coping- und Abwehrskalen zur Erfassung von Krankheitsbewältigungsprozessen chronisch neurologisch erkrankter Patienten. Berlin, Humb. Uni, Diss. 1989.
*Ernst, C.*, Sind Säuglinge besonders resistent gegen psychische Einwirkungen? In: *Integrative Therapie* 1/2 (1992).
*Filipp, S.H.* (Hrsg.), Kritische Lebensereignisse. München, Psychologie Verlags Union 1990.
*Fürstenau, P.*, Entwicklungsförderung durch Therapie. München, Pfeiffer 1992.
*Gauda, G.*, Blickkontaktvermeidung in den ersten Lebensmonaten und Elternidentität – Ursachen, Folgen, Prävention. In: *Integrative Therapie* 1/2 (1992).
*Haan, N.*, Coping and defending. New York, Academic Press 1977.
*Hoffmann, S.O.*, Die sogenannte frühe Störung. In: *Prax. Psychother. Psychosomat.* 31 (1986), S. 179-190.
*Kavsek, M.J.*, Alltagsbewältigung im Jugendalter. Hamburg, Verlag Dr. Kovac 1992.
*Kipnowski, A.*, Formen der Daseinsbewältigung bei chronischer Krankheit: Untersuchungen an erwachsenen Hämophilen. Diss. Uni Bonn 1980.
*Köhler, L.*, Neuere Ergebnisse der Kleinkindforschung: Ihre Bedeutung für die Psychoanalyse; in: *Forum der Psychoanalyse* 6 (1990), S. 32-51.
*Körner, M.*, Abwehr und Coping – ein konzeptueller Vergleich mittels wissensbasierter Textanalyse. Diss. Uni Ulm 1992.
*Lazarus, R.S.*, Streß und Streßbewältigung – ein Paradigma; in: *Filipp, S.H.*, Kritische Lebensereignisse. München, Urban & Schwarzenberg 1981.
*Lempp, R.*, Probleme verhaltensauffälliger und behinderter Kinder und Jugendlicher; in: *Hornstein, W.* u.a.: Situation und Perspektiven der Jugend. Weinheim, Beltz 1982, S. 83-97.
*Matakas, F.*, Neue Psychiatrie: integrative Behandlung – psychoanalytisch und systematisch. Göttingen, Vandenhoeck & Ruprecht 1992.
*Mehrgardt, M.*, Erkenntnistheoretische Grundlagen der Gestalttherapie. Münster, Lit 1994.
*Naske, R.* (Hrsg.), Tiefenpsychologische Konzepte und Kinderpsychotherapie Österreich. Gesell. für Psych. Hygiene (Tagungsbericht). Wien, Hollinek 1994.
*Oerter, R., Montada, L.* (Hrsg.), Entwicklungspsychologie. München, PVU 1987.
*Olbrich, E.*, Normative Übergänge im menschlichen Lebenslauf: Entwicklungskrisen oder Herausforderung? In: *Filipp, S.H.*, Kritische Lebensereignisse. München, Urban & Schwarzenberg 1981.
*Perls, F.S., Hefferline, R.F., Goodmann, P.*, Gestalttherapie, Lebensfreude und Persönlichkeitsentfaltung. Stuttgart, Klett-Cotta 1979.
*Petermann, F.* (Hrsg.), Verhaltenstherapie mit Kindern. 2. überarb. u. erw. Auflage. Baltmannsweiler, Gerhard Röttger Verlag 1994.
—, *Petermann, U.* (Hrsg.), Angst und Aggression bei Kindern und Jugendlichen: Ursachen, Förderung, Therapie. München, Quintessenz 1993.
*Petzold, H.G.* (Hrsg.), Methodenintegration in der Psychotherapie. Paderborn, Junfermann 1982a.

—, Wege zum Menschen: Methoden und Persönlichkeiten moderner Psychotherapie: Ein Handbuch, Bd I/II. Paderborn, Junfermann 1984.
—, *Ramin, G.* (Hrsg.), Schulen der Kinderpsychotherapie. Paderborn, Junfermann 1987.
—, Integrative Therapie: Modelle, Theorien und Methoden für eine schulenübergreifende Psychotherapie, Bd I/II/III. Paderborn, Junfermann 1993a.
— (Hrsg.), Integration und Kreation. Paderborn, Junfermann 1994.
*Plaum, E.*, Praktischer Eklektizismus und seine Bedeutung für Diagnostik und Therapie; in: *Bonmert, H., Hockel, M.*, Therapieorientierte Diagnostik. Stuttgart, Kohlhammer 1981, S. 48-67.
*Plomin, R., de Fries, J.C.*, Origins of individual differences in infancy. The Colorado Adoption Project. London, Academic Press 1985.
*Reinhard, H.G.*, Lebensstil und Daseinstechnik als Ausweg aus der Krise der Psychodiagnostik. *Z. für Indiv.psychol.* 9 (1984), S. 233-244.
—, Streßbewältigung bei verhaltensgestörten Kindern und Jugendlichen. *Praxis der Kinderpsychol. u. Kinderpsychiatrie* 33 (1984), S. 258-263.
—, Im Zwischenland. Zur Daseinsbewältigung psych. gestörter Jugendlicher. Habil.schrift, Düsseldorf 1985.
—, Entwicklung und psychische Störung im Jugendalter: Formen der Daseinsbewältigung psychisch gestörter Jugendlicher. Stuttgart, Georg Thieme Verlag 1988.
—, Abwehr und Bewältigung: Ein Beitrag zur Grundlegung einer allgemeinen Psychopathologie des Kinder- und Jugendalters. Berlin, Marhold 1988.
*Reukauf, W.*, Kinderpsychotherapien: Schulenbildung, Schulenstreit, Integration. Basel, Stuttgart, Schwabe & Co 1985.
*Rüger, Blomert, Förster*, Coping: theoretische Konzepte, Forschungsansätze, Meßinstrumente zur Krankheitsbewältigung. Göttingen, Verlag für Med. Psych. 1990.
*Schlottke, P.F., Wetzel, H.* (Hrsg.), Psychologische Behandlung von Kindern und Jugendlichen. München, Urban & Schwarzenberg 1980.
*Schmidbauer, W.*, Psychotherapie: Ihr Weg von der Magie zur Wissenschaft. München, dtv 1975b.
*Schmidtchen, Baumgärtel* (Hrsg.), Methoden in der Kinderpsychotherapie: Möglichkeiten und Grenzen ihrer Anwendung. Stuttgart, Kohlhammer 1980.
*Schüssler, G., Leibing, E.* (Hrsg.), Coping: Verlaufs- und Therapiestudien chronischer Krankheit. Göttingen, Hogrefe 1994.
*Seiffge-Krenke et al.*, Die Bewältigung chronischer Krankheiten im Jugendalter: Individuelle und familiäre Bewältigungsformen; in: *Schüßler, Leibing*, Coping: Verlaufsstudien chronischer Krankheit. Göttingen, Hogrefe 1994.
*Selg, H., Ulrich, D.* (Hrsg.), Entwicklungspsychologie des Erwachsenenalters. Stuttgart, Kohlhammer 1992.
*Steffens, Kächele*, Abwehr und Bewältigung – ein Vorschlag zur integrativen Sichtweise; in: *Psychother. med. Psych.* 38 (1988), S. 3-7.
*Suess, G.*, Auswirkung frühkindlicher Bindungserfahrung auf die Kompetenz im Kindergarten. Diss. Regensburg 1987.
*Thalmann, H.C.*, Verhaltensstörungen bei Kindern im Grundschulalter. Stuttgart, Enke 1977.
*Thomae, H.*, Über Daseinstechniken sozial auffälliger Jugendlicher. *Psycholog. Forschung* 24 (1953), S. 11-33.
—, Das Individuum und seine Welt: eine Persönlichkeitstheorie. Göttingen, Hogrefe 1968.

—, Formen der Auseinandersetzung mit Konflikten und Belastung im Jugendalter; in: *Olbricht, Todt*, Probleme des Jugendalters. Berlin, Springer 1984, S. 89-110.
*Toman, W., Egg, R.*, Psychotherapie – ein Handbuch, I. Stuttgart, Kohlhammer 1985.
*Trenkel, A.*, Die therapeutische Beziehung unter dem Aspekt verschiedener psychotherapeutischer Schulen. Bern, Huber 1978.
*Uhl, J.*, Daseinsthemen und Daseinstechniken bei Kindern und Jugendlichen mit Angstneurose. Diss. Uni Düsseldorf 1987.
*Wachtel, P.L.*, Psychoanalyse und Verhaltenstherapie: Ein Plädoyer für ihre Integration. Stuttgart, Klett-Cotta 1981.
*Walter, H.J.*, Gestalttheorie und Psychotherapie: Ein Beitrag zur theoretischen Begründung der integrativen Anwendung von Gestalttherapie, Psychodrama, Gesprächsther., Tiefenpsychologie, Verhaltenstherapie und Gruppendynamik, 2. Aufl. Opladen, Westdeutscher Verlag 1985.
*Wyss, D.*, Die tiefenpsychologischen Schulen von den Anfängen bis zur Gegenwart: Entwicklung, Probleme, Krisen. Göttingen, Vandenhoeck & Ruprecht 1991.
*Ziehe, Th.*, Pubertät und Narzismus, 4. Aufl. Frankfurt/M., Europ. Verlagsanstalt 1981.
—, Jugendliche sind nicht mehr „jugendlich"; in: *Bahr, H.E.* (Hrsg.), Wissen, wofür man lebt. Jugendprotest. Aufbruch in eine veränderte Zukunft. München, Kindler/Knaur 1982, S. 142-156.

# Winnicott: klinisch relevante entwicklungspsychologische Konzepte

*D. Bürgin*

*Winnicott* ist einer der originellsten Kliniker und Denker innerhalb der internationalen psychoanalytischen Gemeinschaft. Mit seiner pädiatrischen Ausbildung und Tätigkeit stand er anfänglich dem Gedankengut von *Melanie Klein* sehr nahe. Später entwickelte er daraus eine Vielzahl von fruchtbaren Konzepten, die, ähnlich *Freud*s Werk, durch viele Widersprüchlichkeiten, zum Teil unscharf definierte Begriffe und eine mangelnde Systematik gekennzeichnet sind.

Die direkte Beobachtung des Kleinkindes zusammen mit der Mutter und eine reiche klinische Erfahrung bildeten, neben den Erkenntnissen aus den von ihm durchgeführten Psychoanalysen, das Fundament seines Konzeptualisierens und Handelns. Sein entwicklungspsychologisches Denken verband – im Sinne der Schaffung von Kontinuität – Beobachtungen, Vorstellungen und Phantasmen über die früheste emotionale Entwicklung des Kindes mit solchen über sein späteres Leben und auch diesen des Erwachsenenalters. *Winnicott* integrierte Ansätze von *Anna Freud*, interessierte sich um die Einflüsse von Umweltfaktoren auf das Innenleben des Kindes und vermochte so die Wechselwirkungen von intrapsychischen Prozessen mit den Geschehnissen der äußeren Umwelt in eine Terminologie zu fassen, die auf viele Psychoanalytiker und Kliniker befruchtend wirkte, nie aber zu einer Schulbildung eigentlicher Art innerhalb der Psychoanalyse führte.

*Winnicott*s Konzepte bewegen sich in einer Art von **Übergangsbereichen**, die in andere Wissenschaften, wie z.B. die Philosophie oder die Anthropologie, aber auch in Kreativität, Spiel, Kultur und Religion, weiterführen.

Übergangsräume sind Bereiche zwischen innen und außen, zwischen Phantasie als innerer Welt und Objektivität als äußerer, zwischen Selbst und Objekt – und zwar sowohl bezüglich der innerseelischen Repräsentanzen als auch bezüglich des körperlichen Subjektes und des bedeutungsvollen Anderen. Sie sind intermediäre, interpolare, neutrale Erfahrungsräume, in welchen das Subjekt vom

Druck befreit ist, ständig die Widersprüchlichkeiten zwischen den polaren Gegensätzen zu ertragen, und bilden sich als Folgeerscheinungen der Illusions-/Desillusionserfahrungen bereits beim Säugling. Wenn nämlich die Mutter gerade in dem Augenblick und an dem Ort genau das anbietet, was der Säugling dringend wünscht, so entsteht für den Säugling das Gefühl der magischen Kontrolle. Ist ihr Angebot etwas abweichend, so resultiert Enttäuschung. Aus dem Zwischenbereich solcher Erfahrungen gehen die Übergangsphänomene und -objekte hervor. Die Illusion bekommt in der Form des Übergangsobjektes gleichsam eine Gestalt.

Das **Übergangsobjekt** stellt einen ersten Besitz dar und ist mit besonderen Merkmalen ausgestattet: es gehört nur dem Kind, wird leidenschaftlich geliebt und mißhandelt, darf nicht verändert werden, sollte ein Gefühl von Wärme vermitteln und wird oft so behandelt, als ob es lebendig wäre und eine eigene Realität besäße. Es dient sowohl zur Abwehr von Ängsten als auch zu Spielversuchen, und sein Verlust bewirkt ängstliche Erregung. Meist existiert eine enge Beziehung zu den erogenen Zonen des Mundes, und es steht symbolisch als Teilobjekt für die Mutter oder die Brust. Häufig handelt es sich um einen weichen Gegenstand, der zärtlich liebkost, erregt geliebt und auch verstümmelt wird. Er darf sich nur verändern, wenn das Kind sich verändert. Das Kind erlebt ihn, als hätte er eine eigene Lebendigkeit oder Wirklichkeit (animistische Belebung).

> „Die Eltern lernen allmählich seine Wichtigkeit erkennen und nehmen ihn auf Reisen mit. Die Mutter läßt ihn ruhig schmutzig werden, sogar übelriechen, weil sie weiß, daß sie durch eine Wäsche die Kontinuität des Erlebens für das Kind unterbrechen würde, und daß diese Unterbrechung die Bedeutung, den Wert des Objektes für das Kind zerstören könnte" (*Winnicott* 1976, 297).

Die **Übergangserscheinungen** beginnen sich zwischen dem 4. und dem 12. Lebensmonat, d.h. vor der gefestigten Realitätsprüfung, zu zeigen. Als **Übergangsräume** bilden sie später – mit den darin gemachten guten und schlechten Erfahrungen sowie der entsprechenden Vertrauensbildung – die schöpferischen Spannungsbereiche zwischen Individuum und Umwelt, in welchen Kultur und Spiel entstehen. (Das Vertrauen wird durch die Vertrauenswürdigkeit der Mutterfigur aufgebaut und in die Innenwelt des Kindes mittels des Mechanismus der Introjektion aufgenommen.) Übergangsräume sind Teile des Ich, die nicht auf körperlichen Funktionsmustern, sondern auf körperlichen Erfahrungen aufbauen.

Die Begriffe „Übergangsbereiche, -phänomene und -objekte" umfassen genau jene Erscheinungen, bei welchen das eine nicht mehr genau und das andere noch nicht präzise bestimmbar ist, wo zwar ein Stück Ruhe herrscht, die Verletzlichkeit aber trotzdem noch recht hoch ist.

Als **Kreativität** empfand *Winnicott* ein Tun, das aus dem Sein erwächst und nicht reaktiv ist. Er konzipierte sie als Folge einer genetischen Tendenz des Subjektes, sich in einem lebendigen Austausch und Dialog mit den Objekten zu befinden. Kreativität wurde ihm zur Möglichkeit, das Ärgernis des Realitätsprinzips ertragen zu können (*Winnicott* 1990). Schöpferisch leben hieß für ihn, alles tun, was das Gefühl bestärkte, lebendig und sich selbst zu sein. Er ging davon aus, daß hierzu kein besonderes Talent nötig sei. Alles könne schöpferisch oder nicht schöpferisch getan werden. Für schöpferische Leistungen hingegen brauche es besondere Begabung. Kreativität als eine Art globaler Wahrnehmung und Verarbeitung, die wie ein individueller Sinn und originale Bedeutung im Leben – trotz der Welt des Faktischen – aufrecht erhalten bleiben könne, basiert auf einem Gedanken, der ihm als zentrales Merkmal menschlicher Entwicklung galt: dem Erreichen der Phase eines „Ich-Bin" und der Aufrechterhaltung dieses Zustandes (*Winnicott* 1990b).

**Sein** ist dort, wo Erfahrungen gesammelt und verglichen werden können, wo Gefühle vorhanden sind und eine Unterscheidung dieser vorgenommen werden kann, wo es Angst und auch beginnende Abwehr gegen seelischen Schmerz gibt. Sein ist damit auch immer verbunden mit der Angst, es wieder zu verlieren. Der **infantile Schmerz**, der bei Nichtbeachtung von Grundbedürfnissen, die der bewußten Geste des Säuglings vorangehen, auftritt und mit einem Ausbleiben von emotionaler Kommunikation in der Phase der absoluten Abhängigkeit verbunden ist, bewirkt eine Verzerrung des Entwicklungsprozesses und archaische Gefühle des Fallens, der Desintegration und des Zusammenbrechens, der Entzweiung von Körper und Seele, der Unvorhersagbarkeit und Unzuverlässigkeit der Objektwelt und auch der Depersonalisation (*Winnicott* 1990c). Infantiler Schmerz ist also vorhanden, bevor ein autonomes Ich da ist. Er wird oft durch Panik und manchmal auch durch Suizid statt durch Erinnerung abgewehrt.

**Gutes Halten** umfaßt alles, was eine durchschnittlich gute Mutter ist und tut, insbesondere ihre gesamte fürsorgliche Beschäftigung mit dem Kind. Es fördert Reifungsprozesse, vermag nur durch ein menschliches Wesen vermittelt zu werden, und ist auch eine Voraussetzung für jede integrative Aktivität des Säuglings. Das **schlechte Halten** definiert *Winnicott* als ähnlich wie ein andauerndes Auslösen des Moro-Reflexes. Hierdurch wird die Kontinuität des Seins zerrissen, es entsteht Unsicherheit, manchmal eine vorzeitige Bewußtheit oder gar eine Persönlichkeitsspaltung. Da es Kinder gibt, welche eine gute Halteerfahrung machen konnten und solche, die keine solche fördernde Umwelt zur Verfügung hatten, kann es keine wirkliche soziale Gerechtigkeit geben, obwohl gerade bei deprivierten Kindern – sowie bei einer Umgebung, die für das Versagen der fördernden Umwelt gehaßt werden kann, ohne daß sie sich rächt – die Erfahrung gemacht werden kann, daß Versäumnisse und Entbehrungen wieder gut zu machen sind.

In der Phase des Gehaltenwerdens des Säuglings wechselt das Ich von einem unintegrierten Zustand in den einer **strukturierten Integration** über. Es werden, zusammengehalten zuerst durch die Konstanz der Umwelt, motorische, sensorische und funktionelle Erfahrungen miteinander verknüpft, so daß eine Art begrenzende Membran entsteht, die ein Innen und ein Außen unterscheiden läßt und zum Erlebnis einer ersten Ganzheit führt, die in die Innenwelt des Kindes aufgenommen wird. Diese Bewegung zerstört die ursprünglichen Phantasmen von einer Verschmelzungseinheit. Im Denken grenzen sich Primärprozesse von Sekundärvorgängen, von symbolischem Funktionieren und von der Organisation persönlicher psychischer Inhalte in individuelle Phantasmen ab. Auf der Ebene der Objektbeziehung kommt es zum Wechsel von einem subjektiv erlebten zum objektiv wahrgenommenen Objekt. Der Säugling hat in dieser Zeit keine Möglichkeit, etwas von der mütterlichen Fürsorge zu wissen, er ist nur in der Lage, Nutzen zu haben oder Störungen zu erleiden. Die Mutter liefert durch die Vorgänge der Empathie und der Identifikation mit dem Säugling, durch die lebendige Anpassung an die Bedürfnisse des Säuglings, fast genau das, was dem Wunsch und Bedürfnis ihres Kindes entspricht. Falsches Halten ruft deshalb extremes Unbehagen hervor, ein Gefühl, die äußere Realität zur Beruhigung nicht gebrauchen zu können (*Winnicott* 1974, 1978).

Mit etwa einem Jahr hat das Kind den Status einer integrierten Persönlichkeit erworben. Die Integration ist allerdings noch nicht sehr beständig, immer wieder kippt das Kind in einen unintegrierten Zustand zurück. Die Übergänge von Unintegriertheit zu Re-integration können erfolgen, ohne daß Angst entsteht. Hat sich die

Integration einmal gefestigt, so wird ihre Auflösung zu einer **Desintegration**, nicht mehr so zur Unintegration. „Desintegration ist schmerzhaft" (*Winnicott* 1978, 13). Entwickelt sich ein falsches Selbst, so kann eine Scheinintegration entstehen, die zusammenbricht, sobald dem Individuum von innen oder außen eigenständige Beiträge abverlangt werden. Auch die Ausbildung von nur partieller oder höchst fragiler Integration kann bei ungünstigen Entwicklungsabläufen beobachtet werden (*Winnicott* 1988). Vor der Integration ist das Individuum ungeordnet, eine bloße Ansammlung sensorisch-motorischer Erscheinungen, zusammengehalten durch haltende Umwelt. Nach der Integration „*ist* das Individuum, d.h. das kleine Menschenkind hat den Status einer Einheit erreicht, es kann sagen, ich *bin* (abgesehen davon, daß es noch nicht reden kann)" (*Winnicott* 1978, 211). Bei der Integration ist zu unterscheiden zwischen einer Integration in der Zeit und einer solchen im Raum. Stets werden alle motorischen und sensorischen Elemente, welche zum primären Narzißmus gehören, integriert. Durch die erfolgte Integration wird der Säugling befähigt, „eine Persönlichkeit nach dem Muster einer Kontinuität des fortdauernden Seins aufzubauen" (*Winnicott* 1974, 78). Mit der Integration wird nicht nur eine Art seelischer Haut zwischen Ich und Nicht-Ich aufgebaut, sondern die Psyche hat damit auch begonnen, „im Soma zu leben, und ein psychosomatisches Leben ist in Gang gekommen" (a.a.O., 79).

Desintegration wird als Bedrohung empfunden. Sie wird zu einer differenzierten Abwehr gegen Unintegration und bringt aktiv Chaos hervor. Sie richtet sich gegen die unvorstellbare, archaische Angst beim Fehlen einer haltenden Ich-Stützung durch die Mutter. „Das Chaos der Desintegration kann ebenso ‚schlimm' sein, wie die Unzuverlässigkeit der Umwelt, aber es hat den Vorteil, vom Baby hervorgebracht und daher nicht umweltbedingt zu sein" (a.a.O., 79). Die feste Beziehung zwischen Psyche und Soma, die bei einer gelungenen Integration zustandekommt, das Gefühl, das sich entwickelt , wenn man als Person im eigenen Körper lebt, nennt *Winnicott* „**Personalisierung**". Die De-Personalisierung kann in gleicher Weise als Abwehr verstanden werden wie die Des-Integration. Sie dient dem Ich zur Abwehr unerträglicher, aus dem Körper stammender Empfindungen, die durch die Fürsorge einer haltenden Mutter nicht eleminiert werden können.

Die **Entwicklung der Beziehung** zum bedeutungsvollen Anderen ist ein Bereich, dem *Winnicott* viel Aufmerksamkeit schenkte. Er ging davon aus, daß der Säugling bei der primitiven Art der Objektbeziehung das Objekt im Sinne einer zerstörerischen Liebe besetzt. Sein kognitiver Apparat ist in einer solchen ersten Phase noch nicht soweit entwickelt, daß der Säugling erkennen könnte, wie sehr das, was in der Erregung zerstört wird, das gleiche ist, wie das, was er in den Ruhepausen erkundet.

**Aggression** findet ihren frühesten Ausdruck in der Motilität. Diese ist als Impuls nach außen gerichtet, stößt dort auf Widerstand und wird dadurch erst zur erkennbaren Aggression. Sie verhilft auf diese Art und Weise gleichzeitig aber auch zum Erkennen eines Außen und damit zur Abgrenzung der Selbstrepräsentanz des Körpers. Erst das aggressive Element erlaubt, eine individuelle Existenz zu beginnen. Es bewirkt aber nur dann Befriedigung, wenn es auf Widerstand trifft. Liegen aber zu große Widerstände vor, so empfindet der Säugling dies wie eine Störung oder einen Übergriff der Umwelt, und er entwickelt Reaktionen auf diese Störung. Er mag dann die Erfahrung machen, seine Motilität und seine aggressiven Möglichkeiten würden nicht aus seinen persönlichen Impulsen entspringen, sondern seien nur Reaktionen auf Störungen der Umwelt. In vielen solchen Fällen wird er sich innerlich zurückziehen, was zur Zerstückelung der Kontinuität des Seins und zur Beeinträchtigung der Fähigkeit zum Wünschen beiträgt.

Der Säugling als Subjekt entwickelt eine **Beziehung** zu einem menschlichen Wesen in der Außenwelt, zu einem Objekt. Infolge der gemischt erotisch-aggressiven Impulse zerstört das Subjekt die Repräsentanz des Objektes in seiner eigenen Innenwelt, wenn dieses zu triebhaft besetzt ist. Das Objekt in der Außenwelt überlebt die **Zerstörung** durch das Subjekt und wird gerade dadurch zu etwas Äußerem, etwas, das außerhalb der Omnipotenz des Selbst steht. Dieses äußere Objekt, das die erbarmungslose Besetzung durch die Triebkräfte des Subjektes überlebt hat, kann nun vom Subjekt „verwendet" werden. „Weil das Objekt überlebt, kann das Subjekt ein Leben in der Objektwelt beginnen" (*Winnicott* 1973, 105). Die Objekte in der Außenwelt werden real, weil sie als innere Phänomene zerstört worden sind. Die Destruktion spielt also eine wichtige Rolle bei der Entstehung von Realität. Überlebt das äußere, „objektive" Objekt die Attacke des Subjekts, so bedeutet das, daß es sich nicht automatisch, im Sinne einer Vergeltung mit Gleichem, rächt. Würde es dies tun, so würde es zur Kategorie der „subjektiven" Objekte der Innenwelt des Individuums gehören. Destruktion erschafft somit eigentlich erst das Äußere. „**Objektbeziehungen** kann es bereits zu subjektiven Objekten geben, während **Objektverwendung** voraussetzt, daß das Objekt als Teil der äußeren Realität wahrgenommen wird" (a.a.O., 110). Als Objektverwendung bezeichnet *Winnicott* die erworbene Fähigkeit, von anderen – für einen selbst bedeutungsvollen – Menschen für seine eigene Entwicklung Gebrauch machen zu können. Diese Fähigkeit kann in pathologischer Weise massiv eingeschränkt werden.

Das Objekt der **primitiven Liebe** leidet also dadurch, daß es geliebt wird. Beim subjektiven Objekt ist zu fürchten, daß das Objekt im Sinne der Vergeltung rachsüchtig handelt. Im „**Stadium der Besorgnis**" entsteht das Bedürfnis nach **Wiedergutmachung** und Wiederherstellung. Erst durch die Fähigkeit der Wiedergutmachung wird es möglich, Liebe und Haß gegenüber einer Person auszuhalten, sowohl Besorgnis als auch Verantwortung zu empfinden und persönliche Schuldgefühle zu ertragen. Zentral dabei ist, daß das Objekt die Wiedergutmachungsgeste annimmt. „Irgendwann in der zweiten Hälfte des ersten Lebensjahres eines normalen Kindes treten Anzeichen einer Fähigkeit zur Besorgnis oder einer Fähigkeit zum Empfinden von Schuldgefühlen auf" (*Winnicott* 1978, 23). Das Stadium der **Unbarmherzigkeit,** das durch die erregten und destruktiven Vorstellungen, die mit dem Triebleben einhergehen, gekennzeichnet ist, weicht dann dem Stadium der Besorgnis. Deshalb beginnt das gesunde kleine Kind irgendwann einmal, in bezug auf sich selbst und auf die Folgen seiner Liebe, Besorgnis zu empfinden. „Das Stadium der Besorgnis bringt die Fähigkeit zu Schuldgefühlen mit sich. Von nun an tritt ein Teil der Aggression klinisch als **Kummer,** als **Schuldgefühl** oder als irgendeine physische Entsprechung wie z.B. Erbrechen in Erscheinung. Das Schuldgefühl bezieht sich auf den Schaden, den das Kind seiner Meinung nach in der erregten Beziehung dem geliebten Menschen zugefügt hat" (*Winnicott* 1976, 92). Gelingt es dem gesunden Kind, das Schuldgefühl auszuhalten und kann es mit Hilfe der Mutter seinen Drang zu geben, aufzubauen und wieder gut zu machen, entdecken, so wird ein Großteil der Aggressionen in soziale Funktionen umgewandelt. Ist aber niemand zu finden, der eine Gabe annehmen oder eine Wiedergutmachungsbemühung anerkennen kann, bricht diese Umwandlung zusammen und die Aggression taucht wieder auf. Nach dem Erreichen des Stadiums der Besorgnis kann das Kind nicht mehr richtig erbarmungslos sein, es sei denn in einem dissoziierten Zustand.

Die Fähigkeit zur Besorgnis kann eigentlich nur erworben werden, wenn bereits eine komplexe Ich-Organisation besteht. Die Differenzierung des Selbst mit der Entwicklung von personalem, innerem Reichtum ermöglicht das gleichzeitige Erleben von Liebe und Haß, das auch das Erreichen der Ambivalenz anzeigt, deren Bereicherung und Verfeinerung schließlich zur Entstehung der Fähigkeit zur Besorgnis führt. „Wenn in den Anfangsstadien der Entwicklung keine verläßliche Mutterfigur da ist, um die Wiedergutmachungsgeste zu empfangen, wird das Schuldgefühl unerträglich, und es kann keine Besorgnis gefühlt werden" (*Winnicott* 1974, 105).

Während der Schwangerschaft entwickelt sich langsam ein Zustand von übermäßiger, fast krankhafter Empfindsamkeit der Mutter, der auch noch einige Wochen über die Geburt hinaus andauert. Die Veränderungen in der Mutter sind zunächst fast physiologisch, sie beginnen mit dem körperlichen Halten des Babys im Leib. *Winnicott* nannte diesen Zustand „**primäre Mütterlichkeit**". Dieses Zustandsbild entspricht einer Art Entrücktheit und Dissoziiertheit, ist fast mit einer Krankheit zu vergleichen und wird nach seinem Abklingen kaum noch erinnert. Der Zustand der primären Mütterlichkeit ist die Vorausetzung, daß die Entwicklungsmöglichkeiten des Säuglings anfangen können, sich zu entfalten, daß das Kind die diesen frühen Lebensphasen angemessene Empfindungen haben kann und spontane Bewegungen erlebt. Denn nur die Mutter, die sich im Zustand der primären Mütterlichkeit befindet, kann sich den Körper- und den Ich-Bedürfnissen des Kindes angemessen anpassen. Versagt ihre Anpassung in der frühesten Phase der Beziehungsentwicklung, so ruft dies eine Vernichtung des kindlichen Selbst hervor. Paßt sie sich anfänglich vollständig an, so wird das vom Säugling gleichsam nicht zur Kenntnis genommen, schon gar nicht honoriert. Fehler hingegen werden vom Säugling als Bedrohung seines persönlichen Selbst empfunden. „Das allgemeine Unvermögen, die anfänglich absolute Abhängigkeit zu erkennen, trägt zu der Furcht vor der Frau bei, der sowohl Männer wie Frauen unterworfen sind" (*Winnicott* 1976, 159). Anders formuliert läßt sich sagen, daß die zunehmende Identifikation der Mutter mit ihrem Kind, die Bereitschaft und Fähigkeit, ihr Interesse vom eigenen Selbst abzuziehen und es dem Säugling zuzuwenden, als primäre Mütterlichkeit bezeichnet wird. Manche Mütter haben Mühe, diesen Zustand zu entwickeln, insbesondere wenn ihre Selbstinteressen zu zwanghaft sind, als daß sie verringert werden könnten oder wenn sie sich übermäßig viel Sorgen machen. Schließlich gibt es auch noch Mütter, die aus diesem Zustand nicht mehr zurückfinden und im Sinne einer psychotischen Erkrankung darin zu verharren beginnen.

Für die Entwicklung vieler Funktionen eines Säuglings braucht es eine **„ausreichend gute Mutter“**. Diese ist eine Person, welche sich aktiv an die Bedürfnisse des Säuglings anpaßt und diese Anpassung allmählich zurücknimmt, entsprechend der wachsenden Fähigkeit des Kindes, mit einer solchen Versagung fertig zu werden. Nachdem die Mutter dem Säugling Gelegenheit zur Bildung von Illusion und Omnipotenz geboten hat, besteht ihre Hauptaufgabe in der allmählichen sorgfältigen **Desillusionierung** des Kindes. Diese subtile Anpassung an die sich verändernden Bedürfnisse ist bedeutsam vor allem für die Ziele des Erreichens einer **Integration**, einer **Personalisierung** und der Aufnahme **von Beziehungen zum Objekt**. Gelingt es der Mutter nicht, ausreichend gut zu sein, so kann beim Kind eine verfrühte Ich-Entwicklung einsetzen, und die Periode der Illusion sowie der Bildung der Übergangsphase wird gestört. Wenn alles gut geht, wird der Säugling aus dem Erleben der Frustration einen Gewinn ziehen, da die unvollständige Anpassung an seine Bedürfnisse die Objekte real werden läßt. So muß die Anpassung nur zu Anfang fast vollkommen sein und später nicht mehr. Denn das Objekt, das sich andauernd wie vollkommen verhält, ist nicht besser als eine Halluzination. Durch die subtile Desillusionierung wird das subjektive Objekt allmählich zu einem objektiv wahrgenommenen Objekt. „Wenn der Säugling gesund ist (und eine ausreichend gute Mutter ihm das angemessene, gute Halten vermittelt [D.B.]), erschafft er das, was in Wirklichkeit herumliegt und darauf wartet gefunden zu werden. Aber im gesunden Zustand wird das Objekt geschaffen, nicht gefunden. Das Objekt muß gefunden werden, damit es geschaffen werden kann“ (*Winnicott* 1974, 236). Beim gesunden Kleinkind ist der frustrierende Aspekt des Objektverhaltens für die Erziehung im Hinblick auf die Existenz einer Nicht-Ich-Welt wichtig. „Anpassungsausfälle der Umwelt haben insoweit einen Wert, als das Kleinkind das Objekt fassen kann, d.h. die Vorstellung von dem Objekt als potentiell befriedigend behalten kann, während es zugleich erkennt, daß es sich nicht befriedigend verhält“ (a.a.O., 237f).

Versagt die fördernde Umwelt in irgendeiner Hinsicht oder in einem gewissen Grade, so entwickelt der Säugling in seiner Beziehung zum Objekt eine **Spaltung.** Mit der einen Hälfte seines Ichs nimmt er zu dem objektiven Objekt eine Beziehung auf, und zu diesem Zwecke entwickelt sich das falsche Selbst. Mit der anderen Hälfte tritt er zu einem subjektiven Objekt und damit zu Erfahrungen, welche von der objektiv wahrnehmbaren Welt kaum beeinflußt werden, in Beziehung. Mit der objektiven Welt nimmt er daraufhin eine aktive Nicht-Kommunikation auf, mit den subjektiven Objekten hingegen baut er trotz der Nutzlosigkeit und dem Sackgassencharakter eine Kommunikation auf, die ganz real erscheinen mag. Die Welt der subjektiven Objekte wird auch die innere Welt des Kindes genannt. So kann sich ein privates Selbst ausbilden, das sich zwar nicht mitteilt, dennoch aber sich mitteilen und gefunden werden möchte. „Es ist ein differenziertes Versteckspiel, in dem es eine Freude ist, verborgen zu sein, aber ein Unglück, wenn man nicht gefunden wird" (a.a.O., 244).

Säuglinge leben an einem seltsamen Ort, zumindest solange, als noch nichts als „Nicht-Ich" ausgesondert worden ist. In diesen frühen Stadien ist ein Selbst nur potentiell vorhanden. Der Säugling beginnt im Laufe seiner Entwicklung immer mehr zu Objekten Beziehungen aufzunehmen. Die Objekte werden im Verlaufe dieses Prozesses immer weniger „subjektive Phänomene" des Säuglings und immer mehr objektiv wahrgenommene Nicht-Ich-Elemente. Auf diese Art und Weise hat das Kind begonnen, „ein Selbst herzustellen, eine Einheit, die sowohl physisch als auch psychisch integriert ist. Die Mutter ist jetzt – im Geiste des Kindes – ein kohärentes Bild geworden und der Ausdruck ‚ganzes Objekt' wird jetzt anwendbar" (*Winnicott* 1974, 95).

Die „theoretische Position, von der die spontane Geste und die persönliche Idee ausgehen", wird von *Winnicott* als das **wahre oder zentrale Selbst** bezeichnet. Die spontane Geste ist gleichsam das wahre Selbst in Aktion. Nur im wahren Selbst kann das Subjekt kreativ sein und sich real fühlen. „Das wahre Selbst kommt von der Lebendigkeit der Körpergewebe und dem Wirken von Körperfunktionen, einschließlich der Herzarbeit und der Atmung" (*Winnicott* 1974, 193). Das wahre Selbst ist primär, nicht reaktiv gegenüber äußeren Reizen. Es erscheint, sobald es auch nur die geringste psychische Organisation im Individuum gibt, und kann als die Gesamtheit der senso-motorischen Lebendigkeit bezeichnet werden.

Ist die Bemutterung nicht gut genug, so wird das wahre Selbst des Kindes nicht ausgebildet, oder es verbirgt sich hinter der Abwehrformation eines **falschen Selbst**, das die Stöße der Welt aufzufangen und zu mildern versucht. Die durchschnittlich normale Mutter, die den Anforderungen der Beziehungsentwicklung genügt, verhilft durch ihre Fürsorge zum Erlebnis von Illusion und Omnipotenz. Durch dieses Erlebnis erwacht gleichsam das wahre Selbst zum Leben. Das wahre Selbst ist so etwas wie ein ererbtes Potential, das eine Kontinuität des Seins ermöglicht und auf seine eigene Art und Weise sowie in seiner eigenen Geschwindigkeit eine spezifische, personale psychische Realität und ein personales Körperschema zu erwerben erlaubt. „Es scheint, als müsse man das Konzept von der Isolierung dieses zentralen Selbst als ein Merkmal der Gesundheit ansehen. Jede Bedrohung dieser Isolierung des wahren Selbst bewirkt in diesem Frühstadium eine große Angst, und Abwehrmechanismen der frühesten Kindheit erscheinen im Zusammenhang mit dem Umstand, daß die Mutter Übergriffe nicht abwehrt, die diese Isolierung stören könnten" (*Winnicott* 1974, 59). Diese frühe Abwehrform nennt *Winnicott* das falsche Selbst. Kommt es zu Störungen in der Anpassung der Mutter an die frühen kindlichen Bedürfnisse, so bewirkt dies den Aufbau einer „falschen" Existenz, eines „falschen" Systems von Beziehungen. Dieses falsche Selbst fügt sich den äußeren Gegebenheiten übermäßig und wird mit dem Ziel aufgebaut, das wahre Selbst zu schützen und es zu verbergen. Auf diese Art und Weise ermöglicht das falsche Selbst gleichsam dem wahren Selbst, zu überleben und der Vernichtung zu entgegen. Es ist die beste Abwehr gegen Übergriffe von der Außenwelt oder gegen fehlenden Schutz vor Übergriffen durch die Mutter. Denn wenn das zentrale, echte Selbst touchiert wird, so löst dies eine psychotische Angst aus. Das falsche Selbst macht das echte Selbst unverletzlich. Finden nach der Ausbildung eines falschen Selbst dennoch weitere Übergriffe statt, so entsteht lediglich ein neuer Grad und eine neue Qualität im Sich-verbergen des zentralen Selbst.

„Die Alternative zum Sein ist Reagieren; Reagieren unterbricht aber das Sein und vernichtet. Sein und Vernichtung sind die beiden Alternativen. Die Hauptfunktion der haltenden Umwelt besteht deshalb darin, die störenden Übergriffe, auf die der Säugling reagieren muß – woraus eine Vernichtung personalen Seins erfolgt –, auf ein Minimum zu reduzieren. Unter günstigen Bedingungen etabliert der Säugling eine Kontinuität der Existenz und fängt dann an, die Differenzierung zu entwickeln, die es ermöglicht, die störenden Einflüsse in den Bereich der Omnipotenz hineinzuziehen" (*Winnicott* 1974, 61).

Die durchschnittlich gute Mutter ist fähig, das fortdauernde Sein des Säuglings zu beschützen, denn jeder störende Einfluß erzeugt eine Reaktion, und Reaktion zerstört das Fortdauern des Seins. Ist das Reagieren auf störende Einflüsse das hauptsächliche Lebensmuster eines Säuglings, so wird die Tendenz, eine Selbstrepräsentanz mit Kontinuität und Integration von Vergangenheit, Gegenwart und Zukunft aufzubauen, massiv gestört. Das Individuum wird also zu Reaktionen auf Übergriffe veranlaßt, wenn sich die Umwelt nicht gut genug verhält. Das falsche Selbst, das als Reaktion auf Übergriffe und auf der Grundlage von Gefügigkeit aufgebaut wird, hat als Hauptziel, das wahre Selbst zu schützen. Es ist eine sehr erfolgreiche Abwehrorganisation, da sie ich-synton ist. Ihr Vorhandensein ruft aber ein Gefühl von Vergeblichkeit hervor, da das Wirkungszentrum des Individuums im falschen und nicht im echten Selbst liegt. Wenn ein Gefühl auftritt, daß das Leben lebenswert sei, so hat sich das Wirkungszentrum vom falschen ins echte Selbst verlagert. Denn was aus dem wahren Selbst hervorgeht, wird als wirklich und später als gut verspürt, selbst wenn es aggressiv oder destruktiv ist. Was als Reaktion auf Übergriffe aufgebaut wird, wird als unwirklich, vergeblich oder schlecht empfunden, gleichgültig, wie befriedigend es möglicherweise sein mag.

Das falsche Selbst ist also gleichsam das Schutzschild, die Außenhaut des wahren Selbst. „Auf diese Weise ist das wahre Selbst an den Reaktionen nicht beteiligt und bewahrt sich so eine Kontinuität des Seins. Dieses verborgene, wahre Selbst leidet jedoch an einer Verarmung, die auf einen Mangel an Erfahrung zurückgeht" (*Winnicott* 1975, 219). Das falsche Selbst kann eine trügerische, oberflächliche Integration erreichen und damit zur Ich-Stärke beitragen, im affektiven Bereich aber wird es dem Individuum nicht ermöglichen, sich als lebendig zu empfinden oder sich als wirklich zu spüren. „Wenn sich ein falsches Selbst in einem Individuum mit einem hohen intellektuellen Potential aufbaut, besteht eine starke Tendenz, daß der Intellekt der Ort des falschen Selbst wird, und in diesem Falle entwickelt sich eine Dissoziation zwischen intellektueller Aktivität und psychosomatischer Existenz" (*Winnicott* 1974, 177f). Das daraus entstehende klinische Bild täuscht. Hohe akademische Erfolge können schweres, reales Leiden kaschieren. Solche Menschen fühlen sich umso leerer, je mehr Erfolg sie haben.

Während das falsche Selbst auf der Grundlage von Gefügigkeit gegenüber der Außenwelt aufgebaut wurde, ist das wahre Selbst durch eine gewisse Distanziertheit zur Außenwelt gekennzeichnet. „Nur das wahre Selbst kann sich real fühlen, aber es darf niemals durch die äußere Realität beeinflußt werden, es darf sich niemals fügen" (a.a.O., 173). Je mehr das falsche Selbst von der Außenwelt als die Realität des Individuums verstanden wird, desto mehr empfindet das Subjekt ein Gefühl von Vergeblichkeit und Verzweiflung. Üblicherweise hat sich das wahre Selbst einen ziemlichen Schutz zugelegt, aber auch ein gewisses Leben erhalten, und das nur geringfügig aufgebaute falsche Selbst entspricht der sozialen Haltung des Individuums. Kommt es bei einer pervertierten Sachlage zur Situation, daß das falsche Selbst für das reale, wahre Selbst gehalten wird, so kann das wahre Selbst von Vernichtung bedroht sein. Selbstmord mag in solchen Fällen ein Versuch des Sich-Behauptens des wahren Selbst sein.

Es kann für ein Kleinkind auch normal und gesund sein, das wahre Selbst gegenüber einem spezifischen Umweltversagen durch eine Art Einfrieren der ungünstigen Situation zu schützen. Dies ist dann meist mit der unbewußten Hoffnung verbunden, daß sich zu einem späteren Zeitpunkt Gelegenheit für eine erneute und bessere Erfahrung bieten werde, so daß dann die verfehlte Situation wieder aufgetaut und im Sinne einer korrigierenden Erfahrung noch einmal durcherlebt werden könne.

Triebforderungen werden als Teil des wahren Selbst empfunden. Ihre Befriedigung wird somit zu einer wichtigen Verstärkung des wahren Selbst. Die defensive Verwendung eines erfolgreichen falschen Selbst „befähigt manche Kinder, so zu erscheinen, als seien sie vielversprechend, aber am Ende offenbart ein Zusammenbruch den Umstand, daß das wahre Selbst nicht vorhanden ist" (*Winnicott* 1974, 76). Dies ist insbesondere zu Beginn und in den ersten Phasen der Adoleszenz zu sehen, wenn sog. „Sonnenscheinkinder" plötzlich massive Störungsbilder wie z.B. Anorexie oder Bulimie entwickeln.

Da die Funktion des falschen Selbst darin besteht, das wahre Selbst verborgen zu halten, existiert paradoxerweise das Individuum gerade dadurch, daß es nicht gefunden wird. „Das falsche Selbst kann zweckdienlicherweise gesellschaftssynton sein, aber das Fehlen des wahren Selbst bedingt einen unsicheren Stand, der umso mehr zu Tage tritt, je mehr die Gesellschaft zu dem Glauben verführt wird, das falsche Selbst sei das wahre Selbst" (*Winnicott* 1976,

100). Das falsche Selbst kann sich mühelos in die Familienstruktur einfügen. Es kann auch zu einer Krankheit der Mutter passen. Leicht läßt es sich mit Gesundheit verwechseln. Es trägt aber Instabilität und Neigung zu Zusammenbruch in sich. Manchmal hat das falsche Selbst auch die Aufgabe, den Kontakt zur Umwelt herzustellen und aufrecht zu erhalten. Die vorgetäuschte Integration bricht aber zusammen, sobald ein Beziehungsbeitrag verlangt wird, der mit zentralen emotionalen Anteilen des Subjektes verknüpft ist.

Ein Zusammenbruch kann dann ein gesundes Zeichen sein, wenn er die Hoffnung enthält, eine neuerlich verfügbare Umwelt so nutzen zu können, daß eine Existenz frisch aufgebaut werden kann, die sich real anfühlt. Das falsche Selbst kann als die pathologische Version dessen angesehen werden, was man beim Gesunden die höflichen, sozial angepaßten Aspekte der gesunden Persönlichkeit nennt. Die Fähigkeit, Kompromisse zu schließen, könnte als normales Äquivalent eines falschen Selbst bezeichnet werden. Geht es aber um sehr entscheidende Fragen, so wird der Kompromiß beim Gesunden bald unzulässig, das wahre Selbst wird sich dann gegenüber dem gefügigen, sich anpassenden falschen Selbst plötzlich durchsetzen.

Im klinischen Bereich gibt es außerordentlich **verschiedene Ausprägungsgrade eines falschen Selbst.** Dort, wo ein hoher Grad von Spaltung zwischen dem wahren und dem falschen Selbst besteht, zeigt sich eine schlechte Fähigkeit des Symbolgebrauchs und eine Verarmung des kulturellen Lebens. „Anstelle kultureller Aktivität bestehen äußerste Ruhelosigkeit, Konzentrationsunfähigkeit und ein Bedürfnis, aus der äußeren Realität störende Einflüsse auf sich zu ziehen ..." (*Winnicott* 1974, 176). Bezüglich des Ausprägungsgrades eines falschen Selbst kann folgende Ergänzungsreihe aufgestellt werden (1. steht sehr nahe der Pathologie, 5. entspricht im Sinne des Üblichen der Gesundheit):

1. Das falsche Selbst stellt sich als real dar und Beobachter neigen dazu zu glauben, dies sei die wirkliche Person. In Liebes- oder Arbeitsbeziehungen sowie bei Freundschaften beginnt das falsche Selbst jedoch zu versagen. In Situationen, in denen eine ganze Person erwartet wird, fehlt dem falschen Selbst etwas Wesentliches, das wahre Selbst bleibt verborgen.

2. Das falsche Selbst verteidigt das wahre Selbst; „das wahre Selbst wird jedoch als Potential anerkannt und darf ein geheimes Leben führen."
3. Das falsche Selbst hat ein Hauptanliegen: die Suche nach Bedingungen, die es dem wahren Selbst ermöglichen, zu seinem Recht zu kommen. Wenn solche Bedingungen nicht zu finden sind, dann muß eine neue Abwehr gegen die Ausbeutung des wahren Selbst errichtet werden, und wenn das zweifelhaft erscheint, ist die klinische Folge Selbstmord. Selbstmord ist in diesem Zusammenhang die Zerstörung des totalen Selbst, um die Vernichtung des wahren Selbst zu vermeiden. Wenn der Selbstmord die einzige Abwehr gegen einen Verrat des wahren Selbst ist, fällt es dem falschen Selbst zu, den Selbstmord zu organisieren. Dieser bringt natürlich auch seine eigene Zerstörung mit sich, beseitigt aber zugleich die Notwendigkeit einer weiteren Existenz, da seine Funktion die Bewahrung des wahren Selbst vor Schaden ist.
4. „Das falsche Selbst ist auf Identifikation aufgebaut." Das Subjekt identifiziert sich im Versuche einer Anpassung mit den Strukturen der Umwelt.
5. „Beim Gesunden: das falsche Selbst wird repräsentiert durch die ganze Organisation der höflichen und gesitteten gesellschaftlichen Haltung" (*Winnicott* 1974, 186).

Manchmal bringt ein falsches Selbst einen Patienten zur Therapie, weil sich dieser trotz Scheinerfolgen unreal und unzulänglich fühlt. Das falsche Selbst hat dann die Aufgabe, den Therapeuten im Hinblick auf seine Zuverlässigkeit auszuprobieren. Wenn sich eine Vertrauensbeziehung entwickelt und der Therapeut den Schutz der Beziehung übernimmt, kann das falsche Selbst nach einer bestimmten Zeit seine Funktion dem Therapeuten übergeben. Oft kann ein Therapeut allerdings nur mit dem falschen Selbst, gleichsam wie mit einer Art Sekretariat, in Kontakt treten, und das wahre Selbst bleibt lange verborgen. Am Punkt aber, an welchem der Therapeut beginnt, mit dem wahren Selbst des Patienten in Berührung zu kommen, entsteht eine Periode äußerster Abhängigkeit. Der Therapeut übernimmt in dieser Zeit die Schutzfunktion des falschen Selbst, damit eine Kommunikation zustande kommen kann, die für das wahre Selbst nicht gefährlich ist. Kommt es nur zu einer Kooperation zwischen Therapeut und falschem Selbst ohne Manifestationsmöglichkeit für das echte Selbst, so kann endlos gearbeitet werden, ohne daß sich das Grundgefühl der Entwicklung einer Kontinuität im Sein einstellt.

Entwicklungspsychologisch hat die Ätiologie des falschen Selbst einen sehr frühen Ursprung. Zu jener Zeit ist die Psyche des Säuglings noch unintegriert. Es bedarf des guten Haltens im Physischen durch eine „good enough" Mutter, damit Integration und Kohäsion der verschiedenen senso-motorischen Elemente zustande kommen können. „Die Mutter, die nicht gut genug ist, kann die Omnipotenz des Säuglings nicht praktisch zur Wirkung bringen." Sie hat eine Unfähigkeit, die Bedürfnisse ihres Säuglings zu spüren. Statt der Geste des Säuglings zu begegnen, setzt sie ihre eigenen ein. Die Gefügigkeit von Seiten des Säuglings gegenüber diesem mütterlichen Teil ist das früheste Stadium des falschen Selbst. „Das wahre Selbst wird nur zur lebenden Realität, wenn es der Mutter wiederholt gelingt, der spontanen Geste oder sensorischen Halluzination des Säuglings zu begegnen" (*Winnicott* 1974, 189). In der Illusion des omnipotenten Erschaffens und Lenkens, die genossen werden kann, vermag der Säugling erst allmählich die Tatsache zu erkennen, daß er spielt und phantasiert. Ist eine Mutter nicht gut genug, kann sie sich nur mangelhaft an die spontanen Impulse des Säuglings anpassen, so wird die Fähigkeit zum Symbolgebrauch beeinträchtigt, der Säugling protestierend in eine falsche Existenz hineingezwungen, und es entstehen Symptome von Reizbarkeit, Ernährungs- und Funktionsstörungen. Der Säugling wurde zum Sich-Fügen verführt. Mittels des falschen Selbst baut er dann ein falsches System von Beziehungen auf. Nachahmung ersetzt persönliches Leben. Das Kind spielt dann sein wahres Selbst, tut so, als wenn es wirklich existierte.

Die Gliederung klinischer Abläufe innerhalb des diagnostischen oder therapeutischen Prozesses in Anlehnung an *Winnicotts* eher prägenitale Konzepte führt anscheinend aus den triebpsychologischen Ansätzen und Verständnis- bzw. Bearbeitungsmöglichkeiten hinaus. *Winnicotts* Denken und Konzeptualisieren ist geprägt von einem verschlauften, dialektischen Wechselspiel zwischen innerseelischen Abläufen und Einflüssen aus der personalen und gesellschaftlichen Umwelt (bzw. Einwirkungen auf diese). In kreisförmigen Prozessen wirken beide aufeinander ein und gestalten auf diese Weise die menschliche Entwicklung. Tatsächlich bewirkten *Winnicotts* Ansätze oft eine erfrischend neue Sicht, die aus Übertragungs/Gegenübertragungs-Sackgassen hinaushilft und dadurch erst die

Voraussetzung schafft, daß die genital-ödipalen Konfliktkonfigurationen auftauchen, in die therapeutische Beziehung eingebracht und vom Patienten einer Neubearbeitung unterzogen werden können.

## Literatur

*Winnicott, D.W.*, Vom Spiel zur Kreativität, Klett, Stuttgart 1973.
—, Reifungsprozesse und fördernde Umwelt, Kindler, München 1974.
—, Familiäre und individuelle Entwicklung, Kindler, München 1978.
—, Von der Kinderheilkunde zur Psychoanalyse, Kindler, München 1976.
—, Aggression, Klett-Cotta, Stuttgart 1988.
—, Schöpferisch Leben; in: Der Anfang ist unsere Heimat, Klett-Cotta, Stuttgart 1990.
—, Sum, Ich-Bin; in: Der Anfang ist unsere Heimat, Klett-Cotta, Stuttgart 1990b.
—, Das Baby und seine Mutter, Klett-Cotta, Stuttgart, 1990 c.

# Die Rolle der mütterlichen Vorstellungswelt und ihre Bedeutung für die verschiedenen Mutter-Kind-Therapien – ein konzeptuelles Modell

*Nadja Stern-Bruschweiler, Daniel N. Stern*

In dieser Arbeit geht es darum, ein Modell der Mutter-Kind-Interaktion vorzustellen, das systematische Beschreibungen verschiedener therapeutischer Ansätze möglich macht. Das Modell besteht aus vier unabhängigen Elementen, die in einem beständigen dynamischen Gleichgewicht stehen. Diese Elemente sind:

1. das offene Interaktionsverhalten des Kindes,
2. das offene Interaktionsverhalten der Mutter.

Beides konstituiert die Interaktion.

3. Die Repräsentation der Interaktion auf seiten des Kindes,
4. die Repräsentation der Interaktion auf seiten der Mutter.

Diese vier Dimensionen zusammen konstituieren die Beziehung. Es werden dann verschiedene therapeutische Ansätze, psychoanalytisch orientierte Therapie, interaktionales Coaching, ein verhaltensmedizinischer, pädiatrischer Ansatz, ein behavioristisches Vorgehen und eine familientherapeutische Orientierung unter folgender Perspektive beschrieben:

1. Welche Elemente des Modells liefern klinische Informationen?
2. Welche Elemente im Modell sind der unmittelbare Fokus der therapeutischen Aktion?

Es werden dann pädagogische, klinische und Forschungsimplikationen dieser Perspektive diskutiert. Besonders hervorgehoben wird die Bedeutung der Veränderung der mütterlichen Vorstellung über die Interaktion für das Bewirken therapeutischer Veränderung. Die Repräsentation der Mutter kann, so wird betont, sowohl durch direkte wie auch durch indirekte Behandlungsansätze hinreichend verändert werden. Das Modell bietet demnach in der Konzeptualisierung wie auch mit Blick auf interventive Leitlinien einen methodenübergreifenden, integrierenden Ansatz.

## Die Perspektive

Eltern konstruieren von ihrem Kind ein mentales Bild, und in gleicher Weise bilden sie eine mentale Vorstellung über sich selbst in ihrer Elternrolle. Der vorliegende Aufsatz stellt ein Modell vor, um den Ort derartiger mentaler Bilder zu markieren, den sie in den verschiedenen Therapien einnehmen, die verwandt werden, um gestörte Mutter-Kind-Beziehungen zu behandeln.

Abhängig vom theoretischen Standort werden solche mentalen Vorstellungen des Kindes oder der Eltern als Eltern als „Attribution", „Distorsionen", „Phantasien" oder andere Formen von Konstrukten bezeichnet und möglicherweise auch als exakte Wahrnehmung des „wirklichen" Kindes, was auch immer das bedeuten mag. Wir beabsichtigen, alle diese Konstrukte als „Repräsentationen" zu bezeichnen.

Um der Klarheit willen wollen wir in den mütterlichen Repräsentationen sowohl die Vorstellung ihres Kindes als auch die ihrer selbst in der Mutterrolle einbeziehen. Diese beiden Repräsentationen müssen, obgleich sie verschieden sind, als beinahe immer derart komplementär betrachtet werden, daß jeder Aspekt auf der einen Seite Aspekte der anderen impliziert.

In der Mehrzahl psychodynamisch orientierter Mutter-Kind-Therapien ist die Rolle der mütterlichen Repräsentationen zentral gestellt worden, was die pathogene Seite in der Konzeptualisierung der Beziehungsstörungen zwischen Mutter und Kind anbelangt. Sie war bestimmend für die Art und den Fokus der exakten therapeutischen Interpretation (*Cramer* 1982a, 1982b; *Cramer, Stern* 1988; *Fraiberg, Adelson, Shapiro* 1975; *Lebovici* 1983). Es ist in der Tat eine implizite Annahme psychodynamisch orientierter Therapien, daß bedeutsame und dauerhafte therapeutische Veränderungen nicht erreicht werden können, ohne daß die mütterlichen Repräsentationen verändert worden sind.

In nicht psychodynamisch orientierten Konzeptualisierungen zur Pathogenese und Therapie bei Störungen der Mutter-Kind-Beziehung (Techniken der Verhaltensmodifikation sind hierfür ein extremes Beispiel) ist die Rolle mütterlicher Repräsentation entweder unbeachtet oder minimalisiert, weil der Fokus der Aufmerksamkeit wesentlich bei der Art der offenen Verhaltensinteraktionen zwischen Mutter und Kind und bei deren Veränderung plaziert wird, als auf die mütterlichen Repräsentationen solcher Interaktionen. Dahinter steht die explizite Annahme, daß Veränderung in der Beziehung auf Veränderung im offenen Interaktionsverhalten basiert.

Ganz allgemein kann gesagt werden, je stärker die psychodynamische Ausrichtung eines Behandlungsansatzes ist, desto größer ist die Tendenz in theoretischer und praktischer Hinsicht, offenes Interaktionsverhalten zu übersehen. Je stärker die behaviorale Ausrichtung eines Behandlungsansatzes ist, desto stärker wird die mütterliche Repräsentationswelt ausgeblendet. Trotz dieser theoretischen Dichotomie zeigten uns unsere eigene klinische Erfahrung, aber auch Beobachtungen im Kontext verschiedener therapeutischer Ansätze, daß „gute" effektive therapeutische Intervention stets beides impliziert: Veränderung im offenen interaktiven Verhalten und Veränderung der mütterlichen Repräsentationen des Kindes und ihrer Selbst in der Mutterrolle, und das ganz unabhängig davon, ob die Interventionsrichtung sich ausschließlich auf die Vorstellungswelt der Mutter oder auf das offene Interaktionsverhalten von Mutter und Kind richtet.

Obgleich es relativ „reine" psychodynamische Behandlungsansätze gibt und gleichfalls relativ puristische behaviorale (siehe unten), kann man feststellen, daß die Mehrzahl der Ansätze irgendwo zwischen diesen Polen liegt. Um die Sache noch komplizierter zu machen, sei darauf verwiesen, daß besonders erfahrene Therapeuten oft ganz flexibel den Fokus der therapeutischen Aktion zwischen dem Repräsentationsaspekt und dem Verhaltensaspekt auf der Grundlage ihrer klinischen Intuition hin und her schieben. Eine derartige Flexibilität fällt jedoch aus dem theoretischen Bezugsrahmen, der offiziell gebraucht und exponiert wird, heraus. Andernfalls würde dieser theoretische, das therapeutische Handeln leitende Rahmen in der Gefahr stehen, unklar und unbrauchbar zu werden.

Eine der Ursachen für dieses relativ unbefriedigende Übereinstimmen zwischen dem, was unsere Theorien vortragen, und dem, was wir im klinischen Kontext sehen und tun, ist das Fehlen eines sinnvollen Modells, das die Beziehung zwischen Repräsentation (der Mutter oder des Kindes) und von offenen Verhaltensweisen (der Mutter und des Kindes) beschreibt. Ein solches Modell kann für die verschiedenen therapeutischen Ansätze systematisch aufzeigen, worauf die therapeutische Aktion gerichtet ist, und es kann zur gleichen Zeit erklären, auf welche Weise therapeutische Veränderungen in verschiedenen Bereichen in Erscheinung treten können, und zwar auch in anderen als denen, auf die das therapeutische Handeln gerichtet war.

Dieser Aufsatz legt ein allgemeines Modell vor, das ein Spektrum therapeutischer Ansätze beschreiben kann[1]. Es ist unsere Hoffnung, daß mit dieser tentativen Konzeptualisierung eine größere Klarheit des Denkens über Methodenvergleiche aus klinischer und theoretischer Sicht möglich wird, weiterhin, daß Forschungsstrategien entwickelt werden, um solche Veränderungsprozesse, die spezifisch für jeden therapeutischen Ansatz sind, zu untersuchen und auch herauszufinden, welche Prozesse allen diesen Ansätzen gemeinsam sind.

## Das Grundmodell: Eine dynamische Interaktion zwischen Verhalten und Repräsentation

Wir sehen die Mutter-Kind-Beziehung bestimmt von vier Hauptelementen, die in dynamischen Interaktionen stehen. Es sind:

1. das offene Interaktionsverhalten des Kindes (BI) und
2. das mütterliche offene Interaktionsverhalten (BM).

Obwohl beide als separate Elemente betrachtet werden, repräsentieren sie Seiten einer reziproken Interaktion wechselseitiger Einflüsse (BI $\leftrightharpoons$ BM).

3. finden wir die mütterliche Repräsentation (RM) dieser Interaktion und
4. die Repräsentation des Kindes (RI) derselben Interaktion.

Das Zusammenspiel der vier Elemente kann, wie in Abb. 1 gezeigt, schematisiert werden.

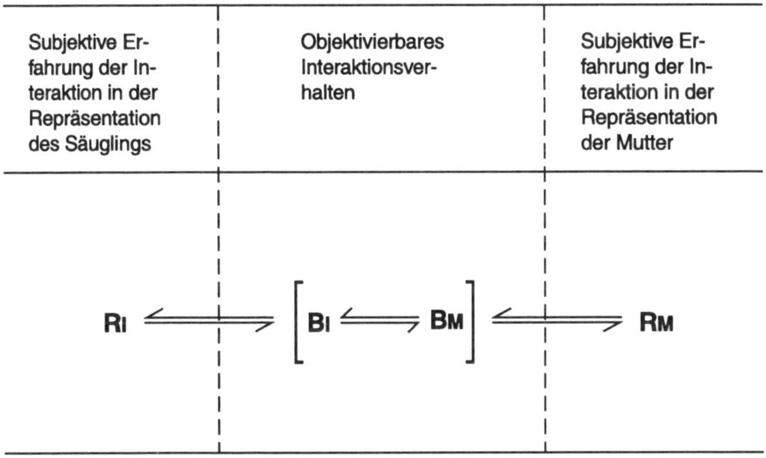


*Abb. 1:* Die Elemente des Basismodells

Die ersten beiden Elemente, das kindliche Interaktionsverhalten (BI) und das mütterliche Interaktionsverhalten (BM), werden als separate Elemente behandelt, weil sie zwei separaten Personen zuzuordnen sind und, was vielleicht für das Modell noch bedeutsamer ist, weil die verschiedenen therapeutischen Ansätze jeweils auf den einen oder anderen Aspekt fokussieren. Sie repräsentieren verschiedene Foki potentiellen therapeutischen Handelns. Nichtsdestoweniger halten wir daran fest, daß BI und BM in der Interaktion interdependent sind. Die interaktiven Verhaltensweisen von Mutter und Kind liegen auf der Ebene objektivierbarer Ereignisse, die verbal beschrieben werden können oder besser noch durch Videoaufzeichnungen festgehalten werden. Auf diese Weise bieten die behavioralen Elemente des Modells ein breiteres Spektrum von Techniken für therapeutische Ansätze. Das dritte Element, die Repräsentationen der Mutter (RM) in der behavioralen Interaktion, ist als eine komplexe Einheit zu sehen, die einige Erklärungen erfordert. Diese Repräsentation betrifft zwei Menschen in einer Interaktion. Es geht nicht darum, wie sie außerhalb einer solchen Interaktion repräsentiert werden könnte, es sei denn, dies würde die Art und Weise beeinflussen, wie die Personen wahrgenommen werden, wie man über sie denkt und fühlt, wie man sich ihnen gegenüber in der Interaktion miteinander verhält. Demgemäß kann die mütterliche Repräsentation ihrer selbst als Mutter in der Interaktion beeinflußt sein von Repräsentationen wie die ihrer selbst als Person oder als Ehefrau, durch die Repräsentation ihres Ehemannes oder ihrer eigenen Mutter, und jede dieser möglichen beigeordneten Repräsentationen wird nur der Kategorie RM zugerechnet, wenn sie einen direkten Einfluß darauf ausüben, wie die aktuale, behaviorale Interaktion mit dem Kind erlebt wird (*Cramer, Stern* 1988). Diese Restriktionen ermöglichten uns, derartige „Familien" von beigeordneten Repräsentationen in eine Einheit (RM) zu fassen.

In ähnlicher Weise könnte die Frage aufgeworfen werden, warum die Einheit RM sich nicht faktisch als zwei separate Repräsentationsfamilien darstellt: eine, die sich darauf bezieht, wie das Kind repräsentiert wird und die andere, wie die Mutter in ihrer Mutterrolle repräsentiert ist. Wir haben uns dazu entschieden, diese beiden Familien in einer Einheit zusammenzufassen und das aus verschiedenen Gründen. Der Hauptgrund ist, daß man, wenn man sich mit der mütterlichen Repräsentation der Interaktion befaßt, nur selten ausschließlich auf die Mutter in der mütterlichen Rolle fokussieren kann, ohne komplementäre Repräsentationen des Kindes als den anderen Interaktionspartner aufkommen zu lassen oder zu aktivieren. Selbst wenn man die eigene Mutter der Mutter in das Gespräch bringt, kommt man nicht umhin, auch schnell die Vorstellung von der Mutter als Mädchen oder Kind abzurufen. Im Bereich der Repräsentationen ist es technisch schwierig und klinisch eigentlich nicht lohnend, derartige Unterscheidungen aufrechtzuerhalten, die uns nur zu verschiedenen Subkategorien der mütterlichen Repräsentationen der Interaktion führen würden. Deshalb werden wir mit einer einzigen, allerdings komplexen repräsentationalen Einheit arbeiten.[2]

Das vierte Element, die Repräsentationen des Kindes in der Interaktion (RI), fällt gleichfalls in den Bereich subjektiver Erfahrung, in der Interferenzen auftreten können, wenn man die Erwartung des Kindes an die Interaktion überprüft, besonders, wenn diese Erwartungen enttäuscht werden. Auch hier sollen die Repräsentationen der Interaktion auf der Seite des Kindes all jene Repräsentationen (prototypische oder generalisierte Erinnerungen, Skripts, Modelle, vgl. *Stern* 1990) einbeziehen, welche es von sich-selbst-mit-der-Mutter hat, was wiederum die Art und Weise beeinflussen wird, wie das Kind die Interaktion repräsentiert (z. B. wahrnimmt, interpretiert, erinnert, behandelt, gefühlsmäßig erlebt). Insgesamt treffen für die Einheit RM also die gleichen Überlegungen zu wie für die Einheit RI.

Das wesentliche Charakteristikum dieses Modells besteht darin, daß wir diese vier Elemente in einer konstanten dynamischen Interaktion sehen. Jedes ist für Modifikationen offen und dabei vom situativen Einfluß in der Interaktion abhängig.

Die Repräsentationen entweder von RM oder RI sind Konstrukte, die neue Informationen in der behavioralen Interaktion (BI $\leftrightharpoons$ BM) verwenden, um ihre Konfiguration anzugleichen. Derartige Adjustierungen in den Repräsentationen, die durch Veränderung in der behavioralen Interaktion verursacht wurden, können weitgreifend und dramatisch sein oder auch auf der Ebene von Feinabstimmungen liegen. In beiden Fällen aber wird das Aufkommen jeder neuen Erfahrung der Partizipation an der behavioralen Interaktion an bereits vorhandenen Repräsentationen der Interaktion gemessen werden. Wenn Unterschiede zwischen dem, was in der Interaktion erwartet wird (die Repräsentation), und dem, was tatsächlich im Interagieren geschieht, aufgespürt werden können, kann die Repräsentation modifiziert oder auf einen aktuellen Stand gebracht werden (d. h. sie wird aufgrund dieser neuen Erfahrung verändert). In diesem Sinne ist die Repräsentation stets für Modifikationen offen, die auf einer gegenwärtigen Erfahrung gründen, es sei denn, sie ist in pathologischer Weise rigide geworden[3]. In ähnlicher Weise wird jeder überdauernde Wandel in der Repräsentation einer Interaktion notwendigerweise auch die aktuale behaviorale Interaktion verändern. Das ist so, weil jede Veränderung in der Repräsentation beeinflussen wird, wie das eigene interaktive Verhalten oder das des Partners wahrgenommen oder interpretiert wird, und ein solcher Wandel wird unabdingbar zu einem veränderten offenen Verhalten führen, um zu einer Angleichung zu gelangen. Die Repräsentationen von Verhaltensweisen sind demgemäß in einer Beziehung von konstanter Assimilation/Akkomodation.

Unter einer solchen Perspektive ist die Interdependenz zwischen den vier Elementen des Systems so groß, daß eine Einwirkung an irgendeiner Stelle in der Gleichung, d. h. auf irgendeines dieser Elemente, notwendigerweise einen Einfluß auf die anderen Elemente hat. Aus therapeutischer Sicht kann man deshalb theoretisch das ganze System verändern und Wirkung haben, ganz gleich, an welchem Ort man ursprünglich auf das System einwirkte. Von therapeutischen Maßnahmen, die auf die Repräsentationen der Mutter gerichtet waren, kann man deshalb erwarten, sofern sie erfolgreich waren, daß sie das interaktive Verhalten der Mutter und des Kindes verändern und umgekehrt. Der Eingangspunkt in das System mag sich als unspezifisch erweisen, was therapeutische Resultate anbelangt. Indes kann es spezifische klinische Kriterien geben, die den besten zu wählenden Ansatz bestimmen. Jedes Verfahren wird seine spezifischen Techniken haben, ungeachtet des Faktums, daß die letztendlichen Resultate sich als unspezifisch und für alle Ansätze gültig erweisen. Die Anwendung dieses allgemeinen Modells basiert auf den Arbeiten von *Stern-Bruschweiler* (1988).

## Die Anwendung des allgemeinen Modells auf verschiedene therapeutische Ansätze

Jeder therapeutische Ansatz wird unter folgenden Aspekten beschrieben:

1. Welches der vier Elemente des Modells bietet die *Quelle für klinische Informationen* (S)?
2. Welches der vier Elemente dient als der *Fokus für therapeutisches Handeln* (A), bestimmt also, in welche Richtung die therapeutischen Maßnahmen gehen?
3. Was sind die Behandlungsmodalitäten, die in der therapeutischen Maßnahme verwandt werden?

Die verschiedenen Modalitäten sind: Interpretation, Erläuterung, Modelling, Verstärkung, erzieherische Maßnahmen, Support, Rat und Übertragung. Um der Kürze willen wird jede Beschreibung nur die großen Linien des jeweiligen Ansatzes betonen.

### *Der psychoanalytische Ansatz*

*Schematische Darstellung des Ansatzes*: Die Beschreibung dieses Ansatzes orientiert sich an den psychoanalytisch ausgerichteten Kurztherapien, wie sie von *Lebovici* (1983) und von *Cramer* (1982a, 1982b) praktiziert werden. Er kann, wie in Abbildung 2 dargestellt, schematisiert werden.

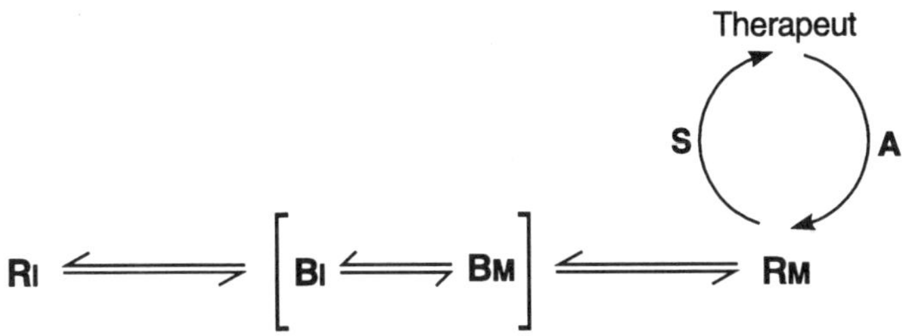


*Abb. 2:* Schematisierte Sicht des psychoanalytischen Ansatzes

*Quelle der klinischen Information*: Obgleich das Kind in den Therapiesitzungen mit der Mutter anwesend ist und periodisch mit der Mutter oder dem Therapeuten interagiert, ist die Quelle der klinischen Information (S, Abb. 2) beinahe ausschließlich der Diskurs der Mutter über die Probleme, und zwar in der Form, wie sie sie wahrnimmt, beschreibt und interpretiert, wobei dieses mit der beobachtenden Interaktion zwischen Mutter und Kind verglichen wird. Das Interview unter Anwesenheit von Mutter und Kind zielt darauf ab, Informationen zu erhalten, die es dem Therapeuten ermöglichen, in seiner Vorstellung das Wesen der mütterlichen Repräsentation der Interaktion zu rekonstruieren. Die klinischen Informationen, nach denen gesucht wird, sind im wesentlichen auf die Vergangenheit der Mutter gerichtet, besonders da diese die gegenwärtige Beziehung zu ihrem Kind beeinflussen könnte, nebst ihren Interpretationen oder Phantasien über das Kind und das, was es tut sowie, warum es etwas tut. Während einer solchen Suche nach den Repräsentationen der Mutter, kann der Therapeut die Interaktionen des Kindes oder der Mutter, die während des Interviews auftauchen, kommentieren. Eine derartige Verwendung direkter Beobachtung behavioraler Interaktionen wird indes hauptsächlich dafür eingesetzt, um wichtige Punkte klinischer Information hervorzuheben oder zu bestätigen, die auf der Ebene der mütterlichen Vorstellungswelt diskutiert werden (z. B. Therapeut: „Ist das, was Johnny gerade gemacht hat, als er das Klötzchen warf, ein Beispiel für das, was Sie meinen, wenn sie mir erzählen, daß er sich gegen sie richtet und sie verletzen will?").

*Fokus des therapeutischen Handelns*: Im psychoanalytisch orientierten Ansatz ist das therapeutische Handeln beinahe ausschließlich auf die mütterlichen Repräsentationen (RM) gerichtet (d. h. auf alle

Aspekte der Vorstellungswelt der Mutter, die in der Interaktion aktiviert wurden und zum Tragen kommen). Es wird kein Versuch gemacht, das Verhalten der Mutter (BM) unmittelbar in der aktuellen Interaktion zu verändern. Es wird kein Rat, keine Verhaltensanweisung, direkte Verstärkung oder pädagogische Information angeboten, statt dessen ist es das Ziel, ihre Repräsentation zu verändern, weil man erwartet, daß dadurch eine Veränderung des mütterlichen Verhaltens in der Interaktion erfolgt (vgl. die Pfeile in Abb. 2), was wiederum das Verhalten des Kindes verändern wird und damit schließlich seine Repräsentationen des interaktiven Geschehens. Um RM zu verändern, versucht der Therapeut, Konfliktthemen aus der Vergangenheit der Mutter zu identifizieren und in das Bewußtsein zu bringen, Themen, die in der gegenwärtig ablaufenden Mutter-Kind-Interaktion reaktiviert und reinszeniert werden. Die historischen Verbindungen zwischen vergangenen Ereignissen und dem gegenwärtigen Verhalten werden dabei über Interpretation und Erläuterungen hergestellt.

*Verwandte therapeutische Modalitäten*: Interpretation und Erläuterung sind dann auch die wesentlichen Modalitäten, die verwandt werden, um die gegenwärtige mentale Situation der Mutter im Hinblick auf vergangene und gegenwärtige Ereignisse und Bedürfnisse zu erklären. In der faktischen Praxis aber sind Interaktionen zwischen dem Kind und dem Therapeuten oder dem Kind und der Mutter unvermeidbar, es ist ja anwesend. Derartige Interaktionen oder Reaktionen auf Interaktionen können ein ungeplantes Modelling durch den Therapeuten oder eine Verstärkung mütterlichen Verhaltens oder Unterstützung implizieren. Jedoch werden diese Effekte als zufällige Randbedingungen gegenüber den geplanten Hauptmodalitäten der Behandlung betrachtet.

Die Anwesenheit von Übertragungsphänomenen ist in allen „Patient-Therapeuten-Interaktionen" ubiquitär. Aufgrund der Kürze dieser psychoanalytisch orientierten Kurzzeittherapien wird Übertragung im allgemeinen nicht aktiv als eine Behandlungsmodalität einbezogen, und dies besonders, wenn sie „positiv" ist und die Ziele der Therapie fördert. So betrachtet, ist das Element einer „Übertragungsheilung" in diesem Ansatz stets anwesend.

## *Interaktionales Coaching als eine Form der Psychagogik und Psychotherapie*

*Schematische Darstellung des Ansatzes*: Die Beschreibung dieses Ansatzes basiert hauptsächlich auf den klinischen Arbeiten von *McDonough* (1988) und zu einem geringen Teil auf Techniken, die von *Field* (1978, 1982) und von *Clark, Seifer* (1983) geschrieben worden sind. Eine Schematisierung findet sich in Abbildung 3.

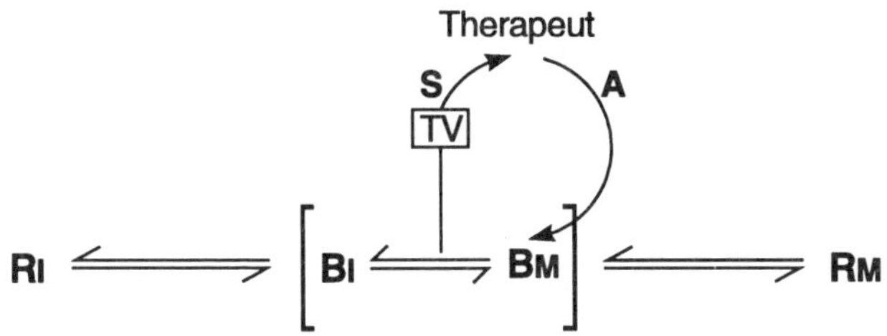


*Abb. 3:* Schematisierte Sicht des „interaction coaching"-Ansatzes

*Quelle der klinischen Information*: Der größte Teil der für die Therapie erforderlichen klinischen Informationen entstammt der Beobachtung der Interaktionen. Dabei werden Videoaufzeichnungen verwandt, um diesen Prozeß zu stützen, wie in der Schematisierung des Modells gezeigt wird. In der Praxis wird die Mutter aufgefordert, mit ihrem Kind zu interagieren – im allgemeinen im freien Spiel. Diese Episode wird mit Video aufgezeichnet. Unmittelbar danach sehen sich die Mutter und der Therapeut das Videoband an. Der Therapeut hält das Band immer dann an, wenn ein interaktives Ereignis von therapeutischer Bedeutung auftaucht. Dieses Ereignis kann dann viele Male angeschaut werden. Das aufgezeigte interaktionale Verhalten wird zur Quelle oder zum Gegenstand des therapeutischen Austausches. An weiteren Quellen für allgemeine Informationen finden sich Hausbesuche, die besonders in der Initialsituation der Behandlung gemacht werden, und die Berichte der Mutter, in denen wahrscheinlich vieles von ihren Repräsentationen eingeschlossen ist. Dennoch ist es die aufgezeichnete Interaktion, die als initiale und Hauptquelle für das klinische Material dient, das identifiziert und bearbeitet werden soll.

*Fokus des therapeutischen Handelns*: Das therapeutische Handeln ist von Anfang an auf das Verhalten der Mutter gerichtet, wie es in den aufgezeichneten Interaktionen sichtbar wird. Der Therapeut versucht das, was die Mutter tut, d. h. ihr interaktives Verhalten (BM) zu verändern. Das wird dadurch erreicht, daß die mütterlichen Handlungsweisen (seien sie nun erfolgreich oder nicht) herausgegriffen werden, die interpretiert oder positiv verstärkt werden können, die auszuweiten sind oder durch Informationen, Rat oder Erläuterung elaboriert werden können. Wenn z. B. eine Mutter mit einem leicht entwicklungsverzögerten Kind nichts anderes tut, als ihr Kind zu beobachten, wie es sein Spiel mit einem Spielzeug beendet und dann, nachdem es lange herumsucht, mit einem neuen Spielzeug wieder anfängt, wird der Therapeut dieses Faktum, daß die Mutter nichts unternahm und dem Kind Zeit ließ, seinen eigenen Rhythmus in der Aufmerksamkeit und im Übergang von einem Spielzeug zum anderen zu finden, verstärken. Der Therapeut wird diese Verstärkung ergänzen (die oft von der Mutter mit Verwunderung zur Kenntnis genommen wird, wenn sie sieht, daß sie etwas richtig gemacht hat, ohne daß sie sich dessen bewußt war), indem er ihr Informationen über die langsameren Rhythmen im Wechsel der Aufmerksamkeit bei einem retardierten Kind gibt und ihr erklärt, wie wichtig es ist, die eigenen Rhythmen des Kindes zu respektieren, um es nicht zu überstimulieren. Der Therapeut kann darüber hinaus andere Situationen aufzeigen, für die das gleiche Prinzip gültig ist, wobei die Mutter dann offener zuhört, weil sie gerade für den Gebrauch dieser Fähigkeit positiv bestätigt worden ist.

Im technischen Vorgehen des interaktionalen Coachings ist der Therapeut immer auf das Selbstwertgefühl der Mutter als Mutter gerichtet (und das fällt in die Kategorie von RM und nicht von BM). Durch die Bearbeitung des mütterlichen Interaktionsverhaltens wird der Therapeut versuchen, das Selbstwertgefühl der Mutter zu heben. Wenn der Mutter das Gefühl vermittelt werden kann, daß sie kompetent handelt, wird sie ein höheres Selbstwertgefühl erleben. Diese Vorgehensweise ist im wesentlichen genau das Gegenteil des psychoanalytischen Ansatzes, in dem man versucht, RM zu verändern, um damit sekundär BM zu modifizieren. Im interaktionalen Coaching hingegen versucht man BM zu verändern, um RM (in diesem Ansatz das Selbstwertgefühl) zu beeinflussen. Ist einmal das mütterliche Verhalten verändert, wird dieses sowohl ihre eigenen Repräsentationen als auch die interaktiven Verhaltensweisen des Kindes beeinflussen. Die Dyade wird sich dann an die Veränderungen, die die Mutter vollzogen hat, anpassen müssen. Diese Veränderungen wiederum werden einen Einfluß auf den Wandel der kindlichen Repräsentationen ausüben (siehe die Pfeile in Abb. 2).

*Verwandte therapeutische Modalitäten*: Positive Verstärkung, Information und Rat sind die Hauptmodalitäten, die verwandt werden, wenn man mit dem Verhalten der Mutter arbeitet. Modelling wird vermieden, damit man die Fähigkeit der Mutter, für ihr eigenes Kind zu sorgen, unterstützt. Niemals werden Interpretationen verwandt. Die immer anwesende Übertragung wird in der Behandlung aktiv verwandt, um die therapeutische Allianz zu stützen. Der erste Schritt in dieser Form der Intervention ist der Aufbau einer positiven therapeutischen Allianz, um die man sich bemüht, damit die therapeutischen Maßnahmen eine höhere Veränderungskraft haben.

## *Der „verhaltensmedizinisch pädiatrische" Ansatz*

*Schematische Darstellung des Ansatzes*: Für den Zweck dieses Artikels werden wir den verhaltensmedizinisch pädiatrischen Ansatz recht eng definieren, was die Quellen der klinischen Information, den Fokus des therapeutischen Handelns und die verwendeten Behandlungsmodalitäten anbelangt, so wie wir es auch bei den anderen Verfahren getan haben. Eine hervorragende Illustration dieses Ansatzes bietet die klinische Arbeit von *T.B. Brazelton* und seiner Gruppe (*Brazelton* 1982; *Brazelton, Yogman, Tronick* 1979). Eine Schematisierung findet sich in Abbildung 4.

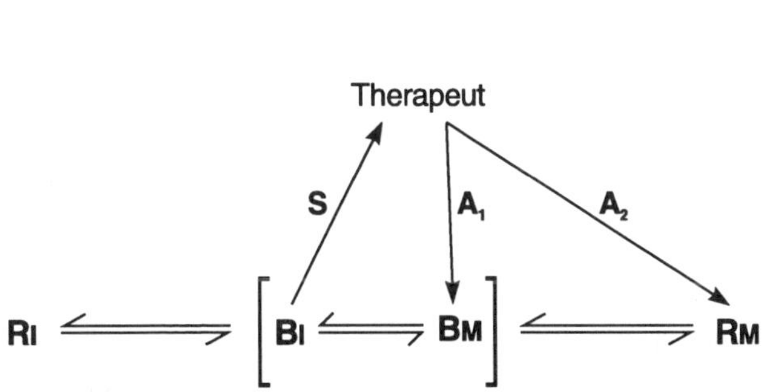


*Abb. 4:* Schematisierte Sicht des verhaltensorientierten pädiatrischen Ansatzes

*Die Quelle der klinischen Information*: Die wichtigsten klinischen Informationen kommen aus der medizinischen Anamnese des Babys und seines Verhaltens mit der Mutter. Diese Information wird zu Beginn aufgrund des Berichtes der Mutter zusammengestellt. Wenn möglich, wird dieses Material in einer beobachteten Interaktion zwischen Mutter und Kind oder Therapeut und Kind überprüft. In jedem Fall liegt der Fokus der Aufmerksamkeit bei dem, was das Baby kann oder nicht kann. Es werden „Life-Observationen" gemacht, und in der Regel werden keine Babyaufzeichnungen verwandt.

Der Gebrauch der „Neonatal Assessment Scale" (*Brazelton* 1973) als eine Intervention, die Bindung und die Investition der Mutter in ihr Neugeborenes zu bestärken, ist ein hervorragendes Beispiel für diesen Ansatz. In dieser Situation interagiert der Betreuer mit dem Baby, um der Mutter all die außergewöhnlichen Verhaltensfähigkeiten zu zeigen, über die ihr Neugeborenes verfügt und die sie vielleicht noch nicht bemerkt hatte.

*Fokus des therapeutischen Handelns*: Obgleich die Quelle der Information das spontane oder ausgelöste Verhalten des Babys ist, liegt der Fokus des therapeutischen Handelns auf dem mütterlichen Verhalten (BM), das als Reaktion auf das Verhalten des Babys gezeigt wird, und weiterhin auf den mütterlichen Repräsentationen des Babys (RM) im Lichte dessen, was der Therapeut der Mutter über die Fähigkeiten oder Begrenzungen ihres Säuglings eröffnet. Es werden also die Erwartungen der Mutter an das Baby verändert, und dadurch werden ihre Attributionen und Projektionen modifiziert (wenn es sich z. B. um ein frühgeborenes oder „Small-for-gestational-age"-Baby handelt, kann dieses in vielen Interaktionen überstimuliert und damit beunruhigt oder desorganisiert werden. In einer Situation mit einem frühgeborenen oder SGA-Säugling kann der Therapeut die Verhaltensweisen beschreiben oder zeigen, die notwendig sind, um mit einem übererregbaren Baby umgehen zu können. Er kann Rat geben oder zeigen, daß solche Babys nicht mehr Stimulierung ertragen können als auf einem sensorischen Kanal und daß sie ruhig werden und Interaktion ertragen, wenn diese nur auf einen Kanal gerichtet ist – berühren oder sprechen oder wiegen, aber nicht alles zusammen).

Das Ziel dieser Strategie ist darauf gerichtet, das offene Verhalten der Mutter und ihre Repräsentationen so zu adjustieren, daß sie besser für die tatsächlichen und gegenwärtigen interaktiven Fähigkeiten ihres Kindes passen. Sind erst einmal ihr Interaktionsverhalten und ihre Repräsentationen verändert worden, wird eine Veränderung im Gesamtsystem erwartungsgemäß eintreten, wie schon beschrieben. Mit diesem Fokus ist der Therapeut auch in einer hervorragenden Situation, um die Repräsentationen der Mutter unmittelbar anzusprechen, zumal diese sich an den neuen Informationen über die Vergangenheit, Gegenwart oder Zukunft des Kindes ausrichten müssen. In diesem Behandlunganansatz spricht das therapeutische Handeln sowohl das mütterliche Verhalten wie auch ihre Repräsentationen gleichermaßen an.

*Verwandte therapeutische Modalitäten*: Pädagogische Informationen, Rat, positive Bestärkung und Modelling herrschen vor. Übertragung wird implizit unterstützt, weil der Therapeut in der Position des Experten verbleibt, der konkretes Wissen bereitstellt, anstatt „nur" eine Methode der Exploration anzubieten. Übertragung wird indes nicht zu einem wesentlichen Moment therapeutischen Handelns.

## *Verhaltenstherapeutische Ansätze*

*Schematische Darstellung des Ansatzes*: Eine detaillierte Darstellung dieses Ansatzes hängt vom Symptom ab, das Ziel der Intervention ist. Als Beispiel zur Illustration einiger allgemeiner Züge dieses Ansatzes wird ein Fall einer nicht organisch bedingten Nahrungsverweigerung aufgegriffen (persönliche Mitteilung *D. Benoit* 1988). Dieser Ansatz kann schematisch in drei Schritten dargestellt werden.

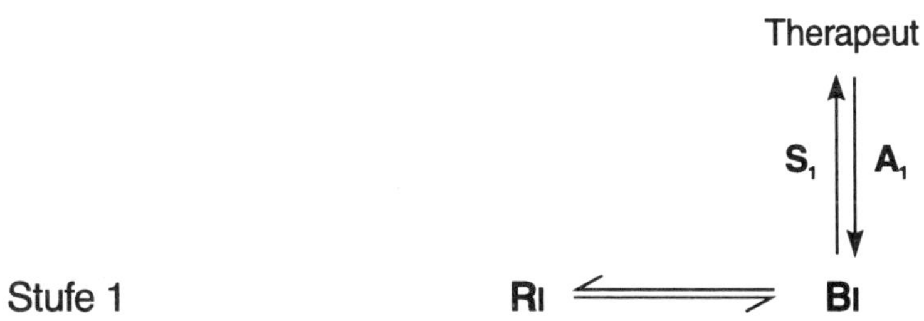

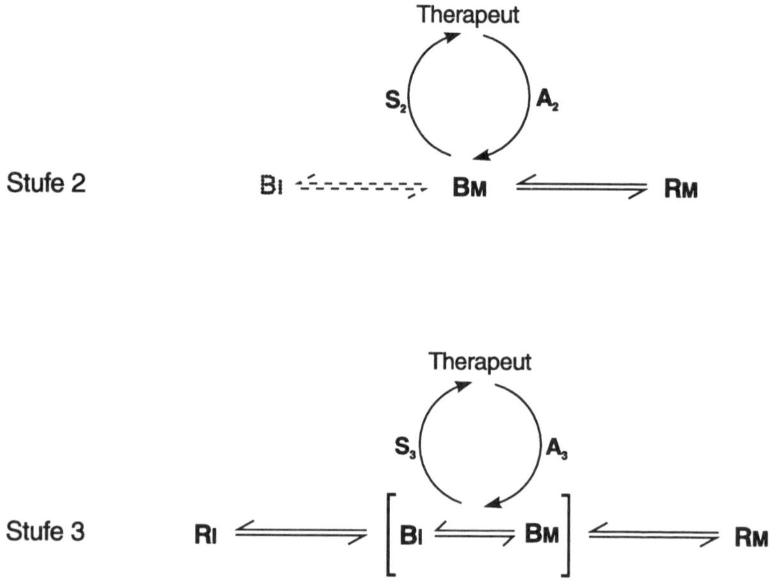


*Abb. 5:* Schematisierte Sicht des verhaltensorientierten Ansatzes

Im ersten Schritt arbeitet der Therapeut mit dem Baby allein, um sein Verhalten zu formen (shaping).

Im zweiten Schritt lehrt der Therapeut die Mutter die Verhaltensformung.

Im dritten Schritt interagiert die Mutter mit dem Baby, und der Therapeut kommentiert das Verhalten und „coached" die Mutter in dieser Interaktion.

*Quelle der klinischen Informationen*: Im ersten Schritt wird das zur Quelle der Information, was das Baby während einer Interaktion (hier dem Füttern) mit dem Therapeuten als dem, der füttert, tut. Im zweiten Schritt verwendet der Therapeut die Interaktion zwischen ihm und dem Baby (dies wird oft aufgezeichnet), um die Mutter zu instruieren. Im letzten Schritt wird das Interaktionsverhalten (während des Fütterns) zwischen Mutter und Kind die Quelle klinischer Information.

*Fokus des therapeutischen Handelns*: Im ersten Schritt formt der Therapeut das Verhalten des Säuglings. Im vorliegenden Beispiel wird dies durch negatives Verstärken aller Verhaltensweisen der Nahrungsverweigerung unternommen und durch positives Verstärken aller Verhaltensweisen des Zuwendens zur Nahrung oder der Nahrungsaufnahme (A in Abb. 5). In dieser strikten „shaping"-Prozedur wird davon ausgegangen, daß sich das Fütterungsverhalten durch positives Feedback ändert, wenn erst einmal die Repräsentationen (RI) des Babys geändert wurden (wie durch die Pfeile im Diagramm angezeigt). Im zweiten Schritt vermittelt der Therapeut der Mutter Verhaltensrichtlinien, die sie in der Interaktion mit dem Kind befolgen muß, um dieses zum Essen zu bewegen. Der Therapeut kann dabei auch diese „shaping"-Prozeduren modellieren (in diesem als Beispiel gewählten Fall liegt der Fokus beim mütterlichen Verhalten. BM implizit, daß sich strikt an Fütterungszeiten gehalten wird, bestimmte Nahrung verwandt wird, eine bestimmte Form des „handlings", „face to face" während des Fütterns, die Art und Weise, wie der Löffel in den Mund des Babys gesteckt wird usw.). Dadurch, daß die Mutter sieht, daß diese Techniken wirken (zumindest in der Hand des Therapeuten), beeinflußt dies auch ihre Repräsentationen und verändert sie. Im letzten Schritt werden das Kind (dessen Verhaltensweisen und Repräsentationen schon verändert worden sind) und die Mutter (deren Verhaltensweisen und Repräsentationen gleichfalls modifiziert wurden) zusammengebracht, um die Interaktion auszuprobieren. Zu diesem Zeitpunkt richtet sich das therapeutische Handeln im wesentlichen auf das Verhalten der Mutter beim Ausführen des „shapings", so daß das Kind seine neue Verhaltensweise generalisieren kann (sie an seine Repräsentationen akkumulieren kann), um die Mutter einzubeziehen. Wenn dies erreicht ist, ist die Mutter äußerst erleichtert und glücklich, wenn sie sieht, daß auch sie ihr Kind mit Erfolg füttern kann (was eine grundsätzliche Sache für ihr Selbstwertgefühl ist, was wiederum die Repräsentationen ihrer selbst als Mutter verändern wird. Es wird ein positiver Feedback-Kreislauf eingerichtet).

*Verwandte therapeutische Modalitäten*: Negatives und positives „re-enforcement" sind im ersten Schritt von herausragender Bedeutung. Instruktion und Rat überwiegen im zweiten. Im dritten Schritt herrscht wieder Verstärkung vor. Wie immer ist Übertragung anwesend – sie ist oft ambivalenter als in den anderen Ansätzen. Die Mütter sind dankbar, daß der Therapeut die Interaktion wieder auf die Reihe bekam, aber sie nehmen es übel, daß sie einen professionellen Helfer dazu brauchen, das zu tun, was eine Mutter selbstverständlich auszuführen in der Lage sein müßte. Bei gutem Timing sind beide Gefühle hilfreich.

## *Familientherapie*

*Schematische Darstellung des Ansatzes*: Familientherapeutische Ansätze sind oft indiziert oder Methode der Wahl. Dies ist besonders der Fall, wenn Eheprobleme in der Interaktion mit dem Kind zum Tragen kommen, sei es durch die Mutter, den Vater oder durch beide, oder wenn ein Familienproblem über das Paar transferiert wird und in der Interaktion mit dem Kind inszeniert wird. Die Verwendung einer Gruppentherapie in diesem Kontext wird in Abbildung 6 schematisch dargestellt.

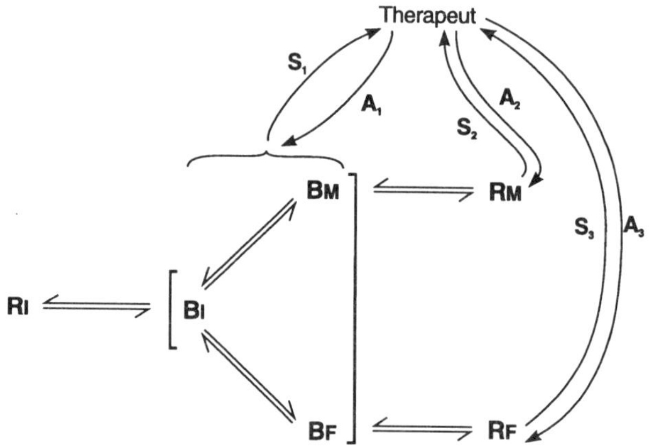


*Abb. 6:* Schematisierte Sicht des familientherapeutischen Ansatzes

*Quelle der klinischen Informationen*: Die Quelle der klinischen Informationen entsteht durch alle Interaktionen, nämlich BI ⇋ BM, aber auch BI ⇋ BF und sicherlich BM ⇋ BF. Zusätzlich zu den Repräsentationen der Mutter und des Vaters, die sie von sich selbst als Eltern haben, sind die Repräsentationen von der Rolle, die ihr Kind im Familiensystem spielt, wichtige Quellen.

*Fokus des therapeutischen Handelns*: Potentiell kann der Therapeut unmittelbar auf das interaktive Verhalten jedes Familienmitgliedes einwirken oder auf ihre Repräsentationen oder auf beides. Die Balancierungen dieser Interventionen hängen von der familientherapeutischen Schule des Therapeuten und den vorhandenen klinischen Möglichkeiten ab.

*Verwandte therapeutische Modalitäten*: Potentiell können alle Modalitäten verwandt werden. Sie sind abhängig vom Fokus des therapeutischen Handelns im gegebenen Moment, den Vorlieben des Therapeuten und der klinischen Situation.

### *Andere Ansätze*

Auch supportive Therapien werden häufig gebraucht und sind oft indiziert. Wir werden sie indes hier nicht behandeln, weil sie bei genauer Betrachtung aus all den bisher beschriebenen Ansätzen oder aus Teilaspekten von ihnen zustande kommen und darauf gerichtet sind, ein Mutter-Kind-System eher unter Streßsituation abzusichern, als es zu ändern. Supportive Therapie ist in diesem Sinne mehr ein therapeutisches Ziel als ein systematischer Ansatz. Auch Sozialtherapien werden im Bereich der Hilfen für Mutter und Kind vielfach angeboten. Die dabei eingesetzten Manipulationen des Umfeldes sind relativ unspezifisch und in der Regel mit einem der oben beschriebenen Ansätze verbunden.

## Diskussion

Wir haben ein Modell der Beziehung zwischen den Repräsentationen (der der Mutter und der des Kindes) und offenem interaktiven Verhalten (der Mutter und des Kindes) vorgestellt. Wir haben unter der Perspektive dieses Modells einige therapeutische Ansätze systematisch beschrieben, mit Blick darauf, wo die wichtigen Quellen klinischer Information für die Therapie liegen und worauf das therapeutische Handeln gerichtet ist. Der Wert eines solchen Modells wird von seiner Nützlichkeit in der klinischen Forschung, Praxis und pädagogischen Brauchbarkeit abhängen. Mit Blick auf die Forschung ist zu sehen, daß eine Grundannahme des Modells auf die Interdependenz von offenem Interaktionsverhalten und Repräsentationen abstellt. Diese Annahme führt zu verschiedenen Möglichkeiten der Voraussage über Veränderungsprozesse, die durch eine therapeutische Intervention in Gang gesetzt werden. Sie sagt zum Beispiel voraus, daß eine Intervention, die im wesentlichen auf das Verhalten der Mutter gerichtet ist (z. B. im interaktionalen Coaching), auch die mütterlichen Repräsentationen verändern kann, und zwar so sehr und so schnell wie bei einer Intervention, die sich hauptsächlich auf die Repräsentationen der Mutter richtet (also in einem psychoanalytisch orientierten Ansatz). Am wichtigsten ist, daß das Umgekehrte gleichfalls vorausgesagt wird. Es geht hier um eine bedeutende Frage zu den Prozessen therapeutischer Veränderung, die auf der Grundlage dieses Modells konzeptualisiert werden kann. *Stern, Cramer* und *Robert-Tissot* (1989) berichten über ein Experiment, um diese Voraussage direkt zu testen (die beiden Therapien „psychodynamische Behandlung" und „interaktionales Coaching" wurden bei einer ausgewählten Population „blind" eingesetzt, wobei Veränderungsmaße für das offene Interaktionsverhalten der Mutter und ihre Repräsentationen ihrer selbst als Mutter und ihres Kindes evaluiert wurden).

Mit Bezug auf die klinische Praxis ist zu sagen, daß die verschiedenen Ansätze, die gegenwärtig verwandt werden, oft so divergierend zu sein scheinen, weil jeder eine besondere Theorie und spezifische Technik verwendet, daß die Gemeinsamkeiten verlorengehen und die Praktiker in einem Ansatz gefangen bleiben. Das hier vorgestellte Modell ist in dem Sinne übergreifend, als daß es zu zeigen versucht, wie jeder Behandlungsansatz auf das gleiche System einwirkt und dabei einen Bezug zu den anderen Behandlungsansätzen hat – in der Regel einen ergänzenden. Jeder spezifische Ansatz nebst seiner Theorie wird in diesem Modell gegenüber den Veränderungsprozessen, die innerhalb des Systems durch eine Intervention in Gang kommen, sekundär. Wir sind der Überzeugung, daß wenigstens zwei praktische klinische Implikationen dieses Zusammenhanges zu betonen sind.

Zunächst halten sich – wie schon erwähnt – im Feld der Kinderheilkunde die Mehrzahl der Kliniker – sogar die „doktrinären" – in ihrer Praxis nicht puristisch an irgendeinen Ansatz, wie er sich theoretisch darstellt, und dies weder bei unterschiedlichen Feldern noch bei ein-und demselben Fall. Stellt man diese Realität in Rechnung, brauchen wir ein umfassenderes Modell, das es Klinikern ermöglicht, das besser zu konzeptualisieren, was sie tatsächlich tun. Sie sollten eklektisch sein, wenn dies klinisch indiziert ist und dabei dennoch innerhalb eines kohärenten Behandlungsmodells bleiben.

Eine zweite äußerst wichtige klinische Fragestellung ist nicht: Welcher Interventionsansatz wirkt am besten? – denn sie wirken alle – sondern: Welcher Ansatz ist in welchem besonderen Fall am ehesten indiziert? Was sind die Behandlungskriterien für jeden Ansatz? Wir sind davon überzeugt, daß das vorliegende Modell dazu helfen kann, die verschiedenen Ansätze praktisch zu definieren, so daß diese Fragestellungen besser gehandhabt werden können.

## Anmerkungen

1. Wir beabsichtigen nicht vorzuschlagen, daß alle theoretischen Ansätze in allen Fällen gleich nützlich sind. Es gibt gewisse Kriterien, die bestimmen, was für jeden Fall der optimale Ansatz ist. Der wichtige Punkt für uns ist, daß alle Ansätze, wenn erfolgreich angewandt, Veränderungen in allen Bereichen bewirken werden.

2. Es ist zu beachten, daß wir im Bereich des offenen Interaktionsverhaltens die gegenteilige Entscheidung getroffen haben. In der Welt behavioraler Interaktion könnte man also argumentieren, daß das Verhalten jedes Mitglieds beinahe vollständig von dem des anderen determiniert und kontextualisiert ist, so daß vom Ansatz her ein separater Fokus auf das Verhalten einer Person ohne die Betrachtung des Verhaltens der anderen sinnlos ist. Es gibt also nur eine Einheit (B ⇋ BM), nicht zwei (BI ⇋ BM). Wir haben in diesem Bereich zwei Einheiten angesetzt, weil es technisch gesehen (mit Hilfe von Videoaufzeichnungen und aufgrund des Faktums, daß das Verhalten jeder Person von nur einer Person ausgeht) möglich ist, einen therapeutischen Ansatz auf das offene Verhalten von einer Person allein zu fokussieren. Und das geschieht hier in der Tat.

3. Es ist eine empirische Frage, ob „pathologische Rigidität" in diesem Modell sich auf die Schwierigkeit bezieht, irgendein Element zu ändern oder auf die Schwierigkeit der erwarteten kausalen Veränderungssequenzen, wenn erst einmal ein Element verändert worden ist. Diese wichtige klinische und theoretische Fragestellung verdient weitere Überlegung, liegt jedoch jenseits der Reichweite dieses Aufsatzes.

## Literatur

*Brazelton, T.B.* (1973). Neonatal Behavioral Assessment Scale. *Clinics in Developmental Medicine*, No. 50. Philadelphia: J.B. Lippincott.

— (1982). Joint regulation of neonate-parent behavior. In *E. Tronick* (Ed.), Social interchange in infancy. Baltimore, MD: University Park Press.

—, *Yogman, M., Als, H. & Tronick, R.* (1979). The infant as a focus in family reciprocity. In *M. Lewis & L.A. Rosenblum* (Eds.), The child and its family. New York: Plenum Press.

*Clark, G.N. & Seifer, R.* (1983). Facilitating mother-infant communication: A treatment model for high-risk and developmentally delayed infants. *Infant Mental Health Journal*, 4, 67-82.

*Cramer, B.* (1982a). Interaction reele, interaction fantasmatique: Reflections au su et des therapies et des observations de nourrissons. *Psychotherapies*, No. 1.

— (1982b). La psychiatrie du bebe. In *R. Kreisler, M. Schappi & M. Soule* (Eds.), La dynamique du nourrison. Paris: Editions E.S.F.

—, *Stern, D.N.* (1988). Evaluation of changes in mother-infant brief psychotherapie. *Infant Mental Health Journal*, 9, 20-45.

*Field, T.M.* (1978). The three „Rs" of infant-adult interaction: Rhythms, repertoires and responsibility. *Journal of Pediatric Psychology*, 3, 131-136.

— (1982). Interactional coaching for high-risk infants and their parents. *Prevention and Human Service*, 1, 5-24.

*Fraiberg, S.H., Adelson, E. & Shapiro, U.* (1975). Ghosts in the nursery: A psychoanalytic approach to the problem of impaired infant-mother relationships. *Journal of the American Academy of Child Psychiatry*, 14, 387-422.

*Lebovici, S.* (1983) Le nourrison, la mere et le psychanlyste: Les interactions precoces. Paris: Editions du Centurion.

*McDonough, S.* (1988). Fostering positive family transactions through coaching techniques: A preventive intervention program for high-risk families. Manuscript.

*Seifer, R. & Clark, G.* (1985). The effect of interaction in a comprehensive early interaction program. Presentation at the National Center for Clinical Infant Programs, National Training Institutes. Washington, DC.

*Stern, D.N.* (1985). The interpersonal world of the infant. New York: Basic Books; dt.: Die Lebenserfahrung des Säuglings. Stuttgart: Klett-Cotta 1992.

—. The representation of the relational patterns: Some developmental considerations. In *A. Sameroff & R. Emde* (Eds.), Relational disorders of development. New York: Basic Books; dt. in: *H.G. Petzold* (Hrsg.). Die Kraft liebevoller Blicke. Psychotherapie & Babyforschung, Bd. 2. Paderborn: Junfermann 1995.

—, *Cramer, B. & Robert-Tissot, C.* (September 1989). Presentation at the World Association of Infant Psychiatry and Allied Disciplines. Lugano, Schweiz.

*Stern-Bruschweiler, N.* (1988). Les interventions preventives de la relation mere-enfant precoce: Une exploration systematique des approaches cliniques et de leur mechanismes d'action. Thesis for F.M.H. diploma in child psychiatry, University of Geneva, Faculty of Medicine.

# 3.

# Aspekte wissenschaftlich-empirischer Forschung in der Integrativen Kindertherapie

# Psychotherapieforschung und kinderpsychotherapeutische Praxis

*Michael Märtens, Hilarion Petzold*[1]

## Einleitung

Es scheint schon Allgemeingut unter Praktikern geworden, daß Psychotherapieforschung nichts für die Praxis beitragen kann, wie dies von einigen Experten eingeräumt oder mit Bedauern festgestellt (z.B. *Jaeggi* 1994; *Benjamin* 1993; *Elliott* 1983; *Strupp* 1989) und von *Klaus Grawe* als Mißstand unter Therapeuten angeprangert wird, die ihre Unkenntnis der Forschungsergebnisse geringer als ein Kavaliersdelikt einschätzen (*Grawe* 1992, 25). Demgegenüber spricht *Wolf* (1993) von einem „Offenbarungseid dieser Form von Psychotherapieforschung", wenn sie es nötig hat, nach strengen Gesetzgebern zu rufen, die ihr Gehör verschaffen sollen. Natürlich hat dieser Sachverhalt mindestens zwei Seiten, nämlich die Praktiker, die nicht hören wollen, und die Forscher, die sich nicht so mitteilen, daß sie gehört werden. So kann man in beiden Richtungen nach kritischen Erklärungen suchen, die für diesen Mißstand verantwortlich gemacht werden könnten (*Talley, Strupp, Butler* [1994] setzten sich in einem Sammelband aus unterschiedlichen Perspektiven mit diesem schwierigen Verhältnis und potentiellen Kooperationsmöglichkeiten auseinander). Auch der interaktiven, historischen Entstehungsgeschichte dieser Situation soll hier nicht nachgegangen werden, sondern es soll die Situation im Bereich der Kinder- und Jugendlichenpsychotherapie auf dem Hintergrund der *allgemeinen* Forschungsergebnisse zur Psychotherapie, also der Ergebnisse im Bereich der Erwachsenenpsychologie und insbesondere der Kinder- und Jugendlichenpsychotherapie (KJT) dargestellt werden.

---

1 Aus dem Fachbereich Gesundheitswissenschaft der Freien Universität Amsterdam und der Europäischen Akademie für psychosoziale Gesundheit Düsseldorf.

## 1. Zur besonderen Situation der Kinder- und Jugendlichenpsychotherapie

Im „Forschungsgutachten zu Fragen des Psychotherapeutengesetzes" (*Meyer* et al. 1991) werden die Ergebnisse der Psychotherapieforschung zu verschiedenen therapeutischen Verfahren systematisch dargestellt, aber Kinder tauchen dabei überhaupt nicht auf. Die gleiche Situation findet sich auch in einem Forschungsgutachten, das für die Regierung in Österreich von *Sbandi* und Mitarbeitern 1993 erstellt wurde. Ziel war es, „Aufschluß über Bewertungskriterien und dadurch indirekt über die Aussagekraft von Wirksamkeitsstudien" (Vorwort) und das Vorhandensein von Evaluationsstudien zu den einzelnen Verfahren in der deutschsprachigen Literatur zu erhalten. In dieser Studie werden zwar die Bereiche der KJT nicht explizit als eigenständiger Forschungsgegenstand ausgewiesen, aber sie wurden im Gegensatz zum Forschungsgutachten für die Bundesregierung nicht ausgeschlossen. Im Überblick zum Forschungsstand im deutschen Sprachraum von *Sbandi* und Mitarbeitern wird dabei offensichtlich, daß Untersuchungen zur Effektivität der Therapie mit Kindern – abgesehen von einigen Studien zur Effektivität spezifischer Interventionen bei bestimmten Problemlagen im Bereich verhaltensorientierter Ansätze – ausgesprochene Mangelware sind (zur Situation in den USA siehe NIMH 1990). In der von *Grawe* und Mitarbeiterinnen 1994 vorgelegten Übersichtsarbeit zum Stand der Psychotherapieforschung, die alle Ergebnisse bis 1983 systematisch und spätere Veröffentlichungen selektiv einbezogen hatte, erfolgte explizit ein Ausschluß der Forschungsergebnisse zur KJT:

> „Der Ausschluß aller Studien zur Therapie von Kindern und Jugendlichen erfolgte aus rein ökonomischen Gründen. Die Kindertherapie unterscheidet sich so sehr von der Erwachsenenpsychotherapie, daß es uns nicht gerechtfertigt erschien, die Studien an Kindern und an Erwachsenen in einen Topf zu werfen. Man hätte die Kindertherapie über alle Therapieformen hinweg als einen eigenen Schwerpunkt berücksichtigen müssen" (*Grawe* et al. 1994, 59).

Der ökonomische Gesichtspunkt als Ausschlußkriterium – so einleuchtend er auch ist – verweist dennoch auf einen grundsätzlichen Mißstand, nämlich die Ausblendung von Kindern, die gerade im psychotherapeutischen Feld um so überraschender ist, da die Bedeutung der Arbeit mit Kindern offensichtlich ist, um schwere Fehlentwicklungen möglichst früh zu verhindern. Aber diese Ausblendung scheint nicht nur ein Forschungsphänomen zu sein, sondern sie findet auch ihre Entsprechung in der therapeutischen gesundheitspolitischen und berufspolitischen Wertung der Kinderpsychotherapie. So konnte trotz intensiver Bemühungen (Eingaben, Gutachten) kindertherapeutischer Fachvertreter im Vorfeld der Verabschiedung des österreichischen Psychotherapiegesetzes nicht erreicht werden, daß die Kinderpsychotherapie als eigenständige Ausbildung neben der zum Erwachsenenpsychotherapeuten – wie etwa in Deutschland, den Niederlanden, der Schweiz üblich – eingerichtet wurde, es scheiterte u. a. am Widerstand österreichischer Psychotherapieverbände. Statt dessen wurde eine schmalbrüstige Kindertherapie-Aufbauausbildung für Erwachsenenpsychotherapeuten installiert. In der Debatte um ein Psychotherapeutengesetz in der BRD wurde von namhaften Vertretern psychotherapeutischer Verbände immer wieder geltend gemacht, daß für ein eigenständiges Berufsbild des Kinder- und Jugendlichenpsychotherapeuten aus wissenschaftlichen und klinischen Gründen „keine sachliche Notwendigkeit" gegeben sei (*Zimmer* 19893; *Schulte* 1993, 10; *Hellfritsch* 1993, 17, 1995). Das Faktum, daß Kindertherapeuten mit Kindern und Jugendlichen auf mindestens sechs verschiedenen Altersniveaus mit je spezifischem kognitivem, emotionalem und sozial-interaktionalem Entwicklungsstand *umgehen* können müssen (Beherrschung der Kommunikationsformen und der „Spielkultur" – *Frühmann* 1992), daß sie neben der Behandlung von Verhaltensstörungen, kinderpsychiatrischen und -psychosomatischen Erkrankungen den gesamten Bereich der geistigen, körperlichen und Mehrfachbehandlungen mitzubetreuen haben, daß Eltern- und Angehörigenarbeit, -beratung und -therapie hinzukommen, wird nicht bedacht. Genausowenig wird das Spektrum der Jugendlichenpsychotherapie – eines der schwierigsten Teilgebiete der Psychotherapie – gesehen: Drogen- und Devianzproblematik, Jugendsexualität, Gewaltprobleme, politischer Extremismus, Jugendsekten. Dies alles zeugt einerseits von einer gravierenden Unkenntnis der Erwachsenenpsychotherapeuten, aber auch gewisser politischer Entscheidungsträger über den Bereich der Kinder- und Jugendlichenpsychotherapie, und macht andererseits die Handlungserfordernisse für die Situation von Kindern und Jugendlichen deutlich. Auch in der therapeutischen Praxis trifft man auf Befremdliches. So fanden *Korner* und *Braun* in einer Untersuchung von 1990 (zit. n. *Gil* 1994, V), daß 25% der von ihnen befragten Familientherapeuten überhaupt keine Ausbildung für die therapeutische Arbeit mit Kindern haben. Weitere 50% schätzten ihre Ausbildung in diesem Bereich als völlig unzureichend ein, und die restlichen 25% integrierten trotz einer Ausbildung in diesem Bereich Kinder nicht gerne in ihre Sitzungen. Sie bearbeiten die Probleme, auch wenn sie Kinder betreffen, lieber ohne diese. Obwohl man annehmen sollte, daß Familientherapeuten doch besonders auch an Kindern interessiert sein sollten, finden wir hier viele Ansätze, die Kinder ebenfalls lieber ausschließen oder indirekte Behandlungsstrategien verfolgen (z.B. *Bowen* 1978; *Kerr, Bowen* 1988; Mailänder-Gruppe: *Selvini* et al. 1977, 1992; Palo-Alto-Gruppe, die vorrangig mit dem Beschwerdeführer arbeitet: *Weakland* et al. 1971; *Fisch, Weakland, Segal* 1982). Kinder werden in familientherapeutischen Ansätzen offensichtlich als störend empfunden, obwohl die „Symptomträger" und „Indexpatienten" überwiegend Kinder sind. Die stigmatisierende Seite (*Brusten, Hohmeier* 1975) dieser – auch unter theoretischer Perspektive äußerst fragwürdigen – Konzepte wird weder reflektiert noch untersucht. Die auf Kommunikationsregeln und Interaktionsmuster zentrierten Formen systemischer Familientherapie verwenden Interventionsmuster, die das kognitive Entwicklungsniveau des „operativen Denkens" (*Piaget*) zugrunde legen und die damit an jüngeren Kindern vorbeigehen müssen. Auffallend ist, daß in der familientherapeutischen Literatur differentielle entwicklungspsychologische Überlegungen zur Fundierung der Arbeit bei Familien mit Kindern unterschiedlichen Alters fehlen. Im Systemzusammenhang werden Kinder dann ähnlich nebensächlich behandelt, wie oft individuelle Symptome im Rahmen einer psychoanalytischen Behandlung. Dabei werden die Symptome lediglich als Chiffren verstanden, die auf die zugrundeliegenden, „eigentlichen" Zusammenhänge verweisen, mit denen man sich dann intensiv beschäftigt und darüber die Symptome vergessen kann.

Eine weitere Implikation in der Formulierung von *Grawe* muß nachdenklich stimmen, nämlich die Affirmation der Andersartigkeit der Kindertherapie, die sich so grundlegend von der Therapie Erwachsener unterscheide, womit er eine deutliche andere Position vertritt als *Schulte* (1993). *Schmidtchen* (1991, 6) führt zur Verdeutlichung dieses Unterschiedes an, daß z.B. in der Spieltherapie mit (kleinen) Kindern 95% der Zeit gespielt wird. Er lädt zu einem Gedankenexperiment ein, sich vorzustellen, wie eine Therapie mit Erwachsenen aussehen würde, wenn diese 95% mit nonverbalen

Spielaktivitäten zubringen würden, um das völlig andersartige Geschehen in einer Kindertherapie und die spezifischen Anforderungen an Therapeuten zu verdeutlichen. Für Bemühungen der Psychotherapieforschung ergibt sich hieraus, daß Beobachtungen nonverbaler Aspekte besonders bei der Therapie mit kleinen Kindern von zentraler Bedeutung sind (*Burger* 1993). Dennoch sollte eine Betonung dieser Unterschiede nicht leichtfertig dazu führen, die „Kinder mit dem Bade auszuschütten" und so weit zu gehen, die Ergebnisse der Forschungen mit Erwachsenen als grundsätzlich aus einer anderen Badewanne stammend zu betrachten, die keinerlei Nutzen für Vorstellungen zu therapeutischen Prozessen in der Kinderbehandlung haben. Zentrale Fragen, die Therapeuten beschäftigen, sind in beiden Fällen auf einer grundsätzlichen Ebene recht ähnlich und berühren grundlegende Vorstellungen über Prozesse therapeutischen Wandels: Wie ist das therapeutische Geschehen zu gestalten? Was wirkt in Therapien? Wie lange dauert eine Behandlung? Was muß ein Therapeut wissen (*Kompetenz*) und was können (*Performanz*, vgl. *Petzold, Orth* 1994; *Petzold* et al. 1994b)? Wie kann Therapie besser werden? usw.

## 2. Das Ziel der Kinder- und Jugendlichenpsychotherapie und Konsequenzen für die Forschung

Das führt natürlich zu der Frage, wie eine Definition von Kinder- und Jugendlichenpsychotherapie zu geben ist. Was soll überhaupt als KJT gelten, und welche Forderungen sollten an zeitgemäße Formen gestellt werden?

*Kazdin* stellte in einer Überblicksarbeit 1988 fest, daß man wohl von über 230 Therapieansätzen für Kinder und Jugendliche ausgehen muß, die einen eigenständigen Stil aufweisen und sich durch unterschiedliche handlungsleitende Prämissen auszeichnen. Somit muß man also konzedieren, daß es im Felde psychotherapeutischer Verfahren drei große zersplitterte Bereiche gibt, nämlich einmal die klassische Therapie mit Erwachsenen, dann die Ansätze im Bereich der Familien- und Systemtherapien und als drittes die Kinder- und Jugendlichentherapie als eigenständiger Bereich, die jeweils spezifische Kompetenzen erfordert.

Verblüffend und erschreckend ist dabei, mit welcher Selbstverständlichkeit fast alle klassischen therapeutischen Schulen Varianten entwickeln, um in diesem Tätigkeitsfeld aktiv zu werden, und mit welcher Selbstverständlichkeit ihre grundlegenden Konzepte dann in einen anderen Tätigkeitsbereich übertragen werden, indem man dann die Firmen- oder Markenbezeichnung wie z.B. „psychoanalytisch“, „klientenzentriert“, „systemisch“, „transaktionsanalytisch“ etc. davorsetzt (z.B. *Petzold, Ramin* 1987)[2]. Dabei scheint offensichtlich die Grundüberzeugung zentral zu sein, daß die Grundlagen der eigenen Methode überprüft und nachgewiesen sind, so daß man sich nur um deren Modifikation und Anpassung an die anderen Erfordernisse kümmern muß.

> „Dabei kann man grosso modo feststellen, daß sich wohl alle gängigen Therapieschulen für alle Arten von psychischen Problemen als am besten geeignet ansehen: Dies findet nicht zuletzt seinen Niederschlag auch in den sich weit überlappenden Indikationsspektren, wie sie für verschiedenartige Behandlungsformen in der kassenärztlichen Versorgung festgelegt sind“ (*Aster, Reitzle & Steinhausen* 1994, 360).

Die Notwendigkeit einer Definition von Kinder- und Jugendlichenpsychotherapie wird hier besonders dringlich, um etwas Klarheit darüber zu bekommen, für welchen Gegenstandsbereich sich die einzelnen Therapieschulen hier zuständig fühlen. *Schmidtchen* gibt eine Definition, die sich an der klassischen Definition für Psychotherapie von *Strotzka* (1975) orientiert und eine interessante Erweiterung der Definition einführt und sie bestimmt als ein

> „... strukturierter und überprüfter interaktioneller Prozeß zur Behandlung von seelischen oder seelisch-körperlichen Störungen“ von Kindern. Die Behandlung soll durch „psychologische Mittel (Maßnahmen) von einem in der Mittelanwendung ausgebildeten Psychotherapeuten“ durchgeführt werden, und die Maßnahmen sollen sich auf die heilende Beeinflussung von Erlebens- und Verhaltensprozessen des Kinderklienten und dessen Bezugspersonen „beziehen“ ... Die Zielpersonen der Kinderpsychotherapie sollen „der Kinderklient als Störungsträger und die familiären Bezugspersonen oder Sozialpartner als mögliche Mitverursacher der Störung“ sein (*Schmidtchen* 1989, in: 1991, 3).

Abgesehen von den Schwierigkeiten, Einigung schon innerhalb therapeutischer Schulrichtungen darin zu erzielen, was als „genügend“ oder „zuviel Struktur“, als überprüfbar in der Interaktion

---

2 Sicherlich hat in Deutschland die Diskussion um ein geplantes Therapeutengesetz, welches zwei eigenständige Berufsbilder vorsieht, die Entwicklung in diesem Feld erheblich beschleunigt. Da hiermit ein abgrenzbares Berufsbild und damit ein definierter Markt deutlich geworden ist, werden damit diverse Profilierungs- und Abgrenzungsaktivitäten stimuliert, die von unterschiedlichen Interessengruppen betrieben werden, um eigenständige Profile und Marktanteile zu sichern.

und als psychologisches Mittel zu betrachten ist, verblüfft an dieser Definition das *Ziel*, nämlich die „heilende Beeinflussung von Erlebens-, Denk- und Verhaltensprozessen des Kinderklienten und dessen Bezugspersonen". Verblüffend ist dieses Ziel, da es eine individuumzentrierte *und* eine systemische Perspektive enthält, die die Frage nach der Relation zwischen diesen beiden Perspektiven aufwirft. *Schmidtchen* trifft hierzu eine klare Entscheidung hinsichtlich der Präferenzen. Er entscheidet sich im Gegensatz zu früheren Sichtweisen (z.B. *Ginott* 1966; *Axline* 1972; *Schmidtchen* 1974) für einen Primat der Familien- oder Bezugspersonenbehandlung:

> „Insofern muß eine Kindertherapie immer mit einer Familientherapie einhergehen; im Sonderfall ist es sogar denkbar, daß alleine eine Familientherapie (ohne eine begleitende Kindertherapie) zum Abbau der psychischen Problematik des Kindes führen kann" (*Schmidtchen* 1991, 1).

Die vorgeschlagene Reihenfolge der Interventionsformen, nämlich zuerst bei Änderungen auf der Ebene der Familie anzusetzen, sowie die Definition wählen einen *Mittelweg* zwischen einer systemischen und einer individuumzentrierten Sichtweise. Im Gegensatz zur Definition systemischer und familientherapeutischer Methoden, die 1984 auf einer Tagung des NIMH von Forschern und Experten in diesem Feld festgelegt wurde (*Wynne* 1988) und als Gegenstand und primäres Ziel Interaktionsmuster und deren Veränderung betrachten (*Pinsof* 1986, 1988, 1989), wird in der Definition von *Schmidtchen* an einer klassischen Perspektive festgehalten. Dabei bleibt das eigentliche Ziel psychotherapeutischen Handelns die „Psyche", also eine Eigenschaft eines Individuums, während systemische und familientherapeutische Interventionen darauf abzielen, etwas in der „Beziehung" zwischen zwei oder mehreren Personen zu ändern, also nicht auf etwas Intrapsychisches gerichtet sind, sondern auf Charakteristika der Interaktion. Diese Charakteristika sind aber keine Eigenschaften der beteiligten Interaktanden und auch nicht auf deren Verhalten reduzierbar oder aus diesem zwingend ableitbar, sondern stellen eine eigene Qualität dar.

Worin liegen nun die Vorteile und Nachteile der von *Schmidtchen* vorgeschlagenen Definition, die zwischen einer systemischen und individuumzentrierten Sicht zu liegen scheint? *Schmidtchen* spricht von den „Zielpersonen der Kinderpsychotherapie". Durch den Plural wird deutlich, daß es sich neben dem Klienten noch um weitere Personen handeln kann. Diese sind im Regelfall die Eltern, was aus den Zahlen des „Fünften Familienberichts des Bundesministeriums für Familie und Senioren" hervorgeht; denn von allen Kindern unter 18 Jahren leben 87,5% und in den neuen Bundesländern 82% mit ihren beiden leiblichen Eltern zusammen (BMFuS 1994, 71). Familientherapeutischen Kompetenzen kommt deshalb in der Arbeit mit Kindern und Jugendlichen trotz der vieldiskutierten „Pluralisierung der Lebensformen" auf jeden Fall eine wesentliche Rolle zu, da Eltern immer noch die häufigsten Bezugspersonen darstellen. Dabei kann man sich natürlich über das Ausmaß der erforderlichen Fertigkeiten streiten, je nachdem, ob man ein Konzept verfolgt, in dem die Eltern lediglich als begleitende Bezugspersonen einbezogen werden müssen, damit man als Therapeut genügend Freiraum erhält, mit dem Kind die wesentlichen therapeutischen Schritte, z.B eine Spieltherapie durchführen zu können, oder aber, ob man die Eltern ebenfalls direkt als Zielpersonen in die Therapie miteinbezieht, also das *Familiensystem* behandelt. Einmal sind die Fertigkeiten im Umgang mit der Familie nur als flankierende Maßnahmen für die Kindertherapie erforderlich, während sie im anderen Extrem den eigentlichen Kern der Arbeit darstellen und das Kind eher in den Hintergrund rückt.

Auch die „Integrative Kinder- und Jugendlichentherapie" bewegt sich in diesem Spannungsfeld, wie sich dies in ihrem Selbstverständnis schon seit langem niederschlägt (z.B. *Petzold* 1969b, 1972a, 1973f; *Petzold, Ramin* 1986; *Petzold, Goffin, Oudhof* 1993, 207-208):

> „Integrative Kinder- und Jugendlichentherapie ist ein ganzheitlicher und differentieller Ansatz der Behandlung und Förderung von Kindern und Jugendlichen in Einzel- und Gruppensitzungen unter Einbeziehung ihrer Familien bzw. Bezugspersonen in Berücksichtigung der pathogenen und salutogenen Einflüsse des jeweiligen makroökologischen und sozialen Kontextes" ... in einem „Prozeß eines ‚Handelns um Grenzen', in gemeinsamem Gestalten, in liebevoller Bezogenheit und Respekt vor der sich in der Ko-respondenz entwickelnden einzigartigen Persönlichkeit des Kindes oder Jugendlichen" (ibid.).

Im Ansatz der Integrativen Therapie mit Kindern und Jugendlichen wird vom Einbezug der Eltern oder Bezugspersonen gesprochen, wobei die Formulierung absichtsvoll offenläßt, in welcher Form diese Einbeziehung dann genauer erfolgen soll und mit welchen möglichen Auswirkungen auf die einbezogenen Personen dies geschieht. Die Situationen von Kindern und ihren Familien und Teilfamilien sind so unterschiedlich, daß die Möglichkeiten, diese auch in unterschiedlichen Settings und Vorgehensweisen beeinflussen zu können, gegeben bleiben muß. *Wachtel* (1994, 12) sieht in der Integration individueller und systemischer Ansätze die zentrale Herausforderung für eine „integrative Therapie". Die Definition von *Schmidtchen* erwähnt den Bereich der Interaktion nicht, wie er als Spezifikum der systemischen Zielorientierung gesehen wird. Die Integrative Therapie spricht von Ko-respondenz und Aushandeln von Grenzen, d.h. von der Veränderung mehrerer Personen, wenn dies für eine Verbesserung der Situation des Kindes erforderlich ist. Diese Sichtweise ist sinnvoll, da Veränderungen von Interaktionen allein vorstellbar sind, wenn sich die beteiligten Teilnehmer an diesen Interaktionen verändert haben. Der Integrative Ansatz hat diese Annahme auf der Grundlage der ökologischen Sozialpsychologie und der interaktionszentrierten Babyforschung in einem differenzierten Interaktionsmodell ausgearbeitet (*Petzold, van Beek, von der Hoek* 1994).

Wenn beide Interaktanden wieder das gleiche Verhalten zeigen, kann unmöglich eine Veränderung der Interaktion vorliegen. Eine veränderte Interaktion setzt immer Veränderungen auf der Ebene der Individuen voraus: Keine veränderte Interaktion ohne veränderte Interaktionsteilnehmer. Genau diesem Konzept trägt der Integrative Ansatz Rechnung, wenn er betont, daß Entwicklung in Netzwerken, in *„convoys"* erfolgt (*Petzold* et al. 1993) und deshalb Netzwerkinterventionen – sie gehen z. T. über das engere Familiensystem hinaus (Kindergarten, Schule, Freunde, Jugendgruppen) –, wo immer dies notwendig und möglich ist, erforderlich werden (idem 1982v; *Petzold, Schulwitz* 1972).

Natürlich bleibt hier noch das Problem, ein Kriterium zu bestimmen, welcher „Unterschied, der einen Unterschied macht" (*Bateson* 1982), als ausreichend betrachtet wird, um eine Interaktion als verändert zu betrachten. Ist nur eine Veränderung mindestens eines Teilnehmers dazu erforderlich, die von einem Beobachter (*Varela* 1979; *Maturana, Varela* 1987) festgestellt werden kann? Aus einer individuumzentrierten Perspektive würde es genügen, wenn eine Veränderung, die z.B. nur vom Klienten selbst festgestellt werden könnte, eingetreten ist, so daß hier die Auskunft des Individuums aus seiner subjektiven Perspektive entscheidend ist (*Schütz* 1971; *Bergold, Flick* 1987, insbesondere *Flick* 1987). Was subjektiv als Unterschied betrachtet wird, ist der entscheidende Unterschied, und alle anderen Maßstäbe müssen dann hinter diesem zurücktreten. Aus einer systemischen oder familientherapeutischen Perspektive

(*Pinsof* 1986; *Wynne* 1988) würde man erst dann von einer Veränderung sprechen, wenn sich Interaktionsmuster verändert haben. Dazu wäre es nicht ausreichend, wenn nur eine Person, die an einer Interaktion teilnimmt, ihr Verhalten ändert, wenn nicht durch diese Veränderung auch eine Veränderung im Verhalten der anderen Person festzustellen ist (zu epistemologischen Perspektiven siehe auch *Wachtel* 1994, 1-19). Für die Kindertherapie bringt eine solche Annahme mehrere Probleme, weil von multiplen Bezugspersonen und -systemen ausgegangen werden kann: Ein Junge lernt sein aggressives Verhalten, seine Interaktionen in der Kindertherapiegruppe zu verändern, mit seinen Geschwistern gelingt es ihm nicht. Ein Mädchen kann mit der Kindertherapeutin ein anderes Interaktionsverhalten als ein verweigerndes entwickeln, mit der Mutter wird ihm das nicht möglich. Der Transfer von einem Netzwerkssegment bzw. Bezugssystem in ein anderes ist insgesamt ein zentrales Problem der Psychotherapie.

Die individuumzentrierte und die systemische Perspektive erzeugen in ihren Randbereichen Schwierigkeiten, obwohl sie in den Kernbereichen und der praktischen Handhabbarkeit durchaus brauchbar sind. Im Regelfall handelt es sich bei erfolgreichen Behandlungen, die Effekte hervorgerufen haben, allerdings auch oft bei nicht erfolgreichen, um Effekte, die veränderte Interaktionen bewirken konnten.

Oft handelt es sich bei Veränderungen, die durch Psychotherapie hervorgerufen wurden, um Veränderungen in Verhaltensweisen, die soziale Dimensionen berühren und deshalb auch Veränderungen bei Menschen in der Umgebung des Klienten hervorrufen, da sie hier bedeutsam sind. So erwarten wir, daß eine Entwicklung im emotionalen Reagieren (*Greenberg, Safran* 1987) auch von anderen zentralen Bezugspersonen bemerkt wird und es deshalb zu Veränderungen in Beziehungen kommt, so daß die Effekte einer Therapie auch in Interaktionen ihren Niederschlag finden und hier bemerkt werden können, sofern es sich tatsächlich um relevante Effekte handelt.

Problematisch wird ein Konzept, das nur von Veränderungen der Bezugspersonen ausgeht, ohne zu prüfen, ob es sich um „relevante" Veränderungen handelt, nämlich solche, die zu signifikanten Veränderungen der Interaktionen führen, die wiederum symptomatisches Verhalten reduzieren oder überflüssig machen (vgl. hierzu

*Watzlawick* und *Coyne* 1979, die eine Depressionsbehandlung beschreiben, bei der nur Angehörige beraten wurden).

Darüber hinaus ist die kausale Implikation problematisch, daß die Bezugspersonen als Mitverursacher von Störungen gesehen werden, also davon ausgeht, daß bei ihnen die „wirklichen" Ursachen von Störungen liegen. Hier ist Vorsicht angesagt, da Möglichkeiten, symptomatisches Verhalten zu reduzieren oder zum Verschwinden zu bringen, noch lange nicht bedeutet, daß deshalb Ursachen behoben wurden. *Ein Wissen (Kompetenz) um Veränderungsmöglichkeiten impliziert kein gesichertes Wissen um ätiologische Zusammenhänge*, sondern eben nur Kenntnisse über Möglichkeiten und entsprechende Fertigkeiten (*Performanz*), Schwierigkeiten zu beheben. Die Fertigkeit, einen defekten Reifen zu wechseln und ein Fahrzeug wieder fahrtüchtig zu machen, verlangt kein Wissen darüber, wie ein Reifen beschädigt wurde, obwohl es nützlich ist, über derartiges Wissen zu verfügen.

Die Annahme, daß Veränderungsstrategien immer aus kausalen Erklärungen von Störungen abgeleitet werden müssen, kann so nicht aufrechterhalten werden (*DeShazer* 1991, 1994) und kann auch im Bereich der Therapie mit Kindern und Jugendlichen nicht als *sine qua non* einer Behandlung gelten (*Selekman* 1991, 1993). Diese Entwicklung findet auch ihren Niederschlag im ICD-10 (WHO 1992, deutsch 1993), der noch in der vorigen Ausgabe wesentlich stärker am Konzept der nosologischen Einheiten von *Kraepelin* (1921) orientiert war. Dieser hatte gefordert, daß unterschiedliche nosologische Störungsbilder deshalb unterschieden werden müssen, weil mit einer Unterscheidung ein behandlungsbedeutsamer Unterschied gegeben sein sollte. Wenn ein Krankheitsbild von einem anderen unterschieden wird, dann müssen sich daraus behandlungstechnische Konsequenzen ergeben, also eine andere Behandlung gewählt werden, weil die getroffene Unterscheidung ansonsten irrelevant sei. Desweiteren wurde in der Konzeption der nosologischen Einheiten von *Kraepelin* noch gefordert, daß unterschiedlichen Krankheiten unterschiedliche Ursachen zugrunde liegen.

Angesichts des derzeitigen Standes der Forschung und des klinischen Wissens kann nicht generell, ja sogar bei den wenigsten Störungsbildern davon ausgegangen werden, daß *klare* und empirisch belegbare Zusammenhänge zwischen Ursachen und Wirkungen, z.B. Störungen zu finden sind und schon gar keine linearkausalen bzw. monokausalen, so daß man nicht aus einem gesicherten

Wissen um die Entstehungsbedingungen einer Störung auf notwendige therapeutische Maßnahmen schließen kann. Die meisten Konzepte und Annahmen dieser Art haben bestenfalls den Status klinischer Heuristiken bzw. Arbeitsmodellen und oft den Status schulenspezifischer Ideologien, ja Fehlannahmen, die zu Lasten der kleinen (und der erwachsenen) Patienten und Klienten gehen, wie die Ergebnisse der empirischen Säuglings- und Kleinkindforschung gezeigt haben, die beispielsweise Grundannahmen von *Melanie Klein* (1948), *Margaret Mahler* (et al. 1975) und anderer psychoanalytischer Entwicklungstheoretiker falsifiziert haben (*Stern* 1985; *Dornes* 1993; *Petzold* 1993c, 1994g). Es verdient hervorgehoben zu werden, daß dies auch von psychoanalytischen Autoren (*Dornes* 1994a, b; *Lichtenberg* 1983) theoriekritisch aufgegriffen wurde. Die Diskussion ist noch keineswegs abgeschlossen (*Dowling, Rothstein* 1989), und behandlungsmethodische Revisionen lassen noch auf sich warten bzw. stehen in der Gefahr, neue, nicht durch Longitudinalforschung abgesicherte, spekulative Ursachenerklärungen vorzulegen (*Petzold* 1994j) und neue Krankheitsbilder mit Ursachenzuweisungen oder Formen „kindlicher Neurosen" festzuschreiben. Im ICD-10 (1993, 22 ff.) wurde deshalb eine Konzeption zugrunde gelegt, die mit Blick auf die Forschungslage ohne ätiologische Erklärungen vorgeht und einen neutralen und weiten Begriff verwendet. Es wird lediglich von „Störungen" gesprochen und die Diskussion der Unterscheidung zwischen Psychosen und Neurosen – ähnlich wie im DSM-III-R und jetzt im DSM-IV (1994) – ausgeklammert. Darüber hinaus wird im Störungsbegriff auch die Debatte um organische und psychologische Ursachen weitgehend umgangen, womit sich eine Abkehr von den Vorstellungen *Kraepelins* zeigt. Eine klare Zuordnung von Ursachen wird immer weniger als indikationsrelevant für medizinische und psychologische Interventionen oder für unterschiedliche psychotherapeutische Vorgehensweisen gesehen. Ob hier ein Paradigmenwandel, ein Abgehen vom tiefenpsychologischen Diskurs der Kausalerklärungen zu sehen ist oder ob es sich – was wir annehmen – um eine transitorische Periode handelt, bis daß es longitudinaler, klinischer Entwicklungsforschung gelingt, aus der Interaktion von „chains of adversive events", „chains of protective factors" und „time extended deficits" pathogene Karrieretypiken" herauszuarbeiten, werden die Zeit und der wissenschaftliche und klinische Fortschritt zeigen.

Jenseits der Befriedigung von Erkenntnisinteressen bleibt zu fragen, ob man sich angesichts mehrerer hundert Erklärungsmodelle psychotherapeutischer Schulen und der zur Zeit sehr defizienten Forschungslage nicht viel mehr um differenzierte Beschreibungen der Effekte von eingesetzten Interventionen unter Nachordnung ihrer ätiologietheoretischen Einbettungen, kümmern sollte, um ihr Veränderungspotential und nicht ihren vermeintlichen „kausalexplikativen" Wahrheitsgehalt zu ermitteln (was wissenschaftstheoretisch eher als unmöglich angesehen wird; vgl. *Popper* 1935, 1972; *Watzlawick* 1976, 1981). Dies entbindet natürlich nicht von generellen anthropologischen, psychologischen und therapietheoretischen Überlegungen, die aber einen anderen Stellenwert erhalten.

Interessant sind die erweiterte Definition von *Schmidtchen* und das ökologische Modell von *Petzold* (et al. 1994a) unter einem epistemologischen Aspekt, da sie die Bedeutung kontextueller Bedingungen für Veränderungen betonen und eine intrapsychische Perspektive überwinden. Das hat Konsequenzen bezüglich einer Ausbildungskonzeption insofern, als „Systemkompetenzen" als diagnostische und therapeutische Fähigkeiten gefordert werden, mit denen man sich also primär um die kontextuellen Entwicklungsbedingungen von Kindern und Jugendlichen zu kümmern hat und erst an zweiter Stelle die individuelle therapeutische Arbeit mit Kindern sieht. So muß besonders für den Bereich therapeutischer Arbeit mit Kindern betont werden, daß es zu einer erheblichen Veränderung hinsichtlich therapeutischer Zielvorstellungen gekommen ist, die sich weit von einer traditionellen individuumzentrierten Sicht entfernt haben (*Wachtel* 1994; *Trad* 1993; *Coonerty* 1993; *Gold* 1988).

Für eine therapeutische Erweiterung der intrapsychischen Perspektive finden sich Beispiele schon bei *Freud*. Es handelt sich dabei um die Arbeit mit dem „Kleinen Hans" (1909), bei der *Sigmund Freud* den Vater eines Jungen zwischen dessen 3. und 5. Lebensjahr darüber beriet, wie er mit seinem Sohn und dessen Ängsten am besten umgehen sollte. Es handelte sich um eine Vaterberatung (*Baethge* 1983), die von einigen Autoren relativ großzügig schon als eine frühe Art der Supervision gesehen wird (*Argelander* 1980; *Rappe-Giesecke* 1990), und nicht um eine Therapie in einem regulären therapeutischen oder sogar streng analytischen Setting. *Freud* widmet dieser Erweiterung jedoch in seiner Darstellung keinen weiteren theoretischen Raum und gibt keine weiteren Hinweise, welche behandlungstechnischen Möglichkeiten und Klippen mit solchen Behandlungsstrategien verbunden sind.[3]

*Spence* setzt sich mit den besonderen Vorzügen und Gefahren der brillanten Erzähltechnik *Freud*s auseinander, der den Fall so schildert, als würde es sich dabei um eine tatsächlich von ihm durchgeführte analytische Behandlung handeln. Er sieht in ihr eine faszinierende Fortsetzung einer Sherlock-Holmes-Tradition, die im scharfsinnigen Aufspüren einer einzigen Wahrheit ganz der klassischen Form einer geschlossenen Erzählung verpflichtet ist, die von Fakten ausgehend in einer – und nur in einer – möglichen Auflösung aller mitgeteilten Einzelteile gipfelt:

> „Mittlerweile ist die einzige mögliche Lösung zu einem festen Bestandteil unserer klinischen Tradition geworden. In Fallberichten wird fast immer nahegelegt, daß die angebotene Interpretation die einzig mögliche sei; die abschließende Feststellung scheint stets unausweichlich vom klinischen Material diktiert zu werden. Diese Tradition mag die Lektüre erfreulich oder sogar faszinierend machen, widerstrebt jedoch jedem Versuch, (heute oder später) die vorhandenen Daten anders auszuwerten, als der Autor es getan hat" (*Spence* 1993, 76). *Meyer* (1993, 61) pointiert noch schärfer: „Nieder mit der Novelle als Psychoanalyse – Hoch lebe die Interaktionsgeschichte."

*Spence* sieht in dieser stillschweigenden Übernahme der Tradition der gelungenen Fallgeschichten den Grund, warum in der psychotherapeutischen Fachliteratur die Entwicklung einer „Streitkultur" nicht gelungen ist und nur glatte und erfolgreiche Fallberichte entstanden sind. Ebenso finden sich in den Ausführungen *Argelanders* (1980), in denen er in der Behandlung des „Kleinen Hans" durch *Freud* in Zusammenarbeit mit seinem Vater die wesentlichen Grundregeln einer Supervisorentätigkeit vorbildlich vorgeführt sieht, keine kritischen Hinweise oder Vorschläge für mögliche andere Vorgehensweisen. Insgesamt stellt die Darstellung eine prototypische Vorgehensweise dar, wie ein methodisches Vorgehen in einem anderen Kontext aufrechterhalten werden kann, wenn störende Kontextvariablen einfach ausgeblendet werden. So bezieht sich z.B. *Pontalis* (1968, 10) auf das Fallmaterial, als habe es sich dabei

---

3 *Blair* (1991) beschreibt einen Behandlungsansatz zur Therapie von Kindern mit Erziehungsschwierigkeiten, der anstrebt, die Eltern wieder in ihre Funktion als Erzieher zu versetzen, als triadisches Modell der Behandlung. Er beurteilt dabei eine Verbesserung des elterlichen Wohlbefindens, ihrer Selbstsicherheit und der Familiendynamik als notwendig. Die Triade aus den beiden Eltern und dem Therapeuten ist eine Ersatztriade für die Triade, um die es eigentlich geht, nämlich die aus Kind und Eltern.

um eine normale analytische Behandlung gehandelt. Man müßte eigentlich in Zweifel ziehen, daß es sich bei der Behandlung des „Kleinen Hans" tatsächlich um eine Therapie handelt, und wenn sie von *Freud* und einigen Analytikern so gesehen wird, dann um eine, die gegen alle Regeln der analytischen Theorie verstößt (der Vater analysiert den Sohn), Regeln mit denen *Freud* offensichtlich selbst flexibel umging (er analysierte seine Tochter *Anna Freud*).

Es gab in der Behandlung des „Kleinen Hans" keine „therapeutische Beziehung" und kein „Arbeitsbündnis", und gerade diese beiden Aspekte von Psychotherapie haben große Forschungsaktivitäten hervorgerufen. *Freud* supervidierte die Arbeit des Vaters und sah den eigentlichen Patienten nur einmal während der Behandlung und im Alter von 19 Jahren, als dieser ihn noch einmal aufsuchte (*Freud* 1922). Ein „Arbeitsbündnis" gab es zwischen *Freud* und dem Vater des Jungen, aber über die Gestaltung desselben erfahren wir kaum etwas. Das zentrale Handwerkszeug der Behandlung scheinen dabei die mäeutischen Befragungen und die Deutungen des Vaters gewesen zu sein, die als Agenzien von Veränderungen interpretiert werden können. Übertragungen spielen in diesem Zusammenhang offenbar keine Rolle und würden ihren Platz in der Interaktion zwischen *Freud* und dem Vater haben. Im Fall des „Kleinen Hans" haben wir es also mit einer „Behandlertriade" zu tun, in der der Patient im Alter zwischen 3 – 5 Jahren im Einflußfeld von zwei behandelnden Personen, nämlich seinem eigenen Vater und *Freud* stand, die auf ihn – direkt und indirekt – einzuwirken versuchten. Dabei blieb aus Patientensicht der eigentliche Behandler über den größten Teil der Behandlungsdauer ein Unbekannter, der mittelbar, nämlich durch den Vater wirkte. Demgegenüber blieb der eigentliche Patient dem Behandler ebenfalls die meiste Zeit verborgen und wurde durch das, was der Vater in die Sitzungen mitbrachte lebendig. Der Vater spricht in seinen Aufzeichnungen für *Freud* öfter von „ein Stückchen Hans", wenn er seine Zusammenfassungen der Einlassungen seines Sohnes schickt (*Freud* 1909).

Schon dieser klassische Fall läßt die besondere Bedeutung multipler Perspektiven und Zielvorstellungen (*Frühmann* 1992; *Petzold* 1994a) deutlich werden, die bei der Therapie mit Kindern und Jugendlichen eine zentrale Rolle spielen und für die Ermittlung von Erfolgsmaßen therapeutischer Behandlungen eine schwierige Herausforderung darstellen. Sie werfen überdies grundsätzliche ethische Entscheidungen auf, die zunehmend stärker wahrgenommen werden (s.a. *Reiter-Theil, Eich, Reiter* 1993 zu spezifischen Fragen der Kinder in Kinder- und Familientherapie; *Arnold, Sonntag* 1994 zu grundsätzlichen Aspekten; *Holmes, Lindley* 1989 für einen Überblick zur Bedeutung therapieschulenspezifischer impliziter und expliziter Werte; *Brems* 1993, 28-44, zu Fragen gesetzlicher Regelungen in den USA; *Stanley, Sieber* 1992 – umfangreiche Darstellung forschungsethischer Fragen).

Während in der Therapie mit erwachsenen Patienten/Klienten insbesondere das Problem auftaucht, wie die Einschätzungen des Klienten – dabei spielt es keine Rolle, ob diese durch Interviews oder Tests ermittelt wurden – entweder mit denen der behandelnden Therapeuten oder außenstehenden Beobachtern übereinstimmen, taucht bei Kindern das Problem auf, daß die „Auftraggeber" für therapeutische Maßnahmen nur selten die Kinder selber sind (*Hundsalz* 1994), sondern ihre Bezugspersonen und Funktionsträger, so daß aufgrund dieser Konstellation Erfolg primär als *Zufriedenheit der auftraggebenden Personen mit dem Behandlungsergebnis* zu sehen ist (*Höfer, Straus* 1991). Im Bereich der Erziehungsberatung (siehe hierzu *Kurz-Adam, Post* 1995), welches ein klassisches Setting therapeutischer Tätigkeiten mit Kindern und Bezugspersonen darstellt (*Lückert* 1959), finden sich viele Ergebnisse, die diesen Aspekt widerspiegeln und Behandlungserfolg als Zufriedenheit der Bezugspersonen, also in den meisten Fällen der Eltern, erheben und bei ihren Erfolgsmessungen nur deren Einschätzungen erheben (z.B. *Lenz* 1994; *Naumann, Beck* 1994; im Kontext psychiatrischer Polikliniken: *Steinhausen* 1983).

*Mattejat* und *Remschmidt* (1993) setzen sich mit dieser Frage differenziert auseinander. Sie stellten fest, daß die Behandlungsbewertungen bei Eltern, Kindern und Therapeuten unterschiedliche Dimensionen haben, die nicht ineinander überführbar sind und sich auch nicht zu einem Ergebnis zusammenfügen lassen (zur Therapie mit Erwachsenen vergleiche: *Rudolf* 1991; *Priebe* 1992; *L'Abate, Bagarozzi, Lambert, Hill* 1994). Allerdings konnten sie feststellen, daß aus allen Perspektiven zwei Hauptaspekte unterschieden werden, nämlich der eigentliche Erfolg und die Akzeptabilität der Behandlung, wie dies z.B. schon *Calvert, Johnston* (1990) unterschieden. Bei direkten Therapiebeurteilungen waren die Übereinstimmungen zwischen unterschiedlichen Beurteilern relativ niedrig:

> „Dies bedeutet aber nicht, daß die Therapiebeurteilungen einfach nur subjektiv beliebig und völlig willkürlich wären. Die untersuchten Therapiebeurteilungen

> sind durchaus systematisch, aber sie sind von der Perspektive des jeweiligen Beurteilers abhängig: Ein Prozeß der sich für einen als erfreulich, positiv und erfolgreich darstellt, kann vom anderen vorwiegend als belastend und frustrierend wahrgenommen werden. Was für den einen ein ‚Erfolg' ist, kann für den anderen eine ‚Niederlage' sein. So ist es z.B. gar nicht so selten, daß die Entwicklung eines Jugendlichen von klinischen Experten übereinstimmend als positiv wahrgenommen wird, die Eltern aber nur Verschlechterungen (z.B. ‚hat schlechte Manieren gelernt') sehen können" (*Mattejat, Remschmidt* 1993, 229).

An diesem Punkt wird die *Mehrperspektivität* der Arbeit mit Kindern und Jugendlichen ganz deutlich. Die Ergebnisse einer Behandlung werden oft erst in einem komplexen Beziehungs- und Situationskontext verständlich. Den Ergebnissen von *Mattejat* und *Remschmidt* (1993) kommt insofern eine besondere Bedeutung zu, da es ihnen gelungen ist, die Abhängigkeit bestimmter Bewertungen von spezifischen Positionen in einem Kontext – hier dem Familienkontext – zu zeigen. Überraschend bleibt trotzdem der Befund, daß die Therapieerfolge des Klienten sich als völlig unabhängig von der positiven Entwicklung auf der Paar- und Familienebene darstellen (ibid. 212).

Im „Achten Jugendbericht" wird im Zusammenhang mit Perspektiven für die Erziehungs- und Familienberatung kritisiert, daß diese zu wenig „lebensweltlich" orientiert sei und daß therapeutische Ansätze die Einflüsse der weiteren Lebenswelt auf die Familienbeziehungen kaum angemessen berücksichtigen (BMJFFG 1990, 136). Da diese Perspektiven in der Konzeption der Integrativen Therapie ausformuliert und als integrale Bestandteile enthalten sind (*Petzold* 1991a, 1992a, 1993a), wäre es hier interessant, einmal genauer zu untersuchen, welche Bedeutung ihnen in der täglichen Praxis zukommt und wie sie realisiert werden. *Remschmidt* schreibt:

> „Die Familie ist auch heute noch die beste Instanz zur Erziehung von Kindern. Bisher erprobte Alternativen haben sie nicht ersetzen können" (*Remschmidt* 1993, 97).

Zu vorübergehenden Alternativen und Hilfen für Familien zählen auch Therapeuten, die „temporäre Gäste" werden, wenn sich Familien in schwierigen Zeiten an sie wenden. Wenn man die Behauptung ernst nimmt, daß Familien die besten Instanzen zur Erziehung sind, dann ergibt sich die Frage nach den richtigen Interventionsrichtungen für Therapeuten. Wann müssen die Eltern als Instanzen wieder instandgesetzt werden, ihre Aufgaben zu erfüllen (vgl. auch *Hurrelmann* 1994); und wann müssen Therapeuten für ausgefallene Funktionen einspringen und diese kompensieren oder spezifische Defizite mit störungsspezifischen Behandlungen beantworten? Notwendige diagnostische Überlegungen bei Kindern erfordern also immer eine Beschäftigung mit ihrem Lebenskontext – in den meisten Fällen einer Familie –, den es dann genauso zu berücksichtigen gilt wie den aktuellen Zustand eines Kindes aufgrund einer medizinischen und psychologischen Diagnose (z.B. nach DIPS, Diagnostisches Interview bei psychischen Störungen im Kindes- und Jugendalter, *Unnewehr, Schneider, Margraf* 1995 oder *Margraf, Schneider* 1994 sowie die Kurzversion 1994). Das DSM III-R trägt mit seinen fünf Klassifikationsdimensionen dieser Komplexität im Ansatz Rechnung und verweist explizit auf die Notwendigkeit einer Lebenskontextdiagnostik, wie sie von *Marujama* (1991) in ihren theoretischen Grundzügen konzipiert wird.

Die Therapie mit Kindern und Jugendlichen macht die individuelle und kontextuelle Perspektive therapeutischer Arbeit, die natürlich eigentlich bei allen therapeutischen Prozessen eine wesentliche Rolle spielt, unübersehbar, da die Kinder in den meisten Fällen nicht selber als Auftraggeber für therapeutische Veränderungen auftreten, sondern dies Bezugspersonen sind. Prinzipiell ist diese Situation allerdings auch bei Erwachsenen eigentlich gar nicht anders. Erwachsene kommen zwar häufig selber in eine therapeutische Behandlung, aber sie tun dies in der Regel deshalb, weil sie entweder Abweichungen von der allgemeinen gesellschaftlichen Norm feststellen oder mit anderen Personen Schwierigkeiten haben. Auch hier ist ein Leiden in und an einem bestimmten Kontext der entscheidende Faktor zur Aufnahme einer Behandlung, so daß Vorstellungen von „intrinsischer Therapiemotivation" sowieso als eine kontextignorierende Fiktion zu betrachten sind.[4]

Nur wahrgenommene Veränderungen sind Veränderungen: Im Unterschied zu den Effekten medizinischer Interventionen, die sich z.B. durch eine Veränderung relevanter organismischer Variablen

4 Interessant ist, daß diese kontextuelle Sichtweise auch bei Überlegungen zur differentiellen Indikation bei der Behandlung oft kaum eine Rolle spielen. In einem Artikel zur Frage spezifischer Indikationsprofile (*von Aster, Reitzle, Steinhausen* 1994) werden indikative Überlegungen zur pädagogischen Einzelfallhilfe, Verhaltenstherapie, Klientenzentrierten Spieltherapie und analytischer Einzeltherapie entwickelt, aber die Frage der Behandlung im Kontext, insbesondere des Familienkontextes nicht erörtert (auch im „Handbuch Verhaltenstherapie und Verhaltensmedizin bei Kindern und Jugendlichen" von *Steinhausen* & *von Aster* [1993] werden bei einem Umfang von über 600 Seiten lediglich die letzten beiden Kapitel einer Einbeziehung der Eltern unter behandlungstechnischen Aspekten gewidmet).

belegen lassen, sind psychologisch bedeutsam nur solche Veränderungen, die wahrgenommen werden.

Die *„perceived competence"* zählt, und die faktische Kompetenz wiegt wenig, wenn sie vom Subjekt nicht wahrgenommen und wertgeschätzt werden kann (*Flammer* 1990). Die Debatte um „eingebildete Kranke, Simulanten und Hypochonder" wurde zu *Freud*s Zeiten ausgiebig geführt. Sie wurde dahingehend entschieden, daß eine Unterscheidung zwischen eingebildeten und tatsächlichen Krankheiten unsinnig ist, da es sich im Bereich des Psychischen ja immer um die Vorstellungen, Sichtweisen, „subjektive Theorien" (*Flick* 1987, 1991) des Patienten handelt, die verändert werden sollen. Damit ist die Vorstellung – auch wenn sie noch so unsinnig erscheint – von einer Krankheit dann die Krankheit selbst und die Vorstellung von einer Heilung die Heilung selbst, wie z.B. die Untersuchung und Therapie von Patienten, die an „eingebildeter Häßlichkeit" leiden, zeigt (*Baardman* 1989).[5]

In der Arbeit mit Kindern und Jugendlichen taucht dieses Problem in einer erweiterten Form auf, hier können nämlich teilweise Schwierigkeiten von Kindern dadurch zum Verschwinden gebracht werden, daß die Eltern ihre Einstellungen und damit ihre Wahrnehmung verändern, so daß durch eine *Neubewertung* vormals symptomatischen Verhaltens dieses dann nicht mehr als solches betrachtet wird und die Probleme behoben sind (z.B. *Selekman* 1993), ein Vorgehen, das besonders in der Temperamentsberatung (*Zentner* 1993a, b) wirksam wird, wenn Eltern verstehen, daß das Verhalten ihres Kindes weder böser Wille noch krankhaft ist, sondern Ausdruck seiner spezifischen Persönlichkeit. In der Arbeit mit Kindern wird eine Entscheidung darüber getroffen, ob die Behandlungsanlässe, also Problemwahrnehmungen bei Bezugspersonen der Kinder verändert werden müssen und/oder aber die Kinder selber. Für viele Probleme gilt: sie bestehen so lange, wie jemand sagt, es gäbe

---

5 Deshalb sollten Therapeuten darauf achten – und vielleicht machen die Anhänger bestimmter therapeutischer Schulen dies besser oder schlechter–, daß ihre Klienten berichten können, daß ihnen eine Behandlung etwas geholfen hat im Sinne einer Wertschätzung subjektiven Erlebens. Eine gute Werbung schafft einen positiven Eindruck von einem Produkt und diese Leistung hat überhaupt nichts mit dem Produkt zu tun, sondern nur etwas mit der Produktwerbung. Diese beiden Aspekte scheinen im therapeutischen Bereich nur sehr schwer trennbar zu sein.

ein Problem.[6] Wenn niemand mehr ein Problem sieht, dann ist die Therapie beendet (*Haley* 1994). Eine solche Auffassung kommt natürlich bei schweren Verhaltensstörungen und psychosomatischen Erkrankungen an ihre Grenzen. Dennoch darf auch hier das Moment der individuellen und familiären *Problembewertung* (*appraisal*) nicht unterschätzt werden. Objektivierbare Symptombesserungen (die Nägel werden nicht mehr „bis aufs rohe Fleisch" abgekaut) und Veränderung der Symptombewertung („das Nägelkauen hält sich in erträglichen Grenzen, wir können damit leben") müssen Hand in Hand gehen.

Kinder- und Jugendlichentherapeuten sind besonders gefordert, Problemlösungen nicht nur mit ihren Klienten, sondern auch in deren Umgebung zu suchen, und dabei kommt oftmals der Möglichkeit, Einstellungen von Bezugspersonen zu verändern, eine besondere Rolle zu, wobei deren subjektive Krankheitstheorien oder Problemkonzeptionen verändert werden müssen (z.B. *Märtens* 1991), Netzwerkperspektiven und „social world perspective" erforderlich sind (vgl. *Petzold* 1979c, 1994e; *Laireiter* 1993). Die Multiperspektivität therapeutischer Effektbewertungen macht eine Erweiterung unter einer lebensweltlichen und longitudinalen Perspektive (z.B. *Petzold* et al. 1993; *Petzold, van Beek, von der Hoek* 1994) unumgänglich.

6 Ebenso verhält es sich mit den Effekten therapeutischer Interventionen oder von Therapien: Nur die Effekte, von denen ein Patient glaubt, daß sie durch eine Therapie oder einen Therapeuten hervorgerufen wurden, können von ihm als tatsächliche Effekte einer Behandlung angesehen werden. Hier sind wiederum die tatsächlichen Effekte nicht zu trennen von nur vermeintlichen Effekten. Anders gesagt, ein wichtiges Ziel einer therapeutischen Behandlung ist es, bei einem Klienten die Überzeugung zu fördern, daß ein therapeutischer Effekt erzielt werden kann und erreicht würde. Es geht also nicht nur darum, einen Klienten tatsächlich zu verändern, sondern ihm auch die Überzeugung zu ermöglichen, daß er verändert ist. Unter diesem Aspekt müßten einmal die Erfolgsmeßinstrumente der Evaluationsforschung dahingehend untersucht werden, ob bestimmt therapeutische Methoden, z.B. VT versus GT hinsichtlich methodenspezifischer Erwartungshaltungen bestimmte Effekte besser und andere schlechter erfassen.

## 3. Keine Entscheidung zur Überlegenheit einer Methode in diesem Jahrhundert

Im Handbuch „Kinderpsychotherapie" schreibt der Herausgeber *Gerd Biermann* im Vorwort[7]:

> „Die Leitlinie des Gesamtwerks ist auch in diesem Band gewahrt, nämlich die tiefenpsychologische Orientierung aller Autoren, ohne die, in welchem Spezialgebiet der Kinderpsychologie und -therapie auch immer, eine wirksame Behandlung seelischer Störungen im Kindes- und Jugendalter wenig Erfolg verspricht" (1994, 7).

Kann man diese „Erkenntnis" – hier wie eine selbstverständliche und bewiesene Tatsache herausgestellt –, daß eine tiefenpsychologische Orientierung der Königsweg zum Erfolg in der Arbeit mit Kindern und Jugendlichen ist, heute so stehen lassen?

Wenden wir uns dem Forschungsstand im Bereich der Kinder- und Jugendlichenpsychotherapie zu, wie er sich in den Ergebnissen der empirischen Forschung der letzten Jahre niedergeschlagen hat (*Levitt* 1963; *Weisz* et al. 1987; *Heekerens* 1989, 1992; *Weisz, Weiss* 1993; *Kazdin* 1993, 1994a), so scheint eher das Gegenteil dem empirischen Forschungsstand zu entsprechen. Zunächst ist festzustellen, daß zentrale entwicklungspsychologische Annahmen der psychoanalytischen Entwicklungstheorie des Säuglings- und Kleinkindalters – die Positionen von *M. Klein, M. Mahler, A. Freud,* z.T. von *D.W. Winnicott* – von der modernen empirischen Entwicklungsforschung (*H. Papoušek, M. Rutter, D. Stern, K. Nelson* u.a.) schwer erschüttert oder falsifiziert worden sind (*Lichtenberg* 1983; *Dornes* 1993; *Petzold* 1993c, 1994j) und eine Rezeption der neuen Erkenntnisse und eine daraus folgende Modifikation bestimmter Seiten der Behandlungspraxis erst noch im Gange sind. Dann muß – wie auch für viele andere therapeutische Ansätze – festgestellt werden: es liegt kaum eigenständige entwicklungspsychologische empirische Forschung vor, und es finden sich fast keine empirischen Effizienzstudien.

*Sowohl mit Blick auf die Theorienbildung wie mit Blick auf die Forschungslage muß deshalb betont werden, daß nicht von dem Stand eines*

---

7 Welches zwar 1994 bei Fischer erschienen ist, aber Arbeiten enthält, die zwischen 1976 und 1981 schon im Reinhardt Verlag erschienen sind und neue Entwicklungen und Forschungsergebnisse unberücksichtigt läßt. In keinem anderen Bereich der Psychologie bzw. klinischen Psychologie wäre eine solche Publikationsstrategie für ein „Handbuch" denkbar, aber es machen derartige Vorgehensweisen auch die Situation und den wissenschaftlichen Status der tiefenpsychologisch orientierten Kindertherapie deutlich, wie ihn unsere Literatursuche vorgefunden hat.

*Verfahrens für die Behandlung Erwachsener auf die Tauglichkeit und Effizienz für die Behandlung von Kindern oder Jugendlichen geschlossen werden darf.*

Die Forschung im Bereich der Therapie mit Kindern und Jugendlichen wurde durch eine Überblicksarbeit von *Levitt* (1957 ) aufgeschreckt – ähnlich wie dies im Bereich der Therapie mit Erwachsenen durch *Eysenck* (1952) geschah –, in der dieser 18 Studien zur Effektivität der Therapie von Kindern mit neurotischen Störungen aufgenommen hatte, die zeigten, daß sich bei den Kindern, die keine Behandlung hatten, zu 73% Verbesserungen fanden und die Besserungen in der Behandlungsgruppe sich auf 78% beliefen. Somit erschien die Effektivität der Behandlungen als sehr fraglich. Nachfolgende Untersuchungen konnten aber deutlich machen, daß unter bestimmten Bedingungen die Effektivität der Therapie mit Kindern und Jugendlichen fast ähnlich erfolgreich einzuschätzen ist, wie dies bei Erwachsenen der Fall ist, und daß eine Behandlung eindeutig besser ist als keine (*Kazdin* 1994, 545 ff.; *LeCroy* 1994, 2; *Weisz, Weiss* 1993; *Heekerens* 1992, 14). Insgesamt replizierte sich hier ein Befund der allgemeinen Psychotherapieforschung, nämlich eine leichte Überlegenheit verhaltensorientierter Methoden durch größere Verbesserungen in einer Vielzahl unterschiedlicher Veränderungsmaße (*Kazdin* 1994, 547), während bei einsichtsorientierten und *psychoanalytischen bzw. psychodynamisch orientierten Verfahren die Versuche der Effektivitätsnachweise fehlgeschlagen sind und durch eine Häufung negativer Ergebnisse eher ihre Ineffektivität belegt ist*, wobei die Anzahl kontrollierter Therapiestudien (hier handelt es sich um drei Studien mit Kindern, einem Vergleich zwischen analytischer Kindertherapie und struktureller Familientherapie mit Kindern ohne Bezugspersonen von *Szapocnik* et al. 1991 und zwei Arbeiten zur analytischen Einzeltherapie von *Fonagy, Moran* 1990 sowie *Heinicke, Ramsey-Klee* 1986) überraschend gering ausfällt (*Heekerens* 1992, 15). Nicht ganz so negativ fällt die Bilanz bei *Kazdin* (1994a) sowie *Weisz* und *Weiss* (1993) aus. Sie kommen aufgrund ihrer Zusammenfassungen von Metaanalysen (allgemeine Metaanalysen von: *Casey, Bermann* 1985; *Weisz, Weiss, Alicke, Klotz* 1987; *Kazdin, Bass, Ayers, Rodgers* 1990; *Weisz, Weiss, Morton, Granger, Haan* 1992) auch zu einem negativen Gesamtergebnis für psychoanalytische Ansätze (besonders *Barnett, Docherty, Frommelt* 1991), versehen dieses allerdings mit einigen einschränkenden Anmerkungen hinsichtlich der Schlußfolgerungen (*Kazdin* 1994a, 548 f; *Weisz, Weiss* 1993). *Weisz* und *Weiss* (1993) interpretieren die Befunde von *Casey* und *Berman* (1985), daß sie keine signifikanten Unterschiede zwischen den therapeutischen Ansätzen mehr fanden, wenn sie die Tests ausschlossen, die bei den Outcome-Messungen ähnliche Aktivitäten erfaßten, wie sie auch in den Interventionen vorkamen, als einen Hinweis auf methodische Probleme, die unter Umständen forschungskonzeptionsbedingte Artefakte erzeugen. Im Gegensatz zu diesen Befunden fanden sie jedoch in ihren eigenen Metaanalysen (*Weisz* et al. 1987, 1992), daß eine Überlegenheit verhaltensorientierter Verfahren bestehen bleibt, selbst wenn diese Tests ausgeschlossen sowie das Alter, die Störungsbilder und das Ausmaß des Therapeutentrainings kontrolliert wurden (*Weisz, Weiss* 1993, 92). Trotz einiger Einschränkungen kann also mit ziemlicher Sicherheit von deutlichen Effekten in spezifischen Symptombereichen durch verhaltensorientierte Vorgehensweisen ausgegangen werden, die in diesem Ausmaß bei anderen Vorgehensweisen nicht erreicht wurden, wenn diese im Vergleich eingesetzt wurden. Wenn von seiten der Vertreter tiefenpsychologischer bzw. psychoanalytischer Methoden in der Kindertherapie im Sinne des Anspruches von *Biermann* (loc. cit.) vertreten wird, daß diese Behandlungsansätze deutliche Veränderungen bei Störungsbildern bewirken, so muß man feststellen: *Es stehen empirische Befunde im Sinne kontrollierter Studien hierzu praktisch noch aus*, es gibt einige Negativbefunde, und deshalb gilt es, Therapeuten dieser Richtungen zu motivieren, ihre in der praktischen Arbeit erfahrenen Erfolge, die in – zumindest unter methodischer Perspektive nicht sehr aussagekräftigen Fallstudien (*Stuhr, Deneke* 1993) – vorgestellt werden (*Biermann* 1994), auch in Untersuchungen im Kontrollgruppendesign, in *fine grained single case studies* oder in der Kombination von qualitativ *und* quantitativ ausgerichteten „sophisticated designs" zu überprüfen.

Auch im Bereich integrativer und eklektischer Vorgehensweisen besteht noch ein erheblicher Mangel an Forschungsergebnissen, der in einem besonders eklatanten Widerspruch zur Verbreitung dieser Ansätze steht, da zwischen 29% (*Norcross, Prochaska, Gallagher* 1989) und 68% (*Jensen, Bergin, Greaves* 1990) der befragten Therapeuten angeben, daß sie integrativ und richtungsübergreifend arbeiten, wobei zu prüfen ist, was sich unter dem Label „integrativ" verbirgt: ein unsystematischer oder systematischer Eklektizismus, eine Methodenkombination oder ein theoretisch und methodisch elaboriertes Integrationsmodell (vgl. zur Klassifizierung solcher Differenzen

*Petzold* 1992g). Nach *Vennen* bezeichnen sich im Bereich der ambulanten Beratung von Paaren und Familien in der BRD 60% der Befragten als eklektisch. In der Studie des BMFSFuF (1994a, 123) sind es 35%. Ob und wie effektiv diese eklektische Praxis ist, und wie effektiv unter Umständen spezifische Methoden in ihrer reinen Form vielleicht bei bestimmten Störungen in bestimmten Behandlungskontexten sind, bleibt derzeit noch eine offene Frage (siehe zur Diskussion der Perspektiven und Probleme der Forschung zu integrativen Ansätzen *Norcross* et al. 1993). *Garfield* und *Bergin* (1994, 7) erachten (unsystematische) eklektische Vorgehensweisen möglicherweise überhaupt nicht als beforschbar, da sie aufgrund ihrer Unterschiedlichkeit und eines fehlenden theoretischen und methodischen Grundkonzeptes keinen gemeinsamen Boden aufweisen bzw. keine Möglichkeit der Abgrenzung bieten. Integrationsmodelle hingegen bieten zwar stringente Konzepte, sind aber z.T. sehr komplex und werfen deshalb für die Forschung Probleme auf, wenngleich sie der Komplexität realer Lebenswelten in der Praxis in besonderer Weise gerecht werden.

Insgesamt ist festzustellen, daß die Befundlage relativ schwierig ist, was die Über- und Unterlegenheit bestimmter Methoden anbelangt, so daß für den Bereich der Therapie mit Kindern und Jugendlichen eine wesentlich chaotischere und unklarere Situation als für die Therapie mit Erwachsenen besteht. Vorentscheidungen über die Anerkennung einzelner Methoden sind deshalb derzeit nicht möglich, ja wären gegebenenfalls fatal, wenn wenig untersuchte, aber potentiell sehr wirksame Ansätze in der Kindertherapie ausgegrenzt würden, weil etwa das Verfahren in der Erwachsenentherapie keine Anerkennung gefunden hat, oder Verfahren, deren Effizienz für Erwachsene nachgewiesen wurde, unbesehen deswegen auch für die Kindertherapie anerkannt würden, obwohl Wirkungsnachweise dort noch fehlen. Für die Situation in der KJT sind u.a. grundlegende Umstände verantwortlich, die entscheidende Unterschiede zur Erwachsenenpsychotherapieforschung darstellen.

> „Sowohl der Mangel an Untersuchungen über eine bestimmte Behandlungsmethode als auch die Heterogenität der Behandlungsweisen, die einer Klasse zugeordnet werden, schließen sichere Aussagen über die relative Wirkung verschiedener Interventionen aus" (*Kazdin* 1994b, 346).

Neben der schon angesprochenen *Multiperspektivität von Outcome-Bewertungen* wird die Situation im Bereich der Kinder- und Jugendlichenpsychotherapie durch weitere Faktoren noch weiter kompliziert, die zu einer Vielzahl zu kontrollierender Variablen führen, deren ungenügende Berücksichtigung für viele Fragestellungen sinnfreie Ergebnisse produziert. Ein Vergleich therapeutischer Vorgehensweisen nach eindimensionalen Klassifikationen wie z.B. verhaltenstherapeutische gegen verbale Therapieformen erlaubt keinerlei Schlußfolgerungen über die Effektivität bestimmter therapeutischer Vorgehensweisen.

*Fäh-Barwinski* (1994) fordert, die psychotherapeutische Versorgung auf *epidemiologische Fakten* zu stützen, und kritisiert am Vorgehen von *Grawe* et al. (1994), daß die Frage der fehlenden epidemiologischen Grundlagen übersehen wurde und bei der Bewertung therapeutischer Methoden nicht deren *Nutzen genauer für die Behandlung unterschiedlicher Störungen* gewichtet wurde.[8] Diese Frage, welche Verfahren für welchen Störungsbereich und weiter noch insbesondere für welche im Rahmen einer patientenorientierten Versorgungspolitik behandlungsbedürftigen Störungen nachweislich effektiv sind, verdient zukünftig sicherlich Aufmerksamkeit, so daß nicht immer wieder Forschungsaktivitäten zur Evaluation der Effektivität schon erforschter Störungsbilder verschwendet werden sollten. *Die Effektivität bestimmter therapeutischer Methoden kann immer nur auf festumschriebene Störungsbilder bezogen werden und nicht als Indikator für ein prinzipielles Veränderungspotential einer Methode verwendet werden.*

Da Kinder und Jugendliche unterschiedlichen Alters in anderen *Entwicklungsstadien* unterschiedliche Entwicklungsschritte durchlaufen (*Sameroff* 1993) und unterschiedliche therapeutische Herangehensweisen erfordern (*Nobach* 1992), *können Studien zur Effektivität spezifischer Behandlungsmethoden nur für bestimmte Altergruppen untersucht werden und eine Generalisierung der angewendeten Methoden über die untersuchte Population hinaus auf andere Altergruppen ist nicht zulässig. Morris* und *Nicholson* (1993) kritisieren hier sicherlich zu

8 „Gesicherte epidemiologische Befunde über die Frage, wie viele Personen an eng umgrenzten Verhaltensproblemen (welche mit kognitiv-verhaltenstherapeutischen Techniken tatsächlich relativ leicht gemildert werden bzw. beseitigt werden können) leiden und wie groß der Anteil jener ist, die an komplexen und schwieriger faßbaren Erlebnis-, Gefühls- und Verhaltensstörungen sowie an Identitäts- und Persönlichkeitsstörungen kranken (welchen nur mit differenzierten therapeutischen Methoden im Rahmen längerer Prozesse beizukommen ist), liegen z.Zt. nicht vor. Es ist erstaunlich, daß die ‚Berner Gruppe' diesen Sachverhalt fehlender epidemiologischer Grundlagen bei der Bewertung ihrer Ergebnisse nicht berücksichtigt hat" (*Fäh-Barwinski* 1994,5).

Recht, daß die meisten Vorstellungen zu notwendigen und hinreichenden Bedingungen guter therapeutischer Beziehungen fast ausschließlich aus der Therapie mit Erwachsenen stammen, so daß differenzierte theoriegeleitete Modellvorstellungen zur Arbeit mit Kindern kaum vorhanden sind (vgl. aber *Ramin, Petzold* 1987; *Petzold* et al. 1994a), geschweige denn dazu wissenschaftliche Evaluationsstudien vorliegen. Für künftige Forschung in diesem Bereich sind deshalb Konzepte notwendig, die altersspezifische Prozesse im Zusammenhang mit abgrenzbaren Störungen identifizieren und deren Interaktion mit therapeutischen Angeboten untersuchen (*Kazdin* 1994b, 349).

Diese Variablenvielfalt allein genügt sicherlich schon, um die Hoffnungen auf eine schnelle Klärung der *„Überlegenheitsfrage"* – so sie überhaupt sinnvoll ist – ins nächste Jahrtausend zu verschieben. Aber es kommen noch weitere Momente ins Spiel, die für die Einschätzung und Bewertung von Forschungsergebnissen sowie ihre praxisnahe Umsetzungen von Bedeutung sind. Hierzu muß insbesondere die Frage der *Behandlungsbedingungen* genannt werden, deren augenfälligste die Unterscheidung stationärer von ambulanten Behandlungsformen ist. Angloamerikanische Studien belegen hier, daß sich im ambulanten Setting mit regionalen Versorgungsaufgaben ebenso wie in stationären Behandlungseinrichtungen für die Behandlung von Kindern und Jugendlichen relativ viele Ergebnisse finden, die kaum Effekte nachweisen können, also der ambulanten und stationären Therapie unter Alltagsbedingungen in diesem Bereich oft *Wirkungslosigkeit* attestieren. Z.B. verglichen *Shepherd, Oppenheim, Mitchell* (1966), die Behandlungseffekte einer hinsichtlich Alter, Symptombelastung und demographischer Daten parallelisierten stationären Behandlungs- und Kontrollgruppe mit Kindern im Alter zwischen 5 und 15 Jahren. Zwei Jahre nach Abschluß der Behandlung wurden 63% der Behandelten und 61% der nicht behandelten Teilnehmer von Ratern als gebessert eingeschätzt, die keine Informationen darüber hatten, ob und welche Teilnehmer eine Behandlung erhalten hatten. Auch in diesen Studien findet sich wieder das Phänomen, daß viele Schwierigkeiten mit Entwicklungsphasen verbunden erscheinen, die nicht weiter persistieren müssen, sondern wieder verschwinden. *Ashcraft* (1971), *Whitehead* und *Lab* (1989) schreiben in ihrer metaanalytischen Auswertung von 50 Studien zur Behandlung abweichenden Verhaltens:

„Die Ergebnisse belegen, daß Interventionen wenig positive Wirkungen haben und viele den Anschein erwecken, daß sie die Probleme verstärken" (*Whitehead, Lab* 1989, 276; Ü.v.A. zit. in *Weisz, Weiss* 1993, 87).

*Weisz* und *Weiss* (1993) fassen die ernüchternden Ergebnisse insgesamt zusammen, indem sie feststellen, daß es bisher keine Belege dafür gibt, daß die experimentell in stationären klinischen Settings gefundenen Forschungsergebnisse in ambulanten Settings repliziert werden, also die gefundenen Ergebnisse vorerst nicht generalisiert werden dürfen, da es genügend Befunde gibt, die die Zweifel deutlich stützen (ibid. 89).

Interessant ist, daß eine erste große umfangreiche prospektive Studie in der Bundesrepublik zur ambulanten Paarberatung unter normalen Bedingungen, die die oft geforderte Forderung nach Praxisforschung umsetzte (z.B. *Rief* 1994; *Talley* et al. 1994), auch erhebliche Zweifel daran bestärkt, daß die Effektstärken experimenteller Forschungssettings auf die alltäglichen ambulanten Bereiche der therapeutischen und psychosozialen Versorgung übertragen werden können. *Klann* und *Hahlweg* (BMFSFuF 1994a,b) fanden in ihrer Untersuchung ebenfalls wesentlich geringere Effektstärken und weniger klinisch relevante Veränderungen, wobei diese eher ernüchternden Befunde noch dadurch bestärkt werden, daß aufgrund eines Stichprobenschwundes zum Katamnesezeitpunkt nach einem halben Jahr nur 25% der ursprünglichen Population erreicht wurden und für viele der nicht mehr erreichbaren Klienten auch mit eher geringen oder keinen ausreichenden positiven Veränderungen gerechnet werden muß.

*Frank* und *Fiegenbaum* (1994) zeigen an einer 100%-Katamnese, daß die Unwilligkeit, wieder an einer Erhebung teilzunehmen, linear mit geringerer Behandlungszufriedenheit und mit einer geringeren Verbesserung der Symptomatik einhergeht. Aufgrund dieser Zusammenhänge muß sicherlich auch für die Situation in Deutschland davon ausgegangen werden, *daß die Ergebnisse, die bei kontrollierten experimentellen Studien mit größtenteils hochgradig selektierten Stichproben und besonders guten klinischen Settings und unter optimalen Forschungsbedingungen gewonnen werden, nicht einfach in den Praxisalltag übertragbar sind*. Hierzu muß allerdings angemerkt werden, worauf *Grawe* et al. (1994) hinweisen, daß die im Bereich erfolgreicher Psychotherapie gefundenen Effektstärken im Vergleich mit anderen im sozialen Bereich oder auch der Medizin recht beeindruckende Größenordnungen erreichen, daß die Frage nach angemessenen

Erwartungen hinsichtlich möglicher Verbesserungen in diesen Settings jedoch noch geklärt werden muß.

Die Frage nach der Effektivität von Behandlungsmethoden in bestimmten Settings gewinnt wieder eine größere Bedeutung, und die wahrscheinlich zu erwartenden geringeren Effekte in der alltäglichen Praxis unter normalen Bedingungen mit mehr oder weniger unausgelesenen Populationen lassen kurzfristig kaum Hoffnungen zu, klare Befunde zu direkt auf therapeutische Techniken und Methoden zurückgehende Wirkungen in der Kinder- und Jugendlichentherapie zu identifizieren.[9] Unter idealtypischen klinischen Forschungsbedingungen gewonnene Ergebnisse für einzelne Methoden lassen keine gesicherte Aussage darüber zu, ob diese Methoden im turbulenten Praxisalltag die gleichen positiven Effekte bringen oder ob sie in solchen Settings nicht auch besonders störungsanfällig sind.

## 4. Forschungsergebnisse zu Störungsbildern

Auch im Bereich der Kinder- und Jugendlichenpsychotherapie setzt sich wie in der Darstellung der Therapieforschungsergebnisse für Erwachsene (*Bergin, Garfield* 1994; *Beutler, Crago* 1991) immer stärker der Trend durch, Forschungsergebnisse nach Störungsbildern zu ordnen (*Kazdin* 1994a) und Behandlungskonzepte an Störungsbildern zu orientieren (z.B. *Steinhausen, Aster* 1993; *Kratochwill, Morris* 1993; *LeCroy* 1994; *Petermann* 1995). Dabei fällt auf, daß sich neben spezifischen Entwicklungs- und Lernstörungen bei Kindern immer stärker abzeichnet, daß die großen Störungsgruppen von Erwachsenen (vgl. *Unnewehr* et al. 1994) auch bei Kindern und Jugendlichen anzutreffen sind. Aufgrund ihrer direkten Bedeutung für die therapeutische Arbeit fordern die Ergebnisse oft eine Modifikation der klassischen therapeutischen Vorgehensweisen heraus.

9 Eine umfassende methodische Auseinandersetzung mit den Grenzen und Möglichkeiten aus den Ergebnissen der bisherigen Psychotherapieforschung weitreichende Aussagen über die Effektivität therapeutischer Methoden zu machen gibt der Sammelband von *Russell* (1994), der eine umfangreiche, vor allem methodenimmanente Kritik der empirischen Variablentherapieforschung enthält und auf die Begrenztheit der Schlußfolgerungen aufgrund der gegenwärtigen Datenlage hinweist.

Insbesondere *depressive Störungen* geraten dabei mehr ins Zentrum der Aufmerksamkeit, die früher bei Kindern seltener festgestellt wurden (*Kazdin* 1994a, 564) und aufgrund besserer Operationalisierungen jetzt leichter diagnostiziert werden (*Rossmann* 1991; *Essau, Petermann* 1995). Insbesondere unter psychoanalytischen Perspektiven wurden depressive Phasen bei Jugendlichen früher eher grundsätzlich als entwicklungsphasentypische Phänomene bewertet, die nicht mit einem entsprechenden Krankheitswert betrachtet wurden, wie dies bei Erwachsenen der Fall war (z.B. *Blos* 1961). Epidemiologisch scheinen sich die Prävalenz- und Inzidenzraten in den letzten Jahren in den westlichen Industriestaaten auch für Kinder erhöht zu haben (*Lewinsohn, Rohde, Hautzinger* 1994, 353; *Mufson* et al. 1993, 22 ff.), wie dies auch für Erwachsene diagnostiziert wurde (*Elkin* 1994), wobei diese Feststellung natürlich dahingehend relativiert werden muß, daß möglicherweise auch die veränderten diagnostischen Vorgehensweisen hierzu einen Beitrag geleistet haben. Bei Kindern mit depressiven Symptomatiken mit einer Jahresinzidenzrate von 7,7% erfüllen nach *Lewinsohn, Rohde* und *Hautzinger* (1994, 354) 84% die Kriterien für eine „mayor depression". *Depressionen stellen damit bei Kindern ein schweres und häufiges Störungsbild dar,* daß damit erhebliche Anforderungen an die therapeutische Praxis stellt, da auch Selbstmorde und Selbstmordversuche häufig sind. Die Verdoppelung des Erkrankungsrisikos stellt sich bei Mädchen erst zwischen 14 und 18 Jahren ein und folgt damit dem Muster anderer affektiver Störungen, bei denen diese Entwicklung auch oft ab dem 12. Lebensjahr einsetzt.

Interessant ist ein Unterschied zur Depression Erwachsener, da typische kognitive Stile depressiver Störungen auch nach Abklingen der Hauptsymptomatik persistieren, während man bei Erwachsenen keine Unterschiede zur Normalbevölkerung mehr feststellen kann, wenn die Symptomatik abgeklungen ist. Hieraus ist der Schluß zu ziehen, daß eine Behandlung noch über den Zeitraum der aktuellen Symptomatik hinaus fortgesetzt werden muß und daß kognitiven Prozessen eine zentrale Bedeutung zukommt und diese verändert werden müssen, wie dies in spezifischen Interventionsprogrammen umfangreich vorgesehen ist (z.B. *Lewinsohn, Rohde, Hautzinger* 1994; *Stark, Raffaelle, Reysa* 1994). Einer Identifikation dieser kognitiven Muster kommt eine präventive Funktion zu, wenn es frühzeitig gelingen soll, diese zu verändern. Eine gezielte Veränderung dieser kognitiven Muster (*Kompetenzen)* scheint weiterhin in die Hände von Fachleuten zu gehören, die darüber hinaus eine stärkere Orientierung an den Fertigkeiten (*Performanzen*) der Kinder erfordert, also eine Diagnostik der Potentiale (*Petzold* 1993p; *Osten* 1995) erfordert, auf die aufgebaut werden kann. Auch hier zeigt sich die Bedeutung der Überwindung einer überwiegend an Defiziten orientierten Vorgehensweise, die von einer vermeintlich zwingenden Verbindung zwischen Störung und Lösung ausgeht.

Da die Förderung vieler Fertigkeiten auch „übungs- und erlebniszentriert" in Gruppen erfolgen kann (z.B. durch strukturierte Programme), liegen hier Möglichkeiten des ökonomischen Einsatzes von Ressourcen, die unbedingt genutzt werden sollten, da in Deutschland die Versorgungssituation wahrscheinlich ähnlich wie in den USA ist, wo gut ⅔ der betroffenen Kinder und Jugendlichen keine Therapie bekommen (*Lewinsohn, Rohde, Hautzinger* 1994, 354), obgleich sie dringend erforderlich wäre. Deshalb sollte über eine bessere Verteilung der therapeutischen Arbeitskapazität unbedingt nachgedacht werden, damit eine gerechtere Verteilung möglich wird, durch die mehr Klienten erreicht werden können. Dies ist wahrscheinlich für eine bessere Versorgung erstrebenswerter, als wenige Klienten aufwendig zu versorgen (siehe auch *Kächele, Kordy* 1992).

Der Familie kommt im Rahmen der Besserung bei Rückfällen eine so offensichtlich zentrale Rolle zu, so daß auch verhaltenstherapeutische Vorgehensweisen durch Einbezug familienorientierter Arbeit wesentliche Möglichkeiten zur Verbesserung therapeutischer Effizienz sehen. Im Ansatz der Interpersonalen Therapie für Kinder- und Jugendliche von *Mufson* et al. (1993), die eine Weiterentwicklung des Interpersonalen Ansatzes für Erwachsene (*Klerman* et al. 1984) ist, steht die therapeutische Arbeit mit Bezugspersonen als ausgearbeitetes Konzept im Mittelpunkt der Behandlung und unterstreicht auch aufgrund der Forschungsergebnisse (*Mufson* et al. 1993, 9 ff.) die zentrale Bedeutung des Einbezugs relevanter Bezugspersonen.[10] Trotzdem bleiben auch hier die Zusammenhänge unklar, wenn man den Outcome therapeutischer Behandlungen in

10 *Schauenburg* (1994) berichtet von der Jahrestagung „Society for Psychotherapy Research", daß im Rahmen der großen Depressionsstudie des National Institute of Mental Health (NIMH) längerfristige Katamnesen zur kognitiven und Interpersonalen Therapie, die in einem Umfang von 16 Stunden durchgeführt wurden, 50% der Patienten wieder in psychiatrischer Behandlung sind, so daß die Effekte offensichtlich nicht so dauerhaft sind, wie man dies ursprünglich erhofft hatte.

einen Zusammenhang mit den Annahmen einer therapeutischen Therapietheorie stellen will. Auch im Bereich *aggressiven Verhaltens und Delinquenz* zeigen sich ähnliche Schwierigkeiten, einfache kausale Zusammenhänge zu finden.

Die Forschungsbemühungen von *Szapocznik* und Mitarbeitern (*Szapocznik, Rio, Kurtines* 1991 sowie ausführlicher in *Szapocznik* et al. 1989) zeigen, daß sich bei individueller psychoanalytischer und strukturell orientierter Familientherapie gleichzeitig eine Reduktion des symptomatischen Verhaltens und emotionaler Probleme erreichen läßt, die weit über den Veränderungen einer Kontrollgruppe liegt. Aus der Arbeit mit jugendlichen Drogenkonsumenten aus spanischen Vierteln in Miami, die außerdem aufgrund dissozialen Verhaltens auffällig waren, wurde aus *Minuchins* Modell (1974) ein Ansatz, nicht mit der Familie, sondern nur mit dem Indexpatienten zu arbeiten, entwickelt (siehe auch *Szapocznik, Kurtines* 1989). Unter den familienorientierten Bedingungen fanden sich zum Follow-up-Zeitpunkt vergleichsweise bessere Familienfunktionen als in der psychoanalytisch orientierten Gruppe, was sich unschwer als Effekt der gewählten Behandlungsstrategie interpretieren läßt. Interessant an diesen Befunden ist, daß sie spezifische Effekte der Behandlungsstrategien katamnestisch feststellen konnten, die sich im Familiensystem manifestierten, obwohl dieses System nicht direkt behandelt wurde, da es nicht in die Behandlung einbezogen war, sondern das Familiensystem nur in der *mentalen Landkarte* der Therapeuten eine handlungsleitende Rolle spielte, gemäß der Devise: „Nicht nur jede Gruppen- oder Familientherapie, auch jede dyadische Therapie (sogenannte ‚Einzeltherapie') ist eine Therapie in einem und mit einem sozialen Netzwerk, ja die Behandlung eines sozialen Netzwerkes" (*Petzold* 1994e), das – unter longitudinaler Perspektive – mit der therapeutischen Begleitung eines *„convoys"* gleichbedeutend ist.

Desweiteren konnten jedoch keine Belege dafür gefunden werden, daß veränderte Familienfunktionen für eine Symptomänderung notwendig sind, was grundlegenden ätiologischen Prämissen der strukturellen Familientherapie widerspricht (*Scapocznik, Rio, Kurtines* 1991, 129 ff.). Natürlich besteht hier immer noch das Problem, ob vielleicht die relevanten Aspekte der Familienfunktionen nicht richtig erfaßt wurden, so daß Kritikern immer noch die Möglichkeit bleibt, an ihrer Theorie festzuhalten und hier Zusammenhänge zu postulieren. Die Annahme über familiäre Dysfunktionen als direkte Ursachen symptomatischen Verhaltens ist damit allerdings erst einmal getroffen. Trotz der Schwierigkeiten, kausale Zusammenhänge zwischen familiären Funktionen und Symptomen beim „Indexpatienten" zu finden – ein Konzept, das hier problematisch wird –, bleibt die Bedeutung des Umfeldes für die Entwicklung von Lösungsstrategien sowie die Unterstützung wichtiger Veränderungsprozesse natürlich bestehen. Auch wenn eine Familie nicht als kausale Ursache für die Entstehung abweichenden Verhaltens verantwortlich gemacht werden kann, kann sie doch eine zentrale Rolle im Veränderungsprozeß spielen, weshalb mit Recht der Zusammenarbeit mit der Familie von *Remschmidt* und *Mattejat* (1993, 170) die wesentliche Rolle eingeräumt wird.

## 5. Die Zeiten des aktiven Wartens: Katamnesen

Die Untersuchungen von *Scapocznik* und Mitarbeitern haben gezeigt, daß relevante differentielle Effekte, die therapeutische Methoden unterscheiden, erst nach einer gewissen Latenzzeit richtig deutlich werden. Dieser Befund, daß sich die beiden Methoden hinsichtlich ihrer Auswirkungen auf Familiensysteme erst später unterscheiden, ist überraschend, findet allerdings aus einigen anderen Forschungsbereichen Unterstützung.

So konnten *Snyder* und Mitarbeiter (1991) zeigen, wie sich erst in einer Vierjahres-Katamnese deutliche Unterschiede der Effekte im Vergleich einer verhaltenstherapeutischen und einer einsichtsorientierten Therapie, die Einsichten in die historischen familiären Entstehungszusammenhänge des jetzigen Beziehungsverhaltens der Ehepartner förderten, in den Trennungsraten zeigten. Während sich in der einsichtsorientierten Gruppe lediglich 3% der Paare getrennt hatten, hatten sich in der verhaltensorientierten Gruppe 39% scheiden lassen.

Ein *„sleeper effect"*, wie er sich in der Untersuchung von *Snyder* et al. (1991) zeigt, muß besonders im Bereich der Therapie mit Kindern und Jugendlichen berücksichtigt werden, da er hier schon lange belegt ist. Bei einem Vergleich von Gruppentherapie und Verhaltensmodifikation zeigten sich relativ wenig Effekte im Bereich Neurotizismus, antisoziales Verhalten und der Symptombelastung direkt nach der Behandlung (*Kolvin* et al. 1981). Allerdings stellten sich Verbesserungen langsam im Zeitraum von 18 Monaten ein, so daß hier von „schlafenden“ Effekten gesprochen werden kann, die durch die Behandlung erzielt wurden, sich aber erst viel später einstellten. *Weber* und *Stierlin* (1989) berichten ein ähnliches Phänomen bei familientherapeutischen Behandlungen der Magersucht, und *Petzold, Goffin, Oudhof* (1993) konnten Langzeiteffekte von Kindertherapien nach 20 Jahren dokumentieren. *Shoham-Salomon, Rosenthal* (1987) fanden in einer Metaanalyse zu paradoxen Interventionen einen ähnlichen Effekt, nämlich daß die stärkeren Effekte mit einer Latenzzeit zur Wirkung gelangten. *Kolvin* und Mitarbeiter weisen schon 1981 darauf hin, daß die meßbaren Effekte einer Behandlung erheblich von den Meßzeitpunkten abhängen, viele Behandlungseffekte nicht stabil sind und andere Effekte erst später deutlich werden.

Im Gegensatz dazu stehen die klassischen Befunde vom *Smith, Glass* und *Miller* (1980), die lediglich einen Effektschwund feststellten, der mit dem Abstand von der Therapie immer größer wird. *Kazdin* (1994, 42) stellt deshalb die besondere Bedeutung von Katamnesen heraus, die über eine Erfassung bei Abschluß der Behandlung hinausgehen und versuchen, der potentiellen Abhängigkeit der Effektmessung vom Meßzeitpunkt zu begegnen, die prinzipiell in Rechnung gestellt werden muß und bei der keine Entwicklung in eine bestimmte Richtung als naturgegeben angesehen werden kann.

*Katamnesen erfordern unterschiedliche Meßzeitpunkte für unterschiedliche Störungen.* So sind bei schwereren Störungen immer längere Zeiträume erforderlich. Bei Anorexia nervosa wurden in einer Übersicht von *Herzog* und *Schweitzer* (1994) lediglich solche Studien herangezogen, die einen Beobachtungszeitraum von mindestens 10 Jahren aufwiesen (*Herzog, Schweitzer* 1994, 182). Sie stellen fest, daß es mit zunehmender Beobachtungsdauer eine Polarisierung in gute und schlechte Verläufe gibt. 40% der Fälle weisen langfristig einen guten Verlauf auf, der sich nach 10 Jahren kaum noch verändert, während nach einer Katamnesedauer von zwei Jahren lediglich bei 15% hinsichtlich ihrer körperlichen, psychischen, familiären und sozialen Situation von einem guten Ergebnis gesprochen werden kann und sich die weiteren positiven Entwicklungen erst in den folgenden Jahren einstellen.

Als generelle Schlußfolgerung aus diesen Befunden ergibt sich, daß gerade bei Störungen, die längere und/oder auch zyklische Verläufe aufweisen, eine direkte Erfolgsmessung zum Zeitpunkt des Behandlungsendes oft wenig aussagekräftig ist, falls diese nicht noch weitere begleitende und ausschleichende sowie stabilisierende Kontakte vorsieht, deren Bedeutung für ein stabiles Behandlungsergebnis immer deutlicher wird (*Lewinsohn* et al. [1994, 358] sprechen von „booster-sessions"). *So können für eine Bewertung einer Behandlungsmethode nur langfristige Katamnesen die notwendigen Befunde erbringen.* Dabei sollte unbedingt ein weiter Bereich des Lebenskontextes von Klienten erfaßt werden, da z.B. die Befunde von *Snyder* et al. (1991) zu den hohen Scheidungsraten deutlich machen, daß eine reine Konzentration auf individuelle Erfolgsmaße um eine soziale Dimension erweitert werden muß, die auch die ökologische Verträglichkeit der Ergebnisse berücksichtigt und die Einbettung der Erfolgsmaße in einen Wertehorizont deutlich werden läßt, von dem Erfolgsmaße gerade in der Therapie mit Kindern und Jugendlichen nicht getrennt werden können (*Stanley, Sieber* 1992; *Reiter-Theil* et al. 1993).

## 6. Therapeutische Annahmen

Eine weitere interessante Frage stellt sich hinsichtlich der Bedeutung der Forschungsergebnisse für die handlungsleitenden Annahmen in der therapeutischen Praxis. Hierbei sind die Ergebnisse einer differenzierten Outcome-Forschung bedeutsam, sofern sie neue Sichtweisen eröffnen. Dies ist der Fall, wenn bestimmt Effekte dazu nötigen, die therapeutischen Vorgehensweisen zu hinterfragen, die für diese verantwortlich sein könnten, wie z.B.: Mit welchen Strategien haben die Therapeuten Scheidungen gefördert? Welche Interventionsrichtungen verschlechtern die Familienfunktionen? Wie müssen Verhaltensauffälligkeiten von Kindern direkter verändert werden, wenn Veränderungen im Familiensystem so wenig Effekte auf symptomatisches Verhalten haben?

Daneben kommt der Prozeßforschung (*Greenberg, Pinsof* 1986; *Greenberg* 1991), von der man sich endlich Aufschlüsse über die tatsächlichen Effekte erhofft (*Bergin, Garfield* 1994, 827f), eine zentrale Bedeutung zu, den Praktikern endlich zu erklären, warum ihr Tun erfolgreich ist und was sie noch mehr tun sollten, damit sie noch erfolgreicher werden. Die Spieltherapie für Kinder (*Axline* 1972) ist ein Beipiel für diese Hoffnungen. *Schmidtchen,* der sich schon lange mit Forschung zur Spieltherapie beschäftigt (*Schmidtchen* 1973;

*Schmidtchen, Hofstücker* 1978; *Schmidtchen, Kläning* 1974; *Schmidtchen, Hennies, Acke* 1993), schreibt hierzu:

> „Nach dem bisherigen Stand der Forschung weiß man, daß die Spieltherapie für Kinder ein sehr erfolgreiches Verfahren zum Abbau kindlicher Verhaltensstörungen und zur Verbesserung von Kompetenzen zur Selbstverwirklichung ist (s. u.a. *Schmidtchen* 1991; *Schmidtchen, Hennies, Acke,* 1993). Leider ist wissenschaftlich bisher nicht hinreichend geklärt, welche Prozesse im Verhalten der Kinder während der Therapie für die Heilung verantwortlich sind" (*Schmidtchen, Acke, Hennies* 1995).

*Kazdin,* der auf das erhebliche Mißverhältnis zwischen der Verbreitung unterschiedlicher Formen der Spieltherapie und ihrer wissenschaftlichen Evaluation hinweist, wirft die Frage nach den immer noch völlig ungeklärten Wirkmechanismen auf, die verständlich machen könnten, warum z.B. Effekte auf kindliche Dysfunktionen, Anpassungsstörungen im Zusammenhang mit sexuellem Mißbrauch, Depression oder Aggressionen zu erwarten sind (*Kazdin* 1994b, 552). Hier sind Forschungen unbedingt notwendig, die Indikationskriterien und Anwendungsgrenzen aufzeigen, um eine Spieltherapie gezielt einzusetzen.

Die Prozeßforschung zur Spieltherapie wird dadurch erheblich kompliziert, daß diese immer in andere Interventionen, die die Bezugspersonen miteinbeziehen, eingebettet ist. Hier sind also spezifische Wechselwirkungen zu erwarten, die kontrolliert werden müssen. Dabei spielen z.B. Fragen eine Rolle, die untersuchen, bei welchen Formen der Vernetzung mit einer Familie die Familie positive Effekte der Spieltherapie verstärkt oder verhindert, welche Effekte Veränderungen durch eine Spieltherapie auf die Beziehungen zu Bezugspersonen haben und wo diese negative Auswirkungen zeigen, welche Funktion u.U. die Spieltherapeuten im Bezugssystem erhalten und wie diese hinsichtlich erwünschter Veränderungen zu bewerten sind etc.

Eine aktuell besonders kontrovers diskutierte Frage betrifft die *Behandlungsdauer*, wobei diese Frage natürlich immer hinsichtlich bestimmter Störungsbilder gestellt werden muß. Die Frage nach einer minimalen und maximalen Behandlungsdauer einer therapeutischen Methode nach dem Motto, *„Wie lange dauert Psychotherapie"*, ergibt sonst keinen Sinn.

*McEachin* und Mitarbeiter (1993) behandelten autistische Kinder in einem einzeltherapeutischen Setting mit größtenteils verhaltenstherapeutischen Methoden, wie dies schon von *Lovaas* (1987) konzipiert wurde. Eine Besonderheit an ihrer Therapie ist die Intensität der Behandlung, die für ein Kind maximal 40 Stunden in der Woche betrug und in einzelnen Fällen im Laufe der Jahre 14 000 Stunden erreichte. Die Effekte wurden mit einer normalen Kontrollgruppe und einer weiteren Behandlungsgruppe verglichen, die ein reduziertes Programm mit nur 10 Behandlungsstunden in der Woche erhielten, womit außer einer Reduktion der Stunden auch eine Reduktion der Behandlungselemente verbunden war. In Katamnesen, die zwischen zwei und 10 Jahren erfolgten, konnte gezeigt werden, daß auch einige Jahre nach Abschluß der Behandlung fast 50% der Teilnehmer der Intensivbehandlung ein normales Intelligenzniveau mit ausreichenden Schulleistungen in einer normalen Schulklasse sowie ein unauffälliges Sozialverhalten entwickelt und behalten hatten. Das intensivste Behandlungssetting konnte dabei mit den beeindruckendsten Ergebnissen aufwarten. Bemerkenswert an dieser Untersuchung ist, daß sie demonstriert, welche Veränderungen bei autistischen Kindern erreicht werden können. Natürlich stellt der hier in einem Forschungssetting realisierte Aufwand kaum realisierbare Anforderungen, die unter normalen Klinikbedingungen oder in freier Praxis nicht wiederholbar sind. Aber es konnte gezeigt werden, daß weitreichende und stabile Veränderungen erreichbar sind, so daß viele der Behandelten nach Abschluß der Therapie im normalen Verhaltensbereich lagen. Auch wenn diese Intensität an Therapie kaum wiederholbar ist, wirft sie die Frage nach den wirksamen Vorgängen innerhalb dieser Behandlungen auf, die diese Effekte hervorgerufen haben, also nach den therapeutischen Interventionen, die wirksam waren. Diese gilt es zu identifizieren, um dann zu klären, welche dieser Prozesse mit weniger Zeitaufwand ebenfalls zu befriedigenden Effekten führen können, da der Faktor Zeit keine heilende Wirkung allein entfalten kann, sondern nur die Prozesse, die in der Zeit stattfinden, auch wenn sie natürlich wiederum Zeit voraussetzen.

Demgegenüber stehen Befunde, die die Effektivität ganz kurzer Beratungen aufzeigen. Unabhängig von der therapeutischen Ausrichtung des Therapeuten ist in ambulanten Settings eine Therapiedauer von nur einer Sitzung am häufigsten.[11] *Rosenbaum* (1994, 229)

---

11 Anders *Grawe, Donati* und *Bernauer* (1994, 725): „Ein Therapieabbruch war dadurch definiert, daß der Patient bereits an mindestens drei Therapiesitzungen teilgenommen hatte, daß also überhaupt eine Therapie aufgenommen worden war, ..."

nennt Zahlen zwischen 20 und 60% für einmalige Beratungskontakte, unabhängig davon, ob es sich nun um ein Kliniksetting oder eine freie Praxis handelt. *Talmon* (1991) berichtet aus einer Untersuchung, daß 78 Prozent von 200 telefonisch nachbefragten Patienten – seiner eigenen ursprünglich nicht einstündig konzipierten einmaligen Sitzungen – im Gegensatz zu seiner eigenen Einschätzung sehr zufrieden mit diesen Sitzungen waren.[12] Eine andere Erfahrung zeigte ihm weiter, daß telefonisch Hilfesuchende häufiger nicht kommen, selbst wenn sie sofort einen Termin erhalten. Werden die Anrufer jedoch angehalten, 48 Stunden vor ihrem Termin noch einmal anzurufen, so berichten ⅓ der Anrufer, daß der Termin nicht mehr erforderlich ist, da sie unterdessen selber eine Lösung gefunden haben. *Weisz* und *Weiss* (1993, 82) verweisen auf ein Phänomen, daß manchmal Aufnahmeinterviews mit Kindern und deren Bezugspersonen therapeutische Effekte hervorrufen können, so daß „drop outs", wenn sie als Kontrollgruppen verwendet werden, eine unberechenbare Variable sind. In der Bewertung der Ereignisse von Therapeuten und Klienten finden sich wieder systematische Unterschiede, die offensichtlich spezifisch für eine bestimmte Wahrnehmungsperspektive sind, wobei Therapeuten offensichtlich ihre Bewertung an einem *Standardmodell therapeutischer Behandlung* messen, das völlig andere Kriterien verwendet als Klienten dies tun.

Diese Befunde zeigen eine andere Tendenz, nämlich immer stärker für kurzfristige Veränderungsmöglichkeiten sensibilisiert zu werden, die durch kurze Anstöße gekennzeichnet sind und kaum Ähnlichkeiten mit den klassischen Vorstellungen von therapeutischen Prozessen mehr haben, in denen einer engen, manchmal extrem regressionsfördernden Beziehung zum Therapeuten eine zentrale Rolle zugeschrieben wird. Man könnte in diesem Zusammenhang von „therapeutischen Effekten ohne Therapie" sprechen. Aufgrund dieser Befunde gibt es jetzt immer mehr Anleitungen für effektives Intervenieren in nur einer Stunde (*Bloom* 1981; *Talmon* 1991; *Rosenbaum* 1994), die ein neues Selbstverständnis therapeutischer Berater und Therapeuten erfordern.

---

12 Vergleichbare Ergebnisse wurden 1981 von *Bloom* referiert, auf den sich *Talmon* bezieht und der seine Einsitzungs-Therapie mit expliziten Bezügen auf psychoanalytische Konzepte „focused singles-session therapy" nannte.

Gerade diese beiden extremen Positionen, wie sie sich in einer 14 000-Stundentherapie im Gegensatz zu einer „single-session-therapy“ zeigen, verweisen auf die Notwendigkeit einer weiteren *Flexibilisierung therapeutischer Angebote*, die sich nicht an Standardvorstellungen von Therapie orientieren sollten. In der therapeutischen Arbeit mit Kindern und Jugendlichen ist diese Flexibilität besonders gefordert. Es bestehen hier Entwicklungsmöglichkeiten einer weiteren Differenzierung hinsichtlich unterschiedlicher Beratungs- und Therapieangebote, die die Versorgung insgesamt verbessern könnten. Hier spielt sicherlich die Entwicklung langfristiger niederfrequenter therapeutischer Angebote eine besondere Rolle, wie sie in der Behandlung von Eßstörungen schon einen Platz gefunden haben (*Schauenburg* 1994, 387) und in Form „intermittierender Therapie“ in der Behandlung Drogenabhängiger als Karrierebegleitung praktiziert wird (*Petzold, Hentschel* 1991) oder wie sie sich in einer Kombination von Psychotherapie mit einer Frequenz von nur einer Sitzung im Monat – die niederfrequenteste Behandlungsform die überhaupt in der Pittsburgh-Studie (*Frank* et al. 1990) verwendet wurde – mit einer pharmakologischen Behandlung bei Depressionen bewährt hat (*Mufson* et al. 1993, 12). In der Entwicklung störungsspezifischer und kontextangemessener Behandlungsfrequenzen spielen klinische Untersuchungen im natürlichen Setting sowie die vielen Erfahrungen der klinischen Praxis eine wichtige Rolle. Die Befunde laden dazu ein, die Effekte unterschiedlicher Behandlungsfrequenzen in der täglichen Praxis zu erproben und ihre Effekte systematisch zu verwenden.

Wenn man nach der Bedeutung der Psychotherapieforschungsergebnisse für die Praxis der Therapie mit Kindern und Jugendlichen fragt, kann natürlich die Frage der Geschlechter nicht ausgelassen werden. *Weisz* und *Weiss* (1993) fanden, daß einer der verläßlichsten Befunde im Feld der Kinder- und Jugendlichentherapie in vielen Studien ist, daß die Therapien mit Mädchen erfolgreicher als die mit Jungen enden. Daraus könnte man den praktischen Schluß ziehen, daß man als Therapeut lieber mit Mädchen arbeiten sollte. Die früher oft zitierten Befunde, daß Therapeutinnen bessere Therapieergebnisse erzielen als ihre männlichen Kollegen, scheint nicht mehr so klar zu sein, wenn weitere intervenierende Variablen berücksichtigt werden (*Beutler, Machado, Neufeldt* 1994, 233 f), so daß die erfolgreichere Behandlung von Mädchen vielleicht auch im Bereich der Kinder- und Jugendlichentherapie nicht so sicher ist.

Hier wäre natürlich interessant, alters- und entwicklungsspezifische Passungen zu untersuchen. Da der Befund aber oft repliziert wurde, wirft er eine konzeptionelle Frage auf: Warum werden Jungen so schlecht erreicht, obwohl sie z.B. in Deutschland doppelt so oft in therapeutische Behandlungen geschickt werden wie Mädchen (z.B. Bundeskonferenz für Erziehungsberatung 1986, 1990)? Hieraus ergibt sich die Notwendigkeit, grundlegende Aspekte des therapeutischen Vorgehens zu reflektieren, um auch für Jungen angemessenere Versorgungsangebote zu machen, die ihren Bedürfnissen eher entsprechen.

Angesichts vieler Befunde der Forschung gewinnt man leicht den Eindruck einer „Miesmachertendenz". Forschungsergebnisse scheinen eher auf Mängel zentriert, als ressourcenorientiert angelegt zu sein, womit sie leicht wie eine technische Autoinspektion wirken, bei der auch nur die Fehler und nicht die Kapazitäten erfaßt werden. Trotz dieses Eindrucks bleibt zu hoffen, daß zumindest durch einige Ergebnisse konstruktive Weiterentwicklungen der therapeutischen Praxis angeregt werden können, die letztendlich den Klienten und ihren Therapeuten zugute kommen.

## Literatur


*Alexander, J.F., Holtzworth-Munroe, A., Jameson, P.*, The Process and outcome of marital and family therapy: research review and evaluation, in: *Bergin, Garfield* (1994) 595-630.

*American Psychiatric Association*, Diagnostic and statistical manual of mental disorders, 3rd ed. (1980); dtsch. DSM III (Diagnostisches und Statistisches Manual Psychischer Störungen, Beltz, Weinheim 1984.

— (ed.), Diagnostic and statistical manual of mental disorders, DSM III-R, 3rd. ed. rev., American Psychiatric Press, Washington, D.C. 1987.

— (ed.) Diagnostic and statistical manual of mental disorders, DSM, 4th ed., American Psychiatric Press, Washington, D.C. 1994.

*Argelander, H.*, Die Struktur der Beratung unter Supervision, *Psyche* 34 (1980) 54-77.

*Arnkoff, D.B., Victor, B.J., Glass, C.R.*, Empirical research on factors in psychotherapeutic change, in: *Stricker, Gold* (1993) 9-26.

*Arnold, E., Sonntag, U.* (Hrsg.), Ethische Aspekte der psychosozialen Arbeit – Beiträge zur Diskussion, dgvt, Tübingen 1994.

*Ashcraft, C.W.*, The later school adjustment of treated and untreated emotionally handicapped children, *Journal of School Psychology* 9 (1971) 338-342.

*Aster, M. von, Reitzle, M., Steinhausen, H.-C.*, Differentielle therapeutische und pädagogische Entscheidungen in der Behandlung von Kindern und Jugendlichen, *Psychotherapeut* 39 (1994) 360-367.

*Axline, V.*, Kinderspieltherapie im nicht-direktiven Verfahren, Reinhardt, München 1972.

*Baardman, I.*, Ingebeelde Lelijkheid, Thesis, Amsterdam 1989.

*Baetghe, G.*, Kindertherapie oder Familientherapie? *Praxis der Kinderpsychologie und Kinderpsychiatrie* 30 (1981) 159-165.

*Barnett, R.J., Docherty, J.P., Frommelt, G.M.*, A review of child psychotherapy research since 1963, *Journal of American Academy of Child and Adolescent Psychiatry* 30 (1991) 1 -14.

*Bateson, G.*, Mind and nature: A necessary unity (1979); dtsch. Geist und Natur: Eine notwendige Einheit, Suhrkamp,Frankfurt 1982.

*Benjamin, L.S.*, Every psychopathology is a gift of love, *Psychotherapy Research* 3 (1993) 1-24.

*Bergin, A.E., Garfield, S.L.* (eds.), Handbook of psychotherapy & behavior change, 4 ed., John Wiley & Sons, New York 1994.

—, —, Overview, trends, and future issues, in: *Bergin, Garfield* (1994) 821-833.

*Bergold, J.B., Flick, U.* (Hrsg.), Ein-Sichten – Zugänge zur Sicht des Subjekts mittels qualitativer Forschung, dgvt, Tübingen 1987.

*Beutler, L.E., Machado, P.P.P., Allstetter-Neufeldt, S.* Therapist variables, in: *Bergin, Garfield* (1994) 229-269.

*Biermann, G.* (Hrsg.) Kinderpsychotherapie. Handbuch zu Theorie und Praxis, Fischer, Frankfurt 1994; repr. aus *Biermann, G.*, Handbuch der Kinderpsychotherapie, III und IV, Reinhardt, München 1976, 1981.

*Blair, A.*, The triadic model as applied to the treatment of conduct-disorder children: A review and critique, *Counselling Psychology Quarterly* 4 (1991) 229-245.

*Bloom, B.L.* Focused single-session therapy: Initial development and evaluation, in: *Budman, S.H.* (ed.) Forms of brief therapy, Guilford, New York 1981, 167-216.

*Blos, P.*, On adolescence, Free Press, New York 1961.

*Boscolo, L., Bertrando, P.*, Die Zeiten der Zeit: Eine neue Perspektive in systemischer Therapie und Konsultation, Auer, Heidelberg 1994.

*Bowen, M.*, Family therapy in clinical practice, Jason Aronson, Northvale, NJ 1978.

*Brems, Ch.*, A comprehensive guide to child psychotherapy, Allyn and Bacon, Boston 1993.

*Brusten, M., Hohmeier, H.*, Stigmatisierung, 2 Bde., Luchterhand, Neuwied 1975.

*Bundeskonferenz für Erziehungsberatung e.V.* (Hrsg.), Inanspruchnahme von Erziehungsberatungsstellen durch Kinder, Jugendliche und junge Volljährige, Ergebnisbericht der Jahre 1980 bis 1984 (Umfrage: U 01), 1986.

—, Ausgewählte Auszählungsergebnisse von Erziehungs- und Familienberatungsstellen in der Bundesrepublik Deutschland und West-Berlin, Selbstverlag, Fürth 1990.

*Bundesministerium für Familie und Senioren*, Familien und Familienpolitik im geeinten Deutschland – Zukunft des Humanvermögens, Fünfter Familienbericht, Stellungnahmen der Bundesregierung zum Bericht der Sachverständigenkommission für den Fünften Familienbericht, BMFuS, Bonn 1994b.

*Burger, B.*, Körpersprache bei Kindern, Dissertation, Philosophische Fakultät, Zürich 1993.

*Calvert, S.C., Johnston, C.* Acceptability of treatment for child behavior problems: Issues and implications for future research, *Journal of Clinical Child Psychology* 19 (1990) 61-74.

*Casey, R.J., Berman, J.S.*, Effectiveness of psychotherapy with children and adolescents, *Journal of Consulting and Clinical Psychology* 59 (1985) 785-789.

*Coonerty, S.*, Integrative child therapy, in: *Stricker, Gold* (1993) 413-426.
*De Fries, Z., Jenkins, S., Williams, E.C.*, Treatment of disturbed children in foster care, *American Journal of Orthopsychiatry* 34 (1964) 615-624.
*DeShazer, S.*, Putting difference to work, W.W.Norton, New York 1991.
*DeShazer, S.*, Words were originally magic, W.W. Norton, New York 1994.
*Dornes, M.*, Der kompetente Säugling. Die präverbale Entwicklung des Menschen, Fischer, Frankfurt 1993a.
—, Psychoanalyse und Säuglingsforschung, *Psyche* 12 (1993b) 1116-1152.
—, Können Säuglinge phantasieren? *Psyche* 12 (1994) 1154-1175.
*Elkin, I.*, The nimh treatment of depression collaborative research program: where we began and where we are, in: *Bergin, Garfield* (1994) 114-142.
*Engelkamp, J., Pechmann, T.*, Mentale Repräsentation, Huber, Bern 1993.
*Essau, C.A., Petermann, U.*, Depression, in: *Petermann* (1995) 241-264.
*Eysenck, H.-J.*, The effects of psychotherapy: An evaluation, *J. Consult. Psychol.* 16 (1952) 319-324.
*Fäh-Barwinski, M.*, Psychotherapeutische Versorgung auf epidemiologische Fakten stützen! *Forum Psychotherapie Schweiz* 1 (1994) 4-5.
*Feldman, L.B.*, Integrating individual and family therapy, *Journal of Integrative and Eclectic Psychotherapy* 8 (1989) 41-52.
*Fichter, M., Warschburger, P.*, Eßstörungen, in: *Petermann* (1995) 455-484.
*Fisch, R., Weakland, J.H., Segal, L.*, The tactics of change: Doing therapy briefly, Jossey Bass, San Francisco 1982.
*Flammer, A.*, Erfahrung der eigenen Wirksamkeit. Einführung in die Psychologie der Kontrollmeinung, Huber, Bern 1990.
*Flick, U.*, Das Subjekt als Theoretiker? – Zur Subjektivität subjektiver Theorien, in: *Bergold, Flick* (1987) 125-134.
— (Hrsg.), Alltagswissen über Gesundheit und Krankheit: subjektive Theorien und soziale Repräsentationen, Asanger, Heidelberg 1991.
*Fonagy, P., Moran, G.S.*, Studies in the efficacy of child psychoanalysis, *Journal of Consulting and Clinical Psychology* 58 (1990) 684-695.
*Forman, S.G.*, Coping skills interventions for children and adolescents, Jossey Bass, San Francisco 1993.
*Frank, E., Kupfer, D.F., Perel, J.M., Cornes, C., Jarrett, B.B.*, Three-year outcomes for maintenance therapies of recurrent depression, *Archives of General Psychiatry* 12 (1990) 1093-1099.
*Frank, M., Fiegenbaum, W.*, Therapieerfolgsmessung in der psychotherapeutischen Praxis, *Zeitschrift für Klinische Psychologie* 4 (1994) 268-275.
*Freud, S.*, Analyse der Phobie eines fünfjährigen Knaben, (1909) GW VII.
—, Nachschrift zur Analyse des kleinen Hans (1922) GW 13.
*Frühmann, R.*, Spiele zwischen Eltern und Kindern – Die Bedeutung der „Spielkultur" in Familien, *Gestalt und Integration* 1 (1992) 29-41.
*Garfield, S.L., Bergin, A.E.*, Introduction and historical overview, in: *Bergin, Garfield* (1994) 3-18.
*Gil, E.*, Play in family therapy, Guilford, New York 1994.
*Ginott, H.G.*, Gruppenpsychotherapie mit Kindern, Beltz Weinheim 1966.
*Gold, J.R.*, An integrative psychotherapeutic approach to psychological crisis of children and families, *Journal of Integrative and Eclectic Psychotherapy* 7 (1988) 135-151.
—, An integrative-systemic treatment approach to severe psychopathology of children and adolescents, *Journal of Integrative and Eclectic Psychotherapy* 2 (1992) 58-63.

*Grawe, K.*, Psychotherapieforschung zu Beginn der neunziger Jahre, *Psychologische Rundschau* 3 (1992) 132-162.
—, *Donati, R., Bernauer, F.*, Psychotherapie im Wandel: Von der Konfession zur Profession, Hogrefe, Göttingen 1994.
*Greenberg, L.S. & Pinsof, W.M.* (eds.), The psychotherapeutic process – A research handbook, Guilford, New York 1986.
*Greenberg, L.S.*, Research on the process of change. *Psychotherapy Research* 1 (1991) 3-16.
*Haley, J.* (1994) Zen and the art of therapy, *Networker* Jan./Feb (1994) 55-60; auch in: *Zeig, J.K.* (ed.), The evolution of psychotherapy: The second conference, Brunner/Mazel, New York 1992, 24-38.
*Heekerens, H.-P.*, Zehn Jahre Familientherapie in Erziehungsberatungsstellen, *Praxis der Kinderpsychologie und Kinderpsychiatrie* 35 (1986) 294-302.
—, Familienberatung und Erziehungsberatung. Asanger, Heidelberg 1989, 1991$^2$.
—, Zur Zukunft der Kinder- und Jugendlichenpsychotherapie, *Report Psychologie* 4 (1992) 8-18.
*Heinicke, C.M., Ramsey-Klee, D.M.*, Outcome of child psychotherapy as a function of frequency of session, *Journal of the American Academy of Child Psychotherapy* 25 (1986) 247-253.
*Hellfritsch, L.*, Statement in: Anhörung zum Psychotherapeutengesetz vom 10.11.1993, Wasserwerk, Protokoll 75, Bundesregierung, Bonn 1993, 17.
—, Vorstellungen und Forderungen des BDP zur Ausgestaltung des Psychotherapeutengesetzes, Referat auf dem Symposium: Gegenwart und Zukunft der Psychotherapie im Gesundheitswesen, 9.02.1995, Bonn 1995.
*Herzog, W., Schweitzer, J.*, Anorexia nervosa – Ergebnisse und Perspektiven in Forschung und Therapie, *Familiendynamik* 2 (1994) 182-187.
*Höfer, R., Straus, F.*, Familienberatung – aus der Sicht ihrer Klienten. Zur Perspektivität der Erfolgsmessung, in: *Presting* (1991) 157-198.
*Höger, Ch.*, Erziehungsberatungsstellen im Kontext ambulanter psychosozialer Hilfen für Kinder und Jugendliche, in: *Presting* (1991) 49-92.
*Holmes, J., Lindley, R.*, The values of psychotherapy, Oxford University Press, Oxford 1989.
*Hundsalz, A.*, Erziehungsberatung zwischen Beratung und behördlicher Mitwirkung, *Praxis der Kinderpsychologie und Kinderpsychiatrie* 5 (1994) 157-163.
*Hurrelmann, K.*, Die Rolle der Familie für die Gesundheitsentwicklung von Kindern und Jugendlichen, Expertise zum Fünften Familienbericht, Verlag Deutsches Jugendinstitut, München 1994.
*Jaeggi, E.*, Das Flimmern auf der Leinwand: Psychotherapieforschung und Psychotherapie, *Journal für Psychologie* 2, (1994), 53-63.
*Jäger, G.*, Katamnese von Familientherapie: Entwicklung und Erprobung eines Erhebungsinstrumentes an Familienberatungsstellen, Dissertation, Pädagogische Hochschule Rheinland-Pfalz, Koblenz 1987.
*Jensen, J.P., Bergin, A.E., Greaves, D.W.*, The meaning of eclecticism: New survey and analysis of components, *Professional Psychology: Research and Practice* 21 (1990) 124-130.
*Kächele, H.*, Mißerfolg in der Psychotherapie aus psychoanalytischer Sicht, *Verhaltensmodifikation* 5 (1984) 235-248.
—, *Kordy, H.*, Psychotherapieforschung und therapeutische Versorgung, *Der Nervenarzt* 63 (1992) 517-526.
*Kazdin, A.E.*, Child psychotherapy: Developing and identifying effective treatments, Pergamon, Elmsford, NY 1988.

—, Research issues in child psychotherapy, in: *Kratochwill, Morris* (1993) 541-565.
—, Series editor's introduction, in: *Weisz, Weiss* (1993).
—, Methodology, design, and evaluation in psychotherapy research, in: *Bergin, Garfield* (1994) 19-71.
—, Psychotherapy for children and adolescents, in: *Bergin, Garfield* (1994) 543-594.
—, Psychotherapie mit Kindern und Jugendlichen. Aktueller Stand, Fortschritte und zukünftige Entwicklungen. *Psychotherapeut* 39 (1994) 345-352 (ungekürztes Original in: *American Psychologist* 48 (1993) 644-657)
—, *Bass, D., Ayers, W.A., Rodgers, A.*, Empirical and clinical focus on child and adolescent psychotherapy research, *Journal of Consulting and Clinical Psychology* 59 (1990) 785-798.
*Kerr, M., Bowen, M.E.*, Family evaluation. An approach based on Bowens theory, Norton, New York 1988.
*Klein, M.*, Contributions to psychoanalysis, Hogarth, London 1948.
*Klann, N., Hahlweg, K.*, Projekt „Beratungsbegleitende Forschung (BF) – Evaluation von Vorgehensweisen in der Ehe-, Familien- und Lebensberatung und ihre spezifischen Auswirkungen, Schriftenreihe des BMFSFJ, Bd. 48.1, Kohlhammer, Köln 1994a.
—, —, Studie „Bestandsaufnahme in der institutionellen Ehe-, Familien- und Lebensberatung", Schriftenreihe des BMFSFJ, Bd. 48.2, Kohlhammer, Köln 1994b.
*Klerman, G.L., Weissman, M.M., Rounsaville, B.J., Chevron, E.S.*, Interpersonal psychotherapy of depression, Basic Books New York 1984.
*Kolvin, I., Garside, R.F., Nicol, A.R., MacMillan, A., Wolstenholm, F., Leitch, I.M.*, Help starts here: The maladjusted child in the ordinary school, Tavistock, London 1981 (zit. in *Kazdin* 1994, 42).
*Korner, S., Brown, G.*, Exclusion of children from family psychotherapy: Family therapists' beliefs and practices, *Journal of Family Psychology* 3 (1990) 420-430.
*Kraepelin, H.*, Einführung in die psychiatrische Klinik, Bd. 3, Barth, Leipzig 1921.
*Kratochwill, Th.R., Morris, R.J.* (eds.), Handbook of psychotherapy with children, Allyn and Bacon, Boston MA 1993.
*Kurz-Adam, M., Post, I.* (Hrsg.), Erziehungsberatung und Wandel der Familie. Probleme, Neuansätze und Entwicklungslinien, Leske & Budrich, Opladen 1995.
*Laireiter, A.* (Hrsg.), Soziales Netzwerk und soziale Unterstützung, Huber, Bern 1993.
*LeCroy, C.W.* (ed.), Handbook of child and adolescent treatment manuals, Lexington Books, New York 1994.
—, Introduction, in: *LeCroy* (1994) 1-4.
*Lenz, A.*, Wie bewerten Eltern Erziehungsberatung? *Jugendwohl* 7 (1994) 305-312
*Levitt, E.E.*, The results of psychotherapy with children: An evaluation, *Journal of Consulting Psychology* 21 (1957) 189-196.
*Lewinsohn, P.M., Rohde, P., Hautzinger, M.*, Kognitive Verhaltenstherapie depressiver Störungen im Jugendalter. Forschungsergebnisse und Behandlungsempfehlungen, *Psychotherapeut* 39 (1994) 353-359.
*Lichtenberg, J.D.*, Psychoanalysis and infant research, Erlbaum, Hillsdale 1983; dtsch.: Psychoanalyse und Säuglingsforschung, Springer, Berlin 1991.
*Lovaas, O.I.*, Behavioral treatment and normal educational/intellectual functional in young autistic children, *Journal of Consulting and Clinical Psychology* 55 (1987) 3-9.
*Lückert, H.R.*, Konfliktpsychologie, Reinhardt, München 1959.
*Mahler, M.S., Pine, F., Bergmann, A.*, The psychological birth of the human infant, Basic Books, New York, 1975; dtsch.: Die psychische Geburt des Menschen, Fischer, Frankfurt 1978.

*Margraf, J., Schneider, S.*, DIPS, Diagnostisches Interview bei psychischen Störungen, Springer, Berlin 1994[2].
*Märtens, M.*, Meine Krankheit gehört mir gar nicht – Subjektive Krankheitstheorien und ihre therapeutische Verflüssigung aus systemischer Sicht, in: *Flick* (1991) 216-229.
*Maruyama, M.* (ed.), Context and complexity – Cultivating contextual understanding, Springer, New York 1991.
*Maturana, H.R., Varela, F.J.*, Der Baum der Erkenntnis: Die biologischen Wurzeln des menschlichen Erkennens, Scherz, Bern 1987.
*McEachin, J.J., Smith, T., Lovaas, O.I.*, Longterm outcome for children with autism who received early intensive behavioral treatment, *American Journal of Mental Retardation* 97 (1993) 359-372.
*Meyer, A.E.*, Nieder mit der Novelle als Psychoanalysedarstellung – Hoch lebe die Interaktionsgeschichte, in: *Stuhr, Deneke* (1993) 61-84.
—, *Richter, R., Grawe, K., Graf, J.M., Schulenburg, D. v., Schulte, B.*, Gutachten zu einem Psychotherapeuten-Gesetz, Bundesministerium für Gesundheit, Bonn 1991.
*Minuchin, S.*, Families and family therapy, Harvard University Press, Cambridge, MA 1974.
*Morris, R.J., Nicholson, J.*, The therapeutic relationship in child and adolescent psychotherapy: Research issues and trends, in: *Kratochwill, Morris* (1993) 405-425.
*Mufson, L., Moreau, D., Weissman, M.M. & Klerman, G.L.*, Interpersonal psychotherapy for depressed adolescents, Guilford, New York 1993.
*National Institute of Mental Health (NIMH)*, Research on children and adolescents with mental, behavioral and developmental disorders, Rockville, MD 1990.
*Naumann, K., Beck, M.*, Effekte von Erziehungsberatung: Eine katamnestische Studie, in: *Cremer, H., Hundsalz. A., Menne, K.* (Hrsg.), Jahrbuch für Erziehungsberatung, Bd. 1, Juventa, Weinheim, 253-270.
*Nobach, W.*, Die Gestaltung der therapeutischen Beziehung in der Kindertherapie. Gemeinsamkeiten und Unterschiede in den Ansätzen verschiedener therapeutischer Richtungen, *Gestalt und Integration* 1 (1992) 128-154.
*Norcross, J.C., Prochaska, J.O., Gallagher, K.*, Clinical psychologists in the 1980's, II: Theory, research and practice, *The Clinical Psychologist* 3 (1989) 45-53.
—, *Goldfried, M.R.* (eds.), Handbook of psychotherapy integration, Basic Books, New York 1992.
—, *Glass, C.R., Arnkoff, D.B., Lambert, M.J., Shoham, V., Stiles, W.B., Shapiro, D.A., Barkham, M., Strupp, H.H.*, Research directions for psychotherapy integration: a roundtable, *Journal of Psychotherapy Integration* 2 (1993) 91-131.
*Osten, P.*, Die Anamnese in der Psychotherapie – ein Integratives Konzept, Reinhardt, München 1995.
*Petermann, F.*, (Hrsg.), Lehrbuch der Klinischen Kinderpsychologie, Hogrefe, Göttingen 1995.
*Petzold, H.G.*, L'analyse progressive en psychodrame analytique, Sobor, Paris, 1969b; auszugsweise dtsch. in: *Petzold* (1988n) 455-491.
— (Hrsg.), Angewandtes Psychodrama in Therapie, Pädagogik, Theater und Wirtschaft, Junfermann, Paderborn 1972a, 1992[5].
—, Komplexes Kreativitätstraining mit Vorschulkindern, *Schule und Psychologie* 3 (1972e) 146-157.
— (Hrsg.), Kreativität und Konflikte. Psychologische Gruppenarbeit in der Erwachsenenbildung, Junfermann, Paderborn 1973c.

—, Gestalttherapie und direkte Kommunikation in der Arbeit mit Elterngruppen, 1973f, in: *Petzold* (1973c) 271-289.
—, An integrated model of identity and its impact on the treatment of the drug addict, Proceedings of the 12th. Int. Conf. on Drug Dependence, 22.-26.3.1982, Bangkok, International Council on Alcohol and Addictions, Lausanne, Genf 1982v, 260-276.
—, Integrative Bewegungs- und Leibtherapie. Ausgewählte Werke Bd. I/1 und I/2, Junfermann, Paderborn 1988n.
—, Integrative Therapie. Ausgewählte Werke, Bd. II/1: Klinische Philosophie, Junfermann, Paderborn 1991a.
—, Integrative Therapie. Ausgewählte Werke, Bd. II/2: Klinische Theorie, Junfermann, Paderborn 1992a.
—, Das „neue" Integrationsparadigma in Psychotherapie und klinischer Psychologie und die „Schulen des Integrierens" in einer „pluralen therapeutischen Kultur", 1992g, in: *Petzold* (1992a) 927-1040.
—, Psychotherapie und Babyforschung, Bd. 1: Frühe Schädigungen, späte Folgen? Junfermann, Paderborn 1993c.
—, Integrative fokale Kurzzeittherapie (IFK) und Fokaldiagnostik – Prinzipien, Methoden, Techniken, 1993p, in: *Petzold, Sieper* (1993a) 267-340.
—, Mehrperspektivität als Metakonzept Integrativer Supervision, *Gestalt und Integration* 2 (1994a).
—, Unterwegs zu einer allgemeinen Psychotherapiewissenschaft: „Integrativen Therapie" und ihre Heuristik der „14 healing factors" – theoriegeschichtliche, persönliche und konzeptuelle Perspektiven und Materialien. Überarbeitete und ergänzte Fassung eines Vortrages auf dem Symposion der Rheinischen Landesklinik in Düren, 10.09.1994, in: *Weißig, N.* (Hrsg.), Differenzierung und Integration, Kohelet, Köln 1994g (in Vorbereitung).
—, „Psychotherapie mit alten Menschen – sie „social network perspective" als Grundlage integrativer Intervention, Vortrag auf der Fachtagung „Behinderung im Alter" am 22.-23.11.1993 in Köln, in: *Berhaus, H.C., Sievert, U.* (Hrsg.), Behinderung im Alter, Kuratorium Deutsche Altershilfe, Köln 1994e.
—, Psychotherapie und Babyforschung, Bd. 2: Die Kraft liebevoller Blicke, Junfermann, Paderborn 1994j.
—, *Beek, Y van, Hoek, A.-M. van der*, Grundlagen und Grundmuster „intimer Kommunikation und Interaktion" – Intuitive Parenting" und „Sensitive Caregiving" von der Säuglingszeit über die Lebensspanne, 1994a, in: *Petzold* (1994j).
—, *Lemke, J., Rodriguez-Petzold, F.*, Die Ausbildung von Lehrsupervisoren. Überlegungen zur Feldentwicklung, Zielsetzung und didaktischen Konzeption aus Integrativer Perspektive, 1994b, Fritz Perls Institut, *Gestalt und Integration* 2 (1994).
—, *Hentschel, U.*, Niedrigschwellige und karrierebegleitende Drogenarbeit als Elemente einer Gesamtstrategie der Drogenhilfe, *Wiener Zeitschrift für Suchtforschung* 1 (1991) 11-19.
—, *Petzold, Ch.*, Lebenswelten alter Menschen, Vincentz Verlag, Hannover 1991.
—, *Ramin, G.*, Schulen der Kinderpsychotherapie, Junfermann, Paderborn 1987.
—, *Schulwitz, I.*, Tetradisches Psychodrama in der Arbeit mit Schulkindern, in: *Petzold* (1972a) 394-413.
—, *Sieper, J.* (Hrsg.), Integration und Kreation, Junfermann, Paderborn 1993a.
*Pinsof, W.M.*, The process of family therapy – The development of the family therapist coding system, in: *Greenberg, Pinsof* (1986) 201-284.
—, Strategies for the study of family therapy research, in: *Wynne* (1988) 159-174.

—, A conceptual framework and methodological criteria for family – therapy process research, *Journal of Consulting and Clinical Psychology* 1 (1989) 53-59.

*Pontalis, J.-B.*, Nach Freud, Suhrkamp, Frankfurt 1968.

*Popper, K.*, Logik der Forschung, Mohr, Tübingen 1935.

—, Objective knowledge, Clarendon, Oxford 1972; dtsch.: Objektive Erkenntnis, Hoffmann und Campe, Hamburg 1973.

*Priebe, S.*, Die Bedeutung der Patientenmeinung: Initiale Bewertung und Verlauf psychiatrischer Therapie, Hogrefe Göttingen 1992.

*Presting, G.* (Hrsg.), Erziehungs- und Familienberatung – Untersuchungen zu Entwicklung, Inanspruchnahe und Perspektiven, Juventa, Weinheim 1991.

*Ramin, G., Petzold, H.G.*, Integrative Therapie mit Kindern, in: *Petzold, Ramin* (1987) 359-426; repr. in *Petzold* (1991a) 1089-1150.

*Rappe-Giesecke, K.*, Theorie und Praxis der Gruppen- und Teamsupervision, Springer, Berlin 1990.

*Reiter-Theil, S., Eich, H., Reiter, L.*, Der ethische Status des Kindes in der Familien- und Kinderpsychotherapie, *Praxis Kinderpsychologie und Kinderpsychiatrie* 42 (1993) 14-20.

*Remschmidt, H.*, Klinische Psychologie des Kindes- und Jugendalters. Editorial, *Zeitschrift für klinische Psychologie* 2 (1993) 95-99.

—, *Mattejat, F.*, Interaktion in der Familie mit psychisch gestörten Kindern und Jugendlichen: Ergebnisse zur Inter-Rater-Reliabilität der Marburger Familiendiagnostischen Skalen (MFS), *Zeitschrift für Klinische Psychologie* 2 (1993) 170-191.

*Retzer, A.*, Compliance. Krankheitstheorien und familiäre Interaktion, *Familiendynamik* 2 (1994) 101-121.

*Rief, W.*, Ein Plädoyer für eine praxisorientierte Psychotherapieforschung, *Report Psychologie* 19 (1994) 16-19.

*Rosenbaum, R.*, Single-session therapies: Intrinsic integration? *Journal of Psychotherapy Integration* 3 (1994) 229-252.

*Rossmann, P.*, Depressionsdiagnostik im Kindesalter. Grundlagen, Klassifikation und Erfassungsmethoden, Huber, Bern 1991.

*Rudolf, G.*, PSKB-Se – ein psychoanalytisch fundiertes Instrument zur Patienten-Selbsteinschätzung, *Zsch. Psychosom. Med.* 37 (1991) 350-360.

*Russel, G.F.M., Szmukler G.I., Dare, C., Eisler, I.*, An evaluation of family therapy in anorexia nervosa and bulimia nervosa, *Arch. Gen. Psychiatry* 44 (1987) 1047-1056.

*Russell, R.L.* (ed.), Reassessing psychotherapy research, Guilford, New York 1994.

*Sameroff, A.J.*, Models of development and developmental risk, in: *Zeanah, C.H.*, jr., Handbook of infant mental health, Guilford, New York 1993, 3-13.

*Sbandi, P., Richter,R., Bedenbecker, Ch., Mosheim, R., Angerer, Ch., Kofler-Zimmermann, A.*, Beschreibung und Bewertung von Evaluationsmethoden im Bereich der Psychotherapie. Eine Untersuchung der deutschsprachigen Literatur der letzten zehn Jahre, Bundesministerium für Wissenschaft und Forschung Wien, 1993 (unter Mitarbeit von *Springer-Kremser* und unter Einbezug des Österreichischen Bundesverbandes für Psychotherapie im Auftrag des Bundesverbandes für Wissenschaft und Forschung).

*Schauenburg, H.*, Grenzen der Kurzzeit-Therapie – Neue Trends in der Prozeßforschung. Bericht über die Internationale Jahrestagung 1994 der Society for Psychotherapy Research (SPR) in York, England, vom 28.6. bis 2.7.1994, *Psychotherapeut* 6 (1994) 386-388.

*Schmidtchen, S., Hobrücker, B.*, Effektivitätsüberprüfung der klientenzentrierten Spieltherapie bei Kindern aus Erziehungsberatungsstellen, *Praxis der Kinderpsychologie und Kinderpsychiatrie* 4 (1978) 117-125.
—, *Kläning, E.*, Analyse des verbalen Therapeutenverhaltens in der klientenzentrierten Spieltherapie, *Praxis der Kinderpsychologie und Kinderpsychiatrie* 8 (1974) 303-307.
*Schmidtchen, S.*, Effekte von klientenzentrierter Spieltherapie, *Zeitschrift für Klinische Psychologie* 1 (1973) 49-63.
—, Klientenzentrierte Spieltherapie, Beltz, Weinheim 1974, 1978.
—, Klientenzentrierte Spiel- und Familientherapie, PVU, München 1991.
—, *Acke, H., Hennies, S.*, Heilende Kräfte im kindlichen Spiel? – Prozeßanalyse des Klientenverhaltens in der Kindertherapie, *GwG Zeitschrift* (1995) (im Druck).
—, *Hennies, S., Acke, H.*, Zwei Fliegen mit einer Klappe? Evaluation der Hypothese eines zweifachen Wirksamkeitsanspruches der klientenzentrierten Spieltherapie, *Psychologie, Erziehung & Unterricht* 40 (1993) 34-42.
—, *Wörmann, D., Hobrücker, B., Praxis der Kinderpsychologie und Kinderpsychiatrie* 6 (1977) 208-217.
*Schulte, D.*, Statement in: Anhörung zum Psychotherapeutengesetz vom 10.11.1993, Wasserwerk, Protokoll 75, Bundesregierung, Bonn 1993, 10.
*Schütz, A.*, Wissenschaftliche Interpretation und Alltagsverständnis menschlichen Handelns, in: *Schütz, A.*, Das Problem der sozialen Wirklichkeit, Gesammelte Aufsätze, Bd. 1, Nijhoff, Den Haag 1971, 3-54.
*Selekman, M.*, The solution oriented parenting group: A treatment alternative that works, *Journal of Strategic and Systemic Therapies* 1 (1991) 36-49.
—, Pathways to change. Brief therapy solutions with difficult adolescents, Guilford, New York 1993.
*Selvini P.M., Boscolo, L., Cecchin, G., Prata, G.*, Paradoxon und Gegenparadoxon: Ein neues Therapiemodell für die Familie mit schizophrener Störung, Klett-Cotta, Stuttgart 1977.
—, *Cirillo, S., Selvini, M., Sorrentino, A.M.*, „I giochi psicotici nella famiglia", Raffaelo Cortina Editore, Mailand 1988; dtsch.: Die psychotischen Spiele in der Familie, Klett-Cotta, Stuttgart 1992.
*Shepherd, M., Oppenheim, A.N., Mitchell, S.*, Childhood behaviour disorders and the child-guidance clinic: An epidemiological study, *Journal of Child Pychology and Psychiatry* 7 (1966) 39-52.
*Shoham-Salomon, V., Rosenthal, R.*, Paradoxical interventions: A meta-analysis, *Journal of Consulting and Clinical Psychology* 1 (1987) 22-28.
*Smith, M.l., Glass, G.V., Miller, T.I.*, The benefits of psychotherapy, The John Hopkins University Press, Baltimore 1980.
*Snyder, D.K., Wills, R.H., Grady-Fletcher, A.*, Longterm effectiveness of behavioral versus insight-oriented therapy: A 4-year follow-up-study, *Journal of Consulting and Clinical Psycghology* 59 (1991) 138-141.
*Spence, D.P.*, Die Sherlock-Holmes-Tradition: Die narrative Metapher, in: *Buchholz, M.B.* (Hrsg.), Metaphernanalyse, Vandenhoeck und Ruprecht, Göttingen 1993.
*Stanley, B., Sieber, J.* (eds.), Social research on children and adolescents: Ethical issues, Sage, Newbury Park 1992.
*Stark, K.D., Raffaelle, L., Reysa, A.* The treatment of depressed children: A skills training approach to working with children and families. In: *LeCroy* ( (1994) 343-398.
*Steinhausen, H.-Ch.*, Die elterliche Zufriedenheit mit den Leistungen und Erfahrungen im Rahmen einer kinder- und jugendpsychiatrischen Poliklinik, *Prax. Kinderpsychol. Kinderpsychiat.* 32 (1983) 286-292.

—, *Aster, M. von*, Handbuch Verhaltenstherapie und Verhaltensmedizin bei Kindern und Jugendlichen, PVU, Weinheim 1993.
*Stern, D.N.*, The interpersonal world of the infant, Basic Books, New York 1985; dtsch.: Die Lebenserfahrung des Säuglings, Klett-Cotta, Stuttgart 1992.
*Stricker, G., Gold, J.R.* (eds.), Comprehensive handbook of psychotherapy integration, Plenum, New York 1993.
*Strotzka, H.*, Was ist Psychotherapie? in: *Strotzka, H.* (Hrsg.), Psychotherapie: Grundlagen, Verfahren, Indikationen, Urban & Schwarzenberg, München 1975, 3-6.
*Strupp, H.H.*, Can the practitioner learn from the researcher? *American Psychologist* 4 (1989) 717-724.
*Stuhr, U., Deneke, F.-W.*, Die Fallgeschichte. Beiträge zu ihrer Bedeutung als Forschungsinstrument, Asanger, Heidelberg 1993.
*Szapocznik, J., Kurtines, W.M.*, Breakthroughs in family treatment, Springer, New York 1989.
—, *Rio, A., Kurtines, W.*, University of Miami school of medicine: Brief strategic family therapy for hispanic problem youth, in: *Beutler, L.E., Crago, M.* (eds.) Psychotherapy research – An international review of programmatic studies, American Psychological Association, Washington, DC 1991, 123-132.
*Talley, F., Strupp, H.H., Butler, S.F.*, Psychotherapy research and practice. Bridging the gap, Basic Books, New York 1994.
*Talmon, M.*, Single session therapy. Maximizing the effect of the first (and often only) therapeutic encounter, Jossey Bass, San Francisco 1991.
*Trad, P.V.* Short-term parent-infant psychotherapy, Basic Books, New York 1993.
*Unnewehr, S., Schneider, S., Margraf, J.*, DIPS, Diagnostisches Interview bei psychischen Störungen im Kindes- und Jugendalter, Springer, Berlin 1994.
*Varela, F.J.*, Principles of biological autonomy, North Holland, New York, Oxford 1979.
*Vennen, D.*, Behandlungsergebnisse und Wirkfaktoren von Eheberatung. Ein katamnestische Studie, Hogrefe, Göttingen 1992.
*Wachtel, E.F.*, Treating troubled children and their families. Guilford, New York 1994.
*Watzlawick, P.* Wie wirklich ist die Wirklichkeit? Wahn, Täuschung, Verstehen, Piper, München 1976.
— (Hrsg.) Die erfundene Wirklichkeit, Piper, München 1981.
—, *Coyne, J.C.*, Problemzentrierte Kurzbehandlung einer Depression, *Familiendynamik* 2 (1979) 148-157.
*Weakland, J.H., Fisch, R., Watzlawick, P., Bodin, A.M.*, Brief therapy: Focused problem resolution, *Family Process* 2 (1971) 141-168.
*Weber, G., Stierlin, H.*, In Liebe entzweit. Ein systemischer Ansatz zum Verständnis und zur Behandlung der Magersuchtfamilie, Rowohlt, Hamburg 1989.
*Weisz, J.R., Walter, B.R., Weiss, B., Fernandez, G.A., Mikow, V.A.*, Arrests among emotionally disturbed violent and assaultive individuals following minimal versus lengthy intervention through North Carolina's Willie M. Program, *Journal of Consulting and Clinical Psychology* 58 (1990) 720-728.
—, —, Effects of psychotherapy with children and adolescents, IX-X, Sage, Newbury Park 1993.
—, —, *Alicke, M.D., Klotz, M.L.*, Effectiveness of psychotherapy with children and adolescents: A meta-analysis for clinicians, *Journal of Consulting and Clinical Psychology* 55 (1987) 542-549.
—, —, *Morton, T., Granger, D., Han, S.*, Meta analysis of psychotherapy outcome research with children and adolescents. Unpublished manuscript, University of California, Los Angeles 1992.

*Whitehead, J.T., Lab, S.P.*, A meta-analysis of juvenile correctional treatment, *Journal of Research in Crime and Deliquency* 26 (1989) 276-295.
*WHO*, International Classification of Mental and Behavioral Disorders. Clinical Descriptions and Diagnostic Guidelines (ICD 10), 2. korr. Aufl. 1993.
*Wynne, L.C.* (ed.), The state of art in family therapy research: Controversies and recommendations, Family Process Press, New York 1988.
*Zimmer, H.D.*, Statement in: Anhörung zum Psychotherapeutengesetz vom 10.11.1993, Wasserwerk, Protokoll 75, Bundesregierung, Bonn 1993, 5.

# Was wird aus der Kinder- und Jugendlichen-Psychotherapie?

## Zur Diskussion um geplante rechtliche Regelungen

*Hans-Peter Heekerens*

## Einleitung

Mit dem von *Meyer, Richter, Grawe, Schulenburg* und *Schulte* 1991 vorgelegten „Forschungsgutachten zu Fragen eines Psychotherapeutengesetzes“ (1991) ist eine neue Runde in der Diskussion um ein Psychotherapeutengesetz eröffnet worden. Diese Diskussion ist schon recht alt, jetzt freilich spricht manches dafür, sie sei mit dem Forschungsgutachten in eine entscheidende Phase getreten. Es ist hier nicht der Ort, sich mit dem Forschungsgutachten in seiner Gesamtheit auseinanderzusetzen. Wohl aber Raum, Stellung zu nehmen zu den durch das und im Zusammenhang mit dem Forschungsgutachten aufgeworfenen Fragen, soweit und sofern sie rechtliche Regelungen für das Gebiet der Kinder- und Jugendlichen-Psychotherapie betreffen.

## Kinder- und Jugendlichen-Psychotherapie im Forschungsgutachten

Die Kinder- und Jugendlichen-Psychotherapie nimmt im Forschungsgutachten aus zumindest zwei Gründen eine Sonderstellung ein. Zum einen sind bei der Prüfung der Wirksamkeit der einzelnen psychotherapeutischen Verfahren, woraus ja der Großteil der fachwissenschaftlichen Grundlagen des Forschungsgutachtens besteht, solche Untersuchungen gar nicht berücksichtigt, in denen die Klienten oder Patienten Kinder oder Jugendliche sind (*Meyer* u.a. 1991, 77); solche Arbeiten hatte die *Grawe*-Gruppe generell aus ihrer Sekundäranalyse von Therapie-Evaluationen ausgeschlossen.

Damit aber ist für den Bereich der Kinder- und Jugendlichenpsychotherapie die Bewertung unterschiedlicher Therapierichtungen nicht möglich nach den Kriterien, die das Forschungsgutachten ansonsten (völlig zu Recht und weitgehend stringent) anwendet:

„Nur Therapiemethoden, deren Wirksamkeit unter wissenschaftlich kontrollierten Bedingungen in einer genügenden Anzahl voneinander unabhängiger Untersuchungen geprüft und erwiesen wurde, können zum Spektrum der bewährten psychotherapeutischen Methoden gezählt und als Bestandteil einer Psychotherapieausbildung für die Berufszulassung anerkannt werden" (S. 72).

Zum anderen nimmt die Kinder- und Jugendlichen-Psychotherapie eine Sonderstellung insofern ein, als daß es mit den analytischen Kinder- und Jugendlichen-Psychotherapeuten (früher Psychagogen) eine durch zwei Besonderheiten gekennzeichnete Berufsgruppe gibt. Ihre erste besteht darin, daß sie derzeit schon im Rahmen der kassen- und vertragsärztlichen Versorgung tätig sein kann und es auch ist. Ein zweites besonderes Kennzeichen dieser Berufsgruppe ist, daß sie nur zum geringsten Teil aus Ärzten und Diplom-Psychologen besteht. Somit wäre die Weiterexistenz dieser Berufsgruppe gefährdet, gäbe es in einem zukünftigen Psychotherapeutengesetz nur zwei Eingangsqualifikationen: Arzt oder Diplom-Psychologe.

Die Verfasser des Forschungsgutachtens widmen dem „Spezialfall der analytischen Kinder- und Jugendlichen-Psychotherapeuten" einigen Raum, wenden sich gegen Regelungen, die zur Folge hätten, „daß ein historisch gewachsener, in der kassen- und vertragsärztlichen Versorgung etablierter Berufsstand aussterben würde" (S. 121) und empfehlen, einem Vorschlag der Berliner Senatsverwaltung für Gesundheit und Soziales von 1990 folgend, „die heilkundliche Tätigkeit von Kinder- und Jugendlichen-Psychotherapeuten analog derjenigen von Psychologen in einem gesonderten Gesetz zu regeln" (S. 121).

## Problemaufriß

Diese Formulierung läßt auf der einen Seite manche Frage offen, ist andererseits aber so klar, daß sie Widerspruch hervorgerufen hat. Widerspruch namentlich von seiten der organisierten Psychologenschaft und als solcher nachvollziehbar, gäbe es dann doch neben den zur Psychotherapie – auch zur Kinder- und Jugendlichen-Psychotherapie – berechtigten Diplom-Psychologen eine weitere Gruppe nicht-ärztlicher Psychotherapeuten – wenngleich mit auf Kinder- und Jugendlichen-Psychotherapie beschränktem Handlungsfeld.

Offen ist die Formulierung darin, daß sie nicht spezifiziert, wer denn eigentlich als „Kinder- und Jugendlichen-Psychotherapeut" anzusehen sei. Ist damit einzig und allein der *analytische* Kinder- und Jugendlichen-Psychotherapeut gemeint, wie der Kontext nahelegen könnte und wie in manchen Diskussionsbeiträgen zu hören ist? Oder geht es hier um einen erst noch näher zu spezifizierenden Heilberuf neben den Ärzten und den geplanten Fachpsychologen für Psychotherapie, dessen Zugang auch für andere Berufsgruppen offensteht?

Das sind Fragen neben anderen, die in einem rationalen Diskurs aller Interessierten einer Beantwortung harren. Dabei werden sicherlich unterschiedliche Gesichtspunkte geltend gemacht werden. Ein sich als „wissenschaftlich" ausgebender Standpunkt wird dabei nicht mit bevorzugter Beachtung rechnen dürfen. Daß er argumentativ nicht unterbewertet wird, hat das Forschungsgutachten gezeigt. So lohnt es sich denn zu fragen (und auf die Antwort zu warten), ob die Psychotherapieforschung etwas beizutragen habe zu der angesprochenen Diskussion.

Wenn man näher betrachtet, welche Fragen es im Zusammenhang zu beantworten gälte, zeigen sich drei miteinander lose verbundene Fragen:

1. Gibt es Gründe dafür oder dagegen, als Kinder- und Jugendlichen-Psychotherapie einzig und allein die analytische Spielart gesetzlich zu privilegieren?
2. Gibt es Gründe dafür oder dagegen, einzig den Berufsgruppen der Ärzte und Diplom-Psychologen Zugang zur eigenständigen Ausübung von (Kinder- und Jugendlichen-)Psychotherapie zu verschaffen?
3. Gibt es Gründe dafür oder dagegen, die Weiterbildung zum Kinder- und Jugendlichen-Psychotherapeuten eigen- und grundständig oder als Schwerpunkt im Rahmen einer allgemeinen Psychotherapieausbildung zu konzipieren?

Diesen drei Fragen wird im folgenden nachgegangen – und zwar in der vorstehenden Reihenfolge.

## Psychotherapeutische Hilfen für Kinder und Jugendliche

Die Geschichte der psychotherapeutischen Beeinflussung von Verhaltensstörungen und Leidenszuständen bei Kindern und Jugendlichen ist im Grunde so alt wie die Geschichte der Psychotherapie selbst. Ihr Anfang, wenngleich von *Freud* selbst nicht so gewertet, wird in der Behandlung des „Kleinen Hans" gesehen (*Anthony* 1986). Doch haben wir es bei diesem „Urfall" mit einer ganz bestimmten Variante psychotherapeutischer Einflußnahme zu tun:

> „In der Tat war diese Therapie im Grunde eine ambulante Elternberatung, weil *Freud* den Vater darüber beriet, wie er mit seinem Sohn und dessen Ängsten umgehen müsse" (*Baethge* 1981, 160).

Es gibt drei Grundmodelle, nach denen mit psychotherapeutischen Mitteln Verhaltensstörungen und Leidenszustände von Kindern und Jugendlichen beeinflußt werden können: das systemische in Form der Familientherapie (zur Effektivitätsbeurteilung vgl. *Heekerens* 1991a, b), das Mediatoren-Konzept, das der Elternberatung und dem Elterntraining (zur Effektivitätsbeurteilung von Elterntrainings in der behavioralen und klientenzentrierten Tradition vgl. *Graziano & Diament* 1992; *Heekerens* 1991a, 1993) zugrunde liegt, und die direkt auf das Kind/den Jugendlichen bezogene Behandlung – mit oder ohne begleitende Elternarbeit (vgl. *Heekerens* 1991a). Es ist diese letztgenannte Variante, die im allgemeinen Sprachgebrauch als „Kinder- und Jugendlichen-Psychotherapie" bezeichnet wird.

## Wer betreibt Kinder- und Jugendlichenpsychotherapie?

„Kinderpsychotherapie im engeren Sinne ist aber analytische Psychotherapie" hatte *Müller-Küppers* (1990, 131) in seinem Beitrag zur Kinder- und Jugendlichen-Psychotherapie im Themenheft „Die Psychotherapie zum Ende des 20. Jahrhunderts im deutschsprachigen Bereich – eine Übersicht" der *Zeitschrift für Psychosomatische Medizin und Psychoanalyse* notiert. Und im Forschungsgutachten wird zustimmend aus der Psychiatrie-Enquete von 1975 zitiert, wonach „deren (der Kinder und Jugendlichen; d.Verf.) fachpsychotherapeutische Versorgung zum weitaus größten Teil von Psychagogen getragen" (*Meyer, Richter, Grawe, Schulenburg & Schulte* 1991, 44) werde.

Eine solche Betrachtung ist nur haltbar, wenn man unter „Psychotherapie" nur die analytische Form verstehen will bzw. „zu stark nur die Richtlinien-Psychotherapie und der analytische Anteil in den Blick genommen wird", wie *Schwarz* (1991, 4) in seiner Stellungnahme kritisiert.

Was den ersten Punkt anbelangt, so muß man feststellen, daß eine Reservierung des Begriffs „Psychotherapie" für das analytische Verfahren dann illegitim ist, wenn man der hierzulande offensichtlich konsensfähigen Definition von „Psychotherapie" folgt, die *Strotzka* (1975) vorgeschlagen hat:

> „Psychotherapie ist ein bewußter und geplanter interaktioneller Prozeß zur Beeinflussung von Verhaltensstörungen und Leidenszuständen, die in einem Konsensus (möglichst zwischen Patient, Therapeut und Bezugsgruppe) für behandlungsbedürftig gehalten werden, mit psychologischen Mitteln (durch Kommunikation) meist verbal aber auch averbal, in Richtung auf ein definiertes, nach Möglichkeit gemeinsam erarbeitetes Ziel (Symptomminimalisierung und/oder Strukturänderung der Persönlichkeit) mittels lehrbarer Techniken auf der Basis einer Theorie des normalen und pathologischen Verhaltens" (S. 4).

Nach dieser Definition sind beispielsweise die bekannten Spielarten der Kinder- und Jugendlichen-Psychotherapie aus der erlebnisaktivierenden, klientenzentrierten/nicht-direktiven und der kognitiv-behavioralen Tradition ebenfalls als „Psychotherapie" anzusprechen. Und eben diese *Strotzka*sche Definition wird im Vorwort zum jenem Themenheft, aus dem die Äußerung von *Müller-Küppers* (1990) stammt, ebenso zustimmend zitiert (*Dührssen* 1990) wie im Forschungsgutachten (S. 25f)! Also: Legt man die Psychotherapie-Definition *Strotzka*s zugrunde, ist Kinder- und Jugendlichen-Psychotherapie keineswegs identisch mit oder vornehmlich bestehend aus deren analytischer Variante.

Bleibt die Behauptung zu prüfen, ob denn die fachpsychotherapeutische Versorgung von Kindern und Jugendlichen zum weitaus größten Teil von analytischen Kinder- und Jugendlichen-Psychotherapeuten geleistet wird (bezweifelt schon von *Schwarz* 1991). Das stimmt dann – aber auch nur dann – wenn man den Bereich der gutachterpflichtigen Kinder- und Jugendlichen-Psychotherapie betrachtet, wie das *Müller-Küppers*, der Nestor der Psychagogik, offensichtlich vor Augen und das Forschungsgutachten ganz explizit im Blick hat (vgl. S. 44).

Es stimmt aber nicht, wenn man unter „fachpsychotherapeutischer Versorgung“ das Insgesamt der therapeutischen Maßnahmen (Familientherapie, Elternberatung/Elterntraining, Kinder- und Jugendlichen-Psychotherapie) begreift. Seit Anfang der 80er Jahre hat die Familientherapie hierzulande der Kinder- und Jugendlichen-Psychotherapie (als Einzel- oder als Gruppenbehandlung durchgeführt) ganz eindeutig den Rang abgelaufen (*Heekerens* 1991a).

Daß die fachpsychotherapeutische Versorgung von Kindern und Jugendlichen zum größten Teil von analytischen Kinder- und Jugendlichen-Psychotherapeuten getragen werde, ist eine fragliche Aussage selbst dann, wenn man nur den Teilbereich der psychotherapeutischen Versorgung von Kindern und Jugendlichen betrachtet, der mit „Kinder- und Jugendlichen-Psychotherapie“ bezeichnet wird. Hierzu einen klaren Nachweis zu erbringen, fehlt bislang einschlägiges Zahlenmaterial. Für entsprechende Überlegungen muß man sich einige Daten vor Augen halten, wobei hier kontrastierend auf die Diplom-Psychologen abgehoben wird, weil sie unter den nicht-ärztliche Berufsgruppen dem berufssoziologischen Blick noch am deutlichsten werden.

Der Gesamtbestand der analytischen Kinder- und Jugendlichen-Psychotherapeuten beträgt in der Bundesrepublik derzeit rund 1100; wieviele davon in welchem Umfange Kinder- und Jugendlichen-Psychotherapie betreiben (abzuschätzen etwa über Behandlungsfälle pro Jahr) ist unbekannt. Allein schon aus der Berufsgruppe der Diplom-Psychologen waren Ende 1987 1223 als Vollzeitkräfte an Erziehungsberatungsstellen tätig; sie stellen dort ca. die Hälfte des Fachpersonals von bald 4000 voll- und teilzeitbeschäftigten Fachkräften. Aus Diplom-Psychologen rekrutiert sich ferner ein Gutteil der psychotherapeutischen Fachkräfte in kinder- und jugendpsychiatrischen Einrichtungen sowie psychosomatischen Kliniken, in denen auch Kinder und Jugendliche als Patienten anzutreffen sind. Schließlich betreiben Diplom-Psychologen auch auf freiberuflicher Basis Kinder- und Jugendlichen-Psychotherapie außerhalb der Richtlinien-Psychotherapie.

## Wie wirksam ist Kinder- und Jugendlichen-Psychotherapie?

Wenn Diplom-Psychologen Kinder- und Jugendlichen-Psychotherapie betreiben, dann in aller Regel nach Verfahren, die aus der klientenzentrierten/nicht-direktiven oder aus der (kognitiv-)behavioralen Tradition stammen. Und damit sind wir bei einem Punkt, der hier bislang noch nicht erörtert und der im Forschungsgutachten aus genanntem Grund überhaupt nicht behandelt wurde: der Frage nach der Effektivität von Kinder- und Jugendlichen-Psychotherapie im allgemeinen und der einzelner Verfahren im besonderen.

*Eysencks* (1952) kritische Anfrage, ob und wie sehr Psychotherapie effektiv sei, ist nun über vier Jahrzehnte alt. Seither wurde mehr noch als hinsichtlich der Behandlung von Erwachsenen daran gezweifelt, daß psychotherapeutische Maßnahmen geeignet seien, Auffälligkeiten und Störungen bei Kindern und Jugendlichen wirksam zu begegnen (*Casey & Berman* 1985; *Weisz, Weiss, Alicke & Klotz* 1987). Die in den letzten Jahren vorgelegten Meta-Analysen von Psychotherapie-Effektivitätsstudien erlauben recht klare Antworten auf die angesprochenen Fragen.

## Die Meta-Analyse als besondere Form der Sekundäranalyse

Die Meta-Analyse als besondere Form der Sekundäranalyse hat sich bei aller Kritik inzwischen auch und gerade im Bereich der Psychotherapie-Evaluation als Methode der Datenintegration etabliert (vgl. zusammenf. *Brown* 1987; *Lambert, Shapiro & Bergin* 1986). Während die *Grawe*-Gruppe ihr skeptisch bis ablehnend gegenübersteht, haben sich andere Psychotherapie-Forscher im deutschsprachigen Raum ihrer schon bedient (*Gunzelmann, Schiepek & Reinecker* 1987; *Hahlweg & Markman* 1988; *Wittmann & Matt* 1986). Vorgebrachter Hinweise (vgl. ergänzend *Drinkmann* 1990; *Greenwald & Russel* 1991; *Orwin & Cordray* 1985; *Reinecker, Schiepek & Gunzelmann* 1989; *Riedel & Schneider-Düker* 1991; *Rosenthal* 1991; *Russel & Greenwald* 1991; *Shadish & Montgomery* 1989) auf Probleme ganz unterschiedlicher Art eingedenk ist die Meta-Analyse doch als geeignet anzusehen, bei einem Methodenvergleich Grobvergleiche zu ermöglichen.

Nicht allen Lesern wird die Methode der Meta-Analyse in Form der Berechnung von sogenannten Effektstärken schon bekannt sein. Sie soll deshalb erklärt und veranschaulicht werden. *Smith, Glass* und *Miller* (1980) haben 475 Studien analysiert, die den Erfolg einer Psychotherapiemethode mit einer Kontrollgruppe verglichen haben. Für jeden Fall wurde der Mittelwert der Therapie- und Kontrollgruppe sowie die Standardabweichung der Kontrollgruppe berechnet und danach die Differenz der beiden Mittelwerte durch die Standardabweichung der Kontrollgruppe gewichtet. Das ergibt für jeden Einzelfall die Effektstärke. Legt man nun Normalverteilungskurven zugrunde, lassen sich die verschiedenen Studien mittels der Effektstärke miteinander vergleichen.

Man kann die Effektstärken der einzelnen Studien auch zu bestimmten Gruppen, z.B. einzelnen psychotherapeutischen Verfahren oder einem Globalmaß für Psychotherapie überhaupt, zusammenfassen. Bei *Smith, Glass* und *Miller* (1980) betrug die bei Berücksichtigung aller 475 Studien ermittelte Gesamt-Effektstärke .85. Das heißt, daß die Verteilung der Effektivitätswerte von „Psychotherapie" gegenüber der Verteilung aus den Kontrollgruppen um die durch die Effektstärke repräsentierte Anzahl von Standardeinheiten – im vorliegenden Falle also um .85 – in Richtung auf ein „gutes Ergebnis" verschoben ist.

Zugleich läßt sich für den „mittleren" Psychotherapieklienten sagen, auf der wievielten Percentil der Kontrollgruppe er liegt. Im vorliegenden Fall ist dies die 80. Percentil. Das kann man folgendermaßen umschreiben: Der durchschnittliche Therapiepatient steht am Ende der Behandlung besser da als 80 Prozent vergleichbarer Personen, die keine Psychotherapie erhalten haben.

Hat man Effektstärken, auch wenn deren Ermittlung über die einzelnen Meta-Analysen variiert, lassen sich Aussagen zu drei Fragebereichen machen: Ist Psychotherapie bei der Behandlung von Kindern und Jugendlichen überhaupt erfolgreich und – wenn ja – in welchem Maße? Gibt es dabei erfolgreichere und weniger erfolgreiche Ansätze? Wie steht die Kinder- und Jugendlichen-Psychotherapie da im Vergleich zur Psychotherapie im allgemeinen und der mit Erwachsen im besonderen?

Zur Beantwortung der letzten Frage müssen natürlich Angaben aus Meta-Analysen herangezogen werden, die auch oder sogar ausschließlich Behandlungsmaßnahmen mit Erwachsenen berücksichtigt haben. Dies wurde hier denn auch getan.

## Meta-Analysen zur Wirksamkeit von Kinder- und Jugendlichen-Psychotherapie

Zur Beantwortung aller drei Fragen aber waren die Meta-Analysen von *Casey* und *Berman* (1985) sowie von *Weisz, Weiss, Alicke* und *Klotz* (1987) unabdingbar. *Casey* und *Berman* (1985) fanden für den Publikationszeitraum 1952-1983 über die *Psychological Abstracts*, frühere Übersichten und einschlägige Bibliographien 75 (englischsprachige) Studien, in denen zum Post-Test-Zeitpunkt irgendeine psychotherapeutische Behandlung für Kinder bis 13 Jahren verglichen wurde entweder mit einer unbehandelten Kontrollgruppe oder einer Vergleichsgruppe mit anderem Treatment. Bei den Behandlungsformen wurden familientherapeutische Vorgehensweisen nicht berücksichtigt, und an Elterntrainings – durchweg behaviorale – fanden sich nur neun; ohne zusätzliche Einzelbehandlung des Kindes („reine" Elterntrainings) gar nur drei. Die überwiegende Menge der primären Effektivitätsstudien betrifft die Psychotherapie von Kindern und Jugendlichen. In die Ergebnistabelle (Tab. 1) wurden die Effektstärken der klassifizierbaren Arbeiten genau in der Form übernommen, wie sie bei *Casey* und *Berman* (1985) vorliegen.

| Studien: | Psychotherapie mit Kindern und Jugendlichen Weisz u.a. (1987) | Casey & Berman (1985) | Dush u.a. (1989) | Psychotherapie allg. (Smith u.a. 1980) | Psychotherapie v.a. mit Erwachsenen (5 Studien) 1[a] | 2[b] | 3[c] | 4[d] | 5[e] | Familien-therapie (2 Studien) | Gordon-Eltern-Training (Cedar & Levant, 1990) |
|---|---|---|---|---|---|---|---|---|---|---|---|
| Verfahren: | | | | | | | | | | | |
| Psychotherapie insgesamt | .79 | .71 | | .85 | .93 | | | 1.22 | | | |
| – behavioral | .88 | .91 | | .68–1.13 | 1.06 | | | | | | |
| operant | .78 | | | | | | | | | | |
| respondent | .75 | | | | | | | | | | |
| Modell-Lernen | 1.19 | | | | 1.43 | | | | | | |
| Training sozialer Fertigkeiten | .90 | | | | .85 | | | | .95 | | |
| kognitiv-behaviorales Training | .68 | .81 | .49[f] | | | .74 | .83 | | | | |
| Methodenkombination | 1.04 | | | | | | | | | | |
| – nicht-behavioral | .42 | .40 | | .64–2.38 | .40–1.00 | | | | | | |
| klientenzentriert/nicht-direktiv | .56 | .49 | | .62 | | | | | | | .03–.38[g, h] |
| einsichtsorientiert/psychodyn. | .01 | .21 | | .62–.89 | | | | | | | |
| – Behaviorale und -nichtbehaviorale Familientherapie | | | | | | | | | | | |
| Hazelrigg u.a., 1987 | | | | | | | | | | .43[g] | |
| Markus u.a., 1990 | | | | | | | | | | .72[g] | |

a Shapiro & Shapiro (1982)
b Dush u.a. (1983)
c Miller & Berman (1983)
d Steinbrueck u.a. (1983)
e Hahlweg & Markman (1988)

f durchschnittliche Effektstärke für einen Meßzeitpunkt von 0-7 Tagen nach Behandlungsende (Post-Test-Zeitraum); der Wert ist eine Durchschnitts-Effektstärke für Vergleiche sowohl mit unbehandelten (Warte-)Kontrollgruppen als auch Placebogruppen.
g nur auf Kind/Jugendlichen bezogene Effektstärken bzw. Effektstärken aus Studien mit Kind/Jugendlichen als Index-Patienten
h Post-Test und Follow-up-Werte nicht differenziert.

*Tabelle 1:* In verschiedenen Meta-Analysen ermittelte Effektstärken der Wirkung von Psychotherapie

*Weisz, Weiss, Alicke* und *Klotz* (1987) betrieben eine sehr aufwendige computergestützte Literaturrecherche mit mehren Kontrollmöglichkeiten, so daß man annehmen kann, in ihrer Arbeit seien alle einschlägigen englischsprachigen Evaluationsstudien bis zum Jahre 1985 erfaßt. Neben der Erweiterung des Suchzeitraums um die Jahre 1984-1985 führten drei weitere gegenüber *Casey* und *Berman* (1985) veränderte Selektionskriterien zu einer anderen Stichprobe. Für eine Vergrößerung sorgte die Ausweitung des Klientenalters auf 18 Jahre, für eine Verringerung einmal die Beschränkung auf Vergleiche mit unbehandelten Kontrollgruppen und zum anderen die Einschränkung auf solche Probleme, die man als emotionale Störungen oder Anpassungsschwierigkeiten ansehen kann; ein Problem wie Minderbegabung blieb unberücksichtigt.

Auch bei *Weisz, Weiss, Alicke* und *Klotz* (1987) haben wir es hinsichtlich der Verfahrensweisen vornehmlich mit Kinder- und Jugendlichen-Psychotherapie und nur am Rande mit Familientherapie bzw. „reinen" Elterntrainings zu tun; aufgrund mangelnder Angaben kann diese Aussage allerdings nicht mit derselben Präzision und Sicherheit wie bei *Casey* und *Berman* (1985) getroffen werden. In die Ergebnistabelle (Tab. 1) wurden von den aus 108 aufgefundenen Studien ermittelten 163 Effektgrößen die klassifizierbaren in der Form übernommen, wie sie in der bei *Weisz, Weiss, Alicke* und *Klotz* (1987) zu finden sind.

## Kinder- und Jugendlichen-Psychotherapie im meta-analytischen Vergleich

Deren Tabelle gibt das Raster ab, nach dem hier die Angaben in der Ergebnistabelle (Tab. 1) zugeordnet werden. Als Ergänzungen wurden einmal die Meta-Analyse der Effektivität von kognitiv-behavioralen Verfahren bei Verhaltensstörungen von Kindern und Jugendlichen (*Dush, Hirt & Schroeder* 1989), dann die der (behavioralen und nicht-behavioralen) Familientherapie mit Kindern/Jugendlichen als Indexpatienten (*Hazelrigg, Cooper & Borduin* 1987; *Markus, Lange & Pettigrew* 1990) sowie die des Gordon-Elterntrainings (*Cedar & Levant* 1990) herangezogen.

Um weitere Vergleiche zu ermöglichen wurden alle sonstigen Meta-Analysen aus dem Bereich der Psychotherapieevaluation analysiert, nicht aber vollständig oder insgesamt in den Gesamtvergleich einbezogen. Keinen Eingang fanden Sekundäranalysen, die als zentrales Kriteriumsmaß keine Effektstärke im beschriebenen Sinne verwendet hatten. Keinen Eingang fanden Studien(teile), in denen Behandlungen für nicht-klinische Gruppen analysiert wurden; etwa Enrichment-Programme (*Giblin* 1986; *Giblin, Sprenkle & Sheehan* 1985) oder präventive Paartrainings (*Hahlweg & Markman* 1988; *Wampler* 1982).

Außer Betracht blieben ferner die Meta-Analysen von *Prioleau, Murdock* und *Brody* (1983) und *Wittmann* und *Matt* (1986). Im ersten Fall wurde der Vergleich nur gegen Placebogruppen durchgeführt, im zweiten nur deutschsprachige Untersuchungen herangezogen. Beidemal ergeben sich stark nach unten abweichende Effektstärken, die den Gesamteindruck verzerrt hätten.

Zur Verzerrung hätte wegen besonderer Selektionskriterien auch die Heranziehung der Meta-Analysen von *Nicholson* und *Berman* (1983), *Bowers* und *Clum* (1988; zur Diskusssion vgl. *Brody* 1990; *Clum & Bowers* 1990) sowie *Dobson* (1989) geführt. Im ersten Fall mußten in den berücksichtigten Originalstudien sowohl Post-Test- als auch Follow-up-Evaluationen durchgeführt worden sein, im zweiten neben einer (unbehandelten Warte-)Kontrollgruppe auch eine Placebo-Gruppe zum Vergleich gedient und im dritten *Becks* Depressions-Inventar zur Effektmessung Verwendung gefunden haben.

Von Interesse ist im vorliegenden Kontext auch nur professionelle (Fremd-)Hilfe. Die Meta-Analysen der Wirksamkeit von Laienhilfe/paraprofessioneller Hilfe (*Berman & Norton* 1985; *Gubzelmann, Schiepek & Reinecker* 1987) bzw. Selbsthilfe (*Scogin, Bynum, Stephens & Calhoon* 1990) bei Verhaltensstörungen und Leidenszuständen bleibt deshalb unberücksichtigt; auch in den Punkten, wo Vergleiche mit professioneller (Fremd-)Hilfe vorgenommen wurden. Die Aufmerksamkeit galt hier auch nur der Hilfe, die von professionellen Helfern gegenüber ihren Klienten/Patienten erbracht wird; indirekte Formen der Hilfe wie etwa Konsultationen, in denen sich Berater oder Therapeuten ihrerseits Hilfe für ihre Arbeit suchen (vgl. dazu die Meta-Analyse von *Medway & Updyke* 1985) blieben außer Betracht.

Berücksichtigung fand neben den sechs schon genannten Meta-Analysen die Meta-Analyse der Wirksamkeit von Psychotherapie mit der breitesten Datenbasis, die von *Smith, Glass* und *Miller* (1980).

Sie repräsentiert hier die Werte für Psychotherapie im allgemeinen. Meta-Analysen, in denen (im wesentlichen) nur Teilmengen der Studie von *Smith, Glass* und *Miller* (1980) zu finden sind, können für den vorliegenden Zweck außer Acht bleiben. Das betrifft die Arbeiten von *Smith* und *Glass* (1977), *Andrews* und *Harvey* (1981) sowie *Landman* und *Dawes* (1982).

Vorwiegend Studien mit erwachsenen Klienten und Patienten sind zu finden in den Meta-Analysen von *Shapiro* und *Shapiro* (1982), *Dush, Hirt* und *Schroeder* (1983), *Miller* und *Berman* (1983), *Steinbrueck, Maxwell* und *Howard* (1983) sowie *Hahlweg* und *Markman* (1988) mit der Analyse behavioraler Paartherapie. Aus diesen Arbeiten läßt sich die Effektivität von Erwachsenen-Psychotherapie ablesen.

Um einen Vergleich zwischen all diesen Meta-Analysen möglich zu machen, wurden nur solche Effektstärken verwendet, die folgenden Kriterien genügten. Sie mußten einmal beim Nachher-Vergleich (Post-Test), gewonnen worden sein, da nicht in allen Meta-Analysen auch Follow-up-Daten, also Meßwerte aus der weiteren Nachbehandlungszeit, (gesondert) ausgewiesen wurden; auch in beiden dem Bereich Kinder- und Jugendlichen-Psychotherapie geltenden Meta-Analysen werden (differenzierte) Effektstärken nur für den Post-Test-Zeitpunkt referiert.

Die ausschließliche Betrachtung von Post-Test-Vergleichen mag auf den ersten Blick kritikwürdig sein. In der Tat: Vom „Erfolg" einer Maßnahme kann nur gesprochen werden, wenn er Bestand hat. In der Psychotherapieforschung werden deshalb immer wieder Follow-up-Messungen gefordert. Untersuchungstechnisch gesprochen, geht es hier um den Punkt der Situations- oder ökologischen Validität (*Bredenkamp* 1980; *Hager & Westermann* 1983).

Ergebnisse aus meta-analytischen Studien zeigen freilich, daß die Post-Test-Werte ein sehr guter Indikator auch des längerdauernden Behandlungserfolges sind. Wenn nämlich in Meta-Analysen die selben Untersuchungsgruppen sowohl zum Post-Test- als auch zu einem Follow-up-Zeitpunkt betrachtet werden, so zeigt sich folgendes: Neben einem geringen Anstieg der Effektstärke bei *Shoham-Salomon* und *Rosenthal* (1987) und einem ebenfals geringen Abstieg bei *Giblin* (1986; *Giblin, Sprenkle & Sheehan* 1985) dominiert die Gleichheit der ermittelten Effektstärken zu beiden Zeitpunkten (*Andrews & Harvey* 1981; *Dush, Hirt & Schroeder* 1983; *Hahlweg & Markman* 1988; *Landman & Dawes* 1982; *Nicholson & Berman* 1983; *Prioleau,*

*Murdock & Brody* 1983; *Weisz, Weiss, Alicke & Klotz* 1987). Anders ist es bei *Smith, Glass* und *Miller* (1980). Aber dort wurden auch nicht die gleichen Untersuchungsgruppen miteinander verglichen, sondern die Post-Test-und Follow-up-Messungen verschiedener Gruppen; ein Verfahren, dessen Ergebnisse weniger Beachtung verdienen.

Ein weiteres Selektionskriterium war, daß die Effektstärken ausschließlich oder überwiegend auf dem Vergleich mit (unbehandelten Warte-)Kontrollgruppen beruhen, da nicht alle Meta-Analysen auch (eigens) Vergleiche mit anderen Behandlungsformen eingeschlossen hatten.

*Kazdin* (1985) hat eine Reihe von Evaluationsstrategien unterschieden, von denen zwei grundlegend sind. Man kann prüfen, ob ein Verfahren überhaupt effektiv ist (Treatment Package Strategy) oder wie wirksam es im Vergleich mit einer anderen Behandlung ist (Comparative Treatment Strategy). Beide Strategien haben ihren Sinn (zur Diskussion vgl. *Basham* 1986; *Kazdin* 1986; *Sayger, Horne, Walker & Passmore* 1988; *Schmaling & Jacobson* 1988). Wenn hier zur Gewährung eines einheitlichen Vergleichs nur aus der Treatment Package Strategy resultierende Ergebnisse berücksichtigt werden, tut das der Gültigkeit der Aussagen keinen Abbruch.

Außerdem konnten nur solche Effektstärken Eingang in den Vergleich finden, die in dem Raster, das durch die Untersuchung von *Weisz, Weiss, Alicke* und *Klotz* (1987) vorgegeben war, Platz hatten; aus diesem Grund sind die Meta-Analysen zur Effektivität paradoxer Interventionen (*Hill* 1987; *Shoham-Salomon & Rosenthal* 1987; zur Diskussion vgl. *Martinez-Taboas* 1990), der Rational-Emotiven Therapie (*Lyons & Woods* 1991) und der Psychodynamischen Kurztherapie (*Svartberg & Stiles* 1991) hier nicht zu finden. In dem vorgegebenen Raster geschah eine Zuordnung zu einer bestimmten Kategorie zudem nur dann, wenn eine (weitgehend) zweifelsfreie Entscheidung möglich war.

## Ergebnisse des meta-analytischen Vergleichs

Das Gesamtresultat des Vergleichs verschiedener Meta-Analysen der Evaluation von Psychotherapie ist zusammenfassend in Tabelle 1 dargestellt. Die in unserem Kontext interessierenden Ergebnisse lassen sich im wesentlichen in fünf Punkten zusammenfassen:

1. Kinder- und Jugendlichen-Psychotherapie ist nicht wesentlich weniger effektiv als Psychotherapie im allgemeinen und Erwachsenen-Psychotherapie im speziellen. Nach Ausweis der analysierten Studien ist Kinder- und Jugendlichen-Psychotherapie wirksamer als Familientherapie und das Gordon-Elterntrai ning.

2. In Übereinstimmung mit den Resultaten, die für Psychotherapie im allgemeinen und Erwachsenen-Psychotherapie im speziellen gefunden wurden, schneiden auch im Bereich der Kinder- und Jugendlichen-Psychotherapie die kognitiv-behavioralen Verfahren im Mittel besser ab als die nicht-behavioralen.

3. Innerhalb der Gruppe der behavioralen Verfahren ist, soweit die vorhandenen Angaben Vergleiche möglich machen, die Rangfolge einzelner Vorgehensweisen dieselbe wie bei Psychotherapie im allgemeinen und Psychotherapie mit Erwachsenen im speziellen: Modell-Lernen rangiert vor dem Training sozialer Fertigkeiten und kognitiv-behavioralen Verfahren.

4. Im Gegensatz dazu findet sich in der Gruppe der nicht-behavioralen Ansätze eine Diskrepanz zwischen Kinder- und Jugendlichen-Psychotherapie auf der einen Seite und Psychotherapie im allgemeinen bzw. Erwachsenen-Psychotherapie im speziellen auf der anderen Seite. Während sich für ein klientenzentriertes/nicht-direktives Vorgehen in den drei genannten Gruppen vergleichbare Ergebnisse finden, fallen bei dem psychodynamischen/einsichtsorientierten Vorgehen die Ergebnisse bei Kindern und Jugendlichen deutlich schlechter aus; im Vergleich sowohl mit Klienten überhaupt wie mit Erwachsenen im speziellen.

5. Das einsichtsorientierte/psychodynamische Vorgehen zeigt bei Kindern und Jugendlichen nach Ausweis der berücksichtigten Studien überhaupt keinen Behandlungseffekt. Nicht nur die Effektstärke von .01 (p = .98) bei *Weisz, Weiss, Alicke* und *Klotz* (1987) belegt dies; auch die Effektstärke von .21 bei *Casey* und *Berman* (1985) weicht bei p = .05 nicht signifikant von der Nullhypothese („keine Differenz zwischen Behandlungs- und Kontrollgruppe") ab.

## Diskussion der aufgefundenen Ergebnisse

Zu dem im 2. Punkt festgehaltenen Ergebnis der meta-analytischen Betrachtung (Überlegenheit der behavioralen Verfahren insgesamt) ist anzumerken, daß es möglicherweise auf einer verfahrensbedingten Begünstigung beruht (vgl. *Grawe* 1987, 1988). Für das schlechte Abschneiden des einsichtsorientierten/psychodynamischen Vorgehens bei Kindern und Jugendlichen kann diese Erklärung aber nicht herangezogen werden; das zeigt die Zusammenschau der in den Punkten 3 und 4 festgehaltenen Ergebnisse. Vielmehr muß man mit Blick auf das in Punkt 5 genannte Resultat feststellen, daß der Effektivitätsnachweis einsichtsorientierter/psychodynamischer Kinder- und Jugendlichenpsychotherapie (im Unterschied zu der in behavioraler bzw. klientenzentrierter Tradition stehender) noch nicht erbracht ist.

Mangelnde Repräsentativität der zugrundeliegenden Primärstudien wird man gegen diese Feststellung schwerlich einwenden können. Angesichts der Suchstrategien von *Casey* und *Berman* (1985) bzw. *Weisz, Weiss, Alicke* und *Klotz* (1987) darf man annehmen, sie hätten alle bis 1985 (im englischsprachigen Raum) veröffentlichten Untersuchungen zur Effektivität von einsichtsorientierter/psychodynamischer Kinder- und Jugendlichen-Psychotherapie berücksichtigt. Die geringe Zahl der einschlägigen Studien, fünf bzw. drei, ist kein Gegenindiz. Eher ein Hinweis für die Forschungssituation auf diesem Sektor.

Die drei in den Jahren 1989-1991 publizierten einschlägigen Übersichtsarbeiten (*Barrnett, Docherty, Gayle & Frommelt* 1991; *Fonagy & Moran* 1990; *Marans* 1989) bestätigen die bis 1985 von *Casey* und *Berman* (1985) bzw. *Weisz, Weiss, Alicke* und *Klotz* (1987) konstatierte Kargheit einschlägiger Forschung(sergebnisse) und weisen für den Folgezeitraum auch nicht mehr als jene zwei Studien (*Fonagy & Moran* 1990; *Szapoznik, Rio, Murray, Cohen, Scopetta, Rivas-Vasquez, Hervis, Posada & Kurtines* 1989) aus, die bis Mitte 1991 (durch Datenbank-gestützte und konventionelle Recherchen) ergänzend gefunden werden konnten. Einschlägige Untersuchungen aus dem deutschsprachigen Raum fehlen nach wie vor völlig (vgl. *Wittmann & Matt* 1986; *Zerssen, Möller, Baumann & Bühringer* 1986).

Bei den beiden Studien handelt es sich von der Anlage her um solche, daß sie in die beiden Meta-Analysen der Effektivität von Kinder- und Jugendlichen-Psychotherapie Eingang gefunden hätten:

Eine der Gruppe der psychodynamischen/einsichtsorientierten Verfahren zuordbare Form der Kinder- und Jugendlichen-Psychotherapie mußte in einem (quasi-)experimentellen Gruppen-Design bei einer klinisch relevanten Klientel auf seine Wirksamkeit überprüft worden sein im Vergleich mit einer Kontrollgruppe (ohne Behandlung, minimale Behandlung, Placebo-Behandlung) und/oder Vergleichsgruppe mit anderem Treatment.

Nicht berücksichtigt wurde, weil die Behandlung sich nicht direkt an das Kind sondern die Mutter wendet, die Wirksamkeitsprüfung der in der kinderpsychiatrischen Abteilung der Genfer Universität entwickelten Psychodynamischen Mutter-Kind-Kurzpsychotherapie (vgl. *Cramer, Robert-Tissot, Stern, Serpa-Rusconi, Muralt, Besson, Palacio-Espasa, Bachmann, Knauer, Berney & D'Arcs* 1990).

*Fonagy* und *Moran* (1990; Studie 2) prüften in einem Quasi-Experiment den Effekt von Kinder- und Jugendlichen-Psychoanalyse, durchgeführt von zwei Kinderanalytikern in der Tradition des Londoner Anna-Freud-Zentrums mit 3-5 Sitzungen (45 Minuten) pro Woche für eine (tatsächliche) Dauer von 5-28 Wochen. Die 11 Patienten im Kinder- und Jugendlichenalter litten an lebensbedrohlichen Störungen der Blutzuckerkontrolle bei Diabetes mellitus (zu einer anderen Form psychotherapeutischer Arbeit mit dieser Problemgruppe vgl. *Satin, La Greca, Zigo & Skyler* 1989). Die Psychotherapiegruppe erhielt ebenso wie die gleich große Kontrollgruppe ohne Psychotherapie dieselbe (allgemein übliche) ärztliche Versorgung. Sowohl im 4-Monats- als auch im 1-Jahres-Follow-up zeigte sich die Behandlungsgruppe bei dem entscheidenden Kriterium „Blutzuckerspiegel" überlegen.

In der experimentellen Studie von *Szapoznik, Rio, Murray, Cohen, Scopetta, Rivas-Vasquez, Hervis, Posada* und *Kurtines* (1989; *Szapoznik, Kurtines, Santisteban & Rio* 1990) wurde die Wirksamkeit von psychodynamischer Kindertherapie (mit einer Sitzung von 50 Minuten pro Woche und einer mittleren Behandlungsdauer von 18 Wochen) analysiert. Die Behandlungsgruppe bestand aus 26 (Follow-up: 21) Jungen im Alter von 6-12 mit einer klinisch relevanten Störung (z.B. Aggressivität oder Ängstlichkeit). Zur Wirksamkeitsprüfung wurden herangezogen eine Kontrollgruppe (n = 17 bzw. 14; nicht-therapeutische Spielgruppe) und eine Vergleichsgruppe mit Struktureller Familientherapie (n = 26 bzw. 23). Es wurden 27 auf klinische Symptomatik, Persönlichkeitseigenschaften und Familienmerkmale bezogene Vergleiche zwischen den drei Gruppen durchgeführt – sowohl unmittelbar (Post-Test) als auch ein Jahr (Follow-up) nach Behandlungsende.

Das Ergebnis im Vergleich mit der unbehandelten Kontrollgruppe zeigt die psychodynamische Kindertherapie (Post-Test- und Follow-up-Zeitpunkt) nur in einem von 27 Vergleichen überlegen: beim Gesamtscore der Testbatterie zur Feststellung von Persönlichkeitsmerkmalen. Im Vergleich mit der Strukturellen Familientherapie zeigt sie sich (zum Post-Test- bzw. Follow-up-Zeitpunkt) in keinem einzigen Falle überlegen; unterlegen zeigt sie sich im 1-Jahres-Follow-up beim Punkt „innerfamiliäre Struktur".

Zieht man die Ergebnisse der beiden vorgestellten Studien ergänzend zu den Resultaten der zwei referierten Meta-Analysen heran, ändert sich an der Gesamtbewertung wenig: Einsichtsorientierte/psychodynamische Kinder- und Jugendlichen-Psychotherapie würde nach den Forschungsgutachten-Kriterien nicht zu den „Therapiemethoden, deren Wirksamkeit unter wissenschaftlich kontrollierten Bedingungen in einer genügend großen Anzahl voneinander unabhängiger Untersuchungen geprüft und erwiesen wurde" (*Meyer* u.a. 1991, 72) gezählt werden können.

Sieht man die in der vorgenommenen Betrachtung herangezogenen Evaluationsstudien der einsichtsorientierten/psychodynamischen Kinder- und Jugendlichen-Psychotherapie als Prüfung der analytischen Kinder- und Jugendlichen-Psychotherapie an, dann kann man diese nicht als wissenschaftlich bestätigt ansehen, weil die empirischen Befunde die Effektivität nicht hinreichend belegen. Bestreitet man, in jenen Evaluationsstudien habe eine Prüfung der Wirksamkeit der analytischen Kinder- und Jugendlichen-Psychotherapie stattgefunden, dann kann man sie deshalb nicht als bewährte psychotherapeutische Methode ansehen, weil (angemessene) empirische Untersuchungen zu ihrer Effektivität völlig fehlen.

## Ein erstes Fazit

Erinnern wir uns die erste Frage, die wir eingangs gestellt haben und die unsere bisherigen Überlegungen geleitet hat: Gibt es Gründe dafür oder dagegen, als Kinder- und Jugendlichen-Psychotherapie einzig und allein die analytische Spielart gesetzlich zu privilegieren? Klar ist, daß durch einen meta-analytischen Vergleich, wie er hier vorgenommen wurde, nur Grobvergleiche und damit nur recht generalisierende Aussagen möglich sind. Die aber reichen im Verbund mit den anderen Ausführungen aus zu der Antwort: Nein.

Meta-Analysen tragen zu einer differentiellen Therapieforschung nur in begrenztem Rahmen bei, zur bloßen Therapieerfolgsforschung eher und mehr als zur kombinierten Erfolgs- und Prozeßforschung. Wie weit entfernt von unumstrittenen Aussagen auf diesem Feld wir nicht nur bei Fragen der psychotherapeutischen Versorgung von Kindern und Jugendlichen, sondern auch der von Erwachsenen sind, zeigt die Berner Therapievergleichsstudie (*Grawe* 1990; *Grawe, Caspar & Ambühl* 1990a, 1990b, 1990c, 1990d) und die sie begleitende Diskussion (*Grawe, Caspar & Ambühl* 1991; *Hand* 1991; *Reinecker & Schindler* 1991).

Es ist offensichtlich, daß für den Bereich der psychotherapeutischen Versorgung von Kindern und Jugendlichen im allgemeinen und der Kinder- und Jugendlichen-Psychotherapie im besonderen mit dem Forschungsgutachten noch nicht das letzte Wort gesprochen ist. Insbesondere bedarf es für diese Gebiete einer umfassenden Gesamtbewertung der zum Einsatz kommenden psychotherapeutischen Verfahren: neben der Kinder- und Jugendlichen-Psychotherapie einer Evaluation der familientherapeutischen Ansätze (vgl. dazu *Heekerens* 1991a, 1991b) sowie der Elternberatung bzw. der Elterntrainings (vgl. dazu *Graziano & Diament* 1992; *Heekerens* 1991a, 1993). Über Kinder- und Jugendlichen-Psychotherapie kann sinnvoll nur gesprochen werden, wenn man die beiden anderen Grundformen mit im Auge hat.

## Zugangsvoraussetzung Psychologie-Diplom

Die nachstehenden Überlegungen werden geleitet von der zweiten Frage, die wir eingangs formuliert haben: Gibt es Gründe dafür oder dagegen, einzig den Berufsgruppen der Ärzte und Diplom-Psychologen Zugang zur eigenständigen Ausübung von (Kinder- und Jugendlichen-)Psychotherapie zu verschaffen?

Berührt ist damit eines der Zentralstücke des Forschungsgutachtens: Einzig die Berufsgruppe der Diplom-Psychologen soll nach den Vorstellungen der Gutachter in einem zukünftigen Psychotherapeutengesetz berechtigt sein, nicht-ärztliche Psychotherapie zu betreiben. Die vorgesehenen Regelungen betreffen sowohl die berufsrechtliche Seite (Erlaubnis für die Ausübung der Heilkunde auf dem Gebiet der Psychotherapie) als auch die sozialrechtliche Seite (Kostenerstattung der psychotherapeutischen Leistungen von Diplom-Psychologen durch Träger der Gesetzlichen Krankenversicherung). Diese Vorstellungen sind nicht ohne Widerspruch geblieben (z.B. *Burbach* 1992; *Czell* 1992; *Fliegel* 1991).

## Andere Berufsgruppen im Spiegel des Forschungsgutachtens

Es war nicht Gutachtensauftrag, sich zu (der psychotherapeutischen Tätigkeit von) allen möglichen Berufsgruppen neben den Ärzten zu äußern. Der Auftrag (in *Meyer* u.a. 1991, 164) nennt überhaupt nur drei Berufsgruppen beim Namen. Einmal sollten Aussagen gemacht werden zur Notwendigkeit oder Zweckmäßigkeit einer gesetzlichen Regelung für den Beruf des Kinder- und Jugendlichen-Psychotherapeuten und des Musik-Therapeuten. Zum anderen wird ausgeführt:

> „Hinsichtlich der Qualifikation des Psychotherapeuten ist davon auszugehen, daß es sich dabei um einen Diplompsychologen handelt, der sein Psychologiestudium in der Bundesrepublik Deutschland schwerpunktmäßig auf die Klinische Psychologie ausgerichtet hat oder über eine gleichwertige Vorbildung verfügt..."

Schon in der Stellungnahme der Gutachter als Grundlage für die vom BMJFFG zu formulierenden „Eckpunkte" vom April 1990 wird offen erklärt, was das Forschungsgutachten selbst dann als Leitfaden durchzieht:

> „Zur Verbesserung dieser strukturellen und qualitativen Mängel in der psychotherapeutischen Versorgung empfehlen die Gutachter unter anderem: ... die Erhöhung der Zahl und die Sicherung des Qualifikationsstandards der in der ambulanten Versorgung tätigen Psychotherapeuten durch eine berufsrechtliche (Psychotherapeutengesetz – ‚Fachpsychologe für Psychotherapie') und in der Konsequenz eine kassenrechtliche Regelung für diese psychotherapeutisch qualifizierten Psychologen. In Zukunft sollte – neben den anderen Heilberufen – nur dieser ‚Fachpsychologe für Psychotherapie' berechtigt sein, selbständig und eigenverantwortlich im heilkundlichen Bereich tätig zu werden" (in *Meyer* u.a. 1991, 165).

Das Forschungsgutachten verkennt keineswegs, daß Anbieter von Psychotherapie auch „ambulante Dienste und Einrichtungen der psychosozialen und allgemeinpsychiatrischen Versorgung (z.B.

sozialpsychiatrische Dienste, Kontakt- und Beratungsstellen, Institutsambulanzen) sind, in denen auch psychotherapeutische Kompetenz vorhanden ist" (*Meyer* u.a. 1991, 30). In diesen Einrichtungen arbeiten neben Ärzten und Diplom-Psychologen andere Berufsgruppen wie etwa (Sozial-)Pädagogen (auch psychotherapeutisch) und eine Reihe von ihnen hat abgeschlossene psychotherapeutische Weiterbildungen.

Detaillierte Angaben über das Versorgungsangebot an ambulanter Psychotherapie fehlen leider; eine Forschungslücke, die auch von den Gutachtern bemängelt und deren Schließung von ihnen zu einer vordringlichen Aufgabe erklärt wird. Noch relativ gut informiert sind wir über die Erziehungsberatungsstellen (vgl. zusammenf. *Heekerens* 1991a). Nach der letzten regelmäßigen Erhebung der *Bundeskonferenz für Erziehungsberatung* (vgl. *Meyer* u.a. 1991, 31; *Specht* 1990) hatte Ende 1987 von den Sozialpädagogen/-arbeitern, die ein knappes Drittel der Fachkräfte stellen (Diplom-Psychologen ca. die Hälfte), jeder sechste (bei den Diplom-Psychologen vier von zehn) eine abgeschlossene psychotherapeutische Ausbildung.

Insgesamt haben nach Angaben (vgl. *Meyer* u.a. 1991, 44) der von den Gutachtern befragten Psychotherapie-Verbände 3870 Angehörige anderer Berufsgruppen als Ärzte (1212) und Diplom-Psychologen (4677) eine abgeschlossene psychotherapeutische Ausbildung. Von diesen Angehörigen anderer Berufsgruppen sind nach allen Überlegungen mindestens die Hälfte Sozialpädagogen/-arbeiter. Weitergebildet sind sie am ehesten in Familien- oder Gestalttherapie (*Heekerens* 1991a; *Meyer* u.a. 1991).

Über sie urteilt das Forschungsgutachten:

> „Auch wenn diese Leistungsanbieter in der Regel nicht den Anforderungen an eine fachpsychotherapeutische Qualifikation genügen ..., so ist doch in Anbetracht der nachgewiesenen Unterversorgung darauf hinzuweisen, daß deren Behandlungsangebote nützlicher sind als keine fachpsychotherapeutische Behandlung" (*Meyer* u.a. 1991, 44).

## Psychotherapeuten zweiter Klasse?

Die Feststellung, „in der Regel nicht den Anforderungen an eine fachpsychotherapeutische Qualifikation genügen", liegt auf einer Linie, die das Forschungsgutachten als implizite These durchzieht: Unter den Nicht-Ärzten eignen sich Diplom-Psychologen mehr als andere Berufsgruppen zur Psychotherapie. Auf Resultate aus der Psychotherapieforschung kann sich eine solche Ansicht nicht stützen.

Der Forschungs- und Kenntnisstand zum Punkt „Berufsbildung und Eignung zur Ausübung von Psychotherapie" ist äußerst dürftig. Was wir aber wissen, dient – ungeachtet all der damit aufgeworfenen und aufzuwerfenden Fragen – nicht zur Rechtfertigung, bestimmte Berufsgruppen für „geeigneter" zu halten als andere.

Recht gut untersucht sind nämlich drei Teilaspekte. In (nach traditionellem Muster durchgeführten) Sekundäranalysen zeigt sich, daß es keinen bedeutsamen Zusammenhang gibt zwischen Therapieresultaten und der Berufsgruppenzugehörigkeit der jeweiligen Therapeuten (*Beutler, Crago & Arizmendi* 1986; *Orlinsky & Howard* 1986). Dem geht zur Seite, daß in anderen Sekundäranalysen (nach dem meta-analytischen Modell) kein Zusammenhang zu finden war zwischen professioneller Qualifizierung und Therapieeffektivität: Bedeutsame Unterschiede zwischen professionellen und Laien-Helfern sind nicht auszumachen (*Berman & Norton* 1985; *Gunzelmann, Schiepek & Reineker* 1987). Und schließlich: Nach Auskunft der Meta-Analyse von *Scogin, Bynum & Stephens* (1990) schneiden Eigenbehandlungen im allgemeinen nicht schlechter ab als die von Professionellen vorgenommenen.

Das alles heißt nicht, daß Therapeutencharakteristika keine Inputvariablen seien, die Einfluß auf den Ausgang einer Therapie hätten. Aber die in bisherigen Studien nachweisbaren Zusammenhänge bewegen sich gerade nicht auf den Dimensionen „berufliche Bildung" bzw. „Professionalisierung" (vgl. etwa *Crits-Christoph & Mintz* 1991; *Horvath & Symonds* 1991; *Lambert* 1989; *Talley, Strupp & Morey* 1990).

## Das Modell Österreich

Man muß mit solchem Wissen im Hintergrund die Blickrichtung ändern und umgekehrt fragen, ob denn der Sache „Psychotherapie" nicht etwas Wichtiges verloren geht, wenn man andere Berufsgruppen als Ärzte und Psychologen fernhält. In Österreich hat man das offensichtlich gesehen und entsprechend gehandelt. Nach dem dort zum 1.1.91 in Kraft getreten „Psychotherapiegesetz" – eine (bislang) rein berufsrechtliche Regelung ohne sozialleistungsrechtliche Konsequenzen – können auch andere Berufsgruppen als Ärzte und

Psychologen zur selbständigen Ausübung der Psychotherapie ermächtigt werden. Zugang zum sog. psychotherapeutischen Fachspezifikum (die Zulassung zum sog. psychotherapeutischen Propädeutikum stellt keine besondere Hürde dar) hat auch, wer etwa eine Ausbildung an einer Akademie für Sozialarbeit u.ä. absolviert oder ein Studium der Pädagogik abgeschlossen hat.

Das Forschungsgutachten selbst benennt sehr klar das zentrale Argument für eine solche Regelung:

> „Der breite Zugang zur Psychotherapieausbildung soll der Interdisziplinarität der Psychotherapie Rechnung tragen und vermeiden, daß durch die Einengung des Zugangs lediglich von bestimmten Disziplinen – insbesondere von der Medizin und der Psychologie – her sowohl die wissenschaftliche und praktische Arbeit als auch die Entwicklung der Psychotherapie überhaupt entgegen ihrer historisch gewachsenen interdisziplinären Tradition von einigen ihrer Grundlagenwissenschaften getrennt und auf Medizin und Psychologie hin orientiert wird" (*Meyer* u.a. 1991, 64).

Hier wird das Thema in einer Breite entfaltet, die der Sache wirklich angemessen ist. Und sie sollte sich auch auf der Höhe bewegen, auf die sie *Freud* in seiner Schrift „Die Frage der Laienanalyse" von 1926 gebracht hat. Denn dort geht es ja nicht um die Frage psychotherapeutischer Laien, sondern – entzündet an der Anklage der Wiener Behörde gegen den nicht-ärztlichen Psychoanalytiker *Theodor Reik* – um die Frage der Psychotherapie durch Nicht-Ärzte.

Die Angelegenheit wurde in der *Internationalen Zeitschrift für Psychoanalyse* des Jahres 1927 durchaus kontrovers diskutiert (vgl. die zusammenf. Darstellung bei *Leupold-Löwenthal* 1984). Der Sache nach ist sie bis heute aktuell. So hat *Vogt* (1992) im jüngsten Diskussionsbeitrag angefragt, wie die Psychoanalyse denn heute aussähe, hätte es folgende „Laienanalytiker", die weder Ärzte noch Psychologen waren, nicht gegeben: *Anna Freud* und *Melanie Klein* etwa oder *Otto Rank, Theodor Reik, August Aichhorn* und *Erik Erikson*, um nur einige illustre Namen zu nennen.

In Österreich korrespondiert mit der Breite der Zulassung eine Weite des Psychotherapie-Begriffs, der sich nicht auf den engen Bereich der „Krankenbehandlung" beschränkt, sondern eine breite Fassung von „Gesundheit" zugrunde legt. In § 1 des österreichischen Psychotherapiegesetzes wird die Ausübung von Psychotherapie definiert als

> „die nach einer allgemeinen und besonderen Ausbildung im Sinne dieses Bundesgesetzes erlernte, umfassende, bewußte und geplante Behandlung von psychoso-

zial oder auch psychosomatisch bedingten Verhaltensstörungen und Leidenszuständen mit wissenschaftlich-psychotherapeutischen Methoden in einer Interaktion zwischen einem oder mehreren Behandelten und einem oder mehreren Psychotherapeuten mit dem Ziel, bestehende Symptome zu mildern oder zu beseitigen, gestörte Verhaltensweisen zu ändern und die Reifung, Entwicklung und Gesundheit des Behandelten zu fördern".

## Kernpunkte des vorgesehenen Psychotherapeutengesetzes

Demgegenüber orientiert sich das Forschungsgutachten an dem enger gefaßten Psychotherapie-Begriff von *Strotzka* (1975):

„Psychotherapie ist ein bewußter und geplanter interaktioneller Prozeß zur Beeinflussung von Verhaltensstörungen und Leidenszuständen, die in einem Konsensus (möglichst zwischen Patient, Therapeut und Bezugsgruppe) für behandlungsbedürftig gehalten werden, mit psychologischen Mitteln (durch Kommunikation) meist verbal aber auch averbal, in Richtung auf ein definiertes, nach Möglichkeit gemeinsam erarbeitetes Ziel (Symptomminimalisierung und/oder Strukturänderung der Persönlichkeit) mittels lehrbarer Techniken auf der Basis einer Theorie des normalen und pathologischen Verhaltens" (S. 4).

Zudem folgt man im Krankheitsbegriff den „Psychotherapie-Richtlinien" (Richtlinien des Bundesausschusses der Ärzte und Krankenkassen über die Durchführung der Psychotherapie in der kassenärztlichen Versorgung in der Neufassung vom 3.7.87, in der geänderten Fassung vom 4.5.90; vgl. Forschungsgutachten S. 167):

„In diesen Richtlinien wird seelische Krankheit verstanden als krankhafte Störung der Wahrnehmung, des Verhaltens, der Erlebnisverarbeitung, der sozialen Beziehungen und der Körperfunktionen. Es gehört zum Wesen dieser Störungen, daß sie der willentlichen Steuerung durch den Patienten nicht mehr oder nur zum Teil zugänglich sind.

Krankhafte Störungen können durch seelische oder körperliche Faktoren verursacht werden; sie werden in seelischen und körperlichen Symptomen und in krankhaften Verhaltensweisen erkennbar, denen aktuelle Krisen seelischen Geschehens, aber auch pathologische Veränderungen seelischer Strukturen zugrunde liegen können.

Seelische Strukturen werden in diesen Richtlinien verstanden als die anlagemäßig disponierenden und lebensgeschichtlich erworbenen Grundlagen seelischen Geschehens, das direkt beobachtbar oder indirekt erschließbar ist.

Auch Beziehungsstörungen können Ausdruck von Krankheit sein; sie sind für sich allein nicht schon Krankheit im Sinne dieser Richtlinien, sondern können nur dann als seelische Krankheit gelten, wenn ihre ursächliche Verknüpfung mit einer krankhaften Veränderung des seelischen oder körperlichen Zustandes eines Menschen nachgewiesen wurde."

Mit diesen beiden grundsätzlichen Entscheidungen, d.h. mit der konkret-inhaltlichen Füllung dessen, was unter „Psychotherapie" und was unter „Krankheit“ zu verstehen sei, ergibt sich denn auch die Antwort auf die Zentralfrage:

> „Die Frage, ob eine bestimmte Tätigkeit dem psychologischen Psychotherapeuten vorbehalten ist und damit anderen nicht-ärztlichen Gruppen untersagt und regelungsbedürftig ist, also die Unterscheidung von heilkundlicher und nicht-heilkundlicher Tätigkeit des Psychologen, ist nur zu bejahen, wenn folgende zwei Voraussetzungen im Sinne von notwendigen Bedingungen erfüllt sind:
>
> (i) Bei der Tätigkeit muß es sich um Psychotherapie handeln ...
> (ii) bei der behandelten Störung muß es sich um eine Krankheit bzw. um eine Behinderung oder Störung mit Krankheitswert handeln“ (*Meyer* u.a. 1991, 25).

## Klare Grenzen und Grauzonen

Keiner gesonderten berufsrechtlichen Regelung bedarf es also bei und für Tätigkeiten, wenn keine „Psychotherapie“ nach der *Strotzka*schen Definition und/oder wenn keine „(seelische) Krankheit“ i.S. der „Psychotherapierichtlinien“ vorliegt.

Das freilich schafft nur eine scheinbare Klarheit. Wie undurchsichtig die Verhältnisse im Einzelfall sein können, mag man daran ermessen, daß die Unterscheidung zwischen „Psychotherapie“ und „Beratung“, wie sie etwa auch im Forschungsgutachten (S. 26) getroffen wird, mehr Fragen aufwirft, als sie zu lösen imstande ist. Weithin bekannte Tatsache ist doch, daß alle bislang vorgenommenen Unterscheidungsversuche von „Psychotherapie“ und „Beratung“ weniger deren Trennschärfe als vielmehr ihre große Bedeutungsüberschneidung offengelegt haben.

Und bei welchen Symptomen und in welchen psychosozialen Problemlagen, derenwegen professionelle Hilfsangebote nachgefragt bzw. angeboten werden, hat man es denn zweifelsfrei mit einer „seelischen Krankheit“ im Sinne der Psychotherapierichtlinien zu tun und wo nicht? Alle Vorschläge zur Festlegung, die die Psychotherapierichtlinien selbst oder aber in ihrem Gefolge das Forschungsgutachten (vgl. etwa S. 27, 146) treffen, sind weder die einzig wissenschaftlich legitimierbaren noch die auf breitestem Konsens unter Gesundheitsarbeitern beruhenden. Da gibt es doch grundsätzlich offene Fragen.

Alles spricht dafür, daß die im Forschungsgutachten gemachten Vorschläge Gesetzeswirklichkeit werden: Sowohl der vom Bundesministerium für Gesundheit im Mai 1993 vorgelegte Referentenentwurf als auch der im März 1995 verabschiedete Entwurf des Bundesrates – gleichzeitig von der SPD-Fraktion im Bundestag eingebracht – schreibt die Vorschläge im wesentlichen fest. Während die Verabschiedung des Psychotherapeutengesetzes auch Ende 1995 noch aussteht, gibt es bereits eine Rechtssprechung, die schon derzeit für diejenigen, die keine Ärzte und Diplom-Psychologen sind, eine Rechtswirklichkeit geschaffen hat, die nicht verlustig geht, sollte das in Umrissen erkennbare Psychotherapeutengesetz eines Tages in Kraft treten. Man muß sich diese Rechtssprechung vor Augen halten, um klar zu sehen, wie derzeit schon und künftig noch für sie die Dinge stehen.

Diplom-Psychologen erhalten seit geraumer Zeit eine Erlaubnis zur Ausübung der Heilkunde nach dem Heilpraktikergesetz – teilweise beschränkt auf Psychotherapie – ohne vorherige Prüfung; im günstigsten Fall allein durch Vorlegen des Diplom-Zeugnisses (z.B. in Bayern). Für andere Nicht-Ärzte sah die Situation bis vor kurzem weit weniger günstig aus; üblich war die sogenannte „volle Heilpraktikerprüfung". Hier haben die einschlägigen Entscheidungen des Bundesverwaltungsgerichts aus dem Jahr 1994 grundlegende Verbesserungen gebracht.

Das Bundesverwaltungsgericht hält in seiner Entscheidung vom 21.1.1993 die Berufsfreiheit, also das Grundrecht des Artikels 12 des Grundgesetzes, für unverhältnismäßig eingeschränkt, wenn – wie im behandelten Falle eines Antrags auf selbständige Ausübung nicht-ärztlicher Psychotherapie durch eine psychotherapeutisch fortgebildete Diplom-Pädagogin – „von einer Bewerberin allgemeine heilkundliche Grundkenntnisse einschließlich der Kenntnisse im Bereich Anatomie, Physiologie, Pathologie und Arzneimittelkunde verlangt werden". Das Bundesverwaltungsgericht bestätigt die Rechtsauffassung des Oberverwaltungsgerichts Lüneburg, daß die Klägerin keine medizinischen Grundkenntnisse nachweisen müsse, wolle sie lediglich psychotherapeutisch tätig werden. Das Bundesverwaltungsgericht gibt dann noch einen weiteren Hinweis: Die Erlaubnis nach dem Heilpraktikergesetz sei nicht von einer formellen Prüfung abhängig; eine Prüfung sei vielmehr nur eine besondere Methode (neben anderen) der Ermittlung des Sachverhalts, um entscheiden zu können, ob der Antragsteller zuverlässig genug ist, auf dem Gebiet der Heilkunde tätig zu werden. Im übrigen sorgt das Bundesverwaltungsgerichtsurteil noch für eine gewisse Rechtsklarheit, indem es für notwendig hält, eine eventuell erteilte Erlaubnis ausdrücklich gegenständlich auf die Psychotherapie zu beschränken, auch wenn dies im Gesetz nicht so vorgesehen ist. Das Bundesverwaltungsgericht führt ferner aus, daß die „vorgelegten Zeugnisse und sonstigen Nachweise über absolvierte Studiengänge und Zusatzausbildungen" gegebenenfalls die Art der weiteren Ermittlungen bestimmen.

Mit der einschlägigen Entscheidung des Bundesverfassungsgerichts vom 24.10.1994 wurde allerhöchstrichterlich und unwiderruflich klargestellt, daß aus verfassungsrechtlichen Gründen – und zwar aus der Sicht des Grundrechts auf freie Berufswahl – keine gegenständlich unbegrenzte Heilpraktikerprüfung gefordert werden kann, wenn der Bewerber – in diesem Falle ein Diplom-Soziologe (mit Prüfungs- und Promotionsschwerpunkt in Psychologie sowie psychotherapeutischen Fortbildungen) – lediglich auf dem Gebiet der Psychotherapie tätig werden will. Das Bundesverfassungsgericht stellt zudem ausdrücklich fest, daß bei der Überprüfung, ob von der geplanten Tätigkeit eine Gefahr für die Volksgesundheit ausgehe, die akademische Ausbildung berücksichtigt werden müsse. Entsprechendes habe für die Nachweise anschließender Fort- und Weiterbildungsmaßnahmen zu gelten.

Damit ist diese Entscheidung des Bundesverfassungsgerichts, die jene des Bundesverwaltungsgerichts in ihren zentralen Partien bestätigt, hilfreich für die meisten, die als (Kinder- und Jugendlichen-) Psychotherapeuten tätig sein wollen, ohne Arzt oder Diplom-Psychologe zu sein.

## Ein zweites Fazit

Die Frage, die die Überlegungen im zweiten Teil geleitet hat, lautete: Gibt es Gründe dafür oder dagegen, einzig den Berufsgruppen der Ärzte und Diplom-Psychologen Zugang zur eigenständigen Ausübung von (Kinder- und Jugendlichen-)Psychotherapie zu verschaffen? Die Antwort kann nur lauten: Die Psychotherapieforschung weiß keine Gründe zu nennen, weshalb eine Berufsgruppe beim Zugang zur Ausbildung in oder bei der Ausübung von Psychotherapie bevorzugt oder benachteiligt werden sollte.

Es gibt aus anderen Quellen oder Perspektiven oder von anderen Standpunkten her sicherlich Gründe Für und Wider. Man sollte sie allesamt ernsthaft prüfen. Prüfen auf ihre Tragfähigkeit hin, auch wenn sie auf den ersten Blick so einleuchtend erscheinen, weil sie alle Augenscheinvalidität für sich haben. So ist beispielsweise schwer bestreitbar, Diplom-Psychologen hätten aufgrund ihrer methodischen Ausbildung bessere Voraussetzungen für ein verantwortetes psychotherapeutisches Handeln im Sinne einer „Kontrollierten Praxis". Nicht zu übersehen und Anlaß zu immerwährender Klage ist andererseits, daß auch für Diplom-Psychologen weitgehend Gültigkeit hat:

> „Die Tatsache, daß der Ergebnisstand der Psychotherapieforschung nicht zur Kenntnis genommen wird, hat in weiten Teilen der Psychotherapieszene noch nicht einmal den Charakter eines Kavaliersdelikts" (*Grawe* 1992, 25; vgl. dazu ausführlich *Heekerens* 1991a).

## Und die dritte Frage?

Die dritte eingangs gestellte Frage lautet: Gibt es Gründe dafür oder dagegen, die Weiterbildung zum Kinder- und Jugendlichen-Psychotherapeuten eigen- und grundständig oder als Schwerpunkt im Rahmen einer allgemeinen Psychotherapieausbildung zu konzipieren? Im Ausbildungsbereich gibt es, national wie international betrachtet, beide Möglichkeiten. Und es ist auf die Breite gesehen auch keineswegs so, daß es einen klaren und eindeutigen Zusammenhang gäbe zwischen der Bevorzugung einer Möglichkeit einer- und schulischer Orientierung andererseits.

Nur: Mir ist keine einzige empirische Studie bekannt, deren Resultat(e) irgend etwas zur Beantwortung der Frage abwerfen würde(n). Auch die Antworten auf die beiden ersten hier behandelten Fragen sind ohne Folgen für die Beantwortung der dritten. Zu wünschen ist, es möge eine Antwort gefunden werden, welche die psychotherapeutische Versorgung von Kindern und Jugendlichen nicht nur nicht verschlechtert, sondern im Gegenteil verbessert.

### Literatur


*Andrews, G.* & *Harvey, R.* (1981). Does psychotherapy benefit neurotic patients? *Archives of General Psychiatry, 38*, 1203-1208.

*Anthony, E.J.* (1986). A brief history of child psychoanalysis. *Journal of the American Academy of Child Psychiatry, 25*, 8-11.

*Baethge, G.* (1981). Kindertherapie oder Familientherapie? *Praxis der Kinderpsychologie und Kinderpsychiatrie, 30*, 159-165.

*Barrnett, R.J., Docherty, J.P. & Frommelt, G.M.* (1991). A review of child psychotherapy research since 1963. *Journal of the American Academy of Child and Adolescent Psychiatry, 30,* 1-14.
*Berman, J.S. & Norton, N.C.* (1985). Does professionell training make a therapist more effective? *Psychological Bulletin, 98,* 401-406.
*Beutler, L.E., Crago, M. & Arizmendi, T.G.* (1986). Research on therapist varibales in psychotherapy. In: *S.L. Garfield & A.E. Bergin* (Eds.). Handbook of psychotherapy and behavior change (3rd ed., pp 257-310). New York: Wiley.
*Bowers, T.G. & Clum, G.A.* (1988). Relative contribution of specific and nonspecific treatment effects: Meta-analysis of placebo-controlled behavior therapy research. *Psychological Bulletin, 103,* 315-323.
*Bredenkamp, J.* (1980). Theorie und Planung psychologischer Experimente. Darmstadt: Steinkopff.
*Brody, N.* (1990). Behavior therapy versus placebo: Comment on Bowers and Clum's meta-analysis. *Psychological Bulletin, 107,* 106-109.
*Brown, J.* (1987). A review of meta-analyses conducted on psychotherapy outcome research. *Clinical Psychology Review, 7,* 1-23.
*Burbach, C.* (1992). Hintergründe und Tendenzen des geplanten Psychotherapeutengesetzes. *Wege zum Menschen, 44,* 53-60.
*Casey, R.J. & Berman, J.S.* (1985). The outcome of psychotherapy with children. *Psychological Bulletin, 98,* 388-400.
*Cedar, B. & Levant, R.F.* (1990). A meta-analysis of the effects of Parent Effectiveness Training. *American Journal of Family Therapy, 18,* 373-384.
*Clum, G.A. & Bowers, T.G.* (1990). Behavior therapy better than placebo treatments: Fact or artifact? *Psychological Bulletin, 107,* 110-113.
*Cramer, B.* (1990)- Outcome evaluation in brief mother-infant psychotherapy: A prelimimary report. *Infant Mental Health Journal, 11,* 278-300.
*Crits-Christoph, P. & Mintz, J.* (1991). Implications of therapist effects for the design and analysis of comparative studies of psychotherapies. *Journal of Consulting and Clinical Psychology, 59,* 20-26.
*Czell, G.* (1992). Das Psychotherapiegesetz und die Arbeit in den psychologischen Beratungsstellen. *Wege zum Menschen, 44,* 72-83.
*Dobson, K.S.* (1989). A meta-analysis of the efficacy of cognitive therapy for depression. *Journal of Consulting and Clinical Psychology, 57,* 414-419.
*Drinkmann, A.* (1990). Methodenkritische Untersuchungen zur Metaanalyse. Weinheim: Deutscher Studien Verlag.
*Dührssen, A.* (1990). Vorwort zum Themenheft. *Zeitschrift für Psychosomatische Medizin und Psychoanalyse, 36,* 102-103.
*Dush, D.M., Hirt, M.L. & Schroeder, H.* (1983). Self-statement modification with adults: A meta-analysis. *Psychological Bulletin, 94,* 408-422.
—, —, — (1983). Self-statement modification in the treatment of child behavior disorders: A meta-analysis. *Psychological Bulletin, 106,* 97-106.
*Eysenck, H.J.* (1952). The effects of psychotherapy: An evaluation. *Journal of Consulting Psychology, 16,* 319-324.
*Fliegel, S.* (1991). Stellungnahme. Im Anhang zum *Forschungsgutachten.*
*Fonagy, P. & Moran, G.S.* (1990). Studies in the efficacy of child psychoanalysis. *Journal of Consulting and Clinical Psychology, 58,* 684-695.
*Giblin, P.* (1986). Research and assessment in marriage and family enrichment. *Journal of Psychotherapy and the Family, 2(1),* 79-96.

—, *Sprenkle, D.H. & Sheehan, R.* (1985). Enrichment outcome research. *Journal of Marital and Family Therapy, 11*, 257-271.

*Grawe, K.* (1990). Vorwort zur Berner Therapievergleichsstudie. *Zeitschrift für Klinische Psychologie, 19*, 292-293.

— (1992). Therapeuten: Unprofessionelle Psychospieler? *Psychologie heute, 19(6)*, 22-28.

—, *Caspar, F. & Ambühl, H.* (1990a). Die Berner Therapievergleichsstudie: Fragestellung und Versuchsplan. *Zeitschrift für Klinische Psychologie, 19*, 294-315.

—, *K., Caspar, F. & Ambühl, H.* (1990b). Die Berner Therapievergleichsstudie: Prozeßvergleich. *Zeitschrift für Klinische Psychologie, 19*, 316-337.

—, *Caspar, F. & Ambühl, H.* (1990c). Die Berner Therapievergleichsstudie: Wirkungsvergleich und Differentielle Indikation. *Zeitschrift für Klinische Psychologie, 19*, 338-361.

—, *Caspar, F. & Ambühl, H.* (1990d). Die Berner Therapievergleichsstudie: Zusammenfassung und Schlußfolgerungen. *Zeitschrift für Klinische Psychologie, 19*, 362-376.

—, *Caspar, F. & Ambühl, H.* (1991). Was ist differentiell an der Differentiellen Psychotherapieforschung? Eine Replik auf die Stellungnahme von Reinecker, Schindler und Hand zur Berner Therapievergleichsstudie. *Zeitschrift für Klinische Psychologie, 20*, 286-297.

*Graziano, A.M. & Diament, D.M.* (1992). Parent behavioral training. *Behavior Modification, 16*, 3-38.

*Greenwald, S. & Russel, R.L.* (1991). Assessing rationales for inclusiveness in meta-analytic samples. *Psychotherapy Research, 1*, 17-24.

*Gunzelmann, T., Schiepek, G. & Reinecker, H.* (1987). Laienhelfer in der psychosozialen Versorgung: Meta-Analysen zur differentiellen Effektivität von Laien und professionellen Helfern. *Gruppendynamik, 18*, 361-384.

*Hager, W. & Westermann, R.* (1983). Planung und Auswertung von Experimenten. In: *J. Bredenkamp & H. Feger* (Hrsg.). Hypothesenprüfung (Enzyklopädie der Psychologie, Themenbereich B, Ser. 1, Bd. 5, S. 24-238). Göttingen: Hogrefe.

*Hahlweg, K. & Markman, H.J.* (1988). Effectiveness of behavioral marital therapy. *Journal of Consulting and Clinical Psychology, 56*, 440-447.

*Hand, I.* (1991). Die Berner Therapievergleichsstudie: Was sollte verglichen werden, was wurde verglichen – was wurde gefolgert und was kann gefolgert werden. *Zeitschrift für Klinische Psychologie, 20*, 280-285.

*Hazelrigg, M.D., Cooper, H.M. & Borduin, C.M.* (1987). Evaluating the effectiveness of family therapies. *Psychological Bulletin, 101*, 428-442.

*Heekerens, H.-P.* (1991a). Familientherapie und Erziehungsberatung (2. Aufl.). Heidelberg: Asanger.

— (1991b). Familientherapie auf dem Prüfstand. *Acta Paedopsychiatrica*, 54, 56-67.

— (1993). Die Wirksamkeit des Gordon-Elterntrainings. Praxis der Kinderpsychologie und Kinderpsychiatrie.

*Hill, K.A.* (1987). Meta-analysis of paradoxical interventions. *Psychotherapy, 24*, 266-270.

*Horvath, A.O. & Symonds, B.D.* (1991). Relation between working alliance and outcome in psychotherapy: A meta-analysis. *Journal of Counseling and Clinical Psychology, 38*, 139-149.

*Lambert, M.J.* (1989). The individual therapist's contribution to psychotherapy process and outcome. *Clinical Psychology Review, 9*, 469-485.

—, *Shapiro, D.A. & Bergin, A.E.* (1986). The effectiveness of psychotherapy. In: *S.L. Garfield & A.E. Bergin* (Eds.), Handbook of psychotherapy and behavior change (3rd ed., pp. 157-211). New York: Wiley.

*Landman, J.T. & Daves, R.M.* (1982). Smith and Glass' conclusions stand up under scrunity. *American Psychologist, 37*, 504-516.
*Leupold-Löwenthal, H.* (1984). Zur Geschichte der Frage der Laienanalyse. *Psyche, 38*, 97-120.
*Lyons, L.C. & Woods, P.J.* (1991). The efficacy of Rational-Emotive Therapy: A quantitative review of the outcome reserach. *Clinical Psychology Review, 11*, 357-369.
*Marans, S.* (1989). Psychoanalytic psychotherapy with children: Current research trends and challenges. *Journal of the American Academy of Child and Adolescent Psychiatry, 28*, 669-674.
*Markus, E., Lange, A. & Pettigraw, T.F.* (1990). Effectiveness of family therapy: a meta-analysis. *Journal of Family Therapy, 12*, 205-221.
*Martinez-Taboas, A.* (1990). Controlled outcome research with paradoxical interventions: A review for clinicians. *Psychotherapy, 27*, 468-474.
*Medway, F.J. & Updyke, J.F.* (1985). Meta-analysis of consultation outcome studies. *American Journal of Community Psychology, 1*, 489-505.
*Meyer, A.-E., Richter, R., Grawe, K., Schulenburg, J.-M.v. & Schulte, B.* (1991). Forschungsgutachten zu Fragen eines Psychotherapeutengesetzes. Hamburg: Universitätskrankenhaus Hamburg-Eppendorf.
*Miller, R.C. & Berman, J.S.* (1983). The efficacy of cognitive behavior therapies. *Psychological Bulletin, 94*, 39-53.
*Müller-Küppers, M.* (1990). Psychotherapie bei Kindern und Jugendlichen. *Zeitschrift für Psychosomatische Medizin und Psychoanalyse, 36*, 131.
*Nicholson, R.A. & Berman, J.S.* (1983). Is follow-up necessary in evaluating psychotherapy? *Psychological Bulletin, 93*, 261-278.
*Orlinsky, D.E. & Howard, K.I.* (1986). The relation process to outcome in psychotherapy. In: *S.L. Garfield & A.E. Bergin* (Eds.), Handbook of psychotherapy and behavior change (3rd ed., pp. 311-381). New York: Wiley.
*Orwin, R.G. & Cordray, D.S.* (1985). Effects of deficient reporting on meta-analysis: A conceptual framework and reanalysis. *Psychological Bulletin, 97*, 134-147.
*Prioleau, L., Murdock, M. & Brody, N.* (1983). An analysis of psychotherapy versus placebo studies. *Behavioral and Brain Sciences, 6*, 275-310.
*Reinecker, H. Schiepek, G. & Gunzelmann, T.* (1989). Integration von Forschungsergebnissen: Meta-Analysen in der Psychotherapieforschung. *Zeitschrift für Klinische Psychologie, 18*, 101-106.
— *& Schindler, L.* (1991). Differentielle Psychotherapieforschung? – Überlegungen zur Berner Therapievergleichsstudie. *Zeitschrift für Klinische Psychologie, 20*, 274-279.
*Riedel, R. & Schneider-Düker, M.* (1991). Kontextbedingungen „kontrollierter"und „unkontrollierter" Psychotherapieforschung. *Psychologische Rundschau, 42*, 19-28.
*Rosenthal, R.* (1991). Quality-weighting of studies in meta-analytic research. *Psychotherapy Research, 1*, 25-28.
*Russel, R.I. & Greenwald, S.* (1991). Exclusion is a viable weight: Reply to Rosenthal. *Psychotherapy Research, 1*, 29-30.
*Satin, W., La Greca A.M., Zigo, M.A. & Skyler, J.S.* (1989). Diabets in adolescence: Effects of multifamily group intervention and parent simulation of diabetes. *Journal of Pediatric Psychology, 14*, 259-275.
*Schwarz, H.-J.* (1991). Stellungnahme. Im Anhang zum Forschungsgutachten.
*Scogin, F., Bynum, J. & Stephens, G.* (1990). Efficacy of self-administered treatment programs: Meta-analytic review. *Professional Psychology, 21*, 42-47.
*Shadish, W.R. & Montgomery, L.M.* (1989). How many studies are in the file drawer. *Clinical Psychology Review, 9*, 589-603.

*Shapiro, D.A. & Shapiro, D.* (1982). Meta-analysis of comparative therapy outcome studies. *Psychological Bulletin, 92,* 581-604.

*Shoham-Salomon, V. & Rosenthal, R.* (1987). Paradoxial interventions: A meta-analysis. *Journal of Consulting and Clinical Psychology, 55,* 22- 28.

*Smith, M.L. & Glass, G.V.* (1977). Meta-analysis of psychotherapy outcome studies. *American Psychologist, 32,* 542-760.

*—, —, Miller, T.I.* (1980). The benefits of psychotherapy. Baltimore: John Hopkins University Press.

*Specht, F.* (1990). Entwicklung der Erziehungsberatungsstellen in der Bundesrepublik Deutschland und Berlin-West. *Zeitschrift für Kinder- und Jugendpsychiatrie, 18,* 239-246.

*Steinbrueck, S.M., Maxwell, S.E. & Howard, G.S.* (1983). A meta-analysis of psychotherapy and drug therapy in the treatment of unipolar depression with adults. *Journal of Consulting and Clinical Psychology, 51,* 856-863.

*Strotzka, H.* (1975). Was ist Psychotherapie? In: *H. Strotzka* (Hrsg.), Psychotherapie: Grundlagen, Verfahren, Indikationen (S. 3-6). München: Urban & Schwarzenberg.

*Svartberg, M. & Stiles, T.C.* (1991). Comparative effects of short-term psychodynamic psychotherapy: A meta-analysis. *Journal of Consulting and Clinical Psychology, 59,* 704-714.

*Szapocznik, J., Kurtines, W., Santisteban, D.A. & Rio, A.T.* (1990). Interplay of advances between theory, research, and application in treatment interventions aimed at behavior problem children and adolescents. *Journal of Consulting and Clinical Psychology, 58,* 696-703.

*—, Rio, A.T., Murray, E., Cohen, R., Scopetta, M., Rivas-Vazquez, A., Hervis, O.E., Posada, V. & Kurtines, W.M.* (1989). Structural family therapy versus psychodynamic child therapy for problematic Hispanic boys. *Journal of Consulting and Clinical Psychology, 57,* 571-578.

*Talley, P.F., Strupp, H.H. & Morey, L.C.* (1990). Matchmaking in psychotherapy: Patient-therapist dimensions and their impact on outcome. *Journal of Consulting and Clinical Psychology, 58,* 182-188.

*Vogt, R.* (1992). Aktuelle Bemerkungen zu Freuds Abhandlung Die Frage der Laienanalyse. *Psychoanalyse, 46,* 145-177.

*Weisz, J.R., Weiss, B., Alicke, M.D. & Klotz, M.L.* (1987). Effectiveness of psychotherapy with children and adolescents: A meta-analysis for clinicians. *Journal of Consulting and Clinical Psychology, 55,* 542-549.

*Wittmann, W.W. & Matt, G.E.* (1986). Meta-Analyse als Integration von Forschungsergebnissen am Beispiel deutschsprachiger Arbeiten zur Effektivität von Psychotherapie. *Psychologische Rundschau, 37,* 20-40.

*Zerrsen, D.v., Möller, H.-J., Baumann, U. & Bühringer, G.* (1986). Evaluative Psychotherapieforschung in der Bundesrepublik Deutschland und West-Berlin. *Psychotherapie, Psychosomatik, Medizinische Psychologie, 36,* 8-17.

# Autorenverzeichnis

**Bruschweiler-Stern, Nadja,** Dr., Kinderpsychiaterin und Ärztin für Kinderheilkunde. Sie arbeitet an der Kinderklinik der Universität Genf.

**Bürgin, Dieter**, Prof. Dr. med., Ordinarius für Kinder- und Jugendpsychiatrie Universität Basel. Chefarzt der Kinder- und Jugendpsychiatrischen Universitätsklinik und -poliklinik Basel. Ordentliches Mitglied der Schweizerischen Gesellschaft für Psychoanalyse. Arbeitsschwerpunkte: Psychosomatik, Psychoonkologie, Psychotherapie, Säuglingsentwicklung.

**Heekerens, Hans-Peter**, Dr. theol., Dr. phil. habil., Dipl.-Psych., Klinischer Psychologe/Psychotherapeut BDP. Professor (FH) für Sozialarbeit/Sozialpädagogik und Pädagogik, Privatdozent für Interventionsverfahren in der Klinischen Psychologie. Arbeitsschwerpunkte: Familientherapie, Psychotherapieevaluation.

**Herzka, Heinz-Stephan**, Prof. Dr. med., Lehrstuhl für Kinder- und Jugendlichenpsychiatrie Universität Zürich, ltd. Arzt der Tagesklinik für Kinder- und Jugenlichenpsychiatrie. Arbeitsschwerpunkte: Entwicklungspsychologie, Therapiekombinationen, Sozialpsychiatrie des Kindes.

**Märtens, Michael M.**, Prof. Dr., in Kooperation mit der Freien Universität Amsterdam wissenschaftlicher Mitarbeiter am Forschungsinstitut der Europäischen Akademie für Psychosoziale Gesundheit und Kreativitätsförderung (EAG) in Düsseldorf und lehrt als Professor für Psychologie an der Ev. Fachhochschule für Sozialarbeit in Dresden. Ausbildung in Gesprächstherapie, Verhaltenstherapie und Systemischer Therapie. Supervisor/Lehrtherapeut für Familientherapie und Organisationsentwicklung.

**Metzmacher, Bruno**, Dipl.-Päd., Ausbildung in Gestalttherapie und Integrativer Therapie am Fritz Perls Institut, arbeitet seit 1979 im stationären und ambulanten kinder- und jugendpsychiatrischen Bereich und war dort maßgeblich an der Konzeptentwicklung für Integrative Kinder- und Jugendlichenpsychotherapie beteiligt. Mitbegründer dieses Ausbildungszweiges am FPI, den er seit 1985 leitet.

**Petzold, Hilarion G.**, Prof. Dr. Dr. Dr., lehrt als ordentlicher Universitätsprofessor an der Freien Universität Amsterdam. Ausbildung in Psychoanalyse bei V.N. Iljine, Gestalttherapie bei F.S. Perls und Psychodrama bei J.L. Moreno. Lehrsupervisor und Lehrtherapeut an der EAG. Er begründete die Integrative Therapie als Verfahren und die Methode der Integrativen Bewegungs- und Leibtherapie.

**Reinhard, Hans Georg**, Prof. Dr. med., Dr. phil., Dipl.-Psych., Facharzt für Psychotherapeutische Medizin, Facharzt für Kinder- und Jugendpsychiatrie, Psychotherapie, Psychoanalyse. Studium der Medizin, Psychologie und Philosophie in Köln und Bonn. Direktor der Klinik für Psychiatrie, Psychotherapie und Psychosomatik der Universität Leipzig. Arbeits- und Forschungsschwerpunkt: Psychotherapie von Psychosen, Anorexia nervosa.

**Reukauf, Wolf**, Dr. phil., langjähriger Mitarbeiter im kinder- und jugendpsychiatrischen Dienst, Abt. Psychopathologie des Kinder- und Jugendalters, Zürich. Arbeitsschwerpunkte: Kinderpsychotherapie, Methodenintegration, Psychopathologie des behinderten Kindes.

**Stern, Daniel**, Prof. Dr. med., Professur für Entwicklungspsychologie an der Universität Genf. Arbeitsschwerpunkte: frühe Mutter-Kind-Interaktion, Repräsentationsforschung.

**Zaepfel, Helmut**, Dipl.-Psych., Dipl.-Päd., Ausbildung in Integrativer Kinder- und Jugendlichentherapie am FPI. Langjährige Tätigkeit in der stationären Kinder- und Jugendlichenpsychiatrie, in psychosomatischen Abteilungen und im Suchtkrankenbereich. Derzeit Arbeit in der Akutpsychiatrie und in freier Praxis.

# Personenregister


**A**

Abele, A. 189
Abels, H. 44
Achenbach, T.M. 189, 199
Adolph, K.E. 221, 228, 231
Adorno, T.W. 29, 64
Ainsworth, M.D.S. 212, 244
Alihan, M.A. 228
Altman, I. 232
Amato, P.R. 219
Anderegg, J. 162
Andrews, G. 407
Angleitner, A. 290
Anthony, E.J. 195, 398
Antonowsky, A. 78, 81, 189, 191, 197
Antonucci, T.C. 186, 212f
Argelander, H. 357f
Ariès, Ph. 171
Arkov, P. 235
Arling, G. 212
Arnold, E. 360
Asendorpf, J. 160
Ashcraft, C.W. 370
Aster, M. von 350, 362
Auchter, T. 124
Austin, J.L. 230
Axline, V. 179, 351, 378
Ayres, J. 183

**B**

Baardman, I. 363
Baethge, G. 357, 398
Bakeman, R. 195
Baldwin, J.M. 238
Ball, St. 174
Baltes, P. 103, 181, 185
Bandura, A. 217
Barker, R. 182, 221, 232
Barnett, R. 353, 366, 410
Barrera, M. 213
Barthes, R. 176
Bataille, G. 173
Bateson, G. 82
Baudrillard, J. 43
Baumann, U. 147, 160
Baumann, Z. 23
Bauriedl, T. 97, 99
Beck, U. 24ff, 31, 33, 36, 39f, 53f, 61, 67ff, 108, 176, 186, 206
Beck-Gernsheim, E. 26, 36, 203
Becker, P. 189
Beek, P. 231
Belle, D. 218
Benjamin, L.S. 345
Benoit, D. 335
Berger, E. 161
Berger, P. 47, 56, 176
Bergin, A. 372, 378
Bergmann, W. 104f
Bergold, J. 353
Berking, H. 54
Berman, J.S. 406, 416
Bernstein, N. 222
Beutler, L. 372, 382, 416
Bierhoff, H.W. 232
Biermann, G. 365, 367
Billings, A. 213
Bischof-Köhler, D. 184, 186, 243, 248
Blair, A. 358
Blaser, A. 161
Bloom, B.L. 381
Blos, P. 373
Blyth, D.A. 212
Böhme, G. 32, 54, 56, 173, 181
Bolz, N. 20, 27, 76
Bowen, M. 348
Bowers, T.G. 406
Bowlby, J. 160, 200, 246, 249f, 283
Boyce, W.T. 212
Bracely, H.E. 232
Bräunling, E. 178
Brazelton, T. 160, 333f
Bredenkamp, J. 407
Brems, C. 360
Brickenkamp, R. 161
Brody, N. 406
Bronfenbrenner, U. 19, 181f, 185, 207, 232
Brown, J. 401
Brühlmann-Jecklin, E. 178
Bruhn, J.G. 212
Bruner, J.S. 179, 184, 205
Brüning, B. 178

Brunner, R. 178
Brusten, M. 348
Bryant, B. 211
Buber, M. 181
Buchholz, M. 21, 26, 38, 41ff, 83, 86, 88, 90ff, 105, 108, 113f, 125
Bücken, E. 178
Burbach, C. 414
Burger, B. 349
Bürgin, D. 12, 303-319

C

Calvert, S.C. 360
Campbell, S. 286
Casey, R. 366f, 401, 403, 405, 409f
Caspi, A. 216
Castoriadis, C. 172, 174
Cauce, A.M. 211
Cedar, B. 405
Cherlin, A.J. 203
Cicchetti, D. 199, 286
Cierpka, M. 161
Ciompi, L. 77, 81
Clum, G. 406
Colletta, N. 218
Compas, B.E. 212
Coonerty, S. 357
Cooper, C.L. 219
Corse, S.J. 213
Coupeland, D. 107
Cramer, B. 326, 328, 411
Crits-Christoph, P. 416
Culler, J. 175f
Czell, G. 414

D

Danish, S.J. 213
Davis, M. 87
de Groot, L. 238
Deleuze, G. 172
DeMause, L. 171
Derrida, J. 171, 173, 175, 245f
DeShazer, S. 355
Dettling, W. 61
Devereux, G. 160
Dewe, B. 222
Diaz, R.M. 211
Dieckmann, D. 52, 62, 64f, 104, 114
Dobson, K. 406
Domin, H. 58
Dorn, A. 289
Dornes, M. 11, 58, 87f, 126, 160, 241, 245, 248, 356, 365
Dreyfus, H.L. 174
Drinkmann, A. 401
Dührssen, A. 399
Dush, D. 405, 407

E

Eagle, M. 98
Eccles, J. 160
Eckensberger, L.H. 219
Edelman, G. 231
Eder-Debye, R. 210
Eggers, C. 162
Eichberg, H. 222
Eisler-Stehrenberger, K. 231
Ekman, P. 224
Elbing, E. 212
Elder, G.H. 202
Elkin, I. 373
Elkin, Ph. 161
Emde, R. 11
Enzensberger, H.-M. 50, 171
Erikson, E. 47, 121, 417
Ernst, C. 284
Essau, C. 373
Eysenck, H.-J. 366, 401

F

Fäh-Barwinski, M. 369
Faltermaier, T. 77, 106, 185
Fend, H. 183, 185
Ferenczi, S. 243
Feyerabend, P. 161
Field, T.M. 248, 331
Filipp, S. 200, 204
Fisch, R. 348
Fischer, E.P. 160
Flade, A. 232
Flaherty, J.A. 217
Flammer, A. 195, 213, 263
Flavell, J.H. 179, 184, 205
Fleck, D.C. 33
Flick, U. 219, 353, 363
Fliegel, S. 414
Fonagy, P. 366, 410f
Försterling, F. 244
Foucault, M. 22, 47, 172ff, 246
Frank, E. 371, 382

Freese, H.-L. 178
Fremmer-Bombik, E. 247f
Freud, A. 179, 245, 249, 303, 359, 365, 417
Freud, S. 144, 172, 241, 282, 284, 303, 357ff, 363, 398, 417
Frey, H.P. 212
Frick, D. 232
Froland, C. 213
Früchtl, J. 50f
Frühmann, R. 171, 347, 359
Fthenakis, W.E. 160
Fuller, G. 33
Furman, W. 211
Fürstenau, P. 79, 94
Fürstenberg, F. 203

## G

Gaarder, J. 46
Garfield, S.L. 161, 200, 368
Gauda, G. 283
Giblin, P. 406f
Gibson, E.J. 179, 181f, 185, 207, 222ff, 225, 228, 239
Gibson, J.J. 221
Giddens, A. 172, 175f
Gil, E. 347
Ginott, H.G. 351
Gold, J.R. 357
Goldschmidt, H.L. 133, 135, 160ff, 244
Goodman, N. 173
Graumann, C. 228
Grawe, K. 81, 179, 239, 241, 345f, 369, 371, 380, 395, 401, 410, 413, 421
Graziano, A.M. 398, 413
Greenberg, L. 354, 378
Greenwald, S. 401
Gronemeyer, M. 62
Gross, P. 24, 57
Grossmann, K. 232, 244, 248
Gunzelmann, T. 401, 406, 416
Guttandin, F. 172
Gysling, A. 252

## H

Haack, F. 178
Haan, N. 288, 292
Habermas, J. 45, 67, 172, 174, 181, 186
Hagemann-White, C. 185
Hager, W. 407
Hahlweg, K. 401, 406f
Haisch, J. 189
Haley, J. 364
Hamm, B. 228
Hand, I. 413
Harter, S. 195
Hartig, M. 162
Haubl, R. 183, 185
Hauch, G. 14, 183
Hawkins, J.D. 199
Hawley, A. 228
Hazelrigg, M.D. 405
Heekerens, H.-P. 12, 246, 365f, 393-426
Heinicke, C.M. 366
Heinrichs, H.-J. 171
Heinze, G. 53
Heller, A. 66
Heller, K. 213
Hellfritsch, L. 347
Hernegger, R. 181
Herschbach, P. 161
Herzka, H.S. 11, 131-166
Herzog, W. 377
Hettlage, R. 41
Hetzer, H. 207
Heuermann, H. 67
Hilke, A. 13
Hill, K. 408
Hinkle, L.E. 219
Hirsch, B.J. 212
Hitzler, R. 7, 51
Höfer, R. 360
Hoffmann, S.O. 283
Hoghughi, M. 162
Holmes, J. 360
Honneth, A. 24, 27, 29, 37, 41, 60, 79
Hopkins, B. 183, 246
Hoppe, G. 178
Horkheimer, M. 172
Horvath, A. 416
Horx, M. 49f
Hosemann, D. 38
House, J.S. 215, 220
Huf, A. 200, 239
Hundsalz, A. 360
Hurrelmann, K. 183, 185, 212, 361

## I, J

Iljine, V.N. 197, 217

Inhelder, B. 180
Isaak, S. 179
Izard, C.E. 183f
Jaeggi, E. 345
Jaspers, K. 161
Jensen, J.P. 367
Joas, H. 174
Jodelet, D. 208
Josić, S. 192
Jung, T. 171, 176

K

Kächele, H. 374
Kagan, J. 184
Kahn, R.L. 210
Kalverboer, A.F. 183, 187
Kamper, D. 27, 172, 174
Kant, I. 172
Katz, N. 13
Katz-Bernstein, N. 178, 191
200, 202, 250
Kazdin, A.E. 349, 365f, 368,
370, 372f, 377, 379, 408
Keller, H. 185, 283
Kerr, M. 348
Keupp, H. 20, 23, 45, 52, 56f, 66,
76, 78, 146, 178, 181, 186, 222
Kipnowski, A. 291
Klann, N. 371
Klee, P. 51
Klein, M. 179, 303, 356, 365, 417
Kleist, H.von 231f
Klerman, G. 374
Klönne, A. 60
Koch, C. 33
Kolvin, I. 376f
König, P. 27, 64
Korner, S. 347
Kotler, T. 212
Kraepelin, H. 355f
Krampen, G. 244
Kratochwill, T. 372
Krohn, W. 231
Kruse, O. 183
Kugler, P.N. 221
Kühn, R. 178
Kunert, G. 36
Küng, H. 161
Kuntzag, L. 14
Kurz-Adam, M. 360

L

Ladd, G.W. 211
Laireiter, A. 207, 213, 219ff, 364
Lamb, M.E. 246
Lambert, M. 401, 416
Landman, J.T. 407
Landsberg, W. 12
Largo, R.H. 160
Lazarus, R.S. 289, 292
Lebovici, S. 322, 328
LeCroy, C.W. 366, 372
Lefcourt, H.M. 216
Leff, J.M 194, 220
Lehman, D.R. 213
Lehr, U. 185, 187
Lempp, R. 89ff, 102, 112, 285
Lenz, A. 360
Lenzen, D. 97
Leupold-Löwenthal, H. 417
Lévi-Strauss, C. 176
Lévinas, E. 172, 174, 181
Levinson, B.M. 235
Levitt, E. 365f
Lewin, K. 179, 182, 185, 207, 222
Lewinsohn, P.M. 373f, 378
Lewis, M. 181, 189, 199,
211f, 243f, 249
Lichtenberg, J.D. 11, 160, 356, 365
Lin, N. 216
Linneweber, V. 232
Lovaas, O.I. 379
Luborsky, L. 188
Lückert, H. 360
Luhmann, N. 172
Lüscher, K. 109
Lyons, L.C. 408
Lyotard, J.-F. 172f

M

Mader, W. 97, 127
Mahler, M. 160, 203, 241, 356, 365
Mahrer, A.R. 180
Main, M. 244
Malatesta, C. 186
Malzahn, K. 12
Mandler, J.M. 225
Marans, S. 410
Marcel, G. 181, 231
Margraf, J. 362

Markus, E. 405
Märtens, M. 179f, 241, 246, 345-393
Martinez-Taboas, A. 408
Martinius, J. 161
Maruyama, M. 362
Marx, K. 172
Massie, H. 245
Masten, A.S. 195, 199
Matas, L. 246
Matthews, C.B. 178
Maturana, H.R. 353
Mayring, P. 185
McEachin, J. 379
McFarlane, A.H. 213
Mead, G.H. 45, 78, 87f, 182, 238
Medway, F. 406
Mei, J. 200, 203
Menke, Ch. 51
Mentzos, S. 119
Merleau-Ponty, M. 78, 181f, 221, 296
Metzmacher, B. 10, 19-73, 75-129, 170f, 177f, 183, 186f, 189, 199, 206, 240, 250f
Meyer, A.E. 346, 358, 395, 399, 412, 414f, 419
Meyer-Drawe, K. 28, 32
Michaels, C.F. 231
Miedzinski, K. 235
Miller, R. 232, 407
Minuchin, S. 375
Mirowsky, J. 78
Modick, K. 66
Moos, R.H. 112, 228
Moreno, J.L. 182, 207, 249
Morisset, C.E. 246
Morris, R. 369
Moscovici, S. 208, 219, 237
Mufson, L. 373f, 382
Müller, L. 199, 250
Müller-Küppers, M. 398f
Murray, L. 246

N

Nadel, J. 248
Napp-Peters, A. 203
Naumann, K. 360
Neisser, U. 232
Nelson, K. 184, 205, 237, 365
Nelson, N. 87
Netelenbos, J.B. 183
Neubaur, C. 76, 174
Neugarten, B.L. 207
Newell, K.M. 225
Nicholson, R. 406f
Nicolescou, B. 160
Nietzsche, F. 230
Nobach, W. 369
Norcross, J.C. 180, 367f

O

Oaklander, V. 179
Oerter, R. 47, 185ff, 286
Oevermann, U. 103
Orlinsky, D.E. 239, 416
Orth, I. 171f, 175, 178, 181, 189, 203, 217, 219, 239, 241, 243, 249
Orwin, R. 401
Osborn, A.F. 199
Osofsky, J.D. 185
Osten, P. 197, 374
Otscheret, E. 160

P

Papoušek, H. 93, 183f, 203, 241, 365
Papoušek, M. 244
Parin, P. 58
Parkes, C.M. 212, 228, 246
Pawlow, I. 144
Perkonigg, A. 207
Perlman, D. 212
Perls, F. 84, 284, 296f
Perucci, R. 213
Petermann, F. 287, 372
Petri, H. 27, 29ff, 75f, 105, 118f, 174, 199
Petzold, H.G. 10, 19, 27f, 32, 45f, 59, 77ff, 84, 86ff, 100ff, 106, 113, 120, 169-280, 282, 284, 296, 345-393
Peukert, U. 184, 237
Piaget, J. 179f, 182, 184, 248, 288, 348
Pierce, G.R. 217
Pinsof, W.M. 351, 354
Plaum, E. 281
Plessner, H. 93
Plomin, R. 191, 248, 284
Pohlen, M. 175
Pollak, G. 22
Pontalis, J.-B. 358
Popper, K. 357
Portmann, A. 183

Postman, N. 22
Poustka, F. 161
Prechtl, H. 185f
Preuschoff, G. 106
Preuss-Lausitz, U. 100, 103, 201
Priebe, S. 360
Prioleau, L. 406f

## R

Radke-Yarrow, M. 192, 195
Rahm, D. 48, 81, 89, 93
Ramin, G. 250, 370
Rank, O. 417
Rappe-Giesecke, K. 357
Rau, H. 13, 251
Rauh, H. 195
Reed, E.S. 182, 207, 223
Reich, J. 33
Reichhart, L. 14
Reik, Th. 417
Reinecker, H. 401, 413
Reinhard, H.G. 11, 281-302
Reiser, C. 252
Reiter-Theil, S. 360
Remschmidt, H. 161f, 361, 376
Reukauff, W. 11, 131-166
Rice, M.L. 212
Richman, J.A. 217
Ricœur, P. 181
Riedel, R. 401
Rief, W. 371
Riemann, G. 85
Robins, L. 186ff, 191, 212
Rochat, P. 232
Rogers, C. 144
Rogoff, B. 182, 185, 207
Röhrle, B. 182, 186, 207, 209f, 212, 249
Rolf, J. 180, 191
Rommelspacher, B. 61
Rosenbaum, R. 380f
Rosenthal, R. 401
Rossmann, P. 373
Rozman, D. 178
Rudolf, G. 360
Rusch, R. 23
Russel, R. 401
Rutter, M. 169, 174, 179, 186ff, 191ff, 195f, 199, 249, 365

## S

Salvesbergh, G.J.P. 183, 221, 225
Salzinger, S. 211
Sameroff, A.J. 181, 186, 193, 369
Samuels, A. 178
Saner, H. 160
Sartre, J.P. 161
Satin, W. 411
Saup, W. 179, 185
Sbandi, P. 346
Schärli-Corradini, B. 31f, 75f, 118f, 174, 199
Schauenburg, H. 14, 374, 382
Scheele, B. 219
Schelp, T. 184
Scherer, K. 184
Schiffer, E. 58f, 62, 124
Schlottke, P.F. 287
Schmidbauer, W. 161
Schmidt, M.H. 187
Schmidt, R.C. 229
Schmidt-Denter, U. 211
Schmidtchen, G. 178
Schmidtchen, S. 160ff, 348, 350f, 353, 357, 378f
Schneewind, U. 14, 177, 232, 252
Schneider, P. 22
Schönherr, H.M. 28
Schröder, H. 189
Schroots, J. 187
Schuch, W. 78
Schulte, D. 347f
Schulze, G. 52, 100
Schütz, A. 353
Schwarz, H.-J. 399
Schwarzer, R. 215f
Scogin, F. 406, 416
Seeman, T.E. 212
Seifer, R. 193
Selekman, M. 355, 363
Seligman, M. 78, 101f
Selvini, P.M. 348
Sennett, R. 25, 174, 221
Shadish, W. 401
Shapiro, D. 407
Sharabany, R. 211
Shepherd, M. 370
Shoham-Salomon, V. 377, 407f
Silver, R.L. 220

Simmel, G. 174
Simon, G. 65
Sloterdijk, P. 54, 63, 174, 186
Smith, M.I. 377, 402, 406ff
Smithwhite, M. 178
Snyder, D.K. 376, 378
Solomon, Z. 213
Spangenberg, N. 79, 101, 107
Spangler, G. 244
Specht, F. 415
Spence, D. 358
Spieker, S.J. 244
Spinner, H.F. 161
Spitz, R. 131, 160, 241, 245, 249, 283
Stanley, B. 360, 378
Stark, K.D. 373
Stark, M. 105
Steinbrueck, S.M. 407
Steinert, T. 114
Steinhausen, H.-Ch. 161f, 360, 362, 372
Stern, D. 46, 86f, 160, 241, 245, 248, 321-342, 356, 365
Stern-Bruschweiler, N. 321-342
Strauss, A.L. 208, 219, 222
Stricker, G. 180
Stroebe, W. 219, 244
Strotzka, H. 160, 350, 399, 418f
Strunk, P. 161
Strupp, H. 345
Stuhr, U. 367
Svartberg, M. 408
Szapocznik, J. 366, 375f, 410f

T

Talley, F. 345, 371, 416
Talmon, M. 381
Thalmann, H.C. 285
Thelen, E. 183, 195, 221, 224f, 228, 231
Thiemann, F. 34
Thiersch, H. 222
Thomae, H. 187, 282, 285, 290ff, 298
Thomas, A. 191
Tieber, E. 161
Todorov, T. 174
Tolsdorf, C.C. 194, 218
Trad, P. 357
Trenkel, A. 282
Trevarthen, C. 248
Tscheulin, D. 161
Turner, P. 244
Turvey, M.T. 221, 223

U, V

Uhl, J. 291
Ulich, D. 184
Ullmann, G. 231
Unnewehr, S. 362, 372
Usher, R. 174
Valenti, S. 182, 221
Valsiner, J. 186
van der Hoek, A.-M. 238
van Wieringen, P. 223
Varela, F.J. 353
Vaux, A. 211, 218
Vennen, D. 368
Verhofstadt-Denève, L. 180, 185
Vogt, R. 417
Vollmer, S. 199
Vygotsky, L.S. 179, 182, 186, 233
Vyt, A. 188, 246

W

Wachtel, E. 353f, 357
Wachtel, P.L. 282
Wahl, K. 43
Wahler, R.G. 184, 213
Wallon, H. 221, 232, 238, 248
Warren, W.H. 221, 223f, 230
Watzlawick, P. 355, 357
Weakland, J. 348
Weber, G. 377
Weber, M. 7, 45
Wehrspan, M. 51
Weisner, T.S. 247
Weisz, J.R. 365ff, 371, 381f, 401, 403, 405, 408ff
Wellmer, A. 171
Welsch, W. 173
Werner, E.E. 186f, 191, 194, 196, 199, 211, 243f, 249
Wessels, M. 184
Whitehead, J.T. 370f
Wiemann, J.M. 210, 237
Wine, J.D. 184, 210
Winnicott, D.W. 12, 20, 37, 59, 62, 67, 87, 108, 160, 169, 179, 303-319, 365
Wintsch, H. 14
Wittmann, W. 401, 406, 410
Wittstock, U. 63

Wolf, Ch. 45, 171
Wortman, C.B. 220
Wulf, C. 172
Wynne, L.C. 351, 354
Wyss, D. 282

## Z

Zaepfel, H. 19-73, 75-129, 171
Zazzo, R. 232
Zeiher, H. 35, 108
Zentner, M. 160, 363
Zerssen, D. von 410
Ziehe, T. 285
Zimmer, H.D. 347
Zygowsky, H. 113

# Sachwortregister


**A**

Abgrenzung 132
Abhängigkeit 251
Abspaltung 140
Abwehr 288
Abwehr, psychosoziale 111, 113f, 119
action 223
Adoleszenz 287
Affektkontrolle 53
affordance 222, 225, 228, 230
Aggression 62, 308, 379
Aggressionsarbeit 198
Akkomodation 327
Aktionsphase 297
Akzeptabilität der Behandlung 360
Allianz, therapeutische 333
Alltagsgeschehen, kindliches 34
Alltagsmobilität 35
Alltagssolidarität 66
Ambitendenz 136
Ambivalenz 23, 136, 212, 310
Ambivalenz, psychosoziale 102
Anamnese 152
Anerkennung 368
Anerkennung, soziale 47
Anforderungsprofil 110
Angebote, niederfrequente 382
Angst 39, 213, 306
Angst, archaische 307
Angst, psychotische 313
Anorexia nervosa 377
Anorexie 315
Ansatz, ökologischer 19
Anschlußfähigkeit 92
Anschlußfähigkeit, soziale 76
Anthropologie 133
Antizipationsleistungen 227
Arbeitsbündnis 359
Arbeitsmarkt 38
Arbeitswelt 55
Armut 26
Artefakte 245
Aspekt, epistemologischer 357
Aspekte, nonverbale 349
Assimilation 288, 327
Atmosphären 201
Attributionen 195, 238, 244
Aufklärung 172
Aufnahmeinterviews 381
Auftraggeber 360
Authentizität 54
autistisch 379f
Autonomie 38, 131, 149
Autorität 28

**B**

Baby 237
Babyforschung 353
Bastelexistenz 51
Begegnung 131, 251
Begleitschutz 212
Behandlertriade 359
Behandlung 370, 380f
Behandlungsanlässe 363
Behandlungsbedingungen 370
Behandlungsbewertungen 360
Behandlungsdauer 379
Behandlungserfolg 360
Behandlungsmethoden 369
Behandlungsstrategie 348
Beistände, innere 189
Belastungsfaktoren 194
Belastungsprofil 109f
Berater 381
Beratungen, kurze 380
Berufsbild 347
Beschwerdeführer 348
Besorgnis 309
Bestärkung, positive 335
Bewältigungs-(Coping-)
Mechanismen 112
Bewältigungsprozeß 285
Bewältigungsversuche 19
Bewegungsbaustelle 235
Bewegungstherapie 138
Beziehung 198, 239, 251, 359
Beziehung, regressionsfördernde 381
Beziehung, therapeutische 241, 251
Beziehungsangebote 247
Beziehungsbotschaften, paradoxe 92, 97
Beziehungsdreieck 147
Beziehungsfähigkeit 283
Beziehungsfaktoren 146
Beziehungsideologien 246

Beziehungsprozeß 159
Beziehungsstörungen 283
Beziehungstests, paradoxe 96
Bezugspersonen 352, 354, 364, 379
Bezugspersonen, bedeutsame 41
Bezugssystem 354
Bilder 149
Bindung 251
Bindungschancen 42
Bindungstypologien 244
Biographie 252
Biographieplanung 26
biographische Konstruktionsleistung 47
Blickkontaktvermeidungen 283
Botschaften, paradoxe 96
bottom-up-approach 232, 238
Broken-home 202
Bulimie 315
Bundesverwaltungsgericht 420

C

caring 242
Chancenprofil 109
co-responding mutuality 205
Coaching, interaktionales 321
constraints 231
convoy 180, 211, 216
Coping 113, 197, 214, 242, 288f
Coping-Kompetenz 81
Coping-Konzept 287
Copingforschung 294
Copingmerkmale 295
Copingstrategien 299
cycles 223

D

Daseinsbewältigung 294
Daseinsthemen 291
Definition 349f
Dekompensation 204
Dekonstruktion 173
Delinquenz 375
Depersonalisation 305
Depression 355, 379, 382
Desillusionierung 39, 311
Desintegration 305, 307
Destruktion 308
Diagnostik 249
Diagnostik, dreigliedrige 80, 82f
Dialektik 63
Dialog 133
Dialog zwischen den Schulen 146
Dialoggeschehen 87
Dialogik 133f, 147, 150, 153
Dialograum, innerer 97
Differenzen 217
Differenzierung 378, 140
Diskurs 172ff, 246
Disposition, genetische 204
Dogmatismus 175
Dominanzkultur 61
Doppelgesichtigkeit 23
Drehbuch 84
Drehbuch, innerseelisches 86
Drehbuchstrukturen 87
Dreiecksgeschichte 91
Drogen 375, 382
DSM 362
DSM-IV 356
Du 135
Dualismus 134, 159
Dyade 333

E

Echo-Welt 62
Effektivität 369, 372
Effektivität der Therapie 346
Effektivitätsnachweis 366, 410
Effektivitätsstudien 401
Effektschwund 377
Effektstärken 371
Effizienzstudien 365f
Eigenrealität 90
Eigenübertragung 251
Einfühlung 240
Einheitssystem 159
Einschlafmonologe 237
Einzeltherapie 144
Eklektizismus 159, 367f
Eltern 135, 212f
Elternberatung 413
Elternpositionen 245
Elternrolle 322
Elterntraining 398, 403, 405, 413
Emergenz 231, 237
Emotion 183, 194, 202
emotional management 215
emotionale Wärme 240
Empathie 147, 242, 306
Empathie, wechselseitige 247

Empathieentwicklung 248
empathisch-intuierend 242
Empowerment 171, 242
Engagement, partielles 124
Enkulturation 182
Enrichment 171, 242
Entfremdung 29, 78
Entwicklung, kontextuelle 357
Entwicklungsaspekte 293
Entwicklungsaufgaben 45, 94, 105, 286
Entwicklungsaufgaben, paradoxe 53
Entwicklungsbedingungen 136
Entwicklungsklima 199
Entwicklungslogik 31
Entwicklungsphasen 370
Entwicklungspsychologie 183ff, 206, 365
Entwicklungspsychologie der Lebensspanne 185
Entwicklungspsychologie, ökologische 284
Entwicklungsregeln 152
Entwicklungsreiz 292
Entwicklungsschädigung 204
Entwicklungsstörungen 31, 143
Entwicklungstheoretiker, psychoanalytische 356
Entwicklungstheorie 179
Entwurzelung 35
environments 189
epidemiologisch 369, 373
Ereignisketten 186, 191
Erfahrungswelten 68
Erfolgsmaß therapeutischer Behandlungen 359
Erinnerung 225
Erinnerungsarbeit 232
Erkenntnis 178
Erlebnisrationalität 52
erstes Lebensjahr 195, 211
Erwachsene 134f
Erwartungshaltung 244
Erzieher 135
Erziehungsberatung 360f, 383, 415
Erziehungswelten 19
Eßstörungen 382
Evaluation 408
Evaluationsforschung 364
Evaluationsstudien 370, 412
event memories 229

## F

Fallbericht 358
Familie 37, 138f, 152, 159, 203, 214
Familienbericht, fünfter 351
Familienerfahrungen 249
Familienfunktionen 375
Familienhilfen 222
Familienklima 202
Familiensystem 213
familientherapeutische Methoden 351
familientherapeutische Vorgehensweisen 403
Familientherapie 137, 144, 338, 351, 398, 405, 409, 411
Familientherapie, strukturelle 375
Familientherapie, systemische 348
Fatumfamilien 195
Fehlanpassung 292
Feld 223
fokale innere Formel 94
Fokus 80, 83, 94, 321, 339
Fokus, operativer 100
Forschungsbedingungen 371
Forschungsergebnisse 345, 371
Forschungsgutachten 346, 418, 419
Fragmentierung 288
Freiheitsparadox 96, 98
Freisetzungsprozesse 23
Freizeit 38
Freizeitfamilie 139
Freizeitverhalten 34
Fremdeln 131
Fremdenhaß 67
Freunde 219
Freundschaften 211
Frustration 219

## G

gazing dialogues 203
Geborgenheit, strukturelle 27
Geburt 244
Gegenüber 133
Gegenübertragung 93, 95, 119, 251, 318
Gegenwelt 40
Gemein-Sinn 59
Gemeinschaftssinn 28
Gentechnik 33
Geschichte der Kindheit 170
Geschwister 139

Gesellschaft 131, 138
gesellschaftlicher Wandel 22
Gesprächspsychotherapie 138
Gestaltpsychologie 296
Gesundheit 143, 201
Gewalt 61
Gewalt, strukturelle 27, 77
Gewaltbereitschaft 67
Globalisierung 172
Gordon-Elterntraining 405, 409
Grundstruktur 159
Gruppentherapie 338

H

Halluzination 318
Handlungskompetenzen 197
hard growing children 192, 195
Hauptrealität 89f
Haustiere 197
Heilpraktikergesetz 420
Heilung 144, 363
Hermeneutik 79, 174
Hermeneutik, soziale 108
hermeneutische Spirale 227
Hermetik 221
Hier und Jetzt 144, 149
Hierarchien 155
Hilfe 210, 216, 219
Hilfen, soziale 212
Hilflosigkeit 134
Hilflosigkeit, erlernte 78, 101f
Hilflosigkeitsgefühle 216
Hörigkeit 251
Humanismus 27

I, J

ICD-10 355f
Ich-Aktivitäten 288
Ich-Funktionen 299
Ich-Skalen 288
Ich-Stärke 48, 241, 314
Idealisierung 39
Identifikation 242, 306
Identität 43, 143, 170, 177, 215
Identität, personale 48
Identität, soziale 48
Identitätsbildung 47, 140
Identitätsentwicklung 21
Identitätsentwicklung, postmoderne 45
Identitätsmodell 45, 143
Identitätsmodelle, traditionelle 46
Identitätsstörungen 369
Ideologien 111, 356
ideologische Bedeutung 116
Immunisierung 192, 197
Indikationsstellung 152
Individualisierung 23, 176
Individuum 131, 144, 152f
Industriegesellschaften 43
Informationsgesellschaft 20, 61
Informationskonfiguration 224
Initialphase 247, 297
inneres Kind 178
Innerlichkeit, neue 114
Integration 145, 147f, 306f, 311, 318
Integration, soziale 215
Integrationsfähigkeit 197
Integrationsgedanken 282
Integrationsparadigma 180
Integrationsphase 297
integrative Ansätze 145
Integrität 65
Intensität 380
Interaktion 193, 195, 232f, 351, 353
Interaktion, behaviorale 327, 329
Interaktionsformen 205
Interaktionsmuster 354
Interaktionsprozesse 235
Interaktionsszenarien 250
Interaktionsverhalten 323
Interdisziplinarität 153
Interpersonale Therapie 374
Intersubjektivität 248
Intersubjektivitätstheorie 239
Interventionen 179, 199, 217
Interventionen, paradoxe 408
Interventionsfehler 217
intuitive parenting 203
Involvierung 298
Jahrhundert 141
Jugendbericht, achter 361
Jugendliche 138, 294
Jugendlichenpsychotherapeut 347
Jugendlichenpsychotherapie 349f

K

Katamnese 371, 376ff
Katastrophenszenarien 33
Katharsis 146
Kausalität 230

Kausalmotivationen 226
Kernfamilie 211
Kind 131, 134, 159
Kinderalltag 49
Kinderanalytiker 245
Kinderheilkunde 340
Kinderlosigkeit 42
Kinderpsychotherapeut 347
Kinderpsychotherapie 131, 144, 349f
Kindertherapeut 186
Kindertherapie 137
Kindheit 174
Kindheitserfahrungen 147
Kindheitserinnerungen 68
Kindheitsmuster 58
Kleiner Hans 357
Kleinkind 221, 365
Kleinkindforschung 282, 356
Klientenzentrierte Spieltherapie 362
Klima 202
Ko-respondenz 352f
Ko-respondenzmodell 175
kognitiv 184, 236
Kohäsion 220
Kokreativität 175, 242
Kolonialisierung 174
Kommunikation 140, 153, 159
Kompetenz 131, 175, 195, 232, 349, 355
Kompetenz, kommunikative 240
Kompetenzprofil, psychosoziales 109
Konflikt 290
Konfliktarbeit 240
Konfliktfähigkeit 136, 139
Konsens 177
Konsum 40
Konsumwelt 55
Kontakt 251
Kontakthäufigkeit 209
Kontext 138, 223, 227, 231, 358, 362
Kontingenz 22
Kontinuum 227
Kontrolle 215
Kontrolle, soziale 209
Kontrollgruppendesign 367
Konvoi 182, 252
Kooperation 152
Körpersprache 149
Krankheitstheorien, subjektive 364
kreative Medien 177
Kreativität 305
Kreativtherapie 138
Krisen 418
Kultur 138, 141, 219
Kurztherapie 408

L

Laienanalyse 417
Längsschnittforschung 189, 241
Langzeiteffekte 377
Lebensaufgabe 105
Lebensentwürfe 34
Lebensereignisse, kritische 48
Lebensformen 25
Lebensformen, alternative 40
Lebensgefühl 200
Lebenskunst 50
Lebensperiode 286
Lebensplanung 25
Lebensplanung, postmoderne 53
Lebensqualität 220
Lebensraum 233
Lebensraum, verinselter 34
Lebenssinn 170
Lebensspanne 244
Lebensstilführung 25
Lebensstilmarkt 53
Lebensstrecke 210
Lebenswelt 76, 131, 140, 361, 364, 368
Lebenswelt, soziale 47
Lebenswelt, verinselte 49
Lebensweltkonzeption 221
Legitimationsverlust 37
Lehrer 207
Leib 149, 182
Leib-Subjekt 170
Leiblichkeit 32, 230
Leitbildfunktion 171, 177
Leitbildorientierung 41
Lernprozesse 222f, 227
Lernstörungen 372
life span developmental approach 187, 204
Longitudinalforschung 169, 187, 356, 364
Longitudinalstudien 246

M

Macht 134
mainstreams 179
Makrokontext 193
Makrokosmos, sozialer 44

Mangelerfahrungen 200, 203
Marionettentheater 231
Maßnahmen, therapeutische 360
Medien 22, 52
Mehrdeutigkeit 23
Mehrelternfamilien 203
Mehrperspektivität 180, 186, 361
Memorationen 227, 229
Memorationsfähigkeit 245
Menschenbild 134
Menschlichkeit 134
Mesokontext 193
Meta-Analysen 401f
Metaerzählungen 172
Metaparadigma 137, 159
Metapher 51
Metatheorie 152
Methoden 137, 368
Methodenintegration 152
Methodenkooperation 154
Methodenvielfalt 281
Migration 138
Mikrokontext 193
Milieu, soziales 49
Milieufaktor 204
Milieukonzept 221
Modellhybridisierung 227
Modelling 328, 330, 333, 335
Moderne 24
Möglichkeitsraum 33, 57
Möglichkeitssinn 63
Motorik 221, 224
multi-information-approach 199
Multi-Optionsgesellschaft 24
multikulturell 50
Multiperspektivität 364, 368
Multiproblemfamilien 19
Musik-Therapeut 414
Mutter 131, 201, 213, 218, 237, 243
Mutter, durchschnittlich gute 314
Mutter-Kind-Beziehung 135, 285
Mutter-Kind-Einheit 132
Mutter-Kind-Entwicklung 131
Mutterbeziehung 249
Mütterlichkeit, primäre 310
Mutterrolle 41, 322, 326
Mutualität 247
Mythen 111, 116
Mythen, subkulturelle 107

N

Nachbarschaft 195
Nachsozialisationskonzept 98
Nachsozialisieren 298
Näherungen 243
Narrationen 202, 225
Narrative 81, 100, 112
narrative Praxis 78ff, 84
Narzißmus, primärer 307
Natur 32
Nebenrealität 89
Negativkarriere 204
Netzwerk 353, 364
Netzwerk, soziales 56, 110, 194, 219, 375
Netzwerkarbeiter 213
Netzwerkentwicklung 211, 249
Netzwerkinterventionen 217
Netzwerkklima 220
Netzwerkorientierung 194, 197
Netzwerkpathologie 206, 213
Netzwerkperspektiven 199
Netzwerkstrukturierung 211
Nischenspezialisten 36
Nootherapie 178
Nutzung, doppelte 115, 117

O

Objektbeziehung 306, 308f
Objektverwendung 309
ödipale Situation 191
Ökologie 29, 179, 182, 185
Omnipotenz 308, 314
Ontologie 133
operatives Denken 348
Organisationskompetenz 108
Organisationsmodelle 159
Orientierung, religiöse 43
Outcome-Forschung 378
Outcome-Messungen 367

P

Paartherapie 407
PAC 240
Pädagogik 143, 153
Paradigma 146
Paradoxien 99
Parenting-Strategien 202
Partnerschaft 38
Patchwork-Identität 54

Pathogenese 200, 206, 322
Peergruppe 140, 208
perception 223
perception-action-cycle (PAC) 227, 229
Performanz 175, 194, 224, 236, 349, 355, 374
Performanzaspekte 239
Person-in-Interaktion 225
Personalisierung 307, 311
Persönlichkeit 214
Persönlichkeitsentwicklung 46
Persönlichkeitsfaktoren 147
Persönlichkeitsstörungen 243
Perzeption 230
Phantasie 303
Phantasie, soziale 56
Phantasiearbeit 62
Phantasietätigkeit, kindliche 63
Phantasmen 303
Phasenmodelle 141
Pluralisierung 40, 352
Pluralismus 138, 145
(Post-)Moderne 20
postural control 238
Potential 232
Praxeologie 207
Praxisalltag 372
Primärbeziehung 39
Primärerfahrungen 298
Prinzip, dialogisches 133
Problembewertung 364
Probleme 232
Problemlösungen 364
Projektionen 334
Propriozeptionen 229
protektive Faktoren 78, 191, 193, 214
Prozeß, dialogischer 153
Prozeßforschung 378, 379
Psyche 192, 351
Psychiatrie-Enquete 398
Psychoanalyse 137, 247, 366, 417
Psychosomatik 141, 418
Psychotherapeutengesetz 395, 413
Psychotherapie-Evaluation 401
Psychotherapieforschung 345, 349, 366, 372, 382, 407, 421
Psychotherapiegesetz 347, 416
Psychotherapierichtlinien 419
Pubeszenz 287
Puppenspiel 177

**R**

Rahmenkonzepte 148
Randgruppen 296
Realität, soziale 182, 221
Realitätsorientierungen 196
Realitätsprinzip 305
Realitätsprüfung 304
Reduktionismus 252
Regelwissen 236
Relationalität 240
Repräsentanzen, innerseelische 303
Repräsentation 229, 236, 321f, 323ff
répresentations sociales 208
Resignation 220
Resilienz 191, 193f, 198
Resonanz, affektive 93
Resonanz, innere 115, 117
Resonanzen 119
Resonanzphänome 95, 251
Ressourcen 111, 139, 196, 216, 383
Reziprozität 209
Risiko-Environments 189
Risikofakten 203
Risikofaktoren 188, 191
Risikogesellschaft 186
Risikoverhaltensweisen 114
Robustheit 194
role creation 249
Rollendistanz 205
Rollenflexibilität 205
Rollenübernahme 205

**S**

safe place 202
Salutogenese 78, 81, 189f, 213
Säugling 135, 282, 244, 365
Säuglingsforschung 282, 356
Schädigungen, frühe 297
Scheidung 41, 202
Scheitern 26
Schlüsselkinder 201
Schuldgefühl 309
Schulen 144, 152, 159
schützende Insel-Erfahrungen 169, 196, 200
Schutzfaktoren 180, 198, 200
Schutzperson 196
Schutzschild 169, 191, 200
Schutzschildfunktion 252

secure base 202, 250
Selbst 310, 312
Selbst, falsches 307, 312f, 315f
Selbst, organismisches 233
Selbst, wahres 312, 315f
Selbstachtung 58
Selbstbehauptung 44
Selbstbestimmung 65
Selbstbild 291
Selbstempfinden, narratives 46
Selbstentfaltung 42
Selbsterleben, intersubjektives 58
Selbsthilfegruppen 201
Selbsthilfeprozeß 149
Selbstkontrolle 54
Selbstmord 317, 373
Selbstorganisation 66
Selbstreflexivität 54
Selbstrepräsentanz 308, 314
Selbstverständnis 381
Selbstverwirklichung 181, 379
Selbstwert 58, 212, 214
Selbstwertgefühl 332, 337
Selbstwirksamkeit 63, 195, 295
sense of coherence 197
sensitive caregiving 205
Sensumotorik 183
Setting, dyadisches 218
Settings 380
Settings, ambulante 371
Sexualität 149
sexueller Mißbrauch 379
Sherlock-Holmes-Tradition 358
Sicherheit 136
significant caring adult 198, 200
Simulation 51
single-session-therapy 382
Sinnbezüge 196
Sinnfolien 174
Sinnverstehen, aktionales 79
Sinnverstehen, hermeneutisches 83
Sinnverstehen, soziales 101, 103, 105, 107f, 117, 120
Skript 81, 84f, 91, 112, 326
Skriptstrukturen 87
sleeper effect 376
social affordance 231, 238f, 249
social network 181
social referencing 248
social worlds 77, 208
Solidargemeinschaft 201
Solidarität 61
Solidaritätserfahrungen 28
sophisticated designs 367
Soziabilität, genetische 248
soziale Frage 43
sozialer Ort 100, 105f
sozialer Wandel 20
soziales Atom 207
Sozialisation 182
Sozialpsychologie, ökologische 353
Sozialtherapien 339
Sozialwahrnehmung 146
Soziometrie 207
Sozioökologie 228
Soziotherapie 215
Soziotope 189
Spaltungen 141
Spaltungstendenzen 145
Spiel 304
Spielkultur 169, 347
Spielräume 35
Spieltherapie 138, 153, 348, 352, 378f
Sprache 149
Sprachentwicklung 132
Sprachspiele 205
Sprachwelt 205
Standardmodell 381
Stichproben 371
Stile 194
Stimulus 230
Störreiz 292
Störung 213, 355
Störungen, depressive 373
Störungsbegriff 356
Störungsbilder 369, 372
Strategien 159
Streitkultur 358
stressfull life events 193
Streß 214
Streßfaktoren 213
Streßmodell 89
Struktur der Psychotherapie 150
Struktur, narrative 88, 91, 94
Strukturbegriff 81
Strukturbildung 82
Strukturmodell 89f
Stütze 210
Stützsysteme 220
Subjekt-Objekt-Verhältnis 134

Subkulturen 19
Supermethode 137
Supervision 230, 241, 357
Support 171, 196, 215, 242, 328
Symbiose 131
Symbole 149
Symbolgebrauch 316, 318
Symptom 91f
Symptomatik 96
Symptombildung 90
Symptomträger 348
Synchronisatoren 211
Synergiekonzept 228
Synopse 186
Systematik 137
Systeme 134
Systemkompetenzen 357
Szenen/Narrative 96

## T

Teleomotivationen 226
Temperament 196
Temperamentsberatung 363
Territorialität 233
Theologie 143
Theorien 148
Therapie unter Alltagsbedingungen 370
Therapie-Evaluationen 395
Therapieansätze 349
Therapieforschungsergebnisse 372
Therapiekultur 20
Therapiemotivation 362
Therapiepraxis 148
Therapieschulen 136
Therapiesysteme 159
top-down-approach 238
Transfer 250, 354
Transferschritte 242
Traumata 188
Trennung 250
Triade 358
Triplexreflexion 176
Trotzalter 132

## U

Übergangsbereiche 305
Übergangsobjekt 304f
Übergangsphänomene 305
Übergangsräume 303f
Überlegenheitsfrage 370
Überstieg 91, 117, 123
Überstiegsfähigkeit 89f, 102, 112, 123
Übertragung 243, 246, 251, 318, 330, 333, 335, 359
Übertragungsanteil 94
Übertragungsheilung 330
Übertragungsprozesse 117
Umwelt 222, 224
Umwelt, fördernde 311
Umweltnutzung 76
Umweltzerstörung 30
Unbewußtes 153
Unkenntnis 345
Unsicherheiten 136
Unterstützung 216
Unterstützung, soziale 212
Unterstützungssysteme 220
Unübersichtlichkeit 29
Urangst 282
Urbanität 29

## V

Valenz 213
Valenz, pathogene 210
Valenz, supportive 193, 207, 218
Variablentherapieforschung 372
Vater 201
Veränderung 353
Veränderungsstrategien 355
Verfahren, kognitiv-behaviorales 405
Vergeltungsaggressionen 31
Vergesellschaftung 22
Verhalten 151
Verhalten, aggressives 375
Verhalten, antisoziales 376
Verhalten, generatives 42
Verhalten, interaktives 332
Verhaltensauffälligkeit 290
Verhaltensbeobachtung 291
Verhaltensmodifikation 322
verhaltensorientierte Methoden 366
Verhaltensstörungen 48, 347, 379, 398f, 405f, 418
Verhaltenstherapie 144, 362
Vermeidungsverhalten 297
Versorgung, ambulante 371
Versorgungspolitik 369
Verstärkung 328, 330, 332, 338
Verstehen, szenisches 92
Verstehen, tiefenpsychologisches 117

Vertrauen 220
Verwahrlosung 65
Vitalität 143
Vorstellungswelt 323
Vulnerabilität 189, 204
Vulnerabilität, genetische 284
Vulnerabilitätsmodell 77

## W

Wahrheit, narrative 85
Wahrnehmung 229, 238
Wahrnehmung, exzentrische 93
Wahrnehmungs-Handlungs-Koppelung 224
Wahrnehmungs-Verarbeitungs-Handlungs-Spirale (WHV) 227
Wahrnehmungsinformation 225
Wege der Heilung und Förderung 241, 250
Weggeleit 169, 200, 212, 252
Welt, soziale 45
Welten, innere 197
Welterzeugung 176
Weltsicht, pluralistische 150
Wertevielfalt 28
Wertewelt 215
Wertsysteme 138
Wertvorstellungen 140
Widersprüche 150, 159
Wirklichkeitsaneignung 35
Wirkmechanismen 379
Wohlbefinden 215
Wohlstand 60
working model 188, 247

## Z

Zeitgeist 242
Zivilisationskritik 174
Zukunft, postmoderne 67
Zukunftsangst 31
Zukunftsentwürfe 23
Zurück-Haltung 122
Zweierbeziehung 132
Zwischenmenschlichkeit 27